일본의 사회교육 · 평생학습

풀뿌리 주민 자치와 문화 창조를 향하여

小林文人 · 伊藤長和 · 양병찬 공편

학지사

머리말

최근 한국의 평생교육 실천가들과 학자들이 평생교육현장을 살펴보기 위해 일본을 자주 찾고 있다. 일본의 학자들과 실천가들 또한 한국의 평생교육정책과 실천현장의 역동적 변화에 대한 관심이 높아지고 있다. 이처럼 양국의 교류 관계는 점차 활발해지고 있지만 역사 문화적 · 제도적 맥락, 실천의 관점 등의 차이로 인해 상대 국가의 현상에 대해 정확한 이해에 어려움이 있었다. 이로 인해 일본에서는 2006년에 한국의 평생교육을 소개한 『한국의 사회교육 · 평생학습: 시민사회의 창조를 향하여』를 출간하였고, 같은 목적으로 일본의 사회교육 · 평생교육의 역사, 제도, 실천, 연구 등을 망라한 본 저서가 4년 만에 한국에서 간행되는 것이다. 우연찮게도 올해는 '한 · 일강제병합조약 100년'이 되는 해인지라 그 감회는 각별하다.

한국과 일본은 천년 이상의 오랜 세월동안 서로에게 깊은 영향을 주고받으면서 이웃으로 살아왔다. 백제 왕인박사의 도일, 백제 유민의 정착, 조선통신사의 방일, 임진왜란, 한 · 일 강제병합조약, 8. 15 광복, 재일한국인, 최대 교역국가, 월드컵공동개최, 한류(韓流) 등 이웃나라이기에 수반되는 빈번한 교류로 인한 협력과 갈등이 있었다. '가깝고도 먼 나라'라는 말도 이러한 역사적 관계로부터 만들어진 말일 것이다.

이렇게 오래 전부터 흘러 온 양국교류의 다양한 물결 속에서 사회교육 · 평생교육분야의 관계자들은 독자적이고도 특별한 화합과 협력관계를 이어오고 있다. 1991년 서울을 시작으로 평생교육 관계자들이 양국을 오가면서 「한 · 일 사회교육세미나」를 개최하였다. 여기에서 이들은 공동의 가치와 실천과제를 가지고 있는 동지(同志)로서 서로를 인식하며 만남을 지속해왔다. 특히 제2회 오사카세미나는 일제식민지시대의 반성이라는 관점에서 '평화교육'을 주제로 개최되었다. 한 · 일 관계의 새로운 미래로 나아가는 데에 과거사의 문제가 늘 걸림돌이 되는 상황에서 평생교육분야에서의 만남은 이렇게 과거사의 문제를 넘어선 새로운 관계를 만들어가고 있는 것이다.

사회교육 · 평생교육의 새로운 관계가 만들어질 수 있었던 여러 이유 중 하나는 '다름'에서 비롯된 상호학습의 필요가 있었던 것이라 할 수 있겠다. 일본은 1949년 사회교육법 제정 이후 사회교육체제가 정비되고, 이제 그 역사가 60년을 넘어 사회 전반에 깊이 뿌리 내리고 있다. 이에 비해 한국의 평생교육체제가 실제화된 것은 1999년 평생교육법으로의 전면 개정 이후라고 할 수 있다. 그러나 최근 한국 평생교육의 변화 속도와 그 역동은 폭발적이라는 평가를 받고 있다. 또한 양국에서 사용되는 개념도 차이가 있는데, 한국은 2000년대 이후 사회교육이라는 용어 대신에 평생교육이라는 용어를 전면적으로 사용하고 있다. 이에 비해 일본에서는 사회교육과 평생교육이라는 용어를 개념적으로 구별하고 있고, 정책 용어상으로는 두 개념이 그 뉘앙스에서 일정한 갈등 관계를 갖는다고 할 수 있다.

이처럼 개념과 체제, 실천 등에서 일본 사회교육·평생학습에 대해 정확하게 이해하는 것이 필요하기에 이 책의 존재 의의가 있다고 생각된다. 따라서 이 책은 다음과 같은 의도와 목적으로 집필되었음을 밝혀둔다. 첫째, 본 저서는 한국에서는 처음으로 일본의 사회교육·평생학습을 종합적으로 소개하는 책이다. 둘째, 기초적인 인식과 연구적 과제를 제공하여 양국의 관계자에게 있어 기본 필독서로 만들고자 하였다. 셋째, 일본 사회교육의 역사적 축적을 제대로 전달하고 지역만들기와 시민의 학습이라는 관점에서 향후의 전망과 과제를 이끌어낸다. 넷째, 역 사·법·제도뿐만 아니라 지역의 실천, 주민운동도 다루었다. 따라서 단순한 이론서가 아니라 지역사례도 비중 있게 다루었으며, 자료편에서는 사회교육실천과 운동 속에서 관계자들이 공유해온 '10가지 실천 선언'을 선정하여 실었다.

일본의 사회교육·평생학습은 안정적인 체계와 적극적인 주민참여를 통해 오랫동안 질적·양적으로 다양한 경험들을 축적해 왔다. 한편, 급격한 변화과정에서 법제도적 정비와 실천 운동의 역동성을 기민하게 고심하고 있는 한국의 상황도 그 나름의 힘을 가지고 있다. 이렇게 그 역사 및 발전양상이나 주민참여의 수준과 역동 등이 서로 다르지만 사회교육·평생교육의 '체제와 운동의 관계'에 주목하면서 서로 배우는 것은 중요한 의미가 있을 것이다.

이 책은 양국의 평생교육체제의 역동에 주목해 보고자 한다. 일본과 한국의 법제도적 출발점은 상이하지만 성장곡선 안에서 현재 어떤 지점에 놓여 있는지는 파악할 수 있다. 일본의 경우는 법제도의 기반 위에서 조건정비라는 조장적 태도와 오랜 관성에 대한 비판적 힘이 서로 긴장하고 있다고 할 수 있다. 최근 사회교육예산 감소를 비롯하여, 평생교육시설에 대한 위탁운영제 도입, 사회교육전문직의 제도적 후퇴를 보이고 있다. 이러한 일본의 상황에서 한국의 과제는 보다 분명하게 다가온다. 다시 말해 안정된 사회교육체제에서 새로운 생애학습진흥정비법(1990년)의 제정으로 인한 시스템적 갈등을 겪고 있는 일본의 현실이 평생교육 지원체계의 변화에 직면하고 있는 한국 평생교육에 반면교사가 될 수 있을 것이다. 또한 오랜 역사적 실천경험을 가진 일본 공민관에서 여전히 전문직원의 역할이 강조되는 것을 보면, 우리가 지금껏 주장해서 부분적이나마 성과를 내고 있는 평생교육사 제도는 분명 평생교육 발전에 있어서 보편적인 과제임에 분명하다는 확신을 하게 된다.

이와 함께 우리는 일본의 사회교육에서 주민참여가 바탕이 된 풀뿌리 주민교육운동의 힘, 그리고 체계와 주민참여의 운동성과의 관계에 주목해야 할 것이다. 그동안 일본의 사회교육은 지역중심주의의 역사를 이어오고 있다. 한국의 평생교육 역시 지역체제의 비중이 커지고는 있지만 아직 주민의 생활 속으로 다가가는 데는 미흡한 면이 있었다. 일본 학습공동체의 전형이라고 할 수 있는 마츠모토시(松本市)나 오키나와 나고시(名護市), 가와사키시(川崎市), 가이즈카(貝塚市)시의 사례에서 보면 주민의 참여와 연대에 사회교육이 크게 기여하였음을 확인할 수 있다. 물론 한국에서도 홍성 홍동지역을 비롯하여 해운대 반송지역 등 많은 마을 공동체가 존재하고 있다. 이 풀뿌리 공동체들은 지역적 과제를 해결하기 위해 주민의 주체역량 강화를 강조하는 교육공동체적 관점을 하나의 흐름으로 만들어내고 있다. 이런 흐름 속에서 두 나라에 이미 존재하고 있는 작지만 활력을 가진 마을 공동체에 대한 밀도 있는 상호연구와 실천교류가 요청된다.

이제 전환기에 선 일본의 사회교육 · 평생학습을 보면서 한국의 평생학습의 전망에 대한 나름의 조명을 해 보고자 한다. 우선 실천과 연구의 협력이다. 사회교육 · 평생학습분야에서 일본과 한국의 학자들과 실천가들 간의 관계 설정에는 큰 차이가 있다. 우리는 현장과 연구 양자 간의 관계에 어느 정도 경계가 있다고 하겠으나 일본의 경우는 '실천적 연구자'와 '연구적 실천가'라는 의식이 강하게 작용하여 서로 독립적이면서도 상호참여적 특성을 가지고 있다는 사실이다. 현장과 연구의 질적 성장을 위해서 우리도 연구와 실천이 서로 유기적 관계를 가지면서 참여연구적 성과를 내야 할 것으로 보인다.

또한 현재 우리가 직면하고 있는 과제는 세계화 · 신자유주의정책으로 인해 생겨난 것이다. 양극화가 더욱 심화되면서 발생하는 교육과 보육, 복지, 실업 등의 주민생활 문제는 평생교육의 과제가 되어야 한다. 특히 농촌 과소화, 인간관계의 단절, 사회 · 경제적 격차, 노동인구의 국가 간 이동 등의 문제에서는 지역 맥락적 관점이 요구된다. 양국은 다양한 역사적 단계에서 만들어진 상황 속에서 공통의 과제에 직면하고 있다. 따라서 두 나라가 그동안 축적해왔던 여러 경험들을 함께 학습하며, 서로 발신하고 수신하는 순환적 관계를 지속적으로 만들어 나갈 수 있을 것이다.

양국은 이제 다시 새로운 100년의 시작을 바라보고 있다. 사회교육과 평생학습은 분명 양국의 새로운 관계 만들기에 기여할 것이다. 생각과 행동의 변화, 새로운 만남과 협력적 관계, 나누고 소통하는 삶, 서로에게 배우고 함께 성장하는 공동체 등, 이 모든 것이 사회교육과 평생학습에 내재되어 있는 원리이며 힘이기 때문이다. 이에 한국과 일본의 사회교육·평생학습실천, 정책, 연구 등 여러 측면에서 긴밀한 소통을 통해 함께 배우는 학습공동체로서의 지속가능한 교류를 기대해본다.

이 지면을 빌려 일본 사회교육·평생교육에 대해 가감 없이 소개해 주신 집필자 선생님들과 번역의 노고를 감당해주신 여러 선생님들, 특히 한·일 평생교육 교류에 있어서 중간가교 역할로서 이 책의 편집을 맡아주신 이정연 교수, 오다기리씨, 아사노 교수, 김윤정 교수께 특별한 감사의 뜻을 전하고 싶다. 아울러 한·일 양국의 사회교육·평생교육 관계자들과 학습자들의 지속적인 연대를 기원한다.

2010년 여름에

小林文人·伊藤長和·양병찬(文責)

차 례

제3부 평생학습의 전개

제4부 실천과 운동의 조류

제5부 지역 사회교육의 계획과 실천

서 장

일본 사회교육 · 평생학습의 특질과 과제

고바야시 분진(小林文人), 이토 오사카즈(伊藤長和)[1]

일본의 사회교육은 패전(1945년)을 기점으로 큰 전환을 겪었다. 제2차 세계대전 이후(이하 '전후(戰後)'라고 한다) 학교교육과 함께 교육개혁의 중요한 축으로서 제2차 세계대전 이전(이하 '전전(戰前)'라고 한다)의 국가주의 · 군국주의적인 교육체제를 반성하고, 국민주권 · 민주주의 · 평화주의 이념에 기초한 전후 사회교육으로의 새로운 첫발을 내딛었다. 사회교육법제가 새롭게 정비되면서(1946~1951년) 이념 추구와 실천 창조의 노력이 거듭되어 왔는데, 그와 동시에 힘든 일도 있었으며 그 과정에서 극복해야 할 많은 과제에 직면해 왔다. 그렇게 지금까지 60여 년의 세월이 흘렀다.

이 60년의 과정과 그 축적을 어떻게 바라볼 것인가? 그리고 지금 어떠한 위치에 서 있는가? 앞으로 어떠한 방향을 지향할 것인가? 우선 서장에서는 일본 사회교육의 역사적 특질을 개괄하고 총체적인 관점에서 평생학습을 포함한 60년간의 축적을 음미하면서 거기에 내포된 현대적 과제와 가능성을 밝혀 보고자 한다. 앞으로도 평탄한 길만은 아닌 상황에 놓여 있는 일본 사회교육 · 평생학습은 지금 새로운 전환과 재생을 지향하는 국면에 와 있다고 할 수 있다.

1 일본 사회교육의 역사적 특질 —통제적 교화의 역사와 탈피의 과정

일본 사회교육에 대해서는 지금까지 여러 관점에서 그 역사적 특질이 논의되어 왔다. 예를 들면, ① 관 주도적 민중교화성, ② 비(非)시설 · 단체중심성, ③ 농촌지역성, ④ 청년중

1) 1~6절, 9절은 고바야시 분진(小林文人), 7~8절은 이토 오사카즈(伊藤長和)가 집필하였다.

심성에 대한 지적은 그 대표적인 것이라 할 수 있다.[2)] 이것은 변화가 극심했던 1960년대 초에 주로 근대 유럽의 성인교육과 일본의 사회교육을 대비하여 지적하였던 것이었다. 그러나 그 후의 시대적 변천 속에서 이 역사적 특질 자체도 변화하고 수정의 필요성이 지적되어 온 면이 있다. 즉, 일정한 사회자본의 축적과 함께 사회교육 시설 등은 상당히 정비된 반면, 극심한 도시화과정에서 농촌·도시 모두 사회교육 관련 단체가 크게 변용되었는데, 예를 들어 지역 청년단이나 부인회 등은 대부분 해체되었다. 이와 함께 청년교육 또는 청년학급 등의 '농촌지역성' '청년 중심성'과 같은 특성을 지녔던 사회교육의 중심적인 활동 영역은 지금 그 모습을 잃어 가고 있다.

시대가 변하면 그 역사적 특질도 변화되어 가기 마련이지만, 그렇다고 그 모두가 변용되는 것은 아니다. 전전부터 전후에 걸친 격동의 세월 속에서도 일본 사회교육의 통제적·관리적인 특징과 행정 주도적 체질은 굳건히 존속되어 왔다. 민중들의 의식 속에 남아 있는 유교사상, 도덕교화, 정조감화(情操感化), 사상교도(思想教導)와 같은 전통적인 교화(教化)주의적 사회교육은 그 모습을 바꿔 가면서 전후에도 계승되어 온 측면이 있다. 통제적 교화시대에 그 대상 또는 객체적 입장이었던 국민(시민·주민)을 전후 개혁 속에서 새로운 사회교육의 주체·주권자로 탈바꿈시키려는 노력이 있었지만 이념으로서의 국민 '주체'도 현실의 행정 주도 체제 아래에서는 '객체'적 위치에 안주해 온 것이 사실이다.

전후 일본의 교육개혁기에는 일련의 사회교육법제가 정비된다(1949~1951년). 동아시아에서는 선구적인 움직임이었다고 할 수 있는데, 그것은 국민운동의 성격으로 실현되었다기보다 당시의 교육개혁을 담당한 공권력에 의해 주도된 것으로 '위로부터'의 법제 개혁이라는 성격을 지니고 있었다. 그러나 거기에 담긴 법제 이념은 「사회교육법」(1949년)에 나타나 있듯이 '모든 국민'의 주체적인 활동, 실제 생활에 입각한 문화적 교양, 지역시설(공민관 등)의 설치, 주민자치적인 운영 참여 등 소위 '아래로부터'의 '국민 자기교육'을 중시하는 것이었다. 그 실현을 위해 국가와 광역자치단체인 도도부현(都道府縣)만이 아니라 특히 기초자치단체인 시정촌(市町村) 행정이 '조건정비' '환경조성'이라는 임무를 담당해야 한다고 규정하고 있다(「교육기본법」 제10조, 「사회교육법」 제3조 등).

전후 일본 사회교육의 역사는 이러한 근대적인 법제 이념을 현실의 모순구조 속에서 지역의 구체적인 실천활동을 통해 주민자치적으로 실현해 가는 활동의 역사였다고 할 수 있

2) 碓井雅久「사회교육의 개념(社會教育の概念)」長田新監修『사회교육(社会教育)』お茶の水書房, 1961.

다. 즉, 통제적 · 교화적인 사회교육의 역사에서 탈피하기 위해 적극적으로 추구해 온 역사였다. 특히 기초자치단체인 시정촌 행정은 주민 주체의 사회교육활동의 장려와 지원에 필요한 환경과 조건을 정비함에 있어 직접적인 역할을 해야 한다는 기대를 받아 왔다. 행정주도의 체제 속에서 주민 주체의 자율적 활동을 자치적으로 발전시켜 가려는 사회교육이 특히 기초지자체를 무대로 하여 모색되어 왔다.

2 전후 사회교육의 전개과정

전후 사회교육이 다양하게 전개되어 가는 과정에서 특히 주목할 만한 동향으로 우선 법률주의, 지역중심주의, 시설주의의 세 가지를 제시하고자 한다.

첫째는 앞에서 말한 바와 같이 사회교육에 관한 법제를 정비하려는 노력이 있었다. 전후에 제정된 헌법(1946년 공포)의 정신에 입각하여 「교육기본법」이 제정되었으며(1947년), 이 「교육기본법」에는 적극적 논의를 거쳐 사회교육에 관한 조항(제7조)이 삽입되었다. 학교교육 · 교육행정의 법제 정비에 비해 한발 뒤늦은 행보이긴 하였으나, 이것을 토대로 「사회교육법」(1949년), 「도서관법」(1950년), 「박물관법」(1951년) 등 3법이 연이어 성립되었다. 이 기간에는 「지방자치법」(1947년)을 비롯하여 교육행정의 상대적 독립성과 자치성을 중시하는 「교육위원회법」(1948년, 그 후 1956년에 「지방교육행정의 조직 및 운영에 관한 법률」로 개정)이 시행되었다. 전전의 국가주의 · 중앙집권적인 교육행정이 부정되고, 국민주권 · 지방분권적인 사회교육행정의 기본 방향이 정해졌다.[3)]

이 법제들의 정비과정에서 일본 사회교육의 개념과 영역도 전후 개혁에 따라 재규정되었다. 「사회교육법」은 사회교육의 정의를 "학교의 교육과정으로서 이루어지는 교육활동을 제외한 주로 청소년 및 성인을 대상으로 이루어지는 조직적인 교육활동(체육 및 레크리에이션 활동을 포함)"(제2조)이라고 규정하고 그 활동에 체육 및 레크리에이션 활동을 포함시키고 있으며, 도서관 · 박물관 등의 문화시설도 사회교육기관으로 규정하였다. 한편, 「교육기본법」(제7조)에서는 '근로 장소에서의 교육', 즉 직업능력개발 · 노동자교육 등의

3) 「사회교육법」 및 공민관 등의 성립과정에 관한 자료에 대해서는 横山宏 · 小林文人공편 『「사회교육법」 성립과정자료집성(社會教育法成立科程資料集成)』 昭和出版, 1980. ; 横山宏 · 小林文人공편 『공민관사자료집성(公民館史資料集成)』 Eidell研究所, 1986을 참고.

영역은 사회교육에 포함되어 있었는데, 행정계열상으로는 사회교육에서 분리되어 노동행정의 소관이 되었다. 일본의 사회교육은 교양 · 문화 · 레크리에이션 또는 지역활동 영역 중심으로 전개되어 소위 직업 · 노동 혹은 생산 활동에 관한 교육 · 훈련 영역과는 행정상 분리되었던 것이다(그 경과나 과제에 대해서는 '제7장 직업 · 노동과 사회교육'을 참조).

둘째로 주목할 만한 것은 전후 교육개혁의 지방분권의 원칙과 관련하여 지방자치를 존중하고 지역에 기반을 둔 사회교육 및 행정이 지역중심주의('시정촌(市町村)주의'라고도 한다)와 주민자치의 원칙을 중시하며 전개되어 온 점이다. 거기에는 전전의 국가집권적인 사회교육에 대한 강한 반성이 존재하였고, 지역의 필요에 따라 실제 생활에 입각해서 주민의 자치와 참여를 기본으로 하는 관점이 강조되었던 것이다. 당연한 일이지만 기초자치단체인 시정촌의 역할이 기본적인 비중을 갖게 된다.

법제상의 규정에서도 지역중심주의의 원칙은 일관되게 강조되고 있음을 알 수 있다. 「사회교육법」은 기초자치단체인 '시정촌'의 사회교육행정이 해야 할 임무를 포괄적으로 규정하고(제5조), 국가의 역할은 광역자치단체인 '도도부현'을 포함한 '지방자치단체'를 지원하는 간접적인 역할에 한정하고 있다(제4조). 더욱이 사회교육행정은 '해당 지방의 필요에 따라' 전개할 것(제5, 6조), 사회교육시설의 중핵시설인 공민관은 '시정촌 그 밖의 일정 구역 내의 주민을 위하여'(제20조), '시정촌이 설치할' 것을 원칙으로 하였다(제21조).

주민자치 원칙은 전전의 통제적 사회교육에 대한 반성에서 비롯되어 법률에 다음과 같이 상세한 금지규정을 마련하였다. 국가 및 지방자치단체는 "사회교육관계 단체에 대하여 어떠한 방법으로도 부당하게 통제적 지배를 하거나 또는 그 사업에 간섭을 해서는 안 된다."(제12조) 사회교육주사는 "……전문적 · 기술적인 조언과 지도를 한다. 단, 명령 및 감독을 해서는 안 된다."(제9조의 3) 등이 그러한 예다. 한편 주민의 자치와 참여를 보장하는 조직으로서 지자체에 사회교육위원회(제15조)를 설치할 것, 공민관에 공민관 운영심의회(제29조), 도서관에 도서관협의회(「도서관법」 제14조), 박물관에 박물관협의회(「박물관법」 제20조)를 설치하는 등의 여러 규정을 담고 있다. 물론 지자체의 사정에 따라 차이가 있으며, 또한 지역적인 격차도 있었지만, 행정 · 시설의 사업에 주민의 자치와 참여 구조가 제도적으로 마련되어 실제적인 활동과 실천으로 다양하게 전개되고, 축적되어 온 점은 큰 의미를 갖는다고 할 수 있다(구체적인 지역 사례는 '제5부 지역 사회교육의 계획과 실천'을 참조).

셋째로 국가 및 지방자치단체의 사회교육 '조건정비' '환경조성'에 관한 구체적 임무는 공민관 · 도서관 · 박물관 등 '시설'의 설치였다(「교육기본법」 제7조 제2항). 이것을 사회교육 행정의 시설주의 원칙이라고 한다. 그 배경에는 앞서 말한 우스이 마사히사(碓井雅久)가 '역사적 특질'에서 지적하였듯이 전전부터 일본 사회교육이 '비시설 · 단체중심성'의 실태가 있었던 점, 즉 '시설'적으로 빈곤한 한편, 반관반민(半官半民)의 '단체'를 통한 교화주의적 사회교육이 주류였기에 그러한 상황에 대한 개혁의 의도가 있었던 것이다. 구체적으로는 공민관, 도서관, 박물관의 '시설'을 축으로 세 가지 법제가 제정되었으며 관련 시설들이 각지에 설치되어 왔다. 「사회교육법」은 내용적으로 공민관에 관한 조항이 큰 비중을 차지하여 「도서관법」 · 「박물관법」과 나란히 실질적인 의미에서 '공민관법'이라는 별칭으로 부르는 경우도 있었다.

이 공민관 · 도서관 · 박물관 등의 사회교육시설들은 단순히 건물의 개념에 그치는 것이 아니라 법제상으로는 학교와 대등한 '교육기관'으로 규정되었던 것이다(「사회교육법」 제9조, 동법 제5장, 지방교육의 조직 및 운영에 관한 법률 제5장 등). 사회교육기관으로서의 구비 조건은 각 기관에 필요한 시설 · 설비 등의 물적 조건, 전문성을 지닌 직원을 포함한 인적 조건, 고유의 전문적인 역할을 지속적으로 수행할 의사(意思)와 사업을 전개할 기능적 조건 등의 세 가지 요건이 필요했다. 물론 법제상으로나 실태에서도 학교교육기관과 비교하여 사회교육기관으로서 갖춰야 할 제반 요건이 아직 정비되지 않은 부분이 있었으며, 특히 인적 조건인 전문직(공민관 주사, 도서관 사서, 박물관의 학예원 등)제도에 있어서는 60년이라는 세월이 경과한 지금도 많은 과제를 남기고 있다고 할 수 있다('제6장 사회교육 직원과 전문직의 문제'를 참조).

3 시기 구분과 사회교육시설의 지역 정착

전후 사회교육시설의 정비는 지역에 따라 전전(戰前)의 유산이 남아 있는 곳도 있기는 하였으나, 많은 지역에서는 기본적으로 제로 상태에서 출발한 것이었다. 앞서 말한 사회교육법제화에 따라 1950년대 이후 시설의 설치가 서서히 확대되어 갔다. 그러나 국고 보조는 적고, 시설 정비를 담당하는 지방자치단체의 행정과 재정 능력은 대체로 미약하여 우여곡절을 겪었다. 사회교육시설의 종류별 구성을 보면, 법적 기반이 마련된 공민관, 도서관, 박물관이 주요한 시설이었으며, 그 외에 학교도 사회교육시설로서의 이용이 기대되어 왔으며(「사회교육법」 제6장), 청년・여성・아동・고령자 등의 교육 관련 시설과 복지시설, 그리고 다양한 커뮤니티시설 등도 점차 등장하게 되었다('제5장 사회교육・평생학습 시설과 지역사회'를 참조).

1960년대의 고도성장기 이후 지자체에 따라서는 사회교육시설 계획 및 방침이 책정되었고 지역 간의 격차는 있었지만 시설 설치가 점차 본 궤도에 오르게 되었다. 그 기간 동안 약소(弱小)시설의 통폐합도 이루어져 일정 규모를 지닌 공민관 등의 지역시설이 등장하게 되었다. 전후 약 4반세기를 경과한 1970년대에는 어느 정도의 시설 정비 수준에 도달한 지자체가 적지 않았다. 그리고 1980년 이후 평생학습 이행기의 시설 정비 양상은 새로운 전개과정을 맞이하게 된다.

여기에서는 전후 일본 사회교육에 대한 개괄적인 이해를 위해 대략적인 시기 구분을 하도록 한다. 법제나 정책의 중요한 움직임을 기점으로 생각하면 다음의 네 시기로 나눌 수 있다.

1) 1945~1950년대, 지자체행정정비・시설 보급기

앞에서 말하였듯이 전후 초기의 「교육기본법」의 성립(1947년)과 그것에 입각한 「사회교육법」・「도서관법」・「박물관법」(1949~1951년)의 제정으로 지자체의 사회교육 행정 조직이 어느 정도 정비되고 공민관을 중심으로 한 여러 시설이 보급되어 가는 시기이다. 지자체 차원에서는 대규모의 시정촌 합병(1953년~)이 있었으며 이 과정은 사회교육행정과 시설체제에 어느 정도의 근대화를 가져왔다고 할 수 있을 것이다. 이 시기에는 「청년학급진흥법」(1953년)이 많은 논란 속에 만들어졌고, 이에 대항하여 일어난 지역 청년운동 주도의 '공동학습' 도 주목할 만하다.

2) 1960~1970년대, 지역변모・사회교육 약동기

「사회교육법」 '대개정'(1959년)으로 고도경제성장정책에 수반되는 급격한 지역 변화와 도시화에 의해 기존 사회교육의 농촌적 기반이 상실되고 도시적인 사회교육활동이 추구된 시기이다. 도시 근교부에서는 시민계층 주도의 주민운동이 태동하여 주민 주체의 학습・문화 활동과 시설 설립 운동이 확대되어 갔다. 상대적인 의미에서 약동기를 맞이한 지역이 적지 않았다.

3) 1980~1990년대 전반, 평생학습 이행 · 사회교육 정체기

중앙교육심의회의 「평생교육에 대하여」(답신, 1981년), 임시교육심의회의 「교육개혁에 관한 답신」(1987년) 등에 의한 평생교육의 도입과 평생학습체제로의 이행 시책이 전개된 시기이다. 법제적으로는 「평생학습 진흥을 위한 시책의 추진체제 등 정비에 관한 법률」(1990년, 이하 '평생학습진흥정비법'이라고 한다)이 성립되었다(그 문제점은 '제4장 사회교육법제와 평생학습진흥정비법'을 참조). 동시에 이 시기에는 국가와 지자체의 '행정개혁' '재정합리화' 시책과 버블경제의 붕괴로 지자체 사회교육과 평생학습의 공적 조건 정비가 향상되지 않고 오히려 시설위탁, 직원삭감, 예산삭감 등의 움직임이 일고 있었다. 사회교육과 평생학습 간에 혼동도 일어나 지자체 사회교육의 실태는 오히려 후퇴와 침체 상태가 적지 않았다.

4) 1990년대 후반~2000년대, 사회교육 재편 · 전환기

신자유주의정책에 따른 사회교육 공적 체제의 재검토, 시장원리의 도입, 규제완화, 시설의 민간위탁(이를 지정관리자(指定管理者)제도라고 칭함) 등의 시책이 도입되고 「사회교육법」과 공민관 설치기준 등의 개정(1999년, 2001년, 2003년)이 줄을 이은 시기이다. 또한 신보수주의 노선에 따라 「교육기본법」개정(2006년)이 이루어졌으며, 그 뒤를 이어 「사회교육법」과 「도서관법」·「박물관법」 등이 개정되었다(2008년). 대규모의 시정촌 합병, 지방재정의 긴축, 자치단체장 직속행정으로의 사회교육시설 흡수 통합 등 동향 속에서 사회교육행정 및 시설의 축소, 재편, 폐지라고 하는 사태가 일어나고 있다. 한편, 이 시기에는 자원봉사, 시민활동, 사회공헌 활동이 전개되었으며, 「특정비영리활동촉진법」(1998년)의 제정으로 법인격을 지닌 시민단체들이 독자적인 역할을 수행하기 시작한 시기이기도 하였다.

첫머리에서 언급하였듯이 일본의 사회교육과 평생학습은 지금 새로운 전환과 재생 국면에 서 있다고 할 수 있다.[4)]

전후 사회교육 60년의 역사는 정치와 경제 동향에 많은 영향을 받아 왔다. 사회교육시설의 지역 정착도 각각의 단계에서 정치 · 경제정책의 영향을 직접적으로 받았던 것이다.

---

4) 社會教育推進全國協議会編 『사회교육 · 생애학습핸드북(社会教育 · 生涯学習ハンドブック)』 제7판, Eidell硏究所, 2005. 초판(1979년)부터 약 5년 간격으로 간행되었으며, 법제 · 행정 · 시설 등에 관한 기본 자료, 각지의 실천사례, 국제적 동향, 통계 · 연표 등의 주요 자료를 풍부하게 수록하고 있다.

지자체에 따라서는 1970년대에 이미 공적 사회교육시설의 조건정비가 어느 정도 진행된 곳도 있었지만, 평생교육의 도입과 평생학습으로의 이행이 제창된 1980년대의 단계에서 국가의 행정개혁과 재정 삭감, 그리고 신자유주의노선에 따른 공공 부문의 재검토와 시설 민간위탁 등의 시책들로 인해 사회교육시설의 공적 체제가 오히려 정체하게 되고 재생의 기회를 모색하는 아이러니한 사태가 초래되고 있다.

물론 전체적인 경과로 보자면 그간의 60년 세월 동안 사회교육시설의 지역 정착은 전국 규모로 광범위하게 성과를 거두어 왔다. 각각 법적 기반이 마련되어 있는 도서관, 박물관과 나란히 공민관이 전국 방방곡곡으로 보급 · 정착되어 간 것은 전후 일본 사회교육의 큰 성과로서 평가받고 있다. 적어도 통계적으로는 의무교육기관인 학교 시설에 필적할 만한 수준의 설치 수를 실현해 왔던 것이다.

그러나 거듭 말하지만 여기에는 놀랄 만한 지역 격차가 잠재되어 있는 것도 사실이다. 공민관이 학구(學區)[1] 단위로 지역에 배치되어 있는 지자체가 적지 않은 반면, 공민관을 전혀 설치하지 않은 지자체(약 9%, 요코하마(横濱)시, 도쿄도(東京都) 23개구 등)도 있다. 즉 대도시는 1960년대의 급격한 도시화와 인구 급증에 따라 학교 건설과 도시기반 정비에 쫓겨 사회교육 · 문화시설의 정비가 크게 뒤떨어졌다. 도쿄 23개구(수도중심부)에서 공민관은 고작 1개관(네리마구, 練馬區)밖에 없으며, 유사 지역사회교육시설의 설치를 포함해도 인구 규모와의 대비로 보면 오히려 낮은 수준이라고 할 수 있다. 지자체 간의 지역 격차는 단순히 시설 수나 설치율에만 그치지 않고, 시설 기능 특히 전문직원을 포함한 운영체제 측면에서의 지역 격차로도 이어지고 있다. 사회교육시설에 관한 법제는 이념적으로 풍성하다고 해도 현실의 조건정비와 기준법제로서는 빈약한 부분이 있으며, 많은 지자체 간의 격차 또는 시설 격차의 실태를 방치해 온 것이다.[5]

---

5) 공민관에 대한 연구조사 · 자료에 대해서는 日本社会教育学会編 特別年報『현대공민관의 창조(現代公民館の創造)』東洋館出版社, 1999. ; 小林文人 · 佐藤一子 공편『세계의 사회교육시설과 공민관(世界の社会教育施設と公民館)』Eidell研究所, 2001. ; 日本公民館学会編『공민관 · 커뮤니티시설핸드북(公民館 · コミュニティ施設ハンドブック)』Eidell研究所, 2006.

4 평생교육 · 평생학습을 둘러싼 정책 동향

일본의 '사회교육' 개념은 국제적 용어인 '성인교육' '계속교육' 혹은 '민중교육' 등과 비교하면 동아시아 특유의 것이며 그런 의미에서 국제적으로는 소수파이다. 그러나 '사회교육'은 단순히 성인에만 한정된 것이 아니라 청소년을 포함하며, 또한 정형화된 교육만이 아니라 지역활동과 레크리에이션 등의 비정형적 활동을 넓게 포함하는 독자적인 영역을 역사적으로 형성해 왔다. 그런 의미에서 특수한 일본적인 관점이 우선되고, 서구 국가들과의 비교연구와 상호 교류는 오히려 매우 적은 편이었다.

평생교육에 대한 활발한 논의는 1960년대 후반부터 1970년대에 걸친 평생교육에 관한 국제적인 조류를 배경으로 하고 있다. 개별적인 개념 · 용어를 뛰어넘어 현대적 과제로서의 평생교육, 학습사회론, 순환교육(경제협력기구, OECD) 혹은 유급교육훈련휴가제도(국제노동기구, ILO), 문해교육 등에 대한 국제적 논의는 일본의 사회교육에 매우 큰 시사점을 주었다. 그중에서도 유네스코(UNESCO)의 세계성인교육회의(ICAE)가 개최해 온 여러 회의에서 큰 자극을 받아 왔다. 참고로 1972년에는 유네스코 주최 제3회 세계성인교육회의가 동경에서 개최되었다.

그보다 7년 전에 파리의 유네스코 본부에서 열린 제3회 성인교육추진국제위원회에서 폴 랑그랑(P. Lengrand)은 '평생교육'에 대한 기조논문을 발표하여 국제적으로 주목을 받았다. 일본 대표로 출석한 하타노 간지(波多野完治)[6]는 『사회교육의 새로운 방향—유네스코의 국제회의를 중심으로』를 발표하여 국제적인 평생교육론의 동향을 소개하였다. 일본의 평생교육 · 평생학습에 관한 논의는 이 책을 계기로 하여 활발하게 전개되어 갔다.[7]

1970년대 이후의 평생교육(1980년대 후반부터는 '평생학습'이라는 용어가 주류)에 관한 논의와 정책의 전개에 대해서는 그 이전의 역사를 포함하여 몇 가지 특징적인 경과를 요약해서 정리하고자 한다.

• 평생을 통한 인간형성의 영위가 지속된다는 사고방식은 고전적으로는 논어의 가르침

6) 당시 오차노미즈여자대학(お茶の水女子大学) 교수.

7) 日本UNESCO国内委員会『사회교육의 새로운 방향—유네스코의 국제회의를 중심으로(社会教育の新しい方向—ユネスコの国際会議を中心として)』 1967. ; 波多野完治 『생애교육론(生涯教育論)』 小学館, 1972.

에도 있으며('吾十有五而志于學, 三十而立, 四十而不惑, ……' 등), 또 서민 생활의 지혜로서 '나이 육십에 글 배우기'라는 격언도 있듯이 민중의식 속에서 계승되어 왔다.

- 전후 사회교육의 개혁 이념에는 '모든 국민' '모든 기회, 모든 장소'(「교육기본법」 제3조, 「사회교육법」 제3조)라는 말이 보여 주듯이 '평생'교육의 사상이 내재되어 있으며 「사회교육법」에는 평생교육의 이념과 상통하는 것이 있다고 여겨져 왔다.
- 폴 랑그랑으로 대표되는 평생교육론의 제창에는 현대사회의 격동과 과제를 배경으로 하는 체계적인 교육개혁에 대한 관점이 담겨 있지만, 이것에 자극을 받아 태동한 일본의 평생교육론은 제도 개편과 재정 확충을 포함한 현대적 '교육개혁'으로의 지향이 미약하고, 학교교육과 사회교육의 체계적인 재편성과 통합을 지향하는 것이 아니었다.
- 1970년대 이후에 사회교육심의회(「급격한 사회구조 변화에 대응하는 사회교육에 대하여」, 1971년)와 중앙교육심의회(「평생교육에 대하여」, 1981년) 등의 답신에서 볼 수 있듯이 일본의 평생교육도 구체적인 시책을 모색하기 시작하였다. 그러나 그 후 정부 주도의 시책화가 지배적이었고, 충분한 행 · 재정적 조치를 수반하지 않았으며, 이로 인해 국민들의 주체적 참여와 운동을 존중하는 입장(노동운동, 민간교육운동 등)에서는 그러한 행정주도의 평생교육시책에 대한 반발과 비판이 적지 않았다.
- 임시교육심의회에 의한 「평생학습체계로의 이행」(최종답신, 1987년), 그것에 기초한 평생학습에 관한 첫 실정법인 「평생학습진흥정비법」(1991년)은 공공 부문의 개혁과 확충에 의한 평생학습의 체계적 제도화라는 실질성을 갖지 못했다. 그 배경으로 1990년대 버블경제의 붕괴가 있었고, 평생학습진흥정비법이 기대했던 '민간사업자'(제5조)의 활용도 실제로는 성공하지 못하였다('제4장 사회교육법제와 평생학습진흥정비법' 참조).
- 임시교육심의회의 교육개혁 논의는 1980년대 후반 지자체(특히 시정촌)의 평생학습계획 수립의 움직임으로 연결되는 측면이 있었다. 지자체에 따라 차이가 있지만 독자적인 심의기관의 설치, 계획 책정의 주민참여, 본격적인 지역조사, 관련 행정조직과의 연계 등 주목할 만한 지자체 '평생학습계획'이 등장하게 되었다. 제5부에 실린 가와사키시(川崎市), 마츠모토시(松本市) 등은 그 전형적인 사례이다.
- 정부시책인 평생학습 체계화의 흐름과 관련하여 주민에 의한 '아래로부터'의 주체적인 평생학습 활동과 자치적인 평생학습계획에 참여하는 움직임이 있었고, 그 과정에는 유네스코 '학습권'선언(1985년)이 큰 자극이 되었다. 국제적인 조류가 국내적인 논

의와 운동에 서로 밀접하게 영향을 미치고 있었던 것이다. 그 동향 중에서 서구만이 아니라 동아시아의 국제적인 평생교육·학습에 관한 연구 교류도 활발하게 이루어지게 되었다.

5 지자체의 축적과 시민 주도의 실천

1990년대부터 2000년 이후 일본의 사회교육과 평생학습은 정체와 혼미, 전환과 재생이라는 다난한 세월을 겪고 있다. 그 배경에는 앞서 말하였듯이 신자유주의정책에 따른 시장원리도입, 규제완화, 재정삭감, 민간위탁 등의 여러 시책들이 있다. 지자체에 따라서는 사회교육과 평생학습의 여러 조건정비 수준이 후퇴되어 직원 집단이 해체되고 실제 사업과 활동이 자치적인 전망을 상실해 가고 있는 지역도 있다. 행정 주도로 진행되어 온 사회교육과 평생학습의 성격은 행정개혁—행정시책의 후퇴와 재정 조건 축소에 따른 직접적인 영향을 받게 된다.

지금까지 60년간 축적해 온 성과가 또 하나의 전환기를 맞이하고 있다고 할 수 있다. 축적의 적극적인 측면도 평가받을 만하지만, 세월의 경과에 따른 조직과 시설의 경직화·퇴보화라는 소극적인 측면도 있다. 또한 학습 주체인 시민과 주민의 기대 및 요구에 대하여 생기 있고 역동적으로 대응해 가는 자세나 에너지를 상실해 가고 있는 경향도 볼 수 있다. 2000년대 이후에는 대규모의 지자체 통합('시정촌 합병'이라 칭함)이라는 폭풍을 만나 지자체에 따라서는 광역화와 조직 재편의 영향이 지금까지의 사회교육과 평생학습의 축적을 무너뜨리고 있는 지역도 나타나고 있다.

그러나 관점을 바꾸어서 보면 지금까지 축적된 것을 바탕으로 한 발전과 새로운 태동도 보이게 된다. 정책과 행정의 관점만이 아니라 지자체 내의 시민과 주민의 활동이라는 측면에서 보면 새로운 풍경이 나타나지 않을까? 그간 지방분권의 흐름도 있었기에 지자체의 자치적 역량과 시민 상호 간의 네트워크는 다양하게 전개되고 있다.

지역·시민·주민의 눈으로 보면 '60년간의 축적'은 오히려 시민활동 속에서 증폭되고 새롭게 태동하고 있는 것처럼 보인다. 앞에서 지적한 바와 같이 1998년 「특정비영리활동촉진법」(소위 'NPO법'이라고 한다)의 제정은 시민활동의 새로운 발전 계기가 되었으며, '시민 학습을 조직하는 주체로서의 NPO' 출발점이 되어 왔다('제15장 시민의 학습과 NPO'를 참조).

일본의 사회교육 및 평생학습을 둘러싼 정체와 전환이라는 측면과 시민활동의 태동과 재생이라는 두 측면은 특히 오늘날의 공민관이 놓인 상황에 상징적으로 나타나고 있다. 정책 · 행정 측에서 보면 공적 시설인 공민관의 조건정비는 확실히 후퇴하고 있다. 통계적으로 시설 수 · 직원 수 모두 감소 경향에 있다. 특히 직원 실태는 전임직원의 감소, 직원의 비충원, 심한 직원 이동 등으로 그 체제가 약화되고 있어 공민관주사의 전문직화라는 과제는 여전히 밝은 전망을 이끌어 낼 수 없는 상태이다.

그러나 한편으로 공민관과 관련된 시민의 참여와 활동에 대해서 살펴보면, 그동안 다채로운 시민 그룹들이 공민관을 거점으로 활동하였고, 적극적인 지역활동을 전개하였으며, 공민관을 지탱하는 시민네트워크가 확산되고 있는 지역도 적지 않다. 예를 들면, 공민관 활동에서 NPO 활동이 태동하고(가이즈카시, 貝塚市), 지역복지와 연결된 공민관 사업이 창출되며(마츠모토시, 松本市), 또는 소지역 · 마을 단위의 주민 자치에 뿌리내린 자치공민관이 활약하는(나고시, 名護市) 등 이 책에 수록된 지역 사례들이 그러하다('제5부 지역 사회교육의 계획과 실천'을 참조).[8)]

전환점에 서 있는 공민관, 그 행정과 시책상의 어려움을 우려만 할 것이 아니라 시민과 주민의 입장에서 활동과 실천을 확산시키는 것에 주목할 필요가 있다. 따라서 지금 시민주도의 공민관 실천들이 하나의 맥락으로 만들어져 움직이는 것은 향후 공민관을 전망하는 데 있어 매우 중요하다고 할 수 있겠다.

전후 일본에서 최초로 공민관을 설립한 나가노현(長野縣)[9)]에서는 그 후 현(縣) 전체가 공민관 보급을 추진해 온 역사를 자랑하고 있는데, 최근 '60년간의 축적'을 총괄하는 형태로 「나가노현의 공민관역사, 제2판」을 출판하였다. 그 서두에 '신슈(信州, 나가노현의 별칭)의 공민관－7가지 원칙'이라고 하여, ① 정 · 촌 · 지역(마을) 배치, ② 주민 주체, ③ 지역과제 학습, ④ 종합적 지역진흥, ⑤ 분관(分館)활동, ⑥ 공민관 주사 활동, ⑦ 시정촌 자치의

---

8) 社會教育推進全國協議会編『사회교육 · 생애학습핸드북(社会教育 · 生涯学習ハンドブック)』 제7판, Eidell研究所, 2005. ; 長澤成次編『공민관에서 배운다－자기만들기와 마을 만들기(公民館で学ぶ－自分づくりとまちづくり)』國土社, 1998. ; 長澤成次編『공민관에서 배운다II－자치와 협동의 마을 만들기(公民館で学ぶII－自治と協働のまちづくり)』國土社, 2003. ; 長澤成次編『공민관에서 배운다III－나의 생활과 지역을 창조한다(公民館で学ぶIII－私たちの暮らしと地域を創る)』国土社, 2008.

9) 츠마고(妻籠)공민관, 1946년 9월 설립.

원칙을 내걸고 있으며, 마지막으로 향후 공민관의 전망으로 '종합적인 지역진흥의 거점'으로서의 역할을 강조하고 있다. 전국적으로 보았을 때 매우 시사적인 것이다('제18장 나가노현 마츠모토시의 공민관과 지역복지'를 참조).[10)]

6 사회교육과 평생학습을 둘러싼 실천과 운동의 공유 –10가지 선언

그동안 공민관 · 도서관 · 박물관 등의 영역만이 아니라 사회교육과 평생학습의 광범위한 분야에서 많은 에너지를 쏟은 실천적 · 운동적인 문서(계획 · 자료 · 기록 등)들이 작성되어 왔다.

일본 각지에서 추진해 온 여러 계획과 실천들은 주어진 조건에 따라 다르기 때문에, 다양하고도 개성적이며 지역 한정적이라고 할 수 있다. 또한 60년이라는 세월 속에서 시대적인 변천도 적지 않았다. 이러한 다양한 실천과 운동에서 창출되고 제기되어 온 관점과 방법을 전국적으로 확산시켜 이론적으로 검토함으로써 지역을 뛰어넘는 공통의 실천적 자산으로 공유해 가는 노력이 거듭되어 왔다.

이런 과정에는 '일본사회교육학회'[2] 등의 연구적 논의와 '사회교육추진전국협의회'[3]와 같은 운동단체의 역할이 중요하였다. 개별적인 실천을 이론적으로 심화시키고, 운동으로 공유하며, 다시 실천함으로써 사회교육과 평생학습을 지역적으로 발전시켜 가고자 하는 것이다.

이는 선불리 정형화하려 하지 않고 지역적 개성을 손상시키지 않으며, 이러한 토대 위에서 일반화, 이론화, 방법화를 추구해 왔다고 할 수 있다. 그것들이 많은 관계자들에 의해 평가되고 활용되는 과정에서 '테제(These〔獨〕)' 또는 '선언' 등으로 통칭되며 정착되어 왔다.

이 책에는 그러한 사회교육과 평생학습의 실천 · 운동사 중에서 비교적 전국적으로 확산되어 주목을 받은 문서(통첩 · 선언 등) 10개를 각 영역에서 선별하여 수록하였다. 10개 모두 전문연구자나 사회교육실천가만이 아니라 의욕적인 시민에게도 널리 읽히고 공감되어 온 것들이다. 각 자료는 해설을 첨부하여 책 뒷부분의 자료편에 수록하였다.

10) 長野縣公民館運營協議會『나가노현공민관활동사 II(長野縣公民館活動社 II)』2008.

✤ 실천 · 운동에 관한 '10개의 선언'

① 「공민관의 설치 · 운영에 대하여」(문부차관통첩, 각 지방장관 앞, 1946년 7월 5일)
② 「사회교육을 모든 시민에게」(히라가타선언, 오사카부 히라가타시 교육위원회「히라가타의 사회교육」No.2, 1963년)
③ 「공민관주사의 성격과 역할」(시모이나선언, 나가노현 이이다 · 시모이나주사회, 1965년)
④ 「새로운 공민관상을 지향하며」(산타마선언, 도쿄도 공민관자료 작성위원회, 1973년, 1974년 증보판)
⑤ 「정내(마을)공민관 입문」제5차 개정판(나가노현 마츠모토시 교육위원회, 2005년)
⑥ 「중소도시의 공공도서관 운영」(중소리포트, 일본도서관협회, 1963년), 「시민의 도서관」(일본도서관협회, 1970년)
⑦ 이토 도시로(伊藤寿郎)의 제3세대 박물관론「열어라, 박물관」(岩波書店, 1991년), 「시민 속의 박물관」(吉川弘文館, 1993년)
⑧ 「동화(同和)대책심의회 답신」(동화대책심의회, 1965년)
⑨ 「가나가와 문해(文解)선언」(가나가와 문해프로젝트 실행위원회, 1990년)
⑩ 「가와사키아동권리에 관한 조례」(가와사키시청, 가와사키시 교육위원회, 2000년)

7 일본의 시민운동과 사회교육 –지방자치와 시민성을 형성하는 사회교육

최근 일본의 지방자치단체는 중앙정부의 신자유주의 정책에 따른 행재정 개혁의 추진으로 사회교육의 전환기를 맞고 있지만, 한편으로는 지역 만들기 · 마을 만들기에 대한 역할을 사회교육에 기대하는 움직임도 두드러지고 있다. 오랫동안 이어진 행정 주도의 지역 만들기 · 마을 만들기를 시민 주도형으로 전환하는 지자체들이 늘어나고 있으며, 행정과 그 지역에 살고 있는 시민들이 대등한 관계에서 연계하고 서로의 전문성을 발휘하는 '시민협동(協働, collaboration)'의 지역 만들기 · 마을 만들기가 전개되고 있는 것이다. 그 때문에 지역 만들기 · 마을 만들기의 주체인 시민의 역량(시민력) 형성을 사회교육(시민교육)의 현장에 기대하고 있다. 즉 이는 사회교육에서 시민교육(citizenship education)을 통한 시민성 형성을 의미한다. 바꿔 말하자면, 시민사회 구성원들이 지녀야 할 인권 의식이 넘치는 민주적 역량을 갖춘 시민이 되기 위한 주민의 자기교육활동을 가리키는 것이다('제16장 지역 만들기와 평생학습'을 참조).

또한 지방의 경우 도시의 인구 집중과는 반대로 과소화와 고령화가 심각하게 진행되고 있어 '한계마을'[11]이라고 불리는 지역도 출현하고 있다. 이로 인해 지방에서도 지역의 재생과 활성화가 강조되며 마을 살리기의 관점에 입각한 사회교육의 추진이 요청되고 있다. 그것은 도시나 농촌에서의 인재양성과 사람 만들기에 그치는 것이 아니라 구체적인 사회교육의 실천으로서 음악제나 영화제, 인형극 등을 통한 마을 만들기 등 지역성을 반영한 다양한 시도들이 이루어지고 있다.

또 주목할 만한 실천은 각지에서 펼쳐지고 있는 '지역학' 강좌의 개설이라고 할 수 있다. 도시 지역에서는 인간관계가 희박해지고 지역을 아는 사람도 적기 때문에 사람들이 서로 돕고, 지원하며 사는 인간적 도시로서의 지역사회를 창조하는 일은 불가능하다. 따라서 지역학을 개설하여 지역에 대해 알고, 지역을 사랑하며, 그것을 다음 세대에게 전달해 가고자 하는 시도가 시작된 것이다. 지역의 역사, 전통행사, 문화재, 자연, 산업, 인적 자원 등등 지역학은 배움의 보물창고인 것이다. 지역학은 시민성을 키우는 시민교육의 중요한 기반을 담당하고 있으며, 여기에 보존과 창조, 친구 만들기와 연대가 생겨나 '지역력(地域力)·시민력(市民力)'이 자라나고 있다. 지역학은 이제 도시 지역만이 아니라 지방에서도 주목받으며 각지에서 전개되고 있는데, 지역문화 창조의 주체형성을 도모하고, 향토애를 키우며, 지역 만들기·마을 만들기를 지탱하고 있다.

일본의 시민운동은 정치적·경제적인 배경의 영향 아래 전개되어 왔다. 그 시대 구분을 시민적 역량 형성과 시민성의 형성이라는 관점에서 나누면 다음의 세 가지로 구분할 수 있다. 먼저 산업경제를 우선하는 개발에 저항하고 인간주의적 개발을 주장하며 일어선 시민운동으로 비판과 분석, 반대와 저항의 역사이다.

다음은 참여와 연대에 의한 제안형 시민운동으로 발전한 역사이다. 그리고 오늘날 볼 수 있는 지역 만들기·마을 만들기의 주체형성에 의한 참여와 협동(協働)의 시민운동 역사이다. 이러한 시민운동들은 각각 일상적인 사회교육의 학습 실천에 의해 훌륭한 운동으로 그

11) 한계마을(限界集落)이란 65세 이상의 주민이 과반수를 차지하는 마을로 커뮤니티 기능이 상실된 마을을 의미하는 것으로 오오노 아키라(大野晃) 나가노대학(長野大学)교수(산촌환경사회학)가 명명하였다.

성과를 올리고 있다. 높은 수준의 운동에는 높은 수준의 학습이 일상적으로 전개되고 있는 것이다.

시민운동 발전과정의 제1기는 공해반대 투쟁과 소비자운동으로 유명하다. 생활방위를 위해 들고 일어선 주민들은 지자체 정책의 전환을 요구하며 혁신 지자체를 이끌어 냈다. 제2기는 열린 시민 주체가 지자체행정에 참여하여 주민들이 정책형성 과정에 적극적으로 관여하는 시기이다. 주민들이 사회교육시설 설치 계획과 평생학습계획의 입안에도 깊이 참여하고 있다.

가와사키시의 '평생학습기본구상'과 '아동권리조례' 제정 등이 그 대표적인 사례이다. 제3기는 행 · 재정개혁과 지방분권의 추진에 따라 공공서비스부분의 축소와 민영화가 진행되는 가운데 NPO · NGO 등 새로운 공공성을 담당하는 시민운동이 생겨나고 있는 최근의 상황을 말한다('제15장 시민의 학습과 NPO'를 참조).

오늘날 이러한 NPO 등 새로운 시민활동조직이 정내회(町內會, 일종의 마을회의) · 자치회 등 종래부터 지역 정책에 강한 영향력을 미친 전통적인 지역 지연조직과 지역 만들기 · 마을 만들기를 위해 어떻게 연계하고 협력하는지가 향후 과제로서 거론되고 있다. 현재 각 지자체에서는 시민들의 참여 아래 '자치기본조례'나 '주민투표조례'를 제정하여 진정한 주민자치의 실현을 지향하고 주민들의 의사를 직접적으로 행정에 반영하려는 시도가 추진되고 있는데, 이러한 시민운동을 지도하는 사람들은 풍부한 사회교육 실천의 장에서 학습활동을 해 온 사람들이다. 지역에서 '자녀양육네트워크 만들기'나 '노인요양보험' 등의 시민운동은 새로운 지역 만들기 · 마을 만들기의 가능성을 시사하고 있다. 그에 따라 이를 지원하는 각지의 '자원봉사센터'나 '시민활동지원센터' 등과 사회교육시설의 연계가 지금 다시 거론되고 있는 것이다. 1990년 '세계 문해의 해'를 계기로 80년대 후반부터 계속 증가하고 있는 외국인들을 위한 문해학급(일본어교실)은 대부분 시민자원봉사자들에 의해 운영되고 있으며, 행정과 시민의 협동 없이는 존속이 불가능하다.

시민운동의 발전과정과 지방자치의 발전과정은 서로 연결되어 동원(動員)에서 참여로, 그리고 참여에서 협동으로 진화하는 주민자치의 역사와도 중첩된다. 공민관의 사회교육사업에서 오늘날의 시민제안형사업과 시민자주(주도적)기획사업의 개설은 종래 사회교육주사, 공민관주사 주도의 사회교육에서 벗어나 행정과 시민 협동의 사회교육 시대에 도달했음을 증명하고 있다.

8 일본의 대학과 사회교육 –대학개혁과 평생학습정책 · 지역공헌

일본의 대학생 인구(18~22세)는 1991년을 정점으로 하여 그 후 저출산화의 급격한 진행으로 급감하고 있다. 따라서 각 대학은 이에 맞춰 대학개혁과 경영개혁을 추진하고 있다. 동시에 평생학습정책의 진전에 따라 대학의 평생학습과 지역공헌이 강조되어 각지에서 적극적인 시도가 진행되고 있다.

전자는 사회인 입학, 학점호환제도, 대학 간 연계, 국공립대학의 독립법인화, 새로운 학부의 개설 등을 초래하였다. 후자의 평생학습 · 지역공헌은 대학과 지자체의 연계, 대학확장운동으로서의 '평생학습센터' 개설, 대학공개강좌의 확충, 대학의 지방출장강좌 실시, 대학도서관의 일반개방과 대학 간의 상호 이용, 대학도서관과 공공도서관의 연계, 고교–대학 간의 연계, 지역 만들기 · 마을 만들기를 위한 '지역학' 강좌의 개설, 산업체와의 공동연구 등 UI(University Identity)운동의 대학 간 경쟁을 낳고 있다. 이러한 것들은 시민들의 고등교육에 대한 관심의 확대와 심화에 따라 대학에 축적된 고도의 전문적, 지적 자원과 지역과의 연계를 도모함으로써 대학의 경영전략(대학개혁)과 지역 만들기 · 마을 만들기에 커다란 역할을 발휘하고 있다. 와카야마(和歌山)대학은 와카야마현과 협동 사업으로 지역 내의 세 곳에 평생학습교육연구센터 지부(satellite)[4]를 설치하여 사업을 실시하고 있어 그 선진성이 주목받고 있다('제8장 대학의 평생학습 관련 사업의 전개'를 참조).

가와사키시에서는 타마(多摩)구청과 그 지역에 소재하는 도쿄여자대학, 메이지(明治)대학, 센슈(專修)대학 등 3개 대학이 협정을 맺어 학생들이 지역축제의 사업 기획과 지역활동 등에 참여하고 있다. 또한 교육위원회[5]의 평생학습추진과에서는 시내 11개 대학과 3개 전문학교가 참여한 '평생학습대학 등 고등교육기관연락회의'를 개최하고 긴밀한 대학연계를 통한 공개강좌를 실시해 오고 있다.

대학연계에서는 지자체와 대학, 기업, 관련 단체가 연계하여 지역공헌과 산업협력을 도모하는 예가 많다. '대학 컨소시엄 교토(京都)'는 교토시와 지역의 50개 대학과 경제단체, 기업이 재단법인을 설립하여 대학 연계를 추진하고 다양한 시민 대상 공개강좌를 제공하여 큰 성과를 거두고 있다. 이러한 움직임은 전국으로 파급되어 각지에 대학 컨소시엄을 낳고 있다. 46개 대학으로 조직된 '대학 컨소시엄 오사카(大阪)'는 특정비영리활동법인(NPO법인)의 법인격을 취득하고 오사카시와 '연계협력에 관한 포괄협정'을 체결하여 활동

거점을 제공받고 있다. 도쿄 산타마(三多摩地區)지구의 '학술 · 문화 · 산업 네트워크 타마(多摩)'는 9개 지자체와 37개 대학, 25개 이상의 기업이 회원이 되어 사단법인을 조직하여 활동을 전개하고 있다. 2004년에는 '전국대학컨소시엄협의회'가 설립되었으며, 현재 40개의 대학컨소시엄조직이 가맹되어 있다. 2006년 제3회 '대학의 구조개혁과 산 · 관 · 학 · 지역 연계의 역할'을 주제로 개최된 전국대학컨소시엄연구교류포럼에서는 대학이 안고 있는 현대적 과제가 거론되었다.

사회교육학은 지역의 시민생활 장에서 확산되고 있는 사회교육 실천을 이론화하는 학문체계인 만큼 실천현장과 연구현장의 쌍방향성을 그 특징으로 한다. 전후 초기의 사회교육에서는 대학에서 사회교육을 공부한 후 지자체 사회교육 직원으로 현장에서 근무하다 다시 대학 교원으로 돌아가는 사례를 많이 볼 수 있었다. 지금도 사회교육주사로서 활약한 경험이 풍부한 지자체 직원이 대학의 전임교원이나 시간강사가 되는 사례는 드물지 않다. 또한 지자체 직원이 사회교육학회의 회원이 되어 일상적인 사회교육실천을 통해 연구발표를 하는 일은 일반적인 현상이라고 할 수 있다.

동시에 대학 교원들이 민간교육운동단체(예를 들면, 사회교육추진전국협의회)의 회원이 되어 일반 시민 및 지자체 직원들과 하나가 되어 연구와 운동을 병행하는 일도 일본 사회교육의 특징이라고 할 수 있다. 실제로 30년 이상의 역사를 자랑하는 '대도시 사회교육 연구와 교류의 모임'은 광역 규모의 도시('정령지정도시(政令指定都市)'라고 칭함)[6]의 사회교육직원 노동조합과 사회교육학회의 뜻있는 연구자(대학교수)들로 조직되었으며, 대도시의 사회교육행정이 안고 있는 다양한 과제를 적극적으로 다루고 대도시의 사회교육을 연구하여 이론화해 오고 있다.

현재 지역의 세계화가 진전되는 가운데 삶을 둘러싼 생활과제, 지역과제는 점점 복잡하고 심각해져 그것의 해결을 위한 지방자치단체의 사회교육추진은 고도의 전문 지적 자원을 축적한 대학과의 연계에 기대를 걸고 있다. 또한 과학기술이 진보하고 사회가 급격히 변화하는 이 시대에 미래사회를 열어 가는 시민 에너지의 창출은 대학과 지역이 한층 더 강하게 연계해 감으로써 가능할 것이다.

9 탈피와 재생에 대한 모색 —사회교육 · 평생학습을 둘러싼 다섯 가지 과제

그림 1 한국의 사회교육 · 평생학습(2006)

이 책의 자매편으로 2006년 일본에서 출간되었던 『한국의 사회교육 · 평생학습』의 서장에 필자는 일본의 과제에 대해 다음과 같이 쓴 적이 있다. "……전후 교육개혁으로부터 이미 반세기를 거쳐 그동안 쌓아 온 사회교육 · 평생학습의 공적 체제를 어떻게 재창조해 갈 것인가가 과제로 떠오르고 있다."[12] 공적 체제 그 자체의 수준저하가 우려됨과 동시에 고정화 · 형식화되기 쉬운 제도와 조직을 시민들에게 열린 활기찬 공공(公共)의 공간으로 어떻게 탈피 · 재생해 갈 것인가? 지금 '재창조'로 가기 위한 큰 전환점에 서 있다고 할 수 있다.

다음의 각 장들에서 각각 개별 주제에 따라 문제점과 과제를 제시하고 있지만 여기에서는 전체적인 관점에서 서론적으로 그 재창조의 과제를 다섯 가지 정도 제기하고자 한다.

1) 시민적 공공성의 추구

일본 사회교육과 평생학습이 쌓아 온 행정 주도적 체질을 어떻게 시민 주도의 방향으로 전환시켜 나갈 것인가? 모든 시민들에게 열린 공공의 공간을 어떻게 창출해 갈 것인가? 앞에서 언급했듯이 행정 주도에서 시민 주도로의 흐름은 지금 다양한 형태로 시작되고 있다. 지역 속에서 모색되고 있는 작은 움직임들이 사회교육 · 평생학습의 여러 장면에서 서로 만나면서 큰 흐름이 되어 급류를 만들어 갈 수 있을지가 과제이다.

새로이 시민 상호 간의 네트워크 만들기, 마을 수준의 소지역 자치공민관활동, 문화 서클의 확산, 창의성 넘치는 NPO · 시민활동, 지역과제에 대한 문제의식을 공유하는 마을 만들기운동 등 지금까지의 다양한 실천적 축적 속에서 그 가치를 재발견할 필요가 있다. 그

12) 黃宗建 · 小林文人 · 伊藤長和編 『한국의 사회교육 · 생애학습—시민사회의 창조를 지향하며(韓国の社会教育 · 生涯学習—市民社会の創造をめざして)』 Eidell研究所, 2006, p.29.

발전을 위해 행정 본연의 적극적인 역할이 기대되는 지금이 새로운 흐름을 만들 큰 기회가 아닐까 생각한다.

2) 현대적 과제들에 대한 대처

현대사회가 직면하고 있는 절실한 여러 과제들(환경, 인권, 복지, 다문화공생(多文化共生)[7], 지역창조 등)에 대하여 다양한 사람들이 문제의식을 갖고 함께 배우고 생각하며 시민운동으로 전개해 가는 것을 볼 수 있다. 배움이 행동으로 연결되고 행동을 통해 배움이 심화되어 가는 순환, 그러한 시민 개개인의 배움과 활동이 사회적 운동으로 확대되어 가는 발전, 그 속에 사회교육 · 평생학습이 고유의 역할을 갖고 제 역할을 하고 있는가? 현실의 여러 과제와 유리되어 시민운동과는 다른 차원의 세계에 사회교육과 평생학습이 안주하는 경향으로부터 탈피해 갈 필요가 있다.

다시 한 번 '행동하는 시민'으로서의 성인교육(함부르크선언, 1997년)과, 알고(to know) · 행동하고(to do) · 함께 살고(to live together) · 존재하기(to be) 위한 '학습의 4가지 이념'(유네스코 21세기 교육국제위원회)의 제언을 상기해 두고자 한다.[13] 현대적 과제에 폭넓은 시야를 갖고 대처하는 일은 실제 시민운동 속에서 평생학습의 의미를 발견하는 것이며, 격동하는 현대와 맞서 싸우려는 초심으로 돌아가 평생학습을 재창조해 가는 것이다.

3) 직업 · 노동에 관한 교육과 훈련에 대한 관점

일본의 사회교육은 역사적으로도 지역중심주의적인 특징을 지니고 있으며, 중심시설인 공민관도 기본적으로 지역시설로서, 지역에 뿌리내린 학습활동과 지역 만들기에 관한 사회교육의 실천은 지금까지 많은 성과를 거둬 왔다. 그러나 한편으로 직업 · 노동 또는 생산에 관한 교육과 훈련의 영역은 사회교육의 계열에서 분리되어('제7장 직업 · 노동과 사회교육'을 참조), 직업능력개발 · 기술훈련 · 자격취득 등의 '직업교육'은 전혀 관심을 받아 오지 못하였다. 1980년대 후반 '평생학습체계로의 이행'이 제언되고, 1990년 「평생학습진흥정비

---

13) UNESCO · 21世紀教育国際委員会報告書(監訳 · 天城勲) 『학습—숨겨진 보물(学習—秘められた宝)』 ぎょうせい, 1997.

법」이 제정되었던 시기적절한 때에도 직업·노동교육에 대한 시책화·법제화는 전혀 실현되지 못했다.

그러나 노동행정의 계열에서는 직업능력개발이 일정한 체계를 갖추고 실시되었으며, 노동운동 등에서는 노동자교육을 해 왔다. 이런 경험과 축적을 바탕으로 직업·노동과 교육·학습이 평생학습으로 결합되어 가는 방향을 모색해 갈 필요가 있다. 국가제도로서 노동과 교육의 양 영역이 분리되어 있는 현실을 직시하고 어떠한 대책을 강구해 갈 것인지, 지방자치단체 특히 대도시에서 노동영역과 교육영역의 연계와 협력의 가능성을 만들어 낼 수 있는지, 지금 그 구체적인 구도를 즉시 그려 낼 수는 없지만, 현실적으로 실업자와 이직자가 증가하고 특히 젊은 세대의 니트족·프리타족[8], 파견노동자들이 큰 사회문제로 부상하고 있는 상황에서 평생학습이 어떠한 대응도 하지 못하는 실태를 어떻게 극복해 갈 것인지가 큰 과제다.

4) 전문직 제도와 직원집단의 재구축

전후 교육개혁기에 사회교육에 관한 전문직 제도로서는 사회교육주사, 도서관 사서, 박물관 학예원의 법적 기반이 마련되었다. 이러한 전문직 집단이 60년이라는 세월 속에서 사회제도적으로 충분히 정착되어 왔는지에 대해서는 많은 과제가 남아 있다. 법규정(기준)의 수준은 낮고, 교육시책상의 비중은 미약하며, 인사관리상의 위치는 불충분하고, 더욱이 공무원 감원정책 아래 실제로는 불충분하게 형성되어 온 전문직 집단이 최근에는 오히려 축소·약화되는 경향마저 볼 수 있다.

그동안 지자체에 따라서는 조례 규칙에 의한 전문직제도의 도입(마츠모토시(松本市), 가이즈카시(貝塚市) 등)과 독자적인 전문직 채용의 노력이 있었으며, 또한 당사자들이 자발적으로 전문역량을 높이는 자기연수나 연구활동에 참여하는 등의 전문직화를 위한 길도 추구하여 왔다. 그리고 지역에서 관련 영역(복지, 의료, 학교, 행정 등)의 전문직 상호 간 연계와 NPO 등 시민단체 전문 스태프들과의 협동이라는 새로운 움직임도 있다. 따라서 평생학습시대의 새로운 전문직 제도 창설을 어떻게 추진해 갈 것인지 대담하고 적극적인 제언이 기대되는 부분이다. 지금까지 축적된 것을 활용하여 지역과 시민들에게 필요한 전문직 제도를 충실히 하는 방향과 시민참여(시민전문스태프)를 포함한 직원집단의 재구축이 추구되어야 할 것이다.

5) 평생학습법제에 관한 입법론

유감스럽게도 1990년에 제정된 「평생학습진흥정비법」은 국제적 평가를 받을 만한 것이라고는 말하기 어려운 수준이었다. 실제로 그 주요 부분은 거의 효력 없는 형태로 존재해 왔다. 그러나 이것이 제정되던 시기를 전후해서 일어난 학회 등의 평생학습 논의 혹은 당시의 지자체 평생학습계획책정에 담긴 이론과 방법은 일본의 독자적인 평생학습법제를 새롭게 제정하는 기초로서 많은 시사적인 내용을 담고 있다.

이미 국가실정법으로 기능하고 있는 법률 중에는 평생학습관련법이라고 할 수 있는 내용을 구비하고 있는 것들이 있다. 예를 들면, 직업능력개발촉진법(1965년), 환경기본법(1993년), 고령사회대책기본법(1995년), 특정비영리활동촉진법(NPO법, 1998년), 남녀공동참획기본법(1999년), 인권교육 및 인권계발추진법(2000년), 문화예술진흥기본법(2001년) 등이다. 개별법이 갖는 배경과 한계를 고려하여 이들을 서로 관련짓고 종합화하는 관점에서 새로운 평생학습법제의 입법론을 만들어 갈 수는 없을까?

그동안 일본에서는 「교육기본법」과 「사회교육법」의 개정 문제가 있었으며, 이념 사수와 관련한 법 개정론은 오로지 방어론적 논의로 치우치기 십상이었다. 그러나 다시 한 번 시대의 요구에 부응하는 평생학습체제를 위하여 적극적인 입법론에 대한 탐구가 기대되는 바이다. 이러한 점에서 전문 연구자들의 입법론이 중요한 영향을 미쳤던 한국 '평생교육법' 제정과 동법 개정(1999~2008년)의 경과에서 많은 시사점을 얻을 수 있다고 하겠다.

〈역주〉

1 '학구(學區)'는 교구(校區)라고도 하는데 통학하는 자녀들의 거주지를 학교마다 한정하기 위해 지자체가 지정하는 구역을 말한다. 학구는 소학교구, 중학교구 등 범위가 다양하지만 마을 만들기사업, 지역공동체, 커뮤니티시설 설치 등의 기준으로도 이용되어 있다. 학교지원지역본부사업은 중학교구를 기준으로 하고 있다.

2 일본사회교육학회는 1954년 10월에 창립되었으며, 회원으로는 사회교육 · 평생교육 연구자를 비롯해 사회교육행정직원(사회교육주사)과 공민관, 도서관, 박물관 등의 전문직원, 대학원생, 사회교육 관련 자원봉사자, 학교 교사, 그 밖에 사회교육에 관심이 있는 자 등 대략 900여 명이 활동 중이다. 연구대회는 1년에 1회(가을) 개최되며, 매년 6월경에 연구대회의 중간집회로서 '6월 집회'가 개최된다. 6월 집회의 개최지역은 크게 전국을 6지역(관동지역(수도권), 도호쿠(東北) · 홋카이도(北海道)지역, 도카이(東海) · 호쿠리쿠(北陸)지역, 간사이(關西)지역, 추고쿠(中國) · 시고쿠(四國)지역, 규슈(九州) · 오키나와(沖縄))로 나누어 각각의 테마를 정해 개최된다.

3 사회교육추진전국협의회는 1957년 12월에 창간된 『월간 사회교육(月刊社會教育)』(國土社)의 독자들을 중심으로 결성된 사회교육연구전국집회(제1회, 1961년)가 3주년을 맞이했을 때 사회교육 관련의 전국 조직을 만들자는 의견이 제기되어 결성된 조직이다. 1963년 9월에 '회원의 실천과 연구 활동을 토대로 전국적인 교류를 도모 · 교육, 상호 간의 학습과 격려를 통해 국민의 권리로서의 사회교육의 발전을 추진하는 모임'이라는 목적을 내걸고 창립되었다. 매년 8월 말에 전국 각지의 회원들이 모여 전국 집회를 개최한다. 본 집회는 2박 3일에 거쳐 약 20개의 분과회와 과제별 세미나가 개설되어 다양한 연구 및 실천사례가 보고되고 활발한 토론이 이루어진다. 현재 회원 수는 약 500명이며, 전국에는 각 지역의 실정에 맞는 활동을 추진하는 조직(지부 등)이 다수 존재한다.

4 '새틀라이트(satellite)'란 지리적으로 떨어져 있는 곳에서 동 연구센터의 역할을 담당하는 분관과 같은 시설을 말한다. 최근 각 대학들이 시민들이 지리적으로 접근하기 쉬운 곳에 대학의 사무실과 교육시설을 마련하여 교육활동을 전개하고 있는데 이러한 경우도 대학의 '새틀라이트'라고 부르고 있다.

5 '교육위원회'는 지방교육행정법을 법적 근거로 광역자치단체와 기초자치단체에 설치된 지방교육행정기관이다. 교육위원은 의회의 승인을 받아 자치단체장이 임명하고 교육위원의 호선(互選)으로 교육위원장 1명을 선출한다. 협의의 교육위원회는 이 행정위원회를 말하고 광의의 교육위원회는 실무를 담당하는 '교육위원회 사무국'까지 포함한 개념을 말한다. 한국의 지역교육청에 해당하지만 자치단체에 설치되면서도 일정 정도의 독립성을 지니고 있는 점, 교육감에 해당하는 '교육장'을 주민이 직접선거로 선출할 수 없는 점 등의 제도적 차이가 있다.

6 '정령지정도시'는 「지방자치법」 제252조의 19를 법적 근거로 설치된 대도시이다. 50만 명 이상의 인구규모를 가지며, 정령(政令)으로 지정되어 도도부현(都道府縣)과 유사한 권한을 갖고 있다.

7 '다문화공생(多文化共生)'은 일본 가와사키시(川崎市)의 재일한국인 · 조선인들의 인권운동이 1980년대부터 사용해 온 '더불어 산다' '공생(共生)'이라는 개념과 1990년대 초에 서구의 다문화주의가 일본으로 소개되면서 만들어진 합성어이다. 처음에는 일본 정부의 동화주의(同化主義)에 대한 '저항개념'으로 사용되었지만 2003년에 일본경제단체연합회, 2006년에 일본 정부 총무성이 사용하기 시작했다.

8 니트(NEET, Not in Employment, Education or Training)라는 말은 영국에서 도입된 말로 일본에서는 보통 15~34세의 인구 중 취업(활동)도 하지 않고, 재학 중도 아니며, 가사(결혼)에도 종사하지 않는 사람들을 지칭하는 말로서 실업자와는 구분되어 사용된다. 프리터족은 영어의 프리(Free)와 독일어의 아르바이트(Arbeit), 그리고 '~ 하는 사람'을 나타내는 접미어 '–er'이 합해져 만들어진 신조어로서 1987년 『프롬에이(フロム・エー)』라는 리크루트회사의 아르바이트정보잡지 편집장이 만들어 낸 말이다. 1980년대 후반 거품경제기에 학교 졸업 후 뮤지션이나 배우 등과 같은 자신의 꿈을 실현하기 위해 정규직에 취직하지 않고 아르바이트를 하면서 생계를 유지하는 젊은이들을 지칭하는 것으로 출발했으나 거품경제 붕괴 이후 불경기로 인해 정규직 취직이 어려워지면서 어쩔 수 없이 아르바이트로 생계를 유지해야 하는 젊은이들이 늘어나면서 내각부(內閣府)에서는 프리터를 '젊은층(단, 학생과 주부는 제외) 중 파트타임 · 아르바이트(파견사원 등을 포함) 및 일할 의지가 있는 무직자'라고 정의하고 있다(내각부, 『2003년판 국민생활백서』).

특별칼럼 1 한 · 일 사회교육의 가교, 황종건 선생

김제태(前 한국문해교육협회 회장)

본인은 이 칼럼에서는 일본학자들의 동아시아, 특히 한국사회교육에 대한 성의와 노력에 경의와 감사의 뜻을 깊이 표하면서 짧게나마 일본과 한국 사회교육의 가교 역할을 한 황종건(黃宗建) 교수에 관한 이야기를 하고자 한다.

한국의 사회교육을 논하자면, 그 언설이 필연코 황종건 교수의 생애와 연결될 수밖에 없다고 생각한다. 그분이 살았던 시대의 세계적인 교육 사조(思潮)가 제기한 문제인 "교육의 기회균등"을 실현하기 위해서는 정규교육으로 대표되는 학교교육 제도만으로는 한계가 있다는 문제의식을 강하게 제기하였던 황종건 교수는 비정규교육인 사회교육을 한국사회에 소개하고, 창의적인 노력을 발휘하여 한국 사회교육의 지평을 넓혔으며, 한국 사회에 사회교육을 학문적으로 접근시켜 전개하고 실천운동을 장려하여 확산시켰던 분이라고 표현할 수 있겠다.

본래 교육사회학 전공자였던 황교수가 1966년에 선배학자인 김종서(金宗西) 교수, 김승한(金昇漢) 선생, 그리고 동료학자들과 한국교육학회 내에 사회교육연구회(한국사회교육학회의 전신)를 만들어 시작한 사회교육연구는 그 후 수많은 사회교육학 논문들과 단행본 학술서들이 나오는 계기를 만들어 한국의 사회교육학이 자리매김하도록 하였으며, 한국 사회교육 발전에 크게 기여를 했다. 다시 말하지만, 황종건 교수의 창의와 열성이 그대로 한국의 사회교육발전과 사회교육의 국제교류를 이끌었다고 할 수 있다.

그 예로 황종건 교수의 주선으로 창립된 한국사회교육협회는 한국사회의 많은 영향력 있는 기관과 인사들의 자발적인 참여와 활약을 묶어 한국사회의 학습사회화를 촉진했으며, 사회교육의 국제교류협력에 있어 매개역할을 했다. 또한 문해교육의 진흥을 위해 한국사회교육협회와 유네스코(UNESCO)한국위원회와 아시아 태평양사무국(UNESCO PROAP), 국제사회교육기구(ICAE), 아시아남태평양사회교육협회(ASPBAE)의 협력을 얻어 창립한 한국문해교육협회(회장 이선재)의 활동은 현재 아주 폭넓게 전개되고 있다. 나아가 일본, 중국, 베트남, 몽골리아 등의 나라들과의 사회교육 교류 사업은 황교수의 주선으로 창립된 한국국제교육문화협회(회장 송석호)를 중심으로 활발히 이루어지고 있습니다.

황종건 교수의 사회교육운동은 한국의 사회교육과 국제사회교육운동을 연결시키면서 여러 나라의 사회교육학자 및 사회교육활동가들과의 교류와 협력을 이끌어냈으며 특히, 일본 학자들과는 아주 긴밀한 관계였다고 본다. 그가 영국 맨체스터대학에서 수학할 때 함께 공부했던 모로오카(諸岡和房)교수와는 깊은 우정으로 사회교육의 국제적 관계를 많이 숙의(熟議)한 것으로 알고 있으며, 고바야시분진 교수를 비롯한 많은 일본 사회교육학자들과 생애 말년까지 친밀한 관계를 형성해 온 것으로 알고 있다. 그 관계는 비단 개인 간의 우의에 그치지 않고, 한국과 일본 사회교육의 교류협력과 우호증진의 길로 발전되었다.

말년에는 중국 산동성 웨이팡(維坊)에 있는 산동과학기술대학(山東科學技術大學)에 초빙교수로 재직하며 적극적인 교육활동으로 산동성 교육위원회의 공로 포상을 받기도 하였다. 그러나 중국에서 3년여를 보내다가 건강을 잃고, 애석하게도 2006년 7월 20일 별세했다. 너무나 뜻밖에 당한 황종건 교수의 떠남은 애석함을 넘어 인생무상을 실감하게 했다.

2008년 7월 22일, 충청북도 괴산군 청천면 송면리 뒷산 산기슭 잘 자란 소나무아래 황종건 교수의 산소에 고바야시분진(小林文人) 교수를 비롯한 일본 사회교육학계 인사들이 성묘를 했다. 오키나와(沖繩)에서 직접 가져온 술을 오키나와에서 만든 술잔에 부어 놓고 추모를 했다. 그 자리에서 필자가 한국의 초혼(招魂) 관례를 설명하고 황종건 교수의 혼을 그 이름으로 불러보자고 발의하였다. 참석자 모두가 목소리에 추모의 정을 더하여 큰소리로 외쳤다.

황종건! 황종건! 황종건!

모두의 눈시울이 붉어졌고, 황종건이라는 이름의 산울림이 산골짜기에 메아리쳤다. 고바야시교수는 "황종건 선생 혼이 정말 왔다는 느낌을 받았다."고도 했다. 이어서 필자가 황종건 교수와 황혼을 얘기하며 불렀던 일본 동요 "夕やけこやけ(저녁 노을)"와 한국가요 "사랑해 당신을"을 함께 부르고 음복으로 술잔을 나누었다. 2009년 7월 28일에도 역시 고바야시분진 교수 일행은 황종건 교수의 묘에 성묘를 하였고 다시 초혼(招魂)과 노래 제창을 했다.

사실, 일본에서는 황종건 교수를 추모하기 위해 그 분이 편집위원으로 참여했던 『한국 사회교육·생애학습』 표지 안에 추모의 뜻을 새겨 넣었으며 「동경·오키나와·동아시아

사회교육연구회」의 「동아시아사회교육연구(東アジア社會教育硏究)」제11집(2006)에 "추모 황종건 선생 특집"을 엮어 추모의 뜻을 표하기도 했다. 그 책들은 황종건 교수의 묘소에 헌정되었으며, 2009년 성묘에선 마침 그해 2월에 중앙대학교에서 박사학위를 받은 히고코우세이(肥後耕生) 선생의 박사학위논문 「황종건의 사회교육이론과 실천연구」도 헌정되어 숙연한 가운데 큰 의의를 느꼈다.

이런 일은 비단 황종건 교수라는 특정인에 대한 추모만이 아니라 그분이 뜻했던 사회교육운동의 국제협력 정신을 높이고 한국과 일본 간의 긴밀한 협력과 양국의 관계자들의 우의를 더욱 굳게 하는 선례가 될 것으로 믿는다. 저는 고바야시 교수 일행 중에 황종건 교수와 일면식도 없었던 분들이 성묘 시에 보여준 정중하고 친화적인 태도에서도 분명하게 그 가능성을 느꼈다.

한국사회교육의 횃불을 성화처럼 들고 뛰면서 한국사회교육과 일본사회교육의 교류협력과 우호증진의 가교역할을 하고 작고한 황종건 선생의 모습이 새삼 그립다.

황종건 선생과 고바야시 교수와의 만남

| 제 1 부

사회교육 · 평생학습의 역사와 현재

제 1 장
제2차 세계대전 이전의 사회교육 생성

마츠다 다케오(松田武雄)

1 초기 사회교육사상과 지역의 사회교육활동

1) 초기 사회교육사상

일본에서 사회교육이라는 용어를 처음 사용하기 시작한 것은 후쿠자와 유키치(福沢諭吉)의 1877년 11월 10일 미타(三田)[1]강연회에서였다. 중류계층 청년들을 대상으로 열린 이 연설에서 그는 전 생애에 걸쳐 실제 사회 경험을 통해 배우는 것을 '인간사회교육'이라고 칭하였다. 즉 사회교육이란 정규 학교 졸업 이후, 시민이 평생을 통해 배우는 '자기교육'을 의미하는 것이었다. 이렇게 하여 일본에서는 자본주의 사회의 건설 과정에서 새로운 시민사회를 만드는 주체 형성을 사회교육에 기대했던 것이다.

여기에서 말하는 시민은 주로 중류계층을 지칭하는 것으로 그는 일반 대중을 사회교육의 대상으로 여기지 않았다. 그러나 그 후 학교교육의 근대적 제도화에 따라 학교교육을 지원해 주는 것으로서 사회교육의 필요성이 논의되었다. 1885년 12월, 이토 히로부미(伊藤博文) 수상 체제 아래, 모리 아리노리(森有礼)가 초대 문부대신으로 취임하였고 근대 학교 제도를 확립하였다. 특히 의무교육의 보급을 위해서는 부모교육이 필요하며, 그것에는 사회교육이 유효하다는 주장이 잡지 등의 논설란에 실렸다. 당시 학교교육, 가정교육, 사회교육이라는 3분법에 기초한 교육론이 등장하였는데 취학률을 높이기 위해 부모교육으로서 사회교육이 거론되었다.

이러한 사회교육론은 후쿠자와가 제창한 시민의 자기교육으로서의 사회교육론과는 다른 것으로, 학교교육을 보완하기 위한 부모에 대한 계몽적이고 통속적인 교육이었기 때문에 그 이후 '통속교육(通俗教育)'이라는 말이 사회교육과 함께 사용되었다. 일본에서 최초로 통속교육을 제목으로 한 저술은 1885년 이에지 다모츠(庵地保)의 『통속교육론(金港堂)』이었다. 이 책은 초등교육의 중요성을 부모들에게 인식시키려고 집필된 부모교육 입문서였는데, 이처럼 초기 통속교육은 부모들에게 아동의 취학을 장려하는 계몽적 성격을 가지고 있었다.

2) 지역의 사회교육 및 통속교육

1885년에 통속교육이 학교교육의 부수적인 것으로 문부성의 사무규정에 규정되었다. 그러나 그 후 1887년에 개정된 '문부성관제중개정(文部省官制中改正)'에서는 통속교육을 도서관·박물관·교육회와 나란히 학교교육의 보충이 아니라 일반 민중의 교육을 의미하는 것으로 정의되었다. 이로써 통속교육은 사회교육과 유사한 의미를 지니는 말로 보급되기 시작하였다.

이러한 문부성의 규정에 따라 지역에서 교사와 교육회(教育會)[2], 군장(郡長)·호장(戶長) 등의 주최로 주로 부모를 대상으로 하는 통속교육회가 전국 각지에서 실시되었다. 당시 그 내용은 슬라이드 상영, 과학실험, 창가(唱歌), 전람회, 담화회 등으로 부모들에게 학교교육의 모습을 선전하기 위한 것이었다. 그러나 그 후 아동의 취학률이 급속히 상승하고 학교교육제도가 정비되면서 통속교육은 부모에 대한 교육이 아니라 통속적인 성인교육을 의미하게 되었고, 일반 민중에 대한 성인교육으로 전개되어 갔다.

반면 사회교육은 아동의 교육을 둘러싼 사회 환경을 개선한다는 의미로 사용되어, 지역의 사회개량, 통속개량, 생활개선을 촉진하는 교육으로 파악하는 사회개량적 사회교육론이 나타났다. 즉 사회교육은 통속교육과 마찬가지로 일반 서민에 대한 계몽적인 성인교육으로도 이해되었지만, 다른 한편으로 사회개량을 목적으로 하는 교육으로도 여겨졌다. 이렇게 통속교육과 사회교육은 유사한 의미를 지니면서도 사회교육의 경우는 사회문제와 관련된 교육으로서의 의미를 지니고 있다고 할 수 있다.

일본에 사회교육이라는 말이 등장했을 무렵, 일본은 자유민권운동[3]이 전성기를 맞이하고 있었다. 이 운동의 과정에서 각지에 학습결사조직이 만들어졌는데, 그것은 정치결사조직이기도 하였다. 이들 학습모임은 강연회나 토론회의 개최, 신문·서적의 출판, 신문게시대와 도서열람소 설치 등의 활동을 전개하였다. 사회교육이라는 용어를 사용하지는 않았지만 후쿠자와가 말한 자기교육으로서의 사회교육활동을 민중 스스로가 조직해 갔던 것이다.

그중에서도 특히 이츠카이치시(五日市, 지명)[4]의 학예강연회는 강연, 연설, 토론을 통해 지식을 교환하고 당시의 정치 · 사회에 관련된 다양한 주제로 토론을 전개해 갔다. 이 모임은 1879년경부터 활동을 시작하여 매월 국회의 정례회를 실시하고, 신문게시대를 설치하였다. 그 학습의 결과로서 '이츠카이치 헌법초안'을 만들었는데, 여기에는 교육과 언론 · 출판 · 집회의 자유가 담겨 있었다.

이렇게 메이지시대 초기(1870년대)에는 민중, 특히 부농층의 자유로운 학습활동이 전개되기 시작하였으나 1881년 10월 국회개설 조칙(詔勅) 공포, 마츠카타 마사요시(松方正義)[5]의 디플레이션 정책, 부농층과 소작빈농층의 분열, 자유민권운동에 대한 탄압 등으로 인해 이 학습활동들은 쇠퇴되었다.

2 | 초기 사회교육론과 통속교육활동의 조직화

1) 초기 사회교육론의 제창

후쿠자와의 제자인 야마나 지로(山名次郎)는 일본 최초의 사회교육에 관한 책인 『사회교육론(金港堂書籍)』을 1892년에 간행하였다. 야마나는 사회교육을 국가교육과 구별하여 국가라는 틀 밖에서 발달한 '민중의 힘'에 의한 교육의 보급을 주장하였다. 그에 따르면, 사회는 '협회(association)'들이 모여 하나가 된 것이며, 사회의 진보는 국가에 위임된 것이 아니라 사회(협회) 그 자체가 성장하여 촉진되어 가는 것이라고 보았다. 즉 '사회의 힘'에 의해 교육의 보급을 도모하는 일이 중요하며 이러한 사고방식을 야마나는 '사회교육주의'라고 명명하였다.

그는 사회교육을 국가교육과는 다른 독자적인 교육 영역으로 인식하면서 이를 '협회'가 담당하여야 한다고 주장하였다. 이 경우 사회교육은 교육의 영역을 의미함과 동시에 교육의 사회적 맥락을 강조하는 교육의 기능을 의미하는 것으로도 사용되었다. 이렇게 야마나는 영역론으로서의 사회교육론이 아니라 기능론으로서의 사회교육론을 제시하였으며 이것은 이후 유력한 사회교육론의 원류가 된다.

이러한 사회교육론이 등장하게 된 배경은 1890년대에 성립한 일본 자본주의 사회의 문제 때문이었다. 농민들이 토지를 잃고 저임금 노동자로 도시에 유입됨으로써 많은 도시 빈민들이 생겨나게 되었다. 그는 이러한 사회현상을 '부패와 혼란이 극치에 달하여 대대적인 개량을 필요로 하는 사회'라고 하였고 '일본 사회는 완전히 무교육의 사회'가 되었다고 말하였다. 그는 이러한 사회에서는 학교를 세워도 어떠한 교육적 효과도 거둘 수 없으며, 사회 자체가 교육을 주도하여 보급 · 발전할 필요가 있다고 주장하였다.

이렇게 1890년대에 자본주의 사회가 성립하면서 발생한 사회문제들에 대응하기 위하여 사회 그 자체의 교육력을 높이고 사회개선과 교육의 보급을 도모해 가기 위한 사회교육론이 한발 앞서 발표되었으나 실제로 지역사회에서 실시된 것은 통속교육회에 의해서 추진된 부모교육이나 청일전쟁(1894~1895)에 따른 애국심의 육성 등이었다.

도쿄시(東京市)에서는 1900년에 교육회가 설립되었고 그 이듬해에 강연회 규정을 만들어 시민을 대상으로 강연회를 실시하기 시작했다. 지방과는 달리 도쿄시에서는 사회문제나 정치문제, 교육문제 등 전문적인 내용의 강연회가 개최되었다. 그 당시 도쿄시에서는 학무부(學務部)에 사회교육과를 설치할 것이 제안되었지만 결국 실현되지는 못했다.

1900년 이후 나토르프(P. Natorp)나 베르게만(P. Bergemann) 등 독일의 사회적 교육학(Sozialpädagogik) 이론이 일본에 소개되어 일본 교육학계에서는 사회적 교육학의 열풍이 일어났다. 사회적 교육학은 개인주의적 교육학을 비판하고 공동체 사업으로서 교육을 이해하고 사회적 맥락 속에서 파악하여 사회문제의 교육적인 해결을 지향하려는 것이다. 그 점은 야마나의 사회교육론과도 공통되는 부분이었다. 이렇게 실제 현장에서는 통속교육 활동이 이루어지는 데에 반해 이론적으로는 사회와 교육과의 관련성을 고찰하려고 하는 사회교육론이 탐구되고 있었던 것이다.

2) 통속교육활동의 전개

통속교육 · 사회교육에 대한 행정조직이 부분적으로 설치된 것은 러일전쟁(1904~1905) 이후이다. 1905년 문부성에 '통속교육조사회'가 설치되고, 그 이듬해에는 '통속교육 장려에 관한 훈령'이 공포되면서 문부성은 통속교육사업에 착수하게 되었다. 또한 1905년에는 내무성과 문부성이 청년단 활동을 장려하는 훈령을 내놓았다. 동시에 반관반민(半官半民)적 성격을 지닌 교화단체가 조직되기 시작하여 1905년에는 보덕회(報德會)[6], 이듬해에는 수양단(修養團)[7]이 설립되었다. 또한 통속도서관과 순회문고도 급격히 증가했다. 이렇게 러일전쟁을 계기로 근대 국가의 국민 정체성 형성의 필요성이 국가적으로 고조되고, 그 일환으로 통속교육행정이 조직화되었다.

그 후 대역모사건(1910)[8]을 계기로 1911년에 문부성은 사상통제라는 의도를 가지고 '통속교육조사위원회'를 설치하고 일본 최초로 통속교육에 관한 사업 방침을 다음과 같이 만들었다. 즉, 통속교육의 방법 · 사업의 조사, 강사의 파견 · 소개, 강연 자료의 수집 · 편집 · 배부, 강연회의 개최, 슬라이드 · 활동사진의 선정 · 제작 · 대여 및 설명서의 편찬, 독서물의 선택 · 편찬 · 현상 모집, 통속도서관 · 순회문고 · 전람사업의 보급 · 개선 · 이용, 도서 · 진열품의 선택 · 구입에 있어서의 편의 제공, 구미 여러 나라에 대한 통속교육의 조사 및 조사 결과의 배부이다.

여기에는 구미 성인교육의 기본 형태인 강연회, 슬라이드 · 활동사진의 활용, 도서관과 박물관의 설치 등이 제시되어 있었다. 이 방침에 기초하여 통속교육의 장려 경비 지급에 관하여 문부성이 지시를 내려 교육회가 장려금을 교부받아 통속교육사업을 실시하게 하였다. 이렇게 하여 문부성 · 통속교육조사위원회 아래 교육회가 중심이 되어 통속교육사업을 전국적으로 실시하는 체제가 갖춰졌다.

특히 도쿄시에서는 일반시민을 대상으로 한 통속간담회 외에 중류 이상의 시민을 대상으로 한 전문적인 강연회와 도시노동자 · 빈곤층을 대상으로 한 특별 통속간담회도 열렸으며 또한 도서관 설치를 추진하는 등 도시형 통속교육 · 사회교육사업을 실시했다. 통속간담회에서는 강연을 중심으로 하면서도 여흥으로 기다유(義太夫—옛날이야기를 악기에 맞춰 읊는 공연), 담소, 사츠마비파(薩摩琵琶—사츠마 지역에서 시작된 비파음악), 영상관람, 축음기의 실연(實演) 등 서민들이 즐길 수 있는 내용도 담고 있었다.

각 도부현(道府縣)에서는 교육회가 통속교육사업을 실시하였는데 그때 통속교육조사부, 통속교육실행위원회 등을 신설하여 통속교육의 조사연구와 실시를 담당하였다. 또한 통속교육사업을 장려하는 규정을 만든 현(縣)도 있었다. 그리고 몇몇 현에서는 현청(縣廳)에 통속교육 담당행정기관을 설치하였다. 가가와현(香川縣)에서는 1911년에 통속교육조사회를 설치하였고, 동시에 학무과에 통속교육부를 설치하고 주임을 두어 통속교육사업을 실시하였다. 이처럼 일부 도부현에서는 중앙 정부인 문부성에 사회교육 주무과가 설치되기 이전부터 통속교육행정이 부분적으로 조직되기 시작하였다.

3 러일전쟁 이후의 지방개량운동과 통속교육 · 사회교육의 전개

1) 지방개량운동과 통속교육사업

농촌 사회교육 활성화에 큰 역할을 한 지방개량운동은 러일전쟁 후 전후 국가경영의 일환으로 내무성 관료를 중심으로 한 농상무성(農商務省) · 문부성의 관료, 재계인사 등이 주도하여 본격적으로 시작되었다. 이 운동의 목표는 '국력의 확충'과 '지방자치의 진홍'으로 정촌민(町村民)이 협력하여 정촌시(町村是－정촌의 사업계획)를 세우고 정촌 기본 재산의 축적, 행정사무의 합리화, 산업진흥 등을 수행함과 동시에 공공심과 협동심의 육성을 목적으로 민중계몽활동을 추진하는 것이었다. 1905년에 설립된 보덕회(報德會)는 이 운동을 추진하는 모체가 되었으며, 도덕과 경제의 조화를 통해 농민을 선도하고 지방자치의 진흥을 도모하는 활동을 전개해 나갔다. 1909년부터는 내무성 주최로 지방개량사업 강습회가 개최되었고 도서관의 설립과 순회문고활동, 청년단의 조직화, 학교 중심의 자치민육[9](自治民育) 등의 활동이 전개되었다.

특히 청년단은 농사개량 · 납세완수 · 도로보수 · 나무심기 등의 지방개량사업의 중심적인 주체로서 기대되어 내무성 · 중앙보덕회의 지도 아래 전국 각지에 설립되었다. 러일전쟁 이전에는 마을별로 청년회가 자생적으로 만들어졌으나, 결국 지방개량운동을 거치면서 정촌 단위로 청년회가 통일되어 조직되었고, 군장(郡長) · 정촌장(町村長) 등의 지도 아래 활동이 전개되는 등 청년단 활동은 관제화되어 갔다.

지방개량운동은 내무성을 중심으로 전개되었는데 계몽적 요소가 강하며 사회교육으로서의 역사적인 의미도 지니고 있었다. 문부성은 이 시기에 통속교육사업을 실시하였는데 농촌지역에서는 지방개량사업과 통속교육사업이 일부분 중복되는 면이 있었다.

문부성이 1916년에 간행한 『지방통속교육시설상황』에 따르면 통속교육사업으로는 통속강연회, 음악회, 영상관람, 전람회, 생활문고설치, 청년회 · 부녀회, 연극 · 만담 등이 있었다. 통속교육조사위원회의 사업방침과 다른 것은 새로이 청년회 · 부녀회가 추가된 점으로 문부성은 단체 활동을 통속교육사업으로 명확하게 간주한 것이다.

통속교육조사위원회를 설치할 당시 통속교육은 교육회의 사업으로 인식되었다. 그러나 지역사회교육은 청년단 등의 단체 활동을 통해 국민도덕의 함양과 지식 · 기술의 습득, 취미 · 오락 등의 교육 · 문화적인 측면과 함께 사회개량, 풍속개량, 생활개선, 산업장려 등의 사회적인 측면도 포함하고 있었으며, 1910년대 중반 이후에는 통속교육이라는 말로 그러한 단체의 활동을 포함하게 되었다.

이는 내무성이 청년단을 사업단체로 간주했던 것에 비하여 문부성은 청년단을 수양기관으로 적극적으로 인식하게 된 역사적 배경이 있었던 것으로 보인다. 그리고 1915년에는 내무성과 문부성의 두 대신(大臣, 장관에 해당됨)이 발표한 훈령에서 청년단은 청년의 수양기관으로 명확히 인식되었다. 이렇게 청년단은 실제적인 면에서뿐만 아니라 정책상으로도 통속교육의 중요한 역할을 담당하게 된다.

2) 통속교육에서 사회교육으로

통속교육은 초등의무교육을 확립하기 위한 보완적인 교육으로 시작되었지만 초등학교 취학률이 100% 가까이 상승됨에 따라 그 기능이 축소되었고 그 대신 성인을 대상으로 통속교육이 전개되었다. 그렇게 되자 통속교육은 학교교육 이외의 교육 형태를 지칭하던 사회교육과 중복되기 시작하였으며 그로 인해 같은 교육현상에 대해 어떤 이는 통속교육이라고 하고, 어떤 이는 사회교육이라고 하며, 심지어는 동일 인물이 통속교육과 사회교육을 구별하지 않고 사용하는 일도 나타났다. 특히 러일전쟁 이후는 통속교육과 사회교육이 같은 의미로 동시에 사용되는 경우가 적지 않았다.

러일전쟁 이후 통속강연이나 슬라이드 · 활동사진으로 대표되는 통속교육에 그치지 않고 학교교육 이외의 교육 형태로서 다양한 시설 · 사업이 요구되어 야마나 지로(山名次郎)가 제기한 사회 개량적인 측면을 포함한 사회교육이 보급되었다. 그 배경에는 이 시기 사회문제가 다양하게 발생하고, 그에 대한 대응이 필요하게 됨으로써 더 이상 문부성의 방침에 기초한 협의의 통속교육사업으로는 대응할 수 없게 된 시대적 상황이 존재하였다. 이처럼 통속교육이라는 용어를 광범위하게 사용하면서 사회교육과의 구별이 모호해졌다. 따라서 1910년대 중반에 이르자 통속교육과 사회교육을 개념상 구별하려는 논의가 나타나기 시작하였다. 즉 통속교육을 사회교육의 일부분이라고 파악하고, 특히 통속적 방법에 의해 사회교육을 전개하는 것이 통속교육이라고 정리한 개념이 나타나게 된 것이다.

사회교육에 대한 시대적 요구 및 내무성의 사회행정 진전과 함께 '사회'라는 용어도 정책적으로 인식되어 갔다. 제1차 세계대전 이후에 실태에 맞지 않게 된 통속교육을 대신하여 사회행정과 밀접한 관련성을 갖는 사회교육이라는 용어가 정착되어 갔다. 그 배경에는 세계대전 후의 심각한 사회모순 속에서 민주주의적인 영향으로 사회개조와 교육개조 등의 큰 소용돌이가 일어나는 새로운 시대적 움직임이 있었다. 교육을 사회와 관련지어 교육개조를 사회개조의 맥락에 포함시키고 사회문제를 교육적으로 해결하고자 하는 상황에서 사회교육이 성립되어 간 것이다.

4 사회교육행정의 확립과 현대 사회교육론의 형성

1) 사회교육행정의 정비 · 확립

일본의 사회교육행정은 제1차 세계대전 후에 정비 · 확립되었다. 1917년에 설치된 임시교육회의는 1918년에 통속교육의 개선에 관한 답신을 제출하였다. 답신은 11개의 항목으로 구성되었는데 특히 사회교육행정의 정비 · 확립에 있어 중요한 사항은 '문부성에 주임관을 둘 것'과 '각 지방에도 통속교육에 관한 주임자를 두어야 할 것'이었다.

그림 1-1 노리스기 가주(乘杉嘉壽)

이 답신을 받아 1919년 6월에 사회교육주무과로서 보통학무국 제4과(이하 '제4과'라 한다)가 설치되었고 같은 해 5월에는 보통학무국장이 학무과 내에 사회교육에 관한 사무를 담당할 주임직원을 특별히 배치해 주길 바라는 훈령을 지방장관 앞으로 보냈다.

제4과의 관장사항은 ① 통속교육, ② 도서관・박물관, ③ 장애인교육 및 특수교육, ④ 청년단체, ⑤ 교육회이며, 특히 장애인교육 및 특수교육이 사회교육의 관장사항이 된 점과 청년단체가 내무성에서 분리되어 사회교육행정의 영역으로 명기된 점은 주목할 만하다. 전자는 제4과 행정관의 사회교육론이 '교육적 구제' 즉, 사회적인 약자를 교육적으로 구제하는 것이 사회교육이라고 여기는 사고방식을 취하고 있었던 점과 관련이 있다.

제4과의 과장으로 노리스기 가주(乘杉嘉壽)가 부임하였고 가와모토 우노스케(川本宇之介)와 에바타 가메히사(江幡龜壽) 등이 직원으로 종사하게 되면서 사회교육의 행정조직이 확립되었다. 제4과는 우선 임시교육회의의 답신에 기초하여 '사회교육조사실'을 설치하고 사회교육의 조사・연구에 착수하였다. 1920년에는 '사회교육연구회'를 조직하고 기관지 '사회와 계몽'을 발행하면서 사회교육의 조사・연구와 보급의 근거가 되었다. 그 기관지는 사회교육조사실에 의한 조사・연구의 성과, 문부성의 방침과 해설, 사회교육에 관한 논설, 지방사회교육직원의 실천보고 등을 게재하여 사회교육의 이론화에 기여하고 제4과와 사회교육현장을 연결하는 역할을 하였다.

노리스기 과장은 이미 개인적으로 제4과를 '사회교육과(社會教育課)'라고 부르고 있었는데 1921년에 '문부성 분과규정'을 일부 개정하여 '통속교육'을 '사회교육'으로 정식 개칭했다. 이에 따라 기존의 통속교육이 공식적으로 사회교육이라는 용어로 바뀌게 되었다. 이렇게 하여 좁은 의미의 통속교육이라는 용어 대신 사회와 관련지어 폭넓게 교육이 전개되어야 한다는 의미에서 사회교육이라는 용어가 채택되어 정착되었다.

그 후 1924년에 문부성은 과(課)의 번호제를 폐지하였으며 그 결과 제4과는 사회교육과가 되었다. 노리스기는 그전부터 이미 사회교육과라는 간판을 내걸고 있었지만, 사회교육과가 공식적으로 성립된 것은 이때부터다. 사회교육과의 관장사항은 ① 도서관・박물관, ② 청소년단체・여성회, ③ 성인교육, ④ 특수교육, ⑤ 민중오락, ⑥ 통속도서인정, ⑦ 기타 사회교육 관계사항 등 7개의 항목으로 이루어졌다. 새롭게 성인교육과 민중오락이 관장사항에 포함된 것은 당시 성인의 학습・문화요구의 고조와 여가선용에 대응한 조치였다.

한편 도부현(道府縣)과 군시(郡市)에서는 사회교육주사 등 사회교육전임 직원이 배치되기 시작했다. 1921년도에 거의 대부분의 도부현에 직원이 배치된 것으로 보인다. 그 직원에는 장학사나 초・중학교장, 사범・중학교 교사 등이 취임하였는데 이것은 통속교육사업을 교육회가 담당하고 있었던 것의 연장선상에 사회교육 전임 직원이 위치하고 있음을 의미한다. 그 후 1925년에 '지방사회교육직원제'가 공포됨에 따라 사회교육주사가 제도화되었다.

2) 청년 · 성인의 자기교육활동

일본에서 사회교육행정이 확립된 시기는 '다이쇼(大正)데모크라시[10]'라고 불리는 시기로 민주주의적인 시대 상황 속에서 청년 · 성인의 자주적인 학습활동이 발전해갔다. 특히 청년 스스로가 고등교육의 장을 만든 자유대학운동은 일본 사회교육사에서 주목할 만한 자기교육활동이었다. 자유대학은 1921년에 나가노현(長野縣) 우에다시(上田市)에 개설된 시나노자유대학(信濃自由大学)에서 출발하여 전국 각지로 퍼져 나간 교육운동이다. 자유대학을 중심적으로 담당한 것은 비교적 부유한 양잠농가의 장남들이었으며 재야의 철학자였던 츠치다 쿄손(土田杏村)이 협력하여 자유대학이 발족되었다. 그 이념은 '일하면서 배우는 학교'로서 '자학자습'을 중시하였다. 개강 시기는 농한기인 10월부터 4월이었으며 한 강좌를 5일 정도에 걸쳐 열었다.

1924년에 발족한 이나자유대학(伊那自由大學)은 현행 교육제도를 비판하고 '민중이 일하면서 평생 배우는 민중대학'으로서 자유대학이야말로 '교육의 원류'라고 선언했다. 이나자유대학에는 사회주의적인 청년도 참가하였으며 청년단의 자주화운동과도 관련되어 있었다.

청년단의 자주화운동이란 마을의 유력자가 지도하고 있었던 관제 청년단을 청년들이 스스로 주체적이고 자유롭게 활동하는 청년단으로 변혁하고자 했던 운동이다. 자유대학과 마찬가지로 나가노현(長野縣)에서 가장 활발하게 추진되었는데 다이쇼(大正) 자유교육[11]의 영향이 강했던 시모이나(下伊那) 지역이 중심이 되었다. 구체적으로는 마을의 유력자를 배제하고 청년들 중에서 임원을 선출하여 청년들의 자주적인 교양기관으로 만들어 시사적 테마를 다룬 연구토론회나 연구집회의 개최, 문고의 경영과 도서관 건설운동, 실업보습(實業補習)학교의 교육내용 개선 등의 교육활동을 펼쳐 나갔다. 또한 청년훈련소 반대운동[12], 전기세 인하운동, 보통선거 획득운동 등의 사회운동도 추진해 나갔다. 한편 같은 시기에 도시부에서는 노동운동과 사회주의운동이 발전하는 속에서 노동학교가 설립되어 노동문제나 사회문제와 관련된 교육활동이 전개되었다. 오사카(大阪)노동학교에서는 학생대회에서 학생위원을 선출하고 학생에 의한 자치적인 경영을 도모하였다. 과목은 경제학, 정치학, 일본사회사, 노동법제, 노동조합론, 노동운동사, 농촌문제 등이었으며, 여기에는 조선인노동자도 상당수 수강하였다.

이렇게 1920년대에는 청년 · 성인들의 자기교육활동이 탄생하여 발전해 갔는데, 자유대학운동은 1929년의 대공황으로 인해 농촌생활이 피폐해지면서 그 막을 내렸다. 청년단 자주화운동은 권력의 탄압을 받아 청년단 지도자가 체포되면서 1931년 만주사변 이후 쇠퇴되었다. 또한 노동학교도 마찬가지로 권력에 의해 폐교되고 말았다.

3) 현대 사회교육론의 형성

현대 일본 사회교육이론은 노리스기 등 문부성 제4과에 모인 사회교육행정가들에 의해 형성되었다. 그들의 사회교육론의 핵심 개념은 '사회화와 사회의 교육화'(가와모토) 또는 '학교의 사회화와 사회의 학교화'(노리스기)였다. 이는 야마나가 말한 '그와 사회의 관계'를 묻는 논리로서, 그들에게 있어서 사회교육의 본질은 교육과 사회를 연결하는 것에 있다고 할 수 있다. 교육의 민주화라는 관점에서 사회교육을 '학교개조' 또는 '교육개조'와 관련지어 파악하고자 했던 초창기 사회교육행정 담당자들의 기본적인 사상이 있었던 것이다.

'학교개조'에서 특히 문제가 된 것은 생활상의 곤란을 겪고 있는 아동들이었다. 빈곤가정의 자녀, 비행소년, 장애아 등을 교육적으로 구제하는 것을 사회교육의 중요한 역할 중 하나로 파악했던 것이다. 이러한 논리는 '교육상의 민주주의' '교육의 기회균등'(노리스기)이라는 이념에 기초하고 있었다. 즉 학교교육으로는 실현할 수 없는 '교육의 기회균등'을 사회교육을 통해 실현하겠다는 입장인 것이다.

노리스기는 일본 최초의 본격적인 사회교육개론서라고 할 수 있는 『사회교육의 연구(同文館)』를 1923년에 간행했다. 노리스기는 이 책에서 다음과 같은 사회교육의 시설 · 사업을 열거하며 사회교육의 체계화를 꾀하고 있다(① 학교확장사업, ② 공개강연, ③ 도서관 및 순회문고, ④ 교육적 관람시설, ⑤ 수련단체의 경영 및 지도, ⑥ 민중오락의 개선지도, ⑦ 민중체육, ⑧ 직업지도, ⑨ 생활개선운동, ⑩ 유아보육문제, ⑪ 특수아동의 보호교육, ⑫ 육영사업). 여기에는 제2차 세계대전 후의 현대 사회교육의 영역이 포함되어 있으며, 또한 전후(前後)의 사회교육 영역에서는 누락된 '교육적 구제'나 직업지도도 포함되어 있었다.

한편 가와모토 우노스케(川本宇之介)는 자기교육으로서의 사회교육론을 전개해 나갔다. 그에 따르면, 사회교육이란 '인간의 일생을 통해 계속적으로 실시되는 자기교육'이라고 하였으며, 사회교육의 원리를 '자유의지에서 나오는 자치(自治)와 자기교육, 자기도야'라고 제시하였다. 이 원리에 기초하여 그는 사회교육에 대해 국가가 간섭해서는 안 되며, 교육활동은 그 책임자에게 맡기고 국가는 가능한 한 경비를 지원하는 것이 바람직하다고 제안하였다.

이렇게 1920년대 전반에 민주주의에 기초한 사회교육이론의 형성이 이루어졌지만, 그렇다고 해서 이 논리들이 당시의 국가주의적인 틀까지 뛰어넘는 것은 아니었다. 그럼에도 불구하고 이 주장들은 당시의 관료기구 안에서 갈등을 초래하여 노리스기 과장은 1924년에 경질되었다. 그 후 사회교육행정은 점차 천황제 국가주의체제로 재편되게 되었다.

5 전시 체제하의 사회교육과 계몽동원

일본에서는 1925년에 보통선거가 실시됨에 따라 국민의 사상 선도, 특히 청년교육이 시급한 과제가 되었다. 그 임무를 담당하는 것이 사회교육으로서, 사회교육과를 사회교육국으로 승격시켜 국민계몽을 위한 사회교육행정의 기능을 강화하고자 했다. 이렇게 하여 1929년에 사회교육국이 탄생하였고 청년교육과, 성인교육과, 서무과 등 3과체제로 편성되었다.

청년교육과에서는 청소년단체, 청년훈련소, 실업보습학교, 장정(壯丁)교육조사, 기타 청소년교육 등을 관장하였고, 성인교육과는 성인교육, 도서관, 박물관, 기타 관람시설, 사회교육단체 등을 관장하였으며, 서무과는 영화, 민중오락, 도서인정・추천, 생활개선, 법인 등을 관장하였다. 특히 청년교육의 비중이 커 근로청년의 교육을 중등학교가 아니라 실업보습학교나 청년훈련소라는 사회교육기관으로 대체하는 조치가 이루어졌다.

실업보습학교는 근로청년을 위한 공적인 교육기관으로서 1893년에 실업보습학교 규정이 제정된 이후 설치되기 시작하였으며, 특히 농촌청년을 대상으로 하여 청년단과 함께 발전해 갔다. 그러나 학교교육기관으로서의 체제는 빈약했으며 일종의 사회교육기관으로서 직업교육과 함께 공민교육도 담당하였던 것이다. 그 후 1926년에는 청년훈련소령이 공포되어 청년훈련소가 공민교육과 군사훈련의 장으로 설치되었으며, 1935년에는 실업보습학교와 청년훈련소를 통합하여 청년학교제도를 창설하고 근로청년을 위한 교육기관으로서 사회교육행정이 관할하게 하였다.

청년교육에 있어 공민교육이 중시되었는데, 특히 제1차 세계대전 이후 사회문제나 사상문제에 대한 교육적 대응으로 추진되었고, 또한 보통선거제가 성립됨으로써 새로운 선거민의 계발을 위해 공민교육이 시급한 과제가 되었다. 공민교육은 '다이쇼데모크라시' 시기에는 시민적 정치교육이라는 의미를 갖고 있었지만, 1930년대 후반 이후에는 천황제 국가체제하에서 '황민교육'으로 전환되어 갔다.

1929년에 문부성은 '국체(國體) 관념의 명징(明徵), 국민정신의 작흥(作興), 경제생활의 개선, 국력의 배양'을 기본 방침으로 하는 계몽운동을 본격적으로 추진하기 시작하였다. 이 운동은 사회교육을 중심으로 하여 계몽단체 활동을 촉진하고 전국계몽 총동원체제의 확립을 목표로 삼았다. 따라서 문부성 주최의 사회교육주사회의 등에서 계몽운동 실시안의 작성, 운동의 지방침투방안 등이 책정되었다. 구체적으로는 도부현·군시정촌에서 '계몽총동원위원회'를 조직하여 각종 단체 간의 연락 체계를 정비함과 동시에 각종 단체에 대한 실시사항의 장려책이 결정되었다. 그리고 이것을 기준으로 도부현·군시정촌 단위의 계몽운동 실시계획 요강이 작성되었으며 계몽운동이 전국적으로 전개되었다.

문부성은 1935년에 '교학쇄신평의회'를 설치하였고, 이듬해에는 '교학쇄신에 관한 답신'을 발표하였다. 이 답신은 1937년부터 시작된 국민정신 총동원운동에 적용되었다. 국민정신총동원운동은 문부성이 주무관청이 되어 사회교육국에 주무부국을 두어 사회교육 행정에서 추진하였다. 사회교육국은 '국민정신총동원에 관한 건'이라는 훈령을 발표하고 운동의 목표와 실천세목을 지시하였다. 또한 지방장관을 회장으로 하여 관공청의 직원, 시정촌장, 귀중양원(貴衆兩院)의원[13], 도부현회(道府縣會)의원, 각종 단체 대표자, 통신보도기관 관계자, 교육자, 종교가, 사회사업가, 실업가 등을 위원으로 하여 지방실행위원회를 조직하고 사업을 실시할 것을 지시하였다. 이렇게 하여 중앙에서 지방으로 나아가 지역, 직장, 가정으로 상의하달식의 관료 통제 아래 국민정신총동원운동이 전개되어 갔다.

이 시기 군부가 정치의 주도권을 장악해 가는 상황 속에서 점차 파시즘체제를 확립해 갔으며 1937년에 일본은 중국을 침략하기 시작했다. 국민정신총동원운동은 전쟁체제에 국민을 총동원하기 위한 정신운동이었다. 그리고 1938년에는 국가총동원법이 공포되어 국가총력전체제가 확립되어 갔다.

국민정신총동원체제를 만들기 위해 계몽단체를 규합하고 단체의 통합을 추진하였다. 청소년단체를 통합하여 대일본청소년단을 결성하였고 부인단체를 통합하여 대일본부인회를 결성하였다. 이렇게 하여 단체들을 일원적으로 통제해 갔으며 총력전체제를 위한 계몽네트워크를 확립해 갔다. 그러나 그것은 동시에 각 단체의 독자적인 활동이 소멸되어 감을 의미하는 것이었으며, 점차 사회교육단체로서의 의의를 상실하게 되었던 것이다. 한편 총력전체제에 맞춘 행정의 통합화와 일원화 조치로 인하여 1942년에 사회교육국은 폐지되고 교화국이 신설되었다. 또한 지방사회교육직원제가 폐지되어 지방청의 사회교육과와 사회교육주사가 사라졌다. 이렇게 전시체제하에서 사회교육행정은 계몽행정으로 변질되어 소멸되어 갔다.

참고문헌

松田武雄『근대일본사회교육의 성립(近代日本社會教育の成立)』九州大学出版會, 2004.
大串隆吉『일본사회교육사와 생애학습(日本社會教育史と生涯學習)』Eidell出版會, 1998.
國立教育研究所編『일본근대교육백년사(日本近代教育百年史)』第7, 8巻, 教育研究振興會, 1974.

〈역주〉

1 미타(三田)는 게이오(慶應)대학이 자리 잡고 있는 지역명이다.

2 교육회(教育會)는 대략 1880년대부터 전국 각지의 교원 · 교육행정관 등에 의해 결성되기 시작하여 1890년에는 전국에 700여 단체, 회원 총10만 명 이상까지 발전했던 교육단체를 말한다.

3 자유민권운동(自由民權運動)이란 메이지시대 전기(1870~1880년대) 일부의 유력한 특정 번(藩)의 출신자가 정부의 요직을 독점하는 번벌정치(藩閥政治)에 대항하여 국민의 자유와 권리를 요구한 정치운동을 말한다. 1874년(메이지 7년) 이타가키 다이스케(板垣退助) 등에 의한 민선의원 설립 건의서의 제출로 시작되어 국회 개설을 요구하는 전국적인 운동으로 확대되었다.

4 이츠카이치시(五日市市)는 히로시마시(広島市) 사에키구(佐伯區)의 옛 명칭으로 1985년에 히로시마시로 합병되었다.

5 마츠카타 마사요시(1835~1924)는 1881년 대장성 장관(大蔵卿)이 되어 지폐 정리 등의 디플레이션 정

책을 실시하였다.

6 보덕회(報德會)는 도덕과 경제를 기반으로 부국안민(富國安民)을 주장한 니노미야 손토쿠(二宮尊德)의 사상을 실천하는 모임을 말한다.

7 일본을 대표하는 청소년의 건전육성을 주축으로 삼는 사회교육단체로, 일본 사회교육활동의 기초를 다져온 하스누마 몬조(蓮沼門三)가 1906년에 설립한 단체이다.

8 대역모사건이란 1910년에 수많은 사회주의자 · 무정부주의자들이 메이지 천황의 암살계획 혐의로 검거된 사건이다.

9 자치민육(自治民育)은 1900년대에 일어난 지방개량운동의 기본 이념이라고 할 수 있는데, 즉 국가의 기초는 정촌민(町村民)이므로 국가의 부강을 위해 필요한 정촌자치(町村自治)를 담당할 민(民)을 육성해야 한다는 사상이다. 자치민육의 기본은 기존의 지역공동체와 전통적 자치 정신을 존중하는 것으로 경제와 도덕을 일치시켜 정촌의 개량을 도모하려는 것이다. 이를 위해 전국에 몇 개의 모범마을이 지정되었으며, 이러한 지방개량운동에 크게 관여한 단체로는 이노우에 유이치(井上友一), 도메오카 고스케(留岡幸助) 등에 의해 육성된 보덕사(報德社)가 있다. 그러나 당시의 자치민육은 민본주의에 입각한 사상이라기보다 관료적 지배를 강화하고 국가적 통합을 위해 주민으로 하여금 자발적 복종과 협력을 불러일으키는 장치였다고 할 수 있다.

10 다이쇼데모크라시(大正democracy)는 다이쇼시대(1912~1926년)에 두드러지게 나타난 민주주의적 사조(思潮)를 말한다. 다이쇼시대에는 도시중간층의 정치적 자각을 배경으로 메이지시대 이래의 번벌(藩閥) · 관료정치에 대한 반대운동이 일어났고, 호헌(護憲)운동 · 보통선거운동이 전개되었으며, 민본주의와 자유주의 · 사회주의 사상이 고양되었다.

11 다이쇼(大正) 자유교육운동은 19세기 말부터 20세기 초에 걸쳐 구미에서 활발했던 신교육운동이 일본에 유입되어 다이쇼시대에 일어난 교육운동이다. 기존의 획일적인 교육 형태에서 벗어나 아동의 관심과 감동을 중심으로 하여 보다 자유롭고 활발한 교육 체험의 창조를 지향했던 교육 형태로서 다이쇼데모크라시의 영향 속에서 퍼져 나갔다.

12 1916년에 설립된 청년훈련소는 군국주의의 이데올로기교화와 함께 군사교련의 기관으로서 청년교육기관 중에서도 완전한 군국주의 교육기관이었다. 이러한 청년훈련소의 설치에 대해 당시 전일본무산청년동맹(全日本無産青年同盟)과 일본농민조합 청년부 등과 같은 청년단체들이 반대운동을 일으켰는데, 그중에서도 나가노현(長野縣) 시모이나(下伊那) 지역의 연합청년회에 의한 반대운동이 유명하다.

13 귀중양원(貴衆兩院)은 대일본제국헌법하에 제국의회(帝國議會)를 구성하는 귀족원(貴族院)과 중의원(衆議院)을 말한다.

제 2 장

제2차 세계대전 이후의 사회교육 전개[1)]

—전후 개혁에서 반개혁으로—

신카이 히데유키(新海英行)

제2차 세계대전이 끝난 지 62년이 지난 지금, '제2차 세계대전 이후'(이하 '전후'라고 한다)의 정치체제로부터 벗어나고자 하는 주장이 강력하게 제기되고 있다. 「교육기본법」과 「사회교육법」이 전면 개정되기 시작했음은 물론, 전후 사회교육개혁을 거치면서 생성되고 활발한 실천 속에서 일구어져 온 '주민이 주체가 된 사회교육'관(사상)은 신자유주의정책 속에서 많은 제약을 받으며 현저히 약화되고 있다. 그러나 다른 한편으로는 경쟁과 격차가 확대되는 사회 속에서 '생명과 생활'에 관한 불안과 관심, 요구는 정점에 달하여, 개혁을 주장하는 목소리에 정면으로 대응할 수 있는 사회교육이 요청되고 있다.

따라서 이 장에서는 전후 사회교육의 전환점에 주목하여 그 생성과 전개의 발자취를 되돌아봄으로써 지금 무엇을 계승·발전시켜야 하는가를 음미하고 앞으로의 사회교육에 대해 생각해 보는 계기로 삼고자 한다.

1절에서는 전후 사회교육의 기본 이념과 제도가 형성된 전후 개혁기를, 2절에서는 이념과 제도를 바탕으로 민중의 자발적인 학습·문화운동이 보급되고, '생활터전'에 입각한 사회교육실천, 나아가 권리로서의 사회교육실천이 창조된 1950년~1960년대를, 3절에서는 전후 개혁기에 성립된 사회교육이 점차 수정·변경되면서 평생교육(학습)정책이 등장하고 전개되는 1970년대 이후를 살펴보기로 한다.

1) 이 장은 필자와 『月刊社会教育』 2007년 10, 11, 12월호에 연재된 나카야마 히로유키(中山弘之)의 공저 논문을 수정·가필한 것이다.

1 전후 개혁기의 계몽적 사회교육과 '사회교육의 자유'

1) 제2차 세계대전 이전의 사회교육 계승과 단절

전후 민주주의는 전쟁과 억압, 차별적인 지배에 반대하고 인간의 존엄을 보편적 가치로 삼는 반파시즘을 바탕으로 출발하였다. 이러한 과정에서 만들어진 세계인권선언은 민주주의 사상의 결정체이며 제2차 세계대전 참화의 대가로 얻은 귀중한 유산이었다. 1948년 유엔의 세계인권선언에서 인류의 존엄과 권리의 승인은 '세계의 자유, 정의 및 평화의 기초'이며, '모든 사람들은 교육받을 권리를 지닌다.'는 내용을 약속하였다. '전전(戰前)'에는 미성숙한 상태였던 민주주의 사상이 전전 및 대전(大戰) 중의 평화와 인권을 요구하는 다양한 대중운동과 반파시즘의 저항운동을 거쳐 교육을 기본적 인권으로 여기는 민주적 교육사상을 창출하였다. 일본의 전후 사회교육개혁에는 여전히 전전(戰前)의 잔재가 남아 있지만 기본적으로는 이 같은 세계사적 배경에서 착수된 것이다.

우선 전쟁 직후라는 혼란스러운 상황 속에서 공표된 「신일본건설의 교육방침」(1945년 9월 15일)을 비롯하여 「청소년단체의 설치 및 육성에 관한 건」(1945년 9월 25일), 「여성교양시설의 육성에 관한 건」(1945년 11월 28일) 등은 여전히 천황제 유지 사상을 기조로 한 교육관을 고집하고 있었다. 이러한 전후처리내각(戰後處理內閣)의 미비한 민주화정책에 대해 미국의 대일(對日)교육사절단보고서(제1차, 1946년 3월 30일)는 일본의 국가주의적, 군국주의적 교육을 비판하고, '개인의 가치와 존엄을 인정함'을 기본으로 하는 '교수와 학습의 자유', 교육의 '기회균등'을 중시하는 교육관에 기초한 민주적 지도자에 대한 지원, 문부성의 민주화, 도서관 · 박물관의 내실화, 학교 개방의 촉진 등 '일본의 지성적 · 정신적 자원을 새로운 방향으로 전환하기' 위한 성인교육 계획을 권고하였다.

스토다드(G. D. Stoddard)를 비롯한 진보주의 교육사상가와 듀이(J. Dewey)의 생활경험주의교육의 영향을 받은 교육학자, 교육행정관, 교육실천가를 중심으로 작성된 이 보고서는 일본 측 '교육가위원회'의 견해도 다수 반영되었다. 이런 과정을 거쳐 전전(戰前) 교육민주화의 노력이 전후 교육개혁으로 이어져 갔다고 할 수 있다. 이 보고서는 제2차 대일교육사절단보고서가 제출될 때까지 교육정책지침이 되었다.

2) 공민교육으로서의 계몽적 사회교육

1946년 11월 3일 공포된 일본국헌법은 평화, 인권 및 국민주권을 기본원칙으로 하며 '국민의 교육받을 권리'(제26조)를 기본적 인권으로 규정하고 있다. 또한 교육칙어(教育勅語)[1]를 대신하여 「교육기본법」(1947년 3월 29일)이 헌법 전문의 '이상 실현은 근본적으로 교육의 힘에 달려 있다.'에 기초한 개인의 가치와 존엄을 중시하는 교육의 기본 방향을 명기한 것은 사회교육의 민주적 개혁에 획기적인 일이었다. 헌법, 「교육기본법」 아래 「사회교육법」, 「도서관법」 및 「박물관법」이 제정되어 전후 사회교육의 골격이 마련되었다.

전후 최초로 추진된 사회교육사업은 '총선거에 대비한 공민계발운동'(1945년 11월)과 '신헌법정신 보급 활동'(1946년 8월), 그리고 공민관의 설치(1946년 7월 5일)였다. 이 사업들은 천황제를 견지하고 전후 일본의 재건과 민주화를 담당할 국민형성을 국가 주도로 추진하고자 하는 정책적 의도 아래 공민교육을 실질적인 내용으로 하는 계몽적 사회교육관에 의해 뒷받침되고 있었다. 전후 초대 학교교육국장이었던 다나카 고타로(田中耕太郎)[2]는 전전의 국가주의 · 군국주의 교육을 부정하면서도, 사회교육이 그 주체를 국가 · 사회로 삼고 그 대상을 일반 민중으로 삼으며, 그 내용을 교양과 윤리, 공민으로 삼는다는 점에서 정치와 유사한 성격을 갖는다고 보고 사회교육을 '정치와 협의의 교육과의 중간적 존재'로 파악하였다.1) 전후 초대 사회교육국장이었던 세키구치 타이(関口泰)도 사회교육이 '군국일본을 부정하고 평화일본과 민주국가를 건설하는 데 유력한 방법을 제공하는 것'이며, 전후 일본의 재건을 담당할 '공민'을 형성함에 있어 사회교육과의 중요성을 강조하였다.2)

전후 두 번째 사회교육과장이었던 데라나카 사쿠오(寺中作雄)도 이와 같은 공민교육적 사회교육관을 공유하였다. 그는 "공민관은 다방면의 기능을 지닌 문화시설이다. 그것은 사회교육기관이고, 사교오락기관이며, 자치진흥기관이자, 산업진흥기관이고, 청년양성기관이며, 이외에도 정촌(町村)에서 필요한 다양한 기능을 부가하여 운영할 수 있는 종합적인 정촌(町村)진흥중심기관이다." "……반드시 머지않아 신일본 건설의 숨결이 공민관을 모체로 하여 용연히 솟아오를 것이다."3)라고 말했다.

---

1) 田中耕太郎 『교육과 정치(教育と政治)』 好学社, 1946, pp.328－338.

2) 関口泰 『일본 재건과 교육(日本再建と教育)』 興風舘, 1946, pp.82－99.

3) 寺中作雄 『공민관의 건설(公民館の建設)』 公民館協会, 1946, pp.7－29.

이처럼 문부성 관료들의 사회교육관은 데라나카의 사회교육관에 잘 나타나 있듯이 전쟁 전의 사회교육, 특히 학교 중심의 자치민육(自治民育) 또는 전촌학교적(全村學校的)[3] 사회교육사상을 계승하고 있다는 점을 간과할 수 없다. 이 사상은 자유주의적 측면과 함께 사회교육을 국가 재건의 수단으로 삼고 국민을 객체로 취급하는 한계를 가지고 있다. 또한 사회교육을 인권으로 여기는 관점도 희박했다고 말할 수 있다. 그렇지만 전전의 국민교화로서 사회교육을 비판하고, 공민관을 '민주주의 실천을 위한 새로운 공공정신의 수양장'으로 삼아 '민주주의를 우리의 것으로 만들기' 위한 자기교육 · 상호교육으로서 사회교육을 파악하고, 사회교육에 대한 국가의 통제 · 지배를 금지하며 국민의 '사회교육의 자유'를 지키기 위해「사회교육법」제정에 힘쓴 데라나카의 역할은 높이 평가할 만하다.4)

3) 미 점령군의 사회교육개혁 관여와 지도

미 점령군(GHQ)에 의한 일본 통치는 형식적으로는 간접 통치였지만, 실질적인 권한은 강력하였다. 이에 일본 정부 문부성과의 의견 조율이 일상적으로 이루어지고 문부성의 통첩은 물론 모든 공문서도 점령군의 허가를 필요로 하였다. 따라서 전후 사회교육 형성에 점령군이 큰 영향을 끼쳤을 것이라는 것은 상상하기 어렵지 않다. 연합국 군총사령부의 민간정보교육국(GHQ/SCAP/CIE)은 일본 정부 문부성의 정책입안을, 지방군정부는 지방정부의 정책수행을 지도 · 감독하였다. 그들은 교육사절단 보고서가 제시하는 '교육의 민주화'를 주축으로 사회교육지도자의 양성(사회교육연구대회, 지도자양성강습 등), 청년 · 부인단체의 재편성 · 조직화, PTA[4]의 결성, 그룹 활동의 이론 · 기술의 지도, 군대용 영사기에 의한 CIE홍보영화 보급 등에 주력하였다.

전전(戰前)의 권위적인 사회교육에서 해방되어, 한 사람 한 사람이 자신의 의견을 말하고 함께 논의하며 자발적으로 방법을 결정할 수 있는 사회교육을 창조하기 위해 지도자는 민주적인 토론이나 단체 · 조직운영의 기술을 익혀야 한다고 생각하였기 때문이다. 또한 CIE홍보영화('미국에 대한 안내서', '미국의 도서관', '미국의 소방' 등)는 미국의 사회와 문화가 얼마나 우수하며 매력적인가를 알기 쉽게 소개하는 데 적절한 교재였다. 군정부에서 지시한 목표를 소화하기 위해 시정촌의 사회교육 직원은 군대용 영사기를 인력거에 싣고 지

4) 寺中作雄『「사회교육법」해설(社会教育法解説)』社会教育図書, 1949, pp.7−29.

역 · 학교를 돌아다니며 상영하였다고 한다.5)

넬슨(J. M. Nelson)은 점령군의 사회교육정책 입안과 문부성과의 조정과 지도를 담당했던 중심적 존재였다. 그는 캔사스 대학원에서 교육학을 전공한 고등학교 교사였다. 넬슨은 상대주의적 철학, 특히 듀이의 진보주의 교육사상과 브라멜드(T. Brameld)의 인간적 교육학에 공감한 교육자였다. 넬슨이 생각하는 점령의 궁극적인 교육목적은 민주화였다. 그는 "민주주의라는 것은 의사결정에 대한 평등한 참여와 그러한 의사결정에 따라 수반되는 의무 또는 책임을 의미한다."고 하였고, 그것을 부정하는 독재적 지배질서와 그 질서를 지탱하는 절대주의적 가치관(유교적 가부장제, 파시즘, 공산주의, 신도(神道)[5] 등)을 강하게 비판하였다. 의사결정에 대한 평등한 참여를 실현하기 위해 민주주의적 방법과 기술을 습득하는 것이야말로 교육의 중요한 역할이라고 여겼다.6)

넬슨은 공민관을 민중의 교육 수준을 끌어올리고 민주주의를 실천하는 기회를 제공하는 기관으로 평가하며, 공민관위원회(공민관운영심의회)의 주민선거제를 지지하였다. 또한 「지방사회교육단체의 조직에 대하여」(1948년 7월 14일, 문부성 사회교육국장 통첩)를 통해 행정으로부터 민간 사회교육단체의 자립과 공민관의 독립을 강조하는 지시와 지도를 강력히 하였다. 「사회교육법」 제정과 관련해 넬슨은 데라나카와 매일 법안을 검토하고, 이를 통해 사회교육의 법제화에 많은 영향을 주었다.7)

점령군에 의한 사회교육개혁은 효과적이었다. 점령군이라는 절대적인 권력에 의한 것이긴 하지만 전전(戰前)의 국가주의적인 사회교육을 불식하고 근대적 교육이념과 구조를 마련해 주었기 때문이다. 그러나 사회교육의 민주화 방식이 학습방법이나 단체 운영의 형식적 · 기술적 측면에 편중되어 어려운 시대에 사는 사람들이 일상생활과 노동의 현실과의

5) 新海英行『현대사회교육의 궤적과 전망－학습권보장의 시점에서－(現代社会教育の軌跡と展望ー学習権保障の視点からー)』大学教育出版, 1999, pp.92－105.

6) J.M.Nelson 著 · 新海英行 監訳『점령기 일본의 사회교육개혁(占領期日本の社会教育改革)』大空社, 1990, pp.48－115, 片岡弘勝「J.M.Nelson의 성인교육사상－'상대주의적 교육철학'의 특질(J.M.ネルソンの成人教育思想ー「相対主義的教育哲学」 小川利夫 · 新海英行 編『일본 점령과 사회교육 ー성립과 전개ー(日本占領と社会教育ー成立と展開ー)』大空社, 1990, pp.25－43.

7) J.M.Nelson 著 · 新海英行 監訳『점령기 일본의 사회교육개혁(占領期日本の社会教育改革)』大空社, 1990, pp.170－178. 大田高輝「J.M.Nelson의 공민관상 특질(J.M.ネルソンの公民館像の特質)」小川利夫 · 新海英行 編『일본점령과 사회교육－성립과 전개－(日本占領と社会教育ー成立と展開ー)』大空社, 1990, pp.197－208.

관계 속에서 실질적인 민주주의를 만들어 내는 주권자교육으로서의 사회교육을 이루지는 못했다. 이 점은 점령군에 의한 사회교육정책의 한계였다고 할 수 있다.

4) 지식인 · 문화인에 의한 학습 · 문화 활동

이와 같은 문부성 및 점령군의 사회교육정책과는 직접 관련을 맺지 않은 다양한 자주적 학습과 문화활동이 전개되었다. 이러한 활동의 대부분은 전쟁 중 지방에 피신해 있었던 문화인들에 의한 것이었다. 그 선구적인 활동 중 하나가 전쟁 중에 『세계문화』를 간행하는 등 반파시즘 저항운동을 했던 나카이 마사카즈(中井正一)의 오노미치(尾道) 청년강좌(문학사, 철학, 사회학 등)였다.[8] 또한 나카이 외에 기베 다츠지(木部達二)에 의한 서민대학 미시마(三島)교실[6], 고미야마 료헤이(小宮山量平)의 우에다(上田)자유대학[7], 사이구사 히로토(三枝博音) 등의 가마쿠라(鎌倉)아카데미아[8] 등 공적 사회교육으로부터 자유롭고 자발적인 학습 · 문화활동이 생겨났다. 이들은 전전이나 전쟁 중에 문화적 폐쇄 상태를 경험한 지식인과 문화인들이 대중 청년에게 과학과 문화를 보급하고 그들을 계몽하려는 공통적 특징을 갖고 있었다.

한편 공민관을 거점으로 한 지역재생의 시도도 빼놓을 수 없다. 한 사례로 전후 초기에 지방으로 피신해 있던 사회학자 요네바야시 도미오(米林富男)와 독일어(연극활동) 학자인 세키구치 아리오(関口在男) 등이 정열적으로 청년단을 지도했던 나가노현(長野縣) 츠마고(妻籠)의 마을 만들기 실천을 들 수 있다. 또 다른 사례는 국제법학자 야스이 가오루(安井郁)(호세이대학 교수, 도쿄도 스기나미구립(杉並区立) 공민관장)의 지도를 받은 어머니독서회 '스기노코카이(杉の子會)'가 선두가 된 원자폭탄 및 수소폭탄 금지운동이 있었다. 이러한 두 사례는 모두 문화인이 이끈 전후 첫 공민관 실천으로서 이후에 지역 만들기나 평화운동의 방향을 결정하는 선구적인 역할을 하였다.

그림 2-1 수소폭탄 반대서명운동(스키노코회)

8) 中井浩『논리와 그 실천－조직론에서 도서관상으로(論理とその実践ー組織論から図書館像へー』てんびん社, 1972, pp.28－37.

5) 사회교육의 본질 탐구

한편 도쿄대학 교수였던 미야하라 세이치(宮原誠一)[9]는 전후 사회교육의 형성과 전개에 큰 영향을 끼쳤던 대표적인 연구자이다. 미야하라는 사회교육실천에 참여하는 청년 · 주민 · 직원 · 교사들과의 밀접한 교류와 연구를 통해 사회교육 이론화에 착수하였다. 그는 전전이나 전쟁 중에 청년교육과 교육의 과학화에 전념하였고, 사회교육이 착수되기 시작했던 전후 초창기의 사회교육을 역사적 개념으로 파악해야 할 필요성을 주장하였다. 특히 그는 '근대적 학교 제도와 대비되는 것'(학교교육의 '보충', '확장' 또는 '학교교육 이외의 교육적 요구')으로서 사회교육을 이해할 필요가 있다고 주장하였다. 또한 미야하라는 사회교육의 발달을 지탱하는 조건은 '데모크라시와 테크놀로지'이며, 사회교육에는 사회민주주의의 고조에 따른 '민중에 의한 아래로부터의 요구'와 '지배적 계급에 의한 위로부터의 대응책'이 '합류되어 혼재되어 있다.'고 말하며, 민주주의를 둘러싼 모순구조 속에 위치하고 있는 사회교육의 본질적인 모습을 파악하였다. 이러한 인식하에 미야하라는 학교교육을 포함한 교육 전체에 대하여 '사회의 교육적 필요를 종합적이고 계통적으로 계획화'할 필요가 있다고 제기하였다.[9] 비록 정책과 법 · 제도 등의 국가(권력구조)론적인 분석이 충분한 것은 아니었지만 그 후의 사회교육연구를 선도한 중요한 연구였다. 또한 미야하라는 청년단과 공동학습 등 근로청년의 학습조직화와 일본교직원조합(日教組)을 중심으로 하는 민간교육운동의 이론과 실천 모두에 공헌한 선구자 중 한 사람이었다.

2 전후 부흥 · 고도성장기의 '생활터전'을 기반으로 한 학습활동과 '권리로서의 사회교육'

1) 전후 교육개혁의 수정과 변경

동서 긴장이 표면화되고 미국의 극동정책이 변경되어 일본 내의 대중운동이 고양되기 시작하자, 점령 정책은 반공산주의적인 성격을 한층 더 강화하였다. 제2차 미국 대일사절단 보고서(1950년 9월 22일)는 일본이 '아시아에 있어서의 반(反)공산주의의 요새'로 명시되

9) 宮原誠一『사회교육론(社会教育論)』国土社, 1950, pp.24-59.

는 등 점령 정책은 그 중점을 점령 초기의 '반군사화 · 민주화'에서 '반공 · 민주화'로 변경하였다. 이러한 움직임에 보조를 맞추듯 전전(戰前)의 국가주의체제를 지지한 정치가들이 재등장하고, 전후 개혁의 민주주의적 원칙이 수정 · 변경되어 갔다.

교육과 관련해서도 교육의 정치적 중립성 확보에 관한 법률을 비롯하여 임명제 교육위원회의 발족, 청년학급의 법제화, 「사회교육법」의 대개정 등 반동적 국가정책 하에서 헌법과 교육기본법제를 관통하는 전후 교육개혁의 민주적 이념이 급격히 후퇴하였다. 따라서 '사회교육의 자유'와 '사회교육행정의 독립성'이라는 자유주의적이고 민주적인 사회교육이념도 후퇴할 수밖에 없었다. 또한 1960년대에는 고도경제성장으로 경제개발정책(맨파워정책)에 종속된 교육정책이 등장하였다.

그러나 이와 같은 반(反)개혁 · 반동화 속에서 다음과 같이 근로청년들의 생활과 생산(노동) 과제에 관련된 학습문화운동과 주민의 학습권보장이라는 관점에 기초한 사회교육실천이 생겨나기 시작하였다.

2) 직장의 생활기록운동

무차크 세이쿄(無着成恭)[10]의 『야마비코학교』10)[11]를 비롯하여 전후 초기의 세이카츠츠즈리카타교육(生活綴方教育: 생활기록교육)[12]은 전전(戰前)의 천황제 국가주의교육에 저항하는 교육실천, 즉 무라야마 토시타로(村山俊太郎)[13] 등에 의한 피나는 노력에서 창출된 '생활터전'을 기반으로 한 '생활지(生活知)'를 육성하는 교육실천에 바탕을 두고 있다. 또한 '생활기록교육'은 점령기에 도입되어 보급된 '신교육', 즉 현실생활과 괴리된 생활경험학습을 비판하는 가난한 동북(東北)지방[14] 농산촌에서의 교육실천이었다. 무차크는 "언제나 '왜?'라고 생각하는 인간이 되자."고 호소하였다. 그의 교육실천에서는 아이들이 자신의 생활을 글로 기록함으로써 현실(마을이나 집) 생활을 직시하며 토의하고 함께 생각하고 친구들을 위해 행동할 수 있는 인간으로 성장해 가는 것을 목표로 삼았다. '생활기록'은 학교교육뿐만이 아니라 청년이나 여성의 학습운동에도 큰 영향을 끼쳤다. 그것은 '생활기록'이라는 명칭 아래 초창기에는 공장에서 시작되어, 이후에 점차 농촌이나 도시여성들에게도 확산되었다.

---

10) 無着成恭『야마비코학교(山びこ学校)』青銅社, 1951.

첫 생활기록운동은 사와이 요시로(澤井余志郎)를 중심으로 한 도우아방적(東亜紡績) 도마리(泊)공장(미에현(三重縣)욧카이치시(四日市市))에서 일하는 여성노동자 서클에서 시작되었다. 『야마비코학교』에 공감하고 감동한 그녀들은 자신들의 서클을 '로분야마비코(勞文やまびこ)학교'라고 명명하여 농촌의 집이나 어머니, 직장에서의 노동과 생활 그리고 동료들에 대하여 글을 쓰고, 동료들과 함께 나눔으로써 현실의 빈곤 뒤에 숨어 있는 사회구조에 대한 인식을 심화함과 동시에 동료들과의 관계 속에서 각 개인이 성장하는 것을 목표로 삼았다. 이러한 생활기록운동은 생활기록을 통해 농촌과 직장의 현실을 직시하고 집단사고를 거듭하는 과정에서 자신들의 삶과 사회의 과제를 추구한 주옥 같은 실천이었다.[11]

생활기록을 중심으로 한 사와이의 서클 지도와 실천은 현실의 생활터전에 입각한 집단사고와 인식의 리얼리즘에 대한 확신으로 지탱되었던 것이라 생각된다. 이러한 학습에 대한 사고방식으로 자신들의 생활과 노동을 교재로 삼아 일하는 여성으로서의 삶을 탐구한 생활기록학습은 사람들의 현실생활과 괴리된 위로부터의 공민 계발과 교육 및 민주주의 기술훈련이라는 점령기 계몽적 사회교육의 한계를 극복하였다.

기노시타 준지(木下順二)와 츠루미 가즈코(鶴見和子)의 『어머니의 역사(母の歴史)』(1954년)와 『동료들 속에서의 연애(仲間のなかの戀愛)』(1956년)[12]는 실질적으로 사와이가 편집한 것인데, 거기에는 그녀들의 생활기록이 몇 가지 수록되어 있다. 다음은 그중의 일부이다.

> 서클에 들어간 후 내 생활은 많이 달라졌다. 모든 것이 새롭고 모든 것에 의욕이 생겼다. (중략) 우리들처럼 밖에 나가 일하면서 방에서 단체생활을 하고 또 서클에서는 동료의식을 키우기 위해 자신의 감정보다도 모두의 마음을 먼저 생각하도록 노력함으로써 나중에 반드시 좋은 결과를 얻을 수 있을 것이라고 생각한다. 어머니들의 시대에는 없었던 것이다. 더 이상 어머니와 아버지처럼 불행한 결혼을 반복하지 않도록, 부모에 의해 좌우되지 않는 자신의 의견을 가진 인간이 되고자 한다. 그렇게 되기 위해 다도나 꽃꽂이를 배우는 시간을 쪼개어 서클이나 자치회 활동을 하고 있는 것이다.[13]

---

11) 澤井余志郎「생활기록서클(生活記録サークル)」羽仁節子 · 小川利夫 編『부인의 학습 · 교육(婦人の学習 · 教育)』亜紀書房, 1975, pp.120－135.

12) 磯野誠一 · 木下順二 · 鶴見和子 · 日高六郎 · 丸岡秀子 編『동료들 사이의 연애(仲間のなかの恋愛)』河出書房, 1956.

13) 木下順二 · 鶴見和子 編『어머니의 역사(母の歴史)』河出書房, 1954, pp.91－93.

서클 활동에서의 생활기록학습을 통해 그녀들에게는 노동자로서 보다 확실한 자각이 싹트게 되었다. 사와이는 회사와 노동조합으로부터 서클을 해산할 것을 강요받아 직장을 떠나게 되었지만 학습은 계속되었다.

도우아방적(東亜紡績)의 서클에서 시작된 직장의 생활기록운동은 그 후 섬유공장의 여성노동자들에게로 확산되었다. 대동모직(아이치현(愛知縣) 이나자와시(稲澤市))에서는 생활기록교육을 공부하는 학생들과의 학습교류도 이루어졌다. 그녀들 중에는 노동조합의 주역이 된 사람들도 적지 않았으며, 전국섬유노동조합동맹에서는 생활기록연구대회를 개최하기에 이르렀다. '생활기록'을 중심으로 하는 집단형성을 통해 과학적인 지성의 도야와 인격훈육의 통일을 탐구한 오가와 타로(小川太郎)[16](당시 나고야대학 교수)는 교육학을 공부하는 학생들과 함께 자주 공장을 찾아가 그녀들의 생활기록을 지도하고, 전국섬유노동조합동맹의 생활기록연구대회에서는 심사위원장을 맡았다.

3) 공동학습운동의 전개

공동학습운동은 전후 사회교육실천을 대표하는 것으로 그 발판이 마련된 것은 미군 점령기 청년단을 지도하는 과정에서 보급된 연구그룹 활동이었다. 청년단에서 시작한 공동학습은 청년학급이 법제화(1953년)됨에 따라 더욱 발전할 수 있는 계기가 되었다. 청년학급은 원래 1949년부터 야마가타현(山形縣) 등에서 시작되어 점차 전국으로 퍼져 나간 것인데, 문부성은 이러한 학습활동을 진흥하기 위하여 입법화를 추진하고 보조금을 교부하고자 하였다. 일본청년단협의회는 청년학급이 보습교육적인 내용으로 재편성됨으로써 청년단이 관제화되고 학습활동의 자주성 상실을 우려하여 반대의사를 표명하였고 학습의 자유와 자주성을 기조로 한 '공동학습'을 전개하고자 하였다.

또한 공동학습은 농촌문화운동인 나가노(長野)지부의 학습문화활동과도 관련이 있다. 마을 청년들 개인의 문제이면서도 공통적인 문제인 진학, 취직, 농가(農家)의 차남・삼남 문제, 마을 생활의 비합리성, 농업생산의 비능률성, 연애를 방해하는 봉건적인 관행 등을 중심으로 자신들과 마을의 생활 속에 자리하는 사회 및 정치문제에 대한 그룹토의와 생활기록을 바탕으로 문제를 해결하기 위한 실천을 목표로 추진된 것이 바로 청년들의 학습이었다.

요시다 노보루(吉田昇)는 공동학습의 이론화와 실천적 지도에 큰 역할을 하였다. 그는 존 듀이의 학습론에 기초한 합리적인 사고의 순서를 다음의 다섯 단계로 나누어 논하고 있다. ① 곤란하다고 느낀다(현재 상황에서의 불합리한 부분을 자각한다), ② 문제를 명확히 밝힌다(문제점이 어디에 있는지를 발견한다), ③ 해결방안을 제시한다(문제해결을 위한 시사점을 생각해 낸다), ④ 시사점의 논거를 검토한다(실제로 유효한지를 생각해 본다), ⑤ 관찰과 실천에 의한 검증을 한다(가장 좋다고 생각하는 것을 실제로 해 보고 그 결과에 대해 다시 생각해 본다).[14)]

또한 요시다는 민주주의를 구축하기 위한 민주적인 학습형태의 필요성을 주장하며 공동학습의 특징을 다음과 같이 제시하였다. ① 청년들 자신이 바로 추진력이 된다는 점에서 자주성을 일관하는 것, ② 이미 만들어진 결론을 학습하는 것이 아니라, 집단사고를 통하여 새로운 결론을 이끌어 내는 것, ③ 상호 학습이 원활하게 이루어지도록 20명 이하의 소집단으로 활동하는 것, ④ 동료의식을 바탕으로 서로의 의견이나 태도를 존중하면서 이루어지는 것, ⑤ 토론내용이 실천으로 옮겨지고, 실천된 것이 또 연구되며 나아가 다시 새로운 실천으로 연결되는, 이른바 실천과 매우 밀접한 관련을 갖는 것이 그것이다.[15)] 위에서 말한 공동학습의 원칙에는 소집단(그룹)의 토론과 집단사고를 통한 자주적인 학습과 실천이 완전히 결합된 학습관이 명시되어 있다.

그림 2-2 1950년대의 공동학습

공동학습에서는 "있는 그대로의 생활을 말과 글로 분명하게 표현하는 것이 문제의식을

14) 吉田昇「공동학습의 본질(共同学習の本質)」青年団研究所 編『공동학습의 안내(共同学習の手引)』日本青年舘, 1954, pp.26－28.

15) 吉田昇『요시다노보루 교육학저작집 제1권(吉田昇教育学著作集第1巻)』未来社, 1989, pp.34－48.

고양하는 것"(요시다)이므로 대화와 생활기록학습이 적극적으로 활용되었고, 학습내용은 지역과 자신들의 생활에 드러난 '근대적 모순과 봉건적 모순'의 혼재에 대한 문제가 초점이 되었다. 공동학습을 추진하는 청년단에서는 이러한 학습을 통해 과거 점령기에 보급된 홍미와 관심 위주의 그룹 활동 범위를 벗어나, 자신들이 당면한 현실 생활과 생산, 마을의 정치 문제 등으로 학습활동을 심화하는 등 학습과제를 보다 생활화하고 나아가 사회화하게 되었다.

「청년학급진흥법」에 반대하는 운동을 통해 청년들은 고등학교 교육에 대한 요구가 청년학급으로 대체되는 것이 아닌가라는 의문과 함께 근로청년 교육에 대한 기대를 점차 품게 되었다. 그로 인해 1954년 5월 일본청년단협의회(제4회 정기대회)는 요시다, 미야하라 등의 조언 아래 「근로청년교육기본요강」을 채택하고 "일본국 헌법에 근거하여 근로에 종사하는 청년은 올바른 교육을 받을 권리를 가진다."는 것을 확인하고, '교육기회균등의 원칙을 관철시키는 일'을 비롯하여 10개 항목에 걸친 기본 입장을 공표하였다.

일본청년단협의회는 1955년 이후 연 1회 '청년문제연구집회'(첫 회인 1954년에는 대회)를 개최하여 각지의 공동학습 실천보고를 통해 학습성과를 공유하고자 하였다. 청년문제연구집회는 각 현(縣) 단위의 집회에서부터 성과를 축적하여 학습과제를 심화시켜 나갔다.

1960년대 이후 고도경제성장 속에서 소규모 농가를 외면하는 농업정책과 공업화와 지역개발로 인해 공동학습운동은 다양하게 변용되었다. 농업 근대화 정책 속에서 미야하라가 중심이 되어 농업청년의 생산과 정치학습에 착수한 '시나노생산대학(信濃生産大学)'(나가노현(長野縣) 고마가네시(駒ヶ根市))은 나중에 노농(勞農)대학으로 발전하였다. 또한 도시 청년노동자의 학습활동에서도 공동학습의 사고방식이 실천되었다. 집단적으로 취직하여 상경한 청년들이 참여하여 '생활과 학습을 주체적으로 엮어가는 장'으로 만든 '미타카시(三鷹市) 근로청년학습'(오가와 마사미(小川正美), 오가와 토시오(小川利夫))은 그 전형적인 예였으며, 1970년대 이후 발전한 나고야(名古屋) 서클연락협의회의 '청년의 생활사 · 인생학습'(나스노 류이치(那須野隆一), 마노 노리오(真野典雄))도 공동학습운동의 계승과 발전을 시도한 훌륭한 실천이었다.

4) 권리로서 사회교육사상의 생성

1960년대에 들어서면서 고도경제성장정책, 특히 공업화와 지역개발정책으로 인해 사람들이 일자리를 찾아 지방에서 도시로 대이동하게 되었다. 도시의 과밀화, 농 · 산촌의 과소화가 급격히 진행되면서 산촌의 학교통폐합, 도시의 조립식 교사(校舍), 사라지는 놀이터와 아동문화, 열악한 자녀양육환경, 독거노인을 둘러싼 생활환경의 악화, 급증하는 공해, 건강 파괴 등 주민의 '생명과 생활'을 위협하는 지역의 문제가 날로 심각해지고 있다. 지역문제가 커짐에 따라 이 문제해결에 대처하는 주민운동이나 학습 · 문화 활동(보육소 설치, 학동보육)[16], 지역문고, 친자(親子: 부모자녀)극장[17] 등의 지역교육운동, 주민 부재의 지역개발이나 공해에 맞서는 주민운동 등이 연이어 생겨나 확대되어 갔다. 이러한 운동을 배경으로 공적 사회교육에 대한 비판과 요구가 높아짐과 함께, '권리로서의 사회교육' 사상이 싹트고 발전되어 갔다.

관서(關西)지방[18]의 지역민주주의 운동과 지자체 노동운동, 특히 오사카부(大阪府) 히라카타시(枚方市) 고우리가오카단지(香里ヶ丘團地)의 자녀양육운동을 배경으로 1963년 히라카타시에서 '사회교육을 모든 시민에게'(통칭 히라카타선언)이라는 사회교육행정방침이 만들어졌다. 이 방침은 다음의 여섯 가지 원칙으로 구성되어 있다. ① 사회교육의 주체는 시민이다. ② 사회교육은 국민의 권리이다. ③ 사회교육의 본질은 (일본국) 헌법 학습이다. ④ 사회교육은 주민자치의 힘을 기르는 것이다. ⑤ 사회교육은 대중운동의 교육적 측면이다. ⑥ 사회교육은 민주주의를 키우고 기르고 지키는 것이다. 여기에는 헌법 학습이야말로 주민의 자치능력을 육성하고 민주주의를 실현하는 것이며, 이러한 학습을 권리로서 보장하는 일이 사회교육행정의 임무라는 헌법 · 교육기본법제에 대한 고유한 사회교육 구상이 명쾌하게 표현되어 있다.[17]

1965년 나가노현 이이다시(飯田市)의 이이다 · 시모이나주사회(飯田下伊那主事会)는 「공민관주사의 성격과 역할」(통칭 시모이나 선언)을 공표하였다. 여기에서 앞으로 공민관주사의 역할은 교육전문직과 지자체노동자라는 두 가지의 입장(역할)을 통일하고, "생활을 엄

16) 학동보육(学童保育)은 한국의 방과 후 공부방에 해당하는 활동을 하는 민간교육시설이다. 주로 맞벌이가정의 아이들이 방과 후 이곳에 모여 숙제를 하거나 놀이를 하며 부모들을 기다린다.

17) 津高正文「히라카타테제의 역사적 의의(枚方テーゼの歴史的意義)」津高正文『전후 사회교육사의 연구(戦後社会教育史の研究)』昭和出版, 1981, pp.199－244.

밀히 바라보는 눈을 기르고 그 원리를 궁리하는 자세를 만드는 생활기록과 대화, 생활환경에 대한 과학적 이해(사회과학 학습)라는 두 가지 기둥을 중심으로" 일하는 국민들의 운동으로부터 배워 학습내용을 편성하고, 사회교육의 민주화와 독립성을 확보할 것을 제기하였다.[18] 그것은 농정개혁과 지역개발정책하에서 어떻게 살아남을 것인가라는 주민의 시급한 과제에 직면하여 사회교육실천을 통해 대응하고자 하는 문제의식을 가진 직원집단의 중대한 문제제기였다고 할 수 있다.

시모이나군(下伊那郡)의 마츠카와 마을(松川町)은 1960년대 이후 공민관연구집회나 부인집회를 토대로 지역과 생활과제를 학습과제화하고 학습성과를 실천으로 연결해 가는 활동, 그중에서도 공민관주사와 보건사가 공동으로 추진한 건강증진을 목표로 한 건강 학습 등 지역생활에 뿌리내린 공민관 실천을 자치적으로 만들어 가는 활동이 시작되었다.[19] 위의 나가노현 실천 사례를 보면 공동학습운동을 통해 형성된 지역과 생활터전 중심의 학습관 및 교육관(사회교육사상)이 계승 · 심화되고 있음을 알 수 있다.

이상 1960년대 사회교육실천을 통하여 헌법 학습이 기초가 된 사회교육은 주민의 권리이고, 사회교육직원은 전문가이자 지자체 노동자로서 주민의 학습권을 보장하는 역할을 담당하고 있다는 것을 살펴보았다. 공민관에서는 지역과제나 생활과제와 관련된 주민운동의 교육적 측면을 학습하면서 주민 주체의 학습내용 편성을 요구하는 사회교육이론이 창출되었다. 그중에서도 이러한 사회교육의 실천과제를 이론 과제로서 주체적으로 받아들여 사회교육을 둘러싼 외재적 · 내재적 모순에 주목하여 역사적 개념으로서의 사회교육 역사 연구나 사회교육의 법 · 제도를 분석하는 미야하라 세이치(宮原誠一)의 사회교육 본질론을 계승 · 발전시킨 오가와 토시오(小川利夫)를 중심으로 한 연구자들의 본격적인 연구 활동은 높이 평가할 만하다.

---

18) 飯田下伊那主事会「공민관주사의 성격과 역할(公民館主事の性格と役割」小川利夫 編『현대공민관론(現代公民館論)(日本の社会教育 第9集)』東洋館出版社, 1965, pp.176−186.

19) 松下拡『주민의 학습과 공민관(住民の学習と公民館)』勁草書房, 1983, pp.1−15.

3 고도경제성장의 종언과 평생교육의 정책화

1) 생명과 생활을 지키는 학습운동의 확산

고도경제성장이 남긴 상처는 컸다. 그 상처란 주민이 참여하지 않은 지역개발정책의 문제이며 또한 그것이 초래한 공해와 자연·생활환경의 피폐화였던 것이다. 지역의 지연(地緣)적인 활동은 그 모습이 점차 사라지고 핵가족이 증가하였으며, 지역과 가정의 교육력이 저하되어 갔다. 이에 더해 고도성장정책하의 능력주의 교육정책 아래 맨파워 육성의 장으로 변한 학교에서는 경쟁과 선별교육이 두드러지고, 아이들의 인간적 성장을 지원하고 보장하는 사회적인 환경이 약화되어 갔다. 환경과 자녀양육 등 생명과 생활을 위협하는 문제를 해결하는 것이 초미의 과제가 되었음은 말할 것도 없다. 이렇게 하여 지역개발정책에 저항하는 주민운동을 배경으로 도쿄, 쿄토, 오사카, 나고야 등의 대도시를 비롯하여 태평양벨트연안 지자체를 중심으로 혁신지자체가 탄생하였다.

지역에는 주변생활 문제를 주제로 하는 학습·문화 활동(자기교육운동)이 확산되었으며, 점차 공적 사회교육의 민주화를 추진하는 원동력이 되었다. 지역 자녀양육운동의 계기가 된 가정·지역문고, 청년의 성장과 자립을 지원하는 청년교실, 여성의 삶과 사회참여를 생각하는 여성세미나, 고령자복지의 방향을 공부하는 지역 만들기 강좌 등 지역이나 생활과제와 관련된 내용 편성을 비롯하여 공민관의 운영에 이용자가 참여하고, 사회교육실천을 자치적으로 창조하는 활동이 확산되었다. 이러한 사회교육 실천을 포함하여 도쿄도(東京都) 산타마(三多摩) 시역의 공민관 활동을 배경으로 공민관 직원과 연구자들에 의한 '산타마사회교육간담회'라는 활동이 생겨났으며 '공민관 3층론'(1964~1965년)이 제창되었다. 또한 그 후 연구자를 포함한 산타마 공민관 관계자들에 의해 '새로운 공민관상을 지향하며'(1973~1974년, 도쿄도 교육청 사회교육부)가 만들어져 그 후의 사회교육·공민관의 방향을 제시하였다. 이것이 소위 산타마선언이라고 불리는 것이다.

공민관 3층론은 '1층에서는 체육·레크리에이션, 또는 사교 등의 활동이 이루어지고, 2층에서는 그룹·서클 등의 집단적 학습·문화 활동이 이루어진다. 그리고 3층에서는 사회과학이나 자연과학에 대한 기초 강좌나 현대사 학습에 관한 강좌가 계통적으로 이루어진다.'라는 것이다. 이는 도시화를 배경으로 한 학습 요구의 다양화·고도화에 대응한 구상이었다. 또한 그것을 발전시키는 방향으로 '새로운 공민관상을 지향하며'에서는 공민관의 4가지 역할 즉, ① 주민의 자유로운 교류의 장, ② 주민의 집단활동의 거점, ③ 주민에게 있어서의 「나의 대학」, ④ 주민에 의한 문화 창조의 광장을 제창하였다. 그리고 공민관 운영의 7가지 원칙으로서는 ① 자유와 균등, ② 무료, ③ 학습문화기관으로서의 독자성, ④ 직원 전면배치, ⑤ 지역 배치, ⑥ 다양한 시설정비, ⑦ 주민참여를 내걸었다. 공민관 직원에 대해서는 '시설의 제공과 정비', '집단에 대한 지원', '학습내용의 편성' 등을 직무로 하는 '모든 주민의 학습권 보장을 위한 봉사자'이며, '주민 스스로가 학습 · 문화 활동을 보다 풍요롭게 편성하고 발전시킬 수 있도록 돕는 지원자'로 규정하였다. 여기에 나타난 공민관의 이념은 사회교육의 주체는 주민이기 때문에 주민에게 개방하여 주민의 참여와 자치 아래 운영하고, 직원이 전문적 지원 기능을 담당하는 사회교육기관으로서 그 자립성과 전문성을 중시하는 것이었다. 이것은 1970년대의 공민관 실천, 특히 도시형 공민관의 발전에 큰 영향을 끼쳤다.

2) 유네스코 평생교육(학습) 구상과 일본의 수용과정

1965년 유네스코(UNESCO)의 성인교육추진국제위원회는 평생교육의 구상을 제창하였다. "요람에서 무덤까지 인간의 일생을 통해 이루어지는 교육의 과정—따라서 전체적으로 통합이 필요한 교육의 과정—을 창출하여 활동하게 하는 원리로서" 평생교육이 요청되었다. 이 구상은 그 후 젤피(Ettore Gelpi)에 의해 계승 · 발전되었다. 그는 파울로 프레이리(Paulo Freire)의 '억압과 해방의 변증법'을 배우며, 현 상황의 개혁을 목표로 하는 제3세계의 관점에서 ① 학습자의 주체성을 중시하는 자기결정학습, ② 인간을 억압 · 지배하는 교육에서 해방의 교육으로, ③ 빈곤, 억압, 갈취에 고통스러워하는 제3세계, 이주노동자, 여성의 자립을 위한 교육을 중심으로 교육혁신을 논하였다.[20)]

이러한 논의는 유네스코 학습권선언(1985년)으로 결실을 맺었다. 이 선언은 ① "학습활동은 모든 교육활동의 중심에 위치하며 정해진 것에 따라가는 객체에서 스스로의 역사를 만드는 주체로 변해 가는 것이다."라며 학습과 교육을 역사 주체 형성의 핵심 개념으로 삼았고, ② 성인교육에 있어서 학습자의 자기결정 필요성을 제기하였으며, ③ '인간의 생존

20) 波多野完治『생애교육신강(生涯教育新講)』教育開発研究所, 1975, pp.148—162.

에 있어 불가결한 수단'이며 '기본적 인권의 하나'로서 학습권을 이해하는 등 이후의 사회교육의 실천과 이론에 큰 영향을 미친 획기적인 선언이었다.

이러한 평생교육의 구상은 일본에서는 산업계가 먼저 주목하여 기업 노동자의 인생설계 · 능력개발프로그램으로서 착수하였다. 1970년 이후 정부도 중앙교육심의회와 사회교육심의회의 답신을 거쳐 평생교육을 국가적인 교육재편 정책이념으로 삼았으며, 나아가 지자체의 종합적 교육계획의 기본 관념으로 삼았다. 중앙교육심의회 답신 「향후 학교교육의 종합적인 확충정비를 위한 기본적 시책에 대하여」(1971년)에서는 "평생교육의 관점에서 모든 교육체계를 종합적으로 정비하는" 것을 목표로 '기술혁신의 급속한 진전'과 '급격한 변동이 예상되는 향후 시대에 있어서의' '가정 · 학교 · 사회를 잇는 교육체계'를 제언하였다. 사회교육심의회 답신 「급격한 사회교육의 변화에 대처하는 사회교육에 대하여」(1971년)에서 평생교육은 '평생에 걸친 학습의 계속'과 '가정교육, 학교교육, 사회교육'의 유기적 통합을 필요로 하고 있다고 하면서 평생에 걸친 각 시기의 학습과제를 시사함과 동시에 사회교육주사의 정비 충실과 커뮤니티시설로서 공민관의 역할 등 행정이 중점을 두어야 하는 과제에 대해 제언하고 있다. 이 답신은 1970년대의 사회교육행정의 지침이 되었으며, 특히 지역 · 지자체의 사회교육의 방향을 제시하였다.

3) 신자유주의 · 시장원리 속에서의 평생학습정책

중앙교육심의회 답신 「평생교육에 대하여」(1981년)는 "앞으로의 학습은 각자가 자발적 의사에 따라 하는 것을 기본으로 하는 것"이므로 "평생학습이라고 부르는 것이 바람직하다."고 하면서 '학력(學歷) 편중의 사회풍조'를 개선하고, '평생학습사회의 방향을 지향'할 것을 시사하고 있다. 또한 임시교육심의회(1984~1987년)는 4차에 걸쳐 「교육개혁에 관한 답신」을 공표하였다. 특히 제3차 답신(1987년)은 '평생학습체계로의 이행'을 주제로 하여 학력사회의 시정과 교육의 개성화 · 자유화를 표방하는 교육개혁 구상을 제언하였다. 여기에서는 사회교육의 민영화, 시장원리화와 관련하여 기존 사회교육법제를 재검토하는 것과, 평생학습진흥에 필요한 법체계의 필요성이 강조되었다.

이 제언을 계승한 중앙교육심의회 답신 「평생학습의 기반 정비에 대하여」(1990년)를 거쳐 「평생학습진흥을 위한 시책의 추진체제 등 정비에 관한 법률('평생학습진흥정비법'으로 통칭한다)」(1990년)이 제정되어 국가(문부성과 통상산업성)가 주도하고 민간활력[19]을 이용하면서 도도부현을 중심으로 평생학습진흥체제를 정비하는 구조체계가 마련되었다. 그럼 왜 평생교육이 정책개념으로서 등장하였을까? 그 배경과 목적은 다음과 같다.

1960년대에는 고등학교 교육의 다양화정책과 직업능력육성정책 등 능력주의 위주의 개편이 이루어졌는데21), 평생교육은 경제사회정책에 추종하는 새로운 능력주의 교육정책으로, 바꿔 말하면 인재개발정책이나 교육투자정책의 1970년대판으로서 채택된 것이었다. 또한 평생교육에서 평생학습으로 전환한 것은 '학습'개념의 자발성 · 자주성을 이유로 학습을 자기책임의 대상으로 삼음으로써 헌법이 규정하는 '국민의 교육권' 보장을 국가적 책무 대상의 밖에 둔 것을 의미한다. 임시교육심의회의 제언은 능력주의교육정책 아래 확대된 입시 위주 교육의 문제성을 학교교육 제도의 다양화와 개성화(비획일화)를 통해 타개해 보려고 한 것으로, 교육에 있어서의 행정개혁과 합리화의 수단으로 시장원리(비공공화)를 도입하려고 한 것이었다. 신자유주의정책하에서 공적 부문(정부 영역)에 의한 문화 · 스포츠 · 레크리에이션 사업의 민간화가 경제적인 내수를 활성화할 수 있는 가능성이 기대되었기 때문이다. 이렇게 민영화정책은 수익자부담 · 규제완화 정책과도 맞물려 학급강좌의 수강료 인상, 공민관의 통폐합, 예산 · 직원의 삭감 등 사회교육의 공공성을 크게 후퇴시켰다.

그런 의미에서 명확한 개념 규정도 없는 채 일본에 도입된 정책개념으로서의 평생교육(학습) 이념은 적지 않게 교육정책의 범주를 일탈하는 등 유네스코 평생교육 개념의 '왜소화와 확산화'라고 하는 측면을 포함하고 있었다고 할 수 있을 것이다. 이러한 한계를 어떻게 극복할 것인가가 오늘날의 과제이다. 그것을 극복하기 위해서는 유네스코 학습권선언을 깊이 음미하고 각 지역의 주민이 주체가 되는 훌륭한 사회교육 실천의 역사와 현황을 적극적으로 배우며, 무엇보다도 이 실천들을 각 지역에서 착실히 계승함과 동시에 새로운 실천을 의욕적으로 창조하여 지역에서 정책에 대한 문제제기(비판과 요구)를 해 나갈 필요가 있다. "범지구적으로 생각하고 지역에서 행동하라(Think globally, act locally.)." 이미 잘 알려진 이 말을 다시 한 번 깊이 새기고 향후 사회교육의 연구와 실천의 지침으로 삼고자 한다.

---

21) 小川利夫『사회교육과 국민의 학습권(社会教育と国民の学習権)』勁草書房, 1973, pp.177－178.

〈역주〉

1 교육칙어(教育勅語)는 1890년에 발포된 교육방침으로 명치천황이 국민에게 말하는 형식으로 신성화되었다. 1948년에 중의원에서 '교육칙어 등 배제에 관한 결의'가, 참의원에서 '교육칙어 등의 실효확인에 관한 결의'가 채택되었다.

2 다나카 고타로(田中耕太郎, 1890~1974)는 법학자로서 1946~1947년에 문부대신, 1950~ 1960년에 최고재판소 제2대 장관을 역임하였다.

3 전촌학교(全村學校)는 1924~1932년에 걸쳐 농본주의자인 야마자키 노부키치와(山崎延吉) 그 제자인 이나가키 미노루(稲垣稔) 등에 의해 전국적으로 퍼져 나간 활동이다. 이 시기는 농촌의 쇠퇴기에 해당되는 시기로 제1차 세계대전 후 찾아온 공황으로 인해 농촌이 경제적으로 제대로 일어서지 못한 채 1920년대 말엽 대공황으로 돌입해 가는 상황 속에서 농촌에 위기감이 고조되어 갔는데, 그 해결책으로서 전촌학교, 즉 마을 전체의 청년층을 모아 5일 정도 철저한 숙박연수회를 실시하여 마을 전체의 개혁·부흥운동 추진의 기폭제로 만들려는 것이었다. 약 10년 동안에 전국 각지 40여 곳에서 실시되었다.

4 PTA는 Parent-Teacher Association의 약칭으로 학부모와 교사의 모임을 말한다.

5 신도(神道)란 일본 고유의 다신교(多神教)적 종교이다. 일본에 사는 민족들 사이에 자연발생적으로 생겨난 전통적인 민속신앙, 자연신앙을 기반으로 하여 호족층(豪族層)에 의한 중앙과 지방 정치체제와 관련을 맺으며 성립되었다.

6 서민대학 미시마교실(庶民大學三島教室)은 1945년 12월에 시작된 전국에서도 특유한 활동으로 제2차 세계대전말기 시즈오카로 피난가 있었던 기베 다츠지(木部達二, 1914~1948, 노동법학자)와 하이시 시즈오(拝司静夫) 등과 같은 젊은 법학자, 지역의 교사와 미시마(三島)문화협회 회원들이 함께 패전 이후 설립한 시민을 위한 '대학'이다.

7 우에다자유대학(上田自由大學)이란 1920~1930년대에 걸쳐 나가노현(長野縣) 각지에서 전개된 민중의 자기교육운동을 말한다.

8 가마쿠라아카데미아(鎌倉アカデミア)는 제2차 세계대전 종결 후 1946년에 가마쿠라(鎌倉)에서 고등교육을 위해 세워진 사립학교이다. 처음엔 대학 설립을 목적으로 하였으나 자금난 때문에 전문학교로 신청하였다. 철학자 시이구사 히로토(三枝博音, 1892~1963)가 2대 교장이었다. 문학과, 산업과, 연극과, 영화과 등 4학과로 이루어졌는데, 처음부터 자금난을 겪으며 결국 4년반 만에 문을 닫게 된다.

9 미야하라 세이치(宮原誠一, 1909~1978)는 일본의 대표적인 사회교육학자로서 도쿄대학 교수를 역임하였고, 대표 저서로는 『교육과 사회(教育と社會)』(金子書房, 1949), 『사회교육(社會教育)』(光文社, 1950), 『청년기교육의 창조(青年期教育의 創造)』(國土社, 1962) 등이 있다.

10 무차크 세이쿄(無着成恭)는 1927년생으로 1948~1952년에 야마모토(山元) 초·중학교 교사를 지냈다.

11 『야마비코학교』라는 책은 야마가타현(山形縣) 야마모토무라(山元村)의 중학교 교사였던 무차크 세이쿄가 학생들의 학급문집(생활기록)을 모아 간행한 것이다. 생활 속 실제 체험을 43명의 아이들 스스로가 기록한 작품으로 패전 이후 일본 민주주의교육의 전형으로 여겨져 당시 큰 반향을 불러일으켰다. 야마비코(山びこ)는 '메아리'라는 뜻이다.

12 세이카츠츠즈리카타교육(生活綴方教育)은 야마가타현의 교사 무라야마 토시타로(村山俊太郎) 등이 주장한 생활기록교육이다. 1930년에 기관지 『북방교육』을 창간하고 북일본국어교육연맹을 창립하는 등 확산되었지만 1940년부터 일본 정부가 치안유지법 위반으로 교사들을 탄압하였고, 제2차 세계대전 이후 다시 활동을 시작하였다.

13 무라야마 토시타로(村山俊太郎, 1905~1948)는 교사이자 시인이며, 야마가타현교원조합 부위원장을 역임하였다.

14 동북(東北)지방은 일본 본토 본주(本州) 동북부에 있는 지방으로, 아오모리현, 이와테현, 미야기현, 아키타현, 야마가타현, 후쿠시마현의 6개 현으로 구성되어 있다.

15 여기서 말하는 집단사고(集團思考)는 사회심리학상의 groupthink가 아니라 동료들과의 공동체적인 집단 속에서 대화를 거듭하면서 문제를 분석하는 방식을 말한다.

16 오가와 타로(小川太郎, 1907~1974)는 교육사회학자로서 고베대학 교수, 일본복지대학 교수, 전국부락문제연구협의회 회장을 역임하였다.

17 친자(親子)극장은 부모와 자녀가 무대예술을 감상하고, 또한 다른 부모자녀와 함께 다양한 활동을 하면서 아이들의 감성을 풍요롭게 하는 것을 목적으로 한 서클이다. 전국에 같은 단체가 다수 존재한다. 부모와 자녀는 회비를 내고 가입하며, 두 달에 한 번 정도 공연감상의 기회를 얻는 경우가 많다. 운영도 참가자 자신들의 손에 의해 이루어진다. '어린이극장'이라고 부르는 경우도 있으며, 약칭으로 '극장'이라고 부르기도 한다.

18 관서(關西)지방은 일본 본토 본주(本州) 중서부에 있는 지방으로, 오사카부, 교토부, 효고현, 시가현, 와카야마현, 나라현, 미에현 등 2개의 부(府)와 5개의 현(縣)으로 구성되어 있다. 긴키(近畿)지방이라고도 한다.

19 민간활력(民間活力)은 임시교육심의회 제3차 답신(1987년)에서 민간기업 등을 가리키는 개념이다.

제 3 장
사회교육 · 평생학습의 현재

이시이야마 류헤이(石井山竜平)

오늘날 일본 지자체의 사회교육행정은 전례 없는 심각한 재정 삭감의 압박을 받고 있다. 문부과학성의 지방교육비 조사에 따르면, 2006년도의 사회교육비는 총 1조 8,610억 엔으로 이는 전년 대비 -8.9%(2001년도 -2.0%, 2002년도 -5.0%, 2003년도 -4.0%, 2004년도 -4.9%, 2005년도 -4.4%)로 현저히 감소하는 경향을 보이고 있다.[1]

그중에서도 특히 유감스러운 것은 전문직원의 배치 현황이다. 문부과학성의 교육행정 조사(2007년 5월 현재)에 따르면, 시정촌교육위원회 사무국(한국의 교육청에 해당)의 사회교육주사는 총 1,696명(1999년 3,218명, 2001년 2,932명, 2003년 2,762명, 2005년 2,124명), 파견사회교육주사는 424명(1999년 1,412명, 2001년 1,250명, 2003년 1,159명, 2005년 735명), 사회교육주사보는 61명(1999년 293명, 2001년 239명, 2003년 175명, 2005년 102명)으로 최근 몇 년간 급격히 감소했다.

최근 학교교육의 지도주사는 증가하는 반면(1999년 3,298명, 2001년 3,444명, 2003년 3,538명, 2005년 3,795명, 2007년 4,177명), 교육위원회 사무국 전체 직원의 수는 감소하는 경향이 있는데(1999년 61,496명, 2001년 61,395명, 2003년 60,912명, 2005년 58,409명, 2007년 55,803명), 시정촌교육위원회사무국의 총직원에서 사회교육전문직(사회교육주사, 파견사회교육주사, 사회교육주사보)이 차지하는 비율은 3.9%(2007년도)에 지나지 않는다. 요컨대 최근 교육위원회는 사회교육 부문은 축소시키면서 학교교육을 강화하고 있다고 말할 수 있다.

지금까지 사회교육행정은 종종 정책의 영향 아래 조직 개편이 이루어져 왔다. 이러한 상황에서 오늘날의 사회교육시설 및 직원은 ① 시설배치 계획이 대부분 완료됨으로써 공적 사회교육노동의 내용은 '시설 내 노동'으로 점점 좁혀지고 지역과의 접점을 크게 잃어 가고 있다는 점, ② 빈번한 인사 이동으로 인해 윗세대의 노하우가 계승되지 못하고 있다는 점,

③ 행정개혁에 따라 재원 및 직원이 삭감되면서 일반 행정의 하청기관이라는 새로운 역할이 추가되어 직원들이 더욱 바빠지게 되었다는 점, ④ 적성을 고려하지 않은 직원 배치가 적지 않다는 점, ⑤ 시설 직원의 직제 · 대우의 다양화로 인해 직장이 팀(집단)으로서 기능하기 어려워지고 있다는 점 등으로 인해 지역 정보나 과제 파악, 지역자원 발굴의 기회가 적어지고, 전개되는 사업의 질도 어쩔 수 없이 어느 정도 한계가 따르는 것이 현 실정이다.

이러한 힘든 상황 속에서도 좋은 성과를 만들어 가려는 실천과 노력들이 각지에서 이루어져 왔지만 지방분권 개혁 속에서 오늘날의 지자체 개혁은 사회교육행정의 '해체'라고 해도 과언이 아닐 정도로 재편의 바람이 불어닥치고 있다. 사회교육행정의 이런 힘든 상황은 어떠한 요인에 의한 것인가? 여기에서는 이런 사태의 요인이 된 최근의 정책적 역학을 검토하는 동시에, 이 어려운 상황 속에서 우리들은 앞으로의 사회교육을 어떻게 전망할 수 있는지에 대하여 고찰하고자 한다.

1 '평생학습'정책의 빛과 그림자

오늘날과 같은 사회교육행정의 상황을 초래한 첫 번째 요인은 1980년대 나카소네(中曽根) 정권 때 내각 직속기관으로 설치한 임시교육심의회(1984~1987년)에 의한 '평생학습체계로의 이행' 제기와 그것에 기초한 일련의 평생학습정책에 있다. 그 성과로 인해 오늘날 일본에서는 '사회교육'보다 '평생학습'이라는 용어가 널리 보급되었다. 그러나 이 평생학습정책은 제안 당시부터 문제를 내포하고 있었다.

평생학습정책의 이념적 뿌리는 유네스코 제3회 성인교육추진국제위원회(1965년, 파리)에서 폴 랑그랑(Paul Lengrand)이 평생교육론을 제기한 것에 있다고 할 수 있다. 평생교육을 제창하게 된 배경에는 사회정세의 변화(사회 변화의 가속화, 과학기술의 진보, 인구의 증가와 고령화, 정보와 여가의 문제, 생활양식과 인간관계의 위기, 정치적 · 군사적 동서대립 문제, 경제의 남북격차 문제 등)로 인한 인간 존재에 대한 위기의식과, 이 새로운 사태를 인권보장 추구라는 입장에서 논한 것에서 출발했다. 이러한 관점이 이어져 제4회 유네스코 세계성인교육회의에서 채택된 '학습권선언'(1985년)은 학습에 대한 권리는 기본적 인권이며, 인류의 생존에 불가결한 것이라는 인식이 선명하게 드러난 것으로 일본 풀뿌리 사회교육 실천에 있어 권리사상의 심화와 학습개념의 발전에 큰 영향을 준 선언으로 알려져 있다.

이에 대해 임시교육심의회에서 내놓은 평생학습시책은 어디까지나 일본 경제를 지원하는 맨파워 정책이었다.1) 거기에서 주요 과제로 삼고 있는 것은 ① '산업구조의 전환' 및 '고용재편'에 대응하기 위한 평생직업 능력개발의 과제, ② 노동시간 단축문제와 여가 · 휴가제도, 학교 주5일제에 대한 대응 등 교육, 문화, 건강에 대한 여가환경 대책과 문교 · 과학(文科)통합책[2]의 필요성, ③ 민간교육산업으로 급속히 개방되어 가는 평생학습산업의 시장확대에 대한 대응, ④ '민간사업자'의 활력 도입 등을 아우르는 당시의 산업진흥정책, 국토개발정책과의 조정 등으로 유네스코 이론의 기반인 인간 존재의 위기에 대한 문제의식은 계승되지 않았다.

당시 일본은 토지와 주가의 이상 급등으로 상징되는 이른바 버블경제(1986~1990년)의 시기였다. 이 시기는 플라자합의(1985년)[3]로 인해 국제금융시장에서 엔화의 가치가 두 배 이상 뛰어 오르고, 미국의 내수 확대 요청을 받아 초저금리정책이 실시된 때이다. 즉, 위에서 언급한 임시교육심의회의 시책은 일본 경제가 세계경제에서 차지하는 비중이 급격히 커지는 가운데, 어떻게 하면 경제적 강점을 살리면서 향후 국제적 위상에 걸맞은 국력을 형성할 것인가라는 당시의 국가 및 재계의 관심에 부응하고자 한 것이었다.

임시교육심의회의 제안을 받아 1991년에 성립된 「평생학습 진흥을 위한 시책의 추진체제 정비에 관한 법률」(이하 '평생학습진흥정비법'이라고 한다)에서는 "도도부현을 주체로 민간사업자의 능력을 활용하여 평생학습을 진흥한다."라고 하여, 어디까지나 '민간활력'을 활용한 사회교육의 시장화로 학습기회를 확대하고자 하여 입법 당시부터 「교육기본법」이나 「사회교육법」과의 이념적 접점이 보이지 않아 문제시되어 왔다.2) 이 법의 '민간활력' 소항은 버블경제의 붕괴로 인해 거의 실시되지 않은 채 오늘날에 이르고 있으나, 이러한 정책에 의해 보급된 '평생학습'의 개념은 어디까지나 민간교육산업적인 이미지, 혹은 '생활에 여유 있는 인간의 지적 충족' 또는 '수익자 부담으로 자신의 자질을 연마하는' 이미지(협의의 자기실현)로 치우쳐 파악되기 쉽다. 그리고 나중에 언급하겠지만 아이러니하게도 그것이 오늘날의 지자체 개혁에서 사회교육과 평생학습의 존재의의를 심각하게 훼손하는 결과로 이어지고 있다.

---

1) 평생학습 개념에 대한 일본의 수용과정에서 '굴절'은 유네스코에서 확인되어 온 이념을 일본에 소개한 당사자인 하타노 간지(波多野完治)를 비롯하여 다양한 논자가 지적하고 있다. 碓井雅久『생애학습과 지역사회교육계획 碓井雅久 교육론집 II(生涯学習と地域教育計画 碓井雅久教育論集 II)』国土社, 1994.

2) 長澤成次 編『현대 생애학습과 사회교육의 자유(現代生涯學習と社會教育の自由)』学文社, 2006.

2 NPO의 확산과 법제화

1990년대는 버블경제 붕괴 후, 불황을 극복하지 못하고 정치개혁도 저조했던 시기로 일본에서는 '잃어버린 10년'으로 표현되는 한편, NPO를 비롯한 시민적 공공사업이 확산되고 그 법제화가 이루어진 시기이다. 미국의 문화와 제도를 배경으로 한 Non-Profit Organization (비영리조직)의 개념이 일본 사회에 보급된 데에는 피터 드러커(Peter Drucker)가 저술한 『비영리조직의 경영(Managing the nonprofit organization)』(1991년)[3]의 영향이 컸다. 특히, 평소에 비영리활동을 해 오던 자원봉사 관계자들에게 이 책이 준 충격은 실로 큰 것이었다.

그 첫 번째 영향은 이 개념에 포함된 조직의 다채로움이다. 비영리사업체를 총칭하는 NPO라는 개념에는 자원봉사단체를 비롯하여 병원이나 학교, 노인시설, 그러한 활동에 자금을 지원하는 조성재단, 다양한 시민운동단체도 포함되어 있다. 넓은 의미로는 종교단체, 정치단체, 노동조합 등도 NPO에 포함된다. 당시의 일본 자원봉사단체들은 수익을 올리면서 전담 직원을 고용하고 있는 이러한 단체들과 자신들이 똑같이 취급되는 이러한 개념에 충격을 받았던 것이다.

두 번째로, 지금까지 자원봉사의 세계에 정착되지 않았었던 '매니지먼트'라는 발상이 도입된 점이다. 이 책에서 드러커가 제시한 것은 시민의 자발적인 공익활동에도 미션(사명)을 추구하기 위한 경영 전략이 필요하다는 점이었으며, 미국 시민사회는 이러한 기동력 있는 다수의 시민적 공익조직의 도움으로 지탱되어 온 사회라는 점이었다.

이처럼 구미사회에서는 국가나 행정이 개입되지 않고 시장의 힘에 좌우되지 않는 사회적 공간을 확보하여, 자립적인 결사 · 운동과 네트워크가 활동함으로써 사회 자체를 유지하고 있다는 점이 비영리영역에 대한 관심을 모으게 하였다. 이러한 추세에 따라 일본 사회에서도 어떻게 하면 '시민사회'로의 이행을 전망할 것인지가 국가정책에 있어서 큰 관심사로 떠오르게 되었다.

그러던 중 발생한 한신(阪神)대지진(1995년)에 대한 자발적인 시민들의 복구 지원은 일본 사회에 시민의 힘이 크게 잠재되어 있음을 여실히 보여 준 사건이었다. 6,000명이 넘는 희생자를 낸 전대미문의 재해에 대한 행정의 미숙한 대응능력이 노골적으로 드러난 반면,

---

3) P. F. Drucker 著, 上田惇生 · 田代正美 訳『비영리조직의 경영—원리와 실천(非営利組織の経営—原理の実践)』ダイヤモンド社, 1991.

피해지역에는 150만 명이 넘는 자원봉사자들이 집결하였고, 그들의 활약상은 연일 미디어를 통해 보도되었다. 훗날 이 해는 '자원봉사 원년(元年)'이라고 불리게 된다.

그림 3-1 아이들의 토기만들기(마츠모토시)

이를 계기로 공익성을 지닌 시민단체의 법적 인지와 지원을 요구하는 여론이 높아지고, 1998년 3월에 「특정비영리활동촉진법」(이하 「NPO법」이라고 한다)이 의원입법으로 제정되어, 같은 해 12월에 시행되기에 이르렀다. 이 법률은 시민활동을 하는 민간비영리단체가 법인자격을 취득하기 위한 기준과 절차를 규정한 것으로, 그때부터 10년이 경과한 현재(2008년)의 인증 단체 수는 약 3만 6천 개에 이르고 있다.

이처럼 NPO의 존재감과 사회적 인지도가 급속히 높아지고 있는 한편, 그 실태가 시민주도로 시작된 활동이라기보다 정부의 적극적인 움직임에 의한 것이라는 지적도 적지 않다. 이렇게 정부가 NPO에 강한 기대를 걸고 독려하는 배경에는 다음과 같은 의도가 엿보인다.

첫째, 행정의 관할 범위를 축소·한정하고 민간의 힘을 활용하여 공공서비스를 확대하는 관민 파트너십형 행정(PPP: Public Private Partnership)으로 전환하려는 의도이다. 버블경제의 붕괴 후 많은 지자체들이 재정적 위기에서 탈피하지 못하고, 다양화되는 서비스 수요에 대한 전망을 그려 내지 못하고 있는 실정이다. 그런 가운데 최근의 지자체 경영개혁에 있어 행정의 관할 범위를 축소시키면서 기업의 힘, 시민의 힘을 조합하여 총체적인 주민서비스를 추진하려는 움직임이 있고, NPO에게는 새로운 정책형성 파트너로서의 역할을 기대하고 있다.

둘째, 이른바 '공민(公民)형성'을 위한 사회질서정책의 일환으로 NPO에 거는 기대이다. 신자유주의적 개혁에 대한 흐름의 계기가 된 1980년대 이후, 정책담당자들이 오늘날까지 계승시켜 온 기본 과제는 풍요로움에 대한 대가로 사람들 사이에 퍼진 '행정의존 체질' '자조노력의 결여' '도덕적 타락'을 어떻게 막을 것인가라는 점에 있다. 즉 현재의 정부가 NPO에 갖는 관심은 이러한 문제의식에서, 국민들의 능동성을 환기시키는 것에 대한 요구를 반영하는 경향이라고 볼 수 있다.[4)] '봉사활동을 전원이 하도록 한다.'라고 명기된 교육개혁 국민회의의 최종보고서 「교육을 바꾸는 17가지 제안」과 21세기 교육신생플랜(2001년 1월), 이것을 기초로 학교 및 교육위원회가 '자원봉사활동 등 사회봉사체험활동'의 충실 · 장려에 힘써야 한다고 규정한 학교교육법 · 「사회교육법」의 일부 개정(2001년 6월), 중앙교육심의회의 답신 「청소년의 봉사활동 · 체험활동의 추진방책 등에 대하여」(2002년) 등 학교교육에 봉사체험을 포함시키는 일련의 움직임도 같은 의도를 지닌 오늘날의 정책 경향이라고 할 수 있다.

3 지방분권개혁 · 지자체경영개혁과 사회교육행정

1) 재원 없는 지방분권개혁과 시정촌(市町村) 합병

지금의 일본 지방제도는 20세기 말부터 본격적으로 시작된 지방분권개혁에 의해 일대 변혁을 겪고 있다. 그 일환으로 시정촌 합병이 추진되어 1999년 3월에는 3,232개였던 시정촌이 2010년에는 1,727개까지 감소되었다.

국가의 강력한 주민생활 관여와 국가에 대한 주민의 강한 의존이라는 기존 중앙정부와 지방정부의 관계를 재검토하고, 일상에서 공공적으로 의사결정이 이루어지도록 하려는 '지방분권'이 앞으로의 시대에 대한 대응을 전망하는 데 가장 중요한 원리라는 것은 분명하다. 그러나 다음에서 살펴보는 바와 같이 지방분권개혁은 사회교육행정 디자인(구조)의 근본적인 변경, 또는 존속조차도 위협하는 사태를 초래하고 있다. 여기에서는 오늘날의 지방분권개혁이 왜 그리고 어떻게 사회교육행정에 영향을 미치고 있는가를 살펴보고자 한다.

본래 일본의 중앙정부와 지방정부의 관계는 근대국가 성립 때부터 현재까지 계속해서 중앙에 대한 지방의 의존도가 높은 집권적 관계였다. 오늘날 추진되고 있는 지방분권개혁은 오랫동안 변경되지 않았던 지방제도를 근본적으로 고치려는 큰 개혁이다. 지방분권을 요구하는 움직임은 제2차 세계대전 이후의 개혁과 슈프(Shoup) 권고[4], 1960년대 후반의 혁

4) 高橋満 「자유주의적 개혁 · NPO와 생애학습(自由主義的改革 · NPOと生涯学習)」 高橋満 『사회교육의 현대적 실천(社会教育の現代的実践)』 創風社, 2003.

신지자체운동[5] 등이 있었지만, 국회의원 선거의 지지 기반 재편으로 연결되는 것을 우려해 자민당 단독정권 시기에는 논의가 진전되지 않았으며, 1980년대까지는 국가적 · 정치적 대응으로 발전하지 못했다. 그러나 1990년대에 들어서서 ① '지역의 다양성'에 대응하는 유연한 공공시책이 요구되기 시작한 점, ② 고령사회의 도래에 대응할 수 있는 복지사회의 형성이 과제로서 인식되기 시작한 점, ③ 정치개혁(이권을 둘러싼 구조개혁)을 요구하는 국민의 목소리가 높아진 점, ④ 국제사회에 대한 대응을 위해 중앙정부가 내정에서 해방될 필요가 있다고 인식되기 시작한 점 등 중앙집권형 시스템의 한계가 각 방면에서 지적되는 가운데 '지방분권'은 정치적 과제로 급부상하였다.

그리고 자민당 단독정권의 붕괴를 계기로 중의원과 참의원에서 '지방분권의 추진' 결의(1993년), 나아가 제3차 행정개혁심의회(1993년)를 거쳐 지방분권추진법의 성립(1995년), 그 후 동법 제9조를 근거로 총리의 자문기관으로 설치된 지방분권추진위원회(1995~2001년)의 권고에 따라 「지방자치법」을 비롯한 475개 관련 법률의 개정이 포함된 「지방분권일괄법」(1999년)이 제정되었다. 이로써 중앙정부와 지방정부의 관계는 법적으로는 대등한 관계로 변경되었다.[5)]

그러나 이러한 법적 조치 이후, 확대된 권한 · 사무를 담당하면서 적절한 주민서비스를 실시할 수 있는 경영력을 각 시정촌이 어떻게 만들 수 있는지가 문제로 대두되었다. 특히 중요한 것은 재원인데, 이 단계에서 재정이 궁핍한 시정촌이 거액의 재원을 얻는 수단은 「합병특례법」의 개정에 따른 합병유도책(정부가 정한 기한 내에 합병한 경우에만 재원의 차입이 가능하고, 또 중앙정부가 그 일부를 부담한다)을 선택하는 것 말고는 뚜렷한 방법이 없는 상황이 만들어졌다. 결과적으로 '헤이세이대합병(平成大合併)'이 초래되었고, 사회교육행정에서는 시정촌마다 시스템이 크게 다름에도 불구하고 억지로 합병을 할 수밖에 없게 되었다. 이러한 과정에서 ① 지방분권을 이유로 중앙정부에서 인적 · 재정적 지원을 삭감하는 경향이 강하다는 점, ② 정책적으로 유도된 광역합병으로 인해 지자체에 따라 서로 다른 사회교육행정 구조의 일원화나 사회교육위원의 회의 등 주민참가 제도의 통합 · 폐지를 초래하였으며, 그 결과 각 지역의 개성이 경시되었다는 점 등 이미 큰 문제점이 드러나고 있다.

---

5) 大串隆吉「지방분권 · 시장화와 사회교육의 주민자치(地方分権 · 市場化と社会教育の住民自治)」, 長澤成次「지방분권 · 규제완화와 사회관련법 개정(地方分権 · 規制緩和と社会関連法改正)」, 日本社会教育学会 編『지방분권과 자치체사회교육의 전망(地方分権と自治体社会教育の展望)』東洋館出版社, 2000.

2) 지자체경영개혁과 아웃소싱

열악한 재정 상태와 지방분권개혁에 직면한 오늘날의 지자체는 경영의 자립이 역사적 명제가 된 상황 속에서 NPM(New Public Management)이라고 불리는 새로운 공공경영이 추진되고 있다. NPM이란 공공부분에도 민간기업경영의 수법을 도입하여 보다 효율적인 조직화와 경영을 지향하는 것으로 1980년대부터 영국과 뉴질랜드에서 선구적으로 추진되어 온 것인데 정부의 정책적인 지원을 받아 각 지자체에 급속히 보급되고 있다.

NPM개혁 속에서 공적 사회교육을 바라보는 입장은 사회교육은 '투자효과가 매우 나타나기 어려운 영역'으로 '같은 종류의 서비스를 제공하는 민간교육산업이 적지 않게 존재하고 있는 오늘날, 굳이 행정에서 담당할 필요가 없다.'는 것으로, 공적 사회교육을 저버리려는 생각이 확산되고 있다. 또는 '오히려 적극적으로 개방하여 의욕과 노하우가 있는 사람들에게 맡기는 편이 낫다.'는 생각에서 경비절약을 겨냥한 시민사업체나 민간업체에 대한 아웃소싱(외주)의 검토를 추진하고 있다.

이러한 정책은 지자체가 자발적으로 추진하고 있다기보다는 국가에 의해 정책적으로 유도되고 있는 측면이 강하다. 예를 들면, 총무성의 「지방공공단체에 대한 행정개혁 추진을 위한 새로운 지침」(신 · 행정개혁지침, 2005년 3월)에 의해 각 지자체에는 지방공무원의 인건비 억제나 사회보장비의 억제 등에 대한 압력이 강하게 가해지고 있다. 그것과 병행해서 PFI법[6](1999년), 구조개혁특별구역법(2003년), 지방독립행정법인법(2003년), 그리고 지정관리자제도[7]의 창설(2003년), 시장화테스트법(2006년) 등 공공사업을 시장화 · 민영화하기 위한 법적인 기반 조성이 차례로 이루어져 왔다. 지자체를 '공공서비스를 직접 담당하는 입장'에서 '공공서비스 담당자를 선별 · 통제하는 입장'으로 변경시켜 가려는 의도가 이 개혁들에 담겨 있다.

이러한 중앙정부의 정책기반 조성이 바탕이 된 오늘날의 지자체 개혁은 ① 개혁실현을 향한 자치단체장의 리더십 확립, ② 재정삭감을 겨냥한 행정서비스의 시장화 · 외주화, ③ 정책의 지역침투를 위한 주민조직 재편에 따른 '주민과 행정의 접점' 재구축 등의 연동적 달성이 목표이다. 그런 상황 속에서 사회교육행정은 재정삭감, 지역위탁 등의 재편 요구를 받고 있다.

3) 쟁점화되는 교육위원회제도

이렇듯 현 지자체 개혁에서 '평생학습'사업은 경시되고 있는 데 반해, 공민관과 같이 지역을 중심으로 배치된 사회교육시설은 뜨거운 관심을 받고 있다.

지금까지 확인해 보았듯 최근의 지자체 개혁은 행정의 담당 범위를 축소하면서 시민의 힘, 기업의 힘이 작용할 수 있는 여지를 넓혀 주민서비스의 총체적인 확대를 기하려는 방향성에는 공통점이 있다. 그러나 이것을 추진함에 있어 사회교육시설을 커뮤니티(지역공동체) 활성화의 거점으로 적극 활용하려는 관점에서, 법제상 교육위원회 관할인 사회교육 · 평생학습 관련 시설을 일반 행정인 자치단체장의 관리 체제로 전환시키고, 관리 · 운영을 가능한 한 주민들에게 위임하려는 지자체도 나타나고 있다.

예를 들어 전국시장회(全國市長會)가 발표한 「분권시대의 도시 지자체에 대하여」(2005년 6월)는 "각 지자체는 유치원 · 보육소, 평생학습 · 사회교육, 문화 · 스포츠에 대해서는 통합적이고 횡적인 활동을 위해 다양한 노력을 하고 있으나, 보육소를 제외하고는 제도상 교육위원회의 소관사무로 되어 있어 여전히 자치단체장에 의한 일원적인 교육행정을 실시하기가 어려운 상황이다. 이 때문에 이들 분야에 관한 사무에 대해서는 전문적으로 분화된 대응이 아니라 다방면의 통합적인 대응이 바람직하며, 또한 합의체인 교육위원회의 소관으로 두어야 할 강력한 이유가 없는 점 등으로 인해 원칙적으로 자치단체장의 책임하에 추진하도록 해야 한다."고 자치단체장 직속 조직으로 이관해야 한다는 정당성을 강하게 주장하고 있다.

교육위원회 체제의 사회교육시설이라는 기존의 제도를 비판하는 견해로는 ① 일반 행정에서 분리되어 중앙교육행정과의 관계에 매여 있는 지방교육행정으로는 지역 주민들의 참여를 적극적으로 이끌어 내는 주체성이나 기동성이 부족하다는 점(예를 들면, 앞에서 살펴본 전국시장회에서 볼 수 있는 견해)이나, ② 기존의 사회교육행정(시설)과 주민의 관계는 '야합', '유착' 관계이기 때문에 주민의 자립과 정책의 협동(協働, collaboration)을 지향하기 위해서는 지금까지의 관계를 끊고 새로운 협동관계를 구축해야 한다는 점[6] 등 몇 가지의 논점을 볼 수 있는데, 이것들 모두가 자치단체장의 정책 달성 수단으로서 주민의 능동성에 크게 기대를 걸고 있다는 점이 공통적이다.

---

6) 松下圭一『사회교육의 종언(신판)(社会教育の終焉(新版))』公人の友社, 2003, pp.245－255.

"사람들의 삶과 직결된 배움의 질은 지역복지와 건강, 환경 등으로 다채롭게 확대되는데, 이것을 추진하기 위해서는 통합적인 행정체제를 구축해야 한다."는 소위 '이관'추진론자들의 논리에는 그 나름의 설득력이 있는 것처럼 보인다. 또한 지역공동체에서 주민들 사이의 인간관계 구축이라는 의의는 부정하지 않아야 한다. 그러나 소관을 바꾼다고 해서 자동적으로 통합적인 행정체제가 만들어지는 것은 아니며, 전문적으로 분화된 행정조직을 시민의 의견에 따라 조정할 수 있는 체제를 구축해야 하는 과제는 남게 된다. 무엇보다도 학습권의 이념에서 일탈하여 행정이 주민의 학습내용에 개입하는 것을 허락하거나 사업이 행정 목적에 부합하는 인재양성에 한정될 우려가 있는 점 등 원리적인 문제가 적지 않다.

그러나 앞서 말한 전국시장회의 주장이나 지방분권개혁추진회의(2001~2004년) 등의 영향으로 2006년 12월에 「교육기본법」이 개정되었고 이에 따라 「지방교육행정의 조직 및 운영에 관한 법률」이 개정되어(2007년 6월), 문화 · 스포츠 부문을 교육행정에서 자치단체장 관할로 이관하는 것을 법적으로 용인하는 내용의 제24조 2가 신설되었다. 이러한 법들을 정비함에 따라 사회교육시설의 성격 변경은 더욱 가속화될 것으로 보인다.

4 중앙정부에 의한 교육개혁의 의미와 과제

1) 「교육기본법」 개정을 통해 본 현대 일본의 교육개혁

지금까지 중앙과 지방의 관계를 둘러싼 국가 시스템 개혁에 대해 살펴보았는데, 교육을 둘러싼 국가전략은 최근 어떠한 동향을 보이고 있는지에 대해 살펴보고자 한다. 자세한 내용은 다른 장에서도 다루고 있으므로 여기에서는 2006년 12월에 정부 여당이 통과를 강행하여 전면 개정한 「교육기본법」이 지향하는 것을 살펴보면서 최근 동향을 확인하고자 한다.

2006년에 개정된 「교육기본법」(이하 '신법'라고 한다)은 외면적으로는 지방분권을 주장하지만, 실제로는 교육진흥기본계획(제17조)을 활용하여 목표의 도달과 관리에 대한 국가통제를 지향한 것이다. 1947년에 제정된 개정 전 「교육기본법」(이하 '구법'라고 한다)은 교육내용에 대한 국가의 개입을 억제한다는 헌법의 취지에 걸맞은 것으로 교육의 중립성 및 교육현장에서의 자주성 · 자립성의 존중원리를 근본에 둔 것이었다. 그에 반해 신법은 '국가와 향토를 사랑하는' 태도 양성 등과 같은 국가적 덕목(제2조)을 내세우고, 그것을 구현하기 위한 시책의 결정과 실시 권한을 국가에 부여하는 것으로(제16조 2항) 구법의 정신, 심지어는 현행 헌법의 정신과 크게 대립되는 내용으로 이루어졌다.

사회교육과 평생학습에 대하여 살펴보면 신법에는 사회교육의 상위개념으로서 '평생학습의 이념'(신법 제3조)이 새로이 삽입되었다. 지금까지 유일하게 '평생학습'이라는 용어가 사용된 법이었던 평생학습진흥정비법(1991년 제정)이 교육 관련 법제와의 접속 미비 등 다양한 문제를 안고 있었던 상태에서 이번 신법에 '평생학습의 이념'이 신설된 의미는 크다고 할 수 있다. 그러나 한편으로 '실제 생활에 입각하여' '자발적 정신' '문화의 창조와 발전'(구법 제2조)이라는 전후 사회교육의 이념을 표현한 구절이 삭제된 점이나 '가정교육 및 근로의 장소 기타 사회에서 행하는 교육'(구법 제7조)이라는 사회교육 개념에서 '근로의 장소'라는 구절이 삭제된 점 등 그 원리나 영역이 크게 변경되었다.

또한 신법에서는 '남녀공학'의 조항이 삭제되고, 사회교육에서 가정교육을 독립시켜 제10조(가정교육)를 신설하였다. 여기에는 "부모 그 밖의 보호자는 자녀교육에 대하여 제일차적 책임을 지며, 생활에 필요한 습관을 몸에 익히도록 함과 동시에 자립심을 육성하고 심신의 조화로운 발달을 도모하도록 노력하여야 한다."고 국가가 부모에게 법적으로 노력의무를 부과하고 있다. 또한 제13조(학교, 가정 및 지역주민 등의 상호 연계협력)에서도 "학교, 가정 및 지역주민, 그 밖의 관계자는 교육에 있어서 각 역할과 책임을 자각함과 동시에 상호 연계 및 협력에 노력하여야 한다."고 마찬가지로 노력 의무를 부과하고 있다.

원래 「사회교육법」의 입법의도[7]는 사회교육 전반에 걸친 법제화가 아니라 국가와 지방공공단체가 책임감을 갖고 사회교육활동을 장려할 수 있는 범위만을 법적으로 규정하는 한편 자유로운 사회교육활동에 대한 권력의 개입을 막기 위해 행정의 역할을 한정한 점에 있었다. 따라서 가정이나 지역사회는 어디까지나 사적 · 시민적 · 공동적인 생활의 장이었으며 국가의 개입은 오히려 법적으로 견제되어 온 영역이었다.

이러한 국가적 규범에 기초한 사회적 통제를 용인하는 개정을 둘러싸고 각 가정이나 부모 · 보호자들의 사고의 자유를 보장하는 것에 반하는 개정이 아니냐는 비판이 적지 않으며 현실적으로도 가정폭력이나 은둔형 외톨이, 가정붕괴 등과 같은 오늘날의 사회적 어려움을 틀에 박힌 규범으로 해결하려는 것은 어렵지 않겠느냐는 의견도 있다.[8]

---

7) 寺中作雄『「사회교육법」해설(社会教育法解説)』社会教育図書, 1949.

8) 「교육기본법」 개정을 둘러싼 경위나 논점, 향후 과제에 대해서는 教育学関連15学会共同公開symposium準備委員会 編『신 · 교육기본법을 묻는다(新 · 教育基本法を問う)』学文社, 2007을 참조.

2) 학교 지원으로의 특화와 사업 주체의 지역위탁

「교육기본법」의 개정으로 상징되는 최근 교육개혁의 영향으로 사회교육 · 평생학습 부문에서는 학교 지원을 위한 학교 · 가정 · 지역의 연계 형성에 정책적으로 더욱 역점을 두고 있다.

문부과학성의 최근 평생학습 관련 시책으로 '지역아동교실 추진사업'(2004~2006년)이 시작되어 지금은 후생노동성의 '방과후아동클럽'과 일원화를 목표로 추진되고 있는 '방과후아동교실 추진사업'(2007년~)이나 '학교지원지역본부사업'(2008년~) 등 지역 단위로 아동의 성장을 지원하는 체제 형성을 겨냥한 대형 사업의 신설과 전개가 눈에 띈다. 「교육기본법」의 개정에 따른 「사회교육법」의 개정(2008년 6월)[9]에서도 제5조(시정촌교육위원회의 사무) 제13호에 "주로 학령아동 및 학생에 대하여 학교 수업 종료 후 또는 휴업일에 학교, 사회교육시설, 그 밖의 적절한 시설을 이용하여 행하는 학습, 그 밖에 활동 기회를 제공하는 사업의 실시 및 그 장려에 관한 사항" 제15호에 "사회교육에 있어서의 학습기회를 이용하여 행한 학습의 성과를 활용하여 학교, 사회교육시설, 그 밖의 지역에서 행하는 교육활동, 그 밖에 활동 기회를 제공하는 사업의 실시 및 그 장려에 관한 사항"이 추가되었고, 제9조의 3(사회교육주사 및 사회교육주사보의 직무)에는 제2호에 "학교가 사회교육 관련 단체, 지역주민, 그 밖에 관계자들의 협력을 얻어 교육활동을 행하는 경우에는 그 요청에 응하여 필요한 조언을 할 수 있다."고 규정됨으로써 사회교육 직원이 학교교육에 관여하는 법적 근거가 추가되었다. 이 추가조항들은 이 사업들의 법적 뒷받침을 마련하기 위한 것이며, 이것이 바로 지금 국가가 실시하고 있는 사회교육 · 평생학습의 중점시책이라고 할 수 있다.

이 새로운 대형 사업들은 방과 후나 주말에 학교의 운동장이나 빈 교실 등을 활용한 아동 대상 체험활동과 지역교류활동을 확대하려는 것이다. 테마만 보면 지금까지 같은 종류의 사업은 다채롭게 전개되어 왔다고 할 수 있는데, 사업의 계획 · 실시 주체가 행정이 아니라 '지역'에 맡겨지고 있는 점에서 기존의 사업과는 구별되고 있다. 대략 학구(學區) 단위

---

9) 2008년 6월에 개정된 「사회교육법」의 주요 포인트는 ① 2006년에 개정된 「교육기본법」 '평생학습의 이념'(제3조), '가정교육'의 중요성(제10조), '학교, 가정 및 지역주민 연계협력'의 필요성(제13조) 등의 규정에 입각한 정비, ② 지방분권 · 규제완화의 관점에서 제13조 규정의 재검토(사회교육 관련 단체에 보조금을 교부할 때 의견을 청취해야 하는 기관으로서 사회교육위원 이외의 기관도 인정한다), ③ 공민관의 운영상황에 관한 평가 및 개선, 지역주민 등에 대한 정보제공의 노력의무 등이다.

로 '아동들을 위하여'라는 생각을 가진 사람들을 모아 네트워크를 만들고, 그 조직이 전개하는 사업에 대해 단기간(대략 3년)에 비교적 막대한 재원을 '지원'하는 사업이라고 할 수 있다.

사용 용도에 대한 재량이 상당히 넓게 보장되는 자금이 그대로 지역에 맡겨지는 이 사업들은, 아동이 사회적인 힘을 개척하기 쉽도록 하는 환경을 만들려는 시민들 입장에서 보면 기회이기 때문에 그것을 잘 활용하여 지역에 필요한 사업을 만들려는 열의가 각지에서 일어나고 있다. 그러나 이는 '행정이 원하는 사업을 주민에게 떠맡기는' 사업으로 행정과의 관계는 어디까지나 '조직의 형성단계'에 한정되며, 그 후 '그 조직이 자립하면 행정은 손을 뗀다.'는 것이 전제가 되는 사업 그 자체가 안고 있는 모순으로 인해 지역과 행정 간에 불신과 충돌이 일어나는 사례도 일부 나타나고 있다.

사업조성에 관한 논의의 장이 각 지역에서 많은 결실을 맺게 될 것인지, 혹은 행정의 하청기관으로 동원될 것인지 그것이 각 실천 현장이 안고 있는 어려운 과제라고 할 수 있다.

5 공공 주체의 다원화와 사회교육행정의 과제

1) 시민적 공공성과 공적 사회교육

지금까지 확인해 보았듯 오늘날 사회교육행정은 '축소'와 '위탁'이라는 전례 없는 압력이 강하게 가해지고 있으며 이제 더 이상 피할 수 없는 어려움에 직면해 있다. 이렇게 공적 사회교육이 무너져 가는 가운데 주목할 만한 것은 주민위탁이나 비정규직 직원과 같은 시설과 직원의 불완전한 조건 속에서 자치를 만들어 가려는 학습이 다채롭게 이루어지고 있다는 사실이다.

시설면에서는 계통적인 학습을 지향하는 공민관이 아니라 삶에 기초한 공민관, 예를 들면, 자치공민관이라고 불리는 시설을 무대로 자치적 운영을 하고 있는 곳이 확대되고 있다. 특히 오키나와의 마을(아자(字))공민관은 지역의 공동성을 토대로 자치활동과 문화활동을 융합한 배움의 장을 만들어 내어 높은 관심을 불러일으키고 있다.[10] 직원들은 비정

10) 小林文人・島袋正敏 編『오키나와의 사회교육(おきなわの社会教育)』Eidell研究所, 2002.

규직과 촉탁이라는 열악한 근무 조건에 있지만, 오히려 생활인으로서의 감각을 지니고 지역에서 키운 인맥을 통해 다채롭게 사회적 자본을 만들고 있어, 그 활약상이 주목받고 있다. NPO 등의 법인격을 지닌 시민적 사업체가 기존의 사회교육사업의 이미지를 뛰어넘는 풍성한 공공의 공간을 만들어 내고 있는 사례도 나타나기 시작했다.

이러한 오늘날의 사회교육시설 및 직원을 둘러싼 모순은 이미 시민사회로서 경험이 많은 구미 성인교육연구에서 지적되어 온 점이기도 하다. 즉 '시민이 자신들의 역사를 스스로 창조하는' 문화가 정착되어 있는 구미에서는 시민들의 구체적인 활동이 먼저 이루어지고 그 후에 시민적 공공성을 창조하는 학습을 행정이 지원하는 것에 반해, 일본에서는 행정이 먼저 조건을 만들어 놓아서 그로 인한 주민참여의 질 '저하'로 인해 주민참여를 기반으로 형성될 시민성을 제한하고 있다고 지적하고 있다.[11)]

이러한 새로운 실태나 문제제기를 바탕으로 한 오늘날 사회교육시설·직원연구는 행정부문을 유일한 공공성의 주체로 파악하던 관점에서 공공주체를 보다 다양하게 설정하는 연구 관점(공공주체의 다원화)으로 패러다임을 전환하려는 움직임이 나타나기 시작했다.

원래 전후 일본의 사회교육제도는 그 풍부한 이념에 비해 행·재정조건이 수반되지 못했기 때문에 연구면에서도 운동적인 측면에서도 행정조건 정비의 과제가 계속 존재해 왔다. 이것은 매우 중요한 것이라 할 수 있다. 사회교육을 둘러싼 공적인 조건정비는 시대적 요청에 비해 절대적으로 빈약하며, 또한 행정개혁에 있어서도 취약하다. 따라서 사회교육제도는 앞으로도 계속해서 운동을 통해 발전되어야 하는 제도적인 자본이라고 할 수 있다.

그러나 이러한 운동적·연구적 관점에는 시민적 공공성에 입각한 사회교육시설과 직원의 가능성에 대한 이해가 부족하다는 점을 부정할 수 없다. 일본사회교육학회 특별연보 『현대 공민관의 창조』(1999년)의 자매편이라고 할 수 있는 『세계의 사회교육시설과 공민관』(2001년)에서 공적 사회교육의 조건정비론을 이끌어 온 고바야시 분진(小林文人)은 스스로 그에 대한 '반성'을 논하고 있는데, ① 행정적 공공성 추구에서 사회적 공공성 추구라는 관점으로의 이행, ② 시설의 관제적 성격으로 인한 사회 운동과의 약한 접점의 극복,

11) 이러한 관점에서 스에모토 마코토(末本誠)는 사회교육행정이 그 한정성을 극복함에 있어 ① 국가관여형 조직·제도론의 재검토, ② 사회교육 참여론의 재검토, ③ 유상성(有償性)이나 유상의 사회교육활동 의의의 재검토 필요성을 제기하고 있다. 末本誠「사회교육의 조직원리로서 자원봉사자 문제(社会教育の組織原理としてのボランティア問題)」 日本社会教育学会 編『자원봉사자·네트워킹(ボランティア・ネットワーキング)』東洋館出版社, 1997.

③ 공설공영(公設公營) 이외의 다양한 설치 · 운영 형태에 대한 착안, ④ '시설의 종합성'에 대한 과도한 강조에서 탈피한 다양한 시설 간 네트워크에 의한 역할 분담의 관점, ⑤ 정규직 외의 직원과 자원봉사자 · 시민네트워크에 대한 시각 등 보다 확대된 시민참여에 기초한 공공성을 추구할 필요성을 제기하고 있는 점은 시사적이라 할 수 있다.[12)]

2) 공공성의 재구축과 공적 사회교육

이 문제는 시설의 운영 · 관리라는 과제를 넘어 '시설을 중심에 두고 사람들이 살기 좋은 커뮤니티를 어떻게 만들어 갈 것인가'라는 과제와도 관련된다고 할 수 있다. 이것은 지방분권정책 아래 오늘날 지자체 개혁의 주요 과제가 되고 있으며, 그에 따라 오늘날의 지자체 개혁은 행정조직 개혁에 그치지 않고 연동적인 커뮤니티 재편을 지향하고 있다는 큰 특징이 있다.

기존 일본의 지역사회는 행정 시책을 지역에 전달하는 기반으로서의 정내회(町內會) · 자치회라는 지역집단과 아동회, 청년단, 부인회 등 지역에 밀착된 생활 집단의 활동과 학습으로 유지되어 왔다. 그러나 인구 유동화와 급격한 생활의 질적 변화로 일본 사회에서 지역 단위의 공동체의식이 더 이상 성립되기 어려워졌고, 또한 이 전통적 단체들은 원래 행정 하청단체로 조직되었기 때문에 행정 의존적이라는 성격을 갖고 있다. 최근에는 기존의 많은 단체들이 지역과제를 파악하는 능력이나 과제 해결로 이끄는 기동력을 지니지 못하고 있다. 따라서 오늘날의 지자체 개혁은 새로운 형태로 지역조직을 재편하여 지역과제의 해결을 위한 자조적 · 상호 협조적인 주민관계의 재구축을 지향하고 있다.

이때 초점이 되는 것은 공민관의 방향이다. 공민관이 지향해 온 것은 한 사람 한 사람이 배우면서 얻은 것을 서로 주고받는 관계를 지역의 일상 속에 확산시켜 각자가 지역사회를 지탱하는 존재로 성장해 가는 과정의 거점이었다. 그러나 많은 사회교육행정이 그것을 추구할 수 있는 조건정비를 마치지 못한 것이 현 실정이다. 또한 일본 공민관 중에는 지역단체의 사무국 기능을 대행하는 등 기존의 지역단체를 '보살피는' 역할을 담당해 온 곳도 적

12) 小林文人「정리에 더하여—국제적 시야에서 본 공민관의 과제와 가능성(まとめにかえて—国際的視野からみる公民館の課題と可能性)」小林文人 · 佐藤一子 編著『세계의 사회교육시설과 공민관(世界の社会教育施設と公民館)』Eidell研究所, 2001.

지 않다. 그것이 "기존의 지역과 행정의 '의존' · '유착' 관계를 유지해 왔고, 다가오는 시대에는 통용되지 않는 구조를 온존하고 있는 것이 공민관"이라는 비판적인 평가를 받으면서 기존 공민관의 모습을 부정하는 방향으로 개혁을 추진하려는 움직임이 각지에서 구체적으로 검토되고 있다.

오래전에 구상했던 구조가 영원히 유효할 것이라고는 볼 수 없다. 현재 통용되고 있지 않은 구조라면 그것에 구애받을 것 없이 새로운 시대에 통용되는 구조를 계속 추구할 필요가 있다. 단 주의해야 할 점은 오늘날의 개혁은 어디까지나 행정이 재정삭감을 위해 주민의 힘에 기대려는 의도에서 추진된 것이라는 점이다.

주민의 활동은 행정의 하부조직으로 일하기 위해 생겨난 것이 아니다. 어디까지나 자신들이 중시하는 가치를 추구하는 사업을 창조하기 위해 생겨난 것이다. 그럼에도 불구하고 그 활동들을 행정의 목적을 수행하기 위한 하청단체로 이용하려고 한다면 건전한 시민사회의 형성은 이루어지기 어렵다. 조금 더 덧붙이자면, 일본이 제2차 세계대전을 향해 달려갔던 시기, 즉 총동원형 국가를 형성해 가는 과정에서 위와 같은 종류의 행정과 주민의 관계형성의 역사가 있었다는 것을 잊지 말아야 할 것이다.

6 시민적 공공성에 대응하는 행정: 민관협동의 자세

오늘날의 행정부문에는 외부로부터 행정에 참여할 기회가 확대됨으로써 소위 그레이존이라고 할 수 있는, 담당자가 불명확한 영역이 표면적으로는 확대되고 있다. 물론 거기에서 시민적인 공공성을 개척할 가능성을 발견해 낼 수 있는 측면도 있을 것이다. 그러나 동시에 교육서비스가 시장화되고 정부의 요청에 따라 지역 수준에서 문제를 해결하려 하며, 또한 지자체가 경영효율을 추구하는 과정에서 시민을 위해 만들어져야 하는 공공의 공간이 행정의 관료적 체질에 휘둘려 선별 · 통제 · 활용이라는 과정을 거치면서 착취 · 침식되는 위험성도 동시에 발생되고 있다.

니트족 · 프리타족 문제, 근로자의 우울증, 자녀양육의 불안, 노인이 노인을 보살피는 등 살기 힘든 상황이 확산되는 오늘날 생활의 어려움을 극복하기 위한 학습보장은 더욱더 확충되어야 한다. 그 새로운 시대적 과제에 대응할 수 있는 학습권보장의 시스템을 주민과 행정이 협동(協働, collaboration)하여 구축해 나갈 수 있는가가 큰 문제이다. 이것을 극복하기 위한 세 가지 향후 과제를 다음에 제시하고자 한다.

첫째, 지금 추진되고 있는 지자체 개혁을 시민적 공공성에 대응할 수 있는 행정을 구축하는 방향으로 연결시켜 갈 방법을 규명하는 일이다. '공공서비스의 유일한 제공 주체'였던 행정에 있어 주민은 '서비스의 대상'이었다. 그로 인해 행정이 주민에 대해 관여하는 것은 어디까지나 '지원'이었으며, 그것이 주민과의 관계의 질을 한정시켜 버리게 된 것이다. 평생학습시책도 또한 그러하다. 거기에는 '행정은 가르치는 입장', '주민은 배우는 입장'이라는 관념이 존재하며, 그 이상의 주민과의 관계는 업무 이외의 것으로 취급되기 십상이었다.

그러나 '공공주체의 다원화'를 전제로 하는 사회에서 시민이 지역사회의 질을 높이기 위해 움직이기 시작했을 때 그 움직임과 파트너십을 맺을 수 있는 역량이 행정에 요청된다. 즉 그것은 행정측이 일방적으로 정한 역할에 한정된 '지원'을 하는 것이 아니라 주민과 같은 눈높이로 함께 논의하고 지혜와 힘을 합쳐 '협동'할 수 있는 자세를 말한다. 그것을 통해 '능동성의 순환'을 행정 안팎으로 넓혀 총체적인 '공공(公共)'을 심화・확산하는 일이야말로 앞으로 지자체가 가져야 할 자세이다.

둘째, 오늘날의 지역사회에 공동체의식을 확산하기 위해 어떠한 성격의 학습이 필요한지를 밝히고, 그것을 키우기 위해 어떠한 노동이 필요한지를 확인하여 그 보장을 추구하는 일이다.

지역사회의 과제를 파악하여 그 과제를 해결하기 위한 학습을 조직하고 그것을 궤도에 올리는 일은 쉬운 일이 아니다. 주민들의 상호 관계성을 확인하고 꼼꼼히 합의를 쌓아 가는 역할에는 상당한 숙련된 역량이 필요하다. 또한 자치학습을 지탱하는 '무상 노동'을 지속시켜 가기 위해 사람들의 관심과 의욕을 끌어낼 수 있는 심도 있는 견식과 행동력, 매력, 그리고 뜻을 같이하는 사람들을 지역에 확대시키면서 다양한 참여방식을 허용하는 능력, 나아가 사업의 준비와 운영, 지원금 획득 등 실무적인 능력도 필요하다. 그렇게 하여 확인된 지역과제를 해결하는 데 필요한 행정을 움직이기 위해서는 행정 내부의 전문적으로 분화된 조직을 뛰어넘는 교섭력도 불가결하다.

지금 일본에서는 이러한 역할을 민간업체나 지역단체에 위탁하려는 움직임이 확산되고 있다. 게다가 '지역 사람들의 자원봉사 노동으로 만들어 가는 것이야말로 사회교육 본연의 모습'이라는 견지에서 인건비를 저렴하게 설정하고 있는 사례가 많다. 그리고 지정관리자제도의 경우 계약갱신 때 경쟁에서 살아남기 위해 자발적으로 인건비를 내릴 수밖에 없기 때문에 노동조건을 보장하기 매우 어려운 구조이다. 그 밖에도 ① 계약기간이 단기간으로 설정되기 때문에 교육사업에 불가결한 장기적인 관점을 갖기 어렵다, ② 사업자 선정에 주민참여제도가 미비하여 적절한 평가를 할 수 있는 힘을 주민이 획득하는 길이 거의 고려되지 않는다는 원리적 문제가 적지 않다.

필자는 2006년에 주민주도형 성인교육기관의 선구적 사례로 알려진 독일의 사회문화센터[13] 조사에 참여한 적이 있는데, 그곳에서 인상적이었던 것은 사회문화센터 전국연맹(베를린시)의 치라 사무국장이 한 다음과 같은 이야기였다. "사회문화센터에서는 대부분의 스태프들이 노동시간 외에도 수많은 단체활동에 참여하고 자율적으로 연수에 참여하여 정보수집을 하고 있다. 계약기간 내에 완결된 일로는 미션을 수행할 수 없는 것이 이런 노동의 특징이다." "이러한 역할은 단기 프로젝트에 고용된 사람이나 가령 풀타임이라도 일시적으로 일하는 사람에게는 무리이다. 자원봉사자가 '매니지먼트(경영)'할 수는 없다."라고 하며 그 노동의 내실과 처우보장의 중요성을 역설하였다.[14] 이러한 선구적인 사례에서 지금의 일본이 배울 점은 적지 않다.

셋째, 지역에 자치를 구축하는 학습을 '학습권' 즉, 인간이 인간답게 살아가기 위해 불가결한 권리로서 규정하고 그것을 저해하는 것으로부터 학습권을 지키려는 자세이다. 실제

13) 독일에서는 1970년대 이후 청년시민들이 낡은 공장이나 창고 등을 자력으로 고쳐 '우리들의 건물(我々の館)'으로서 자율적으로 관리 · 운영하는 운동이 전개되어 왔다. 이후에 '사회문화운동'이라고 불리는 이 운동을 적극적으로 지원해 온 함부르크시에서는 현재 25개의 '사회문화센터'가 비영리시민조직에 의해 자율 운영되고 있다. 평균 36명 정도의 직원(그중 7.6명이 전임)이 근무하는 이 사회문화센터의 방침은 '문화잡화점, 축제의 장, 공방, 극장, 사회복지센터, 시장광장(市場廣場), 술집, 노동조합회관을 하나로 만든 것'으로 행정의 보조금에만 의존하지 않고 다채로운 문화적 · 사회적 사업으로 수익을 올려 어디까지나 시민과 NPO 주도의 운영에 의해 지역문화의 발굴과 시민운동의 촉진, 지역고용기회의 창출 등 새로운 공공영역의 개척을 실천적으로 모색해 오고 있다. 谷和明「사회적 문화의 창조와 지역문화시설(ソシオ・カルチャーの創造と地域文化施設)」小林文人・佐藤一子 編『세계의 사회교육시설과 공민관(世界の社会教育施設と公民館)』Eidell研究所, 2001.

14) 石井山竜平「지정관리자제도에 있어서의 민관관계의 특질과 과제－독일사회문화센터에서 배운다(指定管理者制度における官民関係の特質と課題－ドイツ社会文化センターに学ぶ)」『月刊社会教育』国土社, 2006, 8月号.

생활에 입각한 과제를 공동의 노력으로 해결해 가려는 공동학습[15)]은 때로 국가나 지자체 등의 자의성에 의해 그 학습의 '자유'가 저해되는 경우도 있을 수 있다. 또한 행정이 지역에 권력적, 수구적인 관계를 도입하면서 개입하는 경우도 종종 있다. 따라서 인간이 '살아갈' 권리로서의 학습을 보장하기 위해서는 권력을 지닌 자가 그것을 자의적으로 행사하는 일을 방지하는 규칙을 모두가 공유할 필요가 있다. 1947년에 제정된 「교육기본법」, 그리고 일본국 헌법이 소중한 이유가 바로 여기에 있는 것이다.

「교육기본법」의 개정을 비롯하여 현재 일본은 '국가의 폭주'를 막는 역할을 담당해 왔던 규칙을 변경해야 하는 상황에 처해 있다. 『갈색 아침(茶色の朝)』[16)][8] 을 피할 수 있을지 그 시민성을 시험하는 지금이야말로 헌법을 비롯한 공생(共生)을 위한 규칙을 자신들의 규칙으로 만들어 가기 위한 학습을 지역에서 펼쳐 나가는 일이 절실히 요청된다.

15) 山本健慈「지역의 실천을 통하여 사회교육을 다시 바라본다(地域の実践を通して社会教育を見つめ直す)」『月刊社会教育』『月刊社会教育』国土社, 2007, 5月号.

16) Pavloff, Franck 著, 藤本勇一 訳『갈색 아침(茶色の朝, Matin burn)』大月書店, 2003.

〈역주〉

1 문부과학성 지방교육비는 매년 5월 1일자로 조사하며, 매년 12월에 조사보고서를 공개해 왔다. 그러나 2008년도 조사보고서(2007년 회계연도 지방교육비)는 2009년 4월 단계에서 아직 공개되지 않고 있다. 또 교육행정 조사는 지방교육비 조사와 함께 격년으로 실시되어 오고 있으며 2009년도에 실시될 예정이다(http://www.mext.go.jp/b_menu/toukei/001/index05.htm).

2 문과(文科)통합책은 1871년에 설치된 문부성과 1956년에 설치된 과학기술청을 통합하려는 의견으로 그 후 2001년에 통합되어 문부과학성이 설치되었다.

3 1985년 9월 22일 일본 · 미국 · 영국 · 프랑스 · 서독 등 5개국 중앙은행총재회의에서 체결된 합의다. 합의 내용으로는 국제수지의 불균형을 외환시장의 조정에 의해 시정하는 일이 포함되었으며 이는 달러강세 · 엔화약세에서 엔화강세로 전환되는 계기가 되었다.

4 1949년 연합국군최고사령관에게 제출된 샤프(C. S. Shoup)를 단장으로 하는 일본세제조사단의 권고이다. 중앙집권을 완화시키기 위해 국세는 직접세를 기본으로 하고, 지방세는 독립세를 기본으로 하는 것으로서 제2차 세계대전 이후의 일본 세제의 기초가 되었다.

5 혁신지자체는 일본사회당과 일본공산당 등 이른바 '혁신세력'이 자치단체장이 된 지방자치단체의 총칭. 1963년 제5회 통일지방선거에서는 큰 운동이 되었지만, 1975년 제8회 통일지방선거 이후 쇠퇴했다.

6 PFI(Private Finance Initiative)란 공공서비스의 제공을 공공시설이 필요에 따라 민간자금을 이용하여 민간에게 시설정비와 공공서비스 제공 업무를 위탁하는 수법을 말한다. 1992년 영국에서 만들어진 행 · 재정개혁 수법으로서 일본에서는 1999년 7월에 PFI법(민간자금 등의 활용에 의한 공공시설 정비 등의 촉진에 관한 법률)이 제정되면서 본격적으로 활용되기 시작하였다.

7 지정관리자제도는 지금까지 지방공공단체나 외곽(外郭)단체에 한정되어 있던 공공시설의 관리 · 운영을 주식회사를 비롯한 영리기업, 재단법인, 비영리단체(NPO)법인, 시민단체 등의 법인, 그 밖의 단체에 포괄적으로 대행시킬 수 있는 제도이다. 이때 '공공시설'에는 건물시설만이 아니라 도로나 수도, 공원 등도 포함된다. 「지방자치법」의 일부 개정으로 2003년 6월 13일에 공포, 같은 해 9월 2일에 시행되었다. 이에 따라 많은 사회교육 관련 시설들이 지정관리자제도를 도입하고 있는 추세이다.

8 'matin brun(갈색)'은 유럽에서는 나치의 군복을 상징하는 것으로 군국주의를 가리키는 말로 사용된다.

| 제 2 부

사회교육 · 평생학습의 법제와 시설 · 직원

제 4 장
사회교육법제와 평생학습진흥정비법

아네자키 요이치(姉崎洋一)

학제개혁(1872), 전후(戰後) 교육개혁(1945~1949년)에 이어 '제3차 교육개혁'의 일환으로 설치된 임시교육심의회(이하 '임교심', 1984~1987년)의 최종답신이 이루어진 지 벌써 20년 이상이 지났다. 임교심은 신자유주의적 개혁으로서는 시기상조였지만, 그 후 1990년대부터 21세기에 걸친 교육개혁은 임교심이 의도하였으나 불가능했던 신국가주의와 연동한 신자유주의적 개혁을 2006년 「교육기본법」 개혁으로 실현한 것은 현재 생생하게 기억에 남아 있다. 과거 10여 년의 시장원리에 기초한 성역 없는 '구조개혁'은 6대 개혁으로 불리며 금융, 재정, 지방자치, 의료・복지, 행정, 교육의 각 영역에서 '고통을 수반하는' '구조개혁'을 차례대로 강행하고, 마지막에 교육개혁을 단행하였다. 남은 것은 헌법 개정이었다. 이것을 실현시킨 것으로는 첫 번째, 정치경제의 글로벌 경쟁에서 살아남으려고 하는 국가와 산업계의 위기의식이며, 노동법제 개혁이나 지방자치 개혁은 그 정책기반이었다. 두 번째는 국민의식의 개혁이며, 내각부(內閣府) 주도의 매스미디어를 이용한 극장형 정치나 포퓰리즘 정치는 그러한 개혁을 지지하는 사람들을 만들어 냈다고 할 수 있다. 그 목표는 학교・지역사회・가정에서 나라와 고향을 사랑하고, 배타적인 경쟁에 친화적인 국민의식을 양성하며 통합 조직화하는 것이었다. 그러나 이러한 의도는 지금에 와서 생각해 보면 성공했다고는 할 수 없다.

최근 미국에서 시작된 세계적 경제위기는 한 세기를 풍미한 신자유주의를 진부한 사상으로 변화시키고, 그 정책의 대부분은 활기를 잃어버렸으며, 국민생활의 위기와 빈곤의 증대 속에서 이제는 거대한 소리를 내며 무너지기 시작하고 있다.

이 장은 국가가 가장 기초로서 중시해 온 사회교육・평생학습에 관한 법제의 역사적 동태와 그 구조 변화를 분석하는 것이다. 구체적으로는 1949년 「사회교육법」 성립의 역사적 의미, 1990년의 「평생학습진흥정비법」이 「사회교육법」에 미친 영향, 2006년 「교육기본법」 개정과 2008년 「사회교육법」 개정이 의미하는 특징과 구조를 분석한다. 즉 사회교육·평생학습법제의 역사적 구조변화를 이론적, 실천적으로 파악하려는 것이다. 이 장을 통하여 그것들의 변화와 동향 속에서 무엇을 발견할 수 있는지가 명확해지기를 바란다.

1 전후 「사회교육법」(1949) 제정의 역사적 의미

1) 1949년 「사회교육법」의 성립과정

1949년 6월 10일에 「사회교육법」은 전후 교육개혁기의 주요한 교육법률 중 마지막으로 제정되었다. "1948년 봄에 일본 점령 '개혁기'가 끝났다."고 보는 견해에 따르면, '개혁기'의 정점을 지나 등장한 이 법의 탄생과정은 그리 단순하지 않았다.

「사회교육법」은 전후 교육개혁의 모순을 그대로 짊어지고 있다고 전해져 왔다. 즉 한편으로는 헌법·「교육기본법」과 연결된 민주주의적 이념을 어떻게 실현할 것인가라는 과제를 안고 있으며, 다른 한편으로는 제2차 세계대전 이전의 내무행정에 나타난 관부적(官府的) 공민교육사상, 농촌 중심, 비(非)시설·단체주의, 심지어는 청년교육 중심주의의 역사적 성격을 여전히 가지고 있었기 때문이다. 이러한 것들이 「사회교육법」의 내용에 복잡하게 각인되었다. 따라서 「사회교육법」의 성립과정은 전후 교육개혁의 실상을 검증함에 있어서도 적합한 대상이었다.[1)]

이러한 전후 교육개혁에서 사회교육개혁, 특히 「사회교육법」은 어떠한 위치로 규정될까? 한 마디로 말하자면, 그것에는 빛과 그림자라고도 할 수 있는 두 가지의 평가가 지금까지 존재해 왔다. 빛에 해당되는 적극적인 면은 유럽의 근대 공교육사상과 제도적 원칙을 법 내부에 어느 정도 구현시킨 1947년의 「교육기본법」과 연결성이 강했던 점이다. 「사회교육법」은 그러한 맥락에서 민주적 교육원칙을 찾아볼 수 있는 훌륭한 법률이라는 평가를 받아 왔다.[2)] 그림자에 해당되는 소극적인 면은 전후 개혁의 '모순'이 표면화되어 개혁=민

1) 碓井雅久 編 『사회교육(社会教育)』 東京大学出版会, 1971, 横山宏·小林文人 編 『「사회교육법」 성립과정 자료집성(社会教育法成立過程資料集成)』 昭和出版, 1981, 小川利夫·新海英行 編 『GHQ의 사회교육정책(GHQの社会教育政策)』 大空社, 1990.

주화의 흐름보다도 구체제의 온존, 부활의 움직임이 몰고 온 1948년부터 1949년의 시대적 배경 아래, 제2차 세계대전 이전의 단체주의, 내무 행정적 '공민'사상 등의 가치관들이 온존된 점이다. 이러한 점으로 인해 전후 교육개혁의 '약한 고리'[1]라는 평가를 받아 왔다.3)

이 서로 다른 두 측면의 모순을 해결하는 힘은 전후 초기 국민의 '교육 해방'(고자이 요시시게, 古在由重)[2] 운동이라고 생각되었다. 그러나 전후 교육개혁의 주요한 산물인 교육 관련 법의 입법과정에서는 민중이 직접 참여하여 주도권을 잡은 것이 아니었다. 전쟁 책임의 일부분이 전전의 국가주의 교육에 있음을 반성하고, 교육개혁입법을 직접적으로 담당한 사람들은 전후 복귀한 다이쇼데모크라시[3]의 세례를 받은 자유주의적 지식인들이며, 그 사람들이 간접적으로 민중의 의견을 대변하는 역할을 담당한 것이다. 민중들의 자주적, 자각적, 내발적(內發的)인 교육문화운동은 교육입법과정 그 자체에 대한 관여보다도 지역의 교육학습운동 조직화를 담당했다.4)

2) 1949년에 제정된 「사회교육법」의 이념과 구조

성립과정에서 모순을 안고 있었던 1949년의 「사회교육법」은 내용적으로 보아도 적극적인 면과 소극적인 면을 함께 갖고 있는 법이었다. 첫째로, 법 이념이 풍부하다는 평가가 있다. 단 법 이념을 제정과정에 입각해서 보면, 「사회교육법」의 모법이라 할 수 있는 「교육기본법」(1947년) 제정과정에서 입안의 주요 무대인 교육쇄신위원회의 당초 원안에 '사회교육'의 조항이 누락되어 있었던 점, 나중에 위원의 발의에 따라 추가된 제7조(사회교육)의 심의도 당초에는 빈약했던 점 등 일본의 민주주의적인 사회교육 전통과 사상의 축적이 미약했던 것도 사실이다.5) 전후 교육개혁 이후 수년이 지난 시점에서 "사회교육은 지금도 여전

2) 鈴木英一「교육기본법과 사회교육법제(教育基本法と社会教育法制)」『日本社会教育学会紀要』No.10, 1974.

3) 吉田昇編『「사회교육법」의 성립과 전개(社会教育法の成立と展開)』東洋館出版社, 1971, 小川利夫『사회교육과 국민의 학습권(社会教育と国民の学習権)』勁草書房, 1973.

4) 碓井雅久 編『일본사회교육발달사(日本社会教育発達史)』亜紀書房, 1980, 大田堯 編『전후일본교육사(戦後日本教育史)』岩波書店, 1978.

5) 주(6)의 문헌 및 小林文人「사회교육법제의 구조와 특질(社会教育法制の構造と特質)」講座教育法7『세계와 일본의 교육법(世界と日本の教育法)』総合労働研究所, 1980.

히 교육의 미개척지이다."(미야하라 세이치(宮原誠一), 1950년)라는 평가는 하나의 진리였다. 미국에서 온 제1차 교육사절단(1946년)의 성인교육 구상이나, 다분히 한계가 있었다고는 하지만 미 점령군 민간정보교육국(CIE: Civil Information and Educational Section) 넬슨(J. M. Nelson)의 구상 등과 일본측과의 사이에는 아직 큰 차이가 있었다고 할 수 있다.[6] 그러나 그 후 교육쇄신위원회의 진지한 토의를 통해 「교육기본법」이 제2조와 제7조를 축으로 한 국민의 사회교육 권리와 국가・지방공공단체의 책임을 명기한 점은 큰 성과였다. "자유를 막는 방면에 구속을 가하고 자유로운 부분의 발전과 장려책을 마련하는 것도 법제화의 사명 중 하나이다."(데라나카 사쿠오, 寺中作雄)[7]라는 입법자의 생각은 이 시기의 중요한 입법 정신이라고 할 수 있다.

둘째로, 법 내용을 보면, 「사회교육법」은 몇 가지의 민주적인 조항과 다소 모순을 포함한 조항이라는 두 가지의 특징을 지닌 법이었다. 「사회교육법」은 청소년 및 성인 등 모든 국민을 대상으로 하여 '국민의 교육받을 권리'(헌법 제26조)를 파악하는 적극적인 면을 지님과 동시에 다른 한편으로는 '주로 청소년 및 성인을 대상으로 하는 조직적인 교육활동(체육 및 레크리에이션 활동을 포함한다)'(「사회교육법」 제2조)으로 사회교육을 정의함으로써 1947년의 「교육기본법」과의 관계에서 몇 가지 모순을 빚어 냈다고 할 수 있다. 즉 「교육기본법」은 교육의 목적에 '모든 기회, 모든 장소'에서 실현되어야 한다(제2조)고 명기하고 '가정교육 및 근로의 장소 그 밖에 사회에서 행하는 교육'(제7조)이라는 사회교육 규정을 포함하고 있다.

이 두 법 규정의 모순은 그 후의 역사적 과정에서 사회교육행정에 제약을 초래하는 것이었다. 그 밖에 사회교육은 국민 '스스로 실제 생활에 맞는 문화적 교양을 높이는' 활동과 함께 국가와 지방자치단체가 그러한 '환경을 조성'하는 책무를 지님을 명확히 한 점, 사회교육행정은 비권력적 조장(助長)행정이며 요구에 응하는 '지도・조언' 행정으로 규정한 점(제9조, 제11조, 제12조), 마지막으로 사회교육의 자유를 보장・유지하기 위한 주민참여 시스템으로 공민관운영심의회(제29조, 제30조) 및 사회교육위원제도(제15조, 제16조, 제17조)를 규정한 점은 다른 교육법과 비교할 때 「사회교육법」의 독특한 특징이었다.

---

6) J. M. Nelson 著, 新海英行 監訳 『점령기 일본의 사회교육개혁(占領期日本の社会教育改革)』 大空社, 1990.

7) 寺中作雄 「序」 『社会教育法解説』 社会教育図書株式会社, 1949. (復刻版 『「사회교육법」 해설・공민관의 건설(社会教育法解説・公民館の建設)』 国土社, 1995.)

셋째로, 법 형식과 구조를 보면 「사회교육법」의 특징은 다음과 같다. 첫째, 개별법인 「도서관법」(1950년), 「박물관법」(1951년) 등의 모법이고 또한 상위법으로서의 종합법적 형식을 취하지만, 동시에 공민관이나 사회교육 관계 단체에 많은 조항을 할애하여 별칭으로 공민관법, 사회교육관계단체법이라고 불리는 측면이 있었다. 둘째, 「사회교육법」은 학교교육법, 「교육위원회법」(지방교육행정의 조직 및 운영에 관한 법률로 1956년에 개정) 등과 많은 연관을 지니며, 동시에 그 밖의 주로 다섯 가지 영역에서 경합적 관련 영역을 지니는 법이었다. 즉 ① 자치단체장 직속행정 · 커뮤니티 행정, ② 문화행정, ③ 직업능력개발 · 노동행정, ④ 사회복지행정, ⑤ 학교 외 교육 및 학교교육 후 계속교육행정과의 접속관계를 지니는 법이었다. 셋째, 법구조상 국가의 행정, 지방공공단체의 행정과의 관계에서 시정촌주의(市町村主義)를 명확히 한 법이었다. 이것은 국가의 법률로서 법 규범성을 지니면서 '예산 범위 내'의 재정집행, 시설 · 직원의 '임의설치성'이 당초부터 법적 제약으로 존재했다. 따라서 지방자치단체(도도부현), 시정촌재정집조례, 규칙이나 법의 지역적 정착화(관습법적 법 규범의 정착)에 많은 것을 떠맡기는 법 구조를 갖고 있었다. 또한 「사회교육법」에서의 공민관 전문직원의 위상은 그다지 명확하지 않아서 이후의 법 개정에 의해 사회교육주사 규정이 정해졌는데 여기에도 많은 제약이 존재하는 점은 이 법의 큰 제약이기도 하였다. 또한 이것들은 학교교육법의 강한 국가적 · 법적 규범성(국가적 통제와 법적 보증이라는 이면성이 있다)과 비교할 때 「사회교육법」의 큰 특징이었다.

2 평생학습진흥정비법에 따른 「사회교육법」 '개정'의 질적 변용

1991년에 제정된 평생학습진흥정비법은 기존의 「사회교육법」과 연결하여 논의될 필요가 있다.[8] 따라서 여기에서는 이 법의 특징과 그 이후의 「사회교육법」 개편 동향에 대해 살펴보고자 한다.

8) 姉崎洋一 「생애학습과 「사회교육법」(生涯学習と社会教育法)」 『日本教育法学会年報』 20号, 1991.

1) 평생학습진흥정비법의 내용

평생학습진흥정비법은 민간사업자의 능력 활용(제5조), 자본 투자에 대한 세제 혜택의 특례(제9조)를 설정하고, 공공적 기반 투자의 전제하에 도도부현을 축으로 한 지역평생학습기본구상의 책정(제5조)이라는 법 구조를 지닌다. 당시의 문부성과 통상산업성 양 부처의 승인이라는 형식으로 평생학습진흥정비에 국가가 관여하면서 민간사업자에 대한 우대와 산업진흥을 도모하는 「평생학습관련산업입지정비법」이었다.

사회서비스산업 육성이라는 측면에서 평생학습산업에 주목하는 움직임은 '임시교육심의회'(1984~1987년)[9] 이후 강화되었다. 그러나 그것에는 많은 제약이 있었다.

첫째, 산업의 건전한 육성이라는 점에서 소위 '평생학습산업'은 규제 완화의 예외적인 분야, 즉 개인과 기업에 맡길 수 없는 공적 규제를 필요로 하는 예외적인 '유치산업(幼稚産業)'[10]의 성격을 지닌 신규 사회서비스산업이었다. 동법에 부담금의 세제혜택 특례나 공공적 기반투자 등의 '배려'가 있음에도 불구하고 민간사업자의 참여는 여전히 소극적이었으며, 입법 후 18년이 지난 시점(2008년)에도 지역평생학습기본구상을 책정한 현(縣)은 히로시마현(廣島縣)뿐으로 '유치산업'의 성격을 벗어나지 못하고 있다.

둘째, 이 법을 축으로 한 정책은 사회교육의 공적 규제에 관해서는 많은 규제 완화를 요하는 것이었다. 그 내용은 다음의 다섯 가지이다. ① '공적 사업에 의한 민간문화사업의 압박' 혹는 '민간교육사업자와의 연계와 지원의 부족'이 있다고 하여 민간사업자를 활용하는 평생학습정책에 대해 공적 사회교육이 장벽이 되고 있는 부분을 개혁해야 한다고 하는 권고(예를 들면, 「평생 언제나 자유롭게 배울 수 있는 사회를 지향하며－평생학습의 진흥에 관한 조사결과를 중심으로－」총무청 행정감찰국, 1996년 12월)가 줄을 이었던 점이다. ② 사회교육행정을 자치단체장 직속 조직의 평생학습행정으로 통합하려는 압력이 강해져 많은 지자체에서 교육위원회하의 사회교육행정이 해체되는 사태가 발생했다. 평생학습부(과), 평생학습심의회 등을 설치하면서 사회교육부(과), 또는 사회교육위원회의 불필요론을 빚어 냈다. 사회교육행정과 평생학습행정의 이원 행정을 취하고 있는 지자체도 적지 않으나, 평생학습행정으로 사회교육행정을 흡수하는 일원화를 취하고 있는 지자체도 증가하고 있다. 「교

9) 教育政策研究会 編『임교심총람(臨教審総覧)』第一法規, 1987.

10) 현재는 경쟁력을 지니고 있지 않지만 일정기간 정부가 보호함으로써 경쟁력을 지니게 되어 자립하는 산업을 의미한다.

육기본법」의 개정(2006년), 「사회교육법」의 개정(2008년) 이후는 뒤에 기술하는 바와 같이 사회교육행정의 잔존형태로서 학교교육지원형 행정으로 전환할 것으로 예상된다.[11] ③ 내셔널 미니멈[4]의 수준은 달성했다는 인식으로 인해 이제 국가적인 사회교육진흥은 필요 없다, '지방분권' 혹은 민간에 맡겨야 한다는 시대적 흐름에 따르는 논의가 횡행하고 있다. 지금까지 공립 공민관, 도서관, 박물관 등의 사회교육시설 및 체육관, 수영장 등의 사회체육시설에 대해서는 그에 대응하는 개별법이 보조금의 근거가 되어 왔는데, 이러한 시설들이 보급되고 있는 점이나, 지방의 자주성을 존중해야 한다는 관점에서 '국고보조금의 일반 재원화와 정리(整理) 합리화', '대상 사업의 재검토와 중점화', '민간위탁과 민간사업자의 활용'이 강하게 주장되어 왔다. 지정관리자제도의 발족은 이러한 것에 대한 하나의 귀결이라고 할 수 있다. ④ 평생학습산업진흥, 평생학습소비시장의 확대라는 입장에서는 국민을 소비적 학습자로서 개별적으로 분화하는 일을 요구하고 있으며, 집단학습과 소외계층에 중점을 둔 사업보다 개인학습이나 효율이 높은 이벤트적인 학습 · 문화 사업이 장려되는 경향, 나아가 그 학습 성과를 평가하고 활용하는 등의 정책이 증대되어 왔다. 학습지도자 · 자원봉사자 인재은행의 활용, 학습 성과의 학점화에 의한 달성 동기의 자극 등 국민의 상호학습, 공동학습과는 다른 원리가 대두되고 있다고 할 수 있다. ⑤ 사회교육법제의 원칙 그 자체에 대한 부정 또는 경시의 경향이었다. 즉, 사회교육법제의 교육법으로서 조건정비 · 환경조성의 책임성, 학습의 기회균등과 자유를 권리로서 보장하기 위한 시설정비와 요구에 따라, 조언하는 사회교육직원의 전문성 촉진, 비영리성과 정치적 중립성, 공공적인 책임성에 입각한 시설운영, 시정촌을 중심으로 한 자치적 · 자율적인 지역사회교육계획 · 평생학습계획의 책정 등 기본 원칙을 불필요한 공적 규제라 보고 배제하는 법 개정논의를 촉진하고 조성해 왔다고 할 수 있다. 위의 귀결 중 하나가 이른바 '공사(公私) 혼합행정 협동시스템'으로의 전환과 그것을 법적으로 담보하는 「사회교육법」 개정이었다.

---

11) 필자는 2008년 6월 7일의 일본사회교육학회 6월 집회(일본사회사업대학)에서 「사회교육 · 생애학습법제 개편의 현 단계(사회교육 · 평생학습법제 개편의 현 단계)」라는 제목으로 그 취지에 대해 보고했다. 공통된 견해는 長澤成次 「2006년 「교육기본법」 후의 사회교육 동향(2006年教育基本法後の社会教育の動向)」 『주민과 자치(住民と自治)』 自治体問題研究所, 2008, 6月号.

2) 임시교육심의회 「평생학습체계로의 이행」 전략

그림 4-1 평생교육복합시설(삿뽀로시)

소위 신자유주의정책과 민영화로 인해 복지국가의 해체와 현대 기본적 인권의 사회권적인 측면을 제한하고, 시장경제원리의 최우선과 공공경제학에 의한 국가정책의 재질서화가 추구되었다. 그것은 1980년대 이후 4반세기에 걸친 영·미·일 공통의 정책이기도 했다. 일본에서는 임시행정조사회[5]에 의한 행정개혁과 그 교육 분야인 임시교육심의회에 의해 대대적인 개편이 이루어졌으며, 임시교육심의회의 「평생학습체계로의 이행」 전략은 '교육' 개념의 왜소화와 교육법 이념의 적용 범위의 축소·한정화를 목적으로 하는 것이었다.

사회교육의 종언·불필요론(마츠시타 게이치(松下圭一), 다카나시 아키라(高梨昌))의 등장[12)], 지방재정 위기를 이유로 삼은 재단·사업단·제3섹터의 시설 관리·운영·사업의 위탁화 진행, 지역 평생학습추진체제의 정비, 평생학습 마을 만들기 네트워크화 등이 임시교육심의회의 심의와 맞물리면서 진행된 것이다. 임시교육심의회 답신(1985년)인 「평생학습체계로의 이행」 정책은 문부성의 사회교육국의 폐지와 평생학습국으로의 통합(1988년), 중앙교육심의회의 답신 「평생학습의 기반정비에 대하여」(1990년)를 거쳐 평생학습진흥정비법(1990년)을 성립시켰다.

요점 중 하나는 중앙교육심의회의 '평생교육'(1981년 답신)이라는 말이 '평생학습'(1990년 답신)으로 전환된 것이다. '평생학습'이라는 말에는 '산업화', '민간활력'의 활용이라는 새로운 정책 의도가 더해지게 되었다. 원래 '평생교육'에 대항하는 민중들의 자주성과 주체성을 지닌 '평생학습'이라는 용어의 의미가 180° 달라진 것이다. 그 이유 중 하나는 당시의 문부성 용어였던 '평생교육'을 피해 교육법의 적용을 없애고 타 부처의 참여를 촉진시킬 필요가 있었던 것이다. 통상산업성과 문부성을 주무관청으로 삼는 이 법은 동시에 '별도로 강

12) 高梨昌 『임교심과 생애학습(臨教審と生涯学習)』 Eidell研究所, 1987, 松下圭一 『사회교육의 종언(社会教育の終焉)』 筑摩書房, 1986.

구되는 시책'('직업능력의 개발 및 향상, 사회복지 등')과 함께 종합적인 사회정책으로서의 평생학습 진흥의 법적 기초를 갖게 되었다. 그것은 기존의 헌법 · 「교육기본법」 법제하의 「사회교육법」과는 법체계를 달리하는 산업진흥 · 산업입지법이라는 일면과, 한편으로는 신규 행정조직법이라는 성격을 지니는 법이었다. 즉 한편으로 공적 규제를 법적 논리로 삼고 있으면서 다른 한편으로는 사회교육법제의 '규제 완화'에 의한 지자체 사회교육의 해체와 평생학습체계로의 통합 · 재편을 겨냥하는 것이었다고 할 수 있다.

3) 평생학습진흥정비법과 「사회교육법」의 모순적 관계

(1) 평생학습진흥정비법의 법적 성격과 결함성

평생학습진흥정비법은 당초부터 평생학습에 대한 정의의 부재, 재정적 뒷받침의 결여, 입법 당시 지역평생학습기본구상에 대한 승인기준의 미작성, 「교육기본법」과 「사회교육법」 연결의 애매함 등으로 인해 결함이 있는 법이라고 지적되었던 법률이었다. 특히 교육법인지 산업진흥법인지 모를 정도로 애매한 성격을 지닌 점은 입법 당시의 '부대결의(附帶決議)'인 "「교육기본법」의 정신에 기초하여 행한다."는 것이 법 내용 · 법문 상 불분명하다는 점에서 단적으로 드러나듯이 교육법 체계에 구멍을 내는 산업법적 '공사혼합행정협동시스템' 역할을 하는 법이라 할 수 있다.

특히 지역평생학습기본구상의 전제가 되는 '승인기준' 책정을 지연하였던 것은 문부성 · 통상산업성이 얼마나 이 법에 열심인지를 의심케 하였다. 문부성의 열의와 적극성에 비해 통상산업성은 소극적인 대응으로 일관하고 있었다. 또한 승인기준의 최초 적용지역인 히로시마현에 대해서는 법적 절차에 있어 엄밀한 의미에서 정말 신청자격이 있는지 의심쩍은 점이 있었다. 예를 들면, ① 승인 요건인 '진흥기금' '책무보상기금'이 정비되지 않았으며, 민간사업자의 책무보증업무가 행해지지 않은 상태에서의 졸속적인 판단인 점, ② 기본구상의 '지정지구(指定地區)'에 해당하는 '관계 시정촌'과의 '사전' 협의가 이루어졌는지 불분명하다는 점, 또한 ③ 기본구상 사업의 내용도 '민간의 활력에 의한 고도의 다양한 학습기회를 중점적으로 제공하기 위해서'라고는 할 수 없는 것이었다. 또한 지역평생학습기본구상의 책정에 대해서는 히로시마현을 제외하고는 적극적이라고 할 수 없으며, "향후 기본구상제도의 활용 진전 전망도 그다지 밝지만은 않다."는 총무청의 당시 감찰 결과가 보고하고 있다(1996.12).

(2) 사회교육법제와 평생학습진흥정비법 – 두 법의 모순

그러나 평생학습진흥정비법은 그 결함성이 지적되었음에도 불구하고, 사회교육법제에 흠집을 내는 데 짧은 기간 동안 많은 영향을 미쳤다. 그 악영향을 살펴보면 다음과 같다.

첫째, 사회교육심의회의 폐지와 그것을 대신하는 평생학습심의회(10조)의 높은 위상 및 큰 정책적 영향력이다. 동 심의회의 대부분 답신은 평생학습진흥정비법의 체계하에 '사회교육'(행정, 활동)을 포함시키는 선도적 역할을 하였다고 할 수 있다.

둘째, 학교교육과의 관계에 있어서 평생학습심의회는 중앙교육심의회와의 연동성을 급속히 강화하였으며, 결과적으로는 중앙교육심의회의 한 분과회(평생학습분과회)로 흡수되었다. 평생학습심의회는 도도부현에도 설치할 수 있다고 되어 있어(제11조), 「사회교육법」에서 규정하고 있는 사회교육위원제도의 유명무실화와 그 유사한 영향들을 시정촌에도 초래하였다.

셋째, 평생학습진흥정비라는 이름 아래 도도부현의 역할이 크게 부각된 점이다. 「사회교육법」의 시정촌주의에서 볼 수 있는 '일정 구역' 내의 자치적인 사회교육사업이 광역적 시정촌 영역이나 도도부현 주도형의 '지방분권'에 통합되어 가는 경향이 강화되었다. 이것은 예산삭감과 맞물려 시정촌이나 마을(集落)과 같은 작은 단위의 사회교육을 억압하게 되었으며, 정부가 시정촌 합병을 재촉하는 결과를 만들었다. 또한 도도부현 교육위원회의 '사무'(「사회교육법」 제6조)와 도도부현 교육위원회의 '사업'(평생학습진흥정비법 제3조)의 차이는 도도부현의 역할에 관한 두 법의 입장 차이를 분명히 하는 것으로서 자치단체장 직속사업과 교육위원회 사업의 구별도 애매하게 만드는 것이었다.

넷째, 공민관 사업을 전개할 때 비영리성(「사회교육법」 제23조) 원칙의 수정이 「문부성통지」(1995년 9월 22일)라는 형태로 제시되었다. 이 통지는 '민간 영리 사회교육사업자'에 대한 공민관 사용을 인정하는 법 해석이었으며, 행정에 의한 이러한 법 해석은 사회교육의 공공성 원칙을 강하게 부정하며 심지어는 지정관리자제도의 도입을 마련하였다고 할 수 있다.

다섯째, 사회교육 관계 단체에 대한 지도·조언의 문제이다. 평생학습진흥정비법은 기본 구상을 실시할 때 관계 단체에 '필요한 협력을 요청한다.'(제8조)고 하여 개정 전의 「사회교육법」 제12조의 부당한 통제적 지배, 간섭의 금지 규정과는 큰 차이를 보고 있다.

여섯째, '사회교육 관계 법령 재검토'의 물꼬를 터 온 점이다.

이상은 전후 교육개혁기에 헌법과 교육기본법제의 '약한 고리'로 여겨졌던 「사회교육법」이 전후 반세기 이상의 역사를 거치면서 많은 사람들의 협동과 실천 속에서 축적해 온 성과를 '평생학습진흥정비'라는 이름 아래 해체 · 변용시켜 왔음을 의미한다.

3 개정 「교육기본법」(2006)에 수반한 「사회교육법」의 개정

1) 「교육기본법」(1947년 제정)의 '개정'과 그 의미

2006년 12월 11일 제165회 국회에서 1947년에 제정된 「교육기본법」이 전부 개정되어 새로운 「교육기본법」이 공포 · 시행되었다(2006년 법률 제120호). 한 나라의 「교육기본법」이 개정되어야 하는 이유도 불분명하고, 개정, 삭제, 신설되는 조문에 대한 축조(逐條)심의도 불충분하였다. 또한 1947년에 제정된 「교육기본법」이 담당했던 제2차 세계대전에 대한 반성과 전후 개혁 이념의 근간에 대한 논의도 이루어지지 않은 채 개정안의 가결이 강행된 점은 후세에 화근을 남기는 일이라고 할 수 있다. 즉 국민의 교육에 대한 권리를 명기한 법이 국가에 의한 교육통제법으로 전환되었다고도 할 수 있다.[13)]

법이 개정된 이후 일본경제단체연합회는 '희망의 나라, 일본'(2007년 1월 1일)을 공표하였고, 이에 호응하듯이 당시의 아베(安倍) 내각은 신교육기본법에 입각한 교육 관련법의 개정과 정책 실현을 곧바로 이행하고자 교육재생회의(教育再生會議)[6]와 중앙교육심의회의 심의를 서둘렀다. 그 결과 교육재생회의의 제1차 보고(2007년 1월 24일), 제2차 보고(2007년 6월 1일)가 나왔으며, 또한 중앙교육심의회 답신 「교육기본법의 개정에 따라 긴급히 필요해진 교육제도의 개정에 대하여」(2007년 3월 10일)가 나왔다. 이것들은 이미 결정 · 제출된 「규제개혁 · 민간개방 3개년 계획」(2005년 3월 25일 내각회의 결정)에 기초한 것이기도 하다. 교육 3법[14)] 개정안(2007년 6월 20일)은 강행적으로 가결되었고, 이것들을 추인하는 경제재정운영의 기본방침인 '골태(骨太)방침 2007'[7]의 원안이 내각회의로 결정(2007년 6월 8일)되어 공표되었다. 그리고 「사회교육법」 등의 개정이 2008년 6월에 이루어졌다.

13) 成嶋隆 「신교육기본법의 헌법학적 검토(新教基法の憲法学的検討)」『日本教育法学会年報』37号, 2008.
14) 교육 3법은 「학교교육법」, 「지방교육행정의 조직 및 운영에 관한 법률」, 「교육직원면허법 및 교육공무원특례법」을 말한다.

2) 「교육기본법」 '개정'의 개혁원리와 그 수법

왜 이렇게 성급하게 개혁을 서둘렀을까?라는 질문을 해 보게 된다.

첫 번째는 헌법 개정 문제와 똑같은 동기라고 볼 수 있다. 그것은 '전후 체제'의 부정과 탈각(脫却)을 위한 것이다. 예를 들면, 헌법 제9조로 대표된 국민주권 · 평화원리를 미국이 주도하는 글로벌 세계질서에 동참하는 데에 있어 큰 걸림돌이라고 보는 인식이다.

두 번째는 1947년에 제정된 「교육기본법」을 전면적으로 개정하여 복고적 애국심과 신자유주의 시장원리의 통합과 접속을 도모하려는 의도라 볼 수 있다. 그것은 ① 국가가 애국심과 배외주의적 내셔널리즘의 '교화'를 「교육기본법」이라는 이름 아래 합법적으로 수행함에 따라 국민을 '전통과 문화', '우리나라(일본—역자 주)와 향토 사랑', '공공의 정신' 등의 덕목으로 대표되는 애국심으로 통합 · 재조직화하려는 것이며, ② GDP 비율에서 선진국 중 최저 수준의 공교육비 구조를 시정하는 것이 아니라 성과주의의 경쟁원리하에 '선택'과 '집중'이라는 자원배분원리를 채용하여 국제적 경쟁시대의 인재육성책에 맞춘 교육행정을 중앙 · 지방을 불문하고 원활히 실행하려는 것이다.

세 번째는 국민의 교육받을 권리 · 교육에 대한 참여 원리를 축소시켜 교육의 기회균등 원칙을 공동화(空洞化)시키고, 복선형 양극화 교육으로 개편하려는 점에 있다. 이러한 개혁들은 능력별 경쟁원리와 격차 인정을 당연시하고 국민을 갈라놓은 상황에서 경제적 · 사회적인 빈곤과 불이익을 받고 있는 사람들의 교육과 학습요구는 외면하는 정책이다.

네 번째는 이러한 시책들을 추진하기 위해 학교, 사회교육, 지역 간의 상호 연계 · 협력을 강요하며, 그에 대해 저항하고 비협력적인 세력에 대해서는 공식 · 비공식적인 처분과 압력을 가하며, 사상 · 신념의 자유, 교육의 자유를 억압해 가는 정책을 실시하는 것이라 할 수 있다.

다섯 번째는 이러한 개혁을 추진함에 있어 의도적인 여론 유도가 미디어 등을 통해 조직되고 그것을 배경으로 하여 예를 들면, '부적격 교원'이라는 꼬리표를 붙이는 등의 행정처분이나 일장기 게양 · 기미가요(일본의 애국가) 제창의 강요와 그것에 복종하지 않는 교원에 대한 징계처분의 실시 등이 이루어져 왔다. 이러한 움직임을 더욱 가속시킨 것이 교육재생회의 등에서 제시한 '개혁' 시나리오였다.

3) 「사회교육법」과 「교육기본법」의 관계

1947년에 제정된 「교육기본법」에서 규정하고 있는 사회교육의 요점은 두 가지였다. 하나는 제2조 '교육의 방침'에서 교육의 목적이 학교교육에 국한되지 않고, '모든 기회에 모든 장소에서' 널리 반영되어야 함을 제창하며, '학문의 자유', '실제 생활에 입각'한 '자발적 정신', '문화의 창조와 발전'에 공헌하는 활동을 기대하고 있었던 점이다. 즉 이것은 사회교육활동이 그 중핵에 위치함을 명시한 것이라고 할 수 있다. 또 하나는 제7조에서 '가정교육 및 근로의 장소 그 밖에 사회에서 행하는 교육'으로서 사회교육을 이해하고, 그러한 교육은 국민의 자율적인 상호학습을 기본으로 그 활동들을 국가나 지방자치단체가 장려함과 함께 그것을 위한 사회교육시설(도서관, 박물관, 공민관 등)을 설치하고, 동시에 '학교 시설의 이용, 그 밖의 적당한 방법'을 이용하여 그 목적을 실현하도록 도모할 것을 의무화한 점이었다. 이것은 지역에서의 자율적인 공동학습만이 아니라 근로자의 교육학습활동도 명확히 포함한 것이라고 볼 수 있다. 즉 「사회교육법」의 제정과정에서 모순이 생긴 역사적 문제나 그 후 문부성과 노동성의 분장소관사무의 처리협정이 있었다고는 하지만, 기본적으로는 1947년 「교육기본법」의 이념을 바탕으로 하여 1949년 「사회교육법」상의 제도가 설계되어 있었던 것이다.

그러나 2006년에 개정된 「교육기본법」(이하 '신법'이라고 한다)은 1947년에 제정된 「교육기본법」(이하 '구법'이라고 한다)의 이러한 역사적 성격을 해체시켰다. 신법 제2조의 국가적 덕목의 다섯 항목(제1항~제5항)을 실현하기 위해 단지 수사적으로 '학문의 자유를 존중하면서'를 집어넣었을 뿐이고, 또한 '실제 생활에 입각'한 '자발적 정신', '문화의 창조와 발전' 등의 부분은 전부 삭제되었고 사회교육을 병합하는 개념으로서 '평생학습의 이념'(제3조)을 등장시켰다. 또한 구법 제7조에 있었던 '근로의 장소'의 표현도 삭제되었다. 이러한 점들로 인해 우려되는 문제는 이미 법 개정 후 드러나고 있다.

그 첫째는 개정된 「교육기본법」에 맞춰 「사회교육법」이 개정된 점이다. 개정된 「교육기본법」의 '평생학습' 개념은 소위 '평생학습진흥정비법'의 '평생학습'과 같은 뜻으로 사회교육은 그 '평생학습'의 일부를 구성하는 것으로 이해하는 것이다.

둘째로, 이미 교육 3법 개정에서 교육위원회의 소관사무・사업 중 '문화・스포츠'에 대해서는 '조례가 정하는 바에 따라' 자치단체장이 담당할 수 있도록 한(개정 지방교육행정법

제24조의 2) 것도 있고, 자치단체장 직속 조직에 사회교육행정이 흡수되어 가는 분위기는 가속될 것으로 보인다. 여기에는 문부과학성이 책임은 학교교육으로 국한한다는 전통적인 교육행정관과 총무성 등과의 권한 다툼 속에서 교육위원회와 학교교육을 성역으로 확보하려는 문부과학성의 이익을 위한 전술이 깔려 있었던 것으로 보이는 부분도 없지 않다.

셋째로, 개정된 「교육기본법」은 교육을 '학교교육', '가정교육', '사회교육'으로 구분하고 그것들을 통합하는 것으로서 '평생학습'을 이해하고 있으며, 그 상호 연계 역할로서 '학교, 가정 및 지역주민 등의 상호 연계협력'(제13조)을 규정하고 있다. 여기에서는 조건정비를 기본적 책무로 인식해 온 교육행정이 그러한 노력을 외면하고 학교의 교육내용에 적극적으로 개입하며, 심지어는 국가의 교육정책에 국민을 동원하여 통제하기 위한 통합방법으로서 '평생학습'(사회교육)을 규정하려는 정책 의도를 엿볼 수 있다.

4) 사회교육법제의 동요 －현대 교육개혁과 사회교육법제의 변용

큰 변동의 배경에는 역사적으로 마련되어 온 조건이 존재한다. 과거 20년 정도의 사회교육법제의 변용과정에는 다음의 정책적, 행재정적, 법적 변용이 존재해 왔음을 고려해야 한다.

첫째는 평생학습진흥정비법(1990년)이 제정된 이후 국가와 도도부현의 신규 사회서비스 산업 진흥을 위한 시장원리형 평생학습행정이 주요 원리가 되어 사회교육행정을 포섭하게 된 점이다.

둘째는 그것과 연동하여 사회교육 관련 영역에서의 NPM(New Public Management)형 '공사(公私)혼합형' 행재정 개혁의 움직임에 의한 사회교육의 재편이다.[15] 1999년의 지방분권일괄법에 의한 「사회교육법」 개정은 사회교육의 법적 '규제완화'를 촉진시켰으며, 사회교육위원회의나 공민관운영심의회 등의 주민참여 시스템을 공동화(空洞化)시켜 왔다. 정부의 법 개정은 지방공공단체의 조례개정을 가속화시켰으며, 사회교육의 조건정비는 PFI(Private Finance Initiative)방식[16]이나 NPO, 자원봉사자의 활용을 전제로 하여 제도를 설계하도록

15) 大阪自治体問題研究所編 『일본형NPM의 논리와 실태(日本型NPMの論理と実態)』 自治体研究社, 2004. 岡田章宏編 『NPM의 검증－일본과 유럽(NPMの検証－日本とヨーロッパ)』 自治体研究社, 2005.

16) 建設計画研究所編 『검증 일본판 PFI(検証・日本版PFI)』 自治体研究社, 2002, 冨澤幸弘・藤森克彦 『知っておきたいPFI法』 財務省印刷局, 2001.

되어 왔다.

셋째는 2001년의 「사회교육법」 일부 개정으로 인해 가정 · 학교 · 사회교육과의 연계협력정책의 강화가 위기관리와 국민통합의 수단으로서 지향되어 온 점이다. 이것은 2006년의 「교육기본법」 개정조문(제13조)보다 앞서 이루어진 것이었다. 동시에 교육을 국가 관여의 대상으로 삼고 가정교육, 학교교육, 사회교육으로 구분[17]하는 교육의 영역구분이 부활하였으며, 사회교육이 이러한 교육 3구분의 관계 속에서 새로이 재편되는 계기가 만들어졌다고 할 수 있다.

넷째는 시정촌 합병의 촉진으로 인해 소규모 지자체의 존립 기반이 무너지고 '일정 구역'[8] 내 사회교육의 조건정비는 악화되었으며, 지방교부세의 삭감은 사회교육행정의 공동화(空洞化)에 박차를 가했다고 할 수 있다.

다섯째는 「지방자치법」 일부 개정에 의한 '지정관리자제도(指定管理者制度)'[18]의 도입으로 인해 사회교육행 · 재정이 큰 변용을 겪게 된 점이다.

여섯째는 「교육기본법」의 개정이 2006년 12월에 이루어진 점이다.

4 「사회교육법」 개정(2008년)의 내용과 구조

1) 2008년에 개정된 「사회교육법」의 특징과 구조

2008년 5월 27일 중의원 본회의, 6월 4일 참의원 본회의에서 '「사회교육법」 등의 일부를 개정하는 법률안'(대상은 「사회교육법」, 「도서관법」, 「박물관법」)이 가결되었다. 여기에서 유의해야 할 점은 짧은 심의기간, 관계 단체나 정당 간의 생각의 차이 등 복잡한 요인들이 존재하고, 그것들을 포함한 입법과정의 불투명성(공산당만 반대), 세 가지 개별법의 독자심의가 아니

17) 가정교육을 국가가 관여하는 영역이라 법적으로 규정하는 문제는 교육쇄신위원회의 심의(1946년 제12회 총회, 제13회 총회)에서도 반복 토의되고 부정되었다. 제2차 세계대전 이전에도 가정교육에 대해서는 국가가 간섭하지 않는다는 것을 원칙으로 했다. 그런 의미에서 재검토가 필요하다. 大山幸太郎 『일본교육행정법론(日本教育行政法論)』 目黒書店, 1912.

18) 姉崎洋一 「지정관리자제도란 무엇인가(指定管理者制度とは何か)」 社会教育推進全国協議会 編 『주민의 학습권과 지정관리자제도(住民の学習権と指定管理者制度)』 社全協ブックレット, 1号, 2006, pp.9－18.

라 일괄심의였던 점, 양원 모두 '부대결의'(중의원 7항목, 참의원 8항목)[19]를 내놓았다는 점 등이다. 또한 '부대결의'에서는 법 개정에서 우려된 문제점들이 오히려 강조되었다고 할 수 있다. 즉 '사회교육시설에 있어서의 인재확보', '지정관리자제도의 도입으로 인한 폐해'에 대한 배려, '지역 간 격차를 해소'할 것, '자발적 의사로 이루어지는 학습에 대해 행정이 개입하지 않도록 유의'할 것, '평가의 투명성, 객관성'의 확보, '유자격자의 고용확보', '사회교육위원제도 등을 적극적으로 활용'할 것(이상 중의원), '국민의 자발적 · 주체적인 학습이 보장되도록 배려'할 것, '각 개인의 학습활동과 지역사회 교육활동의 순환'을 위한 지원(참의원) 등이다.

이러한 법 개정은 기본적으로는 2006년에 개정된 「교육기본법」에 기초한 것으로 다음과 같이 여러 문제점을 안고 있다. ① 상위개념으로서의 '평생학습'에 사회교육의 편입, ② 학교지원형 행정으로서의 사회교육행정이라는 새로운 성격 규정, ③ 성과주의적 평가의 도입, ④ 스포츠 · 문화 부문의 자치단체장 직속행정 이관과 지정관리자의 적극 활용에 의한 사회교육행정의 공동화(空洞化) 우려, ⑤ 사회교육주사, 사서, 학예원의 자격 및 양성 등의 개편, ⑥ 보조금 교부에 있어 사회교육위원이 설치되지 않을 경우 다른 심의회의 대용(代用)을 승인한다는 것 등이었다.

구체적인 개정 조항을 보면 다음과 같은 특징과 구조를 엿볼 수 있다. 첫째는 제3조의 개정이다. 특히 제2항의 '국민 학습에 대한 다양한 수요'라는 문장은 수요공급이라는 시장원리의 도입을 촉진시키고, 같은 제2항의 '평생학습 진흥에 기여'라는 문장은 사회교육행정을 자치단체장 직속행정(평생학습행정)으로 포섭할 것을 촉진시키며, 제3항의 '학교교육과의 연계 확보', '학교, 가정 및 지역주민, 그 밖의 관계자 상호 간의 연계 및 협력의 촉진'은 사회교육행정의 국민통합적 역할(개정된 「교육기본법」 제13조에 상응)과 학교지원형 행정이라는 성격을 의미하는 것이라고 할 수 있다.

둘째는 제5조의 개정이다. 특히 제13항 '수업종료 후 또는 휴업일'의 '학령아동 및 학령학생(生徒)'에 대한 학습, 그 밖에 활동기회의 실시와 장려, 제15항의 '학습 성과를 활용'한 '학교, 사회교육시설, 그 밖에 지역에서 행하는' 사업의 실시 및 장려, 제16항의 '사회교육

19) 「「사회교육법」 등의 일부를 개정하는 법률안에 대한 『부대결의』와 법개정을 둘러싼 과제(社会教育法等の一部を改正する法律案に対する『附帯決議』と法改正をめぐる課題)」『月刊社会教育』 国土社, 2008, 7月号.

에 관한 정보의 수집, 정리 및 제공'은 시정촌 교육위원회의 '사무'로서 '학교지원지역본부사업' 등에 사회교육행정이 원활한 연계관계를 구축하는 일과 '정보' 인프라를 정비하는 일을 요하는 것이라고 할 수 있다.

셋째는 제9조 3의 개정이다. '사회교육주사는' '학교가' '교육활동을 행할 경우'에 '그 요구에 따라 필요한 조언을 할 수 있다.'라고 하는 신설규정은 사회교육주사의 새로운 성격을 부여하려는 것이다.

넷째는 제13조의 개정이다. 앞에서 말하였듯이 이 규정은 '사회교육위원'을 두지 않아도 '보조금 교부'의 '조사심의'가 다른 '심의회' 등에서 가능하다는 것을 시사하며, '사회교육위원' 설치의 필요성이 희박해질 우려가 있는 부분이다.

다섯째는 제32조의 개정이다. 제1항에서는 "공민관의 운영 상황에 대해 평가를 하며, 그 결과에 기초하여 공민관의 운영 개선을 도모하기 위해 필요한 조치를 강구한다."라고 하였고, 제2항에서는 "해당 공민관의 운영 상황에 관한 정보를 적극적으로 제공한다."고 하여 공민관사업에 있어서의 PDCA(plan-do-check-act)사이클을 시사하는 것이라고 할 수 있다.

또한「도서관법」,「박물관법」에 있어서는, 예를 들면, 일본도서관협회는 입법 전부터 중앙교육심의회 답신과「도서관법」 개정안에 대해 독자적인 견해를 제시하였으며, 전자기록 등에 대한 대응, 사서 및 사서보의 요건 등 일정한 개선을 도모한 측면도 없지는 않다. 다만,「도서관법」,「박물관법」은 제15조의 도서관협의회위원, 제21조의 박물관협의회위원의 선임에 있어 둘 다 교육위원회에 대해 '가정교육의 향상에 이바지하는 활동을 하는 자'로부터의 임명의무를 법적으로 규정한 것은 교육 3구분론[9]의 승인이며, 국가시책에 대한 사회교육시설의 연계·협력을 촉진하는 것이라고 할 수 있다.

2)「사회교육법」 개정과 지방사회교육행정 개편에의 대응 과제

이상의 국가 수준의 법 개정은 첫째, 선행하는 지방사회교육행정의 실태적인 변용을 추인한 것이기도 하였다. 둘째, 지방자치단체의 사회교육조례·규칙의 개정과 행정 개편을 촉진시키는 것이다. 2008년에 개정된「사회교육법」이 미치는 영향과 문제성에 대해서는 향후 전국적인 조사와 개별사례 분석이 필요하다. 셋째,「교육기본법」 개정에 의한 '교육진흥기본계획'(제17조)은 국가와 지방공공단체 쌍방에 '계획을 정할' 것을 요구하고 있으며, 사회교육행재정에 있어 이것을 어떻게 규정할 것인가는 향후 논쟁의 초점이 될 것이다.

내각 개편과 정권 교체 등의 현상에서 볼 수 있듯이 국민의 심중에는 생활의 곤란을 타개하고, 전환기를 '인간답게 살게 하라.'는 외침이 존재하며, 그를 위한 배움을 지원하는 진정한 사회교육에 대한 필요성이 높아지고 있음은 분명한 사실이다. 법 개정에 단순히 소극적으로 대응하는 방책이 아니라 지역이 공동 · 협동(協働)으로 힘과 지혜를 모은 새로운 지역사회교육계획(평생학습계획, 인재육성[10] · 마을 만들기 계획 등)과 실천적 대안형성(자유로운 사회교육실천의 진영)[20]이 요청되고 있다고 할 수 있다.

---

20) 작아도 빛나는 지자체와 교육 만들기가 하나의 가능성을 제시하고 있다. 岡庭一雄 · 岡田智弘『협동이 열리는 마을의 미래(協働がひらく村の未来)』自治体研究社, 2007, 島田脩一 · 辻浩 編『자치체의 자립과 사회교육(自治体の自立と社会教育)』ミネルヴァ書房, 2008.

〈역주〉

1 '약한 고리'는 영어권의 "The strength of the chain is in the weakest link."라는 속담에서 나온 말로, 'the weakest link'를 일본에서는 '弱い環'이라고 번역하여 일반적으로 사용하고 있다. 즉 여기에서의 '약한 고리'는 전후 「사회교육법」이 민주적 교육원칙을 구현하기 위해 1947년의 「교육기본법」과 긴밀히 연결되어 있으면서도 동시에 제2차 세계대전 이전 단체주의 등의 가치관이 여전히 잔존하고 있는 전후 「사회교육법」을 표현하는 말로서 사용되고 있다. 그러나 전후 교육개혁과정에서 헌법 및 「교육기본법」과 '약한 고리'로 연결되어 있었던 「사회교육법」은 전후 오랜 기간 여러 사람들의 협력과 실천 속에서 많은 성과를 내며 실질적으로는 헌법 및 「교육기본법」과 강하게 연결되어 있었다고 할 수 있다.

2 고자이 요시시게(古在由重, 1901~1990)는 도쿄제국대학 철학과를 졸업하였고, 일본의 마르크스주의 철학의 확립 및 발전에 크게 공헌하였다. 1970년대부터 베트남인민지원운동, 원자폭탄금지운동에서 지도적 역할을 하였다.

3 다이쇼데모크라시(大正デモクラシー)는 제2차 세계대전 이전에 일본의 정치, 사회, 문화 등 다양한 분야에서 일어난 민주주의적인 운동을 말한다. 1918년 제1차 세계대전 이후 도야마현(富山縣)에서 시작한 쌀 소동(米騷動)을 계기로 일본 전국으로 확산되어 1928년에 처음으로 보통선거가 실시되는 데 영향을 미쳤다.

4 내셔널 미니멈은 국가가 보장하는 최저한의 생활 수준을 말한다.

5 임시행정조사회는 1962년에 설치된 제1차 임시행정조사회와 1981년에 설치된 제2차 임시행정조사회가 있다. 이 장에서는 스즈키 젠코(鈴木善幸) 정권 때 총리의 자문기관으로 설치된 제2차 임시행정조사회를 말한다. 1983년에 공기업의 민영화 등을 추진하는 답신을 발표했다.

6 교육재생회의는 2006년 10월 10일에 교육개혁추진을 강화하기 위해 아베 신조(安倍晋三) 내각이 새로이 설치한 기관으로서 2007년 9월 아베 총리가 퇴진함에 따라 2008년 1월 31일에 『사회 전체로 교육재생을—최종보고』를 제출하고 해산하였다. http://www.kyouiku-saisei.go.jp/ kyouiku-saisei-kaigi/ index.html

7 '골태방침(骨太の方針)'이란 2001년 6월에 「경제재정운영과 구조조정에 관한 기본 방침」이라는 답신을 말하는 것으로서 당시 고이즈미 준이치로(小泉純一郎) 전 내각총리대신이 '성역 없는 구조조정'과 함께 슬로건처럼 사용한 표현으로 일반 국민들에게 널리 침투된 표현이다.

8 '일정 구역'은 시정촌(市町村) 합병 이후 '지역자치구'를 설치하는 단위에 관한 개념으로, 시정촌이 합병한 후 제도 이행기간이 필요할 때 합병되기 전 시정촌의 1개 혹은 2개 이상의 구역마다 '지역자치구'를 설치할 수 있다. 법적 근거는 「지방자치법」 제202조의 4와 「시정촌의 합병의 특례 등에 관한 법률」 제23조의 두 가지가 있다.

9 교육의 3구분론은 학교교육, 사회교육, 가정교육의 구분을 말한다.

10 원문은 히토즈쿠리(ひとづくり=사람 만들기)다. 인재육성이라는 말은 인적자원개발의 뉘앙스가 강하지만 히토즈쿠리라는 말은 공동체의식과 공동성을 지닌 사람을 육성한다는 뉘앙스를 강조한다.

제 5 장
사회교육 · 평생학습 시설과 지역사회

데우치 아키토시(手打明敏) · 오지마 미와(生島美和)

1945년 이전의 일본 사회교육은 관부적(官府的) 사회교화사업이었으며, 독자적인 시설을 갖추지 않고 사회교육단체를 이용하여 이루어졌다. 사회교육시설인 도서관, 박물관은 설치되지 않았는데, 설치 수나 학습지원 기능이라는 점에서도 매우 빈약하였다. 사회교육시설에 관련한 법령으로는 「도서관령」(1899년)이 제정되어 있는 정도였다.

전후에는 그 이전 '단체 중심의 교화적 사회교육'을 반성하는 의미에서 명확한 입법조치가 이루어졌다. 「사회교육법」을 비롯하여 「도서관법」, 「박물관법」이 제정되었으며, 시설을 매개로 한 사회교육이 지향되었다. 법이 제정되었다고는 하나 전국의 사회교육시설이 일률적으로 정비된 것은 아니었다. 지역의 사회교육 조건정비를 요구하는 사회교육직원, 주민운동의 확산 및 고조에 따라 사회교육 · 평생학습시설의 보급 · 정착은 시정촌(市町村)마다 다양한 형태로 추진되었다.

이 장에서는 전후 사회교육 · 평생학습시설의 동향을 지역사회와 관련지어 개관하고자 한다. 1절에서는 지역사회의 변보 속에서 사회교육 · 평생학습 시설이 나아가야 할 현대적 과제를 명시하고, 일본의 대표적인 사회교육 · 평생학습 시설을 제시한다. 2절에서는 공민관, 3절에서는 도서관, 4절에서는 박물관, 5절에서는 평생학습추진센터를 다룬다.

1 전후 일본의 지역사회와 사회교육 · 평생학습 시설

1) 사회교육 · 평생학습 정책과 지역사회

전후 일본의 사회교육은 시정촌을 기반으로 출발했다고 할 수 있다. 1949년에 제정된 「사회교육법」의 시정촌 교육위원회의 사무에 관한 조항(제5조)과 도도부현 교육위원회의 사무(제6조)를 비교해 보면, 시정촌 교육위원회의 소장 사무가 더 자세히 규정되어 있다. 또한 전후 일본의 핵심적인 사회교육시설이라고 할 수 있는 공민관은 '시정촌이 설치'(제21조) 하는 시설로 규정되어 있다.

1970년대 이후의 국제적인 평생교육, 평생학습의 확대를 배경으로 다양화 · 고도화되는 국민의 학습 요구에 대응하기 위한 광역적 · 종합적인 학습지원이나 학습 성과의 활용에 의한 사회참여를 촉진하는 등의 평생학습정책이 전개되었다.

1981년 6월에 문부대신(=교육부장관)의 자문기관인 중앙교육심의회(이하, '중교심'라고 한다)가 제출한 답신 「평생교육에 대하여」에서는 정책 과제로서 "향후 한 사람 한 사람의 학습활동이 단지 개인 생활의 충실에만 머무르지 않고, 각자가 그 성과나 능력 · 경험을 살려 지역사회에 기여하고, 그곳에 애착을 갖고 삶의 보람을 찾을 수 있는 사회참여의 기회를 확충하도록 도모하기 바란다."[1]고 지적하고 있다. 이 답신으로부터 10년이 지난 1992년 7월에 제출된 중교심의 답신 「향후 사회 동향에 대응한 평생학습의 진흥 방책에 대하여」는 향후 지향해야 할 평생학습사회의 방향으로 학습 성과를 직장이나 지역, 사회에서 활용할 것을 다음과 같이 제언하고 있다.

> 평생학습은 생활의 향상, 직업적 능력의 향상이나 자기 충실을 목표로 하여 이루어지는 것이 많지만, 배운 지식 · 기술을 발표하거나 다른 사람을 가르치고, 그것을 활용하여 사회에 공헌하고 싶어 하는 것은 지극히 자연스러운 일이다. 학습의 성과를 살려서 사람들의 평생학습에 도움이 되거나 지역 활성화에 공헌하고, 사회교육, 가정교육, 청소년의 학교 외 활동이나 스포츠 · 문화 활동 등의 지도자가 되거나 자원봉사활동 등을 하는 것은 학습자에게도 새로운 기쁨이며, 삶의 보람과 격려가 되는 일이다.[2]

1999년 6월에 제출된 평생학습심의회의 답신 「학습의 성과를 폭넓게 활용한다」에서도 다음과 같이 지적하고 있다.

---

1) 『2004년도판 생애학습 · 사회교육 행정필휴(平成16年度版生涯学習 · 社会教育行政必携)』 제일법규출판, 2003, p.204.

2) 위의 책, p.283.

> 지역사회에서 여러 가지 과제를 해결하기 위해 국가나 지방의 행정에만 의존해서는 효과적이고 치밀한 대응을 하기 어렵다. 주민 한 사람 한 사람이 각자의 요구에 따라 문제를 해결하기 위해 학습하고, 적극적으로 지역사회와 관계를 맺어 가는 자세가 필요하다.[3)]

이렇게 개인의 자아실현과 더불어 학습한 성과를 지역사회의 다른 사람들을 지원하는 데에 활용해 가는 일이 거듭 제창되고, 또한 평생학습정책 과제로서 제기되고 있다.

한편, 국민들도 '마음의 여유로움'이나 '사회공헌'을 지향하는 경향이 늘어나고 있다. 이러한 국민들의 사회참여, 사회공헌을 지향하는 의식이 한꺼번에 표출된 것은 1995년의 한신(阪神) 대지진 후에 전개된 국민적 차원에서의 자발적인 지원 활동이었다. 지진 재해 직후 지방자치단체 기능이 마비된 상황에서 자발적인 시민들의 구조·지원 활동, 그 후의 지속적인 지원 활동을 통해 지금까지 행정에 의존하는 '수혜' 의식에서, 행정으로부터 자립해 필요에 따라 '행정과 협력'해서 스스로의 생활이나 지역의 삶을 풍요롭게 하려는 의식으로 널리 확대되어 왔다고 할 수 있다.

2) 지역사회의 변모와 사회교육·평생학습 시설

〈표 5-1〉은 일본 지역사회에 설치되어 있는 사회교육·평생학습 시설을 나타낸 것이다. 일본 지역사회에는 문부과학성뿐만 아니라 후생노동성, 농림수산성, 총무성이 소관하는 다양한 지역시설이 존재하고 있다. 이러한 지역시설은 일상생활과 노동·여가와 관련되어 지역 사람들의 만남과 배움의 '장소'가 되고 있다.

〈표 5-1〉 가운데 공민관, 사회교육회관 등(1975년도 조사로부터 실시. 1984년도부터는 '공민관 유사시설'로 표기), 도서관, 박물관, 청소년교육시설(1968년 조사로부터 실시), 여성교육시설(1971년도 조사부터 실시), 사회체육시설, 문화회관(1987년도 조사로부터 실시) 등은 문부성(현 문부과학성)이 1955년도 이후 거의 3년에 한 번 실시하고 있는 '사회교육조사보고서'의 대상이 되고 있는 지역사회교육시설이다.

1955년 이후 이러한 사회교육시설 수의 추이를 보면, 공민관은 설치 수에서 봤을 때 계속 가장 많은 것으로 나타나고 있다. 그러나 공민관의 설치 수는 1955년도 조사부터 1960년도 조사 사이에 약 1만 5천 개가 감소하였다. 또한 1999년도 조사에서 2005년도 조사 사이

---

3) 위의 책, p.439.

에 현저한 감소를 보이고 있다. 이것은 무엇을 의미하는가? 이 두 시기에 시정촌의 합병이 이루어졌다. 일본의 시정촌 수는 「지방자치법」이 시행된 1947년 8월 당시에는 10,505개에 이르고 있었다. 정촌합병촉진법이 실효된 1956년 9월말에는 3,975개까지 감소했다. 그 후에도 신시정촌건설촉진법(1956년 6월)이 시행되는 등 시정촌 합병 추진은 계속되어 1961년 6월에는 3,472개가 되었다.[4] 더욱이 1999년 이후 이른바 '헤이세이(平成) 대합병'에 의해 일본의 시정촌 수는 2010년에 1,727개까지 감소했다. 1999년 이후 공민관의 감소도 정촌합병의 진행과 완벽하게 일치하고 있다. 그러나 공민관의 본관(중앙관과 지구관의 합계)을 보면, 이 시기에도 크게 감소하고 있지는 않다. 시정촌 합병에 의해 감소한 것은 본관 구역 내에 설치된 분관이었다고 할 수 있다.

한편, 공민관과 대등한 일본의 대표적인 사회교육시설인 도서관, 박물관은 전후 설치 수가 계속해서 증가하였는데, 특히 1970년대 후반 이후의 증가가 현저한 것을 알 수 있다. 또한 사회체육시설도 계속해서 증가하고 있어 2005년도에는 교육위원회와 자치단체장 직속조직 소관의 합계로 48,055개에 이르고 있다. 1980년대 후반 이후에 통계상의 문화회관도 증가하고 있다.

자치성(현 총무성) 소관의 집회시설(커뮤니티센터)은 1979년 이후 통계 데이터를 통해 확인할 수 있듯이, 2005년 현재 176,244관이 설치되어 있다. 그 설치 수는 공민관(분관을 포함한다)의 약 10배이다. 그 밖에 후생성 · 노동성(현 후생노동성) 소관으로서는 아동관, 근로청소년 홈, 노인복지센터, 노인 쉼터, 인보관(隣保館), 직업능력개발학교가 설치되어 있다.

---

4) 日本公民館学会 編『공민관 · 커뮤니티 시설 핸드북(公民館 · コミュニティ施設ハンドブック)』Eidell출판사, 2006, pp.19－20.

표 5-1 사회교육 · 평생학습 시설 수

연도	문부과학성 / 문부성(1)																
	공민관	분관	사회교육 회관 등	도서관 (도도부현)(2)		도서관 (시정촌)		박물관 (도도부현)	박물관 (시정촌)	청년의집 (비숙박형)	아동 문화센터	여성 교육회관	사회교육시설 (교육위원회)	사회교육 시설(지자체장)	민간 체육시설	문화회관 (교육위원회)	문화회관 (자치단체장)
1955	7,977	27,366		105	(51)	603	(535)	20	71				578	480			
1956																	
1957																	
1958																	
1959																	
1960	7,735	12,466		123	(52)	623	(583)	34	83				704	500			
1961																	
1962																	
1963	7,975	11,435		133	(54)	643	(593)		130				1,350	1,174			
1964																	
1965																	
1966																	
1967																	
1968	8,213	5,572		93	(53)	703	(642)		150		319		3,297	1,351			
1969																	
1970																	
1971	8,238	6,011		96	(53)	782	(689)	43	121	–	32	34	1,814	5,332			
1972																	
1973																	
1974																	
1975	8,879	6,853	65	80	(55)	956	(810)	54	132	110	40	41	–	–			
1976																	
1977																	
1978	9,504	6,923	82	86	(56)	1,080	(918)	67	155	109	39	42	10,841	2,821			
1979																	
1980																	
1981	10,199	6,996	163	80	(60)	1,322	(1,023)	79	190	177	56	81	14,864	3,640			
1982																	
1983																	
1984	10,561	6,941	282	69	(59)	1,543	(1,177)	94	230	169	72	61	17,858	4,692			
1985																	
1986																	
1987	10,851	6,589	566	69	(57)	1,732	(1,292)	100	254	160	45	73	22,060	7,475	16,977	386	396
1988																	
1989																	
1990	11,005	6,342	584	70	(55)	1,950	(1,475)	104	283	168	61	87	–	–	–	460	474
1991																	
1992																	
1993	11,188	6,374	777	66	(56)	2,072	(1,519)	109	314	162	71	93	24,308	8,159	17,018	583	533
1994																	
1995																	
1996	11,446	6,373	726	66	(55)	2,297	(1,706)	123	395	161	99	101	26,671	9,686	19,147	761	642
1997																	
1998																	
1999	11,418	6,839	806	65	(56)	2,496	(1,871)	132	417	176	75	98	30,477	16,077	17,738	840	747
2000																	
2001																	
2002	11,354	6,593		64	(55)	2,650	(1,957)	145	463	172	105	94	30,480	16,841	16,814	911	766
2003																	
2004																	
2005	10,889	6,254	1,039	62	(54)	2,893	(1,907)	150	514	171	128	91	30,749	17,306	16,780	944	805
2006																	
2007																	

연도	후생성・노동성 / 후생노동성									자치성 / 총무성(7)
	근로 청소년홈(3)	노인복지 센터(4)	아동관 (4)	인보관 (隣保館)(4)	노인쉼터 (老人憩の家)(4)	여성회관 (5)	일하는 부인의 집(5)	농촌 부인의집(5)	직업능력 개발학교(6)	집회시설
1955			38	14						
1956			84	17					265	
1957				21					258	
1958				30					258	
1959				39					258	
1960	3		172	64						
1961										
1962			176	130						
1963	14	3	343							
1964	22	9		260						
1965	33	30	544							
1966	51	58	746	267	19				307	
1967	69	80	907	298	49					
1968	86	106	1,104	326	142					
1969	110	143	1,247	353						
1970	142	180	1,417		186					
1971	181	233	1,552	636						
1972	229	299	1,693	676						
1973	273									
1974	311	439	1,988	772	1,095					
1975	331	561	2,117							
1976	348	655	2,233	905	1,729		65			
1977	369									
1978	395	853	2,464	995	2,346					
1979	421	1,024	2,632	1,043	2,536					59,080
1980	444	1,173	2,815	1,076	2,800		107			67,129
1981	466	1,314	3,000	1,107	3,008					–
1982	488	1,465	3,159	1,149	3,283				274	84,282
1983	504	1,591							273	91,268
1984	517	1,689	3,427	1,180	3,605				272	97,204
1985	523	1,767	3,517	1,196	3,739				271	101,965
1986	530		3,596						271	107,063
1987	533	1,884	3,667		3,926	169	204	307	271	112,382
1988	534									121,168
1989	533	1,986			4,091	183	219	303		127,464
1990	538	2,024	3,840	1,266	4,171	200	223	302		132,801
1991	536	2,080			4,254					136,331
1992	537	2,123			4,316	211	232	303		139,981
1993	536	2,159	4,028	1,276	4,383					143,198
1994	534	2,190	4,081	1,277	4,455	238	230	309		146,585
1995	534	2,214	4,154	1,277	4,497					150,156
1996	532		4,202			351	230	303	240	153,102
1997	531	2,234	4,267	1,284	4,553					155,192
1998	527	2,249	4,323	1,282	4,581	277	230	298		157,792
1999	521	2,269	4,268	1,276	4,631				210	160,270
2000	521	2,271	4,420	1,275	4,619	312	227	295	208	162,255
2001	507	2,270	4,577	1,211						163,939
2002	499	2,263	4,611	1,216		320	221	286	202	166,459
2003	499	2,265	4,673	1,211					202	168,704
2004	496	2,298	4,693	1,206		357	214	259	186	–
2005	479								186	176,244
2006	464					387	206	218		
2007										

출처: 츠쿠바대학대학원 인간종합과학연구과 교육학전공 평생학습 · 사회교육연구실

(주) (1) 문부과학성/문부성 소관시설에 관해서는 『社會教育調査報告書』 1955년도~2005년도를 바탕으로 작성.

(2) 괄호 속은 해당하는 도서관수 중 본관수이다.

(3) 『青少年白書』 1960년도~2007년도를 바탕으로 작성.

(4) 사회복지시설(노인복지센터, 노인쉼터(老人憩の家), 아동관, 인보관)에 대해서는 『厚生白書』 1955년도~1990년도, 『厚生統計要覧』 1970년도~1990년도, 『厚生勞?白書』 2001년도~2006년도를 바탕으로 작성.

(5) 여성관련시설(여성회관, 일하는 부인의 집(?く婦人の家), 농촌부인의 집)에 대해서는, 1987년~2006년까지는 국립여성교육회관의 데이터베이스를 바탕으로 작성. 1976년과 1980년의 「일하는 부인의 집」은 『青少年白書』 1977년도, 1981년도를 바탕으로 작성.

(6) 직업능력개발학교는 1956년~1959년은 職業能力開發行政史研究會 『職業能力開發の歷史』(勞務行政研究所, 1999년), 1966년은 『青少年白書』(1967년), 1962년~87년은 野見山?之 『新時代の職業能力開發』(勞務行政研究所, 1987년), 1996년은 『勞?白書』(1996년), 2002년~2006년은 『厚生勞?白書』(2002년도~2006년도)를 바탕으로 작성.

(7) 自治省財政局指導課編(1979년도~005년도). 『公共施設狀況調』를 바탕으로 작성. 단, 2000년도부터 총무성 자치재정국 재무조사과(總務省自治財政局財務調査課)로 명칭 변경. 「ㅡ」는 데이터 없음.

이상과 같이 지역평생학습 · 사회교육 시설이 다양화되고 양적으로 증가하고 있지만, 한편으로는 1980년대 후반부터 본격화되어 온 지방분권개혁의 흐름이 이러한 지역평생학습 · 사회교육 시설의 설치 · 운영에 영향을 끼치고 있다.

지방분권개혁의 흐름은 1995년 6월의 지방분권추진법 성립(5년간의 한시법)으로 가속화되었다. 사회교육 · 평생학습 분야에서는 지방행정의 종합화, 자치단체장 직속조직과의 인사 교류 등 자치단체장 직속조직과의 연계 · 협력이 특히 강조되어 왔지만, 지방분권추진위원회 제2차 권고(1997년 7월)에서는 사회교육(평생학습) · 문화 · 스포츠 분야에서 필수 설치 규제의 폐지 · 완화가 권고되고 있다.[5)]

지방분권일괄법(地方分權一括法)에 따른 「사회교육법」 개정(1999년), 그 후의 「지방자치법」 개정(2003년)에 따라 지정관리자(指定管理者)제도의 도입 등 이른바 지자체 '개혁'에 의한 다양한 시책이 전후의 사회교육 · 평생학습 시설의 골격을 크게 흔들고 있다. 이러한 동

5) 小川正人 編著 『지방분권개혁과 학교 · 교육위원회(地方分權改革と学校 · 教育委員会)』 東洋館出版社, 1998, p.17.

향에 대해 고바야시 분진(小林文人)은 공민관을 염두에 두고 ① 교육행정으로부터 일반행정으로의 이관 문제, ② 직원 삭감이나 촉탁화의 흐름, ③ 시정촌 합병을 계기로 추진된 제도 개편 등의 세 가지 문제점을 지적하고 있다.[6] 이러한 여러 가지 문제 상황에 직면하고 있지만, 한편으로는 지역의 커뮤니티 시설인 사회교육 · 평생학습 시설이 지역사회의 변모 속에서 지역 주민들의 사회참여 거점으로서, 또한 지역자치를 담당하는 주체 형성의 장소로서 기능하고 있는 것도 사실이다. 사회교육 · 평생학습시설에는 급속히 변모하는 현대 일본 지역사회에서 학습 · 문화 활동을 바탕으로 한 주민들의 협동과 생활 재구축의 거점 기능이 요청되고 있다.

2 공민관

1) 현대 일본 사회의 공민관

전후 60년을 거쳐 전국 시정촌에 약 18,000관의 공민관(분관을 포함)이 보급되어 정착되었다. 그 상황을 문부과학성 지정 통계인 『사회교육조사보고서(2005년도)』의 자료를 통해 살펴보고자 한다.

표 5-2 공민관의 현황

공민관 수 (1)	직원 수 (지도계직원) (2)	학급 · 강좌		집회(모임)		이용자 수(3) (천 명) c	총이용자 수 (4) (천 명)	국민 일인당 이용 횟수 (5)
		건수	수강자 수 (천 명) a	건 수	참여자수 (천 명) b			
18,182	56,311 (17,805)	428,473	12,457	138,221	21,601	233,115	267,173	2.09

(주) (1) 유사 공민관을 포함.
(2) 공민관주사 등의 지도계 직원.
(3) 학습동아리 등의 이용자 수.

6) 小林文人「공민관연구의 새로운 지평으로(公民館研究の新たな地平へ)」『日本公民館学会年報』創刊号, 日本公民館学会, 2004, p.2.

(4) 총이용자 수는 학급강좌 수강자 수(a), 집회 참여자 수(b), 이용자 수(c)의 합계.
(5) '국민1인당 이용 횟수'는 총이용자 수를 총무성 통계국 '2004년 10월 1일 현재 추계 인구'로 나눈 값이다.

〈표 5－2〉에 제시한 바와 같이 평균적으로 공민관에는 약 3명의 직원이 근무하고 있다. 그 가운데 공민관주사 등 지도계 직원이 1명 배치되어 있다. 공민관에 개설되어 있는 '학급강좌'에는 약 125만 명이 수강하고 있고, 집회에는 약 210만 명이 참여하고 있다. 또한 지역의 학습단체 · 동아리나 개인 이용자는 2억 3천만 명 이상이다. 일본 국민 1인당 이용 횟수는 2회 정도이다.

표 5－3 시(구)정촌립의 공민관 설치 상황

	계	시(구)	정	촌
시정촌 수	2,248	773	1,180	295
공민관을 설치한 시(구)정촌 수	2,004	726	1,043	235
설치율(%)	89.1	93.9	88.4	79.7

출처: 문부과학성, 『사회교육조사보고서(2005년도)』.

시(구)정촌립 공민관의 설치 상황을 보면(표 5－3), 설치율은 89.1%이지만, 시(구)는 93.9%, 정(町)은 88.4%, 촌(村)은 79.7%로 시(구)정촌별로 설치율에서 차이가 난다.

그림 5－1 혼다공민관(國分寺市)의 시민문화제

2005년 9월에 한국 광명시에서 개최된 제4회 평생학습축제 국제심포지엄에서 한국의 연구자들은 전국적으로 퍼져 있는 평생학습의 조직 · 시설로서 스웨덴의 스터디 서클(study circle), 독일의 시민대학(Volkshochschule)과 함께 일본의 공민관을 소개하였으며, 공민관은 평생학습, 사회교육 분야의 일본 브랜드라고 소개하였다. 전국의 시정촌에 설치되어 있는 공민관은 세계적으로 보면 놀랄 만하고 주목할 만한 시설로 평가되고 있다.

그러나 일본 국내로 눈을 돌리면, 공민관은 현재 큰 기로에 서 있다. 시정촌 합병에 의한 공민관의 통폐합, 지정관리자제도의 도입을 계기로 지자체 사회교육의 축소와 직원 체제의 약화, 또한 교육위원회 행정의 학교교육위원회화라는 경향 속에서 공민관의 일반행정 조직으로의 이관이나 위탁화 등 공민관을 둘러싼 상황이 힘들게 되어 지역 시설로서의 공민관 존재가 문제시되는 사태가 일어나고 있다.

그림 5-2 마츠모토시 중앙공민관

한편, 지역사회로 눈을 돌리면 지방분권, 사회참여를 지향하는 분위기 속에서 지역자치, 주민자치의 형성이 강화되었음을 의식할 수 있다. 지역사회에서 전개되고 있는 '마을 만들기' '지역 부흥'과 깊이 연관되어 지역 주민들의 학습 · 문화 활동의 장소로서 지역 주민들 속에 뿌리를 내린 공민관도 존재하고 있다.

다음에서는 전후의 국토 부흥, 사회 민주화라는 사회적 상황 속에서 설치된 공민관이 전후 60년간에 어떻게 일본 사회 속에 보급 · 정착되어 갔는지를 살펴보고자 한다.

2) '데라나카 구상'과 사회교육법제하의 공민관

공민관은 1946년 7월 5일에 발표된 문부차관 통첩 「공민관의 설치 운영에 대하여」에 의해 설치가 장려되기 시작하였다. 이 통첩은 공민관에 대하여 다음과 같이 말하고 있다.

"앞으로의 국민 교육은 청소년만을 대상으로 하는 것이 아니라 성인이나 아동, 남녀를 불문해야 하며, 산업인, 교육자도 모두 사이좋게 서로 이끌어 주며 서로의 교양을 향상시켜 가는 방법이 채택되어야 한다."는 것이며, 공민관은 "이른바 향토(고향)의 공민학교, 도서관, 박물관, 공회당, 정촌민 집회소, 산업지도소 등의 기능을 겸한 문화교양기관이다."라고 성격을 부여하고 있다. 당시의 문부성 사회교육과장인 데라나카 사쿠오(寺中作雄)의 해설(「공민관의 건설」1946년)에 따르면 전후 초기의 공민관은, “사교・오락, 자치진홍, 산업진홍, 청년 양성의 목적을 종합해서 성립된 향토 진흥의 핵심 기관”이고, 단순한 교육기관이라기보다 지역의 교육・문화, 자치진흥, 산업진흥의 기능을 지닌 종합적인 지역 시설이었다고 할 수 있다. 전후 초기의 공민관 구상은 데라나카 사쿠오(寺中作雄)의 아이디어에 의한 것이 많았기 때문에 ‘데라나카 구상(寺中構想)’이라고 불리고 있다.

1949년에 공포된 「사회교육법」에서 “공민관은 시정촌과 그 밖의 일정 구역 내 주민을 위하여 실생활에 맞는 교육, 학술 및 문화에 관한 각종 사업을 실시함으로써 주민의 교양 향상, 건강 증진, 정조 순화(情操純化)를 도모하고 생활문화 진흥, 사회복지 증진에 기여함을 목적으로 한다.”(「사회교육법」 제20조)고 규정하고 있다. 데라나카(寺中)는 공민관을 지역 진흥의 종합기관으로 구상하고 있었지만, 「사회교육법」은 ‘교육・학술 및 문화’의 사업을 실시하는 교육시설로서 규정하고 있다. 특히 공민관 사업으로 「사회교육법」 제22조에서 학급・강좌, 강습회・강연회 등의 개설이나 체육 레크리에이션 개최 등을 예시・열거한 것은 공민관의 활동을 현저히 축소시키는 결과를 가져왔다.

그것은 동법 제20조의 공민관 목적 달성의 방법을 축소하고, “협의의 교육, 특히 언어능력을 매개로 한 지적 인식의 발전을 교수 방법으로 달성하려는”[7] 경향을 강하게 갖게 되었다. 그 후의 공민관 활동은 결과적으로 주민들이 문제를 발견하고 그 문제를 공유, 심화시켜 해결하는 실천과정 속에서 형성되는 힘, 즉 그 교육적 기능을 충실하게 하는 것보다 취미・삶의 보람을 포함한 ‘교양’사업으로 특화하는 경향을 강하게 갖게 되었다. 2005년의 ‘사회교육조사’ 자료에 의하면(표 5-4), 오늘날 공민관에 개설되고 있는 학급・강좌의 60% 이상이 ‘교양의 향상’이며, 그것에 참여하고 있는 학습자가 공민관 수강자 수의 약 반 이상을 차지하고 있다.

---

7) 大橋謙策「공민관 직원의 원점을 묻는다(公民館職員の原点を問う)」『月刊社会教育』No.329, 社会教育推進全国協議会, pp.13-14.

표 5-4 공민관의 학급 · 강좌 수강자 수(2004년도)

학급 · 강좌	개설 건수(%)	수강자 수(%)
교양의 향상	252,973(61.7)	6,052,038(51.0)
체육 · 레크리에이션	51,815(12.6)	1,752,902(14.8)
가정교육 · 가정생활	39,519(9.6)	1,458,902(12.3)
직업지식 · 기술의 향상	16,742(4.1)	333,698(2.8)
시민의식 · 사회연대의식	24,388(5.9)	1,246,338(10.5)
기 타	24,577(6.0)	1,034,433(8.7)
합 계	410,014(100.0)	11,878,119(100.0)

출처: 문부과학성, 『사회교육조사보고서(2005년도)』에서 산출.

사회교육법제 아래 공민관사업은 이러한 경향이 강했지만, 지자체 수준에서 보면 공민관의 충실 · 발전을 위한 다양한 사업이 추진되고 있는 것을 볼 수 있다. 1963년에 오사카부의 히라카타시(枚方市)는 사회교육의 주체는 시민이고, 사회교육행정은 지역주민의 자치능력 형성을 통해 민주주의의 확립을 지향하는 것이며, 그러한 활동의 장으로서 공민관을 지정하고 공민관주사를 사회교육전문직으로 규정하고 있다. 이 히라가타시 사회교육행정의 기본 방침인 '사회교육을 모든 시민에게'를 '히라가타선언'이라고 부르고 있다

지역에서 사회교육 실천을 지원하는 공민관주사의 직무에 대해 나가노현(長野縣) 이이다(飯田) · 시모이나(下伊那) 지역의 공민관주사회(公民館主事會)는 1965년에 '공민관주사의 성격과 역할'을 발표하였다. '시모이나선언'이라고 불리는 이 문서에서 공민관주사의 교육전문직과 지자체 노동자라는 두 가지 성격을 지적하면서, 그 통일적 파악이라는 견지에서 공민관주사의 역할을 규명하려고 하였다. 공민관의 전국 조직으로서 사단법인 「전국공민관연합회」(이하, '전공련'이라 한다)가 1951년에 결성되었다. 전공련은 1960년대 고도경제성장에 따른 급격한 사회구조의 변화에 대처하는 공민관을 모색하고, 1967년에 '공민관의 참모습과 현대적 지표', 1970년에는 '제2차 전문원회(專門員會)보고서'를 발표하여 도시화되는 상황 속에서의 공민관의 참모습을 제안하였다. 비슷한 시기에 도쿄도 교육청 사회교육부는 「새로운 공민관상을 지향하며」(1974년)를 발표하여 수도 도쿄의 베드타운인 산타마(三多摩) 지역의 공민관 활동 방향에 대하여 공민관은 주민의 자유로운 유휴공간의 장이며, 주민에 의한 문화 창조의 광장이라는 견해를 밝혔다. 이 견해는 도시형 공민관상을 제시한

것으로 '산타마선언'이라고 부르고 있다.

사회교육기관인 공민관의 사업·활동을 수동적·소비적인 '교육의 장'으로 파악할 것이 아니라 지역자치의 주체, 문화 창조의 주체 형성의 장으로 인식하고, 지역생활을 통한 주민의 자유롭고 자발적인 학습·문화 활동의 거점으로 공민관을 운영하고 있는 기초지자체의 실천은 주목할 만하다. 오사카부(大阪府) 가이즈카시(貝塚市)에서는 공민관 강좌를 계기로 생활이나 자녀양육에 관련된 다양한 자율적인 학습그룹이 활동을 시작하였고, 그 그룹들이 공민관과 협력하여 사업을 만들어 가고 있다(가이즈카시의 활동에 대해서는 19장에서 다루고 있다).

이렇게 제시된 도시형 공민관상은 1960년대 이후의 고도경제성장 속에서 발전한 도시부 지자체에서 지역 주민의 요구에 기초한 공민관 건설을 추진하는 지침이 되었다. 1970년대에는 도쿄의 산타마 지역(아키시마시(昭島市), 훗사시(福生市), 히가시무라야마시(東村山市) 등), 카나가와현 치가사키시(茅ヶ崎市) 등 각지에서 공민관 건설을 요구하는 시민운동이 전개되었다.

3) 자치공민관에 대한 주목

지금까지 '데라나카 구상'을 출발점으로 하여 1949년의 「사회교육법」 제21조에 의거해서 시정촌 지자체가 조례를 정하여 설치하는 이른바 '조례공민관'에 대해 소개하였다. 「사회교육법」 제42조에는 '공민관 유사시설'이라는 규정이 있다. 이 조항은 "누구나 공민관과 유사한 시설을 설치할 수 있다."라고 규정하고 있다. '공민관 유사시설'에는 다음의 두 가지 유형이 있다. 첫 번째는 '사회교육조사'의 대상인 지방자치단체가 설치하는 '커뮤니티센터'나 '사회교육회관' 등의 명칭을 사용하는 지역 시설이다. 그러나 지역사회에는 이 밖에 지역자치회나 정내회(町內會) 등이 자금을 모아 설치하고, 자주적으로 관리·운영하고 있는 이른바 '자치공민관', '취락공민관', '정내회공민관'이라고 불리는 지역 집회시설이 있다. 두 번째 유형의 지역 집회시설은 그 설치의 경위에서 보면 '조례공민관'보다 오래된 지역사회에 정착하고 있는 시설이다. 이런 유형의 지역 집회시설의 수는 2002년 11월에 전국 공민관이 실시한 조사에 따르면 전국적으로 76,883관에 이른다.[8)]

---

8) 앞의 책, 『공민관·커뮤니티 시설 핸드북(公民館·コミュニティ施設ハンドブック)』, p.484.

오키나와현(沖縄縣)의 아자(字)공민관(20장 참조)의 활동을 접하고 자치공민관의 존재에 주목함으로써 그 다양한 형태 속에 주민자치나 지역 민주주의에 대한 요구가 있었음을 지적하는 고바야시 분진(小林文人)은 지금의 자치공민관이 "지역 상황이 크게 변용하는 가운데 퇴조의 경향이 있는 반면, 전국적으로는 오히려 다양한 활동이나 새로운 실천이 나타나고 있다."[9]고 평가하고 있다.

자치공민관과 조례공민관이 연계 · 협력하면서 학습활동을 기반으로 지역 만들기를 추진하고 있는 지역이 있다. 예를 들면, 나가노현 마츠모토시(長野縣 松本市)에서는 공민관에서 학습한 여성들이 중심이 되어 지역에서 '함께 서로 돕는 복지'를 실천하고 있다. 1995년부터 차례차례 각 지역의 마을공민관(자치공민관)에 '지역 복지 광장'을 설치하고 사업을 진행시켜 왔다. 복지 광장 활동의 모델이 된 것은 그때까지 각 지역의 여성들이 실천해 온 주민참여형 지역 복지 활동이었다. 1980년대에는 전국 각지에서 고령사회의 진전이 심각한 지역 과제가 되었는데, 마츠모토시의 마을공민관을 거점으로 한 '지역 복지 광장'의 실천은 고령자들의 생활을 지역사회가 지원해 가는 마을 만들기의 사례로서 주목을 받는다. 마츠모토시 교육위원회는 「마을공민관 활동의 안내」를 작성하여 이러한 마을공민관의 활동을 지원하고 있다(자세한 것은 18장 참조).

이러한 자치공민관의 활동을 통해 알 수 있듯이 일본의 공민관을 이해하기 위해서는 '조례공민관'만 봐서는 지역사회에서 전개되고 있는 다양한 주민들의 학습활동을 이해할 수 없다.

3 도서관

1945년 이전 일본의 공공도서관은 국민을 가르치고 인도하는 기관이었다. 그러나 전후에는 민주적인 「도서관법」 아래 도서관 운영의 목표가 국민의 교육 · 문화 활동의 거점이 되는 것이었다. 또한 지역 주민들이 주체가 된 문고활동을 모체로 하여 도서관 만들기 운동이 전국 각지에서 일어났다. 이 절에서는 그러한 전후의 공공도서관에 대해서 소개하고자 한다.

9) 위의 책, p.61.

1) 「도서관법」과 공공도서관

1946년 3월, 연합국군최고사령관 총사령부(GHQ/SCAP)[1]의 요구로 미국의 교육사절단이 일본을 방문하여 교육개혁에 대해 권고하였다. 공공도서관에 대해서는 이용자를 차별하지 않을 것, 논쟁이 되고 있는 테마에 대해서는 반대론 및 찬성론의 모든 의견을 모아 이용할 수 있도록 준비할 것, 무료로 공개하여 공적 비용으로 운영할 것, 도쿄는 물론 모든 대도시는 중앙도서관과 분관을 가질 것, 도서관은 아동 도서의 수집에 힘쓸 것 등 근대적 공공도서관상을 제시하였다.[10] 미국의 도서관 정책과 서로 깊게 얽히면서 1946년에는 「도서관법」 제정 운동이 시작되었으며, 1954년 4월 30일에 「도서관법」이 가결되었다. 「도서관법」은 제1조 도서관의 목적을 "「사회교육법」의 정신에 따라" 설치 · 운영되어 국민의 교육과 문화 발전에 기여하는 것으로 규정하였다. 도서관은 국민의 교육과 문화의 발전에 있어 중요한 정보 센터이자, 레크리에이션 센터로 규정되었으며, 전문직원으로서 사서직(司書職)이 마련되었다. 또한 "입장료 그 밖의 도서관 자료의 이용에 대한 어떠한 대가도 징수해서는 안 된다."는 무료원칙을 내세워 국민이 배울 권리를 보장하고 있다.

그러나 「도서관법」이 제정되었다고 해서 도서관이 순조롭게 발전한 것은 아니었다. 1949년 중화인민공화국의 성립, 1950년 한국전쟁의 발발은 미국의 대일(對日) 점령정책을 민주화에서 반공의 방벽(防壁), '극동의 공장'으로 전환하게 만들었다. 그러한 사회적 상황 속에서 1952년 대일강화조약에 따른 국내 치안체제 강화의 관점에서 파괴활동방지법 제정의 움직임이 구체화된다. 이 법률은 국민의 사상 · 종교의 자유와 학문의 자유를 침해할 우려가 있기 때문에 도서관 계열은 민감하게 반응하며 '도서관과 중립'을 둘러싼 토론이 전개되었으며, '도서관의 자유에 관한 선언'의 채택(1954년)으로 발전해 갔다.[11] 이 선언은 다음과 같다.[12]

> 기본적 인권의 하나로서 '알 자유'를 지니는 민중에게 자료와 시설을 제공하는 것은 도서관의 가장 중요한 임무이다. 이러한 도서관의 임무를 완수하기 위해 우리 도서관 관계자는 다음과 같은 사항을 확인하고 실천한다.

---

10) 是枝英子 · 野瀬里久子 · 松岡要 · 若杉隆志 編著 『현대의 공공도서관 · 반세기의 활동(代の公共図書館 · 半世紀の歩み)』 日本図書館協会, 1995, p.26.

11) 오랄히스토리(oralhistory) 研究会 編 『중소도시에서의 공공도서관의 운영의 성립과 그 시대(中小都市における公共図書館の運営の成立とその時代)』 日本図書館協会, 1998, p.326.

12) 앞의 책, 『현대의 공공도서관 · 반세기의 활동(現代の公共図書館 · 半世紀の歩み)』, p.49.

- 도서관은 자료 수집의 자유를 갖는다.
- 도서관은 자료 제공의 자유를 갖는다.
- 도서관은 모든 부당한 검열에 반대한다.
- 도서관의 자유가 침범될 때 우리는 단결하고 끝까지 자유를 지킨다.

1953년에 시행된 정촌(町村)합병촉진법도 도서관에 큰 영향을 끼쳤다. 법 시행 당시 9,610개의 정촌은 3,475개의 정촌인 거의 1/3 수준으로 감소했다. 1954년에 123개 관이나 있었던 촌립(村立)도서관은 1964년에는 고작 14개 관만 남게 되었다. 1950년대의 정촌합병은 도서관에 있어 '주민들 가까이에 도서관을'이라는 이용자들의 바람과는 역행하는 상황을 만들게 되었다.[13]

공공도서관의 설치가 불충분한 가운데 도서 보급을 위한 다양한 독서 운동이 전개되었다. 예를 들면, 1950년에 나가노현립 도서관은 농촌의 어머니들을 대상으로 '새로운 독자층'을 개척하기 위해 'PTA[2] 어머니문고운동'을 추진하였다. 또한 1960년에는 가고시마현(鹿児島縣)립 도서관장인 무쿠 하토주(椋鳩十)의 발안으로 '어머니와 아이의 20분 독서운동'을 시작하여 아이를 기르는 일상생활 속에서 책과 친숙해지는 것의 중요함을 가르쳐 전국적으로 공감을 얻었다. 이 운동은 그 후 어머니들의 문고운동으로 발전해 나갔다.[14] 또한 1950년대에는 이동도서관이 각지에서 시작되었다. 도서관이 매우 적었던 시대에 도서관을 활성화시키기 위해 시작되었던 활동이었다.

2) 시정촌립 공공도서관에 대한 주목 –「시민의 도서관」과 문고 활동

1960년대에 들어선 후 고도경제성장 속에서 일본 사회는 농업에서 공업 · 서비스 산업으로 비중이 옮겨 가고 도시화가 진행됨으로써 사람들의 라이프스타일도 변화하였다. 생활이 안정되고 교육에 대한 관심이 높아지면서 1965년 대학 진학자는 100만 명에 달하였다. 이러한 사회 변화에 대처할 도서관을 고민하는 활동들이 이 시기에 시작되었다.

---

13) 위의 책, pp.41–42.

14) 위의 책, p.59.

1963년에 일본도서관협회는 「중소 도시에서 공공도서관의 운영」(이하 「중소 리포트」라고 칭한다)을 발표하였다. 이 보고서는 국민의 지적 자유를 보장하는 기관으로서 도서관을 규정하고, 공공도서관의 본질적인 기능은 자료 제공에 있음을 제기하였으며, 이 기능을 핵심으로 삼아 도서관의 모든 업무를 '봉사'의 견지에서 재편성할 필요가 있다고 주장하였다.[15] 그리고 「중소 리포트」는 "중소 공공도서관이야말로 공공도서관의 전부이다."라고 선언하였고, 이용자들은 자신들의 생활권에 있는 지역의 도서관을 원하고 있으며, '대도시 도서관은 중소 도서관의 후원자'여야 한다고 그 방향 전환을 촉구하였다. 이것은 지금까지의 현립 도서관과 시정촌립 도서관의 관계를 크게 변화시킬 정도로 영향을 끼쳤다.

1970년에 일본도서관협회는 『시민의 도서관』을 출판하여 시민의 도서관이 해야 하는 일로서 ① 자유롭고 부담 없이 시민이 원하는 도서의 대출가능, ② 아동의 독서 요구에 맞는 철저한 아동서비스의 실시, ③ 모든 사람들에게 도서를 대출하기 위한 시내 전역으로 서비스망의 확대라는 제안을 내놓았다. 『시민의 도서관』은 「중소 리포트」에서는 애매했던 대출, 독서회, 아동서비스에 대해 명확한 대답을 내놓아 1970년대 이후의 공공도서관의 질적인 전환과 비약적인 발전의 출발점이 되었다.[16]

1960년대 초반에 「중소 리포트」가, 1970년에는 『시민의 도서관』이 발표되어 그동안 '수험생들의 독서실'처럼 여겨졌던 공공도서관의 이미지 탈피가 강조되었는데, 그 배경에는 각지의 어머니문고를 중심으로 한 시민들의 도서관 요구운동이 있었다. 이 시기에 지역의 문고 운동에 큰 영향을 끼친 것은 아동문학자인 이시이 모모코(石井桃子)가 1965년에 저술한 『어린이의 도서관(岩波新書)』이다. 이 책에 담긴 말, 즉 어린이들을 위해서는 '우체통만큼의 도서관'이 필요하다는 말이 많은 어머니들의 공감을 얻었다. 문고 활동은 전국적으로 확대되었으며, 시민들 스스로가 문고를 가질 뿐만 아니라, 차즘 행성에 내해서도 문고에 대한 조성이나 공립도서관 건설을 요청하게 되었다.[17] 1970년에는 전국의 문고나 부모와

---

15) 小川徹・奥泉和久・小黒浩司 著『공공도서관서비스・운동의 역사2(公共図書館サービス・運動の歴史2)』(JLA図書館実践シリーズ5) 日本図書館協会, 2006, p.78.

16) 앞의 책, 『현대의 공공도서관・반세기의 활동(現代の公共図書館・半世紀の歩み)』, p.100.

17) 北嶋武彦他 編著『도서관특론(신현대도서관학강좌17)(図書館特論(新 現代図書館学講座17))』東京書籍, 1998, p.204.

자녀 독서회 등이 손을 잡아 '부모와 자녀독서 · 지역문고 전국연락회'가 결성되었으며, 도서관 안팎에서 보다 충실한 아동서비스를 목표로 한 다양한 노력이 이루어졌다.[18]

당시 홋카이도(北海道)에서 오키나와현까지 모든 도도부현에 걸쳐 2,064개의 문고가 활동하고 있었다. 그중에서 개설 연월을 기입한 1,396개 문고의 82%에 해당하는 1,134개 문고가 1970년 이후에 설치된 것이었다. 문고의 상당수는 공공도서관의 서비스가 미치지 않는 곳에서 주민들이 자신의 힘으로 시작한 독서운동이었다. 이 운동은 도서관에서 책을 대량으로 대출하는 운동으로, 혹은 도서관이 없는 곳에는 도서관을 만들게 하는 요구로 확대되어 갔다.[19] 이러한 활동 속에서 어머니들은 지역의 모든 아이들에게 독서의 권리를 보장하는 것이 공공도서관이라는 점을 인식하게 되었고, 이러한 발견이 주민참여의 도서관 만들기 운동의 원동력이 되었다.

3) 이용계층의 확대와 서비스의 향상

1980년대 이후 공공도서관의 증가가 현저한 것은 이 장의 1절에서 지적했는데, 그 대부분은 시(구)립 도서관이었다. 〈표 5－5〉에서 볼 수 있듯이 시(구)립 도서관의 설치율은 80%를 넘어 현재는 거의 100%에 가깝다. 한편, 정촌립(町村立) 도서관에 대해 살펴보면, 설치율이 증가하고 있다고는 하나 정립(町立)은 2005년이 되어서야 간신히 50%를 넘었지만, 촌립(村立)은 약 20%에 불과하다. 현대 일본에는 공공도서관이 아직 설치되지 않은 정촌이 반수 이상 존재하고 있다. 이러한 독서 환경에서 정촌의 공공도서관을 보완한 것이 공민관 도서실이었다(〈표 5－6〉 참조). 사단법인 '일본도서관협회'가 1999년 3월에 실시한 '정촌의 독서시설 조사'는 이러한 실태를 밝힌 조사이다.

18) 앞의 책, 『현대의 공공도서관 · 반세기의 활동(現代の公共図書館 · 半世紀の歩み)』, p.102.
19) 日本図書館協会 『시민의 도서관(증보판)(市民の図書館(増補版))』 1976, pp.160－161.

표 5-5 설치자별 도서관 수의 추이

년	총수	도도부현립	시(구)립	정립	촌립	기타
1981	1,437	80	970(80.8)	316(15.3)	33(5.2)	38
1984	1,642	69	1,124(85.5)	378(18.2)	39(60.4)	32
1987	1,801	69	1,201(88.8)	450(21.6)	46(7.8)	35
1990	1,950	70	1,275(91.0)	521(25.2)	48(8.2)	36
1993	2,172	66	1,392(93.6)	619(30.0)	59(10.2)	36
1996	2,396	66	1,473(95.8)	745(36.3)	74(13.0)	38
1999	2,593	66	1,548(96.5)	856(42.0)	89(15.7)	34
2002	2,742	64	1,616(97.7)	927(45.4)	99(17.6)	36
2005	2,979	62	2,129(97.9)	697(53.9)	65(22.0)	26

출처: 문부과학성, 『사회교육조사보고서』, 1981년도~2005년도를 바탕으로 작성.
(주) 시(구)립, 정립, 촌립의 괄호 안의 숫자는 설치율이다. 설치율=도서관을 설치한 시(구)정촌 수÷시(구)정촌 수. '기타'는 조합과 법인이 세운 도서관의 합계이다.

표 5-6 정촌의 독서시설

독서시설의 형태	설치 정촌(%)
도서관만 있다.	377(21.8)
도서관과 공민관 도서실 있다.	129(7.5)
도서관과 기타 독서시설 있다.	50(2.9)
도서관과 공민관 도서실과 기타 독서시설 있다.	36(2.1)
공민관 도서실만 있다.	793(45.9)
공민관 도서실과 기타 독서시설 있다.	94(5.4)
기타 독서시설만 있다.	213(12.3)
없다.	34(2.0)
계	1,726(100.0)

출처: 사단법인 '일본도서관협회'(1999). '정촌의 독서시설조사'.
(주) 전국 2,565정촌을 대상으로 실시하였다. '정촌의 행정과제와 도서관'에 대한 조사. 1997년 11월 실시. 회수 수 1,729, 회수율 67.5%.

이 시기에는 공공도서관 이용계층의 확대와 함께 새로운 도서관 서비스에 대한 활동도 시작되었다. 청소년 서비스로는 1974년에 오사카시립 중앙도서관에 '애플 코너'(후에 '영 코너')가 개설되면서 중학생 대상의 책이나 사과나무를 본뜬 게시판, 지역 정보잡지 등이 배치되어 청소년들의 관심을 끌었다. 아동서비스의 일부로서가 아니라 청소년서비스(영 어덜트 서비스)가 공공도서관에서 본격적으로 실시된 것은 1980년대 이후이다.[20)]

시립도서관이 전역 서비스를 목표로 세밀한 서비스망과 시민 각 계층을 대상으로 하는 서비스를 고려할 때 장애를 가진 사람들에 대한 배려도 당연히 포함되어야 한다. 1970년 4월에 도쿄도립(都立) 히비야(日比谷)도서관은 시각장애인 등 단체의 요청을 받아들여 대면 낭독 및 녹음 낭독 서비스를 개시하였다. 같은 해 6월에는 시각장애인 독서권보장협의회가 결성되었다. 2005년 4월 일본도서관협회 장애인서비스위원회는 「공공도서관의 장애인서비스에서 자료의 변환과 관련되는 도서관 협력자 도입을 위한 가이드라인」을 발표하였다. 이 가이드라인에서는 대면 낭독 등의 서비스를 '도서관의 기본 업무'로 규정하였다.[21)]

글로벌화되는 오늘날 지역사회에는 다양한 나라에서 온 시민들이 공생하고 있다. 지역의 공공도서관에서는 다문화서비스도 중요한 과제가 되고 있다. 도서관의 다문화서비스의 개시는 1970년대의 도쿄도립중앙도서관에서 발견할 수 있다. 1972년 중국어 도서의 구입, 1975년에는 한국어 · 조선어 도서의 수집이 시작되었다. 다문화사회 도서관서비스는 재일한국인 · 조선인들의 권리 옹호 운동을 기점으로 또한 여기에 새로운 외국인이 더해지면서 국제화 사회를 배경으로 확대되어 가고 있다.[22)]

이와 같이 1980년대 이후 장애인서비스, 고령자서비스, 외국 국적 시민들에 대한 서비스, 청소년서비스 등의 질적 향상을 볼 수 있다. 그러나 한편으로 1990년대 말부터 민영화의 바람이 거세졌다. 접수업무에 민간기업이 참여하게 되었고, 결국엔 전면적으로 업무를 위탁하는 지정관리자제도가 도입되었다. 이 제도의 운용 상황에 따라 본래 전문직인 '사서'를 경시하는 상황이 확대될 수도 있다. 앞으로의 전개가 주목되는 부분이다.

---

20) 앞의 책, 『공공도서관서비스 · 운동의 역사2(公共図書館サービス · 運動の歴史2)』 p.197.

21) 위의 책, pp.201−203.

22) 위의 책, pp.206−207.

4 박물관

오늘날 일본 박물관 및 유사 시설은 크고 작은 다양한 것들을 모두 종합하면, 5,600개 관을 웃돈다.[23] 그 가운데 일본의 박물관을 둘러싼 법제하에서의 이론과 실천을 지역사회·시민 속의 박물관이라 할 수 있는 지역박물관의 관점에서 소개하고자 한다.

1) 「박물관법」과 박물관 체제

일본에서 박물관에 관한 법이 제정되어 그것에 기초한 박물관 제도가 시행된 것은 제2차 세계대전 이후이다. 그러나 박물관 및 그 제도화를 목표로 한 동향은 전쟁 전부터 볼 수 있었다. 1928년에는 '박물관사업촉진회'(1932년에 '일본박물관협회'로 개칭)가 설립되어 그것을 모체로 하면서 「박물관법」 제정운동이 계속되는 등 박물관의 발전·정착의 촉진을 추진해 왔다.[24]

전후가 되어 간신히 「사회교육법」을 모법으로 하여 「도서관법」의 뒤를 잇는 형태로 「박물관법」이 제정되었다. 1951년에 제정된 「박물관법」은 미국 점령기에 CIE의 지시나 논의 속에서 구상되어 온 「도서관법」과는 달리, 문부성이 전쟁 전부터 박물관의 이론이나 실천을 전개하고 독자적으로 해외의 박물관 사정을 파악해 온 일본박물관협회의 의견을 들어 제정된 것이다.

「박물관법」 제2조에서는 일본 박물관의 정의 및 목적에 대해 다음과 같이 말하고 있다.

> 이 법률에서 '박물관'이라 함은 역사, 예술, 민속, 산업, 자연과학 등에 관한 사료를 수집·보관(육성을 포함한다. 이하 같다.)하고, 전시하여 교육적 배려 아래 일반 대중의 이용에 제공하고, 그 교양, 조사 연구, 레크리에이션 등에 이바지하기 위해 필요한 사업을 실시하며, 아울러 이들 자료에 관한 조사 연구를 하는 것을 목적으로 하는 기관(「사회교육법」에 의한 공민관 및 「도서관법」에 의한 도서관은 제외한다) 중에 지방공공단체, 민법 제34조의 법인, 종교법인 또는 정령(政令)으로 정하는 그 밖의 법인(독립행정법인은 제외한다)이 설치하는 것으로 제2장의 규정에 의해 등록을 받은 것을 말한다.

23) 『사회교육조사보고서(2005)(社会教育調査報告書(平成17年度))』 文部科学省, 2005, pp.173-174.
24) 椎名仙卓 『일본박물관발달사(日本博物館発達史)』 雄山閣, 1988, pp.262-296.

즉, 이 정의에서는 박물관이 사람들의 교양을 쌓거나 조사 연구 · 학습 활동을 실시하는 장소, 레크리에이션의 장소가 되기 위해서는 교육사업으로서 자료의 수집과 보관, 전시, 자료에 관한 조사 연구를 실시해야 한다고 설명하고 있다. 그리고 제3조에서는 "박물관은 사업의 실시에 있어 지역의 사정을 고려하여 국민의 실생활 향상에 이바지하고 나아가 학교교육을 지원할 수 있도록 유의해야 한다."고 덧붙이면서 보다 구체적인 사업 내용으로서 박물관 자료의 수집, 정리 · 보존, 조사 · 연구, 전시, 강좌 · 강연회과 같은 교육 프로그램의 개최 외에도 시민이 주체적 · 조직적으로 실시하는 학습 · 연구활동의 지원(지도조언, 연구실 · 작업실 등의 개방, 연구 성과의 공표와 같은 정보 제공 등)을 명확하게 기술하고 있다.

이러한 정의를 바탕으로 다음의 세 가지 점에 주목하여 일본의 박물관 체제를 이해하고자 한다.

첫째, 「박물관법」에서 '박물관 자료'로서 규정되는 것은 매우 다양한데, 즉 '박물관'에 일반적인 역사박물관과 민속박물관, 과학박물관 외에 미술관, 동물원, 수족관까지도 사회교육기관으로 포함시키고 있다. 이와 같이 동 · 식물원이나 수족관 등 살아 있는 동 · 식물도 박물관 자료로 삼아 육성함으로써 조사 · 연구 · 교육 활동을 실시하는 교육기관으로 규정한 것은 당시의 국제박물관회의(ICOM)에 나타난 국제적인 정의와도 겹치는 것이었다.[25]

둘째, 박물관 설치자로서 도도부현 및 시정촌('공립')과 공익을 위해서 설립된 재단법인이나 사단법인 등('사립')이 있다. 그러나 이 설치자의 규정에서는 도쿄국립박물관이나 국립과학박물관과 같이 '국립'으로 설치된 박물관(현재는 독립행정법인도 포함한다)은 제외하고 있다. 이것은 1950년에 제정된 문화재보호법이 문화재 보호를 담당하는 중앙기관을 국립박물관에 설치한다고 규정하고, 그것을 문화재 보호 행정 아래에 두었기 때문이다.

이렇게 박물관은 소장하는 박물관 자료의 취급이나 설치자에 있어 공민관 · 도서관에서는 볼 수 없는 다양성을 가지고 있다. 따라서 셋째, 법에 준거하여 개관 일수와 소장 자료, 직원 등과 같은 조건을 구비하여 도도부현 교육위원회에 신고하는 '등록제도[26]'를 시행하

25) 鶴田総一郎「박물관이론의 도달점－학예원론도 포함하여(博物館理論の到達点－学芸員論も含めて)」小林文人 編『공민관 · 도서관 · 박물관(公民館 · 図書館 · 博物館)』亜紀書房, 1977, pp.260－265.

26) '등록제도'는 「박물관법」 제2장에 따른 '등록 박물관' 및 제29조에 따른 '박물관 상당 시설' 이 두 종류를 인증하는 것이다. 그리고 이 두 종류 중 어느 쪽의 '등록'도 받지 않지만, 도도부현 교육위원회가 파악하는 것은 '박물관 유사 시설'로 분류되고 있다. 또한 이 법 조항에 준거하는 박물관 수는 '등록 박물관'과 '박물관 상당 시설'의 합계를 나타낸다.

고 있다. 박물관의 등록을 통해 자료의 기증 · 기탁 및 대여 · 차입에 관한 신뢰가 생기기도 하고, 학예원 양성을 위한 실습생을 받아들일 수도 있게 된다. 그러나 제정 당시에 요구된 세금의 우대조치나 자료의 철도 수송에 드는 요금의 감면 등에 관한 사항은 오늘날 사회 변화나 다른 법률에 의한 근거가 부여되면서 실질적인 장점으로 작용하지 않게 되었다. 그로 인해 「박물관법」에 준거하는 것으로서 등록된 박물관이 1,200개 관 정도인 것에 반해 등록을 하지 않고 실제로는 박물관의 기능을 하고 있는 '유사 시설'은 4,400개 관을 웃도는 상황이 일어나고 있다.[27] 따라서 오늘날 박물관의 실태나 사회 상황을 감안하고, 동시에 본래의 박물관 기능에 더해 학습지원기관으로서의 역할을 충실히 해 나가기 위한 등록제도는 「박물관법」 개정을 둘러싼 논쟁의 하나가 되고 있다.[28]

2) 지역사회와 결합된 박물관론

지역사회와 박물관의 연계는 1930년을 전후하여 다나하시 겐타로(棚橋源太郎)에 의해서 주장되었다. 그는 실물교수법을 장려하는 이과교수법의 연구자로서 1900년대부터 전후 대략 반세기에 걸쳐 도쿄교육박물관(현재의 국립과학박물관의 전신)과 적십자박물관의 실천에 종사하였다. 교육기관으로서의 박물관론을 주장한 다나하시는 제1차 세계대전 후의 독일에서 박물관이 향토의 부흥을 목표로 지역 자료를 이용한 지식의 교수와 주민들의 학습, 연구 활동의 지원을 통해 친근한 교육 · 연구기관으로 기능하는 것을 경험하였다.[29] 그리고 그것을 기초로 향토박물관론을 제창하였다.[30]

전후 박물관의 기능과 사업 형태의 변천에 대해 사회교육학 연구에 입각한 시민을 위한

---

27) 『사회교육조사보고서(2005)(社会教育調査報告書(平成17年度))』 pp.173－174.

28) 『새로운 시대의 박물관제도 본연의 자세에 대하여(新しい時代の博物館制度のあり方について)』 れからの博物館の在り方に関する検討協力者会議, 2007, pp.7－13.

29) 棚橋源太郎 『박물관 · 미술관사(博物館 · 美術館史)』 長谷川書房, 1957, pp.70－75.

30) 棚橋源太郎 『향토박물관(郷土博物館)』 刀江書院, 1932 참조.

박물관론을 전개해 온 이토 토시로(伊藤寿郎)는 '박물관 세대론'을 내놓았다.[31] 그것은 '제1세대'는 국보나 천연기념물 등의 희소가치를 가진 자료의 보존을, 그리고 '제2세대'는 연구 자료의 공개(전시)라고 하는 계몽적인 기회 제공을 그 운영의 축으로 삼는 것이다. 그리고 '제3세대'란 이용자가 박물관 사업에 참여하고 체험하는 계속적이고 주체적인 활동을 통해 지적 호기심을 길러 자주적 · 자립적인 학습을 실시하는 것을 목표로 하며, 그것을 지원하는 것을 운영의 축으로 삼는 것이다. 제3세대 박물관은 특히 지역사회를 무대로 하면서 시민의 일상적인 이용을 가능하게 하는 시정촌립 박물관이 담당할 수 있다고 기술되어 있다.

법제도가 정착되고 전문적 직원으로서 학예원(學藝員)이 등장하게 되는 1960년대까지는 자료의 수집, 정리 · 보관, 조사 · 연구를 거쳐 전시(공개)를 실현할 수 있는 국립의 대규모 박물관이 도도부현 · 시정촌립의 모델이 되어 왔으며, '제2세대'라고 불리는 전시를 중심으로 한 일회성 견학시설로 운영되는 정도에 불과하였다. 따라서 이토의 설명대로 지역사회와의 연계를 지향하는 '제3세대' 또한 미정착의 기대 개념에 그쳤었다. 그러나 그러한 상황에 있더라도 현재의 오사카시 자연사박물관(오사카부)이나 요코스카시(横須賀市)박물관(카나가와현) 등 일부의 박물관에서 시민참여의 지역 조사라고 하는 지역사회와 연계한 박물관 활동을 실시하고 있는데, 그것을 이토가 '제3세대'의 새순이라고 규정한 것도 주목할 만하다.

3) 지역 박물관의 전개

고도경제성장과 함께 사회가 도시화되고 행정 시책이 양에서 질로 전환되는 1970년 이후 박물관의 설치 수는 특히 급격한 증가를 보인다. 그 가운데 사립박물관과 시립박물관의 성장이 현저하게 나타난다([그림 5－3] 참조). 한편, 시민 생활로 눈을 돌리면 생활의 다양화와 학습 요구의 고조, 여가 시간의 증대를 배경으로 박물관의 방문자 수의 증가도 볼 수 있다.

---

31) 伊藤寿朗 「지역박물관론(地域博物館論)」 長浜功 編 『현대사회교육의 과제와 전망(現代社会教育の課題と展望)』 明石書店, 1986. pp.240－247. 또한 이토는 「박물관세대론」을 다게우치 준이치(竹内順一)의 「제3세대의 박물관」(瀧崎安之助記念館 『冬晴春華論叢』 第三号, 1985)의 제기를 원용해서 전개했던 것을 말하고 있다.

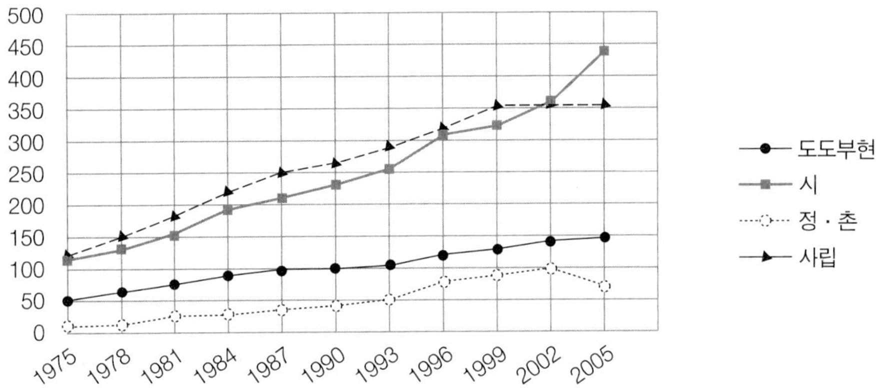

그림 5-3 설치자별 박물관 수의 변화

출처: 문부과학성. 『사회교육조사보고서』. 1975~2005년도를 바탕으로 작성.

이러한 환경 조성과 박물관에 대한 기대가 높아짐에 따라 1976년에 개관한 히라츠카시(平塚市)박물관(카나가와현)은 그 설치 조례에 '사가미(相模)강 유역의 자연과 문화'라는 활동의 현장을 명기하여 박물관의 활동 대상을 명확하게 하고, 지역의 자연과 문화를 탐구하는 시민참여 조사를 통해 시민들의 주체적인 학습 기회로 삼으며 발전적인 활동을 지원함으로써 시민과 함께 추진하는 박물관 활동을 전개해 왔다.[32] 앞에서 말한 '박물관 세대론'을 제시한 이토 토시로는 '제3세대'를 실현시킬 수 있는 이 박물관의 활동에서 실천적으로 제기된 것으로 '지역박물관론'을 제창하고 있다.[33] 그것은 핵심이 될 만한 자료를 중심으로 한 '관광형(觀光型)', 자료를 통한 지식의 함양을 실시하는 '중앙형(中央型)'과는 달리 시민의 지역 과제나 생활 과제, 지역 문화에 박물관의 기능을 통해 시민과 함께 대응해 가려한 새로운 박물관을 제시하는 것이었다. '지역박물관론'은 그때까지 빠져 있던 공립박물관의 독자적인 이론으로서 이후 오늘날까지 실천화를 위해 노력하고 있다.

최근의 동향으로 박물관이 시민 및 지역사회와 하나가 되어 시민참여 · 연계를 통해 지역의 학습 · 연구기관으로 활동하는, 즉 시민의 권리로서 안정된 운영을 하기 위해서는 설치자인 지자체가 그 존재 의의나 역할 등의 기본 이념을 인식할 필요가 있다. 지방 분권 · 규제완화라는 정책 아래 2003년의 「공립박물관의 설치 및 운영에 관한 기준」의 전면 개정

32) 浜口哲一『방과후 박물관으로 오세요. 지역과 시민을 이어주는 박물관(放課後博物館へようこそ 地域と市民を結ぶ博物館)』地人書館, 2000 참조.

33) 앞의 책, 「지역박물관론(地域博物館論)」 pp.260-296.

에 따라 학예원 배치 정수가 폐지되었고, 같은 해 「지방자치법」 개정에 따른 지정관리자제도의 도입에 따라 '공공시설'인 박물관도 그 대상이 되었다. 재정 압박을 외치는 지자체들은 박물관 활동이 경제 채산성에 따른 비용 대비 효과가 나타나기 어렵다는 이유로 교육위원회에서 자치단체장 직속 조직으로 이관시키고, 예산도 삭감하며 지정관리자제도라는 안이한 도입도 실시하고 있다.

그러나 지정관리자제도의 도입에서도 지정관리자의 선정이나 운용 방법에 따라서는 박물관 운영에 시민참여를 촉진할 수도 있다. 치바현 노다시(野田市)에서는 '시민의 커리어 디자인(삶의 설계)'을 행정 시책으로 삼아, 2006년 4월 인근 시민회관과 함께 '시민의 커리어 디자인' 지원 사업을 실시한 경험이 있는 시민 NPO법인을 향토박물관의 관리 · 운영 지정관리자로 지정하였다.[34] 여기에서 '문화'는 사람들의 노동과 교양, 지역 활동과 가정 등 생활 주변에 관한 조사 연구의 성과 및 사람들의 커리어 디자인에 유용하고 원동력이 되는 것으로 보고 있다. 그리고 지정관리자인 시민 NPO는 그 '문화'를 매개 전시나 사업을 개최하여 박물관을 시민들이 서로 연계하며 배우는 장소로 운영하고 있다.[35]

이렇게 박물관 활동의 참여 · 체험에서 시작하여 지역 자료의 보존 · 정리, 조사 연구, 지역 문화의 계승 · 창조를 위한 교육 활동 · 사업의 실시 등 박물관 활동 자체를 시민들이 주체적으로 담당하는 일도 생겨나고 있다. 시민 주체의 박물관 활동은 박물관의 기능을 활용하면서 그 과정에서 이루어지는 시민의 학습 · 연구 활동이나 박물관을 중심으로 한 시민의 협동적인 지역 만들기로 발전할 가능성이 있는 것으로 이러한 활동에 대한 기대가 높아지고 있다.

5 평생학습추진센터

1) 평생학습추진센터의 등장과 그 기능

일본 평생학습정책의 전개에 따라 「사회교육법」, 「도서관법」, 「박물관법」에 따른 공민

34) 「시민의 인생설계, 박물관이 도와준다-NPO 운영으로 교류의 장으로 변신(市民の人生設計, 博物館が手助け-NPO運営で交流の場に変身)」日本経済新聞, 2007년 4월 9일(석간).

35) 金山喜昭 「NPO 운영으로 지역박물관을 시민 교류의 거점으로-노다시향토박물관(NPO運営で地域博物館を市民の交流の拠点に-野田市郷土博物館)」『ミュゼ』No.81. アム・プロモーション, 2007, pp.18-19.

관, 도서관, 박물관 같은 사회교육시설과는 별도로 1990년대 이후 '평생학습추진센터', '평생학습센터'라고 하는 명칭의 시설이 설치되었다. 그것은 1990년에 제정된 일본의 「평생학습진흥정비법」이 도도부현의 평생학습 사업에 대해서 규정한 것으로 시정촌을 대상으로 한 사업을 실시하는 공민관과는 별도로 광역적 사업을 실시하는 지역시설이 필요하다는 이유에서 설치된 것이다.

'평생학습추진센터'라는 명칭이 등장한 것은 1990년 1월 30일의 중앙교육심의회 답신 「평생학습 기반의 정비에 대하여」에서였다. 답신에서는 평생학습을 추진하기 위해서는 평생학습에 관한 정보를 제공하거나 각종 평생학습시설의 상호 연계를 촉진하여 사람들의 평생학습을 지원하는 체제를 정비해 나가는 일이 중요하며, 이를 위해 각 지역의 평생학습을 추진하는 중심적인 거점으로서 도도부현이 '평생학습추진센터'를 설치할 필요가 있다고 말하고 있다. 이 추진센터의 기능으로서는 다음과 같은 사항을 들 수 있다.

- 평생학습 정보의 제공 및 학습 상담 체제의 정비 충실에 관한 사항
- 학습 수요의 파악 및 학습 프로그램의 연구 · 기획에 관한 사항
- 관계 기관과의 연계 · 협력 및 사업의 위탁에 관한 사항
- 평생학습을 위한 지도자 · 조언자의 양성 · 연수에 관한 사항
- 평생학습 성과에 대한 평가에 관한 사항
- 지역의 실정에 따라 필요한 강좌 등을 주최하는 사항
- 방송대학과의 연계 · 협력을 실시하는 사항

또한 이 답신에서는 대학 · 단기대학 등의 자율적인 판단에 의해 평생학습센터를 개설하도록 하였으며, 그 기대도 담고 있다. 대학 · 단기대학 등의 평생학습센터는 체계적 · 계속적인 강좌의 실시나 대학 · 단기대학 등에서의 학습 기회에 관한 정보 제공 · 학습 상담 등 사회인에 대한 대학 · 단기대학 등의 개방 사업을 실시하도록 하고 있다. 또한 도도부현의 '평생학습추진센터' 등과 협력해서 필요한 강좌를 개설하거나 학습 프로그램의 연구 개발을 실시하는 등 지역사회와의 밀접한 연계도 도모하도록 하고 있다.

오늘날 일본의 대학 · 단기대학에는 '평생학습센터', '평생학습교육연구센터', '대학개방센터', '익스텐션(extension)센터', '오픈 칼리지' 등 여러 명칭의 센터가 설치되어 있다. 1997년도의 자료에 따르면 국립대학 25개, 공립대학 13개, 사립대학 113개로 합계 148개

대학에 이런 종류의 센터가 설치되어 있다. 또한 단기대학도 국립단기대학 1개, 사립단기대학 24개로 합계 25개 센터가 설치되어 있다.[36]

2) 평생학습추진센터의 사업

문부과학성의 조사로는 2006년 6월 현재 각 지역의 평생학습을 추진하기 위한 중심 기관으로서 학습 정보의 제공이나 학습 상담, 학습 수요의 파악, 학습 프로그램의 개발을 실시하는 것 등을 목적으로 하는 '평생학습추진센터'가 도도부현에 47개, 시정촌에 443개가 설치되어 있다.[37]

이 가운데 '전국 평생학습 · 사회교육센터 협의회'에 가맹한 45개의 도부현립과 6개의 시립(삿포로, 치바, 나고야, 교토, 오사카, 고베) 시설을 대상으로 한 조사에 따르면, 〈표 5-7〉에 나타난 것처럼 '학습정보의 제공 · 상담'은 모든 시설에서 실시되고 있고, '학습기회의 제공'은 94.1%, '지도자의 양성 · 연수'가 80.4%이지만, '조사 · 연구'는 70.6%로 약간 낮은 비율이었다. 이 조사 데이터는 대상 수도 적기 때문에 오늘날의 '평생학습추진센터'의 실태를 모두 나타낸 것이라고는 말할 수 없다. 그러나 현(縣) 수준의 '평생학습추진센터'에 대해서는 대부분이 포함되어 있기 때문에 이 데이터를 통해 도도부현 차원의 평생학습추진센터의 현황은 알 수가 있다.

표 5-7 평생학습센터의 사업(2006년도)

사업	조사 · 연구	지도자의 양성 · 연수	학습정보의 제공 · 상담	학습기회의 제공	기타
실시 수(%)	36(70.6)	41(80.4)	51(100)	48(94.1)	21(41.2)

출처: 국립교육정책연구소 사회교육실천센터, 전국평생학습 · 사회교육센터 협의회(2007). 『평생학습 · 사회교육 센터에 관한 조사』를 바탕으로 작성.

36) 文部科学省生涯学習政策, 山形大学『제13회 대학개방의 본연의 자세에 관한 연구회 · 제7회 생애학습실무자협의회(第13回大学開放の在り方に関する研究会 · 第7回生涯学習実務者協議会)』(まなびピア 山形2001)자료.

37)『문부과학백서(2006)(文部科学白書(平成18年度))』p.57.

이러한 사업의 경향을 보면, '평생학습추진센터'의 기능은 1980년 4월에 개원한 아키타현(秋田縣) 평생교육센터와 거의 같다는 것을 알 수 있다.

아키타현 평생교육센터의 역할과 기능에 대해서 다음의 세 가지 점이 제시되어 있다.[38)]

- 조사 연구와 연락 조정
  - 평생교육의 이론이나 실천에 대해 계통적으로 조사 · 연구함과 동시에 평생교육의 추진에 관한 기획이나 연락조정을 한다.
- 학습정보의 제공
  - 조사, 연구 결과를 포함하여 평생교육에 관한 정보를 개발, 제공함과 동시에 개인, 단체, 기업, 시정촌 등의 학습 상담에 응한다.
- 광역적 교육, 연수 사업의 실시
  - 시정촌 단계에서는 하기 힘든 교육사업이나 직원, 민간 지도자의 연수를 계획적으로 실시한다.

아키타현은 1970년대부터 가장 빠르게 평생교육을 추진한 지자체였다. 아키타현의 평생교육 핵심적 시설로서 건설된 것이 평생교육센터이며, 철근 콘크리트 구조로 지하 1층, 지상 5층의 센터는 당시에 전국적으로 주목받은 시설이었다. 그러나 '평생교육센터'라는 명칭의 시설이 그 후 전국적으로 보급되지는 않았다. 아키타현 평생교육센터의 기능은 대략 10년이라는 시간을 거쳐 '평생학습추진센터' 구상으로 이어져 갔다고 할 수 있다.

3) 평생학습센터와 공민관의 차이점

이미 지적한 바와 같이 1990년 1월 30일의 중앙교육심의회 답신「평생학습 기반의 성비에 대해서」에서 평생학습센터는 광역적 사업을 실시하는 도도부현의 시설로서 구상되었지만, 오늘날 시정촌에서도 규모의 차이는 있으나 평생학습센터가 400개 이상 설치되어 있다. 이러한 가운데 시정촌 차원에서 평생학습센터와 공민관의 차이가 무엇인지 명확하게 정리가 되어 있는 것은 아니다.

또한 공민관, 도서관, 박물관은 그 설치 근거가 되는 법령이 명확하지만,「평생학습추진센터」설치의 근거법은 명확하지 않다. 예를 들면, '시마네현립(島根縣立) 평생학습추진센터'의 설치 조례 제1조에는 "지방교육행정의 조직 및 운영에 관한 법률(1956년 법률 제162호)

38) 秋田縣生涯教育センター『1981년 생애교육센터요람(昭和56年度 生涯教育センター要覧)』, p.1.

제30조의 규정에 근거하여" 설치한다고 규정되어 있다. 지방교육행정의 조직 및 운영에 관한 법률 제30조는 "지방공공단체는 법률로 정하는 바에 따라 학교, 도서관, 박물관, 공민관, 그 밖의 교육기관을 설치하는 것 이외에 조례로 교육에 관한 전문적, 기술적 사항의 연구 또는 교육 관련 직원의 연수, 보건 또는 복리후생에 관한 시설 및 그 밖에 필요한 교육기관을 설치할 수 있다."라는 규정이다. 즉 시마네현립 평생학습추진센터는 시마네현이라는 지방자치단체가 독자적인 조례로 설치한 '교육에 관한 전문적 · 기술적 사항의 연구 또는 교육 관련 직원의 연수, 보건 또는 복리후생에 관한' 시설이라고 할 수 있다.

또한 치바현(千葉縣) 나가레야마시(流山市) 평생학습센터의 설치 및 관리에 관한 조례 제1조에서는 "「지방자치법」(1947년 법률 제67호) 제244조 2 제1항의 규정"에 따라 설치한다고 규정하고 있다. 「지방자치법」 제244조 2(공공시설의 설치, 관리 및 폐지) 제1항은 "보통 지방자치단체는 법률 또는 이것에 근거하는 정령에 특별한 규정이 있는 것을 제외한, 그 밖의 공공시설 설치 및 그 관리에 관한 사항은 조례로 이것을 정해야 한다."라고 하는 규정이다. 나가레야마시 평생학습센터는 나가레야마시의 조례로 설치된 '공공시설'이다. 그 설치 목적(제2조)에는 "시민의 평생학습 추진, 생활 문화의 향상 및 복지의 증진을 도모하기 위하여"라고 규정되어 있다. 이 규정으로는 나가레야마시의 평생학습센터를 교육시설이라고 할 수 있는지가 명확하지 않다. 1990년대 이후의 평생학습정책에서 광역 평생학습사업 및 연구 계발 사업을 실시하는 시설로서 도도부현 차원의 '평생학습추진센터' 설치가 제창되고, 대부분의 도도부현에 설치가 추진되었다. '평생학습추진센터', '평생학습센터'라는 명칭을 가진 시설을 시정촌 차원에서도 설치할 수 있게 되었고, 더욱이 그 설치 근거가 교육법에 근거하지 않음에도 공민관적 기능을 담당하고 있는 사태가 일어나고 있다. 동시에 공민관에 '평생학습센터'라는 명칭을 사용하는 지자체도 있어 공민관과 '평생학습추진센터', '평생학습센터'와의 차이를 알 수 없게 만들었다.

〈역주〉

1 연합국군최고사령관 총사령부(GHQ/SCAP: General Headquarters, the Supreme Commander for the Allied Power)는 극동위원회(FEC: The Far Eastern Commision) 및 미합중국 정부의 지휘 아래에서 일본 점령을 실시하고 일본의 모든 개혁을 지시, 감독한 현지기관이다. 1945년 10월 정식으로 도쿄(東京)의 제일생명빌딩에 설치되었다. 총사령관은 맥아더(Duogals MacArthur)이며, 동시에 미국태평양육군총사령관(GHQ/USAFPAC)을 겸직하였다.

2 PTA(parent-teacher association)는 학생들의 보다 나은 교육환경을 조성하기 위해 학부모와 교사에 의해 구성된 교육단체이다.

제 6 장

사회교육 직원과 전문직의 문제

나가사와 세이지(長澤成次)

지역 주민들의 평생에 걸친 배움을 학교 밖의 영역에서 지원하는 사람이 사회교육 직원이다.

일본의 대표적인 사회교육 직원으로 교육위원회 사무국(이하 '교육청'이라고 함)에 배치된 사회교육주사, 교육기관인 도서관 · 박물관 · 공민관(公民館)에 배치된 도서관 사서, 박물관 학예원, 공민관주사를 들 수 있다. 그러나 법적으로 그 양성과 자격이 규정된 것은 사회교육주사(「사회교육법」 제9조의 2) · 도서관 사서(「도서관법」 제4조) · 박물관 학예원(「박물관법」 제4조)뿐이다. 공민관주사의 경우는 전문성이 필요함에도 불구하고 법적으로 양성과 자격이 규정되어 있지 않으며, 임용형태에 있어서도 정규전문직으로 발령받는 직원에서부터 비상근 · 촉탁직원에 이르기까지, 혹은 정규직원이어도 일반 행정직에서 이동 배치되는 등 다양한 형태로 존재하는 것이 현 실정이다.

또한 2001년 고이즈미(小泉) 내각 이후 정부의 '관(官)에서 민(民)으로'라는 '구조개혁' 노선 이래 지자체 행재정 개혁이 진행되어 사회교육 직원의 삭감과 비상근 · 촉탁직화가 진행되고 있다. 그리고 2003년 「지방자치법」개정에 따른 지정관리자제도는 공민관 · 도서관 · 박물관 등의 '공적 시설'을 주식회사를 포함한 민간 사업자에게 전면 위탁할 수 있도록 하는 제도로서, 예를 들면, 3년이나 5년의 기간을 지정하여 위탁하는 이 제도는 사회교육시설에서 일하는 직원의 불안정화와 다양화를 한층 가속화하고 있다.

이러한 상황 아래 어떻게 하면 사회교육 직원이 전문직으로서의 위치를 확보해 나갈 수 있을 것인가? 사회교육 직원에 대한 전문성의 명확화, 전문직 제도를 둘러싼 법적 정비, 대학에서의 직원 양성과 채용 시스템, 그리고 전문적 역량을 강화하는 연수 방법, 사회교육 직원집단 형성 등의 과제가 산적해 있지만 이 장에서는 일본의 사회교육 직원 수를 개관한 후 주로 사회교육주사와 공민관주사에 한정하여 이 두 직원집단이 전후 사회교육법제하에서 어떻게 변천되어 왔는지 살펴보고 전문직제도의 확립을 둘러싼 과제를 제시하고자 한다.

1 일본 사회교육 직원 수의 개관

2008년 현재 일본의 지자체 수는 1,795개 시정촌(시(市) 783, 정(町) 817, 촌(村) 195)이다. 지자체에 따라 다양한 형태를 지니고 교육청의 사회교육 · 평생학습 관계 부서를 비롯하여 공민관 · 도서관 · 박물관, 청년의 집, 소년자연의 집, 여성센터, 각종 스포츠시설, 민간 사회교육시설 등이 다양하게 존재하며 따라서 그곳에서 일하는 사회교육 직원도 다양한 형태로 존재한다.

문부과학성이 발행한 『2005년도 사회교육조사보고서(平成17年度社會教育調査報告書)』에 따르면 교육청 및 사회교육 관계 시설의 직원 수는 총 515,619명으로 〈표 6－1〉과 같다. 또한 주로 사회교육사업에 종사하는 지도계 직원 수의 현황은 〈표 6－2〉에 나타나 있듯이 2005년 현재 총 110,294명으로 그 내역을 살펴보면 교육청에 배치된 사회교육주사가 4,119명 · 사회교육주사보 242명, 공민관주사 17,805명, 도서관 사서 12,781명 · 사서보 442명, 박물관 학예원 3,827명 · 학예원보 469명, 박물관 유사시설 학예원 2,397명 · 학예원보 223명, 청소년교육시설 지도계 직원 2,961명, 여성교육시설 지도계 직원 263명, 사회체육시설 지도계 직원 9,599명, 민간체육시설 지도계 직원 53,469명, 문화회관 지도계 직원이 1,697명으로 구성되어 있다.

〈표 6－2〉를 보면, 교육청의 사회교육주사 · 주사보가 현저히 감소하고 있고, 공민관주사도 감소하는 경향이 있음을 알 수 있다. 공민관 직원의 전임 · 겸임 · 비상근별 내역은 〈표 6－3〉과 같다. 전국의 공민관 수는 17,143, 전임 · 겸임 · 비상근의 합계는 52,230명으로 평균 하나의 공민관에 3.05명이 배치되어 있는 셈이고, 공민관 사업에서 중심적인 역할을 맡는 공민관주사는 17,127명으로 공민관 하나당 0.999명이며, 전임 공민관주사는 0.34명이 되는 셈이다. 공민관 직원이 얼마나 힘든 상황에 놓여 있는지 짐작할 수 있다.

표 6－1 시설별 직원 수

구분	교육청 (사회교육 관계)	공민관 (유사시설 포함)	도서관	박물관	박물관 유사시설	청소년 교육시설	여성 교육시설	사회체육 시설(단체)	민간체육 시설(단체)	문화 회관
1993년	37,040	52,960	19,339	12,966	16,375	7,382	1,145	74,953	294,391	13,064
1996년	38,903	54,767	22,057	14,200	21,001	7,979	1,123	84,113	287,816	15,865
1999년	40,351	57,110	24,844	15,211	25,251	8,018	1,003	94,405	262,000	18,170
2002년	39,728	57,907	27,276	16,522	26,532	8,118	1,088	98,957	230,091	18,198
2005년 (여성)	35,516 (8,994)	56,311 (18,505)	30,660 (20,962)	17,354 (7,410)	27,265 (11,883)	8,251 (2,517)	1,209 (987)	100,297 (23,077)	220,368 (115,381)	18,388 (6,777)

표 6－2 지도계(指導系) 직원의 현황

시설	교육청		공민관 (유사시설 포함)	도서관		박물관		박물관 유사시설		청소년 교육 시설	여성 교육 시설	사회 체육시설 (단체)	민간 체육시설 (단체)	문화 회관
지도자	사회 교육 주사	사회 교육 주사보	공민관주사 (지도계 직원)	사서	사서보	학예원	학예원보	학예원	학예원보	지도계 직원	지도계 직원	지도계 직원	지도계 직원	지도계 직원
1993년	6,766	555	19,374	7,529	429	2,338	460	1,373	142	3,021	273	7,708	53,011	1,524
1996년	6,796	563	19,470	8,602	443	2,811	492	1,778	188	3,066	253	8,627	52,223	1,672
1999년	6,035	464	18,927	9,783	425	3,094	447	2,234	208	2,860	295	9,071	52,770	1,688
2002년	5,383	371	18,591	10,977	387	3,393	454	2,243	261	2,921	290	8,963	49,899	1,592
2005년	4,119	242	17,805	12,781	442	3,827	469	2,397	223	2,961	263	9,599	53,469	1,697

표 6－3 공민관의 직원 수(문부과학성『2005년 사회교육조사보고서』)

전임				겸임				비상근			
계	관장 · 분관장	공민관 주사	기타 직원	계	관장 · 분관장	공민관 주사	기타 직원	계	관장 · 분관장	공민관 주사	기타 직원
11,982	2,223	5,760	3,999	11,014	3,553	3,586	3,875	29,234	10,710	7,781	10,743

2 1951년 「사회교육법」 개정과 사회교육주사 규정의 변천

제2차 세계대전 이전의 일본은 1920년의 문부성 통첩에 의해 사회교육주사의 특별설치가 장려되었으며, 이에 따라 도부현(道府縣)의 학무과에 정규직 직원(부현리원(府縣吏員)이라 함)으로서 사회교육주사가 배치되었다. 그 후 1925년의 지방사회교육직원제(칙령324호), 1926년의 문부성훈령에 따라 전국의 도부현에 사회교육주사 전임 60명 이내, 사회교육주사보 전임 171명 이내를 둘 수 있도록 했다.[1)]

전후에는 「교육위원회법」 시행령(1948년) 제15조 제4항에서 "사회교육주사는 상사의 명을 받아 사회교육에 관한 시찰 · 지도 기타 사무를 관장한다."고 규정되어 있는데, 1949년의 「사회교육법」 제정 시에는 포함되지 않았으며 1951년에 사회교육주사(보)규정이 신설되었다.

1951년 법 개정에서는 「사회교육법」 제9조의 2(사회교육주사 및 사회교육주사보의 설치)를 신설하여 "① 도도부현 및 시정촌의 교육위원회 사무국에 사회교육주사를 둔다. ② 도도부현 및 시정촌의 교육위원회 사무국에 사회교육 주사보를 둘 수 있다. 제9조의 3(사회교육주사 및 사회교육주사보의 직무)에서는 교육위원회 시행령에 있었던 '상사의 명'을 빼고 "사회교육을 행하는 자에게 전문적 기술적인 조언과 지도를 한다. 단 명령 및 감독을 해서는 안 된다."고 규정했다.

또한 임용자격의 규정과 관련하여 1951년의 교육공무원특례법 일부 개정에 따라 제2조 제5항에 "이 법률에서 '전문적 교육직원'이라 함은 지도주사 및 사회교육주사를 말한다."고 규정하여 사회교육주사가 지도주사와 나란히 전문적 교육직원임을 규정하고 있는데 이 점도 평가할 만하다.

이렇게 신설된 사회교육주사제도는 사회교육의 자유 원리와 전문성을 바탕으로 사회교육주사의 자율적인 직무를 규정하는 적극적인 성격을 지닌 반면, 시정촌이 아니라 도도부현 전면 배치(제9조의 2)였다는 점, "사회교육을 행하는 자"에 대한 해석이 "교육청의 사회교육 관계 직원, 사회교육주사, 사회교육위원, 공민관의 직원, 사회교육 관계 단체의 대표자 등"[2)]에서 "넓게는 주민 모두에 해당한다."(법안 제출 당시의 니시자키 메구미(西崎惠) 사회

---

1) 文部省社會教育局『사회교육 10년의 발자취―사회교육법 시행 10주년 기념(社會教育10年の歩み―社會教育法施行10周年記念)』1958, p.219.

교육국장)로 확대 해석되었다는 점, 사회교육주사가 중시되고 공민관주사제도가 경시되는 시발점이 되었다는 점, 경과적 조치로서 사회교육주사강습을 도입하였다는 점 등 역사적 제약과 과제를 안고 출발한 것이었다. 또한 1951년에 개정된 「사회교육법」에 의해 '사회교육주사강습 등 규정'(1951년 문부성령 제12호)이 제정되었는데 그 후 이 규정은 개정을 거듭하였다. 예를 들면, 이수 학점 수를 비교하면 사회교육주사강습은 13학점에서 9학점으로, 대학에서 이수해야 하는 학점 수는 30학점에서 24학점으로 각각 감소하고 있다. 사회교육주사강습 과목과 학점 수의 변천에 대해서는 〈표 6－4〉를 참조하길 바란다.

표 6－4 사회교육주사강습의 이수과목 · 학점 수의 변천

* 1951년 사회교육주사강습 등 규정(1951년 문부성령 제12호)에 기초하여 필자가 작성.

군(群)	과목 · 학점 수(최저 13학점)
갑군 (필수)	사회교육개론(1), 사회교육사(1), 사회교육행정 및 사회교육재정(2), 청소년교육(1), 성인교육(1), 시청각교육(1), 사회교육시설(1), 산업교육(1)
을군 (2과목 이상 선택)	교육사회학(1), 사회심리학(1), 교육심리(1), 사회교육연습(1)
병군 (2과목 이상 선택)	문화사(1), 사회교육과 도덕 · 종교(1), 사회교육과 과학(1), 사회교육과 예술(1), 가정교육(1), 체육 및 레크리에이션(1), 통신교육 및 학교개방(1)

* 1996년 개정 규정에 따른 이수과목과 학점 수

과목	학점 수(9학점)
평생학습개론	2
사회교육계획	2
사회교육연습	2
사회교육특강	3

그 후 1959년의 「사회교육법」 개정에서는 사회교육주사를 시정촌 전면 배치로 개정하고, 양성에 있어서는 제9조의 5(사회교육주사의 강습)에서 "교육에 관한 학과 또는 학부가

2) 寺中作雄 『사회교육법해설(社會教育法解說)』 社會教育圖書株式會社, 1949, p.60.

있는"을 삭제하고 '기타 교육기관'을 추가하여 대학 이외에서도 사회교육주사강습을 운영할 수 있는 길을 열었다. 대학에서의 전문직 양성이라고 하는 원칙을 무너뜨리고 문부성 자체가 사회교육주사를 양성할 수 있도록 변경한 것이다.

3 파견사회교육주사제도의 발족[3)]

1959년의 「사회교육법」 개정 후 1970년을 전후로 하여 실제로 개정되지는 않았지만 「사회교육법」의 전면개정이 문부성에 의해 시도되었으며 1971년에는 평생학습을 개혁의 키워드로 내건 사회교육심의회 답신 「급격한 사회구조의 변화에 대처하는 사회교육에 대하여」가 등장했다. 이 답신은 앞으로의 유의점으로서 "향후 평생교육의 관점에 입각해 학교교육을 포함한 교육의 전체 구조를 입안할 필요성이 생겼다."라는 인식을 보임과 동시에 "현행 법령의 개정을 포함한 보다 구체적인 방안이 검토될 필요가 있다."고 지적하고 있다.

사회교육심의회 답신을 전후해서 사회교육지도원에 대한 국고보조(1973년), 파견사회교육주사제도의 발족(1974년) 등 사회교육에 대한 위로부터의 재편이 급속히 진행되었다.

파견사회교육주사제도는 사회교육주사의 급여를 국가와 현(縣)이 절반씩 부담함으로써 재정기반이 약한 시정촌에 사회교육주사를 파견하는 것이었다. 여름방학에 진행되는 사회교육주사강습을 받고 자격을 취득한 학교 교사를 3년 정도 단기 파견하는 파견사회교육주사제도는 사회교육주사 경험자를 학교교육의 관리직 등용으로 연결시킨 점, 대학에서 양성된 신규 졸업자들의 사회교육주사 취업문을 좁힌 점, 학교 교사의 단기파견으로 인해 사회교육 직원으로서의 전문적 역량 형성이 지역에 축적되지 않는 점 등 다양한 문제점을 갖고 있었다. 또한 파견사회교육주사제도에 관련된 국고보조는 1998년부터 폐지되고, 교부세 조치에 의한 일반재원으로 바꾸었다. 현재 독자적으로 실시하고 있는 현이 존재하기는 하지만 앞에서 말했듯이 파견 사회교육주사를 포함한 사회교육주사의 수는 계속 감소하고 있는 상황이다.

---

3) 社會教育推進全國協議會 『사회교육을 국민의 손으로 지키자—사회교육주사제도 『개악(改惡)』의 목표(社會教育を國民の手で守ろう—社會教育主事制度)』 1974, 1月을 참조.

4 사회교육주사강습의 수강자격 완화

최근 2001년에 「사회교육법」이 개정됨으로써 사회교육주사강습의 수강자격이 완화되었다. 즉 "관공서 혹은 사회교육 관계 단체가 실시하는 사회교육 관련 사업의 업무로 사회교육주사로서 갖춰야 할 지식 혹은 기능의 습득에 이바지하는 것으로서 문부과학대신이 지정한 곳에서 종사한 기간"(개정안 제9조 4 제1호의 다)이 수강자격으로 규정되었다. 당시의 문부과학성 홈페이지에는 기간이 산정되는 사회교육 관계 단체로서 "보이스카우트의 리더와 청년해외협력대 등"이 제시되었는데, "사회교육의 자유"라는 관점에서 보면 이렇게 특정 활동을 예시하는 것 자체가 문제가 있다고 할 수 있겠다.

2008년 2월 29일에 각의 결정되어 6월 4일에 성립된 개정 「사회교육법」에서도 제9조의 4(사회교육주사의 자격)의 "나. 관공서, 학교, 사회교육시설 혹은 사회교육 관계 단체에서의 직으로 사서, 학예원 기타 사회교육주사보의 직책과 동등 이상의 직으로서 문부과학대신이 지정하는 직에 재직한 기간, 다. 관공서, 학교, 사회교육시설 또는 사회교육 관계 단체가 실시하는 사회교육 관련 사업에서의 업무로서 사회교육주사로서 갖춰야 할 지식 혹은 기능의 습득에 이바지하는 것으로서 문부과학대신이 지정하는 곳에 종사한 기간(가 또는 나에 규정한 기간에 해당하는 기간을 제외한다)"으로 규정되어 있으며 보다 적극적으로 수강자격이 완화되었으며, 같은 개정이 「도서관법」·「박물관법」에 있어서도 이루어졌다. 사회교육주사·사서·학예원 각각의 경험 기간을 수강자격으로 계산할 수 있다고 하는 것은 사회교육 직원이라는 공통의 토대를 갖고 있다고는 하나 각각의 전문성을 약간 경시하고 있는 처사라고 하지 않을 수 없다.

5 사회교육법제에 있어서의 공민관주사에 관한 규정

다음으로 공민관주사에 대해 사회교육법제가 어떻게 규정해 왔는지에 대해 살펴보고자 한다. 공민관을 구상한 데라나카 사쿠오(寺中作雄)는 「공민교육의 진흥과 공민관의 구상」(1946년)에서 이미 '공민관 직원제도의 창설'을 제안하였으며, 1946년의 문부차관통첩 「공민관의 설치 운영에 대하여」에서는 직원에 대해 "공민관장은 공민관위원회에서 선임되어 그 추천에 의해 정촌장(町村長)이 촉탁할 것. 공민관장의 임기는 대략 1년 정도로 하며 교육에 대한 이해가 있고 동시에 덕망 있는 최적임자를 선임하도록 노력할 것. 적임자의 중임은 상관없음" "공민관에는 전임 또는 겸임의 직원을 두고 공민관 운영의 업무를 담당하도록 할 것. 공민관 직원은 주사라고 부르며 관장이 공민관위원회의 의견에 따라 선정하고 정촌장이 이것을 촉탁할 것. 주로 청년학교 교직원 및 국민학교 교원을 겸임시키는 것은 좋으나 재정에 여유가 있을 경우 가능한 한 숙련되고 정통한 능력을 지닌 여러 인재를 전임으로 촉탁하도록 할 것"이라고 규정하고 있다.

그 후 공민관은 1949년의 「사회교육법」에 의해 법제화되었는데 공민관 직원에 대해서는 다음과 같이 규정되었다.

✤ 공민관의 직원

제27조 ① 공민관에 관장을 두며 주사 그 밖에 필요한 직원을 둘 수 있다.
② 관장은 공민관이 추진하는 각종 사업의 기획 · 실시, 기타 필요한 사무를 행하며 소속직원을 감독한다.

제28조 ① 시정촌이 설치하는 공민관의 관장, 주사 그 밖에 필요한 직원은 교육장의 추천에 의하여 해당 시정촌의 교육위원회가 임명한다.
② 앞항이 규정하는 관장의 임명에 관해서는 시정촌의 교육위원회가 미리 제29조에 규정된 공민관운영심의회의 의견을 들어야 한다.

이렇게 「사회교육법」은 공민관장에 대해서는 전면 배치로 규정하였으나 기타 필요한 직원은 임의설치로 하는 등 규정이 매우 취약했다. 하지만 이 조문들에 의해 공민관 직원이 법적으로 규정된 점, 또한 관장 임명에 있어서는 공민관 운영에 대한 주민의 의사반영기관인 공민관운영심의회의 의결권이 규정된 점 등은 획기적인 것이었다고 할 수 있다.

전후 공민관 관계자는 후쿠시마(福島)에서 개최된 제1회 전국공민관대회(1952년) 이후 공민관 직원의 신분보장 등을 요구하며 공민관 단행법 제정운동을 전개했는데 그러한 운동을 배경으로 1959년에 「사회교육법」이 '전면 개정'되었다.

공민관 직원에 관련된 개정조문은 “공민관에 관장을 두고 주사 그밖에 필요한 직원을 둘 수 있다.”로 ‘주사’ 규정을 신설한 것이다. 그러나 주사를 임의설치로 하는 등 부족한 점이 매우 많은 것이었다. 1951년 개정 시에 문부성이 사회교육주사를 지도주사와 나란히 그 전문직성을 높이려고 한 점을 상기하자면 공민관주사에 대한 이러한 조치는 천양지차라고 할 수 있다. 한편 1959년의 법 개정에서 제23조의 2(공민관의 기준)를 신설함으로써 「공민관의 설치 및 운영에 관한 기준」(문부성 고시)이 나왔는데, 여기에서는 “① 공민관에는 전임 관장 및 주사를 두고, 공민관의 규모 및 활동 규모에 따라 주사의 수를 증가하도록 노력한다. ② 공민관의 관장 및 주사는 사회교육에 관해 식견과 경험을 지니고 있으며 동시에 공민관 사업에 관한 전문적인 지식과 기술을 겸비한 자를 배치하도록 노력한다.”(제5조)고 규정되어 있다. 이것은 고시 수준이긴 하지만 주사가 전면 배치로 규정되고 공민관 직원의 전문성도 규정된 것이다.

그 후 1990년대 이후의 지방분권 · 규제완화 정책 아래 1998년의 지방분권추진위원회 권고의 영향으로 제5조 “공민관에는 전임의 관장 및 주사를 두고”에서 ‘전임의’라는 부분이 삭제되었다. 법이 지자체에 직원 전면 배치를 규정하는 것은 지자체의 자주조직권에 대한 침해라고 하는 이유에서이다. 또한 2003년 6월 6일에 전면 개정된 「공민관의 설치 및 운영에 관한 기준」에서는 “공민관에 관장을 두고 공민관의 규모 및 활동상황에 따라 주사, 기타 필요한 직원을 두도록 노력한다.”(제8조)로 개정되어 주사의 전면 배치 규정 및 주사의 수적 증가에 대한 노력 의무가 삭제되었다.[4] 그리고 기존의 제5조 제2항의 “공민관 관장 및 주사에는 사회교육에 관한 식견과 경험이 있으며 동시에 공민관 사업에 관한 전문적인 지식 및 기술을 겸비한 자를 배치하도록 노력한다.”는 거의 그대로 유지되었다. 이로써 이 규정은 현행 사회교육법제에서 공민관 직원의 전문성을 담보하는 유일한 규정이 되었다.

6 공민관주사의 전문직화를 위한 자치적 노력

1959년의 법 개정 이후 법제도로서 공민관주사의 전문직화가 방치되어 온 상태에서는

4) 지방분권 · 규제완화의 흐름 속에서 법 수준의 사회교육주사 전면배치제도는 유지되는데 고시(告示) 수준의 공민관주사의 전면 배치제가 폐지된다고 하는 것은 모순된다. 여기에서도 문부과학성이 사회교육주사를 중시하고 있음을 알 수 있다.

전문직화의 과제가 지역과 지자체의 자치적 과제인 동시에 창조적 과제가 될 수밖에 없었다.[5)]

1965년에는 나가노현(長野縣) 이이다시(飯田市) 시모이나주사회(下伊那主事會)가 「공민관주사의 성격과 역할」(소위 시모이나선언)을 발표하여 공민관주사의 성격을 '교육전문직'과 '지자체노동자'라는 두 가지 측면에서 파악하고 동시에 이 공민관주사의 역할을 '일하는 국민 대중에게 배워 학습내용을 편성하는 일' '사회교육행정의 민주화를 주민과 함께 쟁취해 가는 일'로 삼았다. 특히 '일하는 국민 대중의 운동에서 배운다.'라는 제기는 지역주민운동에서 생겨난 공공적 과제를 추출하여 그것에 주목해 학습내용을 편성해 나간다고 하는 관점을 내놓은 것으로써 특히 주목할 만하다. 또한 1974년에 발표된 도쿄도(東京都) 교육청 사회교육부 「새로운 공민관상을 지향하며」(소위 산타마선언)에서는 공민관주사의 직무내용을 ① 시설의 제공과 정비, ② 상담, ③ 집단에 대한 지원, ④ 자료제공, ⑤ 편성, ⑥ 홍보, ⑦ 서무 · 경리 등 일곱 개의 항목으로 정리하여 공민관주사의 선언을 했다. 이 선언에서는 "모든 주민이 자유로이 모여 자율적으로 학습하고 문화를 창조하는 일은 민주주의사회에 있어서 주민의 권리이다. 공민관의 존재 이유는 이러한 집회 · 학습 · 문화 창조의 권리를 구체적으로 보장해 가는 것에 있다. 이 임무를 다하기 위해 공민관 직원은 다음을 확인하고 실천하겠다. ① 공민관 직원은 언제나 주민의 편에 서 있다. ② 공민관 직원은 주민

그림 6-1 마츠모토시 직원공민관

5) 공민관주사의 전문성을 첨예하게 논의한 것으로 1950년대 이후 빈번하게 발생한 공민관주사의 '부당발령'과 '부당발령투쟁'이 있다. 공민관주사의 강권적인 인사 이동은 주민의 학습권을 침해함과 동시에 공민관 직원의 노동기본권도 침해한다고 하는 의미에서 이중의 부당성을 안고 있다. 社會教育推進全國協議會 『부당발령에 투쟁하기 위한 안내(不當配轉を闘うための手びき)』 1983, 2月를 참조하길 바란다. 최근의 사례로는 『츠루가시마공민관 직원부당발령에 맞서는 보고집(つるがしま公民館職員不當配轉のたたかい報告集)』(鶴ヶ島市職員組合 · 鶴ヶ島の社會教育と不當配轉者をみんなで守る会, 1993, 8月) · 『하야마의 정기에 둘러싸여—부당발령투쟁 1131일째의 승리—직원부당발령에 맞서는 보고집(葉山の精氣に包まれて—不當配轉撤回闘争1131日目の勝利—)』(白鷹町の社會教育をよくする會 · 白鷹町職員勞動組合 · 自治勞山形縣本部置賜支部, ぶなの木出版, 1992, 3月) 등을 참조하기 바란다.

그림 6-2 삿뽀로시 평생학습센터 담당직원

자치를 위해 적극적으로 노력하겠다. ③ 공민관 직원은 과학의 성과를 존중하고 지역의 문화 창조를 지향한다. ④ 공민관 직원은 집회·학습의 자유를 보장하고 집단의 비밀을 지키겠다. ⑤ 공민관 직원은 노동자로서 자신의 권리를 지키겠다."라고 지적하고 있다.

이렇게 지역·지자체에서는 독자적으로 사회교육전문직제도를 확립하기 위한 자치적인 노력이 다양한 형태로 축적되어 왔다. 사회교육주사 자격증을 갖고 있는 자를 공민관주사로 배치하고 조례로 공민관주사를 교육전문직으로 규정하고 있는 나가노현(長野縣) 마츠모토시(松本市), 공민관 촉탁직원의 정규직화를 실현시킨 오카야마시(岡山市), 일반 행정직과는 별도의 정원으로 사회교육주사 유자격자를 채용한 행정지자체(예를 들면, 오사카부(大阪府) 가이즈카시(貝塚市), 사이타마현(埼玉縣) 츠루가시마시(鶴ヶ島市), 치바현(千葉縣) 기미츠시(君津市)·기사라즈시(木更津市)·노다시(野田市) 등)의 다양한 노력이 이어져 왔다.

7 2008년 「사회교육법」 개정과 사회교육주사의 직무내용에 관하여

2006년에 「교육기본법」이 개정됨에 따라 2007년 6월에 중앙교육심의회 평생학습분과회에서 제도문제 소위원회가 법 개정을 위한 논의를 시작하였다. 2008년 2월 19일에는 중앙교육심의회 답신 「새로운 시대를 여는 평생학습의 진흥방책에 대하여」가 나왔으며 이것에 기초하여 「사회교육법」 등 일부 개정안이 2008년 5월 국회에 상정되어 6월에 성립·시행되었다.[6)]

6) 예를 들면, 민간단체인 사회교육추진전국협의회의 「사회교육법」 개정에 대한 견해에 대해서는 「주민의 학습 권리와 자유를 저해하고 사회교육행정을 후퇴시키는 「사회교육법」 개정안의 문제점」(2008년 3월 23일)을 참조하길 바란다. 또한 필자에 의한 국회에서의 참고인 발언에 대해서는 「중의원 문부과학위원회 회의록」 제11호를 참조하기 바란다(http://www.shugiin.go.jp/index.nsf/html/index_kaigiroku.htm).

다음은 이 답신의 주요 부분이다.

"사회교육주사, 사서, 학예원 등의 사회교육에 관한 전문적 직원에 대해 '사회교육사(社會教育士)'나 '지역교육사(地域教育士)'와 같은 범용자격[7]의 신설을 검토하는 것에 대한 지적이 있었다. 이에 대해서는 각 지역에서 사회교육에 관해 전문적인 직원이 사회교육을 추진함에 있어 각 전문적 직원에게는 그 지역의 실정이나 요구를 널리 흡수하는 동시에 각각의 분야에서 고도화된 요구에 대응하는 일 또한 요청되고 있는 점, 그리고 교육서포터 등 각지에서 활용되고 있는 인재제도의 현황 등을 고려하여 사회교육에 관한 전문적인 인재를 앞으로 어떻게 이해해 나갈 것인가라는 점을 검토할 필요가 있다."

"아이들이 앞으로 사회를 살아감에 있어 필요한 「살아가는 힘」을 몸에 익히기 위한 학습이 학교교육을 중심으로 이루어지고 있는 것은 물론이지만 학교 · 가정 · 지역주민 등의 연계가 요청되는 가운데(개정된 「교육기본법」 제13조), 사회교육에서도 그것을 지원해 가는 일이 현재 요청되고 있다. 또한 사회 전체의 교육력 향상을 위해 학교 · 가정 · 지역주민 등의 연계 또한 지금 이상으로 요청된다. 종래의 학사융합의 필요성에 대한 지적을 감안하여 사회교육행정의 보다 적극적인 전개를 위해 학교 · 가정 · 지역주민 등의 연계에 관한 사무에 대해 학교가 지역주민 등의 협력을 얻어 교육활동을 하는 경우에 사회교육주사가 학교장의 요구에 대해 조언할 수 있는 것을 사회교육주사의 직무로서 명확히 하는 것이 효과적이라고 생각한다."

이러한 답신의 지적에 따라 「사회교육법」 제3조 3 제2항에 "사회교육주사는 학교가 사회교육 관계 단체, 지역주민 기타 관계자의 협력을 얻어 교육활동을 하는 경우에는 그 요구에 대하여 필요한 조언을 할 수 있다."는 조문이 신설되었으며, 기타 「도서관법」 제5조(사서 및 사서보의 자격) 1에 "대학을 졸업한 자로 대학에서 문부과학성령으로 정하는 도서관에 관한 과목을 이수한 자" 제7조(사서 및 사서보의 연수) "문부과학대신 및 도도부현의 교육위원회는 사서 및 사서보에 대해 그 자질 향상을 위해 필요한 연수를 하도록 노력한다." 「박물관법」 제7조(학예원 및 학예원보의 연수) "문부과학대신 및 도도부현의 교육위원회는

7) 일본의 사회교육주사는 「사회교육법」 제9조 2에 따라 교육청에 배치되는 것에 비해 한국의 평생교육사는 평생교육법 제26조에 따라 평생교육기관에 전면 배치, 유치원 및 학교에 의한 채용(임의), 시 · 도 평생교육진흥원 및 시군구 평생학습관에 전면 배치되며 각각의 "배치 대상 기관 및 배치 기준은 대통령령으로 정한다."고 규정되어 있다. 일본의 사회교육주사에 비해 한국의 평생교육사는 범용자격의 성격을 지닌다고 할 수 있다.

학예원 및 학예원보에 대해 그 자질 향상을 위해 필요한 연수를 하도록 노력한다." 등이 신설되었다.

8 공민관주사의 전문적 역량 형성을 둘러싼 현대적 과제

여기에서는 공민관주사의 전문적 역량 형성을 둘러싼 과제를 필자 나름대로 가설적으로 논해 보고자 한다. 물론 다음에서 논하는 것은 직원의 생활이나 의식과도 관련이 있지만 현실적으로는 DNA와 같이 서로 뒤엉키며 전개되어 가는 것이라고 생각한다.

우선 첫째는 세계인권선언(1948년), 유네스코학습권선언(1985년), 아동권리조약(1989년) 등 국제적으로 승인된 기본적 인권으로서의 학습권사상을 모든 교육활동의 밑바탕에 두는 것이다. 그런 의미에서 공민관주사를 비롯한 사회교육 직원 자신이 항상 스스로의 인권감각을 갈고닦아야 한다.

둘째는 주민들의 학습을 지원하고 격려하는 직원의 역량을 형성해 감에 있어서 주민들과의 관계나 교류가 중요하다는 것이다. 직원들은 지역 주민과의 수많은 만남과 갈등이나 대립을 통해 자신의 전문성 기초를 형성하게 된다. 따라서 역량 형성의 원천은 항상 지역 주민이 살아가는 현실에 있다고 할 수 있다.

셋째는 "실제 생활에 입각한 문화적 교양을 향상시키는"(「사회교육법」 제3조) 활동인 사회교육을 지역에서 추진하고자 할 때 오늘날처럼 글로벌화된 시대와 지역에서 '실제 생활'의 맥락을 읽어 내는 작업은 그리 쉬운 일이 아니다. 따라서 지역에서 학습활동을 편성해 갈 때 보건, 복지, 의료, 환경, 지역경제 등 다양한 분야의 전문가 협력과 지자체의 관련 행정직원, 또는 35,912개에 달하는 NPO법인(2008년 4월 30일 현재, 내각부 조사)을 비롯한 지역의 다양한 시민운동, 지역운동, 노동운동 등과의 연계·협력을 한층 강화해 가는 일이 매우 중요하다.[8)]

그리고 넷째는 앞에서 말했듯이 이러한 직원들이 전문적 역량을 안정적으로 형성해 갈 수 있는 지자체 사회교육행정을 구축해 가야 하는 일이다.

8) NPO와 사회교육의 관계에 대해서는 佐藤一子 編『NPO의 교육력－생애학습과 시민적 공공성(NPOの教育力－生涯學習と市民的公共性)』東京大學出版會, 2004 등을 참조하기 바란다.

이상에서 살펴보았듯이 일본의 사회교육 직원 문제는 역사적으로 구조적인 형성과정을 거쳐 왔으며 그와 동시에 이는 매우 현대적 과제이기도 하다. 예를 들면, 문부과학성의 사회교육 직원 정책은 늘 사회교육주사의 양성에 역점을 두어 왔으며, 그에 비해 공민관주사의 전문직제도화는 등한시되어 왔다. 또한 일본의 많은 대학에서 정규 학생들이 사회교육주사로서 양성되고 있음에도 불구하고 전문직 채용을 하고 있는 지자체는 극히 드물어 수요 · 공급의 불균형이 계속되고 있다.[9] 그러나 지역과 지자체 쪽으로 시선을 돌려보면 현대사회에서 일어나고 있는 지역 과제 · 생활 과제에 대처하는 실로 풍부한 사회교육실천이 전개되고 있으며, 그곳에는 모두가 그렇다고 말해도 될 정도로 다양한 사회교육 직원들이 지역 주민 · 자원봉사자 · 전문가 등과 협력 · 협동하며 학습활동을 매개로 한 마을 만들기를 전개하고 있다.[10] 필자는 바로 이러한 지역사회교육실천의 전개 속에 사회교육 직원 문제를 해결해 나갈 하나의 해결책이 잠재되어 있다고 생각한다.

9) 이번 「사회교육법」 등 개정에 있어서는 중의원 · 참의원에서 만장일치로 부대결의(중의원 · 2008년 5월 23일, 중의원 · 2008년 6월 3일)가 이루어졌는데, 특히 사회교육 직원에 관해서는 "사회교육주사, 사서 및 학예원에 대해서는 다양화, 고도화되는 국민의 학습요구 등에 충분히 대응할 수 있도록 앞으로도 각각의 분야에서 전문적 능력 · 지식 등의 습득에 대해 충분히 배려해 줄 것. 또한 각 자격취득자의 능력이 평생학습 · 사회교육의 분야에서 최대한 유효하게 활용되도록 자격취득을 위한 교육 시스템의 개선, 유자격자의 고용확보, 노동환경의 정비, 연수기회의 제공 등 유자격자의 활용방안에 대해 검토할 것"이라고 지적하고 있다.

10) 예를 들면, 長澤成次 『공민관에서 배운다—자기 만들기와 마을 만들기(公民館で學ぶ一自分づくりとまちづくり)』(1998, 國土社) · 『공민관에서 배운다II—자치와 협동의 마을 만들기(公民館で學ぶII一自治と協同のまちづくり)』(2003, 國土社) · 『공민관에서 배운다III—우리들의 생활과 지역을 만든다(公民館で學ぶIII一私たちの暮らしと地域を創る)』(2008, 國土社)를 참조하기 바란다.

제 7 장
직업 · 노동과 사회교육

아사노 가오루(淺野かおる)

청년과 성인의 교육과 학습을 생각할 때 직업 그리고 노동에 관한 교육과 학습을 빼놓을 수 없다. 그러나 일본에서는 사회교육행정과 사회교육시설에서 직업과 노동에 관한 교육기회를 거의 제공해 오지 않았으며, 사회교육연구로서의 관심도 적다. 노동자교육 연구라는 관점에서 보면 일본사회교육학회가 1970년대에 펴낸 연보『노동자교육의 전망(労働者教育の展望)』(倉内史郎(編), 東洋館出版社)을 들 수 있다. 여기에는 노동자교육 연구의 관점, 노동운동 · 노동조합에서의 교육과 학습활동, 직업기술교육, 기업 내 교육에 관한 연구가 실려 있다. 그 이후 사회교육연구에서 노동자교육의 위치는 점차 약해져 갔다. 이는 '노동하는 청년과 성인'이 아닌 '시민'의 교육과 학습이라는 관점이 존재했기 때문이라고도 할 수 있다.

최근 실업과 비정규고용이 증가하는 가운데 특히 청년들을 위한 취업지원정책이 많이 나오고 있다. 사회교육을 정규 학교교육 이외의 조직적 교육활동이라고 보는 영역 규정을 뛰어넘어 사회문제의 교육적 해결을 꾀하는 것으로 이해할 경우에는 사회교육연구, 사회교육실천으로서 직업과 노동에 관한 교육과 학습에 주목할 필요가 있다.

또한 헌법 26조 교육을 받을 권리의 관점에서 보면, 사회권으로서의 교육에 대한 권리는 생존권을 실현시키기 위한 것으로서 그것에는 근로하기 위한 학습의 권리 보장이 포함되어야 한다.

다음에서는「교육기본법」과 사회교육법제 및 사회교육행정에서의 노동과 직업에 관한 교육을 개관하고, 노동행정에서의 공공직업훈련 등 직업교육훈련 및 자기교육운동으로서의 노동과 직업에 관한 교육과 학습의 사례를 소개하고자 한다.

1 전후 교육개혁기의 사회교육구상에 대한 노동자교육

1947년에 제정된 「교육기본법」은 2006년 12월에 전면 개정되었는데, 구 「교육기본법」 제7조를 보면, "제7조(사회교육) ① 가정교육 및 근로의 장소 그 밖의 사회에서 이루어지는 교육은 국가 및 지방공공단체에 의해 장려되어야 한다."고 규정하고 있다. 여기에서 알 수 있듯이, 구 「교육기본법」에서는 사회교육에 '근로의 장소'에서의 교육을 포함시켜 장려할 것을 중시하고 있었다.

또한 1948년 2월, 교육쇄신위원회 제13회 건의 「노동자의 사회교육에 대해」에서는 노동자에 대한 사회교육의 내용으로서 ① 노동문제 · 노동 관계 제 법규의 이해, ② 직업적 지식과 기능적 훈련 습득, ③ 사회적 · 문화적 교양 향상에 의한 인격도야를 제시함과 동시에 유기적이고 종합적으로 실시할 것을 요구했다. 그리고 "노동자를 위한 기능자양성소, 견습공교습소, 종합학교 등의 교육시설에 대해서도 전술한 취지의 보급 및 철저를 꾀할 것"도 요망사항으로 제시하였다.

그러나 1948년 7월에 나온 노동성(勞動省) 노정국장(勞政局長)과 문부성 사회교육국장의 공동통달(共同通達)인 「노동자교육에 관한 노동성(노정국), 문부성(사회교육국) 양해사항」에 따라 노동성(노정국)은 노동관계법령들의 보급과 노동조합, 단체교섭, 노동위원회 등 노동사정에 관한 공정한 정보의 제공을 담당하고, 문부성(사회교육국)에서는 공민으로서 필요한 지식 향상, 과학기술의 원리 및 응용(공장에서의 기능훈련 제외), 정조 도야(情操陶冶)에 관해 담당하게 되었다. 이 '양해사항'에 따라 노동자 고유의 교육내용인 노동에 관한 교육과 직업훈련은 사회교육행정에서 그 위치를 잃게 되었다.

2 사회교육행정에서의 직업과 노동교육

사회교육행정이 직업과 노동에 관한 교육에 깊게 관여했던 것은 1953년에 제정된 「청년학급진흥법」(1999년 폐지)에 기초한 청년학급이었다. 전후 일본에서는 1948년 이후 중학교까지 의무교육이 되었지만, 아직 고등학교 진학률은 낮았다. 따라서 중학교 졸업 후에 곧바로 노동전선에 뛰어든 근로청년들의 교육기회 균등이라는 관점에서 만들어진 것이 청년학급이었다. 그러나 청년학급을 수료한다 하더라도 고등학교 졸업자격을 얻을 수 있는 것은 아니며, 고등학교 교육을 대신하는 것에 지나지 않았다.

청년학급진흥법에서는 "근로청소년교육이 국가 산업의 진흥에 기여"(제1조)한다고 규정하였고, 또한 청년학급의 정의에 대해서는 "근로에 종사하거나 종사하고자 하는 청년들에게 실제 생활에 필요한 직업 또는 가사에 대한 지식 및 기능을 습득시키고, 일반적 교양을 향상시키는 것을 목적으로" 시정촌이 개설하는 사업이라고 하였다. 산업 진흥에 기여하기 위해 직업에 관한 지식 및 기능 습득이 청년학급에서 이루어지게 되었으며, 정해진 요건을 충족시키는 경우에는 국고보조를 받을 수 있었다.

청년학급 및 학급생 수는 1955년을 정점으로 감소하게 된다. 고교진학률의 급격한 상승과 청년학급의 다수를 차지하고 있던 농촌의 청년학급이 농촌청년들의 도시 유입으로 감소되고, 도시의 청년학급이 확충되지 않았던 점 등이 그 이유로 지적되고 있다. 한편으로 당시의 경제 · 산업 정책을 배경으로 문부성에서는 1950년대 후반부터 직업교육 및 20세까지의 청년을 교육하는 청년학급에 국고보조를 중점적으로 배분하였다. 1963년 9월의 문부성 조사에 따르면, 학습내용별 실시 학급 수에서 가장 많았던 것이 일반교양이고, 가사(家事)가 그다음으로 많았다. 직업교육에서는 농업이 가장 많았고, 상업, 공업 순이었다. 이러한 동향은 1958년에 제정된 직업훈련법에 의해 중졸 청년들을 대상으로 공공직업훈련이 실시되기 시작하여 청년학급보다는 직업기술교육 측면이 충실했던 점도 관련이 있을 것이다.

또 노동기준법(1947년)에 규정된 '기능자 양성'에 근거해 제정된 기능자양성규정에 입각하여 동업자노동조합이 시행하는 공동기능자양성과 연계된 청년학급도 어느 정도 확대되었다. 그것은 양장공이나 목수 등과 같은 직종으로 정해진 교습기준의 내용을 모든 중소 · 영세기업의 동업자노동조합에서 실시하기는 곤란하기 때문이었던 것으로 보인다.

3 노동행정에 있어서의 직업능력개발과 직업훈련

노동행정에 있어서의 직업 · 노동교육으로는 직업훈련과 노동문제교육을 들 수 있다. 노동문제교육은 노정(勞政)사무소가 실시하고 있다. 여기에서는 공공직업훈련에 대해서 살펴보도록 하겠다. 1958년에 제정된 「직업훈련법」은 그 후 몇 번이나 개정되어 현재는 「직업능력개발촉진법」이 공공직업훈련의 근거법이다. 공공직업훈련은 후생노동성 소관의 독립행정법인인 '고용 · 능력개발기구'가 소관하는 시설과 도도부현(시정촌)이 세운 시설에서 이루어지고 있다(표 7-1). 이직자 · 전직자(실업자) 훈련은 대개 6개월, 재직자 훈련은 대개 1주일, 중 · 고교 졸업자 등을 대상으로 한 훈련은 그 내용과 수준에 따라 1년, 2년, 4년간 실시되고 있다. 〈표 7-2〉에 2008년도 학교 졸업자 훈련의 수강자 수가 제시되어 있는데, 대상자의 연령층이 다른 전문학교의 수강자 수와 비교해 보면(표 7-3), 그 규모가 작다는 것을 알 수 있다. 전문학교는 대부분이 사립이다. 수업 연한의 차이나 공공직업훈련과 분야가 중복되는 공업 분야만을 보더라도 중 · 고교 졸업자에 대한 공공직업훈련의 기회는 더욱 확대되어야 할 필요가 있다.

공공직업훈련을 둘러싼 최근의 가장 큰 문제는 고용 · 능력개발기구의 폐지가 2010년도 말로 결정되었다는 점이다. 정부는 직업훈련을 다른 독립행정법인 '고령 및 장애자 고용지원기구'로 이관하고 업무를 대폭 줄여 가능한 한 업무(시설)를 지자체와 민간으로 옮기려고 하고 있다. 직업능력개발의 공공시책을 확대해야 할 시기에 정부는 이를 축소하려 하고 있는 것이다.

표 7-1 공공직업능력개발시책 등의 개요

구 분	개 요	설치 주체	시설 수
직업능력개발 교육	이 · 전직자, 재직자, 졸업자 등에게 직업훈련을 종합적으로 실시하는 시설	도도부현 시정촌	179 1
직업능력개발 단기대학교	고등학교 졸업자, 재직자 등에게 고도의 직업훈련을 실시하는 시설	고용 · 능력개발기구 도도부현	1 9
직업능력개발 대학교	고등학교 졸업자, 재직자 등에게 선도적 · 중핵적인 고도 직업훈련을 실시하는 시설	고용 · 능력개발기구	10
직업능력개발 촉진센터	이 · 전직자 및 재직자에게 단기의 직업훈련을 실시하는 시설	고용 · 능력개발기구	62
장애인 직업능력 개발교	장애인에게 직업훈련을 전문적으로 실시하는 시설	국가 도도부현	13 6
합 계			281

출처: 후생노동성직업능력개발국, 『응원합니다, 능력개발』 2007년판.

표 7-2 2008년도 공공직업훈련 실시 상황

구 분	합 계		고용·능력개발기구		도도부현	
	수강자 수	취직률	수강자 수	취직률	수강자 수	취직률
이직자 훈련	131,800	–	102,368	–	29,432	–
시설 내	40,102	74.5%	27,144	78.5%	12,958	66.0%
위탁	91,698	68.3%	75,224	69.5%	16,474	62.5%
재직자 훈련	102,369	–	43,803	–	58,566	–
졸업자 훈련	21,006	89.1%	7,303	96.8%	13,703	86.5%
합 계	255,175	–	153,474	–	101,701	–

출처: 후생노동성 HP http://www.mhlw.go.jp/bunya/nouryoku/kousyoku/index.html
(주) (1) 이직자 훈련 취직률에 관해서는 훈련종료 3개월 후의 취직 상황
(2) 학교 졸업자 훈련 취직률에 대해서는 훈련종료 1개월 후의 취직 상황
(3) 정례업무보고 조사

4 노동자가 주도하는 교육훈련제도

유급교육휴가에 관한 조약이 1974년 ILO(국제노동기구) 제57회 총회에서 채택되었지만, 일본 정부는 이 조약을 비준하고 있지 않다. 일본에서는 1974년에 「실업보험법」을 폐지하고 이에 대신하여 「노동보험법」을 제정하였다. 노동보험법에는 능력개발 사업이 추가되고 노동보험법 시행규칙에서는 유급교육훈련휴가 장려급부금제도가 규정되었다. 이것은 ILO 유급교육휴가조약의 유급교육휴가와는 크게 다른 것으로, 고용보험의 적용사업자로 노동조합 등의 의견을 참조하여 사업 내 직업능력개발계획을 작성하는 등의 조건을 충족시키는 사업자가 노동자에게 유급교육훈련휴가를 줄 경우에 그 사업자에게 지급되는 것이다. 즉 노동자가 자신이 받고 싶은 교육을 수강하는 것은 대상으로 삼고 있지 않기 때문에 노동자의 권리를 보장하는 제도는 아니라고 할 수 있다. 현재는 직업능력개발촉진법 및 고용보험법에 유급교육훈련휴가라는 용어가 등장하기는 하지만 고용보험법 시행규칙에서는 커리어형성 조성금제도 속의 직업능력개발휴가제도로 되어 있다.

한편, 기업 주도의 직업능력개발에서 개인 주도의 직업능력개발로 정책이 전환되는 가

운데, 1998년에 '직업훈련급부제도'가 창설되었다. 이것은 일정기간 고용보험에 가입하고 있는 노동자, 또는 가입하고 있던 이직자가 후생노동대신(厚生勞動大臣)이 지정하는 교육훈련을 수강하고 수료한 경우, 교육훈련시설에 낸 교육훈련경비의 일정액이 지급되도록 하는 것이다. 현재는 가입기간이 3년 이상인 사람(첫 회인 경우에는 1년 이상인 사람)에게 20%의 금액, 상한 10만 엔을 공공직업안정소에서 지급받을 수 있다. 후생노동대신이 지정하는 교육훈련에는 약 7,800개의 지정 강좌가 있고, 지금까지 약 200만 명이 이용하였다(2006년). 민간의 교육훈련기관이 상당수의 강좌를 지정받아 운영하고 있다. 이 제도는 노동자가 희망하는 교육훈련을 수강할 수는 있으나, 지급금액을 고려하면 기본적으로 수강료는 개인이 부담하는 것이라고 볼 수 있다. 또 시간적인 측면에서 보면 근무시간 외에 교육훈련을 받는 것이 된다.

5 민간 교육훈련기관으로서의 전수학교 및 각종학교

일본에서 직업교육기관으로서 큰 위치를 차지하고 있는 것이 학교교육법에 기초한 전수학교(專修學校) 및 각종학교이다. 1975년에 각종학교와 구분되어 제도화된 전수학교는 수업연한이 1년 이상, 연간 수업시간 수 800시간 이상, 상시 40인 이상의 학생이 재학하고 있는 것을 기준으로 한다. 각종학교는 수업연한 1년 이상(짧게는 3개월, 연간 수업시간 수 680시간 이상)이 기준이 되고 있다. 전수학교에서는 고등학교 졸업 이상을 입학자격으로 하는 '전문과정'(전문학교), 중학교 졸업 이상을 입학자격으로 하는 '고등과정'(고등전수학교), 특별한 입학자격이 없는 '일반과정'의 세 가지 과정이 있다. 그 밖에 개설기간 등이 다양한 '부대교육사업'이 실시되고 있다. 전수학교에서의 직업교육은 공업, 농업, 의료, 위생, 교육 · 사회복지, 상업실무, 가정, 문화 · 교양의 8분야로 구분되어 있다. 졸업과 함께 얻어지는 공공직업자격증, 졸업과 동시에 공공직업자격증의 수험자격을 얻을 수 있는 과정도 있다. 과정별 · 분야별 학생 수는 〈표 7-3〉과 같다. 또 일반과정에서 문화 · 교양 분야에 학생 수가 많은 것은 대입학원이 여기에 속하기 때문이다.

2008년 현재 전수학교는 3,401개 교가 있으며, 설치자별로 보면, 국립 11개 교, 공립 206개 교, 사립 3,184개 교로 사립이 93% 이상을 차지하고 있다. 또 전문과정을 두고 있는 학교

(전문학교)는 2,968개 교로 87%를 차지하고 있다. 전문학교는 고등학교 졸업생이 진학하는 곳 중의 하나이나 대학 등을 졸업한 사람들의 입학도 늘고 있으며, 그 비율은 2008년도 전문과정 입학자 254,749명 중 7.8%(19,855명)를 차지하고 있다. 사립전문학교가 많기 때문에 학비의 부담은 큰 편이다.

표 7-3 전수학교별 과정 분야별 학생 수

(단위: 명)

	전체	공업	농업	의료	위생	교육 · 사회복지	상업 실무	가정	문화 · 교양
전체	657,502 (100.0%)	86,843 (13.2%)	3,507 (0.5%)	210,967 (32.1%)	79,395 (12.1%)	41,769 (6.4%)	64,409 (9.8%)	25,462 (3.9%)	145,150 (22.1%)
고등과정	38,731	4.242	9	13,845	5,678	1,386	6,768	3,470	3,293
전문과정	582,864	82,572	3,498	196,980	72,789	40,378	57,558	20,963	108,126
일반과정	35,907	29	0	102	928	5	83	1,029	33,731

출처: 『2008년도학교기본조사』를 바탕으로 작성.

6 자기교육운동으로서의 직업 및 노동의 교육과 학습

직업 및 노동의 교육과 학습의 장은 교육행정과 노동행정이 제공하는 것만 있는 것은 아니다. 직업 및 노동의 교육과 학습의 장에 대해 자기교육운동의 관점에서 세 가지 사례를 보도록 하겠다.

첫 번째는 건축현장에서 일하는 노동자의 노동조합인 도쿄토건일반노동조합에서 설립한 직업훈련법인(도쿄토건기술연수센터)이 1996년에 개설한 「도쿄건축칼리지」이다. 직업능력개발촉진법의 직업능력개발 단기대학(=전문대학)으로 인정받고 있다. 도쿄토건일반노동조합, 후생노동성, 고용 · 능력개발기구, 도쿄도(東京都)에서 조성금을 받아 운영하고 있다. 젊은이들이 건축현장에서 일하면서 2년간 주 2일, 도쿄건축칼리지에서 공부하게 된다. 일본의 목조건축기술을 학습의 기본으로 삼고, 전통건축과 현대건축에 대해 배우고 있다. 또한 노동조합이 모체인 단기대학으로서 "자연 · 사회 · 인간의 조화로운 발전에 기여하는 기술과 기능을 추진함과 동시에 이를 실천하는 기술기능자의 사회적 책임을 중시"하고, "지역에 뿌리내린 진정으로 풍요로운 건축의 기술기능 · 문화 · 제도 · 정책과 함께 기술기능자의 사회적 처우 향상과 안정을 위한 운동에서 많은 것을 배울" 것을 내걸고 있다.

두 번째로 NPO법인 '문화학습협동네트워크'가 설립한 커뮤니티 베이커리 '바람의 집'(風のすみか)이다. 문화학습협동네트워크에서는 아이들의 방과 후 학습지원과 등교 거부 아이들과 은둔형외톨이인 청년들의 유휴공간 만들기(프리 스페이스 '코스모') 등의 활동을 하고 있는데, "일에 대해 불안을 가지고 있는 청년들이 안심하고 시행착오를 겪으면서 일하는 것을 배우는 작업장"을 제공하기 위해 '바람의 집'을 2004년 9월에 만들었다. 이곳을 만든 것은 코스모에 다니던 젊은이들이 아르바이트 체험을 통해 효율주의 일변도의 노동방식과 경쟁만 강조하는 직장생활의 긴장감에 지쳐 사회로 진출하는 것을 불안해하는 모습을 봐 왔기 때문이다. 연수제도는 2005년 4월에 시작하여 연수생에서 아르바이트로, 그리고 사회로 진출하도록 되어 있다. 연수시간과 일하는 방식은 개개인의 상황에 맞춰 할 수 있게 되어 있고, 직장에서의 커뮤니케이션을 매우 중요하게 생각하고 있다는 점에서 통상적인 '연수'와는 다르다.

세 번째로 '수도청년유니온'(首都青年 union)이다. 수도청년유니온은 정식으로는 전국노동조합 총연합회 안에 있는 일본 지자체 노동조합 총연합회 도쿄공무 공공일반노동조합의 청년 일반지부이다. 2000년 12월에 비정규직 청년들을 중심으로 결성되어 혼자이든 어떤 일을 하든 가입할 수 있는 개인 가입형 노동조합이다. 청년유니온의 활동에는 청년들이 학습과 연대를 할 수 있는 계기가 마련되어 있다. 첫째는 단체교섭의 장이다. 단체교섭에는 당사자 이외의 조합원들도 참여하도록 배려하고 있다. 위원장인 다케다 아츠시(武田敦)는 단체교섭이라는 농밀한 경험이 젊은이들을 크게 성장시키고, 노동권 등의 학습이 구체적인 권리행사라는 경험을 함으로써 비로소 젊은이들의 피와 살이 된다고 지적한다. 단체교섭 후의 감상 등 교류의 장에서 참가자들은 감정을 공유하고 연대감을 가진다. 둘째, 다양한 학습의 장을 마련하고 있다는 점이다. 예를 들면, ① 월 1회 변호사를 강사로 하는 노동법 관련 학습모임, ② '노동조합에서도 생존권 학습을'과 생활보호를 비롯한 사회보장제도 학습, ③ 일에 있어 기술향상을 도모하는 학습모임으로서 이것은 기술을 몸에 익히는 것뿐만 아니라 조합원들이 노동자로서 자신감을 갖기 위한 것으로 젊은이들의 가능성을 보다 넓히기 위한 것이다.

이러한 협동의 힘으로 사회적 약자일 수밖에 없는 사람들이 뜻을 같이하는 사람들 속에서 기능을 몸에 익히고, 일과 자기 자신에 대한 자신감을 가지게 된다고 할 수 있다.

참고문헌

文部省社會教育局 監修·全國青年學級振興協議會 編『청년학급의 활동과 전망(青年學級のあゆみと展望)』大藏省印刷局, 1964.

佐藤洋作·浅野由佳·NPO學習協同ネットワーク 編『커뮤니티 베이커리—바람의 집으로 오세요(コミュニティー·ベーカリー 風のすみかにようこそ)』ふきのとう書房, 2005.

東京建築カレッジ 「이케부쿠로키타쿠치성인대학(池袋北口職人大學)」 編集委員會『이케부쿠로키타쿠치성인대학(池袋北口職人大學)』彰國社, 2003.

東京建築カレッジ HP (http://www.kenshu-enter.jp/shool/index.html)

武田敦「싸우기 위한, 싸우지 않아도 되는 장소만들기(闘うための, 闘わないでいい居場所づくり)」湯浅誠他 編『청년과 빈곤(若者と貧困)』明石書店, 2009.

武田敦「지금 살아가기 위해 필요한 것은 무엇인가(いま生きるために必要なことは何なのか)」『인간의 교육』No.65, 2010.

제 8 장

대학의 평생학습 관련 사업의 전개

—와카야마 대학의 사례를 중심으로—

야마모토 겐지(山本健慈)

일본 근대 대학의 역사를 되돌아보면, 구(舊) 제국대학 등에서 엿볼 수 있듯이 대학은 대체로 특권적이고 폐쇄적이었으며, 지역의 사회교육이나 시민들의 학습활동과 동떨어진 존재였다. 그러나 사회나 민중들에게 대학을 개방하는 노력이 역사적으로 전무했던 것은 아니었다. 이미 20세기 초인 메이지시대에 소위 '관학(官學)'에 대항하여 '학문의 자유'를 추구했던 '사학(私學)' 중에서 사회를 대상으로 한 '구외교육(構外敎育)'을 실천하였고, 또한 다이쇼(大正)시대(1912. 7. 30~1926. 12. 25)에는 재야의 '자유대학' 운동의 역사가 있었다. 그러나 그것들은 쇼와(昭和)시대(1926. 12. 25~1989. 1. 7, 여기에서는 제2차 세계대전 종결 이전—역자 주)의 국가주의적 통제 아래 그 모습을 감춰 갔다.

1945년 이후의 전후 교육개혁에서 대학 개방에 대한 법제가 어느 정도 정비되었다. 일부에서는 적극적인 공개강좌 등의 실시도 이루어졌다. 그러나 고등교육기관으로서 대학제도가 확충되고, 새로운 사회교육제도의 정비가 진전되는 과정 속에서 양자가 제도적으로 접점을 갖는 상황은 일어나지 않았나. 그 후 1970년대 이후의 대학개혁과 평생교육·평생학습에 대한 이념 보급으로 대학을 사회에 개방하려는 노력들이 점차 확대되어 갔다. 국립대학에서도 사회인입학, 야간개강, 청강제도의 확충, 공개강좌, 학점교환제도 등의 시도가 이어져 왔다.

이 장에서는 1990년대부터 금세기에 이르기까지 대학과 지역, 특히 지역의 평생학습·사회교육과 관련하여 지방 국립대학인 와카야마(和歌山)대학의 현대적 도전에 대해 보고하고자 한다.

1 일본의 대학과 지역 그리고 평생학습

제국대학령(帝國大學令)으로 출발한 일본 대학의 창설 목적이 국가 관료 양성을 비롯한 국가에 대한 공헌이었던 것에서 알 수 있듯이 일본 대학의 지역사회 공헌은 '일부 예외를 제외하고' '줄곧 미약했다.'고 할 수 있을 것이다.[1] 대학을 사회에 개방하는 '열린 대학'은 제국대학과는 달리 1880년부터 설립된 사립대학들(당시의 사립전문학교)에서 이루어졌다. 게이오기주쿠(현 게이오기주쿠대학(慶應義塾大學)), 도쿄전문학교(현 와세다대학(早稲田大學)), 도쿄법학교(현 호세이대학(法政大學)) 등의 강의록 발행이나 순회 강연회 등이 대표적인 사례이다.[2] 하지만 이들도 '지역사회에 대한 공헌'이라고는 볼 수 없는 것이었다.

1945년 전후 교육개혁에서 대학 공개강좌에 대한 제도가 마련되었다. 학교교육법(1947년)에서는 "대학에 공개강좌 시설을 설치할 수 있다."(제69조)고 규정하였고, 「사회교육법」(1949년)에서는 "문화강좌는 성인의 일반교양에 관하여, 전문강좌는 성인의 전문적 학술 지식에 관하여, 하기강좌는 하기휴가 동안 성인의 일반적 교양 또는 전문적 학술 지식에 관하여 각각 대학, 고등전문학교 또는 고등학교에서 개설한다."(제48조)고 규정하였다.

이후 여기에 규정된 '공개강좌'가 국립, 공립, 사립 대학을 불문하고 실시되어 오다가 이 사업을 관할하는 부처가 대학 내에 설치된 것은 1970년대 이후이다. 국립대학으로는 1973년에 도호쿠대학(東北大學, 대학교육개방센터), 1976년에 가나자와대학(金澤大學), 1978년에 카가와대학(香川大學)에 설치되었으며, 1978년에 '대학교육개방계센터 등 협의회'(大學教育開放系センター等協議會)가 조직화되어 교류 연구가 시작되었다. 한편 사립대학에서는 1976년에 조오치대학(上智大學) 커뮤니티칼리지, 1981년에 와세다대학(早稲田大學) 익스텐션(extension)센터가 개설되는 등 대학의 지적 자산을 활용한 대규모 공개강좌 사업이 개시되었다.

---

1) 姉崎洋一 『고등계속교육의 현대적 전망－일본과 영국(高等繼續教育の現代的展開~日本とイギリス)』 北海道大學圖書刊行會, 2008.

2) 田中征男 『대학확장운동의 역사적 연구－메이지 · 다이쇼기의 열린대학의 사상과 실천(大學擴張運動の歴史的研究－明治 · 大正期の開かれた大學の思想と實踐)』 野間教育研究所, 1978.

1990년대에 들어와서 국립대학에는 '평생학습교육연구센터'라는 '성령 시설(省令施設)'로 명칭이 통일되어 잇달아 설치되었다.[3] 또 '대학교육개방계센터등협의회'는 '전국국립대학평생학습계센터연구협의회'로 개칭되어 오늘날에 이른다.[4] 이야마 가츠토시(猪山勝利)는 '대학교육개방계센터등협의회'의 공동연구[5]를 바탕으로 평생학습에 있어서의 대학의 역할에 대해 1970년대(대학교육개방센터 단계)에는 공개강좌 개설을 중심으로 한 대학교육 개방에 지나지 않았으나, 1990년대(평생학습교육연구센터 단계)는 평생학습에 대응하는 대학의 경영 센터로서 역할을 담당해 오고 있다고 말하고 있다.[6]

2003년에는 대학, 행정, 기업, 민간 관계자들을 회원으로 하는 '전(全)일본대학개방추진기구'(이사장: 가가와 마사히로(香川正弘)/조오치대학(上智大學) 교수)가 발족되었다. 이 기구는 "일본 평생학습진흥의 과제는 성숙한 시민사회를 배경으로 높아지는 평생학습에 대한 요구와 사회적 과제에 대응하는 조직적 · 체계적인 학습의 장소를 지역사회에서 창출하는 것이다. 이 문제를 해결하기 위한 접근방법의 하나로 대학을 젊은 층뿐만 아니라 직업능력개발과 일반 시민들의 교육 · 연구의 장소로 개방하는 것이 중요하고" 또한 "지역사회 문화창조의 거점으로서 대학의 역할을 중시하며 국 · 공 · 사립대학 간 연계를 통해 시민사회에 걸맞은 대학 개방을 실현하기 위한 견인 역할"을 담당할 것을 표명하고 있다.

이와 같이 대학 자체의 평생학습 관련 사업이나 실천은 발전하고 있으나 정책적인 차원에서 보면 문부과학성에서는 '평생학습정책국'만이 대응하고 있고, 고등교육정책 차원이나 고등교육국의 차원에서는 거의 대응하고 있지 않다고 할 수 있다.

---

3) 1991년에 우츠노미야대학(宇都宮大學)에서 '평생학습교육연구센터'라는 명칭으로 설치되었고, 카가와대학(香川大學)은 '대학교육개방센터'를 '평생학습교육연구센터'로 변경하였다.

4) 2008년 현재 국립대학 시대의 '성령 시설'을 비롯하여 독자적으로 설치한 시설을 포함해 86개 국립대학 중 26개 대학의 평생학습계센터가 가입하고 있다. 그중에서 홋카이도대학(北海道大學), 가나자와대학(金澤大學), 도쿠시마대학(德島大學), 야마구치대학(山口大學) 등이 '평생학습교육연구센터' 이외의 센터이다.

5) 「1996년 국립대학 평생학습 추진 조사연구 보고서 평생학습의 추진과 대학의 역할－대학교육개방센터 · 평생학습교육연구센터를 중심으로」, 1997.

6) 猪山勝利 『생애학습의 추진과 대학생애학습교육연구센터(生涯學習の推進と大學生涯學習教育研究センター)』, 日本社会教育学会 編 『고등교육과 생애학습(高等教育と生涯學習)』 (日本の社會教育 第42集) 東洋館出版社, 1998.

2 와카야마 대학 평생학습교육연구센터의 설립과 운영 이념

1) 와카야마현과 와카야마대학

와카야마현(和歌山縣)은 긴키(近畿)지방에 속하고, 남쪽으로는 태평양에 접하는 해안과 북쪽으로는 세계유산에 등록된 고오야산(高野山)을 포함한 구마노미산(熊野三山) 사이에 위치하며 인구가 약 백만 명인 지역이다. 과거 번성했던 농림어업의 쇠퇴로 인해 청년 인구가 유출되고 고령화가 진행되고 있는 지역이기도 하다. 이런 상황에서 지방자치단체는 물론이고 다양한 주민 단체들이 '지역 만들기'에 착수하고 있다.

와카야마대학(和歌山大學)은 1949년 교육학부와 경제학부가 설치된 신설대학으로 출발하였다. 1995년에는 시스템공학부가, 국립대학법인화 이후인 2008년에는 관광학부가 신설되어 4학부 체제가 되었다. 교원 수는 약 300명, 대학원생을 포함한 학생 수는 약 4,500명, 직원 수는 약 200명이다.

와카야마대학이 자리 잡고 있는 와카야마시(和歌山市)는 와카야마현의 가장 북쪽에 위치하며 오사카부(大阪府)에 인접하고 있다. 그래서 학생들은 오사카부, 특히 오사카 지역 남부 출신이 많으며 대부분이 통학하고 있다. 또 많은 교원들도 오사카 지역 남부에 거주하고 있다.

2) 평생학습교육연구센터의 설립

와카야마대학 평생학습교육연구센터(이하 '센터'라고 한다)는 국립대학의 평생학습교육연구센터로 1998년에 27번째 '성령시설(省令施設)'로 설치되었다. 센터를 설치함에 있어 와카야마대학이 평생학습이나 지역공헌에 대한 전략적인 자각을 갖고 있었던 것은 아니었다는 것을 아래의 설치 경과를 보면 알 수 있을 것이다. 그러나 '대학개혁'의 한 사례로서 그 경과에 대해 살펴보는 것은 의미가 있다.

와카야마대학은 신설대학으로 설립된 이래 제2차 세계대전 이전의 사범학교(師範學校)와 고등상업학교(高等商業學校) 시절의 분리된 캠퍼스를 사용하고 있었으나, 1987년에 새로운 캠퍼스로 이전해 통합되었다. 그에 따라 옛날 캠퍼스에 마츠시타 전기 창업자인 마츠시타 고노스케(松下幸之助) 씨가 기부했던 마츠시타회관이 사용되지 않는 시설로 남게 되었다. 캠퍼스 통합 후 와카야마대학의 최대 과제는 세 번째 학부인 이공계 학부를 설치하는 것이었으며 그 밖의 과제는 아직 드러나지 않았다. 그러나 1990년대에 들어와 이공계 학부 개설이 구체화되고 설치 준비실이 개설되는 등 본격화되는 가운데 마츠시타회관이 자리하고 있는 장소의 이용 계획에 대한 검토가 시작되었다.

1995년 10월에 시스템공학부가 설치된 후인 1996년 8월에 취임한 제13대 총장 모리야 슌지(守屋駿二) 씨는 필자에게 "평생학습계센터를 설치하고 싶다. 계획안을 만들어 주면 좋겠다."라며 타진을 해 왔다. 필자는 1977년에 교육학부 '사회교육' 담당 교원으로 취직하여 1980년대 후반부터 교육학부 졸업생들의 교원 채용 수 격감에 대응하는 '학부의 정비'와 관련되는 일(필자는 '평생학습' 관련 과정 E코스를 입안하는 일에 종사하였다)과 대학원 교육학연구과 설립 작업의 중심이었던 모리야(守屋) 교수와 긴밀히 협력해 온 경험도 있고 하여 계획안 작성을 맡게 되었다.

총장은 새로운 총장으로서 그 성과를 빨리 내고 싶다는 생각과 인사 이동을 통해 새로운 사업을 전개할 수 있겠다는 판단이었던 것 같다. 오랫동안 와카야마대학의 개혁 논의에 참여해 왔고 대학이라는 조직의 보수성과 경직성에 의문을 가지고 있었던 필자는 교육 연구면에서나 사회공헌이라는 의미에서도 학부를 초월한 멤버들이 유연하게 움직일 수 있는 방식이 필요하다고 생각하였다. 와카야마대학은 작은 대학이기는 하지만 지역 속으로 들어가 지역 주민들의 활동에 이바지하고자 하는 연구자들은 적지 않았다. 그러나 학부 조직을 뛰어넘어 멤버들이 기동력을 가지고 유연하게 활동하는 일은 쉽지 않았다. 그로 인해 의욕적인 연구자들은 개인적으로 활동하거나 또는 활동하지 못하였다. 이대로는 점점 더 대학이 지역사회의 요청에 대응하지 못하게 될 것이며, 이번 기회가 '개혁'을 실현할 수 있는 마지막 기회일지도 모른다(대학에 '민영화' 등의 압력이 가해지고 있었다)는 생각이 들었다. 이에 필자는 앞으로 대학에서 일할 수 있는 나머지 시간을 이 과제에 투자해도 괜찮지 않을까 생각하게 되었다.

필자는 센터설치 구상작업을 담당하였으며 1996년 후반부터 시작된 문부과학성과의 절충과정에도 참여하였다. 한편 와카야마현 교육위원회(和歌山縣教育委員会)는 대부분의 도도부현(都道府縣)이 설치하고 있는 현립(縣立)평생학습센터를 단독으로 설치하는 것이 재정적으로 어려운 상황이어서 와카야마대학의 센터설립 구상을 지원하게 되었다. 와카야마현 교육위원회의 사회교육과(社會教育課)에서 '대학과의 협동에 의한 지역평생학습의 진흥'을 테마로 한 프로젝트가 시작되어 필자도 그 일원으로 조사 연구에 참여하였다. 나가사키대학(長崎大學), 우츠노미야대학(宇都宮大學), 이바라키대학(茨城大學)의 평생학습교육연구센터 등에 대한 조사에 사무직원을 포함한 대학 멤버들과 와카야마현 교육위원회의 사회교육주사(社會教育主事)들이 참여하였다. 이렇게 설립 구상의 입안 단계에서 공동작업을 하게 된 것은 와카야마현 교육위원회와 센터 설치 후의 인적 · 사업적인 관계로 이어지게 되었다.

설립 과정에서 최대의 문제는 시가지에 입지한 규모가 큰 독립 시설, 즉 이전 후 사실상 방치되어 있었던 마츠시타회관을 리모델링하여 사용하고 싶다는 대학과의 절충 문제였다. 당시 하시모토 내각(橋本內閣)의 '재정구조개혁' 방침으로 인해 긴축 재정하에 미사용 시설의 리모델링을 요청하는 와카야마대학의 예산 요구는 당치않은 일이었다. 문부성 회계과 담당자는 "이전 후에도 그런 재산이 있었습니까? 나라는 재정 위기입니다. 그 토지를 팔아서 재정을 확보하세요."라는 등의 냉엄한 말을 반복하였다.

그러나 다행히 1997년 후반부터 재정 방침이 전환되어 잇따르는 보정예산이 집행되는 가운데 조직으로서의 '평생학습교육연구센터' 설치뿐만 아니라 마츠시타회관 리모델링도 차례로 가능하게 되었다. 당시 와카야마대학 사무국장은 문부성 회계과에서 오랫동안 실력을 발휘해 온 사람으로 상경(上京)할 때마다 예산을 획득해 와 최종적으로는 약 2억 엔을 들여 리모델링을 실현시켰다. 그리고 98년 4월 8일에 국회에서 예산이 성립됨에 따라 와카야마대학 평생학습교육연구센터는 성령시설(省令施設)로 설치되어 9월에 공사를 완성하고 마츠시타회관에서 사업을 개시하였다.

당시 와카야마현 지사는 "와카야마대학이 교외로 이전한 지 십수 년, 시내로 다시 대학이 돌아왔다."(식견 있는 자들에 의한 와카야마대학 간담회에서 발언)고 하면서 센터에 대해 기대를 드러내었다. 이러한 기대는 시민들의 움직임에서도 느낄 수 있었다. 입지조건이 좋고 '평생학습'이 폭넓은 분야이다 보니 강좌 등 사업 참가뿐만 아니라 생활 속에서 느낀 의문이나 불안을 가지고 있는 시민들이나 와카야마대학에 관심 · 요구사항이 있는 사람들이 방문해 주었다. "시내로 대학이 돌아왔다."라는 것이 실감났다.

이상의 경과에서 볼 수 있듯이 센터 설립은 대학 내부의 '평생학습' 경험이 축적된 후에 구상된 것은 아니었다. 필자를 중심축으로 하여 한편으로는 지역사회교육이나 평생학습이라는 활동, 한편으로는 대학에서의 새로운 시책 전개의 필요, 그리고 대학 안팎의 인적 네트워크가 센터를 탄생시켰다고 할 수 있다.

3 평생학습교육연구센터의 조직 및 인적 체제 정비

'대학과 평생학습'이라는 영역은 일본 대학은 물론이고 지방대학의 하나인 와카야마대학에 있어서도 새로운 영역이다. 그래서 그것을 담당하는 조직이나 직원을 어떻게 구상할 것인가도 새로운 영역이다. 즉 지금까지 대학의 모습과는 다른 것이라고 할 수 있다. 다음에서는 어떻게 조직 및 인적 체제를 정비하였는지에 대해 살펴보고자 한다.

우선 1998년 4월에 전임교수인 필자(센터장을 겸임)와 계장이 배치되었다. 또 앞서 말한 것처럼 설치와 관련해 와카야마현 교육위원회와의 협동 작업으로 '교원 장기체험연수'의 파견기관으로 센터가 지정되면서 고등학교 교원 한 명이 파견되었다. 부센터장은 경제학부 교수가 겸임하였다.

센터 운영 기관으로 설치된 운영위원회에는 교육학부, 경제학부, 시스템공학부에서 2명씩 운영위원이 선출되었고 곧바로 조교수와 사무 보조직원(6시간 근무)의 채용 인사에 착수하였다.

위의 두 인사는 센터를 잘 운영하기 위해 매우 중요한 것이라고 생각하였다.

1) 사무 스태프의 정비

센터는 '와카야마대학과 지역 · 시민'을 연결하는 고리이며, 여기서 일하는 스태프들은 교원이든 사무직원이든 그에 어울리는 자세와 네트워크를 가지고 지역의 다양한 과제를 예민하게 포착하여 그것을 대학 안팎의 인적 네트워크를 활용하고 학습을 사업화하는 의욕과 능력을 가질 필요가 있다고 생각하였다.

다행히 7월 1일자로 지역에서 어린이 문화 활동에 종사해 온 경험이 있는 사람들을 사무 보조직원으로 채용할 수 있었다. 그 직원에게는 "6시간 근무의 사무 보조직원이라는 직책이지만 그 직책에 국한되지 않고 의욕과 희망에 따라 모든 일에 참여해 주었으면 한다. 충분한 급여나 대우를 해 줄 수는 없지만 여기에서 일하는 시간이 인생에서 가치 있는 시간이 되도록 환경을 만들겠다."고 말하였다.

그 직원은 10년 후 당시의 일을 되돌아보며 다음과 같이 말하고 있다. "나는 그 활동에 대해서도 과제나 목적이 명확하지 않았고 하물며 신설된 지 얼마 안 된 대학의 평생학습시설에서 도대체 무엇을 할 수 있을지 전혀 상상도 할 수 없었다. 다양한 지역 과제를 학습 사업으로 만들어 갈 수 있는 직원을 구한다고 센터장님께서 말씀하셨지만 저는 그것과는 동떨어진 생각을 하고 있었던 것 같다."

그리고 10년 동안 그 직원은 다양한 사업을 담당하면서 연구자 · 전문가, 행정 담당자와 함께 일하게 되었고 지금은 대학 안팎의 사람들로부터 깊은 신뢰를 받고 있다. 그 후 센터에 배치된 와카야마대학의 사무직원이나 연수자들도 그 직원에게 배우면서 사업의 기획, 실시를 담당해 왔다. 10년 후 그 직원은 '대학과 평생학습'에 종사한 경험을 바탕으로 새로운 영역을 담당하게 될 대학 직원이 가져야 하는 자세에 대해 다음과 같이 제안하고 있다.

나는 그 속에서 정말로 많은 경험을 했다. 그리고 대학이 실시하는 평생학습사업이란 사람과 사람이 만나 교류하는 지역사회를 디자인하고 대학과 지역이 서로 배우면서 함께 지역을 만들어 가는 것이라는 것을 알았다. 그리고 지금 센터는 10년째를 맞이해 교원들뿐만 아니라 사무직원들도 지역과 대학을 연결하는 코디네이터로서의 역할을 요청받고 있다. 그러한 전문성을 기르는 것은 쉽지 않지만 평생학습과 관련된 일을 하는 데 중요한 것은 다음의 다섯 가지라고 생각한다.

- 지역의 절실한 요구에 귀를 기울여 학습 과제를 대학과 연결해 사업화한다.
- 학습자가 주체적으로 배울 수 있는 환경을 만든다.
- 학습의 연장으로서 지역 만들기의 실천을 지원한다.
- 다른 입장의 사람들이 서로 배우고 성장할 수 있는 사회적 네트워크의 장을 만든다.
- 스스로 지역과 연결고리를 갖고 학습 교류의 경험을 통해 자아연마와 자기 변혁을 즐긴다.

내가 지난 9년간 이러한 관계 속에서 여러 사람들의 고뇌나 생각, 삶을 접하고 공유할 수 있었던 것은 큰 수확이었다. 그리고 '평생학습'이란 바로 '사람 만들기' 학습이라는 것을 체험으로 느낄 수 있었다.

그리고 평생학습 · 사회교육은 지역에 '사람'이라는 재산을 확실히 키우고 있다. 이러한 지역을 만드는 '사람'을 키우는 일은 개개인이 지역에서 풍요롭게 살아가기 위해 가장 중요한 것이다.

이러한 인식하에 지역사회에 임할 수 있다면 우리들이 평생학습이나 사회교육과 관련된 일을 할 수 있는 가능성은 더욱 확대되지 않을까?

나는 앞으로도 지역에서 주체적으로 살아감으로써 많은 것을 배우고, '자아형성'을 즐기며 대학과 지역을 연결하는 코디네이터 역할을 사무직원의 입장에서 도전해 보고자 한다.

다른 국립대학의 평생학습계센터에서는 독자적인 사무국을 거의 가지고 있지 않지만 와카야마대학의 경우 시설이 대학 본부와 떨어진 장소에 있기 때문에 별도의 독자적인 사무조직을 가지고 있다. 그로 인해 사무와 교원들이 일상적으로 협동할 수 있는 기회가 많고 '평생학습'의 경험이 축적되어 평생학습에 종사하는 대학 직원으로서의 새로운 영역을 개척해 왔다고 할 수 있을 것이다.7)

2) 어떠한 교원 스태프를 구상할 것인가?

국립대학의 평생학습계센터 설립 과정을 보면 많은 경우 필자처럼 해당 대학의 학부 교원이 전임 스태프로 배치되고 있다. 그러나 배치된 교원이 '평생학습'에 관한 연구업적을 가지고 있다고 하더라도 모두가 '대학과 평생학습'에 관한 사업을 기획 · 추진할 수 있는 것은 아니다. 따라서 조교수 채용에서는 운영위원회에서 우선 전형기준을 심의해 연구업적과 함께 평생학습이나 지역진흥에 관한 조사연구, 사업 실시에 대한 실적을 중시하기로 하였다. 학부 교원의 전형이 오로지 연구업적으로 행해지고 있음에도 불구하고, 운영위원회가 독자적인 기준을 설정할 수 있었던 것은 대부분의 운영위원들이 학문 분야는 다르지만 지역경제, 도시계획, 건강 과학 등 지역정책 등과 관련된 컨설팅 경험을 가지고 있으며 논의 과정에서 자신들의 경험과 연결시켜 '대학과 평생학습'에 관한 인식을 심화시켜 갔기 때문이다.

---

7) 와카야마대학에서는 2008년 2월에 처음으로 임시직원을 정규직원으로 등용하는 시험을 실시하였다. 나가누마(永沼)씨는 이 시험으로 정규직원에 채용되어 2008년 4월에 다시 평생학습교육연구센터에 배치되었다. 일본사회교육학회의 '직원문제특별위원회'는 지금까지의 연구 성과를 기초로 해서 '지식기반사회의 실현을 위하여 지역 사람들의 실천을 지원하고 조직하는 사회교육의 충실, 사회교육 관계 직원 · 사회교육주사의 역할 유지와 발전, 양성과 연수 등'에 대한 제언인 「지식기반사회에 있어서의 사회교육 역할(안)」(2008년 3월)에서 '코디네이터의 역할 · 역량이 기대되는 직업'의 하나로 대학 직원을 들고 있다. 永沼美和『대학의 새로운 미션과 대학 직원의 역할－센터 직원 9년의 경험으로부터(大學の新しいミッションと大學職員の役割 － センター職員9年の經驗から)』『和歌山大學生涯學習教育研究センター年報』第6號, 2008.

그 결과 오사카부 기시와다시청(岸和田市役所)의 기획부 과장 보좌였던 호리우치 히데오(堀內秀雄) 씨를 채용하기로 결정하였다. 그는 사회교육주사(社會教育主事)로서 지역사회교육 · 평생학습 사업 실시, 문화홀 프로듀서, 장애인 복지, 지역진흥, 조직개혁, 정책 입안 등 지방자치단체의 주요한 무대에서 활약하였고 그것을 논문으로 학회 등에 발표하기도 하였다.

그는 많은 사업을 기획 · 추진해 온 그 경험을 총괄한 논문을 발표해 왔다. 2006년 8월에 호리우치 씨의 교수 승진을 결정하는 위원회는 다음과 같은 '평생학습교육연구센터의 교수 승진에 관한 기준'을 확정했다.

① 국립대학법인 와카야마대학 교원전형기준에 근거할 것(이것은 와카야마대학 규칙으로 규정되어 있다.
② 평생학습교육연구센터의 사업목적 달성을 위한 사업 입안 능력을 가지고 있을 것
③ 대학 안팎의 자원 · 인재를 활용하면서 평생학습교육연구센터의 사업목적을 실현하는 프로듀스 능력을 가지고 있을 것
④ 상기의 사업을 총괄해 논문 · 보고 등 학계 등에 공표할 수 있는 학술적 능력을 가지고 있을 것
⑤ 평생학습교육연구센터의 사업성과를 살려 학생 교육에 기여할 수 있을 것

이러한 기준 그 자체는 호리우치 씨의 승진심사 기준이기도 하나, 설립 이래 호리우치 씨를 포함한 센터 스태프들이 달성해 온 실적을 대학이 높이 평가한 결과이기도 했다.[8)]

4 '대학과 평생학습'에 관련된 사업 편성의 기본 방침

다음으로 센터가 어떠한 원리로 '대학과 평생학습'에 관련된 사업을 편성해 왔는지에 대해 살펴보고자 한다.

---

8) 필자가 센터에서 교육학부로 배치 이동(2007년 6월 결정, 2008년 4월 배치 이동)됨에 따라 2007년 10월에 센터의 후임인력 채용 전형을 실시하였다. 전형위원회는 센터 설립 후 10년간의 실적과 교원의 역할을 논의한 후 오사카부 가이즈카시 교육위원회에서 공민관주사, 사회교육주사로서 '육아 네트워크' '안심하고 늙어 가는 모임' 등의 뛰어난 실천을 쌓아 온 무라타 가즈코(村田和子) 씨를 채용하기로 결정하였다. 무라타 씨는 2008년 4월에 센터의 부교수로 취임하였다.

1) 센터와 사회의 관계 원리

일찍이 대학평가 · 학위수여기구(大學評價 · 學位授與機構)가 '교육서비스면에 있어서의 사회공헌'(2000년도 착수)에 관한 평가를 실시했을 때 와카야마대학 평생학습교육연구센터의 사회공헌이 높은 평가를 받았다(2003년 3월 공표). 이 기구의 면담조사에서 와카야마대학의 센터에 관해 많은 질문이 나왔다. 관심을 갖고 있었던 평가원들의 시찰에서도 같은 질문이 나왔다. 그 질문은 "어떻게 와카야마대학 평생학습교육연구센터는 다양하고 다채로운 사업들을 전개할 수 있었으며, 그 시스템상의 특징은 무엇인가?"라는 것이었다.

그때 와카야마대학측(필자)의 대답은 "지역에는 무수한 과제가 있고 지역과 시민들(단체들)은 그것을 해결하기 위한 학습을 요구하고 있다. 한편 와카야마대학에는 약 300여 명의 연구자가 있고 또 그 배후에는 연구자들의 전국적 네트워크가 존재한다. 센터의 일은 과제, 인재, 비용을 포함해 양자의 관계를 찾아내고 연결하는 것이다. 그 관계가 대부분의 모든 과제에 대응하고 있다."는 것이었다.

그리고 그것을 보장하는 최대의 열쇠는 센터 스태프들이 "지역의 다양한 과제를 예리하게 포착하여 대학 안팎의 인적 네트워크를 활용하여 학습을 사업화하는 의욕과 능력"을 가지고 있는 점, 또한 "지역 · 시민들의 의욕과 대학의 인재 · 자원을 연결함으로써 시민들의 학습을 통해 의욕적인 지역 만들기가 시작된다."고 생각하는 와카야마대학 안팎의 사람들이 센터로 모여들었다는 점을 강조하였다.

2) 시간제의 토요강좌 실시

센터가 시가지에 입지한 장점을 살려 시간제의 강좌를 '토요강좌' 형식으로 실시하고 있다. 이것은 기본적으로 첫째 주 토요일 오후 2시부터 4시까지로 정하고 있다. 다른 강좌와 마찬가지로 강의 형식의 공개강좌이다. 다만 수강료는 받지 않는다.

이 토요강좌는 한 달에 한 번 센터에 오는 계층을 확보하고자 한 점과, 강좌 정보가 정시에 발신됨으로써 지속적으로 센터 활동이 지역에 알려지게 되는 것을 목적으로 하고 있다.

강사를 맡아 준 교원들에게는 '전문적인 지식이 없어도 잘 알 수 있고 전문적인 교양이 있어도 흥미를 느낄 수 있도록' 강의를 해 달라고 강의 내용 · 방법에 대해 어려운 부탁을 하고 있다. 시민을 대상으로 한 강좌에서 평가자는 수강자인 시민들이기 때문이다. 수강자들을 대상으로 한 설문조사 결과는 담당 교원들에게 피드백하고 있다. 다행히 담당 교원들이 면밀하게 준비를 해 주고 있어 수강자들에게서 높은 평가를 받고 있다.

1999년에 개강한 이래 강좌마다 80~150명 정도의 시민들이 수강하고 있다. 그중 약 60~70%가 한 번 이상 수강한 경험이 있는 사람들이다. 센터가 조용한 주택가에 있기 때문에 학습 의욕이 높은 시니어(고령자)들이 주를 이룬다. '고대(고등학교–대학)연계 강좌'도 자리매김되어 매년 약 10명의 고등학교 학생들이 수강하고 있다. 이 강좌는 '뉴스 와카야마'사(社)와 공동개최로(이전에는 라디오방송국 와카야마방송) 진행되고 있으며, 매월 말 간행하는 신문에 강사가 집필한 요약이 게재된다.

와카야마대학의 교원 300여 명이 매월 1회 강좌를 일정한 테마로 매년 준비하는 것은 상당히 어렵지만, 앞에서 말한 것처럼 본교 연구자들이 가지고 있는 네트워크를 활용하여 그 테마에 관한 최고의 연구자 등도 참여하고 있다. 이러한 본교 이외의 연구자들도 와카야마의 과제, 센터의 사업에 참여하도록 하여 연구자들의 네트워크를 넓혀 가는 일도 센터의 임무라고 생각한다.

3) 지역에는 많은 과제가 있다

앞에서 말한 것처럼 와카야마대학 센터는 지역과제에 대응하는 시민 · NPO · 행정과의 협력과 지원을 가장 중요한 방침으로 삼아 사업을 편성해 왔다. 지역에는 해결해야 하는 수많은 과제가 존재하고 시민들 속에도 다양한 학습 요구가 잠재해 있다. 센터에서는 일방적인 강의 형식이 되기 쉬운 소위 '공개강좌'는 실시하지 않는다. 시민들의 개별적인 학습 요구에 대응한 교양적인 내용의 강좌를 사업화하기보다는 지역 과제에 대응하려는 지방자치단체 및 시민 사업체 · NPO 등의 기획을 제안받아 본교의 자원과 연계시킴으로써 '지역 발전을 지향하는 평생학습'의 지원을 중심으로 사업화하고 있다. 이러한 사업을 교원 · 사무 스태프들이 추진하고 있으며 물론 여기에는 학내 교원이나 다른 대학 · 기관의 연구자들도 참여하고 있다.

센터에서는 지역과의 협동 사업 및 사업화 과정을 '지역 발전 학습의 내용 및 방법 개발 세미나'로 만들어 매년 연말에 개최하고 총괄해 왔다.

5 '대학과 평생학습' 관련 사업의 실제

1) KOKO숙 '배움의 고향'－고등학교 · 대학 · 지역 연계의 시도

실제로 지역으로부터 기획 제안을 받아 센터에서 사업화를 도모한 전형적인 사례가 있다. 와카야마현립 고가와고등학교(粉河高等學校)의 당시 교장이었던 야마구치 유우이치(山口裕一) 씨의 제안으로 시작되어 야마구치 씨와 호리우치 히데오 교수의 기획으로 전개된 KOKO숙(KOKO塾)이다(야마구치 씨는 2007년 4월 와카야마현 교육장으로 취임).

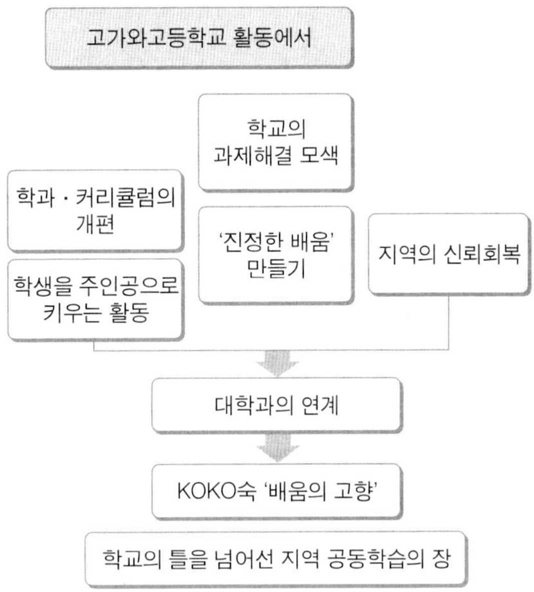

그림 8－1 KOKO숙『배움의 고향』의 구상

이 고등학교와 대학 · 지역을 연계하려는 시도는 2002년부터 시작되었다. "참된 배움을 체험하게 하고 싶다."는 고가와고교 측의 생각은 와카야마대학과의 연계를 통해 학교의 틀을 뛰어넘은 지역 만들기 공동학습의 장소로서 KOKO숙을 만들어 갔다. 당초 4개의 지역 공개강좌, 즉 마을 만들기, 환경학습, 정보 네트워크, 인간이해심리학을 개강하였다. 이에 참가한 대학 스태프들은 교육학부, 경제학부, 시스템공학부, 센터로서 대학 전체의 협력을 얻었다. 이듬해인 2003년도에는 자연과학 입문에 해당하는 '엔조이 사이언스'를 추가하고 강좌를 워킹그룹으로 이행시킴과 동시에 자유롭게 배울 수 있는 공개 프로그램도 함께 만들었다. 워킹그룹에서는 워크숍형 학습과 현지조사를 필수 조건으로 삼았다. 고교(학생 · 교원), 대학(학생 · 대학원생 · 연구자), 지역(상공회 · 행정 · 육아그룹 · 동창생 등)이 소집단의 지역 만들기 공동학습을 전개하기 시작했다.

KOKO숙의 고교 · 대학 · 지역 연계에는 크게 세 축이 존재한다. 첫째, 고가와고등학교와 와카야마 대학의 개별적 고－대(고교와 대학) 연계이다. 둘째, 지역 주민들의 적극적인 참여이다. 연령 · 분야 · 업종을 뛰어넘은 지역 만들기 공동학습이야말로 고교 · 대학 · 지역 연계의 핵심이 된다. 셋째, 참된 배움, 주체적인 배움의 창조이다. 워킹그룹으로의 발전은 배움의 문화성을 풍부하게 하고 지역의 교육력 · 네크워크 능력을 높여 가고 있다.

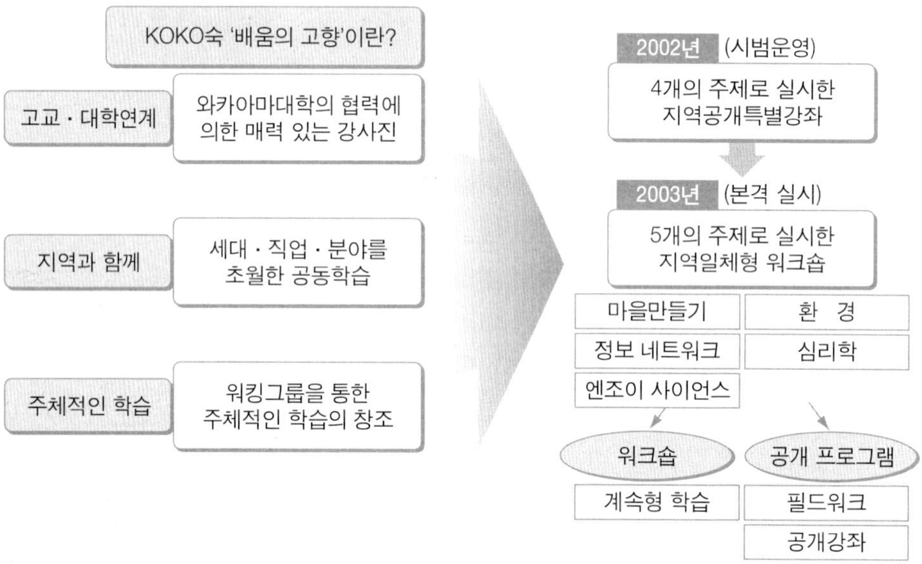

그림 8-2 KOKO숙 사업의 추진과정

2) 지역평생학습사업 및 스태프의 임파워먼트

KOKO숙과 같은 개별 사업의 지원 및 협동과 함께 지역 발전을 위한 지방자치단체의 평생학습사업 및 그에 종사하는 스태프들의 임파워먼트를 위한 '대학 · 지자체 · 지역의 계속적인 공동연구' 체제를 정비해 왔다.

지금 일본의 대학들과 교직원들은 경쟁적 환경 속에서 피폐되어 가고 있다. 더욱이 지역 · 지자체의 사회교육 · 평생학습행정은 대학 이상으로 피폐되고 쇠약해지고 있다. '지역격차'라는 현실을 극복할 주체 형성을 지원하는 사회교육행정의 기능이 쇠약해진 채로 있는 것을 방치할 수는 없다. 지방국립대학이 어렵다고는 해도 지역에서는 큰 지적 자산을 가지고 있다. 지역을 재건하려는 주민들과 힘을 합쳐 신뢰를 얻는 것 외에 지방국립대학이 살아남을 수 있는 방법은 없을 것이다. 그러한 의미에서 대학이 쇠약해진 사회교육행정 기능을 안고 있는 지자체와 협동하는 방법을 확립하는 일은 매우 중요한 일이다.

상기의 과제 의식에 입각해 센터 설치 당시부터 와카야마현 교육위원회와 특색 있는 사회교육주사 강습을 실천해 왔다(2000년, 2003년, 2006년). 지역과 시대 상황에 맞게 쟁점적인 과제를 '마을 만들기 평생학습' '가정교육 · 육아지원' '지역의 청소년 육성과 평생학습' '열린 학교 만들기' '건강 · 평생 스포츠'로 설정하고 와카야마대학의 젊고 의욕적인 교원 및 와카야마 · 오사카의 뛰어난 실천가들을 강사로 배치하였으며 강의 · 토의방식과 함께 현장조사 및 교류를 주요한 학습 방법으로 삼았다. 또한 지자체 사회교육 관계자들뿐만 아니라 일반 행정 기획부문, 교원 등에게도 수강하도록 권하였다. 그 때문에 교장이나 상사의 권유에 의해 자비로 참가한 사람들도 적지 않았지만, 수료 때쯤에는 지역이나 학교 등에서 의욕적인 실천 의식을 갖게 되었다. 그리고 수료 후에도 수강생들끼리 강사였던 와카야마대학 교원이나 실천가들과 교류를 지속하고 있는 예도 적지 않다.

이러한 교류를 지원하고 있는 것이 수강생 및 강사를 중심으로 시작된 '와카야마 사회교육 · 평생학습 연구회'(2000년 8월)이다. 이 모임은 1년에 한 번 센터와 '평생학습포럼'을 공동 개최하고 동시에 2004년 4월부터는 한 달 한 번(8월과 2월을 제외한 연 10회) 정기 교류 · 연구 살롱 '나마켄모임(なまけん會)'을 개최하여 조직적이고 계속적인 교류와 공동연구의 추진을 목표로 하고 있다. 이 모임에서는 일상적인 활동이나 사업으로 인해 지친 지자체 직원들, 교사들 · 사회교육주사 등의 전문직, NPO 활동가들이 교류하고 서로의 활동을 평가하고 격려하는 관계를 만들고 있다.

3) 지역 평생학습 실천을 격려하는 공동연구 프로젝트의 시작

이러한 관계를 '대학과 지역발전 · 평생학습' 속에 자리매김하는 개별 프로젝트로 조직하여 사회공헌과 지역에 입각한 연구 성과를 목표로 한 프로젝트를 조직하고 있다. 현재는 '우주교육연구 네트워크 프로젝트' 및 '지역평생학습사업개발 프로젝트'가 추진되고 있다.

와카야마현에는 산간지역이라는 입지 조건을 살려 지자체가 설립한 천문대가 몇 개 있다. 그로 인해 와카야마대학을 포함한 젊은 천문학자들이 많이 있으며 그들은 연구뿐만 아니라 평생학습시설로서 지역에도 공헌할 수 있는 천문대의 활용 방식을 모색하고 있다. 그러나 지자체가 설립한 천문대는 재정난으로 인해 운영에 어려움을 겪고 있고 그것은 직접적으로 젊은 연구자들에게도 영향을 미치고 있다.

따라서 센터는 천문대가 평생학습시설임에 주목하여 본교의 우주·천문학 관련 연구자들, 즉 학생자주창조(自主創造)센터의 담당 교수, 교육학부의 부교수, 시스템공학부의 부교수들이 센터 겸임 교원이 되어 지자체가 설립한 두 곳의 천문대 직원 6명을 센터 객원 교수·부교수로 하는 '우주교육연구 네트워크 프로젝트'를 설립하였다. 이 프로젝트에는 교토대학(京都大學)을 퇴직한 물리학 및 천문학 연구자들이 고문 및 객원 교수로 참여하며 펀드를 받아 국제 수준의 공동연구를 진행하고 지역 천문대의 활성화도 추진하고 있다.

또 하나는 '지역평생학습사업개발 프로젝트'이다. 앞서 말한 것처럼 센터 설립 이래 와카야마현 교육위원회에서 파견된 '장기체험연수생'들이 스태프로 센터에 와 있다. 그들은 연수 종료 후 학교 혹은 와카야마현 교육위원회의 평생학습과 등에서 '대학과 지역' '고교 교육내용의 개혁' 등과 관련된 활동을 의욕적으로 실천하고 있고 또 '대학과 지역·지자체'를 연결하는 역할을 하고 있다. 그들은 약화되고 있는 지자체 사회교육·평생학습행정 내의 지역, 산업, 교육 등 모든 영역의 '재생' '재건'을 위한 주민 학습을 지원하는 데 힘쓰고 있다.

고등교육 기관에서의 단순한 연구 성과로서가 아닌 '재생' '재건'의 주체 형성에 대한 공헌, 즉 '평생학습'의 내용 및 방법의 개발과 실시에 센터가 공헌해 온 것에 관해서는 앞에서 살펴보았다. 센터에서는 지역에서 분투하는 이전의 연수원들을 포함한 사회교육주사, 전 공민관장, 현직 보육원장 등의 객원 교원 및 센터 교원, 학부의 겸임 교원으로 구성된 '지역평생학습사업개발 프로젝트'를 추진하고 있다. 이 프로젝트는 지역의 약화된 인간관계 재생에 초점을 둔 '커뮤니케이션 디자인'과 인간관계의 재생을 기반으로 한 '커뮤니티 디자인'에 초점을 둔 두 개의 주제를 중심으로 '평생학습사업' 개발을 추진하고 있다.[9)]

이러한 시도는 와카야마 및 오사카 남부라는 지역적 어려움을 안고 있는 지역에 대학 및 지자체가 개별적으로 접근하거나 또 대학과 지자체가 협동하여 접근해 감으로써 그와 관

9) 이 프로젝트는 '헤세이(平成) 대합병'에 의해 생긴 와카야마현 다나베시(1시 2정(町) 2촌(村)의 합병)에서 새로운 지역 만들기에 이바지하는 '지역 평생학습 계획 책정'을 수탁해 책정 과정 전체를 프로듀스하고 주민, 직원을 임파워먼트하였다(田邊市, 2008, 참조). 田邊市『다나베시 생애학습추진계획－기르고 이어 주고, 지역을 창조하는 생애학습(田邊市生涯學習推進計劃－人をはぐくみ, 人をつなぎ, 地域を創る生涯學習)』, 2008.

련된 연구자, 지자체 직원, 시민 등이 서로 배우고 지혜를 만들어 내고 격려하는 관계 형성이 중요하며, 그 중심에 대학 평생학습계센터가 위치하는 것이 가장 중요한 과제라고 인식하는 데서 출발한 것이다.

고등교육기관으로서의 대학은 그 관계 속에서 시대와 사회의 절실하고도 전문적인 요청을 발견하고 그것들을 학술 연구로서 탐구하게 될 것이다. 또 그 탐구과정에 학생들이 참여함으로써 학생들도 시민으로서 또 젊은 전문가로서 성장해 나갈 것이다.

4) 와카야마대학의 새로운 단계

와카야마대학은 2004년에 실시된 국립대학의 법인화 과정에서 지역공헌사업을 한층 더 가속화하고 있다. 2005년에는 와카야마현과의 협동 사업으로 와카야마현 남부의 다나베시(田邊市)에 기난(紀南)위성캠퍼스(새틀라이트)를 설립해 학부 · 대학원 강의 개설과 지역 평생학습사업 등에 착수했다. 또 2006년에는 오사카시 남부 센난(泉南)의 중심도시인 기시와다시(岸和田市)와의 협동 사업으로 기시와다(岸和田) 위성캠퍼스(새틀라이트)를 설립하여 기난(紀南)위성캠퍼스와 같은 사업을 시작하였다. 이 두 위성캠퍼스에는 비상근 혹은 계약기간이 정해진 자리이지만 지역공헌사업의 경험이 있는 지역 연계 코디네이터를 배치하고 있다.

와카야마대학은 위성캠퍼스 설치의 의미에 대해 국립대학의 법인화로 시작된 경쟁적 환경 속에서 와카야마대학이 지속 가능한 조직으로 자리하기 위해서는 대학의 기반 정비가 긴급한 과제라고 보고 있다. 또한 와카야마현 및 기시와다시가 '대학정책'을 지자체의 정책 과제로 삼아 와카야마대학 위성캠퍼스의 설치에 다양한 편의를 제공하고 있는 것을 기초로 와카야마현 및 오사카 남부를 '와카야마대학 기반권역'으로 설정하였다. 그리고 이 '기반권역'에서 지자체, 산업계, NPO 등 지역단체 및 고등학교와의 긴밀한 네트워크를 확립하는 것을 가장 중요한 과제로 보고 있다.

와카야마현 및 기시와다시가 학부 · 대학원 강의를 충실히 하는 것 이상으로 지역 평생학습 사업에 대해 큰 기대를 걸고 있는 것을 감안하면 평생학습교육연구센터의 경험이 위성캠퍼스(새틀라이트)에서도 활용되기를 기대할 것이다.

6 지역 사회교육 · 평생학습의 전개에 있어서 대학의 역할

오늘날 일본 정부의 정책들, 특히 고이즈미(小泉) 내각의 '구조개혁' 노선 아래 지역의 산업, 생활, 문화, 교육이 점점 약해지고 있다. 이에 대항해 지역의 지속 가능한 발전을 모색하는 노력들이 주민 차원에서 확산되고 있다. 한편 고이즈미 내각 후의 아베, 후쿠다(福田) 내각은 '지역 격차'의 확대에 대한 비판에 대응해 '재도전' '지역 재생' 등의 시책을 내걸고 이에 대한 대학의 사업 개발과 담당자 육성을 기대하는 플랜을 세웠다.

그러나 지역의 지속 가능한 발전은 주민 및 지자체 · NPO 등이 지속적으로 학습에 참여하고 지역 디자인 역량을 획득하는 것 외에는 방법이 없다. 이러한 지역의 노력에 지방대학의 지적 자산 및 인적 자산은 가장 의지할 만한 존재가 되어야 한다. 그러한 의미에서 대학의 지역평생학습 관련 사업 개발은 지역 · 지자체의 지속 가능한 발전 및 지방국립대학의 지속 가능한 발전을 위해서라도 반드시 필요한 것이라고 할 수 있다.

참고문헌

中野一三 · 山本健慈『사회교육주사강습의 충실을 위하여(시안)(社會教育主事講習の充實のために(試案))』『和歌山大學生涯學習教育研究センター年報』第1號, 2002.

| 제 3 부

평생학습의 전개

제 9 장

아동의 성장과 지역 활동

오기 미요코(小木美代子)

일본에서는 여전히 교육이라고 하면 학교교육을 가리킬 정도로 학교 중심적 사고 경향이 강하다. 그러나 우리 성인들 대부분은 유아기에는 보육원이나 유치원, 자녀양육동아리, 초등학교에 들어가서는 학교 이외의 학동보육(學童保育)[1], 아동관활동, 지역아동회활동, 스포츠・동아리활동, 연극관람활동, 도서관・아동문고의 이용 등 지역의 아동시설과 단체를 통해 다양한 활동에 참여했던 경험을 갖고 있다.

일본에서는 최근 특히 성인에서부터 아동・청소년에 이르기까지 세대에 관계없이 믿기 어려운 불행한 사건들이 줄을 잇고 있다. 부모가 자녀를 살해하는 일은 물론 자녀가 부모나 조부모, 형제자매를 살해하는 범죄 및 비행, 자살 등의 저연령화를 비롯하여 집단따돌림, 학내폭력, 가정폭력, 아동의 자폐증 등의 증가, 등교거부, 인터넷 관련 범죄, 약물남용, 원조교제, 은둔형 외톨이, 아동학대 등 이들은 결국 니트족과 프리타족 등 성인으로서 제대로 자립하지 못하는 젊은이들의 증가로 이어지고 있다.

이 현상들은 복합적인 것으로 어느 한 가지로 그 요인을 단정지을 수 없으며, 또한 궁극적으로는 오늘날의 '배금주의' '반지성주의'[1)] 성인사회를 반영하고 있는 것이다. 종합해서 말하자면, 아동기에 놀이를 중심으로 한 체험이 부족하며, 특히 지역에서 다른 연령집단과의 사회 경험을 연습하는 기회가 절대적으로 부족하다고 할 수 있다. 형제자매 수도 적고 비디오나 휴대전화, 컴퓨터 등의 정보미디어에 휩싸여 시험공부와 학원공부에 파김치가 되는 반면 친구들과 편을 짜서 몸을 한껏 움직이며 노는 활동이 절대적으로 부족하다. 이러한 활동들을 어떻게 부활시킬 것인지가 현대의 시급한 과제라고 할 수 있다.

---

1) 榊原英資『유아화되는 일본 사회－배금주의와 반지성주의(幼児化する日本社会ー拝金主義と反知性主義)』東洋経済新報社, 2007.

한편 아동들의 학교 밖 활동이 갖는 의의에 착목하여 이론적으로 심화시킨 연구도 매우 적은 편이다.[2] 이러한 연구도 중요하지만 이 장에서는 아동을 둘러싼 환경의 변화와 그것이 아동의 심신의 성장 및 발달에 미치고 있는 영향 등에 대하여 개관하고, 현재 이루어지고 있는 다양한 아동의 지역 활동에 대해 검토하고자 한다.

1 최근 일본 아동의 성장 현황

일본 아동들의 성장은 최근 눈에 띄게 변화하고 있다. 다음에서 신체·체력의 발달 변화, 지육(智育)·학력의 실태, 정서와 사회성의 발달이라고 하는 세 측면에서 고찰하고자 한다.

1) 신체·체력의 발달 변화

우선 신체와 체력에 있어서는 일본의 고도경제성장과 함께 남녀 모두 신장이 커졌다. 특히 다리가 길어지고 있다. 이것은 영양적으로 풍족해진 것과 함께 좌식 생활양식에서 입식 생활양식으로 변화하여 아동기에 다리를 편하게 펴고 생활하였기 때문이라고 할 수 있다.

다음으로 체력에 있어서는 [그림 9-1]에 나타나 있듯이 남녀 모두 한때(1999년) 주춤했었던 체력이 다소 회복되고 있음을 알 수 있다. 그러나 잘 살펴보면 중학교 3학년과 고등학교 3학년 등 수험생 시기에는 저하되고 있음을 알 수 있다. 이 시기는 책상에 앉아 필사적으로 시험공부에 매달려 있는 아이들의 모습을 상상할 수 있다.

2) '학교 밖 교육'론의 선행연구자로는 제2차 세계대전 이전의 마츠나가 켄야(松永健哉), 이후에는 미야하라 세이치(宮原誠一), 오가와 타로(小川太郎), 에비하라 하루요시(海老原治善), 오가와 토시오(小川利夫) 등을 들 수 있다.

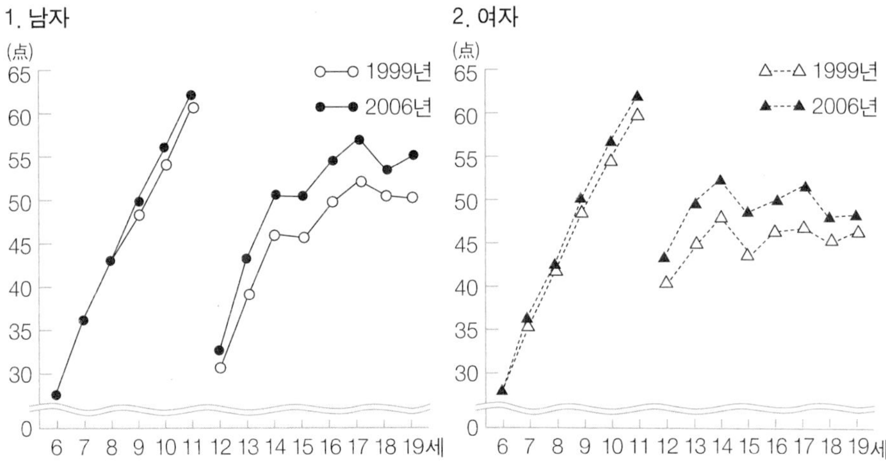

그림 9-1 아동 · 청소년의 체력 · 운동능력(1999년, 2006년)

출처: 문부과학성 스포츠 · 청소년국『2006년도 체력 · 운동능력조사보고서』, 2007.

2) 지육 · 학력의 실태

다음으로 지육 · 학력의 실태를 살펴보면, 2007년 및 2008년 4월에 실시된 전국 일제학력검사 결과와 세계적인 비교조사에서 여실히 드러나듯이 지금까지는 늘 최상위권을 유지해 왔던 수리영역의 순위가 내려갔고, 특히 응용문제 등을 푸는 능력의 저하가 뚜렷해지고 있음을 알 수 있다.

3) 심리 · 정서와 사회성의 발달 상황

최근에는 정신적으로 문제를 안고 있는 아동들이 증가하고 있다. 또한 자신의 감정이나 생각을 잘 표현하지 못하는 등의 문제점도 드러나고 있다.

그 대부분은 아동기의 체험 부족, 특히 커뮤니케이션 능력의 미형성으로 인한 사회성 발달의 미성숙에서 기인한다고 할 수 있다. 가족 수나 형제자매 수도 적고 많은 미디어기기에 둘러싸여 오랜 시간을 보내고 있으며, 가정 밖 및 지역에서도 많은 사람들과 교류하는 일이 적어지는 등 인간적인 교류가 절대적으로 부족하여 사람과 어울리는 힘이 형성되지 못하고 있다. 그것이 많은 문제를 낳게 되는 현상으로 연결되었다고 해도 과언이 아닐 것이다([그림 9-2] 참조).

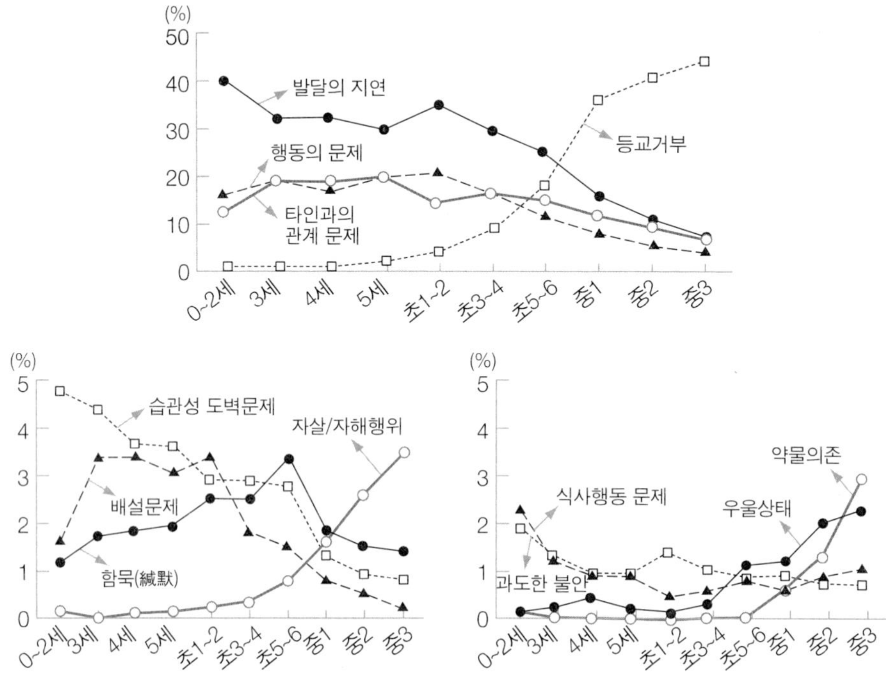

그림 9-2 정신적 문제의 연령별 비율

출처: 야나기사와 마사요시(柳澤正義). 『2006년 후생노동과학연구 아동심리진료에 종사하는 전문 인재 육성에 관한 연구』 2007.

2 오늘날 아동들의 상황을 만들어 낸 요인

1) 교육정책의 동향

2006년 가을에 탄생한 아베 신조(安倍晋三) 내각은 고작 1년 만에 막을 내렸지만, 교육계에 미친 영향은 매우 컸다. 발족 직후인 2006년 12월에는 제2차 세계대전 이후 49년간 한 번도 개정된 적이 없었던 「교육기본법」에 애국심을 포함시키고 교육의 국가 관리를 보다 선명하게 한 「교육기본법」으로 '개정'하였으며, 이듬해인 2007년 6월에는 교육 3법(학교교육법, 지방교육행정법, 교육면허법)을 충분한 논의도 없이 강권적으로 개정시켰다. 교육 3법의 개정 전후로 진행된 '교육재생회의(教育再生會議)'는 충분한 성과도 내지 못한 채 끝나

버렸는데, 교원면허갱신제의 도입, 전국일제학력검사(2007년 4월 실시)를 비롯한 학력(學力) 중시[3], 유토리(여유)교육[4] 및 학교 주5일제의 재검토, 제삼자 학교평가의 시행조사, 아동과 교사에 대한 엄벌주의적 대응 등의 시책을 내놓아 교육을 점점 혼란스럽게 하고 교사의 의욕을 떨어뜨리며, 학교교육의 본래 이념인 '일본국 헌법에 따른 교육기회의 균등과 그 충실'을 왜곡하는 상황을 빚어 내고 있다. 기업의 졸속한 성과주의를 교육계에 도입하여 관리주의적 통제를 강화하려는 정책이라고 할 수 있다.

1980년의 학습지도요령[2]에 '유토리(여유)시간'이 도입되면서 시작된 '유토리교육' 개혁은 그 후 임시교육심의회의 답신(신자유주의 · 시장원리주의의 영향을 받은 교육 개성화=자유화)과 학교 주5일제의 도입(학교의 슬림화) 등이 추진되었는데, 둘 다 고도로 변화하는 지식사회와는 맞지 않는 '개혁'이라고 할 수 있다. 후지타 히데노리(藤田英典)도 "연이은 개혁에 휘둘려 교직원은 점점 바빠지고 있으며 스트레스장애 · 심신장애에 빠지는 교사들, 탈진하는(사명감 · 의욕이 벅차서 탈진 증후군에 빠지는) 교사들도 늘어나고 있다. '유토리(여유)'와는 역설적으로 여유로움이나 풍요로운 시간이 사라지고 있는 학교도 두드러지게 나타나고 있다."고 말하고 있다.[5]

이상에서 살펴보았듯이, 최근 4반세기 특히 최근 십수 년간 쉴 틈 없이 이어지는 일본의 교육개혁은 아동들의 자존감과 꿈을 빼앗고 교직원의 자긍심과 꿈 · 희망을 박탈하였으며, 교육현장의 '여유로움'을 소실시키는 등 그야말로 위기적 상황을 만들어 내고 있다고 할 수 있다.

2) 가족구조, 지역 환경의 변화

앞에서 말하였듯이 오늘날 아동들에게 나타나는 현상은 많은 요인이 얽혀 있는 복합적인 것이다. 이혼과 재혼, 혼외자녀의 증가, 부친의 부재, 가정 내 이혼[3] 등의 다양한 문제를 안고 있는 현대 가정에서 미디어환경의 확산으로 인해 가족 간 의사소통이 절대적으로 부

3) 참고로 일본의 학력국제평가는 크게 저하되고 있다.

4) 그 후 '종합적인 학습'을 도입하여 촉진해 왔다. '종합적인 학습'은 살아가는 힘 · 스스로 배우고 생각하는 힘 · 상상력 · 커뮤니케이션 능력의 육성 등을 슬로건으로 내걸며 새로운 학력관에 기초한 학습과목이다.

5) 藤田英典 編『누구를 위한 '교육재생'인가(誰のための「教育再生」か)』岩波書店, 2007.

족하고, 그것이 충동적인 행동으로 이어지는 측면이 적지 않다고 할 수 있다.

1960년대에 들어 일본의 고도경제성장이 궤도에 오르고 일자리를 찾아 인구가 도시로 집중됨에 따라 도시부를 중심으로 핵가족화가 진행 · 정착하게 되었다. 자녀양육이 개별적이고 사적인 일로 변화되어 사회적 지원이 충분하지 않은 가운데 고립된 환경 속에서 자녀를 키워야 하는 상황이 되었다. 그리고 자녀를 보다 안정된 일자리에 취직시키고자 고학력화를 표방하여 자녀를 시험공부로 몰아갔다.

실제 이러한 1960년대 이후에 성장한 아동들이 사춘기를 맞은 1970년대부터 '가정폭력'이 많이 발생하게 되었고, 1980년대에 들어서는 학내폭력의 폭풍이 일본 열도에 불어 닥쳤으며, 이들이 부모가 되기 시작한 1990년대 전후부터는 아동학대를 비롯한 다양한 자녀양육문제가 심각해졌다. 가족의 변화나 지역사회의 붕괴만이 그 요인은 아니며, 미디어환경의 변화나 글로벌화된 세계의 움직임도 크게 영향을 끼쳤다고 할 수 있다. 이러한 과정에서 오늘날의 저출산 문제가 더해져 자녀양육의 사회적 지원과 양호의 필요성이 크게 부각되고 있는 것이다.

3) 미디어 · 문화 환경의 확대

오늘날의 아동과 젊은이들을 둘러싼 미디어 · 문화 환경에는 많은 위험요소들이 자리잡고 있다. 아동 · 젊은이들과 관련이 깊은 미디어는 휴대전화를 비롯하여 컴퓨터, CD, 휴대라디오, 만화책, 잡지, 책 등 다양한 것들이 있지만, 그중에서도 최근 휴대전화의 사용은 눈에 띌 정도로 증가하였다. 휴대전화의 보유율과 사용빈도 등은 [그림 9-3]에 나타나 있듯이 급속하게 증가하고 있으며 아동들도 자기 방에 틀어박혀 TV게임이나 인터넷, 만화, 휴대전화 사용에 여념이 없음을 짐작할 수 있다.

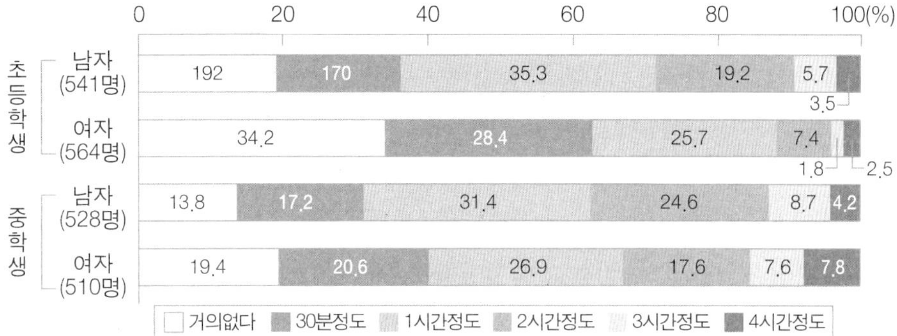

그림 9-3 초중학생이 매일 TV게임이나 컴퓨터, 휴대전화를 사용하는 시간(2006년)

출처: 내각부정책총괄관(공생사회정책담당), 『저연령 소년의 생활과 의식에 관한 조사』, 2007.

4) 기타 자연환경의 변화 등

최근 정부가 추진하는 시정촌 합병과 대형점포의 도시집중 등에 따라 인구의 도시집중이 한층 가속화되고 자연의 풍요로움이 넘치는 곳은 더욱 과소지역이 되고 있다. 한편 도시부에는 인구가 집중되어 고층아파트가 많아지고 아동들이 자연에 접할 기회가 현저하게 줄어들고 있다. 또한 교통망의 발달을 수반한 자동차 사회의 만연으로 아이들의 놀이터가 점점 사라지고 있다.

아이들의 놀이를 성립시키는 세 가지 요소로는 '3간(間)'을 들 수 있다. 즉 시간(時間)과 공간(空間), 나카마(=친구, 仲間)의 존재이다. 앞에서 언급하였듯이 공간의 빈곤함에 더해 형제자매나 동네친구들도 적고, 또 시간적으로도 이동기부터 보습학원이나 예체능학원에 다니느라 절대적으로 시간이 부족하다. 밖에서 한껏 뛰어놀던 놀이는 TV 시청이나 비디오에 의한 수동적인 놀이, 휴대전화의 문자 교환, 자신의 방 안에서 혼자 놀기 등의 폭넓지 못하고 생산적이지 않은 놀이로 바뀌어 가고 있다.

3 아동의 풍요로운 성장과 지역 활동

아동의 인격형성은 0세에서 18세까지 연령에 따라 그 활동 비율이 다르지만 하루 24시간 동안 가정, 지역, 학교 · 유치원 · 보육원에서 활동하며 형성되어 간다. 가정에서는 주로 수면과 식사, 가족과의 커뮤니케이션 등을 통해 생리적 · 정서적 측면의 안정을 취한다. 학교에서는 읽기, 쓰기, 계산으로 비유되듯이 지육의 기초적 역량을 키운다. 지역에서는 사회성과 사회생활에 필요한 인간관계 형성능력을 몸에 익힌다.

그러나 일본의 경우 19세기 후반 이래 공교육 기관으로서 학교에 주력해 왔으며, 가정은 각 가정의 '예의범절' 교육을 중심으로 이루어져 온 반면, 아동의 지역 활동에 대해서는 그다지 큰 의미를 발견해 내지 못했다고 할 수 있다. 그리하여 학교교육에 관한 제도나 예산은 나름대로 잘 정비되어 있지만, 아동의 지역 활동 지원에 대한 관점은 희박하며 예산도 거의 지원되고 있지 않다. 또한 이론적인 접근도 아직 미약하다고 할 수 있다.

그럼에도 불구하고 아동에 관한 지역의 실천은 시대에 따라 굴곡은 있지만 활동 그 자체는 계속 명맥을 유지해 왔다. 그것은 인격형성에 있어 고유한 의의를 지니며 성인사회로 진입하는 준비기간으로서 중요하다는 어른들의 배려가 있었기 때문이라고 할 수 있다. 이 실천들은 모든 지역에서 일률적으로 이루어지고 있다고는 말할 수 없지만 그 몇 가지의 활동들을 소개하고자 한다. 단 그것들은 아동의 발달과 교육이론을 바탕으로 한 실천이라기보다 전통적으로 그 지역에 전해 내려오는 실천이나 경험을 바탕으로 한 지식(經驗知)에서 시작된 활동, 또는 부모들의 요구나 희망에 의해 시작된 활동인 경우가 대부분이다.

1) 아동회

'아동회'라고 하면 일반적으로는 정내회(町內會) 단위의 지역아동회를 말한다. 이러한 유형의 아동회가 매우 많은데 이외에도 목적별 아동회나 학생동아리에서 만든 아동회 등 다종다양하다.

제2차 세계대전 이후의 아동회는 세계대전 이전의 흐름을 계승한 마을 단위 아동모임의 흐름을 부활시킨 것이 가장 많았고, 다음으로 일본 보이스카우트연맹, 걸스카우트 연맹, 청소년적십자, 우체국 친구모임 등 목적별 아동회가 부활되거나 창설되었다.

또한 일본의 고도경제성장기 이후에 창설된 아동단체로는 학동보육(學童保育)이나 친자(親子)극장 · 어린이극장, 스포츠소년단 등 다종다양하게 존재하지만, 한 아동이 여러 단체에 소속되어야 하는 상황도 벌어지고 있어서 활동 날짜의 조정 등 새로운 과제가 생겨나고 있다.

2) 학동보육

학동보육(學童保育)[6]은 자녀들이 보육원을 마치고 초등학교에 들어간 후에도 안심하고 계속 일하기를 원하는 어머니들에 의해 1950년대부터 시작되었는데, 그 후 문부성 관할이 되었다가 다시 후생성 관할이 되었으며 결국에는 어떤 정책도 이루어지지 않게 되는 등의 우여곡절을 겪은 뒤, 1997년에 아동복지법이 개정되었을 때 겨우 '사업'으로 규정되었다(개정 아동복지법 제6조 2 제12항). 또한 그중에서 지자체의 학동보육 이용촉진 노력 의무가 강조되어 그 후 학동보육의 설치 수와 이용 아동 수는 대폭 늘어났다. 학동보육은 그야말로 어머니들의 끈질긴 운동에 의해 만들어진 조직으로 법률로도 규정지어진 것이다.

그러나 오늘날의 학동보육에는 많은 과제가 산적해 있다.

그 첫째는 법적으로 규정되었다고는 하나 '사업'이기 때문에 "아동후생시설 등의 시설을 이용해서 운영한다."고 규정되어 있어서 시설이 제대로 갖춰진 학동보육만 존재하는 것은 아니다. 가장 많은 것은 학교 건물의 빈 교실이나 운동장의 한구석에 세워진 조립식 시설이다. 그다음으로 아동관의 방 한 칸을 이용하거나 민간 아파트를 사용하는 경우도 있다. 하루 종일 좁은 교실에 갇혀 있는 아이들의 모습을 볼 때면 안전하기는 하겠으나 스트레스가 쌓이지 않을까 걱정스럽다. 지도원의 열악한 처우문제는 말할 필요도 없다.

또한 입소아동의 연령제한 문제를 들 수 있다. 법적으로 대략 10세까지라고 되어 있는데, 이것은 서로 다른 연령집단이 가장 다양한 놀이를 하는 초등학교 고학년 시기의 아동들을 대상에서 제외함으로써 놀이가 발전하지 못하고, 그들의 방과 후는 결국 자기 방에서 인터넷이나 비디오게임, 만화잡지, 만화책에 빠져 시간을 보낼 수밖에 없는 것이 현 실정이다.

학동보육은 일상성이 존재하기 때문에 입소한 아동끼리 유사 형제관계를 영위할 수 있고, 함께 식사하는 즐거움을 알거나 함께 식물재배활동, 동물사육활동 등도 할 수 있다는 장점도 갖고 있다. 그런 의미에서 자기 방이나 보습학원에 갇혀 있는 아동들보다 훨씬 풍부한 활동을 할 수 있는 가능성을 지닌다.

---

6) 학동보육은 일반적으로 '맞벌이 등으로 인해 부모가 없는 가정의 학동(저학년)을 방과 후 및 방학 중에 보육하는 것'을 말하는데 그 역사적 경위로 인해 여러 호칭이 사용되고 있다. 행정측에서 최근에 사용하는 호칭은 '방과 후 아동건전육성사업'이다. 1997년에 개정된 「아동복지법」에서 '사업'으로 확실하게 규정하여 해당 시정촌도 그 "이용 촉진에 노력하여야 한다."고 규정하고 있으며 이후 학동보육의 수는 우후죽순처럼 증가해 갔다.

3) 아동관활동

아동관은 아동복지법 제40조에 규정된 '아동후생시설'의 하나로서 아동에게 '건전한 놀이를 제공하여' 그 육성을 도모한다고 하는 소위 비행예방시설이라는 뉘앙스가 강하다. 1960년대 중반까지는 거의 그림의 떡이었지만, 미노베 료키치(美濃部亮吉) 도쿄도(東京都) 지사[4]가 공약으로 '초등학교구당 하나의 아동관' 창설을 내걸며 적극적으로 아동관 건설을 추진했다. 그것이 전국으로 퍼지게 되어 현재 약 4,600개의 아동관이 있다. 하지만 그것은 학동보육소의 3분의 1에 그치는 것이며, 또한 지금까지는 공적으로 운영되어 온 아동관을 민간(지정관리자)에 위탁하는 경우도 많이 나타나고 있다.

오늘날의 아동관은 많은 문제점과 과제를 안고 있다. 첫째는 압도적으로 수가 적고 대부분은 아동관 주변의 아동들이 이용하는 정도에 그치고 있다는 점이다. 게다가 그 속에 학동보육이 들어와 있어 점점 좁아지고 있다.

둘째로 그 적은 수의 아동관 대부분은 좁고 천정도 낮아 초등학교 저학년의 이용에만 머물고 있는 형편이다. 게다가 학동보육은 물론이고 오전 중은 자녀양육동아리나 부모와 아이들이 사용하고 있으며, 최근에는 등교거부 아동들이, 그리고 저녁(twilight)[5] 이후는 중고생들의 활용 요구도 커지고 있는 등 그야말로 만물상과 같은 아동종합시설이다.

그리고 아동관 직원, 즉 아동후생원의 전문성과 고용의 문제가 있다. 지금 아동후생원을 전문직으로 채용하고 있는 지자체는 거의 없으며, 대부분은 지자체의 잉여보육사를 배치하고 있는데 국가자격증은 아직 없다. 재단법인 아동건전육성재단이 주관하는 자격인정제도는 있지만 아동후생원은 아동의 놀이지도뿐만 아니라 생활지도나 상담사업도 하고 있기 때문에 양성기관의 정비가 가장 중요한 과제이다.

4) 어린이극장 · 친자센터[7)]

어린이극장(子ども劇場)만들기 운동은 후쿠오카현(福岡縣) 후쿠오카시(福岡市)에서 1971년에 시작되었다. 1963년에 국산 제1호 TV애니메이션 '우주소년 아톰(鐵腕アトム)'이 방영되

---

7) '어린이극장' '친자(親子)극장' 등 여러 개의 호칭을 갖고 있는데, 특정비영리활동법인(NPO법인)화되고 난 뒤에는 '○○친자센터'라는 호칭이 일반적으로 사용되고 있다.

어 아이들이 TV 앞으로 몰리게 되고 이와 동시에 아동 관련 기업의 광고에 스폰서가 많이 붙으면서 점점 밖에서 노는 일이 줄어들게 되었다. 아동들은 책을 읽지 않고 캐릭터 상품을 수집하여 이를 걱정하던 부모나 전문가들이 부모와 아이들을 중심으로 한 회원제 극장 조직을 만든 것이 어린이극장의 시작이다.

또 하나는 아동들이 TV를 통해 간접체험을 많이 하게 되고 실제체험이 줄어들게 되어 감수성이 빈약해지는 것에 대한 위기감이 이것을 만들게 되었다고도 할 수 있다. 그 후 친자(親子)극장은 순식간에 전국으로 퍼져 나가 한때는 600개 소나 되는 센터(거점 · 사무소)가 생겨났으며, 60만 명 가까이에 이르는 부모와 아이들이 조직되었다고 한다.

그러나 특정비영리활동추진법이 제정(1998년 3월 25일 공포, 12월 1일 시행)되고 나서부터는 단체의 이익과도 관련되어 얼마 지나지 않아 특정비영리활동법인(이하 NPO법인이라고 한다)이 되어 연극관람 이외에 지역 활동의 추진역할을 담당하고 차례대로 사업을 전개하여 지금도 여전히 많은 아동 관련 활동의 중심적 역할을 해 오고 있다.

그림 9-4 PTA 친자(親子)위원회의 체험활동(기후현)

5) 아동도서관 · 아동문고

제2차 세계대전 이후 아동문고는 『논짱 구름을 타다(ノンちゃん雲にのる)』 등의 작품으로 유명한 아동문학가 이시이 모모코(石井桃子)가 1950년대 후반에 자택을 개방하여 아동문고를 연 것에서 시작되었다고 할 수 있다. 그녀는 그 후 10년간의 실천을 『아동도서관

(こどもの圖書館)』으로 정리하여 1965년에 이와나미문고(岩波文庫)를 통해 출판했다. 마침 그 시기는 일본의 국산 제1호 TV애니메이션 '우주소년 아톰'이 방영되어 스폰서인 메이지 제과가 초콜릿 모자와 아톰스티커를 교환하는 방법을 도입하여 한때 유행하였고, 점차 아이들 프로그램의 스폰서가 많아지고 아이들의 TV 시청시간이 길어지게 되면서 해결방법을 고민하던 부모들이 이시이의 책을 읽고 아동문고를 여는 노하우를 배워 자택을 개방하거나 집회소를 빌려 아동문고를 열어 1960년대 중반부터 70년대에 걸쳐 8,000개 소나 되는 아동문고가 탄생했다고 한다. 당시에는 일본의 도서관 사정이 나빴는데 그 후 공립도서관이 점차 건설되었고, 그중에서도 아동코너가 충실해져서 구연동화나 북토크 등도 활발히 전개되었으며 그곳에서 성장한 아이들도 많다. 2001년에는 의원입법에 의해 「아동의 독서활동 추진에 관한 법률」도 제정되었으며, 각 신문사가 이에 관한 캠페인을 전개함으로써 공립도서관을 비롯하여 학교에서도 자원봉사자에 의한 구연동화가 활발하게 이루어지게 되었다. 별도로 학교에서는 아침 10분간 독서활동도 확산되고 있다([그림 9-5]).

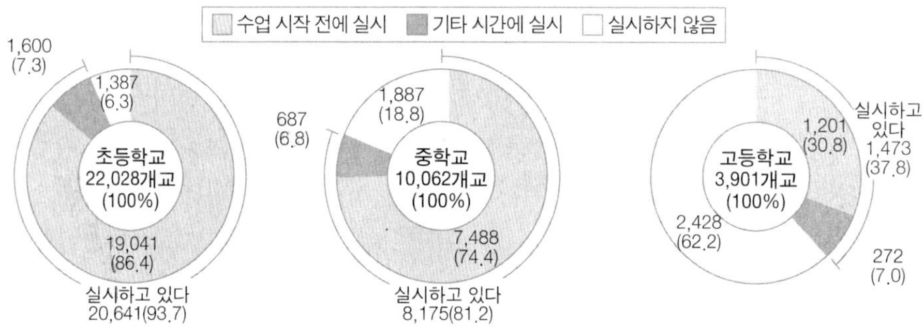

그림 9-5 전교 일제 독서활동의 현황(2006년)

출처: 문부과학성초등중등교육국 「학교도서관 현황에 관한 조사결과」 2007.

6) 스포츠소년단 활동

일본 스포츠소년단은 1962년에 창설되었는데 이것은 1964년에 개최된 도쿄올림픽을 겨냥한 스포츠 진흥책으로 비행대책이라는 목적도 포함되어 있었다. 야구, 검도, 축구, 가라테(空手), 소프트볼, 탁구, 농구, 소프트테니스, 럭비, 핸드볼, 소림사 등 많은 아동 대상의 스포츠 단체가 가맹되어 있으며 지금은 일본에서 두 번째로 큰 아동 단체가 되었다.

또한 이를 계기로 아동 스포츠 붐이 일어나면서, 그것이 스포츠산업과도 연결되어 유니폼과 브랜드 스포츠용품 구입에 많은 비용이 필요하게 되었고 또한 상업적인 스포츠클럽이나 스포츠교실, 학원을 번성시키는 결과도 낳았으며, 기업이 스폰서가 되는 리틀리그나 소년야구, 소년축구 등도 등장하여 활발한 활동을 이어 나가고 있다.

7) 모험놀이터(플레이파크)

모험놀이터는 1943년에 덴마크의 조원가(造園家)에 의해 시작된 것으로 그 후 영국, 독일 등의 유럽 각국으로 퍼져나갔다. 일본에서는 그보다 30년 정도 늦은 1975년에 도쿄도 세타가야구(世田谷區) 하네기(羽根木)공원에서 주민의 활동으로 시작되었으며, 그 후 1979년에 행정과의 공동사업으로 오늘날에 이르고 있다. 그리고 지금은 전국 각지에 200개를 넘는 모험놀이터가 생겼으며 특히 가와사키시(川崎市) 고도모유메파크(子ども夢パーク, 어린이꿈공원) 활동은 전국적으로도 주목받고 있다.[8]

그림 9-6 가와사키시 고도모유메파크

모험놀이터는 '자기 책임하에 자유롭게 논다.'(도시락을 지참하고 부상은 각자의 책임)를 기본 방침으로 하는, 아이들이 자유롭고 즐겁게 놀이를 즐기는 장이다. 그러나 이곳에는 적절한 놀이터 찾기나 플레이리더, 자원봉사자의 존재가 반드시 필요하므로 행정이나 NPO 법인 등과 협동(協働, collaboration)하지 않으면 도저히 운영해 나갈 수 없다.

---

8) 가와사키시(川崎市) 고도모유메파크(子ども夢パーク)는 2000년에 제정된 「가와사키시 아동의 권리에 관한 조례」의 실현을 목표로 설치된 아동들의 놀이터이며 활동거점이다.

8) 장난감도서관

장난감도서관은 장애를 가진 아이들을 위해 1963년에 스웨덴에서 탄생했다. 그 후 영국과 북유럽 국가에 이어 일본에서는 1981년에 도쿄도 미타카시(東京都三鷹市)에 설립되었다. 1983년에는 법인화되어 현재에 이르고 있는데 일본 각지에 약 500개의 장난감도서관이 만들어졌다.

비장애아동과 장애아동이 함께 놀 수 있는 장으로 또한 장난감도서관 활동을 통해 장난감의 수리를 맡는 장난감병원과 장난감을 수집해서 재활용하는 장난감은행 등도 만들어져 발전하고 있다.

9) 자녀양육지원동아리

일본의 자율적인 자녀양육동아리 활동은 1980년대에 들어서서 시작되었다고 할 수 있다. TV게임기('패밀리 컴퓨터(family computer)')가 보급되기 시작하면서 미취원아(未就園児)들도 밖에서 뛰어놀지 않게 되었다. 그런 아이들을 밖으로 끌어내려고 한 것이 푸른 하늘(青空) 보육의 시작이다. 그러나 비 오는 날과 바람 부는 날을 고려하여 지붕 있는 놀이터가 필요하게 되었다.

한편 옥외에서 다른 사람과 함께 놀지 않게 된 미취원아들이나 혼자서 아이를 돌보는 고립된 어머니들의 존재를 걱정한 보건사들이 1세반 검진 후 자율적인 자녀양육동아리 만들기를 추진하거나 오전 중에 비어 있는 아동관을 이용하여 행정적으로도 지원하는 자녀양육살롱(명칭은 다양함)을 실시함으로써 전국적으로 일시에 자녀양육동아리가 펴져 나갔다. 또한 이것들은 국가의 저출산정책의 주요 정책으로 삼아 1995년도부터 엔젤플랜[6]이, 2005년도부터는 차세대육성지원대책사업[7]이 대대적으로 전개되었다.

10) 기타 —보습학원, 동아리활동 등에 대하여—

마지막으로 보습학원과 예체능학원에 대해 검토하고자 한다([그림 9-7]).

보습학원은 크게 나누어 진학 · 입시를 위한 보습학원과 학교 공부를 보충하기 위한 보습학원으로 나뉘는데 현재 지명도가 높은 대학이나 의대 등 고도의 전문직을 목표로 한 입시경쟁이 치열해짐으로써 이것이 학교 밖 활동의 주류가 되고 있다고 해도 과언이 아니다.

또한 일본에서는 학교시설을 이용하여 현직교사들의 지도로 방과 후 '동아리활동'이 전개되고 있다. 아동 · 학생들의 참가율은 지자체에 따라 다르지만 많은 곳은 70~80%가 동아리활동에 참여하고 있다.

또한 일본에서는 예체능학원이 인기가 많다. 주산, 습자(習字) 등과 같은 실용적인 학습은 물론 영재교육을 목표로 한 발레나 피아노, 야구, 스케이트 등 그리고 고상한 취미와 실익을 겸비한 다도나 꽃꽂이, 일본무용까지 다양하며, 한 아이가 6~7가지를 배우는 경우도 적지 않다. 일본 아이들은 매우 바쁘다. 빼곡하게 짜인 스케줄로 심신에 피로가 누적되어 있는 것이 양극화의 한편에 있는 아이들의 진짜 모습이라고도 할 수 있다.

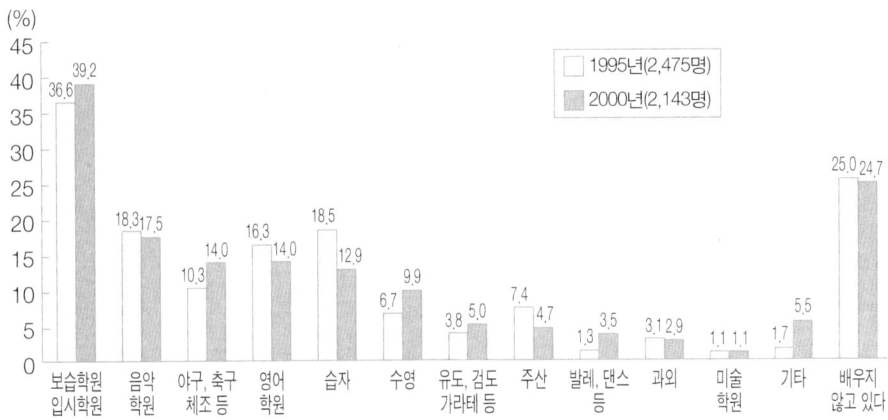

그림 9－7 초중학생의 보습학원과 예체능학원의 연차비교(1995년 · 2006년)

출처: 내각부정책총괄관(공생사회정책담당), 『저연령소년의 생활과 의식에 관한 조사』, 2007.

(주) 1995년은 『청소년의 생활과 의식에 관한 기본조사(青少年の生活と意識に關する基本調査)』를 참조하였으며, 조사대상은 초4~중3 학생 남녀 2,475명(유효회수율 82.5%)이고, 1995년 11~12월에 개별 방문면접조사로 이루어졌으며, 복수답변이 가능했다.

4 아동의 학교 외 및 지역시설과 단체의 양적 · 질적 충족

앞과 같이 아동의 학교 밖 및 지역에 있어서의 활동은 학교나 가정의 기능을 보완할 뿐만 아니라 그 고유의 기능도 가지고 있기 때문에 지역에 학교 이외의 지역시설을 확보하고 자주적 · 자치적으로 활동할 수 있는 단체의 존재가 필요하게 된다.

그 경우에 아동시설은 반드시 새로 설립되지 않아도 되며, 또 시간대를 나누어 청년이나 성인, 고령자 등과 공동으로 사용해도 좋다. 오늘날과 같이 저출산 · 고령화에 따른 재정난 시대에는 만약 학교 시설을 사용한다고 하더라도 빈 교실을 일부 사용하는 것이 아니라 오히려 폐교가 된 학교(유치원이나 보육원을 포함한다. 최근에는 도쿄나 아이치현(愛知縣) 나고야시(名古屋市) 등 대도시 도심부의 폐교가 매력적이다)를 통째로 정비 · 개선해서 사용하는 편이 좋다고 할 수 있다.[9] 폐교를 대형아동관으로 만들어 아동권리조약이 주장하는 0세부터 18세까지의 모든 아동들을 대상으로 아동과 관련한 모든 활동을 다루는 종합적 시설로 만들어 가는 것이다.

때로는 시간대에 따라 모든 연령층이 나누어 사용하는 효과적인 이용을 도모해 가는 것도 하나의 방법이다. 아동들이 사용하면 금방 더러워지고 망가지는 것이 당연한 일이지만, 아동의 종합적 시설은 일단 천장도 높고 음악실이나 공작실, 가능하면 스포츠시설을 겸비한 대형시설로 다기능적으로 사용할 수 있는 곳이 좋다. 놀이는 물론 탁아, 스포츠, 음악활동, 연극활동, 도서관 기능, 상담기능 등 다양한 활동이 가능한 아동종합시설이 좋다. 최근에는 지방자치단체에서 '아동부'나 '자녀양육지원과'로 조직을 재편하는 움직임이 추진되고 있기 때문에 아동과 관련된 법률들을 연결하고 종합적으로 시행할 수 있는 조건이 마련되고 있다. 그런 종합적인 기능을 발휘할 수 있는 학교 외 · 지역시설은 오래된 시설이라도 상관이 없을 것이다. 지자체가 보유하고 있는 옛 시설, 폐교, 폐업한 호텔, 빌딩, 대형 중고 시설을 아동들과 그 지원자들이 자치적으로 통째로 사용할 수 있다면 아이들의 눈동자는 틀림없이 반짝반짝 빛날 것이다.

---

9) 1980년대 이후 저출산 경향과 2000년부터 시작된 시정촌 합병에 의해 대량의 폐교가 생겨났다. 그것은 도심부와 벽지에 편재되어 있다. 폐교를 활용하여 마을 만들기 사업을 한 사례도 적지 않지만 대부분은 방치된 상태이다. 또한 폐교에 대한 본격적인 연구도 거의 없는 것이 현 실정이다.

〈역주〉

1 학동보육(學童保育)은 한국의 방과 후 공부방과 유사한 개념이지만 시민운동은 '보육'이라는 측면을 강조하면서 행정지원을 요구해 왔으며, 정부와 지자체는 '보육'이라는 표현을 피해 왔다는 역사적 과정을 고려해서 이 장에서는 학동보육이라 한다.

2 학습지도요령은 한국의 교육과정에 해당한다.

3 가정 내 이혼(家庭內離婚)은 사실상 결혼생활이 끝났지만, 경제적인 문제나 양육 중인 자녀가 있다는 이유로 표면적으로는 부부관계를 가장하는 상황을 말한다. 일본에서는 1985년에 林郁『家庭內離婚』가 출판되면서 유행어가 되었다.

4 미노베 료키치(美濃部亮吉, 1904~1984)는 경제학자로서 호세이대학 교수, 도쿄교육대학 교수를 역임하였다. 1967~1979년 도쿄도(東京都)지사 시절 혁신도지사로 알려졌다.

5 참고로 아동복지법 제6조 2를 근거로 한 '자녀양육단기지원사업'의 일환으로 twilight stay사업도 추진되어 있다. 지자체에 따라 '야간일시보육사업' '야간양호사업' 등 명칭이 다르지만 보호자가 잔업 등으로 인해 귀가가 야간이 될 때 오후 5시부터 10시까지 아동을 시설에서 돌봐주는 것이 일반적이다.

6 엔젤플랜은 1994년 12월 16일에 문부성, 후생성, 노동성, 건설성이 공동으로 발표한 기본 방침으로, 정식명칭을 '향후 자녀양육지원을 위한 시책의 기본적 방향에 대하여'라고 한다. "교육, 고용, 주택, 복지의 측면을 종합적으로 추진해 나갈 필요가 있다."고 하며 중점시책으로 ① 고용환경 정비, ② 다양한 보육서비스 충실, ③ 모자보건의료체제 충실, ④ 주택 및 생활환경 정비, ⑤ 여유가 있는 학교교육 추진과 학교 이외의 활동, 가정교육 충실, ⑥ 자녀양육에 따른 경제적 부담 경감, ⑦ 자녀양육지원을 위한 기반 정비가 있다. 명칭은 플랜이지만 내용은 계획이 아니었기 때문에 1999년에 '신(新)엔젤플랜'이라고 불리는 '중점적으로 추진해야 하는 저출산대책의 구체적 실시계획'이 발표되었다.

7 차세대육성지원대책사업은 2003에 제정된 「차세대육성지원대책추진법」을 근거로 추진되고 있는 사업으로, 동법은 2005~2015년의 한시법(限時法)이다. 광역자치단체와 기초자치단체는 '지역행동계획'을 책정하고 301명 이상의 노동자를 고용하는 기업(일반사업주)은 일반사업주행동계획을 책정해야 한다. http://www.mhlw.go.jp/bunya/kodomo/jisedai.html

제 10 장
청년의 학습과 운동

아사노 가오루(淺野かおる)

일본의 사회교육에서 청년은 역사적으로 큰 주제라고 할 수 있다. 일본에서는 청년교육이라고 하면 근로청년교육을 의미해 왔다. 전후의 청년학습론은 사회교육의 역사에서 청년에 국한되지 않는 학습론이라는 의의를 지니며, 특히 일본사회의 고도경제성장 시기에 이르기까지 실천을 수반한 청년학습론이 점차 구축되었다. 따라서 이 장에서는 청년들의 학습의 역사에 대해 개관한 후, 최근 청년들을 둘러싼 환경의 구조적 전환과 청년지원책을 중심으로 그들의 학습에 대해 고찰하고자 한다.

1 청년교육 · 학습의 역사

1) 전전의 청년교육정책

일본에서는 1872년 '학제(學制)'가 반포됨에 따라 근대국민교육제도가 등장하였다. 소학교(초등학교－역자 주)는 의무교육이 되었으나 그 상급학교인 중학교는 설치 수가 매우 적었다. 문부성(현재의 문부과학성)은 소학교를 졸업한 근로청년들에 대한 교육기관으로서 실업보습학교를 설치하였다(1893년 '실업보습학교령'). 실업보습학교의 목적은 소학교 교육의 보습과 단순한 직업 관련 지식 및 기능을 가르치는 것이었으며, 공업 · 상업 · 농업의 보습학교가 설립되었는데, 이 학교들은 상급학교로 진학하는 것이 불가능했다.

또 다른 정책으로 청년회(청년단)에 대한 통제를 들 수 있다. 청년회는 각 지역에 오래전부터 존재했던 청년모임을 기반으로 하여 행정지도를 통해 조직화되었다. 이는 상급학교에 진학하지 않는, 마을의 근로청년들이 전원 가맹하는 조직이었다. 청년회는 남성만으로 구성되며, 여성청년회는 1920년대 후반에 별도로 조직되었다. 러일전쟁 이후에 청년회를 급격히 통제하기 시작했는데, 3차례에 걸친 문부성 및 내무성의 공동훈령을 통해 청년회에 대한 통제를 강화해 갔다. 청년단의 성격을 규정한 제1차 훈령(1915년)에서는 청년단을 '청년수양의 기관'이라고 하였다. 제3차 공동훈령(1920년)에서는 청년단장을 단원 중에서 선발하는 것을 정촌(町村)청년회에 허가하였으며, 단원의 최고연령을 25세까지로 제한하였으나, 군·시·현(郡市縣) 단계의 청년단조직은 행정의 장(長)이나 교원을 단장으로 하였다(나가노시(長野市)는 제외함). 1924년에 청년단의 전국 조직인 대일본연합청년단이 결성되었는데 전 내무대신이 초대이사장으로 취임되고, 이사의 절반은 정부 측에서 선발되는 등 반관반민(半官半民)의 단체였다. 1927년에 결성된 대일본여자연합청년단도 마찬가지였다. 청년회는 전원가맹조직이었기 때문에 정부는 청년회의 통제를 통해 청년들에 대한 강한 영향력을 가질 수 있었다.

한편 근로청년의 교육기관으로 실업보습학교 이외에도 청년훈련소가 설치되었다(1926년 청년훈련소령). 청년훈련소의 교육내용은 수신(修身)·공민(公民), 교련, 보통학과, 직업과로 구분되며, 군사교련을 중심으로 이루어지는 청년회의 '수양기관'이 되었고, 청년회는 청년훈련소의 단원으로 참가하도록 독려하는 역할을 하였다. 중일전쟁이 시작된 다음 해인 1938년에는 '앞으로의 시국을 짊어지고 가는 데에 부족함이 없는 애국청년을 연성(練成)'하기 위해 청년학교의 설치가 의무화되었다.

1941년에 대일본청년단, 대일본연합여자청년단, 대일본소년단연맹, 제국소년단협회가 해체·통합되어 대일본청소년단이 되었는데, 1945년 5월의 전시교육령(戰時敎育令) 이후의 문부성훈령에 의해 6월에는 단체부 및 지방단(地方團)의 해산 명령이 내려졌다. 청년단은 해산된 상태에서 패전을 맞이하게 되었다.

2) 전후 초기부터 1950년대 후반까지 청년의 학습

(1) 청년단의 재부흥과 그룹 활동

전후 전통적으로 마을에 남아 있었던 청년 조직이 각지에서 신생 청년단으로 조직화되기 시작했다. 1947년 즈음에는 대부분의 도도부현(都道府縣)에서 연합청년단들이 발족하였다. 전시 중 대일본청소년단의 중핵이었던 청년단을 민주화하는 일이 점령정책의 큰 과제였다. 전후 초기의 청년단학습에 큰 영향을 주었던 것은 교육지도자강습회(IFEL) 중 청소년지도자강습회(YLTC)이다. 청소년지도자강습회는 문부성과 연합국 총사령부 민간정보교육국(GHQ/SCAP/CIE)의 주최로 1948년부터 1952년에 걸쳐 실시되었다. 미국에서 초청된 전문가가 지역청년단을 비롯한 청소년단체의 지도자와 사회교육행정 관계자들에게 미국의 청소년활동을 바탕으로 한 이론과 실기를 합숙형식으로 가르쳤다. 주로 그룹 활동의 원칙, 토론의 종류와 방법, 레크리에이션의 이론과 실기, 활동의 성과 측정과 평가 등을 가르쳤으며, 과거의 청년단에서는 가르치지 않았던 것들로만 교육내용이 구성되었다.

한편, 군(郡) · 시(市) 차원과 정촌(町村) 차원의 청년단에서는 위의 교육에 참여했던 사람이 강사가 되어 '청소년지도자강습회'라는 같은 명칭으로 강습회를 실시하였다. 지역청년단이 정체되었던 시기에 이루어진 강습회의 영향력은 컸으며, 그룹 활동 등이 청년단으로 급속히 침투되었다.

(2) 청년학급의 법제화

1948년에 새로운 학제가 실시되었고, 같은 해 3월에 청년학교가 폐지되었다. 새로운 학제에서는 일본국 헌법 제26조인 '교육을 받을 권리'에 기초하여 모든 국민이 초등학교 · 중학교 교육을 받는 것을 권리로서 보장해 갔다. 고등학교 진학률은 1950년에 약 43%, 1953년에는 47%로 아직 저조한 상태였다. 공립고등학교가 증설되지 못하였고, 특히 근로청년에 대한 교육기관인 고등학교의 시간제 설치가 순조롭지 못했다. 이러한 가운데 농촌지역을 중심으로 근로청년들이 자주적으로 학습조직을 만들어 학습활동을 하던 것을 배경으로 청년학급이 생겨났다. 청년학급에 대한 지자체의 지원이 이루어지면서 이는 전국으로 퍼져가게 되었고, 1950년에는 학급생이 100만 명을 넘어섰는데, 이러한 움직임에 주목한 문부성이 청년학급의 법제화를 추진하기 시작했다.

1953년에 성립된 청년학급진흥법(1999년 폐지)에서는 "근로청년교육이 일본의 산업진흥에 기여"할 것을 제안하였으며, 청년학급은 "근로에 종사하고 있거나 또는 종사하고자 하는 청년들을 대상으로 실제 생활에 필요한 직접 또는 가사에 관한 지식 및 기능을 습득하게 하고, 일반교양을 향상시키는 것을 목적으로" 시정촌(市町村)이 개설하는 사업으로 정의하였다. 정해진 요건을 충족하는 시정촌에 대해 운영경비의 3분의 1 이내를 국고로 보조하였다.

청년학급진흥법의 목적은 직업교육과 함께 애국심을 키우는 것에 있었다는 지적이 있다. 청년학급의 또 다른 문제는 청년학급을 후기 중등교육의 대위(代位)형태로서 규정한 점이었다. 근로청년들을 위한 고등학교의 정시제(야간제)가 있지만 '근로청년들에게 평등한 교육기회를 주기 위해'서 청년학급을 만든다고 말한 문부대신의 청년학급진흥법의 제안 이유에서 고등학교 대신 청년학급을 설치했음을 엿볼 수 있다.

(3) 일본청년단협의회와 공동학습운동

일본청년단협의회(일청협)는 1951년 전국 도도부현 연합청년단조직의 협의체로서 청년들의 자주적이고 민주적인 조직으로 결성되었다. 일청협은 1951년 제1회 정기대회에서 청년학급법제화 촉진을 지지하였으나 1952년 제2회 정기대회에서는 청년학급법제화를 반대하였다. 일청협이 법제화 반대운동을 추진했음에도 불구하고, 1953년 8월에 청년학급진흥법은 성립되었다. 청년학급진흥법 시행 후의 대책을 검토하는 과정에서 청년단이 구상하는 청년학급은 '공동학습'이라는 입장이 확인되고, 청년들의 자주적, 자발적인 학습활동을 내용으로 한 '공동학습'이 탄생하게 되었다. 1954년 1월에는 공동학습의 이론과 실천을 정리한 『공동학습의 안내서(共同學習の手引)』가 발행되었다. 또한 법 제정 이후 일청협은 사회교육연구자인 요시다 노보루(吉田昇, 오차노미즈대학(お茶の水女子大學)), 미야하라 세이치(宮原誠一, 도쿄대학)의 참여로 '근로청년교육기본요강'을 정리하였고, 제4회 정기대회에서 가결 · 채택되었다. 일청협은 '근로청년교육기본요강'에 기초하여 공동학습을 강력히 추진해 나갔다(공동학습에 대한 상세한 내용은 제2장을 참조).

일청협은 공동학습운동을 추진함과 동시에 1955년부터 전국청년문제연구집회(전국청연)를 매년 개최해 왔다(제1회는 청년문제연구대회). 제1회는 전체 회의와 3일간의 분과회로 편성된 3박 4일의 일정으로 이루어졌다. 전국청연은 청년단운동에 대한 이해와 조예가 깊은 대학교수 등을 위촉하여 자문인단을 구성하였다. 자문위원들은 집회의 분과회에 참여하는 것뿐만 아니라 청년단 대표들이 사전에 보내 오는 리포트에 대해 조언하고, 청년단 대표들은 그 조언을 바탕으로 연구를 심화시켜 분과회에서 발표하는 정식 리포트 제출 방식도 채택하였다. 또한 제1회 집회를 개최한 것을 계기로 지역의 청년단 연구집회에서부터 군(郡), 도도부현(都道府縣)의 연구집회로 축적해 가는 방식이 확립되었으며, 그 과정에서 논의를 심화하는 등, 이러한 것들의 결정체로서 전국청연은 존재한 것이라 할 수 있다.

일청협은 사회활동도 추진했는데, 특히 오키나와(沖繩)복귀운동은 '일청협의 혼(魂)'이라고 불렀다. 1952년도에 오키나와연합청년회가 일청협에 가맹하면서 일청협은 1953년부터 오키나와복귀운동을 시작하게 되었다.

3) 고도경제성장기의 청년학습

(1) 고도경제성장과 청년

고도경제성장에 따라 1950년대 후반부터 일본 경제와 사회의 기초가 변하였다. 청년회를 지탱하던 농업종사자가 감소하여 1951년에 중학교 졸업 이후 농업에 종사하는 사람이 약 30%였던 것에 비해 1959년에는 10%를 밑돌았다. 고도경제성장 정책 아래 진행된 공업화와 그로 인한 노동력 부족으로 인해 청년들이 농촌에서 도시로 이동하면서 농촌의 청년들이 줄어들게 되었다. 그 전형적인 예가 1954년부터 시작된 '집단취직'이었다. 또한 개발정책에 의해 농촌지역에 공업이 확대되어 농촌의 자택에서 공장으로 출근하는 청년들이 증가하였다. 아직 고교 진학률이 약 58%에 머물렀던 1960년대의 상황이었다. 청년들이 노동자가 되는 경우가 많아졌으며, 농업에 종사하는 경우라 하더라도 겸업농가나 전업농가로 나뉘었고 전업농가는 계속해서 감소하게 되었다.

공동학습을 염두에 두었던 농촌청년이라는 학습 주체가 일률적으로 적용될 수 없게 된 상황에서, 1950년대 말부터 소집단 토론과 생활기록을 중심으로 주변의 생활과제를 학습과제로 다루는 공동학습의 문제와 한계성이 드러나게 되면서, 이론학습을 경시하는 경향과 리더 불필요론을 극복하고 계통적인 사회과학을 학습하는 것이 필요하다는 입장이 제기되었다.

(2) 시나노생산대학

계속 전업농가를 유지하려는 청년들의 학습요구를 조직한 것이 시나노생산대학(信濃生産大學)이며, 이것은 미야하라 세이치의 구상으로 시작된 시도였다. 1960년부터 시작된 시나노생산대학은 나가노현(長野縣) 고마가네시(駒ヶ根市), 시나노생산교육회, 나가노현 농업근대화추진협의회(농근협)가 주최하였다. 실제 경비는 고마가네시가 부담하였으나 농근협이 중심이 되었으며 그 운영은 운영위원회가 맡게 되었다. 시나노생산대학은 "'생산학습과 정치학습의 통일'을 통해 주권자로서의 농민을 창조한다."는 것을 기본 이념으로 삼아 2년간(4회)을 1기로 하고, 매년 2회의 합숙강좌제로 실시하였다. 학습방법으로는 지역의 일상적인 서클활동, 시 · 군단위의 1박 2일 세미나, 모든 현(縣)의 생산대학이라는 '학습의 3중 구조'가 특징이었다.

제1기에는 농업근대화를 통해 가족영세경영을 없애기 위한 '공동화'가 주제였는데, 1960년의 농업기본법 제정, 무역자유화의 흐름 속에서 정부가 말하는 근대화와 농민이 말하는 근대화가 전혀 다르다는 것을 깨닫게 되었다. 제2기에는 '구조개선사업에 어떻게 대처할 것인가'가 주제였으며, 각 서클에서 계통적이고 면밀한 조사를 지속하였고, 대학을 그 검토의 장으로 삼고 강의를 하나의 척도로 삼는 학풍이 익숙하게 되었다. 1964년경에는 대부분의 농촌청년들이 노동자가 되었기 때문에 제3기는 '농촌의 학습운동을 어떻게 추진할 것인가'라는 관점에서 진행되었다. 제3기의 9회부터는 농업경영 · 경제의 기조강의 외에도 '재촌(在村)통근노동자 문제'나 '지역개발문제'가 커리큘럼에 도입되었다. 시나노생산대학은 1966년 8월, 제12회를 마지막으로 해산되었는데, 그 이유는 고마가네시가 시나노생산대학의 운영을 원하지 않았기 때문이었다.

1960년대 후반 이후 농촌청년들의 학습의 기본 방향은 생산대학에서 농촌청년들(대부분이 노동자)이 지역과제(농업문제는 그 일환)를 학습하는 노농(勞農)대학으로 이어져 갔다.

또한 시나노생산대학의 영향으로 도호쿠(東北), 간토(關東), 홋카이도(北海道), 고우치(高知)에 농민대학이 세워졌으며, 1975년 6월에는 제1회 농민대학 교류집회가 개최되어 350여 명이 참가하였다.

(3) 도시청년의 학습활동

농촌청년들이 노동자로서 계속 유입된 도시부에는 1950년대부터 수많은 서클이 생겨났다. 나고야시(名古屋市)에서도 다수의 근로청년서클이 조직되었는데, 1961년에는 나고야서클연락협의회(메사렌(名サ連))가 결성되었고, 메사렌은 서클 간의 교류를 도모하는 역할을 했다. 이와 함께 나고야시 위탁 근로청년학급의 자주적 리더 양성과정에서 탄생한 것이 '오이타치(生い立ち=성장과정)학습'이었다. 오이타치학습을 제안하고 지도한 나스노 류이치(那須野隆一)는 메사렌의 청년들을 다음과 같이 이해하고 있었다.

메사렌에 모이는 청년들은 중소영세기업에 근무하고, 불안정한 노동 · 생활조건에 처해 있기 때문에 현실에 대한 불만과 미래에 대한 불안을 안고 있는 이들이 많았다. 따라서 그렇게 된 원인이 주로 과거의 오이타치(실업 · 빈곤 · 질병 · 전쟁 등) 때문이라고 여기고 있는데, 그로 인한 열등감과 고독감이 청년들을 지배하는 경향이 있었다. 열등감은 자신의 과거와 현실을 숙명적 · 수동적으로 받아들인 결과, 고독감은 숙명적 · 수동적인 인생관 · 사회관이 그들 주변에 두터운 벽을 만들어 내는 결과였다고 생각하였다. 따라서 "구성원 각자의 생활사(오이다치)의 발표=열등감의 고백 → 가족의 생활사(오이다치)의 검토=사회문제의 파악 → 사회역사의 학습=사회관의 확립 → 인생론(삶의 방식) 토의=인생관의 수득(修得)이라는 사이클 속에서 근로청년들의 열등감과 고독감을 사회적으로, 즉 친구들과 집단 속에서 극복해 가는 길을 제시"할 것을 제기하였다. 이 제기는 '오이다치학습'의 형태로 메사렌에서 추진해 갔다. 이것은 훗날 '생활사(生活史)학습'이라고 불리는 학습론의 기초구조가 되었다.

오이다치학습은 자신의 생활사(오이다치)를 규정한 가족의 생활사를 중심으로 그것을 사회의 역사나 사회문제로 의식하도록 사회나 역사의 이론학습, 사회과학의 학습으로 발전시켜 갔다. 또한 오이다치학습은 발표 → 토론 → 글쓰기라는 사이클로 이루어졌으며, 1950년대의 생활기록운동을 사회문제로 연결시켜 계승, 발전시켰다는 평가를 받고 있다.

2 청년을 둘러싼 현황과 학습

1) 청년을 둘러싼 환경의 구조적 전환

최근 청년과 아동들이 겪고 있는 어려움은 '살아가기 힘겨움(生きづらさ)'이라는 말로 표현된다. 그것은 사회적 · 경제적인 어려움뿐만 아니라 정신적인 차원에서의 어려움도 포함된다.

우선 사회적 · 경제적 어려움에 대해 살펴보고자 한다. 지금까지의 청년들은 3월에 학교를 졸업하고 4월에 기업에 입사하는 일괄적 정기채용의 형태로 학교에서 취업(일)으로의 이행을 경험해 왔다. 일본형 고용 · 연공서열임금제 · 기업 내 교육훈련을 통한 고용의 안정, 생활보장, 직업능력의 개발이 이루어져 왔는데, 이러한 틀은 1990년대에 무너지기 시작하여 1990년대 중반 이후 정규고용 비율이 급감하기 시작했다. 2000년대에 들어서자 정규고용이 청년층 영역에서는 완전히 붕괴되었다. 예전과 같은 가계보조형이 아니라 생활자립형의 비정규노동자가 증가한 것이다.

정신적인 차원에서의 어려움이란 고독감, 불안감, 피차별감, 무력감, 풀어낼 곳이 없는 분노 등 살아가는 긍지와 희망을 가질 수 없다는 점이다. 청년들이 안고 있는 불안정한 취업과 빈곤의 원인을 '노력부족', '능력부족'이라고 하면서 그들 스스로의 탓으로 돌리는 '자기책임' 이데올로기가 만연하고 있다. 이누이 아키오(乾彰夫)는, 자신이 입은 피해는 모두 자기 스스로 어떻게든 해결하거나 또는 그것을 게을리한 결과로서 혼자 그것을 감당해야 한다는 주관적인 의식이 매우 강하게 자리 잡게 되었다고 지적하며, 지금 청년들이 안고 있는 '살아가기 힘겨운 삶'이란 "사회적인 모순을 개인이 감수해야 한다고 세뇌당함으로써 생기는 힘겨움"이라고 정의한다. 이 '살아가기 힘겨움'은 후기 근대라는 사회구조의 문제와 밀접한 관련이 있으며, 이러한 변화가 유럽에서는 1970년대부터 1980년대에 걸쳐 일어났고, 일본에서는 1990년대 이후에 나타나기 시작했다고 지적한다.

2) 최근의 청년지원대책

2003년 4월 '높은 실업률, 증가하는 무직자, 프리터족 등 청년들을 둘러싼 고용정세가 매우 심각한 상황'에 놓이게 되어, 문부과학성 · 후생노동성 · 경제산업성 · 내각부는 '청년자립 · 도전전략회의'를 설치하고, 6월에는 '청년자립 · 도전플랜'이 추진되었다. 2004년 12월에는 '청년자립 · 도전을 위한 액션플랜', 2005년에는 후생노동성의 '청년 인간력 강화 프로젝트'가 시작되었다. 그 후 프리터족 대책, 커리어교육, 고도인재육성과 함께 '니트족 대책'이 중요한 일부분을 차지하게 되었고, 2005년에는 '청년자립학원(若者自立塾)', 2006년에는 '지역청년 서포트 스테이션'이 설치되었다.

일본에서 '니트족'이라는 용어가 사용되기 시작한 것은 2004년부터이다. 영국에서 사용된 NEET(Non in Education, Employment, or Training)와는 다르게 일본에서는 실업자를 제외한 18세부터 35세로 정의하였기 때문에 '일할 의욕이 없는 청년'으로 해석되는 결과를 낳았다. 일본노동정책연구 · 연수기구에서는 "무직자 중 구직활동을 하고 있지 않은 자로서 재학도, 통학도 하고 있지 않으며, 또한 배우자가 없는 자"라고 정의하고 있다. 혼다 유키(本田由紀)는 '니트족'의 증가는 '비구직형(非求職型)', 즉 '적어도 지금은 일하고 싶지 않다.'고 생각하는 청년들이라고 분석한다. 이 분석에는 지금까지의 가혹한 노동에 대한 휴식의 의미도 포함된다. 또한 '비희망형(非希望型)'의 '니트족'으로는 '진학 · 유학준비'나 '자격취득준비'도 포함되는 등 다양하다. 이처럼 다양한 부류의 청년들이 있음에도 불구하고,

'니트족'이라는 하나의 이름으로 통틀어서 취급당함으로써 '일할 의욕이 없는 청년들', '자기 자신이나 대인관계에 자신이 없는 소극적인 존재', '은둔형 외톨이'라는 이미지가 강하다. 따라서 청년들이 취직하지 못하는 것이 노동시장이나 고용문제가 아니라 청년 의욕의 문제로 간주되는 점에 큰 문제가 있다고 할 수 있다.

미야모토 미치코(宮本みち子)는 유럽연합(EU)의 청년정책은 세 가지의 구성요소, 즉 ① 청소년·청년의 지역 활동이라는 영역에서 인간발달을 촉진하는 과제에의 대응, ② 청년 고용영역에서 취업할 수 있는 능력의 육성과 노동시장정책, ③ 청년의 권리와 의무를 지닌 시민으로 키우고 보장하는 과제를 들며 이 세 가지가 함께 종합적으로 추진되어야만 의미가 있다고 한다. 또한 여러 선진국에서는 청년의 사회참여, 특히 의사결정에 대한 참여가 중요한 정책이 되고 있으며, 청소년을 학교운영과 지역 만들기에 참여시키려는 움직임이 보이고 있다고 한다. 미야모토의 지적은 사회교육 연구·실천에 중요한 시점을 제시하고 있다고 할 수 있다.

3) 현대사회에서 청년의 학습

현대사회에서 청년의 학습에 대해서는 이 책의 지역 만들기에 관한 제16장에서도 언급하고 있는데, 거기에서는 오키나와현(沖縄縣) 긴초(金武町)의 'NPO 유치(雄飛)투어리즘네트워크', '삿포로시(札幌市)근로청소년홈·렛츠중앙'의 사례가 소개되고 있다. 이 장에서는 지역청년들의 자주적인 활동인 오키나와의 청년회 문화 활동에 대해 소개하고자 한다.

그림 10-1 근로청소년 홈축제(마츠모토시)

제2차 세계대전 이전에는 근로청년들이라면 청년회에 반드시 가맹해야 했는데, 전후에는 가맹하는 것이 자유선택사항이 되어 지금은 지역의 청년집단으로서 청년회가 존재하는 지역도 줄어들고 있다. 이런 상황에서도 오키나와현에는 아직도 수많은 마을(시마(シマ)) 단위의 청년회가 있는데, 이는 마을이 역사적으로 민속예능의 전승과 창조를 청년의 역할로서 규정해 오고 있기 때문이다. 특히 청년의 민속예능인 '에이사(エイサー)'는 전국적으로 널리 알려져 있으며, 매년 개최되는 '전도에이사축제(全島エイサーまつり)'에는 수많은 관광객이 찾아온다. 오키나와연합청년단에서도 '청년후루사토 에이사축제(青年ふるさとエイサーまつり)'를 개최하고 있다. 민속예능은 마을의 행사로 이루어지는 것으로서 에이사뿐만이 아니라 사자춤(獅子舞)이나 봉술(棒術), 다채로운 무용도 포함되며, 각각 지역적인 개성을 갖고 있다. 즉 청년회는 민속예능을 매개로 지역과의 연결고리를 가지고 있는 것이다.

다른 지역에서는 도시화로 인해 청년회가 쇠퇴하고 소멸해 가고 있는 데 반해, 오키나와에서는 청년회가 재생되고 있다고 한다. 재생되는 청년회는 마을을 기반으로 하고, 민속예능을 매개로 조직화되며, 마을의 일원으로 인정받는 일이 청년회활동을 재개하는 조건이 되고 있는 경우가 대부분이다. 지역의 공동성에 있어 문화는 사람들을 연결하는 중요한 요소이다. 야마시로 치아키(山城千秋)는 오키나와에서의 청년 문화 활동이 제2차 세계대전 전후로 일관되게 지역의 공동성과 일체되어 계승, 발전되고, 청년의 학습이 그것들과 불가분한 관계를 맺어 왔다고 말하고 있다. 청년회는 마을과 하나가 되는 것에서 존재이유를 찾을 수 있으며, 마을문화의 일꾼으로서 역할을 획득하고 지역 공동체로 수렴해 가는 방법을 보유하고 있다. 즉 청년들이 청년회에 들어간다는 것은 미래의 지역일꾼을 육성하는 것이라고 할 수 있다.

참고문헌

大串隆吉『일본사회교육사와 생애학습(日本社會教育史と生涯學習)』Eidell研究所, 1998.

日本青年團協議會 編『일본청년단협의회 20년사(日本青年團協議會二十年史)』1971.

今井正敏「YLTC시대의 청년단운동(YLTC時代の青年團運動)」『점령과 전후사회교육의 태두(占領と戰後社會教育の台頭)』(戰後社會教育實踐史第1巻)民衆社, 1974.

那須野隆一「도시청년과 서클활동(都市青年とサークル活動)」日本青年團協議會 編『지역청년운동의 전망(地域青年運動の展望)』日本青年館調査研究室, 1968.

遠藤公嗣・河添誠・木下武男・後藤道夫・小谷野敦・田端博邦・布川日佐史・本田由紀「공동제언: 젊은이들이 살아갈 수 있는 사회를 만들기 위하여(共同提言: 若者が生きられる社會のために)」『世界』783, 岩波書店, 2008.

乾彰夫「인터뷰: 청년들은 왜 직장을 금방 떠나는가(若者はなぜ職場をすぐに去るのか)」『현대와 교육』第79號, 2009.

本田由紀・・内藤朝雄・後藤和智『「니트」라고 말하지 마(「ニート」って言うな!)』光文社, 2006.

宮本みち子・大串隆吉「대담: 청년의 노동문제에 사회교육은 어떻게 대처할 것인가(若者の勞動問題に社會教育はどう取り組むか)」『月刊社會教育』52(5), 2008.

山城千秋『오키나와의 '섬사회'와 청년단활동(沖繩の「シマ社會」と青年團活動)』Eidell研究所, 2007.

제 11 장

여성의 학습과 사회참여

치바 에츠코(千葉悦子)

1960년대 후반 젠더(Gender)라는 개념이 발견된 지 40여 년, 여성학과 젠더 연구는 이론적으로 많은 발전이 있었다. 젠더 관점에 의해 '지(知)'의 세계가 크게 전환될 수 있었다. 오늘날 이러한 젠더 개념의 유효성은 더 이상 부정할 수 없다.

사회교육에서는 1980년대에 들어서 '여성문제 학습'이 시작되었다. 그러나 본격화된 것은 1980년대 후반부터이며, '젠더'라는 말이 등장한 것은 1990년대 후반이다. 이렇게 늦어진 이유는 국가가 줄곧 고정적인 성역할분담 관념을 전제로 한 여성정책 · 여성교육행정을 채택해 왔기 때문이다.

그러나 1995년에 베이징에서 개최된 UN 제4차 세계여성회의에 일본의 풀뿌리 활동 학습그룹과 시민그룹의 여성들 5,000명이 NGO포럼에 참여하게 되고, 이러한 여성 풀뿌리 활동의 국내외 흐름의 영향으로 남녀공동참획(男女共同參劃) 정책이 시작되었고, 「남녀공동참획사회(男女共同參劃社會) 비전」과 「남녀공동참획사회 2000년 플랜」 등의 정책문서에 사회적 · 문화적으로 형성된 성차(性差)=젠더가 명시되기에 이르렀다. 이는 지금까지 여성을 대상으로 하는 여성정책과 행정의 틀을 넘어 사회시스템과 제도 · 관행 그 자체에 메스를 가해, 정책 전체를 젠더 관점에서 파악하고 재검토하는 여성정책의 방향 전환이었다. 1999년에는 남녀공동참획사회기본법이 제정되고, 뒤이어 남녀공동참획기본계획(제1차)이 책정된다. 남녀공동참획 정책 · 행정, 그리고 젠더 관점에 의한 사회교육행정이 본격적으로 정비되어 젠더 평등을 향한 학습이 크게 확산될 가능성이 마련되었다고 할 수 있다.

그러나 젠더 관점에 민감한 학습과 교육이 1990년대 후반에 시작된 것은 물론 아니다. 그와 관련된 학습과 교육실천이 오랫동안 축적되어 왔다는 점을 잊어서는 안 될 것이다.

이 장에서는 지금까지 일본 여성들의 학습, 특히 젠더 관점에서의 학습과 교육에 있어 사회교육이 획득해 온 부분을 확인하고, 또한 젠더 평등을 향한 배움[1])을 크게 발전시키기 위해 무엇이 필요한가를 고찰하고자 한다.

1 지역 여성정책 추진의 거점 센터

우선 여성센터[2])의 역할에 주목하고자 한다. 1975년 유엔의 '세계 여성의 해'와 '유엔 여성 10년'을 계기로 남녀평등을 달성하기 위한 활동이 세계적으로 전개되는데, 일본에서도 유엔이 주도하는 젠더 평등의 바람을 타고 여성차별철폐협약 비준(1985년), 국내행동계획 책정, 그리고 남녀고용기회균등법(1985년) 제정 등 젠더 평등을 목표로 한 일련의 시책이 1980년대 중반 이후 구체화되었다.

여성교육 진흥과 여성의 지위향상(그 후의 남녀공동참획사회의 형성)을 종합적으로 추진하기 위해 공립공영여성센터 등 거점시설의 건설이 연이어 추진된 것도 1980년대 후반이다. 1990년대 중반 이후에는 여성단체 및 개인의 풀뿌리 여성운동이 활발한 가운데, 오사카부립(大阪府立)여성종합센터(일명 Dawn center), 도쿄위먼스프라자(東京womens plaza), 사가(佐賀)여성센터아반세(avance), 아이치(愛知)여성종합센터 · 윌(will)아이치 등 광역자치단체가 설치한 다기능형 대규모 센터 등이 잇따라 건설되었다.

여성센터는 지금까지의 부인(婦人)회관이나 부인(婦人)교육회관이 가지고 있던 활동장소를 제공하는 기능뿐만 아니라 교류기능, 학습기능, 정보기능, 상담기능, 조사 · 연구기능 등이 추가되었다. 즉 '삶의 모든 장에 있어서의 여성지원'[3])을 종합적으로 실시하는 여성

---

1) 남녀공동참획 학습, 젠더 학습, 여성의 인권학습 등 많다. 이 장에서는 그것을 총칭해서 '젠더 평등을 향한 학습'이라고 한다. 덧붙여 사회교육에서 논의되어 온 여성들이 내면화된 여성문제를 깨닫게 되는 공동학습을 '여성문제 학습'이라고 한다. 또 젠더 평등을 향한 학습의 주체로서 남성들을 시야에 넣는 것도 중요하지만 여성문제에 대처하는 데 있어 우선 여성의 존재를 빠뜨릴 수 없다고 파악하고 있기 때문에 여기에서는 여성에 한정시켜 논한다.

2) 여기서 '여성센터'는 부인회관, 부인교육회관, 여성회관, 여성교육회관, 여성종합센터, 남녀공동참획센터, 남녀공생센터 등을 가리킨다. 남녀공동참획이 정책문서에 등장하게 되면서 부인에서 여성, 또는 남녀공동참획으로 바꾸는 경우가 많다.

3) 青木玲子「임파워하는 여성센터(エンパワーする女性センター)」野々村恵子・中藤洋子『여성들의 임파워먼트－남녀평등사회를 지향하는 학습과 실천(女たちのエンパワーメント－男女平等社会をめざす学習と実践)』国土社, 1997, p.164.

행정 · 남녀공동참획 행정을 추진하는 거점 시설로서 자리매김하게 된다.

여성센터의 사업은 처음에는 '여성문제'를 알기 위한 계발 · 계몽형 강좌 · 강연 등으로부터 시작된다. 그런 점에서 여성학습과 교육을 담당하는 지도자 및 관계자들에게 실천적 연수의 기회를 제공한 국립여성교육회관(1977년 개설)의 역할은 컸다고 할 수 있다. 1980년부터 국립여성교육회관에서 '여성학 강좌'를 시작함에 따라 각 지역의 여성센터들도 여성문제 강좌나 강연을 기획 · 개설하게 되었다. 또한 처음에는 강의 형식의 '수동적 학습'이 주를 이루었지만, 학습자 개개인의 의식화 · 자기의식화를 중시하는 토론학습 · 워크숍 등의 방법도 개발되어 각 지역 여성센터에서 차례로 도입하게 된다.

오늘날 학습기능뿐만 아니라 여성운동 · 활동의 네트워크 거점으로서, 또는 여성 정책 · 남녀공동참획 정책화의 거점으로서 중요한 역할을 하는 센터도 적지 않다. 특히 요코하마(横浜)여성포럼은 지정관리자제도의 도입으로 재단법인 요코하마시 남녀공동참획추진협회로 운영 주체가 바뀌었지만, 개설 이래 계속해서 재취업 지원 강좌 및 창업지원 강좌 등 지역 여성들의 라이프 스타일에 맞는 일이나 사회참여를 지원하는 강좌에 주력하고 있으며, 한편으로는 관련된 지역 그룹과 네트워크를 만들기 위한 지원 등 시설 내 기능을 유기적으로 연결하여 여성들의 자립 지원에 중요한 성과를 거두어 왔다.

2 '여성문제 학습'의 발견

여성센터 강좌가 강의 형식에서 토론학습을 중시하는 학습으로 전환되고 있음을 지적하였는데, 학습자(여성)들의 의식을 중시한, 즉 자신의 삶을 되돌아보고 문제를 발신하고('깨달음'), 더 나아가 그것을 뛰어넘는 자기의식화(自己意識化)로 연결되는 '여성문제 학습'을 만들어 온 것이 바로 공민관을 중심으로 한 사회교육이다.

대표적인 예로서 1960년대 중반부터 시작된 구니타치시(國立市) 공민관의 시민대학 세미나 '나에게 있어서의 여성문제 학습'의 실천을 들 수 있다. 이 공민관은 젊은 어머니들의 학습을 보장하기 위해 무료 공민관 보육실을 만든 선구적인 공민관으로 잘 알려져 있으며, 그 학습방법도 주목을 받았다. 즉 '강의'나 '교재' 중심으로 진행하는 것이 아니라 '구성원들이 자기 자신에 관해 말하고, 그 안에서 문제를 찾아내 스스로 문제를 제기하고, 서로 받아들이는' 것을 목적으로 하여 발표자의 문제 제기, 토론 학습, 그리고 이를 기록하면서 서로 한층 더 학습을 심화시키는 방법으로 자신의 삶을 집단의 상호학습을 통해 생각해 보는 공동학습이 실시되어 왔다.

구니타치시 공민관의 이토 마사코(伊藤雅子)는 현대 주부들이 처한 상황에 대해 "좁은 생활권 안에 고립되어 자신의 표현력, 자기주장의 수단을 빼앗기고 있다."[4] 고 하면서 "협동이나 자기표현의 힘을 되찾으려고 하는 과정이 그대로 주부들의 문제"[5] 로 드러나고 있다고 말한다.

핵가족화의 진전, 지역사회의 급격한 변화 속에서 혼자 아이를 키워야 하는 여성들이 답답한 고민이나 아픔을 서로 공유하고 인정하면서, 평상시의 '답답함'이 무엇인지 알게 하기 위해서는 지식 주입형 학습이 반드시 유효하다고는 할 수 없다. 구니타치시 공민관에서 '여성문제 학습'으로 시도된 배움, 즉 다른 사람들과의 관계 속에서 자신을 발견하는 공동학습은 각 지역의 여성센터 및 공민관 실천에 활용되어, 학습을 주체화시키는 학습방법이 풍부해졌다. 부인(婦人)학급의 실천 속에서 계승되어 온 '토론학습'이나 자신의 말을 가지게 되는 행위인 '생활기록', 혹은 '배운 사실을 같이 쓰고 읽고 음미하며, 그것을 통해 그다음의 학습과제를 이끌어 내는'[6] 학습방법이라고 할 수 있는 기록 만들기 등이 바로 그것이다. 이들은 '여성문제 학습' 고유의 학습방법은 아니지만 '여성문제 학습' 실천 속에서 시도되어 발전했다는 점에 유의해야 한다. 또 카운셀링, 퍼포먼스 등 다양한 학습방법이 여성의 임파워먼트에 유효한 방법으로 사용되고 있다.

3 실제 생활을 출발점으로 한 학습

자기 주변의 생활과제를 출발점으로 하여 자신의 생활을 재검토하고 생활 실천으로 연결해 가는 과정에서 성 인지에 대한 학습을 만들어 온 것은 큰 수확이라고 할 수 있다. 생활 속에 잠재된 젠더는 우리 의식에 내면화되어 있기 때문에 젠더를 의식하는 일은 쉬운

4) 伊藤雅子「성인여성이 배운다는 것(おとなの女が学ぶということ)」国立市公民館市民大学セミナー 編『주부와 여자-구니타치시공민관시민대학세미나의 기록(主婦と女-国立市公民館市民大学セミナーの記録)』未来社, 1973, p.215.

5) 위의 책, p.216.

6) 入江直子・村田晶子「학습의 조직화와 기록(学習の組織化と記録)」日本社会教育学会 編『성인의 학습과 생애학습의 조직화(成人の学習と生涯学習の組織化)』東洋館出版社, 2004, p.132.

일이 아니다. 그러나 한편으로 건강문제나 노후문제, 자녀교육문제 혹은 취업불안 등 경쟁과 효율이 중시되는 오늘날, 생활에 대한 불안이나 장래에 대한 불안을 가지고 있지 않는 사람은 없을 것이다. 그러므로 일상의 생활과제를 계기로 젠더를 접할 수 있는 의식적인 학습의 편성이 특히 중요해진다.

이러한 점에서 지속적이고 발전적으로 시민의 생활과제 · 지역과제에 대한 학습을 해온 카이즈카시(貝塚市)공민관의 교육실천은 주목할 만하다.[7)]

카이즈카시가 여성의 인권학습을 공민관 활동의 중심에 두게 된 것은 인권 · 동화(同和) 학습을 공민관의 학습으로 어떻게 정착시킬 것인가에 대한 검토를 거쳐 시민들이 직면하고 있는 지역문제, 생활문제 안에 인권문제를 포함시킨다는 기본 방향을 세웠던 1970년대 이후의 일이다. 이동공민관(1973년), 보육서비스를 받을 수 있는 '친자(親子)교실'(1975년), 시각장애여성들을 대상으로 한 요리교실(1979년) 등이 그것이다. 1970년대 후반에는 계통적 · 전문적 학습을 실시하는 강좌가 시작되었고, 강좌가 종료된 이후에도 학습자들끼리 자율적으로 학습그룹을 만들어 학습을 계속하는 여성들이 생겨났다. 여성문제 학습에 관심을 가지고 만들어진 '여성사(史)를 읽는 모임'도 그중 하나이다.

그림 11-1 동아리 룸

7) 千葉悦子「여성문제 학습에 있어서의 의식화와 자기형성(女性問題学習における意識化と自己形成)」大前哲彦 · 千葉悦子 · 鈴木敏正 著『지역주민과 함께(地域住民とともに)』北樹出版, 1998, pp.45-63., 千葉悦子「여성정책의 전개와 생애학습(女性政策の展開と生涯学習)」神田慶延 · 遠藤知恵子 · 宮崎隆志 編著『생애학습을 조직하는 것(生涯学習を組織するもの)』北樹出版, 1997, pp.138-154.

이 모임은 1978년에 만들어져 책을 같이 읽고, 감상을 나누며, 그것을 기록하는 학습활동과 병행하여 이치카와 후사에(市川房枝)[8]의 자전(自傳) 상영회, 기념강연 실시, 시민들을 대상으로 한 조사 등 카이즈카 시민을 대상으로 폭넓은 활동을 해 오다가 10년 후에 해산된다. 구성원 중 한 명은 "그야말로 여성사를 읽는 모임이었다. 독서를 통해 생기는 의문도 지식으로 아는 것 이상의 것을 하지 못했다. 여성 차별을 배우고, 알고, 깨닫고, 어떻게 할 것인가라는 것이 빠져 있었다."라고 지적하면서 지식주입형 학습이었다는 것에 대한 반성을 하고 있다.

이러한 학습실천에 더하여 1980년대 이후에는 학습을 통해 자신을 뒤돌아보고 문제를 발견하고, 이를 극복해 가는 자기의식화와 관련된 학습방법, 학습내용의 의식적 편성이 시도되기 시작한다. 1970년대 후반의 계통적 · 전문적 학습에 대한 반성을 기초로 여성의 자립 및 삶의 방식과 관련된 주제를 폭넓게 다룬 강좌들을 수료한 수강생들이 자율적으로 결성한 학습그룹들이 여러 개 만들어졌다. 예를 들면, 자녀생활지도 · 교육 중심의 학습에서 부모 자신의 삶이나 성역할분담을 다루는 '자녀양육강좌'(1980년)나 부인강좌인 '오후의 모임' 등이 그것이다.

그림 11-2 공민관의 한국요리교실

그중에서도 1980년 여성문제 강좌 '여성에게 쉬운 경제'를 수료한 이후, 지역 경제에 대해 더 배우고 싶은 여성들이 모여 만든 '목화회'의 활동은 흥미롭다. '목화회'에서는 카이즈카시의 산업을 이끌어 온 '여공'들의 노동을 '녹취'해서 기록한 「솜(綿) 속의 청춘」(1991년)을 간행하였다. 그와 함께 카이즈카고등학교 격주(隔週) 야간제의 교원들 및 학생들과의 교류, 전시회 '실을 잦는, 짜는, 여자들의 손'(1994년)을 개최하는 등 카이즈카시 여성들의 역사를 발굴해 낼 뿐만 아니라 지역사회에 전달하는 학습 · 실천으로 발전시켰다. 멤버들 사이에서는 '밤낮의 장시간 노동, 땀투성이의 여름 현장, 저렴한 임금, 소음과 솜먼지로 범벅이 된 혹독한 작업'을 강요당했다는 사실을 제대로 기록하고 싶은 마음이 강해져 갔다. 멤버 중 한 사람은 "인터뷰 과정에서 여성노동사(史)를 기록하는 것의 의의가 멤버들 사이에서 인식되어" 갔다고 말한다. 기록화해야겠다고 생각한 것은 아무 권리도 보장되지 않는 노동 조건에서의 일에 대한 단순한 동정 때문이 아니었다. '여공'들의 노동을 조사 · 기록하는 것을 통해 자신을 발견하는 또 하나의 배움이 거기에 존재한다고 해야 할 것이다.

4 지역을 만드는 배움과 네트워크

카이즈카시의 NPO법인 '안심하고 늙어 가기 위한 모임'의 모체인 '일하는 여성의 모임'과 '풍요로운 노후를 목표로 하는 모임'은 공민관 강좌에서 파생된 자율적인 학습그룹이다. 전자는 공민관의 야간강좌인 '일하는 여성들을 위한 강좌'(1983년)를 수료한 사람들이 만들었다. 여성들이 지속적으로 일하려고 할 때 직면하는 직장, 지역, 가정에서의 여성문제에 대해 학습하고 교류하며 활동을 계속해 왔다. 후자는 공민관의 부인강좌 '고령사회와 여성'에서 파생된 자율적인 학습그룹이다. 그리고 이 두 가지 시민그룹과 관련 노동자, 사회복지협의회가 참여해서 '안심하고 늙어 가기 위한 카이즈카 연락회'를 발족하여 개호(수발) 네트워크 사업에 착수하였으며, 2001년에는 NPO법인 '안심하고 늙어 가기 위한 모임'을 만들어 현재는 개호사업 외에 데이 하우스(주간보호) 사업, 토요일 카페, 전통의상 수선 등의 활동을 하고 있다.[8)]

카이즈카시 공민관에서 여성들의 학습과정은 자신들의 생활과 삶에 관련된 '여성문제 학습' 강좌개설, 그것에서 파생된 자율적인 학습그룹들의 네트워크를 통한 지역과제의 공

8) 山本健慈 · 村田和子「지역생애학습의 조직화(地域生涯学習の組織化)」日本社会教育学会 編『성인의 학습과 생애학습의 조직화(成人の学習と生涯学習の組織化)』東洋館出版社, 2004, pp.160－164.

유, 그것을 기초로 한 지역실천으로 전개되고 있다고 할 수 있다. 즉, 카이즈카시의 사례에서 '여성문제 학습'을 비롯한 양성평등 학습을 통해 주체적 역량을 높인(임파워먼트) 여성들이 지역의 네트워크화를 도모하면서 지역 만들기의 주체로 성장하고 있다고 할 수 있다.

오카야마시(岡山市)의 「남녀공동참획사회 형성 촉진에 관한 조례」의 제정 작업도 그러한 사례 중 하나라고 할 수 있다. 조례 제정은 시민들과의 협력으로 이루어졌는데, 조례 제정의 원동력은 공민관에서 시민들의 임파워먼트였다. 즉 시민들이 공민관에서의 배움을 통해 주체적으로 생각하고 행동하는 시민으로 성장하여 지자체의 정책 입안에 적극적으로 참여하게 된 것이다.[9)]

5 양성평등 학습을 발전시키기 위하여

이상과 같이 사회교육에서 양성평등을 위한 학습과 교육이 성과가 있었음을 알 수 있으나, 양성평등을 위한 학습실천의 기세가 다소 약화된 것도 사실이다. 그 요인 중 하나로 2000년 이후의 반(反) 젠더운동의 강세를 들 수 있다. 그 결과 사회교육의 자유를 침해하는 일도 생겼다. 2005년 도쿄도 교육청이 여성학 강사를 거부한 사태, 후쿠이현(福井縣) 생활학습관에서 페미니즘과 젠더 프리에 관한 책 150권을 폐기하려고 한 사건, 2000년 이후의 남녀공동참획 관련 예산의 축소 경향과 가정교육 예산의 증가 등이다. 2006년에 개정된 「교육기본법」에서 양성평등을 실현하는 교육제도 및 교육내용의 원칙을 규정한 남녀공학 조항이 삭제되는 한편, 가정교육 조항이 신설되어 부모와 보호자의 가정교육에 대한 일차적 책임을 규정하고(제10조), 또한 학교, 가정, 지역주민, 그 밖에 관계자들의 교육에 대한 역할과 책임을 규정하였다. 저출산에 대한 대응으로 '출산' 및 '자녀양육'의 담당자로서 '가족'과 '국가'에 봉사하는 여성상이 전면에 내걸리는 등 여성의 인권 및 양성평등의 권리에 대한 침해가 일어나고 있다.

이와 같이 젠더 평등을 위한 학습의 진행에 어려움이 있다고는 하지만, 현재 상황을 냉정하게 바라보면 이는 사회교육이 쌓아 온 성과들이 아직 사회에 제대로 뿌리내리지 못하

9) 田中純子「오카야마시의 공민관활동과 실천(岡山市の公民館の歩みと実践)」『月刊社会教育』國土社, 2003, 7月號, pp.26－34.

고 있음을 보여 주는 것이라 할 수 있다. 물론 시정촌 합병과 행・재정의 '합리화'라는 이름 아래 공민관의 통폐합, 공민관을 자치단체장 직속조직으로 이관, 공민관을 폐지하여 복지・커뮤니티센터로 전환하는 등 시민의 주체적인 배움의 장을 보장하는 공적 사회교육을 해체하려고 하는 움직임이 그 배후에 있다고 할 수 있다.

그러나 양성평등을 위한 학습・교육에도 한계가 있다는 점을 지적할 필요가 있다. 즉 앞에서 생활과제와 관련된 학습의 의의를 말하였는데, 젠더가 빈곤문제・사회양극화문제(계층간 격차나 지역 간 격차) 등과 서로 관련이 있음에도 불구하고, 그것들과 분리시켜 고유 영역으로서 '여성문제 학습'을 파악하는 경향이 있는데, 이것이 학습자들의 폭넓은 지지를 얻을 수 없는 원인이 되고 있는 것은 아닐까? 더욱이 공민관이나 학습센터의 학습이 여성행정・남녀공동참획 행정의 의식 계발・계몽 사업으로 흡수되어 양성평등을 위한 학습이 자치단체장 직속 조직의 담당조직이나 여성센터에 집중되어 고립화되고 있다.

노노무라 게이코(野々村惠子)는 "성차별뿐만 아니라 마이너리티 등 인권학습, 역사, 사회시스템과 관련된 학습, 국제화, 글로벌화, 평화문제 등 여성들을 둘러싼 사회와 관련된 학습, 환경, 저출산・고령자문제 등 여성의 삶과 관련된 학습" 등에 대응할 필요가 있다고 지적하고 있는데, 필자도 이에 동감한다.[10)]

그리고 학습과 생활실천을 통합해서 파악하는 것이 불충분하다는 점을 들 수 있다. 살아가는 것과 배워 가는 것, 활동과 학습을 분리하지 않고 생활 전체를 통해 배운다는 관점이 약하다는 것이다. 즉 공민관이나 여성센터의 학급・강좌 범위 내에 그치지 않고 학습자를 모든 생활과정과 관련시켜 파악해야 한다.

지역사회에서 비형식 학습을 포함한 다양한 학습과 활동을 통해 지역사회의 젠더 관계를 혁신하는 주체 형성이 여러 곳에서 발견된다. 예를 들어 농산촌에서 직거래장터나 농산물 가공 등의 여성창업이 활발하다. 이러한 활동은 자영농에서는 평가 받기 어려운 자신들의 노동을 눈에 보이는 형태로 평가받아 수입으로도 연결되며, 여성・고령자들에게 긍지와 삶의 보람을 주고 있다. 그뿐만 아니라 생산자들 간의 네트워크나 도시 소비자와 서로 얼굴을 마주하는 관계를 만들어 가면서, 글로벌화에 의한 농산촌 지역의 해체에 저항하여 가족과 지역을 지키는 실천 주체로서 성장하는 여성들을 많이 볼 수 있다. 장애인과 고령

10) 野々村恵子・上村千賀子「여성의 배움과 임파워먼트(女性の学びとエンパワーメント)」日本社会教育学会 編『현대적 인권과 사회교육의 가치(現代的人権と社会教育の価値)』東洋館出版社, 2004, p.244.

자에 대한 자립지원이나 아동 보호활동의 네트워크가 형성되고, 생활을 서로 돕는 지역 만들기를 추진하는 활동도 확산되고 있다. 그러한 활동을 담당하는 상당수가 여성들이다.

이러한 활동은 노동 및 생활에 철저한 효율성을 요구하며 적응하지 못하는 사람들은 낙오자라고 하여 잘라 버리는 신자유주의의 노선에 대치되고, 생활자의 관점, 사회적 약자를 보호하는 인권의 관점에서의 지역 재생을 위한 활동이며, 그 활동에서 생활이나 생산전문 노동자들의 배움의 과정은 불가결한 것임을 유념해야 한다.

이상과 같이 사회교육이 지금까지 쌓아 온 것을 기반으로 하여 실제로는 양성평등을 위한 배움을 보다 풍부하게 할 가능성이 크게 확산되고 있음을 확인할 수 있었다. 식(食)이나 생명의 최전선에 서 있는 여성들이 생활자의 관점에서 지역을 창조하는 주체로 성장하고 있다는 것이 무엇보다도 우리에게 용기를 북돋아 준다. 중요한 것은 공민관 등 사회교육기관이 지역사회에 뿌리를 내리고, 여성센터, 복지 · 환경에 관한 공공분야, 또 NPO 등 민간기관 · 조직과 협동하여 지역의 배움을 창조해 나가는 것이며, 거기에 젠더의 관점을 포함시켜 가는 것이다.

〈역주〉

8 이치카와(市川厚枝) 후사에(1893~1981)는 1920년 히라츠카 라이쵸(平塚らいてう) 등과 함께 신(新)부인협회를 설립하였으며, 여성의 참정권 획득을 위해 활약한 여성운동가이다. 제2차 세계대전 이후 신일본부인동맹을 결성하였으며, 1953년에는 참의원 의원에 당선되어 매춘방지법 제정 · 정치계 정화 등에 진력하였다.

특별칼럼 2 요람에서 무덤까지, 기록의 달인들

정현경(공주대 강사)

일본인하면 섬세함, 치밀함, 성실함 등 떠오르는 이미지가 여러 가지 있겠지만 기록을 남기는 일에 관한 한 세계에서 둘째가라면 서럽지 않을까 쉽다. 언젠가 비행기 추락사고 시에도 메모로 유서를 남긴 일본인의 일화는 뭉클함 감동을 넘어 숙연해지기까지 했다.

일본인들과 함께 세미나나 학습을 해 본 경험이 있는 사람들은 그들의 메모하는 모습이 인상 깊게 남아 있을 것이다. 이들의 기록문화는 가히 전 국민적이고 그야말로 요람에서 무덤까지라는 말이 딱 들어맞는 것 같다.

이러한 그들의 이미지는 일본에서 유학할 때 생활 곳곳에서 느낄 수 있었다. 일본 연구자들의 꼼꼼한 기록이나 문서보관 습관을 접했을 때는 연구자들이니까라고 생각했지만 그 밖에 다른 곳에서 만난 일본인들도 마찬가지였다.

유학시절 석사논문으로 일본 여성들의 자주그룹(학습소모임)에 관하여 연구를 했다. 조사를 했던 자주그룹들은 자신들의 활동기록을 자세히 기록해 놓았기에 연구를 하는 데 많은 도움이 되었다. 이들은 작은 메모 하나도 잘 보관하고 있었다. 이외에도 필자는 한국어 강사를 하면서 다양한 사람들을 만날 수 있었는데 정말로 남녀노소 직업을 불문하고 노트 필기를 꼼꼼히 잘한다.

특히 기억에 남는 것은 한국 문화와 언어를 매개로 모인 10여 명의 40~60대 여성들로 구성된 그룹을 약 5년간 가르쳤는데, 그때의 학습기록은 나중에 누가 보아도 그 당시 무슨 일이 있었는지 한눈에 알아볼 수 있는 것이었다. 이 노트를 잘 정리하면 하나의 책으로 내도 손색이 없을 정도였다. 더욱 놀라운 것은 모임이 해산된 지 10여 년이 지났는데도 노트를 간직하고 있다는 것이다. 강제성도 없고 특별한 조직도 없는 작은 학습 친목모임인데 말이다.

그들의 기록문화를 다시 한 번 피부로 느낀 것은 아이를 갖고 키울 때이다. 임산부 때 나눠 준 산모수첩에는 태아와 산모의 상태를 자세히 적어 놓아서 나중에 보아도 그때의 일을 선명히 떠오르게 해 주었다. 또한 아이를 보육소(어린이집) 영아반에 보냈을 때 관찰 기록부를 연상시키는 육아노트는 새삼 일본인들의 기록문화를 다시 한 번 느끼게 해 주었다. 변화가 많은 영아라는 것을 고려하여 보육소 선생님들과 보호자들이 함께 육아노트라는 것을 적는데, 이 노트에는 아이의 하루 일상을 소상히 알 수 있도록 일어나서 잠들 때까지 무엇을 먹고 어떻게 놀았고, 어떤 행동을 새롭게 했는지에 대해 한눈에 알 수 있는 표로 만들어져 있었다. 특히 아프기 쉬운 영아를 위해 보육소에서는 하루 세 번 열을 체크하고, 먹은 음식 종류, 양, 그리고 어떻게 먹었는지를 그 자리에 있었던 것처럼 알 수 있게 자세히 기록하였다.

물론 보호자란도 있어서 나도 집에서 있었던 것을 소상히 써 보내야 했는데 나의 덜렁거리는 성격과 어학의 벽 때문이기도 했지만, 늘 꼼꼼히 기록을 하는 데 애를 먹었다. 그러나 다른 일본인 보호자들은 좀 귀찮아하긴 했어도 별반 힘들어하지 않고 1~2장을 거뜬히 써서 보내 오고 그것을 당연시 여겼다. 이렇게 서로 기록을 교환하고 소통하는 것이 아이를 위하는 길이라고 생각해서였다.

일본인들의 기록습관은 이처럼 태아에서부터 보육소, 학교, 직장, 동호회 등으로 이어진다. 생활에서 자세히 기록하는 것이 일상화되어 있다고나 할까. 그러니까 어떤 모임이나 연수에 가면 많은 일본인들이 마치 시험노트를 만드는 것처럼 진지하게 메모를 한다. 정말로 전 국민의 요람에서 무덤까지 기록의 생활화가 아닐 수 없다.

우리네 뇌는 기억하는 데 한계가 있어서 일정기간이 되면 잊어버린다. 아니 잊어버리는 것뿐만 아니라 더 나아가 사실을 왜곡까지 하고 자신도 모르게 조작하기도 한다. 그러나 이러한 기록이 그대로 그때그때 남아 있으면 자신뿐만 아니라 다른 이들도 사실을 공유하게 된다. 공유된 기록은 당대에서 끝나는 것이 아니라 다음 세대, 그다음 세대로 이어지며 보관만 잘하면 그대로 영구히 보존된다. 그래서 후손들에게 지혜를 물려주게 되고 그것을 바탕으로 좀 더 발전적인 방안을 모색할 수 있는 좋은 기반이 된다.

자신의 경험을 기록하는 것은 개인적으로는 자신의 과거를 되돌아볼 수 있을 뿐 만 아니라 그것을 바탕으로 서로의 지혜와 정보를 나눌 수도 있다. 이것은 당대의 사람들끼리 공유를 넘어 후손으로까지 전수가 가능하며 이러한 전수과정을 통해 한 사회의 문화는 발전한다고 볼 수 있다.

결국 인류사회의 발전이 축적된 학습을 다음 세대가 이어받아 더 발전시키는 것에서 출발한다고 본다면 이러한 일본인들의 섬세한 기록습관은 일본의 평생학습사회를 발전시키는 보이지 않는 힘으로 작용할 것이라고 본다.

제 12 장
고령자의 자아실현과 학습

츠지 유타카(辻浩)

일본의 고령자교육은 인구고령화가 예측된 1970년대부터 고령자들의 삶의 보람과 자아실현을 위해 추진되었다. 당초에는 고령자교실을 설치하는 것 자체에 의의가 있었으며, 문부성이 각 지자체에 위촉하여 많은 수의 고령자교실이 개설되었다.

시간적 여유를 가진 고령자들이 고령자학급에 많이 참여하였고, 이에 좀 더 많은 학급개설을 요구하였으며 점차 학습내용이나 방법의 심화에 대한 과제도 생겨났다. 일방적으로 강의를 듣고 지식을 쌓는 것뿐만 아니라 주체성을 발휘하여 지역과 관련된 실천적인 학습을 모색하게 되었다. 고령자 대학을 통해 장기간의 학습을 준비하거나 자신의 인생을 되돌아보는 자기생애사 학습, 사회활동과 일을 연계한 학습, 스스로 지역과제를 조사하는 활동 등 주목할 만한 실천들이 생겨났다. 또한 건강한 고령자의 자아실현만이 아니라 허약하거나 중도장애로 인해 집에만 갇혀 지내기 쉬운 고령자들의 사회참여를 위한 활동도 시작되었다.

이러한 일본 고령자들의 자아실현과 학습 동향을 소개하고자 한다.

1 고령화의 진행과 사회의 과제

일본은 65세 이상 인구가 1970년에 7%를 돌파하였고, 1995년에는 14%를 넘어섰다. 이른바 '고령화사회'에서 '고령사회'로 이행하는 데 25년밖에 걸리지 않았을 정도로 매우 빠른 속도로 인구고령화가 진행되었다. 또 통계에 따르면, 2014년에는 65세 이상 인구가 25%에 달하고, 2050년에는 36%가 될 전망이다. 이와 같이 65세 이상 인구의 증가는 물론 높은 연령층의 고령자가 증가함으로써 그만큼 요양·수발을 필요로 하는 인구가 늘어나게 되는 점도 주목해야 할 부분이다. 수발을 필요로 하는 고령자는 65~70세에는 2.7%이지만, 80~84세가 되면 26.8%, 85세 이상이 되면 50.7%나 된다. 그러나 이러한 인구고령화와 수발이 필요한 고령자가 증가하는 것에 비해 자녀들과 함께 사는 고령자는 감소하고 있다. 예를 들면, 65~69세 고령자의 경우 1975년에 68.5%가 자녀들과 함께 살았지만, 2000년에는 42.7%로 감소하였다.

일본에서는 종래 고령자의 수발을 가족이 담당해 왔는데 이러한 상황에서 수발의 사회화가 중요한 과제가 되고 있다. 개호(介護)보험(=노인요양보험)제도의 도입 등 사회복지제도를 개혁할 필요성이 생겨난 것이다. 또 의료비나 연금에 드는 비용의 증대로 인해 새로운 고령자의료나 연금 등의 구조를 만들 필요도 생겨났다. 그러나 과제는 그뿐만이 아니다. 삶의 보람 형성이나 사회참여 등 고령자를 둘러싼 종래의 관행과 문화에 관련된 사고방식도 바꿀 필요가 생겨나 사회교육에 대한 기대도 높아졌다.

일본에서는 19세기 후반부터 20세기 전반에 걸쳐 산업의 진흥과 군사력의 강화를 위해 보덕(報德)운동을 전개하여 부지런히 일하고 사치하지 않도록 하였다. 제2차 세계대전 이전에 학교교육을 받은 고령자들에게 있어서 이것은 큰 가치관으로 자리 잡아 여가를 즐기는 것에 대한 죄악감이 항상 따라다녔다. 그러한 고령자들을 위해 1951년부터 후생성(厚生省)이 조직한 노인클럽은 고령자들에게 레크리에이션이나 교류의 기회를 제공하는 역할을 해 왔다. 그리고 이 노인클럽을 중심으로 1970년대 후반부터 게이트볼이 폭발적으로 보급되어 많은 고령자들이 여가를 즐기는 것에 대한 죄악감에서 해방되었다. 이러한 고령자들의 활동은 다양한 학습·문화 활동으로 확대되었다.

고령자들의 레크리에이션이나 학습·문화와 관련된 사회교육이 중시되었으며 또한 지역복지의 추진과 관련해서도 사회교육은 주목받아 왔다. 일본에서는 1970년대에 지역복지에 대한 의식이 확산되었고, 1990년대 이후 그것이 본격적으로 전개되었다. 나이가 들어 생활하는 데 불편함이 있더라도 재택생활을 지원하는 서비스를 활용함으로써 오랫동안 살아온 지역에서 가능한 한 계속 생활을 이어가는 것이 사회복지의 주류가 되었다.

이러한 지역복지는 재택생활을 지원하는 방문요양, 데이(day)서비스 등 제도로 확립된 서비스를 필요로 한다. 그러나 동시에 가까운 곳에 유휴공간을 확보하는 일이나, 이웃과의 협조 체제를 갖추는 등 복지에 대한 주민들의 이해를 심화시키고, 이를 활동으로 연결시킬 필요가 있다. 이처럼 주민들이 참여한 지역복지는 사회복지의 입장에서는 사회복지협의회가 추진해 왔지만, 사회교육도 그와 무관했던 것은 아니다. 학습 성과를 자원봉사활동으로 연결하거나 자원봉사활동을 추진하기 위하여 학습을 하기도 한다. 사회교육은 학습과 활동을 연결시켜 고령화된 지역을 살기 좋은 지역으로 만드는 일을 담당해 왔다.

2 보조사업인 고령자교실과 유지들에 의한 라쿠세가쿠엔

본격적인 고령화사회로 진입해 가는 가운데 문부성은 1965년부터 '고령자학급'을 전액 국고 보조로 실시할 것을 시구정촌(市區町村)에 위탁하였다. 1973년에는 '고령자교실'로 그 명칭을 바꾸어 1970~1980년대 시구정촌의 주요한 사회교육사업으로 정착시켜 갔다.

국고 보조사업인 고령자교실은 65세 이상의 고령자들을 대상으로 하여, 한 교실에 대략 50명, 36시간 이상의 학습이 이루어지는 것으로서 공민관이나 집회시설, 학교 등의 시설을 이용하여 실시되었다. 학습내용은 사회변화에 대한 이해, 젊은 세대의 이해, 건강 유지, 취미·교양의 충실, 사회봉사활동의 참가, 그 밖에 연령에 맞는 사회적 능력의 향상이 주를 이루었으며, 학습방법으로 일부 그룹토론도 이루어지기는 하였지만 대체로 강사에 의한 강연이나 실기지도가 중심이었다. 행정 주도의 고령자학습에서는 학습자가 주체가 된다는 발상이 미약하였으며 강사로부터 지식이나 기술을 전수받는 이른바 '계승학습'이 많았다.

그에 반해 나가노현(長野縣) 이나시(伊那市)에 있는 미츠히사사(光久寺)의 주지승인 고바야시 분조(小林文成)가 1954년에 개설한 라쿠세가쿠엔(樂生學園)은 고령자들의 토론을 중심으로 한 실천으로 주목받았다. 라쿠세가쿠엔에서는 고령자가 자신의 일상생활 속 불안이나 소망들에 대해 서로 이야기를 나눔으로써 ① 젊은 사람들과 대화할 수 있게 된다, ② 고령자의 밝은 성격을 통해 가정생활을 원만하게 한다, ③ 고령자 자신이 가정이나 사회에 도움이 되고 있다고 자각한다, ④ 노인병에 관한 지식을 몸에 익힌다, ⑤ 고령자의 생활을 역사적으로 연구한다, ⑥ 고령자의 사회성을 심화시켜 조직력을 갖는다, ⑦ 선진국의 시책을 배워 국가나 사회에 고령자 시책을 요망한다, ⑧ 현대 생활에 적응할 수 있는 학습을 실시한다 등을 학습의 목표로 삼고 있었다. 라쿠세가쿠엔은 1981년에 활동을 중단하였지만, '계승학습'의 경향이 강했던 당시의 고령자교실들로부터 주목을 받았고, 그 후의 고령대학이나 생애사학습, 고령자운동 등의 학습활동에도 영향을 주었다.

3 고령대학 · 시민대학의 학습형태

고령자교실과 나란히 1970년대부터 노인대학 · 고령대학이 개설되었다. '대학'이라고 불리는 것에서도 알 수 있듯이 장기간에 걸쳐서 전문적으로 과제를 발굴하고 탐구하는 것이 이 대학들의 목표였다.

일본에서 최초의 고령대학이라고 알려져 있는 효고현립(兵庫縣立) 이나미노가쿠엔(いなみ野學園)은 효고현 가코가와시(加古川市)의 현립농업대학이 있었던 자리에 1969년에 개설되었다. 당초에는 1년제였지만 1971년부터는 4년제가 되었으며 1977년에는 2년제의 대학원도 설치되었다. 대학에서는 오전 중에 일반교양을 배우고 오후에는 전문학과를 배운다. 농업대학의 시설을 사용하였기 때문에 전문학과는 '원예 · 조경' '사육' '농업기계' '식품' '생활' '복지'가 주를 이루었으며, 실습농장인 '꽃과 작은 새와 곤충센터'까지 갖추고 있었다. 또 대학원에서는 대학에서 배운 것을 살려 지역리더로서의 활동을 목표로 한 학습이 실시되었다.

한편, 사회복지의 충실을 도모하기 위해 평생학습에 주목하게 된 실천으로 1977년에 도쿄도(東京都) 세타가야구(世田谷区)에 개설된 '세타가야구노인대학'이 있다. 오늘날 일본의 사회복지는 지역복지를 중심으로 한 시스템으로 변경되어 즐거움이나 교류, 삶의 보람도 복지의 중요한 과제가 되고 있다. 세타가야구노인대학의 학습은 노인대학건강체육교실, 코스별 학습, 클럽활동으로 구분되고, 코스별 학습으로는 '사회' '문화 A' '문화 B' '복지' '생활' 코스가 설치되었다. 또 코스별 학습에서는 강의를 듣는 것뿐만 아니라, 서로 의견을 교환할 수 있는 세미나 형식의 학습이 실시되었다.

최근에는 이러한 고령대학은 물론이고, 일반 시민대학에도 많은 고령자가 참여하고 있다. 시민대학은 시정촌의 사회교육행정 혹은 공민관이 실시하는 사업으로, 종래에는 강연을 중심으로 하는 강좌 위주였으나, 최근에는 수강자가 지역의 실정을 조사하여 그것을 발표하고, 그 과정에서 친구를 만드는 일이 중심이 되는 것으로 변화하고 있다. 여기에는 매회 강사를 초청하는 예산 확보의 어려움이 원인이기도 하지만, 정년퇴직자들이 다수 참여하게 되면서 주체적인 학습이 아니면 수강자가 만족하지 않게 된 배경도 있었다. 그러한 상황 속에서 조언자나 코디네이터의 역할이 중요해지고, 학습내용에 대한 지식만이 아니라 수강자의 학습의욕을 끌어내고, 수강자들 간의 유대강화를 지원하는 역량이 요청되고 있다.

4 삶의 의의를 발견하는 생애사 학습과 회상법

고령기의 학습은 인생의 결실기에 적합한 것이어야 할 필요가 있고, 자신의 인생을 긍정적으로 이해할 수 있는 것이어야 한다. 그것을 위한 학습방법으로서 생애사 학습이 전개되어 왔다.

1977년에 도쿄도 아키시마시(昭島市) 공민관의 고령자교실에서 생애사 학습이 시작되었다. 학습과정으로는 고령자의 주체적인 배움과 자신이 살아온 시대를 이해하기 위한 양잠농가 인터뷰, 그리고 그것에 대한 기록이다. 그 연장선상에서 자신의 인생을 되돌아보는 생애사 학습활동을 하게 된 것이다.

자신의 인생을 되돌아보면 기억하고 싶지 않은 일도 있다. 하지만 그 기억해 내고 싶지 않은 것이야말로 자신에게 있어 가장 중요한 일이며 그것을 누군가와 함께 나눔으로써 마음의 짐을 덜게 되는 경우도 있다. 때로는 보잘것없다고 생각될 수도 있는 자신의 인생을 정리하는 것의 의미를 이해하지 못하는 사람도 있다. 누구나 자신의 인생에 있어서는 주인공이며 그것은 이 세상에 둘도 없이 소중한 것이라는 것을 알게 하기 위해서는 느긋하게 진행시켜 갈 필요가 있다. 자신의 내면을 써 내려갈 수 있는 사람만이 쓰는 것이 아니라, 누구라도 쓸 수 있게 하기 위해서는 그 내용을 진지하게 받아들여 주는 교우관계가 무엇보다도 중요하다. 그러한 활동을 통해 고령자 문집인 『장작불』이 발행되어 왔다.

또한 나가노현(長野縣) 마츠모토시(松本市)의 공민관이 중심이 되어 1990년부터 『신슈(信州)노인 통신』이 매년 간행되고 있다. 어린 시절의 놀이나 심부름, 젊은 시절의 추억, 두 번 다시 겪고 싶지 않은 전쟁체험, 지금 걱정되는 생활이나 세상사 등 뭐든지 쓰고 싶은 것이 있으면 투고할 수 있고, 그것을 엮어 책자로 만들었다. 그 과정에서 손으로 쓴 원고가 워드프로세서 자원봉사자들에 의해 활자화된다. 그 자원봉사자들이 고령자들의 꾸밈없는, 있는 그대로의 문장을 접하면서 위안을 받고 힘을 얻고 있다.

한편, 이러한 생애사 학습과 유사한 것으로서 사회복지의 영역에서는 회상법(回想法) 활동이 확대되어 갔다. 옛날 사진이나 생활 도구를 보면서 고령자들이 예전의 생활을 생각해 내는 것이 회상법이다. 과거를 되돌아보지 않고 미래를 바라보는 것이 젊음을 유지하는 비결이라고 말하기도 하지만, 예전에 자주 사용했던 물건들을 접하면서 마음이 들뜨고 이야기꽃이 피는 경우도 있다. 회상법은 이러한 원리를 이용해서 고령자들의 자존감을 회복시키고, 고령자 주변의 사람들과 새로운 관계를 만드는 실마리를 찾으려는 것이다.

5 사회참여 방법으로서의 자원봉사 활동과 실버인재센터

고령자와 자원봉사자의 관계라고 하면, 얼마 전까지는 고령자가 젊은 자원봉사자들에게 지원을 받는 것이 일반적이었지만, 지금은 고령자가 자원봉사자가 되는 일이 일반화되었다. 고령자가 남는 시간을 활용하여 자녀양육으로 고생하는 가정을 응원한다거나, 전기에 관한 지식과 손재주를 활용하여 장난감 수리를 하는 등 고령자가 젊은 세대를 지원하는 일들이 증가하고 있다.

일본에서는 현재 아이들의 놀이나 문화의 지원, 학대를 받은 아이들이나 은둔형 외톨이 청년들에 대한 지원, 장애가 있는 사람과의 교류나 일자리창출, 수발이나 호스피스와 관련된 활동, 자연환경을 지키고 활용하는 활동, 난치병이나 약물의존환자들에 대한 지원, 마을혁신이나 이벤트의 기획, 노숙자와 동성애자들의 권리보호 활동, 주민투표와 사형폐지 운동 등 자원봉사자들이 다방면에서 활약하고 있다. 이러한 활동들 속에서 고령자들은 관심 있는 부분이나 특기를 살릴 수 있는 활동에 참여하여 중심적인 역할을 하고 있는 경우도 많다.

또한 사회참여를 통해 일정한 수입을 얻을 수 있는 것으로, 전국적으로 확대되고 있는 실버인재센터나 고령자사업단이 있다. 거기에서는 컴퓨터지도나 정원손질, 양복맞춤, 소규모 주택개조 등의 기술을 필요로 하는 일도 있지만, 청소나 이사, 수목이나 애완동물을 돌보는 일 등 누구라도 부담 없이 할 수 있는 일도 있다.

이러한 활동에 참여함에 있어, 기술이 필요한 일을 하고 싶은 사람들은 강습회에 참여하여 자격증을 취득하거나 기능을 향상시킬 필요가 있는데, 이러한 학습이 고령자들의 생활에 활력을 불어넣고 있다. 또한 특별한 기능을 필요로 하지 않는 경우에도 그룹을 관리하는 능력이나 일에 대한 책임감, 파견된 회사에서의 인간관계를 형성해 가는 능력도 필요하기 때문에 학습은 필요하다. 그리고 행정과 지역으로부터 지원을 받아 실버인재센터가 설치되어 있는 것의 의미나, 상부상조의 정신을 발휘하여 활동에 임하는 것의 매력 등을 이해할 필요가 있다.

이러한 고령자들의 지역사회공헌은 과소화가 진행된 지역에서 보다 절실히 필요하며, 실제로 그러한 활동이 전개되고 있다. 일본 산간지역의 상당수는 65세 이상의 인구가 40%대에 이르고 있다. 지자체의 재정력은 부족하고 기업도 채산이 맞지 않기 때문에 서비스를 제공해 주지 않는다. 그러한 지역에서는 고령자들 스스로가 고령사회를 지탱하는 움직임을 볼 수 있다. 독거노인들의 생활을 지원하기 위해 고령자들이 홈헬퍼(요양사)나 경청자원봉사자가 되는 경우가 있다. 또 마을에서 멀리 떨어져 있는 장례식장에서 장례식을 치루는 것이 아니라, 마을 사람들이 임종을 지켜볼 수 있도록 장례식을 지원하는 자원봉사자의 조직화도 이루어지고 있다.

일본의 사회교육에는 일방적으로 지식이나 정보를 얻는 것만이 아니라 지역과 관계를 맺으면서 배우는 부분도 존재해 왔다. 배우면서 활동하고, 활동하면서 배우는 관계가 자원봉사 활동이나 실버인재센터에서 확산되고 있다. 또 오늘날 지역복지가 지향하는 방향은 삶의 보람이라는 부분까지 고려하게 되었고, 이를 위해서는 사회참여나 역할이 필요하다는 인식을 바탕으로 이러한 실천이 전개되고 있다.

6 사회적 배제에 도전하는 지역재활과 지역 데뷔

고령자의 학습 · 문화 활동은 앞에서 기술해 온 것처럼 다양하게 전개되었으며 많은 고령자가 참여해 왔다. 또한 문화제 등에 출품되는 작품 수준도 점점 높아지고 있다. 고령자들이 즐기는 것에 죄책감을 느꼈던 시대가 있었다는 것이 마치 거짓인 것처럼, 오늘날 고령자의 학습 · 문화 활동은 매우 활발하다.

이와 같은 상황에 대하여 최근 건강한 고령자들만이 학습과 문화 활동에 참여하여 교류를 즐기는 것이 과연 옳은 일인가라는 의문의 목소리가 나오고 있다. 사회교육은 중간층의 사람들에게만 서비스를 제공하고 있을 뿐, 빈곤 등의 과제를 안고 있는 사람들의 참여가 없다는 점이 문제시되고 있다. 뇌졸중이나 다리 골절의 후유증으로 몸이 불편해지거나, 몸과 마음의 균형이 깨져 우울증 증상이 나타났을 때 사회교육시설을 이용하지 못하게 되는 것은 문제라는 지적이 있다. 더욱이 정년퇴직을 하고 지역 활동을 시작하고자 하는 사람들이 활동에 참여하는 것은 매우 큰 부담이라는 의견도 있다. 이와 같이 지역 활동으로부터 배제되기 쉬운 고령자의 참여를 가능하게 하는 것이 고령자의 학습 · 문화 활동에 있어 필요한 일이다.

이러한 지적을 받아들여 사이타마현(埼玉縣) 도코로자와시(所沢市)나 후지미시(富士見市)의 공민관에서는 사회교육사업으로 지역재활훈련교류회와 수발(요양)예방활동을 개최하여, 허약하거나 중도장애를 입은 고령자들에게 서비스를 제공하고 있다. 몸의 기능을 향상시키는 것만을 추구한다면 전문화된 재활을 받을 필요가 있다. 그러나 사람들과 즐겁게 교류하거나 사회에 참여해 가는 일도 넓은 의미에서는 재활이며, 그 기능을 사회교육에서 담당하는 것이다.

매 시간의 활동은 노래를 부르거나, 재활 체조를 하며, 계절행사를 즐기고, 차를 마시면서 서로 이야기를 나누는 것이다. 처음 참여한 사람들은 재활 체조에 기대를 걸고 참여하지만, 점차 대화하는 것이 가장 즐겁다고 말하게 된다. 신체 재활에 강한 의지를 보였던 사람들이 점차 불편한 자신의 몸을 인정하면서 앞으로의 인생을 계획하겠다는 마음을 갖게 된다.

그림 12-1 고령자 만남 광장

지역재활교류회와 수발(요양)예방활동이 개설되기 전에는 병원이나 보건센터에서의 재활을 통해 신체기능이 상당히 회복되었음에도 불구하고, 집에서만 생활함으로써 결국에는 거동조차 못하게 되는 사람들이 많았다. 그러한 사람들이 용기를 갖고 사회에 참여하여 자신들과 같은 중도장애를 입은 사람들의 밝은 모습을 보며 위안을 받아서 불편한 몸으로도 살아갈 수 있는 새로운 삶을 만드는 일에 사회교육이 공헌하고 있다. 또 중도장애가 있어도 지역에 참여하여 밝게 살아갈 수 있는 모델을 제시하여, 주민들이 안심할 수 있도록 노력하고 있다.

또한 정년퇴직한 사람들이 지역 활동에 참여하도록 후원해 주는 구조가 필요하다. 직장에서의 인간관계나 일의 진행방식은 지역의 그것들과는 큰 차이가 있다. 그러한 것들을 미리 예상하여 지역과의 관계를 맺지 않으려는 사람들도 있고, 지역에 들어갔다가 그 차이 때문에 뛰쳐나오는 사람들도 있다. '지역에 데뷔'한 사람들이 지역이나 모임에서 배제되지 않고, 잘 어울려 가도록 지원하는 학습활동이 필요하다.

그러나 그것은 강사에 의한 강연으로 되는 것이 아니라 주위와의 관계를 재인식함으로써 스스로 알아갈 수밖에 없는 것이다. 그러한 이유에서 '지역 데뷔' 워크숍이 개최되고 있다. 그중에는 예를 들면, "당신에게 해당되는 것은 몇 가지입니까?"라는 질문을 하여 "□ 회의가 엉뚱한 곳으로 흘러가면 짜증난다. □ 처음 만난 사람들에게는 직업이나 출신지, 연령을 묻는 일이 많다. □ 효율이나 비용에 대비한 효과 등 숫자로 물건을 생각하는 습관이 있다. □ 젊은 여성들을 무심코 '아가씨'라고 부른다. □ 완고한 성격이라고 자부하고 있다. □ 프레젠테이션이나 연설에 자신이 있다. □ 직장이나 가정에서 식사준비나 청소 등은 거의 하지 않는다." 등 중에서 '□에 3개 이상 체크를 한 사람은 주의가 필요하다.'라고 한다.

몸에 장애를 입었기 때문이든 길었던 직업 생활 때문이든 지역에 참여하기 어려운 고령자들이 존재한다. 사회적 배제를 없애고, 그러한 사람들도 함께 살아갈 수 있는 지역을 만들어 가기 위하여 사회교육은 중요한 역할을 해야만 할 것이다.

7 고령자에 의한 실태조사와 고령자운동

여성해방운동이나 장애인운동 등 사회적으로 불리한 입장에 있는 사람들은 권리 보장을 요구하며 사회운동을 전개해 왔다. 그에 비해 일본에서는 1980년대 중반까지 고령자운동이 이루어지지 않았다. 사회에 이의를 제기하지 않고 처지에 맞는 생활을 하는 것이 고령자의 미덕이었기 때문에 고령자의 운동이 일어나기 힘들었을 것이라 생각된다.

그러나 학습, 특히 지역의 실태를 공부한 고령자들 사이에서 고령자의 생활상 문제를 널리 알려 환경을 개선하려는 움직임이 1980년대 후반에 일어난다. 그것은 노인의료비의 유료화와 사회복지제도의 미비가 현저해지는 가운데 고령자들이 더 이상 참을 수 없다고 느끼는 감정에서 시작된 것이다.

예를 들면, 나가노현 마츠모토시(松本市)에서는 주민과 직원들이 협력하여 고령자백서 만들기를 추진하여 『65세부터 활기찬 인간 선언—우리의 노인백서—』가 발행되었다. 거기에서는 '생활과 연금' '일과 임금' '가족과 주거' '건강과 의료' '복지와 시설' '학습과 사회참여'의 측면에서 고령자들의 생활실태를 밝히고, 향후 고령자시책을 제언하고 있다. 이와 같이 자신들의 생활을 직시하는 학습이 고령자들의 사회운동을 조직하게 된 것이다.

또한 고령자운동의 중심 조직으로서 1987년에 발족된 '일본고령자대회'에는 매년 약 5,000명이 참여하여 '고령자 학대' 시책에 대항하는 목소리를 결집하고 있다. 일본고령자대회의 슬로건은 '정촌(町村)의 연대로 외로운 고령자를 없애자!'이며, 2007년도의 분과회로 '후기고령자의료제도란?' '개호보험제도 '개혁'에 대한 대응' '고령자의 일 · 삶의 보람' '서로 돕는 마을 만들기' '이동과 교통권의 보장' '생존권과 권리 보장' '군대기지와 평화운동' '지역운동 · 지자체운동의 교류' '문화 · 동아리 만들기' '현대풍의 수다' '세금과 보험료 부담, 소비세 문제' '고령자는 치아가 생명' 등이 설정되었다. 고령자들의 생활을 둘러싼 모든 과제를 채택하고 학습이나 의견을 교환하며 정치적인 운동으로까지 끌어올리는 한편, 고령자들이 지역에서 고립되지 않도록 하는 것을 목표로 하고 있다.

일본의 사회교육은 지역의 과제를 모두가 의논하여 공통 인식을 확보하면서 지역의 (환경)개선을 추진하는 공동학습운동의 전통을 가지고 있다. 지역의 고령자실태를 직시하고, 친구들을 서로 받아들이며, 사회에 문제를 제기하는 고령자운동에는 많은 사회교육적 요소가 담겨 있다.

참고문헌

小林文成『노인을 변화시킨다(老人を變える)』ミネルヴァ書房, 1978.

福智盛 『노인대학의 ＭＥＣＣＡ－이나미야학원(老人大學のＭＥＣＣＡ－いなみ野學園)』 ミネルヴァ書房, 1990.

三浦文夫編著『늙어서 배운다. 늙어서 갈고닦는다－세타가야노인대학・생애학습에의 도전－(老いて學ぶ 老いて拓く－世田谷老人大學・生涯學習への挑戰－)』ミネヴァ書房, 1996.

昭島市公民館『자랑스러운 풀뿌리의 증언－소도시고령자교실문집「호타비(반딧불)」십년의 활동－(語りつぐ草の根の証言－昭島市高齢者教室文集「ほた火」十年のあゆみ－)』1998.

社會教育資料編集刊行委員會『신슈, 마츠모토 사회교육직원의 일－부각・테즈카히데오 36년의 실천보고 제7집 지역복지(信州・松本一社會教育職員の仕事－復刻・手塚英男36年の實踐報告 第7集 地域福祉)』2000.

野村豊子『회상법과 라이프리뷰(回想法とライフレビュー)』, 中央法規出版, 1998.

森口秀志 編『이것이 자원봉사자다(これがボランティアだ！)』晶文社, 2001.

山本昌江「지역의 관계를 만드는 배움『리하비리교류회』(地域の關係をつくる學び『リハビリ交流會』」『月刊社會教育)』國土社, 2002.

全國社會福祉協議會全國ボランティア活動振興センター『생생시니어라이프－'지역생활자'로 살아가는 힌트(いきいきシニアライフ－"地域生活者"として生きるヒント－)』2007.

長野県老後をしあわせにする會・手塚英男 編『65세부터 활력 있는 인간 선언－우리의 노인백서－(65歳からのいきいきにんげん宣言－わたしたちの老人白書－)』銀河書房, 1988.

日本高齢者大會中央實行委員會『제21회일본고령자대회보고집(第21回日本高齢者大會報告集)』2007.

| 제 4 부

실천과 운동의 조류

제 13 장

문해교육 · 일본어학습 활동의 전개

—오사카 지역을 중심으로—

모리 미노루(森 実)

이 장에서는 일본의 문해교육 활동과 일본어학습 활동에 대해 소개하고자 한다. 제1절에서는 문해운동의 역사를 간단히 살펴본다. 일본 문해 활동의 중심이 되었던 것은 피차별부락 사람들에 의한 문해운동과 재일한국인들 그중에서도 특히 1세 여성들이 많이 다녔던 야간중학교이다. 제2절에서는 피차별부락의 문해운동과 야간중학교에서 중요시되었던 것은 무엇인가에 대해 논한다. 문해운동과 야간중학교에서 중시되었던 것은 파울로 프레이리(P. Freire)[1]가 논해 왔던 것과 기본적으로 동일하다. 즉 동료들과 함께 자신의 생활과 성장과정의 의미를 되돌아보면서 배워 나간다는 것이다. 제3절에서는 오사카(大阪)의 문해교육 · 일본어학습 활동에 대해 소개하고자 한다. 오사카 지역은 일본 국내에서 문해교육 활동과 일본어학습 활동을 시민운동으로 발전시켜 추진해 왔으며 지자체에서도 적극적으로 지원해 온 지역 중의 하나이기 때문이다. 오사카에서는 문해 · 일본어센터도 개설하여 사업을 전개하고 있다. 제4절에서는 일본 전국으로 눈을 돌려 외국인 주민의 일본어학습 활동의 배경과 과제에 대해 소개한다. 최근 일본 거주 외국인 인구가 급증하고 있으며 그에 따라 외국인의 생활보장과 학습보장이 큰 과제가 되고 있다. 마지막으로 제5절에서는 이상의 내용에 입각하면서 일본의 문해교육 · 일본어학습 활동의 과제를 논한다. 그리고 일본과 한국의 협력 가능성에 대해 언급하고자 한다.

1) Paulo Freire 『피억압자의 교육학(被抑圧者の教育学)』 亜紀書房, 1979.

1 | 일본에서 문해운동의 전개

일본에서는 제2차 세계대전 전부터 일하는 사람들이 배울 수 있는 학습기회가 있었다. 하지만 현재의 문해활동과 관련된 활동은 전후에 시작되었다고 할 수 있다. 일본의 문해운동을 주도해 온 것은 몇몇의 차별받았던 집단들이었다. 그중 하나는 피차별부락의 사람들이고, 다른 하나는 재일(在日)한국인이었다.

1) 피차별부락의 문해운동

피차별부락이란 1867년 메이지유신(明治維新) 이전에 있었던 신분차별에서 발단하여 그 이후에도 계속해서 차별을 받아 온 지역을 말한다.[2)] 역사적으로 보면 한국의 백정들이 받았던 차별과 비슷한 면이 있다고 할 수 있다. 일본의 자본주의사회하에서도 이러한 차별은 존속하였으며 오히려 자본주의가 차별을 이용해 온 면이 있다. 취업과 결혼 등 인생의 중요한 사항에서 피차별부락 사람들은 주류사회에서 배제되어 왔다. 이러한 차별을 받아 온 지역을 일본 정부와 지자체는 동화지구(同和地区)라는 행정용어로 불러 왔다. 이 장에서는 동화지구라는 용어 대신 피차별부락이라는 개념을 주로 사용하고자 한다. 피차별부락이 역사학과 사회학 등 사회과학 용어로서 정착해 왔기 때문이다. 행정과 관련되어 기술하는 경우에 한정해서 동화지구라는 개념을 사용할 것이다. 그리고 부락차별을 비롯해 모든 차별을 없애고자 하는 교육활동을 '동화교육'이라고 하는데 이 개념은 정부 · 민간단체 · 연구자 모두가 사용하고 있기 때문에 이 글에서도 폭넓게 사용하고자 한다.

피차별부락의 문해운동은 1960년대에 후쿠오카현 치쿠호(福岡縣 筑豊)에서 시작되었다.

---

2) 이 문제를 일본에서는 부락차별과 부락문제라는 개념으로 파악해 왔다. 부락차별의 원인이었던 차별제도는 에도시대 전기(17세기)에 형성되었다. 일본에서는 죽음이나 혈통, 출산을 '불결'하다고 생각해서 기피하려고 하는 문화가 있었다. 이러한 '불결한 것을 기피하는' 문화를 토대로 에도막부가 죽은 소와 말을 처리하는 노역을 특정 사람들에게 시켜 민중운동을 탄압하는 역할을 하게 한 것에 의해 그러한 사람들에 대한 차별을 조장한 것이다. 불결사상에 대해 더 옛날로 거슬러 올라가 보면 10세기에 만들어진 법률의 일종인 엔기시키(延喜式)에서도 찾아볼 수 있다. 한편 근대가 되어 부락차별을 폐지하고자 하는 조직적 운동이 1922년에 결성된 스이헤이샤(水平社)에 의해 시작된다. 부락차별은 일본의 역사와 사회를 생각하는 데 있어 천황제와 함께 빼놓을 수 없는 문제이다.

가정방문을 하던 학교 교사가 학부모들이 글을 읽고 쓸 수 없다는 것을 알게 되었던 것이다. 이는 학교에서 보낸 서류도 읽을 수 없었다는 것이다. 그 교사들은 지역 사람들이 읽기쓰기 교실을 시작할 수 있도록 도와주게 되었다. 다른 지역에서는 부락차별을 없애고자 하는 부락해방동맹 사람들이 지역 사람들을 불러모아 기관지인 〈해방신문〉을 함께 읽도록 했지만 읽을 수 없는 사람들이 적지 않았다. 그러한 지역에서도 읽기쓰기 교실이 시작되었다. 그리고 중국의 문해운동이 일본에 소개되어 거기에서 '식자(識字, 문해)'라는 말을 가져와 사용하면서 문해운동이 전개되게 된다.[3)]

일본에서는 문해율이 100%라고 일컬어져 왔다. 그럼에도 불구하고 왜 피차별부락에서는 읽고 쓸 수 없는 사람들이 있었던 것일까? 피차별부락에서는 학령기에 학교에 다닐 수 없었던 사람들이 적지 않았다. 원인은 몇 가지가 있었다. 하나는 학교에 가도 차별을 받았다는 것이다. 주위의 아이들로부터 차별적인 언동을 받을 뿐만 아니라 교사에게도 차별을 받았다. 그리고 또 하나는 학교에 가고 싶어도 갈 수 없을 정도로 가난한 가정이 많아 아이들이 일을 거들지 않으면 안 되었다는 것이다. 전후에도 이런 상황은 계속되어 피차별부락 출신 학생들의 장기결석, 미취학률은 각 지자체의 평균과 비교해서 몇 배나 높았다. 〈표 13-1〉은 일본 서쪽에 위치한 나라현(奈良縣)의 1951년 장기결석 · 미취학 학생의 실태를 나타낸 것이다. 이 표에서 말하는 장기결석이란 1년 중에 1개월 이상 결석한 학생을 말한다. 초등학생의 경우, 나라현 전체의 장기결석 학생은 0.8%에 머물러 있는 데 반해 동화지구에서는 7.7%까지 높아지고 있다. 동화지구에 위치한 초등학교의 장기결석률은 나라현 전체의 약 10배였다. 중학생의 경우, 나라현 전체의 장기결석 학생은 5.0%인 데 반해 동화지구에서는 34.7%로 나타나고 있다. 동화지구의 중학교 장기결석률은 나라현 전체의 7배 정도이다.[4)]

3) 部落解放同盟福岡県川崎町連絡協議会 著 『글자로부터의 해방운동(あいうえおからの解放運動)』 たいまつ社, 1976.

4) 中野隆夫 · 池田寛 · 中尾健次 · 森実 『동화교육으로의 초대(同和教育への招待)』 解放出版社, 2000, p.63.

표 13-1 1개월 이상 장기결석 아동 조사(1951년 실시)

	중학교			초등학교		
	학생 수	장기결석자	%	아동 수	장기결석자	%
나라현 전체	45,816	2,293	5.0	96,839	796	0.8
동화지구 전체	3,314	1,149	34.7	7,826	603	7.7
비율	7.2%	50%	6.9배	8.1%	75.75%	9.6배

치쿠호에서 시작된 문해운동은 비슷한 상황에 있었던 전국 각지의 피차별부락으로 확대되어 갔다. 1969년에는 「동화대책사업특별조치법」이라는 피차별부락의 '경제력 배양, 주민생활 안정 및 복지 향상 등에 기여할 것'을 목적으로 한 국가사업이 시작되었다. 이것은 「여성차별철폐협약」과 「인종차별철폐협약」에도 규정되어 있는 특별조치로 차별의 악영향을 제거하기 위한 시책이다. 동화지구에 대해 환경개선과 주택건설 등 각종 시책이 실시되었다. 동화교육에 대해서도 동화지구의 아이들이 학교에서 안심하고 배울 수 있도록 장학금을 지급한다거나 교원 배치 수를 다른 지구보다 늘리는 등의 지원이 이루어졌다. 이러한 중에 문해학급에 대한 보조사업도 실시되게 되어 피차별부락의 문해운동은 더욱 활기를 띠게 되었다. 이 동화대책사업은 2002년까지 계속되었지만 2002년에 법률은 폐지되었다. 참고로 일본에서 '동화교육(同和教育)'이라는 말은 '동화교육(同化教育)'과는 다른 '차별을 없애는 교육'의 의미로 사용되고 있다.[5)]

2) 재일한국인이 이끌어 온 야간중학교

일본의 문해운동을 이끌어 온 또 하나의 집단은 재일한국인이다. 식민지 시대 일본에 의

5) '同和'와 '同化'는 발음이 같기 때문에 한국 사람에게는 같은 의미로 받아들여질 수 있을 것이다. 아마 '同和'라는 개념은 1941년에 정부가 발간한 『국민 同和로의 길』이라는 책자에서 유래하기 때문에 당시의 식민지 지배나 전쟁과 깊은 관련이 있다. 이 책자는 제2차 세계대전을 정당화하고 전쟁에 이기기 위해서는 국내에서 차별 같은 것은 없다고 논하고 있다. '同和교육'이라는 개념은 이 책자가 나온 다음부터 쓰이게 되었다. 그러나 전후 평화와 인권을 중시하는 사람들이 운동을 일으키고 같은 개념을 사용하면서도 민주주의적 내용을 이 개념 속에 담게 되었다. 현재는 동화교육운동을 '전쟁과 식민지를 정당화한다.'라는 의미에서 비판하는 사람은 거의 없다고 해도 좋을 것이다.

그림 13-1 야간중학연구대회

한 폭력적인 강제연행을 비롯한 여러 가지 이유로 많은 사람들이 한반도에서 일본으로 이주할 것을 강요받았다. 일본에서는 강제노동 등 힘든 노동과 생활을 강요받아 한국말의 사용 금지와 창씨개명 등 동화정책에 의한 압력을 받았다. 전후에 200만 명 가까운 사람들이 일본에 살고 있었다. 그 뒤 귀국하는 사람들이 있었지만, 귀국이 어려운 사람들도 있어 1950년경에는 70만 명 정도의 사람들이 계속해서 일본에서 살고 있었다. 그 당시 재일한국인의 대부분은 가혹한 차별하에서 학교에 갈 여유도 없이 가족을 도우며 살고 있었다. 이러한 재일한국인이 어른이 되고 나서 배울 수 있었던 장소가 야간중학교였다.

전후 일본에서는 중학교 야간학급이라는 근로청소년을 위한 배움의 장이 있었다. 교사를 비롯한 사람들은 이러한 야간학급을 야간중학교라고 불렀다. 이 장에서도 야간중학교라는 명칭을 사용하겠다. 일본이 경제성장을 달성하는 가운데 차례대로 폐쇄되어 1966년에는 당시의 행정관리청이 문부성(당시)에 대해 야간중학교의 조기폐지를 권고하기에 이르렀다. 그러나 야간중학교에서 배우고 그곳에서 인생을 되찾은 사람들은 각지에 있었고 그들이 야간중학교의 존속과 증설을 요구하였던 것이다. 그중 한 사람이었던 타카노 마사오(髙野雅夫) 씨는 야간중학교 조기폐지 권고에 대해 반대하면서 "글은 공기(空氣)다."라는 구호하에 「야간중학생」이라는 기록영화를 가지고 전국을 순회하였다. 이 시기의 움직임을 계기로 야간중학교는 각지에 증설되게 된다. 2005년 9월 현재 일본 전국에는 35개 교의 야간중학교가 있다.[6)]

---

6) 일본에 야간초등학교는 없다. 학교에 가지 않는 사람들이 배우기 때문에 본래는 야간초등학교가 있을 법한데, 원래 있었던 것이 중학교 야간학급을 기반으로 해서 1970년대 이후에 제도가 확보되었기 때문에 야간중학교만 있게 되었다고 생각할 수 있다. 1990년대까지 졸업 연한이 없었다고 해도 좋을 만큼 긴 시간 동안 배울 수 있었기 때문에 문제시되지 않았다. 그러나 예를 들어 오사카에서는 1990년대에 재정상의 문제 등으로 졸업 연한이 실질적으로 정해지게 되었는데, 이 연한이 중학교라는 이유로 길어도 6년 정도가 되었다.

야간중학교는 정규의 학교제도 안에 있기 때문에 법제적으로 말하자면 사회교육이라 할 수 없다. 하지만 일본의 문해교육 활동을 생각할 때에 빼놓을 수 없는 존재이다. 사회교육이라는 개념을 법제상이 아니라 '사회적인 교육'이라는 개념으로 파악한다면 가장 먼저 봐야 할 당연한 존재라고 할 수 있다. 또한 구미처럼 사회교육이라는 개념이 아니라 성인교육이라는 개념을 축으로 생각한다면 야간중학교도 매우 중요한 역할을 하고 있다. 야간중학교의 존재와 위치는 일본 사회교육연구에 있어 중요한 과제라 할 수 있다.[7)]

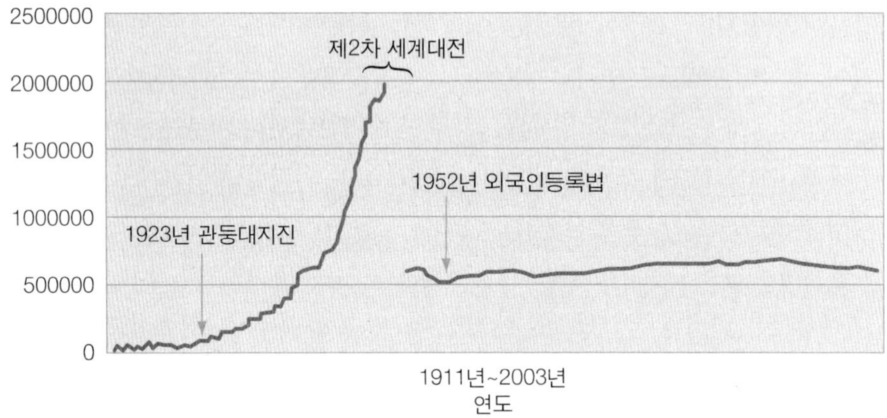

그림 13−2 재일한국인의 인구추이

출처: 법무성「재일외국인등록자통계」.

이러한 야간중학교에서 1970년대 이후 재일한국인 1세, 특히 여성들이 많이 배우게 된다. 그녀들은 전쟁 전에 일본에 와서 차별을 받으며 가혹한 생활을 할 수밖에 없는 가운데 가족들을 돌보고 자녀들의 양육을 도맡아 왔다. 1970년대가 되어 그 아이들은 성인이 되고 나서야 겨우 자신의 시간을 가질 수 있게 되었던 것이다. 그 후에도 야간중학교에는 재일한국인 1세들이 학생의 대부분을 차지하였다. 현재는 새로 일본에 건너온 사람들, 귀국자들이 야간중학교에서 많이 배우게 되었지만, 그럼에도 적지 않은 재일한국인들이 각지

7) 稲富進『문자는 공기다－야간중학교와 어머니들(文字は空気だ－夜間中学校とオモニたち)』亜紀書房, 1990.

의 야간중학교에서 배우고 있다.[8)]

야간중학교에서 배우던 사람들을 비롯하여 재일한국인들은 배울 수 있는 장소를 찾고 있었다. 그러한 바람이 받아들여져 재일한국인 등 야간중학교를 졸업한 사람들이 배울 수 있는 교실이 각지에 만들어졌다. 이러한 학습의 장은 민간에 의해서 만들어져 오사카 지역의 무기마메(麦豆, 보리와 콩이라는 뜻)학급과 오사카시의 문해・일본어교실, 사회복지법인 청수사(青水社, 세이슈샤)가 연 가와사키시의 문해학급(神奈川縣 川崎市) 등이 있다.

3) 전후 일본의 문해 실태

이러한 사실에서도 알 수 있듯이 일본의 문해율이 100%라는 것은 잘못된 인식이다. 이 점은 일본 정부의 조사에서도 명확히 나타나 있다. 1948년과 1955년에 대규모 문해 조사가 실시되었다. 1948년에 실시된 조사는 '일본인의 읽기쓰기 능력조사'[9)]라고 해서 일본 전국의 도도부현을 대상으로 한 조사였다. 1955년 조사는 '국민의 읽기쓰기 능력조사'[10)]로 1948년 조사에서 문해율이 가장 높은 지역이었던 관동지방(関東地方)과 문해율이 가장 낮았던 동북지방(東北地方)으로 대상을 좁혀 자세한 데이터를 모은 것이다.

1955년 조사에서 알 수 있었던 것은 당시 청년들 중에 높게 어림잡아도 반 수, 적게 보아도 10% 이상의 사람들이 읽기쓰기 능력을 충분히 가지고 있지 않아 일상생활에 지장을 받고 있다는 것이었다. 1955년 조사는 15~24세를 대상으로 이루어졌다. 집합조사와 간단한 면접조사를 실시함과 동시에 이 조사는 이후에 유네스코(UNESCO)가 제창하게 되는 '기능적 문해'라는 관점을 충분히 가지고 있었다. 이러한 조사가 현재 실시된다고 해도 충분히 의미 있다고 평가할 수 있을 것이다.

진단의 최종결과를 정리한 것이 다음의 〈표 13－2〉이다. 이 표에 의하면 "충분히 읽고 쓸 수 있는 능력이 있다."라고 판정된 것은 관동에서 6.1%, 동북에서는 2.1%에 머물러 있다. "충분하지는 않지만 일상생활에 큰 지장은 없다고 할 수 있다."와 합쳐도 관동에서

8) 守口夜間中学「불가사의한 힘 야간중학(不思議な力夜間中学)」編集委員会 編『不思議な力夜間中学)』宇田出版企画, 2004. 이 책은 야간중학교의 역사와 현상, 학생들 작품, 야간중학교에 관련된 문헌 해제 등 폭넓은 내용으로 구성되어 있다.

9) 読み書き能力調査委員会 編『일본인의 읽기쓰기 능력(日本人の読み書き能力)』東京大学出版, 1951.

10) 文部省『국민의 읽기쓰기 능력(国民の読み書き能力)』1961.

42.2%, 동북에서는 22.8%에 지나지 않는다. 반대로 "읽기쓰기 능력이 없어 일상생활에 명백히 지장이 있다고 할 수 있다."는 관동에서 9.5%, 동북에서는 15.7%로 되어 있다. 여기에 "충분하지는 않지만 일상생활에 지장이 있는 것이 대부분이다. 그러나 그중에서는 그다지 지장이 없다고 할 수 있는 것도 포함되어 있다."는 항목을 합치면 관동에서 57.8%, 동북에서는 77.2%에 이른다.[11)]

표 13－2 15~24세 인구의 문해능력 조사(1955년)

단 계	관동지역(%)	동북지역(%)
1. 충분히 읽고 쓸 수 있는 능력이 있으며 일상생활에 지장이 없다고 명확히 인정되는 자	6.1	2.1
2. 충분하지는 않지만, 일상생활에 큰 지장이 없다고 인정되는 자	36.1	20.7
3. 충분하지 않으며 일상생활에 상당히 지장이 있다고 인정되는 자가 대부분이다. 그러나 이 중에는 그다지 지장이 없다고 인정되는 자도 포함되어 있다.	48.3	61.5
4. 읽고 쓰는 능력이 없으며, 일상생활에 지장이 있다고 명확히 인정되는 자	9.5	15.7

이러한 조사결과에도 불구하고 일본 정부는 1961년에 유네스코(UNESCO) 보고에서 일본에는 문해 문제가 없다고 하였다. 그 이후 정부는 더 이상 문해 실태를 조사하는 일도 하지 않고 있다. 일본의 고교 진학률은 현재도 약 95% 정도이다. 나머지 5% 중에는 자신의 의사로 진학하지 않는 아이들도 있을 것이다. 하지만 대부분은 진학하고 싶어도 학력 때문에 진학할 수 없는 아이들이라고 말하지 않을 수 없다. 만일 1955년에 실시된 조사 기준으로 읽기쓰기 능력을 조사한다고 하면 현재도 이러한 아이들의 대부분은 충분한 읽기쓰기 능력을 가지고 있지 않다고 판정될 것이다. 나중에 언급하겠지만 일본의 문해 문제를 생각할 때 이것은 중요한 의미를 가지고 있다.

11) 文部省『국민의 읽기쓰기 능력(国民の読み書き能力)』1961, p.4.

2 부락의 문해운동과 야간중학교에서 중요시해 온 것

공식적으로 '문해율 100%'의 일본 사회에서 문해운동을 이끌어 온 것은 피차별부락의 문해학급과 재일한국인 어머니들이 배우는 야간중학교였다. 거기에서는 어떠한 학습이 이루어져 온 것일까? 학습의 장으로서 특징을 각각 간단히 소개한 뒤에 공통적으로 중요시해 온 것에 대해 논하고자 한다.

피차별부락의 문해학급은 지역에 따라 다르지만, 대부분의 경우 일대일로 학습이 진행된다. 규슈(九州)의 후쿠오카현에서 시작되었을 당시에는 한두 사람의 교원이 학습자인 어머니들에게 학교와 같은 수업형식으로 가르쳤다. 그 뒤 동화교육과 문해교육의 의의를 진지하게 받아들이는 교직원이 늘어나게 되었다. 교직원 입장에서 생각하면, 어른이 되어 문해교실에 다니지 않으면 안 된다는 것은 교사 자신들이 그들이 아이였을 때 교육을 보장할 수 없었다는 것을 의미한다. 그러한 의미에서 문해학급에 다닌다는 것은 교직원으로서 다하지 못했던 책임을 하는 것을 뜻하게 된다. 또 실제로 가르치게 되면 교직원으로서 자신이 볼 수 없었던 많은 것들을 알게 된다. 이렇게 해서 문해학급은 교직원에게 있어서 자기 스스로가 배우는 장소로서도 중요하게 되었다.

그림 13-3 문해일본어교실-가와사키시 타카츠시민관

더 나아가 1969년부터 동화대책사업이 시작되면서 문해학급에 강사비가 지급되어 교직원들이 쉽게 참가하게 되었다. 동화대책사업은 2002년에 끝났지만 그 후에도 지자체에 따라서는 문해교실에 강사료 등의 보조금을 주는 곳도 적지 않다. 문해교실에서 배우는 어른들이 있다는 것은 그들이 아이였을 때 정부와 지자체가 교육을 보장할 수 없었다는 것이기 때문이다. 따라서 어른이 되고 나서 다니는 문해학급을 지원하는 것은 정부와 지자체의 책임이기도 한 것이다. 문해학급에 대해 보조금을 지급하고 있는 것이 이렇게 지자체 스스로 문해교실에 대한 책임을 인정하고 또한 그 의의를 인정하고 있기 때문이다.

많은 문해학급에서는 주 1회 2~3시간 정도 학급이 열리고 있다. 말할 것도 없이 읽고 쓰는 것을 몸에 익히는 효율만으로 따지자면 더 많이 열리는 것이 성과를 올리기 쉬울 것이다. 그러나 1970년대 문해학급이 시작되었을 때에는 학습자들도 일과 자녀양육으로 바빴던 것이 현실이었다. 또 가르치는 교직원들도 낮에는 아이들을 가르치는 것에 바쁘기 때문에 매일 밤 문해학급에 가르치러 가는 것은 불가능했다. 그래서 문해학급은 주 1회 정도 열리는 것으로 정착하게 된 것이다. 최근에는 학습자들 중 고령자가 늘어난 것을 반영해서 낮에는 시민 자원봉사자의 협력을 얻어 문해학급을 개최하는 지역도 늘어나고 있다.

한편, 야간중학교에서는 의무교육의 일환으로 매일 수업을 실시하여 정부가 정한 「학습지도요령」에 따라 국어와 수학, 이과와 사회 등 모든 교과를 가르치고 있다. 가르치는 방법도 몇 명에서 몇십 명의 학생들을 한 명의 교원이 가르치는 등 주간의 일반 중학교와 같은 조건이다. 야간중학교에서는 학습내용과 방법을 학습자의 실태에 맞게 하고 있다. 그렇기 때문에 일대일은 아닐지라도 어느 정도 한 사람 한 사람의 학습요구에 맞는 교육이 전개되어 왔다고 할 수 있다. 때로는 「학습지도요령」에서 규정하는 내용과 학습자 실태와의 괴리 때문에 교직원이 고민하는 경우도 있다. 일본에는 야간중학교는 있어도 야간초등학교는 없다. 그 때문에 어렸을 때 학교에 다니지 못했던 어른이 갑자기 중학교 학습부터 시작해야 한다. 더군다나 어느 정도 기간을 연장하는 것이 가능하다고는 해도 의무교육 9년을 3년 동안에 배우게 되어 있다. 이러한 면에서 야간중학교도 어려움을 안고 있다.

피차별부락의 문해학급과 야간중학교는 각각 다른 역사적 경위 속에서 어려움을 겪으면서 지속해 온 학습의 장이기는 하지만 양자가 지향하는 것에는 상당한 공통성이 있다. 그중에는 국제적인 문해운동이 중요시해 온 것과 중복되는 점도 있다. 두 문해교육 운동에서 중요시해 온 것을 다음의 세 가지로 들어보도록 하겠다.

중요시해 온 것의 첫 번째는 일상생활에서 배운다는 것이다. 야간중학교나 문해학급의 사람들은 지금까지 생활하는 가운데 글을 모르는 것 때문에 어려움을 겪거나 때로는 억울한 경험을 해 왔다. 그러한 생활체험을 중요한 교재로 학습해 나간다는 것이다. 예를 들어

한 피차별부락의 문해학급에 다니는 학생이 이전에 근처 역에 갔을 때 서명운동을 하고 있는 사람들을 보게 되었다. 서명을 하고 있는 곳을 지날 때 "서명해 주세요."라는 말을 들었지만 주소와 이름을 쓸 수가 없었다. 그래서 "지금 버스가 와서 가야만 합니다."라고 말하고 버스정류장으로 갔다고 한다. 그 사람에게 있어 이것은 매우 괴로운 일이었다. 마음속으로는 서명할 수만 있다면 하고 싶은데 이름과 주소를 쓸 수 없기 때문에 할 수 없었다. 쓸 수 없다는 것을 다른 사람들이 알게 하고 싶지는 않았다. 그래서 '버스가 왔기 때문에'라고 거절할 수밖에 없었던 것이다. 이 체험은 그 사람이 문해교실에 오는 직접적인 계기가 되었다. 물건사기와 노동 등 생활의 필요 때문에 오게 되었다는 사람들도 있다. 동기는 다양하지만 오게 된 계기가 일상생활과 관련되어 있다는 점에서는 공통되어 있다. 그래서 생활과 관련된 학습법을 하자라는 생각이 나오게 되었다.

읽고 쓸 수 없는 것에 대해 처음에는 '자신과 부모 책임으로 이렇게 되었다.'고 생각하는 사람이 적지 않았다. 자신의 인생을 뒤돌아보는 것을 통해 학교에 갈 수 없었던 배경에 부락차별과 재일한국인 차별이 있다는 것을 알게 된다. 이를 통해 자기 자신을 부끄럽게 생각했던 사람이 자신에 대해 자신감을 가지게 된다. 학습자들은 아이였을 때 학습기회를 빼앗겼음에도 불구하고 그러한 어려움을 뛰어넘어 일하고 아이들을 길러 온 것이다. 이러한 사람들의 인생 그 자체에 자신을 부끄러워해야 할 이유는 없는 것이다. 그렇기 때문에 배우는 것을 통해 그 사람들은 자신의 인생에 대한 긍지를 되찾고 자신감을 가지게 되는 것이다.

두 번째로는 생활과 성장과정을 통한 동료 만들기이다. 반복해서 말하지만 문해학급이나 야간중학교의 사람들은 성장과정 중에 차별과 빈곤, 미취학 등 공통되는 경험을 가지고 있다. 이렇게 서로 공통되는 점을 교류하면서 동료 만들기를 하고 있다. 앞에서 말한 생활에서 배운다는 관점도 동료들과 함께 있는 것을 통해 촉진된다. 예를 들면, 피차별부락의 문해학급에서도 야간중학교에서도 한 사람 한 사람이 자신의 성장과정에 대해 쓰고 교류하는 것을 중시하고 있다. 매년 문집을 만들어 학습자의 작품을 게재하는 것은 각지의 문해학급과 야간중학교에서 계속해 온 활동이다.

동료 만들기는 생활에 대해 쓴 작품들을 통해서만 이루어지는 것은 아니다. 즐거운 활동을 통한 동료 만들기도 중요한 의미를 가지고 있다. 예를 들면, 가사를 바꾼 노래를 만들고, 그 노래를 바탕으로 종이 연극을 제작한다. 각 학급에 따라 하는 내용은 다르지만 전체적으로 함께 창작활동과 표현활동 등을 통해 동료 만들기를 추진하고 있다. 이러한 활동을 통해 분위기가 고조되는 것도 학습자들이 서로 공통된 체험을 가지고 있다고 느끼기 때문이다.

이러한 측면은 사회사업(social work)이라는 관점에서 보면 이해하기 쉬울 것이다. 사회사업은 케이스워크(case work), 그룹워크(group work), 지역사회워크(community work)의 세 영역으로 나누어 설명하는 것이 많지만 문해학급 등은 전형적인 그룹워크(group work)이다. 즉 힘든 상황에 있는 비슷한 사람들이 모여 서로 북돋아 주면서 자신의 과제를 극복해 가는 것이다. 이러한 점에서 말하자면 문해학급 강사와 야간중학교 교직원들은 교원이라기보다는 사회사업가(social worker)의 하나로 인식하는 것이 해야 할 역할과 과제를 알기 쉬울지도 모르겠다.

중요시되어 온 세 번째는 학습자뿐만 아니라 각 관계자가 자신과의 관계에 대해 생각한다는 점이다. '배우러 오는 사람'도 '가르치는 사람'도 이 학급이 자신에게 어떠한 의미를 가지고 있는가를 같이 생각하려고 하는 것이다.

이것이 어떠한 것인가를 전하기 위해서는 '수기 – 저녁 노을이 아름답다'는 문장을 소개하는 것이 가장 좋을 것이다. 이것은 1970년경에 쓰인 글이다. 기타다이 이로(北代色)라는 분이 모리타 마스코(森田益子)라는 해방운동 활동가에게 보낸 편지이다.

> "저는 집이 가난해서 학교에 다니지 못했습니다. 그래서 글을 전혀 알지 못했습니다. 지금 문해학급에서 공부해서 가나다라는 대부분 외웠습니다. 지금까지 병원에 가도 접수창구에서 다른 사람이 이름을 써 줬지만 내가 직접 써 보기로 했습니다. 간호사가 기타다이 씨라고 불러 줬기 때문에 너무 기뻤습니다. 저녁 노을을 봐도 그다지 아름답다고 생각하지 않았지만 글을 배우고 나서는 정말로 아름답다고 생각하게 되었습니다. 길을 걷고 있어도 간판에서 배운 글자를 발견하면 매우 기뻤습니다. 숫자도 배웠기 때문에 슈퍼와 마을 장터에 가는 것도 즐거운 일과가 되었습니다. 또 여행을 가서도 방 번호를 외울 수 있기 때문에 당황하는 일이 없어졌습니다. 앞으로도 열심히 공부하고 싶습니다. 10년 장수하고 싶다고 생각합니다."

이 작품을 읽으면 자신에게 있어 글이 어떠한 의미를 가지고 있는지 생각하게 된다. 문해학급과 야간중학교에서 배우는 사람들은 자신에게 억울한 경험을 하게 한 글자를 한 자씩 자기편으로 만드는 것처럼 학습하게 된다. 이러한 모습을 보면서 함께 있는 교직원들도

'나라면 어떠했을까?'라고 생각하게 된다. 그러나 대부분의 경우 대학을 나와서 교직원이 된 사람들은 자신이 아이였을 때 글을 어떻게 해서 익혔는지 생각해 내려고 해도 생각나지 않는 경우가 많다. 어떻게 익혔는지도 모르게 글을 익힌 사람은 글을 사용하여 차별에 관한 낙서를 하는 것도 그렇게 괴로운 일은 아니었을 것이다. 경쟁에서 이기기 위해 몸에 익힌 문자였기 때문에 그것을 사용해서 사람에게 상처를 주는 것도 망설이지 않았을지 모른다. 한편으로 기타다이 씨처럼 문해학급에서 동료들과의 관계를 소중히 하면서 글을 배운 사람들은 어떠할 것인가? 그렇게 익힌 글을 사용해서 차별에 관한 낙서를 한다든지 사람에게 상처를 입히려고 생각하지는 않을 것이다.

이처럼 문해학급을 통해 글을 배운 사람도 전부터 알고 있었던 사람도 자신에게 있어 글이란 무엇인가, 차별이란 무엇인가, 자신에게 학교교육이란 무엇이었는가를 생각하게 된다. 이것이 세 번째 중요한 점이다.

3 오사카의 문해교육 · 일본어학습 활동

일본의 문해교육 운동에서 오사카는 중요한 위치를 차지하고 있다. 필자가 지금까지 활동해 온 곳도 오사카이기 때문에 오사카를 중심으로 한 활동을 소개하고자 한다. 오사카 문해운동의 특징 중 하나는 학습자가 주체가 되어 운동을 전개해 왔다는 점이다. 그 결과 학습자와 지원자(공동학습자 · 강사 등)가 대등한 관계를 형성하게 되었다.

오사카에서는 치쿠호의 문해운동을 참고로 1960년대 중반부터 문해학급이 각지에서 개설되었다. 1970년 이후에는 오사카부(大阪府) 내에 있는 50개에 가까운 거의 모든 피차별부락에서 문해교실이 열리게 되었다. 그 후 30년 이상 전국에 있는 피차별부락의 중심적인 역할을 맡아 왔다.

한편 오사카에서도 야간중학교에 대한 움직임이 활발했다. 앞에서 1960년대 후반에 다카노 마사오 씨가 전국을 돌며 야간중학교 증설을 호소한 바 있다고 기술했는데, 그 일환으로 다카노 씨가 오사카에 온 것이 하나의 계기가 되어 오사카에서는 잇달아 야간중학교가 개설되었다. 그러한 개설요구의 중심이 되었던 것은 재일한국인들이었다. 오사카에는 재일한국인 65만 명 중에 1/3에 해당하는 20만 명 정도가 생활하고 있기 때문에 재일한국인의 중심지였던 것이다. 현재 오사카부 내에는 11곳의 야간중학교가 있다. 1990년대에 만들어진 한 곳을 제외하면 모두 1970년경에 시작된 야간중학교이다. 전국에 있는 야간중학교가 35개 교이기 때문에 그 중에 1/3이 오사카에 집중되어 있는 셈이다. 1970년경에는 일본어교실도 시작되었다. 1970년대 초에 오사카 YWCA에서는 이미 일본어를 배울 수 있는 장소가 마련되어 있었다. 그 후 중국 귀국자[12)]와 일본 입국자들의 증가로 일본어교실은 점차 확대되게 되었다.

1970년대 후반부터 1980년대가 되면서 각각의 운동 내부의 교류와 연계가 확대되었다. 피차별부락의 문해운동은 점차 발전하여 문해학급 간에 교류가 생기게 되었다. 야간중학교도 학생들 간의 연합체육회 등 다양한 교류가 생기게 되었다. 야간중학교에서는 학생회 활동도 활발해서 학생들을 중심으로 오사카 지방정부에 다양한 요구를 하는 운동도 전개해 왔다. 일본어교실도 중국 귀국자와 베트남 난민, 필리핀 등 국제결혼이주자 등이 늘어가는 등 확대되고 있다. 각각의 분야에서 연계가 확대된 것이 1980년대라고 생각된다.

1990년대에 들어 더욱 발전하여 부락의 문해학급, 야간중학교, 일본어교실 등의 틀을 넘어 교류가 확대되게 되었다. 더 나아가 장애인 문해운동도 시작되어 네트워크로 서로 연결되었다. 이상의 운동 이외에도 일본인으로 부락출신이 아닌, 주로 여성을 대상으로 한 읽기, 쓰기 교실도 공민관 등에서 열리게 된다. 이러한 사람들은 전쟁과 빈곤, 병 등으로 학교에 다니지 못해 읽기쓰기를 배우지 못한 채로 자녀양육과 가업을 짊어졌던 이들이었다. 이렇게 해서 1990년대의 오사카 문해운동은 분야를 뛰어넘어 서로 연대하게 된다.

이렇게 연대관계를 만들어 가는 데 있어 'UN 국제 문해의 해'와 'UN 문해 10년'이 큰 역할을 하였다. 1990년부터 오늘날까지 오사카의 여러 문해운동과 그 학습자들의 연계가 중심이 되어 추진해 온 것은 '국제 문해의 해 추진 오사카연락회'라는 단체이다. 이 연락회의 중심이 된 것은 피차별부락의 문해운동과 야간중학교 관계자들이다.

'국제 문해의 해 추진 오사카연락회'는 1989년 8월에 파울로 프레이리를 오사카로 초청하여 결성집회를 열었다. 그때 한 피차별부락의 문해학급을 방문한 파울로 프레이리는 자

---

12) 제2차 대전 당시, 만주 지역에는 많은 일본인이 이주해 있었다. 일본의 패전에 의해 대부분은 패전 직후에 귀국했지만 귀국하지 못하고 중국에 남은 잔류 부인, 잔류 고아가 있었다. 1970년경부터 이 사람들을 일본에 귀국시키는 귀국 프로젝트가 시작되어 부모들과 재회해서 일본에 살게 된 사람들이 있다. 여기에서 중국 귀국자란 그 사람들과 가족들을 말한다.

신이 해 온 '해방의 문해'와 공통되는 활동이 오사카에 있다는 것을 알게 되어 "뷰티풀 데이"를 연발하였다. 연락회는 그 후 오사카부와 오사카시에 「문해추진지침」의 책정을 요구하여, 1993년에 오사카부와 오사카시가 지침을 책정하기에 이르게 된다. UN 문해 10년이 종료되고 나서 얼마되지 않은 2001년 3월 현재까지 오사카부 내 10개의 기초자치단체가 문해행동계획을 발표하였다.

오사카부와 오사카시의 지원을 받으면서 1990년부터 매년 7월에 부락의 문해, 야간중학교, 일본어교실, 장애인 문해학급 등 학습자들의 교류회 '모이자 읽기쓰기 친구들'이 개최되게 되었다. 당시 오사카에는 부락의 문해학급이 43개, 야간중학교가 10개가 있어 1980년대부터 내부에서 교류가 이루어지고 있었다. 그러나 부락의 문해학급에서 배우는 사람들과 야간중학교에서 배우는 사람들이 교류하는 기회는 거의 없었다. '모이자 읽기쓰기 친구들'은 영역을 넘어선 최초의 교류의 장이었다. 처음에는 서로 당황하는 일도 있었지만 해를 거듭하는 가운데 서로 다른 특징을 가지면서도 읽기쓰기 등에서 억울한 경험 등 공통점을 확인하게 되는 것이다. 그 후 장애인들을 위한 문해학급의 학습자들과 일본어학습자들도 참가하게 되었다. 이 집회는 매년 약 700명이 모여 작품집과 보고서를 발행하고 있다.

또한 조사연구도 계속하고 있다. '국제 문해의 해 추진 오사카연락회'의 산하에 있던 '국제 문해의 해 추진 야오(八尾)연락회'가 시내에 거주하는 신규 일본 이주자, 귀국자들을 대상으로 1991년에 인터뷰 조사를 실시하였다. 또 오사카연락회는 실태파악을 위해 1993년에 「오사카 문해조사 실시에 관한 제언」을 발표하였다. 이 제언도 참고로 하면서 오사카부와 오사카시는 '국제 문해의 해 추진 오사카연락회'와 연계하면서 문해 실태조사를 계속해 왔다. 오사카시 교육위원회는 1992년과 1993년에 읽기쓰기 교실에서 배우고 있는 사람들을 대상으로 한 인터뷰조사 보고서를 발행하였고 1995년에는 문해교육 · 일본어학습과 자원봉사자에 관한 시민의식 조사보고서를 발간하였다. 오사카부 교육위원회도 1996년에 오사카부 내에 있는 문해 · 일본어 학습교실에 관한 조사보고서, 1998년에는 일본어 교실의 학습자에 관한 실태조사 보고서를 발간하였다.

오사카시 교육위원회는 1997도년부터 1999년도에 걸쳐 문화청의 위탁을 받아 지역 문해교육 · 일본어학습에 관한 조사연구를 실시해서 보고서로 정리하였다. 그 보고서에는 오사카의 문해교육와 일본어학습의 경과와 실태를 정리함과 동시에 앞으로 문해학급과 일본어교실의 교류 및 연계를 강화하는 것을 과제로 하고 있다. 그리고 일본어를 처음부터 배우는 '기초일본어교실'과 지역사회의 교류를 중시한 '지역교류교실'로 나누어 활동할 필요성을 지적하였다. 즉 전자는 오사카시 등 지자체의 책임으로, 후자는 지역 자원봉사를 중심으로 전개한다는 구상이다.

교류와 연구가 거듭되어 가는 가운데 실천활동도 더욱 활발해졌다. 그당시 문해 · 일본어학습 지원센터의 설치에 관심이 높아졌다. 오사카연락회에서는 센터의 필요성과 내용에 관한 검토를 거듭하여 교류사업 개최, 정보수집과 제공, 학습희망자를 대상으로 한 상담과 학급 소개, 교재와 활동 소개, 지원자 연수, 학급개설 상담, 교재와 학습 프로그램 개발, 문해에 관한 정책적 연구조사, 국제적 네트워크 창구 등을 주업무로 하는 센터의 필요성을 제창하였다.

2002년에 오사카부, 오사카시, 재단법인 오사카부 인권협회, 사단법인 오사카시 인권협회 및 문해 일본어 연락회의 연계, 협동 하에 문해 · 일본어센터가 개설되었다.[13] 실제로 설치된 센터의 역할은 ① 회의와 교류 장소 제공, ② 문해 · 일본어학습 지원, ③ 교류회와 연수회 등 이벤트 개최, ④ 학급과 교재 소개, ⑤ 문해 · 일본어학습 상담 등이다. 2006년에는 체제를 더욱 정비하여 명칭도 '오사카문해 · 일본어센터'로 바꾸어 활동하고 있다. 현재 국가 차원에서나 다른 지역에서 이러한 문해 · 일본어센터는 존재하지 않는다. 다른 지역에서도 이러한 센터의 설치가 요구된다고 하겠다.

4 귀국자 및 신규 이주자들의 일본어학습

오사카뿐만 아니라 일본 전체에서 최근 20년간 큰 화제가 되었던 것이 중국 귀국자와 외국에서 온 신규 이주자들(뉴커머)[1]에 대한 일본어학습 지원이다. 그 배경에는 외국인 수의 급증과 그 구성의 변화가 있다. 1986년에 86만 7천 명이었던 일본의 외국인등록자 수는 급속하게 증가하여 2005년에 200만 명을 넘었다. 이것은 일본 전체 인구의 1.57%에 해당하는 수이다.[14] 그중에서 재일한국인은 1986년에는 67만 8천 명으로 외국인등록자 수의 78.2%를 차지하고 있었지만 2005년에는 59만 9천 명이 되어 외국인 전체의 29.8%까지 그

13) 오사카문해 · 일본어센터의 URL은 다음과 같다(2008.4.15) http://www.call-jsl.jp/

14) 法務省入國管理局 編『2007년도판 출입국관리(2007年版出入国管理)』2007, p.20.

비율이 낮아졌다. 이에 비해 급증하고 있는 것은 중국 귀국자이다. 1986년에는 8만 4천 명으로 외국인등록자 수의 9.7%였지만 2005년에는 52만 명으로 외국인등록자 수의 25.8%까지 증가하였다. 2005년의 등록자 수로 보면 이 두 나라 다음으로 높은 나라가 브라질(30만 2천 명, 15.0%), 필리핀(18만 7천 명, 9.3%), 페루(5만 8천 명, 2.9%)로 되어 있다. 일본의 외국인거주자의 구성이 근래 20년 사이에 크게 변화하였다는 것을 알 수 있다.[15)]

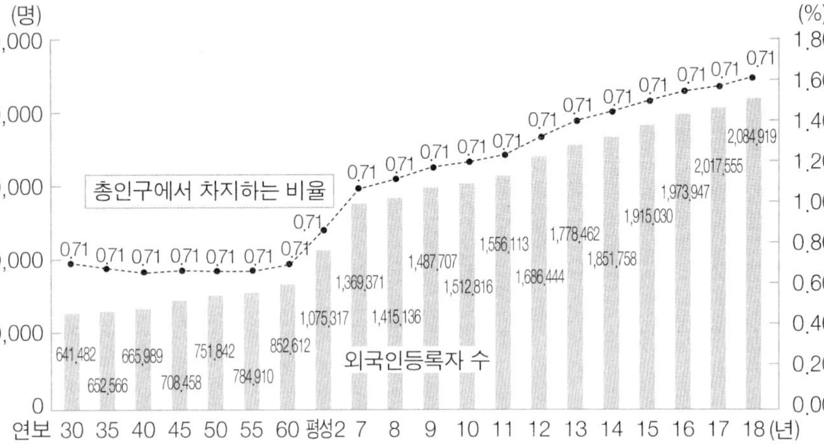

그림 13-4 외국인등록자 수의 추이와 총인구에서 차지하는 비율의 추이

(주) (1) '외국인등록자 수'는 매년 12월 말 현재의 통계이다.

(2) '총인구에서 차지하는 비율'은 총무청 통계국『인구추계연보 2004년 10월 1일 현재 추계인구(人口推計年報平成16年10月1日現在推計人口)』및『국세조사요계표인구(勢調査要計表人口)』에 따라 매년 10월 1일 현재의 추계 및 요계(要計)인구를 바탕으로 산출하였다.

외국인 거주자의 대부분은 필요에 의해 생활인으로 일본에 와서 살고 있기 때문에 일본어를 충분히 배우고 일본에 온 것이 아니었다. 그렇기 때문에 일본어학습을 비롯한 생활을 위한 학습이 중요하게 되었다. 각 지역에서 일본어교실 등이 열리게 되어 거기에서 많은 과제를 발견하게 됐다.

첫 번째, 생활 일본어학습 커리큘럼 개발이 시급하다는 점이다. 일본어학습 커리큘럼은 지금까지도 만들어 왔지만, 그 기본은 유학생을 대상으로 편성된 것이었기 때문에 생활인

15) 위의 책, p.21.

으로서 온 사람들에게는 그다지 맞는 것이 아니었다. 일본어를 기초부터 배우기 위한 커리큘럼과 지역에서 주위의 일본인들과 함께 배우는 커리큘럼 개발이 필요하다.

외국에서는 성인기초교육 등으로서 생활에 필요한 학습을 거주 외국인에게 보장하는 시책이 있지만 일본에는 그러한 시책이 결정적으로 부족하다. 일본어학습뿐만 아니라 지역에서 거주하는 외국인들에게 생활서비스를 충분히 제공하는 시책이 확립되어 있지 않다고 할 수 있다. 총무성에 설치된 「다문화공생 추진에 관한 연구회」는 2006년에 보고서를 내고 외국인도 일본인과 마찬가지로 지자체 주민이라는 것을 명확히 한 뒤에 일본인과 같은 서비스를 받을 수 있도록 해야 한다고 제안하고 있다. 또 문부과학성에 설치된 「초등중등교육에서의 국제교육 추진검토회」는 2005년에 보고서를 내고 '국제교육'의 필요성을 논하고 있다. 동 보고서에서 말하는 국제교육이란 "국제사회에서 글로벌한 시각에 입각하여 주체적으로 행동하기 위해 필요하다고 생각되는 태도, 능력의 기초를 육성하기" 위한 교육을 말하는 것으로 지금까지 일컬어져 왔던 국제이해교육보다도 더 폭넓은 내용을 담고 있다.16) 이러한 제언이 한시라도 빨리 구체화되어야 할 것이다.

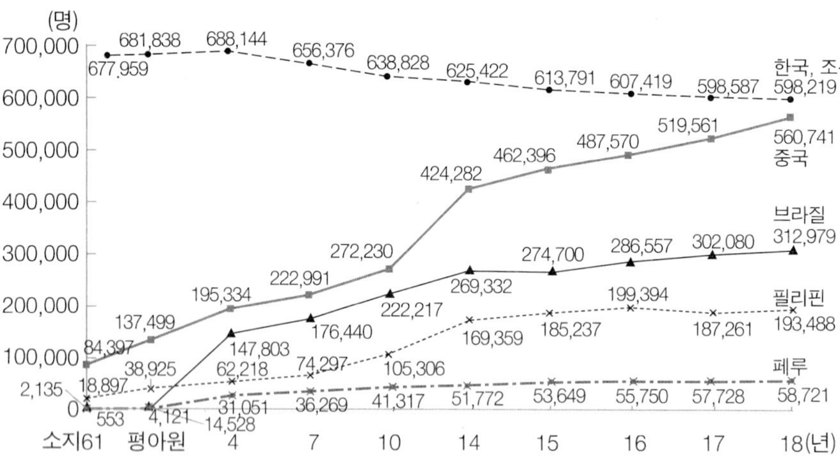

그림 13－5 주요 국적(출신지)별 외국인등록자 수의 추이

---

16) 文部科学省『초중등교육에 있어서 국제교육추진검토회보고－국제사회를 살아가는 인재를 육성하기 위해서(初等中等教育における国際教育推進検討会報告－国際社会を生きる人材を育成するために－)』 文部科学省, 2005.

두 번째, 모국어와 모국 문화의 보유 유지, 더 나아가 아이덴티티(정체성)의 안정을 어떻게 꾀할 것인가라는 과제가 있다. 이것은 특히 아이들에게 큰 과제라 할 수 있다. 일본에서는 한국, 조선, 대만 등을 식민지로 해서 역사와 문화, 이름과 언어까지 빼앗으려고 한 역사가 있다. 이를 깊게 반성하고 있다면 외국인들이 자신의 문화를 보유, 유지하면서 일본사회에서 안심하고 생활할 수 있도록 하는 나라 만들기를 과제로 해야 한다고 할 수 있다. 유감스럽지만 이 과제에 대해 정부는 충분히 정책을 추진하고 있다고 할 수 없다.

앞에서 언급하였지만 총무성에 설치된 「다문화공생 추진에 관한 연구회」가 2006년에 보고서를 제출하고 다음과 같이 기술하고 있다.

> "지역에서 다문화공생을 추진하는 데 있어 지금까지는 외국인 주민들이 많이 거주하는 지역의 지방자치단체가 필요에 의해 선진적인 시책을 실시하고 국가에 제도 개정에 대한 요망을 해 왔지만, 각 중앙정부기관의 대응은 반드시 충분하다고 말할 수 없으며 또한 종합적·횡단적 대응이 결여된 측면이 있다는 것을 부정할 수 없다. 국가 차원에서의 검토는 지금까지 주로 외국인 노동자정책 또는 재류 관리의 관점에서 이루어져 왔지만 이러한 관점에서만 파악하는 것은 적당하지 않다. 외국인 주민 역시 생활인이자 지역 주민이라는 사실을 인식하고 지역사회의 구성원으로서 함께 살아갈 수 있도록 하기 위한 조건정비를 국가 차원에서도 본격적으로 검토해야 할 시기가 왔다고 할 수 있을 것이다."[17]

이 보고서가 제출되었다고 해서 일본 정부의 외국인 정책이 크게 변했다는 것은 아니다. 이것은 일본이 20세기 전반에 했던 해외 침략에 대한 반성을 하지 않았다는 것을 반영하는 것이라 말할 수밖에 없다.

정부의 자세가 소극적이라고 해도 각 일본어학습의 장에서는 지역 주민으로서의 외국인과 일본인의 대등하고 풍요로운 관계를 만드는 것이 과제이다. 여러 가지 불리한 조건을 참아 가며 살고 있는 외국인들에게 있어 많은 생활상의 어려움과 고민이 생기고 있다. 일본어교실이 매력적인 것이 되기 위해서는 이러한 생활과제에 대응할 수 있는 활동을 빼놓지 않을 수 없을 것이다. 모국 문화와 모국어의 보유, 유지와 그에 의한 정체성 확립은 그 연장선상에 있는 중요한 과제라 할 수 있다.

세 번째로 지역에 밀착된 학급이 어떠한 모습이어야 하는가라는 문제가 있다. 이러한 면

---

17) 総務省『다문화공생추진에 관한 연구회 보고서(多文化共生推進に関する研究会報告書)』総務省, 2006, p.2.

에서는 일본인과 외국인이 대등한 관계를 만들어 가면서 지역사회에서 함께 살아가는 이웃으로서 인간관계를 만들어 나가는 것이 과제라 할 수 있다. 그러나 이를 위한 논의가 시작된 지 얼마 되지 않아 각지에서 그에 대한 모색이 계속되고 있다. 일본어학급의 자원봉사자로서 일본인의 자세는 어떠해야 할 것인가? 어떠한 교실 운영이 바람직한가? 운영위원회와 간사모임 등 교실운영을 맡고 있는 조직은 어떠한 비율로 어떠한 사람들이 참가해야 할 것인가? 행정은 어떠한 지원을 해야 하는가? 어느 과제에도 아직 명확한 답이 있다고는 말하기 어려운 것이 실정이다.

5 일본의 문해교육 · 일본어학습 활동의 과제

여기에서는 일본의 문해교육 · 일본어학습 활동의 과제를 세 가지로 들 수 있다.

첫 번째, 일본 전체의 실태 조사가 이루어지고 있지 않다는 점이다. 외국에서는 1990년의 UN 국제 문해의 해를 계기로 대규모 조사를 실시하였다. 한국, 호주, 프랑스, 미국 등에서는 실태조사를 실시하여 그 결과를 기반으로 법률 제정을 포함한 시책이 실시되게 되었다. 그러나 일본에서는 앞에서 말한 바와 같이 1955년 이후 국민의 문해능력에 관한 조사가 실시되지 않고 있다. 일본 사회에서 정보화와 세계화가 진전되고 있는 가운데 새로운 관점에 선 문해실태 조사가 필요하다고 하겠다. 그럼에도 일본 정부는 1955년 이후 본격적인 조사를 실시하지 않고 있다. 그 때문에 막연히 "일본은 문해율 100%다."라는 신화가 확산되고 있다. 이러한 신화가 지배하고 있는 사회에서는 읽기쓰기 능력을 익힐 수 없었던 사람들이 고립감에 빠지기 쉽다. 읽기쓰기에 어려움을 겪고 있다고 다른 사람에게 말하는 것조차 망설이게 된다. 그래서 결과적으로 "읽기쓰기에 어려움을 겪고 있는 사람은 없다."라는 신화를 강화시키게 된다. 이러한 악순환을 끊기 위해서라도 대규모의 문해 실태조사가 필요하다.

두 번째로, 조사가 없다는 것과도 관련해서 문해교육과 일본어학습 등 성인기초교육에 관한 정책을 일본 정부가 가지고 있지 않다는 점이다. 세계화가 진전되고 이미 소개한 바와 같이 일본에는 해외에서 온 많은 사람들이 살고 있다. 일본 정부는 내국인과 외국인 간의 평등원칙, 즉 일본 국적의 유무와 관계없이 인권에 대해 평등한 정책을 적용해야 하는 원칙을 정한 국제인권규약 등을 비준하고 있음에도 이에 관한 정책을 펴지 않고 있다. 국내의 비문해자는 물론 해외에서 일본에 온 사람들이 일본에서 안심하고 살 수 있도록 필요한 각종 시책을 조속히 세워야 할 것이다. 시책을 세우기 위한 이론적 기초와 경험적 축적은 충분히 있다.

세 번째 과제는 문해교육 등 성인기초교육에 관한 국제협력의 추진이다. 이 점에 관해서도 일본 정부에 기대하는 것은 어렵다고 말할 수 있다. 자국 내의 과제에 정면으로 대처하지 않는 정부가 국제협력과 해외원조를 할 수 있다고는 생각하기 어렵다. 이러한 의미에서 정부를 움직이기 위해서도 민간차원에서의 국제협력을 추진하는 것이 필요하다.

특히 동아시아에서의 국제협력은 중요한 의미를 가지고 있다. 일본 체류 외국인들의 국적을 보더라도 한국과 중국이 다수를 차지하고 있다. 경제면에서도 동아시아 국가 간의 협력관계는 지금보다도 더 강해지고 있다. 문화적으로 보더라도 동아시아는 중국 문화권에 있으며 문자와 의식주 등 다양한 면에서 문화를 공유하고 있다. 근대 역사에서 보면 일본에 의한 침략이 교류에 큰 벽이 되고 있다. 특히 이러한 역사에 대한 총괄적인 검토가 이루어지지 않고서는 동아시아에서의 국제협력은 순조롭지 않을 것이다.

우리들은 제로에서 출발하는 것이 아니다. 평생교육 분야에서는 국제협력의 경험을 가지고 있다. 1991년에 시작된 한 · 일사회교육세미나에서 양국의 평생교육 연구자와 실천가들이 공통의 테마를 가지고 교류해 왔다. 그러한 교류 속에서 서로의 인식에 대해 묻고 논의하며 연계하는 의미도 알게 되었던 것이다. 대중문화라는 점에 있어서는 21세기에 들어서 드라마 등 문화적 교류가 급속히 진전되었지만 이러한 가능성을 활용하면서 협력을 진전시키고 싶다.

성인문해교육은 1991년에 한 · 일사회교육세미나가 시작되었을 때의 첫 테마였다. 이것은 그전 해인 1990년 인도네시아에서 열린 아시아남태평양성인교육협의회(ASPBAE)와 관련을 갖는다. 그 회의의 주제는 평화교육과 문해교육이었기에 아시아남태평양 지역의 다양한 나라와 지역에서 발표를 하고 일본과 한국도 그 안에 포함되어 있었다. 한 · 일 양국의 참가자들이 서로의 실태와 실천활동을 교류하는 가운데 한 · 일 공통의 과제인 문해를 주제로 공동세미나를 하자는 의견이 나왔다. 이렇게 해서 그 회의에 참가한 양국의 멤버가 중심이 되어 한 · 일사회교육세미나가 시작된 것이다.

인도네시아의 ASPBAE 회의 개최의 중심역할과 한 · 일평생교육세미나의 실현을 위해 큰 역할을 한 것은 황종건 선생님이었다. 필자는 인도네시아 회의에 참가해서 일본의 문해교육에 대해 보고하였다. 지금 생각해 보면 변변치 못한 보고였지만 섹션이 끝나고 나서 바로 황종건 선생님이 오셔서 "굉장히 좋은 보고였다. 일본에 이렇게 훌륭한 활동이 있다는 것은 몰랐다. 앞으로 교류하자."라고 말씀하셨다. "교류하자."라는 황종건 선생님의 심정은 우리 일본 참가자들의 심정이기도 했다. 그 자리에서 이야기가 진전되어 1991년에 서울에서, 한 · 일사회교육세미나가 개최되었고 1992년에는 오사카에서 문해를 테마로 세미나가 열렸다. 그 이후 한 · 일교류는 착실하게 발전하고 폭넓은 주제를 다루며 현재에 이르고 있다. 황종건 선생님은 한 · 일 평생교육 교류의 아버지와 같은 존재라고 생각한다. 1990년 보고 이후에 일본의 문해 · 일본어교육의 발전을 소개할 수 있다는 것에 대해 기쁘게 생각한다. 이 글을 황종건 선생님께 바치고 싶다.

〈역주〉

[1] 재일한국인처럼 기존의 이주자(old comer)와 대비하여 '뉴커머(new comer)'라고 칭한다. 뉴커머는 주로 1980년대 이후 일본으로 이주한 외국인을 말한다.

특별칼럼 3 한 · 일 문해학습자들의 만남

만 희(前 전국 문해 성인기초 교육협의회 공동대표)

2002년 여름 다카노 마사오 선생님께서 안양시민대학을 방문하셨다.

다카노 마사오 선생님께서는 "저는 일본 야간중학생 다카노 마사오입니다."라며 한국말로 인사를 하셨다. 이어서 일본 야간중학교에 대한 설명과 『무기가 되는 글자와 말』이라는 선생님께서 쓰신 책을 보여 주셨다.

일본 문해교육 현장 중 한 형태인 야간중학교는 정규학교로 정규교사가 수업을 한다는 얘기를 들었을 때 깜짝 놀랐고 내 귀를 의심했다.

좀 더 구체적으로 질문을 하려고 하는데 다카노 마사오 선생님께서 먼저 질문을 시작하셨다. 시민대학의 설립목적과 운영방법, 교육 프로그램에 대해 쉬지 않고 계속하신다. 숨 고르며 이런저런 답변을 할 때마다 계속해서 "아~ 스바라시!(정말 훌륭하다)"를 연발하신다. 무엇이 그렇게 훌륭하다는 것일까? 도무지 정리가 되지 않는다.

순간 "일본 문해교육 현장이 궁금하네요."라고 말한 것이 계기가 되어 그해 12월 학생 대표, 후원인 대표, 교사 대표 8인이 일본 문해교육 현장을 탐방하였다. 20여 일간 도쿄, 오사카, 교토, 효고, 나라, 히로시마 지역의 문해교육 현장을 방문하였다.

'인간세상을 뜨겁게 인간에게 광명을'

차별부락민해방운동인 수평사운동에서 시작되어 전, 후 도쿄 야간중학교를 중심으로 확산된 식자운동의 역사를 배웠다. 무엇보다 문해학습자 '다카노 마사오' 한 사람으로 시작된 오사카 야간중학운동의 역사는 기적에 가까웠다. 그러나 아쉽게도 당시 식자교육현장에는 역사적 생명력과 학습자들의 도전정신이 계속되고 있지 않았다. 그제서야 다카노 마사오 선생님이 한국의 문해교육을 보고 "아~ 스바라시!"를 연발하시는 이유를 알았다.

풀뿌리 문해교육운동이 갖는 생명력과 교육평등, 행복나눔을 실천하며 글자를 넘어 세상을 배우는 한국 문해학습자들의 도전정신이야말로 훌륭한 문해교육의 참가치이며 미래였던 것이다.

2004년과 2006년 문해학습권 보장을 위한 한 · 일 교류와 세미나를 일본에서 개최하였고 2008년 한국과 일본의 문해학습자와 교사 80여 명은 한 · 일문해학습자교류회를 가졌다.

특별히 한국 문해학습자들의 제안으로 교류회를 마무리하며 가난한 아시아 여러 나라의 문해학습자를 돕기 위한 '아시아 문해기금'을 모금하였다.

한국측 문해학습자 대표가 모금결과를 발표하고 인사를 하였다.

"고맙습니다. 우리는 오늘 아시아 문해학교의 한 층을 올렸습니다!"

이어서 일본 측 학습자들이 한 목소리로 화답을 했다.

"아~ 스바라시!"

제 14 장

지역복지와 평생학습

–장애를 가진 사람들의 학습보장과 통합화의 과제–

고바야시 시게루(小林 繁)

지역복지의 관점에서 평생학습의 과제를 생각할 때, 학습기회로부터 상대적으로 소외된 사람들, 즉 장애를 가진 사람과 고령자, 아동과 여성, 외국인과 비문해자 등 다양한 신체적, 사회적 핸디캡으로 인해 학습의 기회로부터 소외되고 있는 사람들의 문제가 부각되고 있다. 이러한 문제는 평생에 걸친 학습기회를 복지적 지원을 통해 보장할 것을 요구하는 것이며, 일본국 헌법 제26조 교육받을 권리와 25조 문화적으로 생존할 권리의 이념을 결합한 학습 문화 보장의 과제라 할 수 있다.

오늘날 평생학습의 시대라 일컬어지듯이, 학교로 대표되는 형식적 교육기관 이외에도 다양한 학습 문화 활동의 기회가 제공되어 많은 사람들이 참여하고 있는 상황이다. 그 속에서 이러한 핸디캡을 가지고 있는 사람들에게 초점을 맞추어 보면, 학습지원이 매우 뒤떨어져 있다는 것을 문제 삼지 않을 수 없다. 이는 말할 것도 없이 '언제 어디서나 누구나 배울 수 있다.'라는 평생학습의 이념에 반하고 있음을 의미하는 것이며, 1992년의 생애학습심의회 답신에서도 "심신에 장애가 있는 사람과 병에 걸리기 쉬운 사람 등이 평생학습에 참여하기 쉽도록 배려가 필요하다."라 명시하고 있음에도 불구하고, 1996년의 총무청 행정감찰국 조사[1] 등에서도 장애를 가진 사람 등에 대한 학습활동의 지원이 실제로 거의 이루어지고 있지 않다는 사실이 보고되고 있다.

그러한 의미에서 학습기회로부터 소외된 사람들의 학습과 문화보장이 절실히 요구되고 있지만, 그것은 보다 충실한 생활의 내실(Quality of Life)을 요구하는 실천의 과제와 연동된

1) 総務庁行政監察局 編『생애 언제라도 자유롭게 배울 수 있는 사회를 지향하며–생애학습의 진흥에 관한 조사결과로부터–(生涯のいつでも自由に学べる社会を目指して–生涯学習の振興に関する調査結果から)』大蔵省印刷局, 1996.

것이다. 왜냐하면 핸디캡에 대한 지역복지적 대응과 함께 소위 문화적 생존권으로서의 학습권 보장이라는 관점에서 문자 그대로 평생에 걸친 학습이 필수불가결하고, 그와 동시에 임파워먼트의 관점에서 차별과 편견의 원인이 되고 있는 스티그마(수치의 관념)로부터 자신을 해방시키고 자존감(self-esteem)을 높이는 데 있어서도 학습이 필요하기 때문이다.

이러한 학습권 보장의 중요성은 세계인권선언을 기점으로 국제적인 인권 관련 규약과 조약 등에서 반복해서 확인되고 있다. 그리고 그것은 "학습권은 인간의 생존에 있어 불가결한 수단이다."라고 선언한 1985년의 유네스코 세계성인교육회의 '학습권선언'에 집약되어 1995년부터 시작된 UN 인권교육 10년의 활동으로도 이어지고 있다.

이 장에서는 이렇게 학습기회로부터 소외된 사람들의 학습권 보장이라는 과제와 전망을 명확히 하기 위해 지금까지 장애를 가진 사람들에 의해 이루어진 활동에 초점을 맞추어 그에 대한 문제와 과제에 대해 고찰하고자 한다.

1 장애를 가진 사람들의 생활과 학습을 둘러싼 기본적 문제

1) 장애인 복지시책의 전개

1981년의 UN 세계 장애인의 해는 장애를 가진 사람들의 사회참여를 거부하는 모든 장벽을 없애는 것을 호소하는 동시에, 장애를 가진 사람도 가지지 않은 사람과 똑같이 생활하고 일하며 또 문화적 활동에도 참여한다는 통합화의 개념을 일본에 보급시켜 나가는 데 큰 역할을 하였다. 그리고 그 이후 UN 장애인 10년의 활동에서 통합화를 주요 개념으로 하여 장애를 가진 사람들의 생활 향상과 사회참여를 촉진하는 활동을 착실히 추진해 오고 있다. 특히 1993년에 제정된 「장애인기본법」에 의해 장애인 기초연금 창설과 함께 각 지자체에서 장애인 복지에 관한 계획을 책정하고 있다. 이것은 재가(在家)를 기본으로 하면서, 가능한 한 보통의 생활형태를 유지하는 것이 본래의 장애인복지라는 이해에 기반한 것이다.

또한 1995년에 발표된 「장애인플랜」에서는 '지역에서 같이 생활하기 위해서'와 '사회적 자립을 촉진하기 위해서' '삶의 질(QoL) 향상과 마음의 벽을 없애는' 활동 등의 필요성이 강조되었다. 이 계획에 따라 작업소 등 일자리 확보와 함께, 장애를 가진 사람들의 지역에서의 생활을 구체적으로 지원하기 위한 생활지원센터의 설치가 추진되어 생활상의 여러 문제와 취업보장, 직장에서의 트러블에 대한 신속한 대응 등에서 큰 역할을 하고 있다.

2) 사회복지 기초구조 개혁을 둘러싼 문제

이러한 상황에서 전술한 장애인플랜의 책정상황을 보면 특히 정(町)・촌(村)에서의 상황이 매우 저조했기 때문에 정부는 2002년에 장애인기본계획을 각의결정하고 2003년도부터 2012년까지 지금까지의 시책을 더욱 확충하고자 하였다. 이러한 점에서 2004년의 장애인기본법 개정은 지금까지의 노력 규정이었던 지자체의 장애인계획을 의무화하고 차별금지 조항도 신설했다는 점에서 일보 전진하였다고 볼 수 있다.

그와 동시에 전술한 시책에는 복지에 대한 근본적인 재검토가 포함되어 있다는 점도 강조하지 않으면 안 된다. 그것이 2000년 6월에 제정된 「사회복지증진을 위한 사회복지사업법 등의 일부를 개정하는 법률」 즉, 사회복지 기초구조 개혁의 일환으로 나온 지원비 제도이다. 장애를 가진 사람들이 필요에 따라 복지서비스를 이용할 때 시정촌에서 지원비를 지급받을 수 있게 하는 것이 그 취지로서, 종래의 장애인복지서비스를 크게 전환하여 장애를 가진 사람들의 자기결정을 존중하고 이용자 본위의 서비스를 기본 이념으로 하여 2003년부터 실시하고 있다.

그러나 이 제도는 그 이념에 반해 사회복지의 시장화와 지방분권이라는 이름하에 구체적인 서비스 측면이 공적 책임의 포기로 이어질 수 있다는 비판이 많은 장애인 관련 단체들에게서 나오고 있다. 특히 홈헬프서비스가 시정촌 지자체의 관할로 됨으로써 지자체의 대응에 차이가 생겨 그것이 지역격차가 되어 나타나고 있는 점은 간과할 수 없다.

3) 자립과 커뮤니케이션을 지원하는 학습・문화보장의 과제

이러한 장애인복지시책을 둘러싼 문제는 제도적 보장과 함께 통합화와 장애인들의 자립을 지원하는 과제, 즉 이전처럼 행정기관에 의해 서비스 내용이 결정되는 객체적 존재로서가 아니라, 필요한 서비스는 자신이 결정해 가는 주체자로서, 지원비제도를 이용하여 자신의 의지와 창의로 생활을 디자인해 나가는 역량을 키우는 과제를 제기하고 있다고 할 수 있다. 그리고 그것은 장애를 가진 사람의 사회참여를 지원하는 커뮤니케이션 능력과 그것을 위한 학습을 필연적으로 요구하고 있다. 장애를 가진 사람이 지역에서 풍요롭게 생활해 나가기 위해서는 생활, 취업과 함께 학습 · 문화의 충실이 반드시 필요하기 때문이다.

기존의 장애를 가진 사람들에 대한 학습과 문화 활동을 생각해 볼 때, 복지적 관점을 전제로 학습에 대한 접근성과 조건정비로서 지원을 필요로 하는 경우도 많았지만, 그것이 장애를 가진 사람들의 능력과 가능성을 끌어내는 교육적 지원까지 전부 망라하는 것은 아니었다. 또 언뜻 보면 복지적인 활동처럼 보이는 카페코너 활동에서도 후술하는 것처럼 학습기능이 내포되어 있어서 그것을 의식적으로 추구하고 있는 경우도 적지 않다. 장애를 가진 사람들의 학습지원은 복지 서비스와 밀접히 연관되어 있으면서 동시에 교육적 지원을 필요로 하고 있다. 그러한 의미에서 소위 평생학습의 시점에서 장애를 가진 사람들의 학습을 어떻게 지원하는지가 중요할 것이다.

2 장애를 가진 사람에 대한 학습지원 활동과 과제

1) 장애인 청년학급의 성립과 전개

장애인들에 대한 학습지원을 목적으로 한 학급 · 강좌와 스포츠 · 레크리에이션 교실, 그룹 · 서클 활동을 지원하는 활동 등이 전국에서 이루어지고 있으며[2] 그러한 활동 중에 대표적인 것이 일반적으로 장애인(청년)학급으로 총칭되는 사업이다. 그 형태는 다양하며 활동 내용도 각기 다양하지만 주로 시정촌 지자체의 사회교육행정이 실시하고 있는 사업 외에 특별지원학교 등이 하는 이른바 동창회활동의 일환이나 복지시설과 작업장 등 또는

2) 필자가 실시한 전국의 시정촌 교육위원회를 대상으로 한 앙케이트 조사에 의하면, 답변이 있었던 1119곳의 지자체(답변률 50%) 중에서 장애를 가진 사람을 주대상으로 한 사업을 실시하고 있는 지자체는 145곳으로 이것은 답변이 있었던 지자체 수의 13%에 지나지 않는다. 그 사업내역을 보면 학급, 강좌와 서클 등처럼 계속적인 사업을 실시하고 있는 지자체는 79곳(121사업), 또 수영과 체조 등 스포츠교실 관계 및 캠프 등 야외활동 사업을 하고 있는 지자체는 29곳(50사업)이 있는 것으로 나타났다. 小林繁『장애자의 생애학습에 관한 실증적 연구(障涯者の生涯学習に関する実証的研究)(2004~2006年度科学研究費補助金研究成果報告書)』2007.

민간유지와 학부모회 등이 하고 있는 활동을 들 수 있다.[3)]

장애인(청년)학급의 성립은 도쿄도(東京都) 스미다구(墨田區) 내 중학교의 '특수학급'을 졸업한 지적 장애 청년들의 동창회를 정기적으로 열고 있었던 교원과 학부모들이 사회인이 된 졸업생을 비행(非行)으로부터 지키고 계속해서 일을 할 수 있도록 학습과 여가활동을 보장하는 기회와, 졸업 후에도 안심하고 모일 수 있는 장소가 필요하여 청년학급의 개설을 교육위원회에 요청한 결과 1964년 스미다교실이 개설된 것이 그 시작이었다. 당시 교실의 소관은 형식상으로는 평생교육행정이었지만 실제 기획운영은 학교 교사가 맡았고, 장소도 학교에서 열렸으며, 참여하는 학급생도 졸업생이었기 때문에 학교교육의 연장으로서의 성격이 강하게 반영된 것이었다.

이러한 문제가 제기되는 가운데 학급의 기획운영과 학습방법에 대해서도 사회교육으로서의 활동이 추진되었다. 예를 들면, 1967년에 오오타구(大田區)의 '하스누마(蓮沼)청년학급'은 당초 스미다교실과 마찬가지로 교사 주도의 운영이었지만, 학교교육식 형태에 대한 반성으로 1973년부터 장소를 중학교에서 평생교육시설로 바꾸고, 학습방법도 기존의 교사에 의한 강의 중심 방식에서 학급생의 자주적 활동에 중점을 두고 평생교육 관계자와 자원봉사자를 직원으로 참여시키는 등 평생교육 사업으로서의 내실을 갖추도록 하였다. 이후 새롭게 학급을 개설한 지자체에서는 처음부터 평생교육사업으로 자리매김하여 기획운영과 학습방법 등에 있어 평생교육적인 활동의 흐름이 정착하게 된 것이다.[4)]

이들 학급의 주된 활동으로는 일상생활에 필요한 기초학습, 요리, 음악과 회화 등의 자기표현활동, 견학과 스포츠, 레크리에이션 등을 들 수 있지만 최근에는 코스별 프로그램을 제공하는 등 한 사람 한 사람의 장애 정도와 요구에 맞는 대응도 이루어지고 있다.

이처럼 장애인(청년)학급의 활동은 특히 학교를 졸업한 장애인들의 학습・문화 활동을

3) 특수교육종합연구소의 조사에 의하면 이러한 학급은 전국 316곳에 있으며 그중 특별지원학교와 심신학급 등이 운영주체가 되고 있는 학급은 86곳으로 가장 많았다. 다음으로 교육행정관계가 64, 동창회 및 학부모들이 중심이 되어 운영하고 있는 곳이 55, 육성회와 복지관계단체/시설 등이 53, 유지단체 등 30, 복지행정관계가 4, 그 외 법인(NPO 포함)이 4 등으로 되어 있다. (『장애를 가진 사람들의 생애학습에 관한 조사연구(障害のある人の生涯学習に関する調査研究)(平成14年度「생애학습시책에 관한 조사연구」보고서(生涯学習施策に関する調査研究」報告書)』独立行政法人国立特殊教育総合研究所, 2003.)

4) 장애인 청년학급의 역사적 경위에 관해서는 津田英二「장애청년학급의 성립과 전개(障害者青年学級の成立と展開)」小林繁編 著『배움의 얼터너티브(学びのオルタナティヴ)』れんが書房新社, 1996을 참조.

제공하고 있다는 점에서 큰 역할을 하고 있지만, 그 대부분이 인적·물적 조건이나 개인적 노력에 좌우되고 있어, 학습권의 공적 보장이라는 관점에서 교육행정이 평생교육사업으로 실시하고 있는 장애인(청년)학급은 중요한 역할을 하고 있다. 그렇지만 전국의 활동상황을 보면 수도권 외에 나고야(名古屋), 오사카(大阪), 교토(京都), 효고(兵庫) 등 일부로 한정되어 있는 것이 현실이다.

그중에서도 도쿄도의 특별구과 대부분의 시에서는 장애인(청년)학급이 평생교육사업으로서 실시되고 있으며, 스미다구를 비롯해 40년 이상 경과한 곳도 적지 않다. 또 산타마(三多摩) 지역에서는 마치다시(町田市)와 구니타치시(國立市) 등을 선두로 평생교육시설인 공민관을 중심으로 하여 지역사회와 협력하는 다면적인 성격과 기능을 살린 활동을 전개하고 있는 점이 특징이다. 그 외에 사이타마현(埼玉縣)에서도 11개의 시정촌에서, 또 가나가와현(神奈川縣) 가와사키시(川崎市)에서는 모든 시민관(공민관에 해당하는 평생교육시설)에서 이러한 학급이 개최되고 있다. 한편, 나고야시처럼 행정으로부터 위탁을 받은 형태로 장애인청년학급이 조직되어 학부모회나 복지시설 단체 이외에 대학생과 사회인 등의 유지 그룹이 위탁을 받아 청년학급을 운영하고 있는 예도 볼 수 있다.

단 이러한 학급 중에는 현재 많은 문제를 안고 있는 곳이 많은 것도 사실이다. 그 중에서도 특히 고령화와 장애의 중도화(重度化)와 중복화(重複化)라는 참여 멤버의 속성과 관련된 문제, 학급생의 증가 등으로 인해 개개인의 요구와 장애의 종류와 정도에 맞는 프로그램을 실시할 수 없어 활동이 만성화되어 가는 문제, 또 활동을 지원하는 평생교육행정의 운영체제 문제, 즉 전문직원 배치와 필요 예산 확보라는 사업전개에 필요한 조건이 약화되고 있다는 문제 등을 들 수 있다. 이러한 점에서 평생교육행정이 학습권의 공적 보장의 원칙에 서서 그 역할을 하는 것을 기본으로 하면서 개선책을 어떻게 구체화시켜 나갈 것인지가 요구되고 있다.[5)]

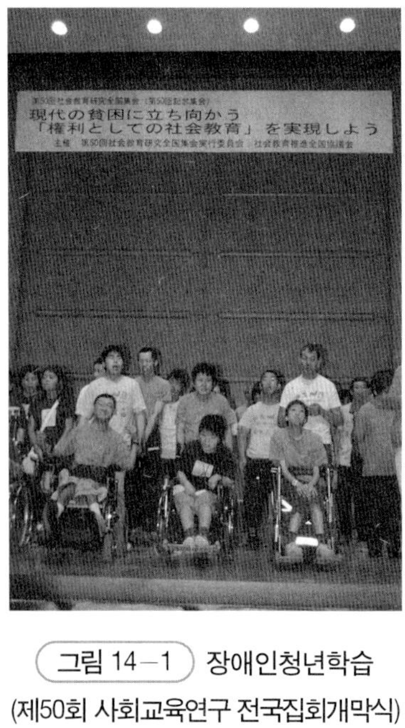

그림 14-1 장애인청년학습
(제50회 사회교육연구 전국집회개막식)

---

5) 이 문제에 대해서는 小林繁 編著『이 거리가 필드(この街がフィールド)』れんが書房新社, 1998 및 小林繁 編著『함께 배우는 '장애'(学びあう「障害」)』クレイン, 2001 등을 참조.

2) 사회교육추진전국협의회의 활동

앞에서 언급한 장애인청년학급의 전개와 상응하는 형태로 사회교육추진전국협의회 전국집회에서도 '국민 학습권의 철저보장의 관점'에서 장애인들의 학습보장에 대한 과제를 인식하여, 1974년 제14회 연구대회에서 분과회로 독립하게 되었다. 이때 보고된 실천사례는 히라가타시(枚方市) 농아청년학급, 니시노미야시(西宮市) 이마즈(今津)공민관의 특수학급 졸업생을 대상으로 한 생활학급, 교토의 '요사노미학교', 작업소 '유타카일요학교', 지역복지센터의 활동 등 다양한 내용이었다. 다음 해에는 '장애인의 평생교육보장의 확립을 위해'를 테마로 많은 실천사례 보고와 토론이 이루어져 종래의 평생교육에서 결여되어 온 복지문제에 대해 어떻게 대응할 것인가라는 과제가 제기되었다.

1980년대가 되면서 지금까지 고령자 문제와 함께 여러 번 논의되었던 분과회 구성에서 '장애인의 학습 · 문화 · 스포츠 활동 보장'을 테마로 한 단독 분과회가 구성되었고, 당시 일본사회사업대학이 실시한 평생교육행정에 있어서의 장애인교육 실태조사가 보고되었다. 전국적으로 평생교육행정의 대응이 저조하다는 인식 아래 이러한 과제의식이 분과회 활동의 기초가 되었다.

이를 바탕으로 1982년부터는 지금까지의 '사회복지와 평생교육'에서 '장애인의 학습 · 운동과 평생교육'으로 개칭됨과 동시에 세계 장애인의 해 제정에 따라 장애인의 주체형성에도 관심을 가지게 되었다. 이러한 문제의식이 1984년의 활동 가운데 장애인의 생활과제 중에서 교육과 학습요구를 어떻게 조직화할 것인가라는 과제로 의식화되고, 이러한 관점에서 평생교육행정의 과제가 다시 부각되었던 것이다. 또한 1989년에는 분과회 테마를 '장애인의 삶과 평생교육'으로 하여 보다 실천적이고 구체적인 내용이 되었다는 점이 특징이라 할 수 있다. 그리고 1993년부터는 분과회 테마가 '장애인의 평생에 걸친 학습보장'으로 오늘날에 이르고 있다.

3) 평생교육시설 · 기관에서의 대응과제

장애를 가진 사람들에 대한 학습기회의 제공이라는 과제를 생각할 때, 평생교육시설의 역할은 중요하며 일상적으로 평생교육시설을 이용할 수 있는 조건정비가 반드시 필요하다. 그간 시설의 하드웨어적인 면에서의 장애 해소화와 비교하여 소프트웨어적인 면에서의 정비가 상당히 뒤떨어지고 있는데, 그중에서도 특히 시각장애를 가진 사람들에 대한 대응이 큰 과제가 되고 있다. 예를 들어 도서관에서는 지금까지의 점역과 대면 낭독, 녹음 서비스 등의 활동의 축적을 기반으로 하여, 그것을 시정촌 도서관에서도 확충해 나감과 동시에 정보화에 대응한 서비스가 필요하다.

또한 박물관에서는 그간 점자 · 음성 안내와 시각장애인을 위한 특별가이드의 설명 등이 늘었다고는 해도 그것은 어디까지나 간접적 정보이기 때문에, 특히 그림 등에 대해서는 언어를 통한 감상에 머물러 있다. 이러한 가운데 소위 '손으로 보는 박물관'의 선구적 활동은 주목할 만하다. 그것은 만지는 행위를 통해 시각장애를 가진 사람의 감각에 직접 전하려고 하는 것이 특징이며, 거기에는 실물뿐만 아니라 모형과 레프리카를 전시함으로써 귀중한 문화재의 파손 등을 방지하는 것과 그림 등의 평면작품은 반(半)입체의 릴리프로 번안한 것을 준비하는 등의 방법을 쓰고 있다. 단, 이러한 사례는 아직 극히 일부분이기 때문에 앞으로 보급해 나가는 것이 과제이다.

또한 이러한 시설 · 기관을 이용할 수 없는 사람들에 대한 아웃리치(outreach)서비스도 중요한 과제이다. 여기에서 말하는 아웃리치서비스란 장애라는 핸디캡으로 인해 학습과 문화활동에 참여할 수 없는 사람들을 위해 직접 기회를 제공하는 활동을 총칭한 것이다. 역사적으로는 북 모빌(book mobile)과 책 택배서비스 등으로 대표되는 도서관 활동이 있지만 최근에는 병원에 입원한 사람들을 대상으로 한 배본서비스도 실시하고 있는 등 서비스의 충실을 목표로 하고 있다.

이러한 장애를 가진 사람들에게 '찾아간다'는 발상에 입각해서 학습기회를 제공하는 활동으로 주목받고 있는 것이 도쿄도 나가노구(中野區)와 오오타구(大田區) 등에서 하고 있는 평생교육 방문학급이다. 구(區)교육위원회가 혼자서는 외출이 곤란한 의무교육을 마친, 주로 신체장애를 가진 사람들을 대상으로, 희망하는 학습을 지원할 수 있는 전문 강사를 자택 등으로 파견함으로써 학습기회를 제공한다는 것이 이 사업의 취지이다. 이것은 1994년에 사이타마현 야시오시(八潮市)에서 시작된 '출장강좌'[6]의 발상과 비슷한 것으로, 가츠시

6) 야시오시(八潮市)에서는 평생학습 마을 만들기 출장강좌라는 명칭으로 다음과 같은 정의에 입각해서 실시되고 있다.
(정의) 제2조 이 요강에서 평생학습 마을 만들기 출장강좌(이하, 출장강좌라고 한다)란 시민 등의 단체가 주최하는 집회 등에 강사가 가서 시정에 관한 설명, 전문지식을 활용한 실습 등을 하는 것을 말한다.
(대상) 제3조 출장강좌를 이용할 수 있는 것은 시내에 거주, 재근 또는 재학하는 5명 이상의 사람으로 구성된 단체로 한다(야시오시 평생학습 마을 만들기 출장강좌 실시요강 1994년 3월 7일).

카구(葛飾區)에서도 고령자를 포함한 출장교실(장애인 등 학습활동 지원강사제도)로서 실시되고 있다. 현재 이러한 출장강좌는 전국의 지자체로 확대되고 있으며, 이것을 장애인들의 학습기회 제공사업에도 활용해 가는 것이 앞으로 필요할 것이다.

이와 동시에, 인적 지원 문제도 중요하여 구체적으로는 소위 가이드 헬프 서비스(개개인을 목적 장소와 기회로 가이드하기 위한 지원활동)의 수요가 매우 높다는 것도 강조하지 않을 수 없다. 필자 등이 수행한 조사[7]에서도 일반시민을 대상으로 한 강좌에 참여하고 싶어도 혼자서 그곳까지 갈 수 없기 때문에 참여할 수 없다, 그렇기 때문에 '강좌가 열리는 곳까지 데려다 주는 사람을 보내 준다면 세금이 비싸도 상관없다.'라는 절실한 목소리가 들린다. 이 서비스는 기존에는 시간과 목적, 장애 등에 제한이 있어 필요에 부합되지 못한 면이 있었으나 최근에는 장애와 목적을 제한하지 않고 폭넓은 서비스를 제공하고 있는 곳이 늘어나고 있어서 학습기회에 대한 접근성을 보장한다는 점에서 보다 확대시켜 나가는 것이 중요한 과제가 되고 있다.

4) 오픈칼리지의 시도

오픈칼리지란, 일반적으로 대학이 시민을 대상으로 하는 공개강좌 등의 명칭으로 사용되는 경우가 많지만, 근래 장애를 가진 사람, 특히 지적장애를 가진 사람을 대상으로 대학이 학습기회의 제공을 목적으로 하는 사업으로서 그 명칭이 사용되고 있다. 오픈칼리지에서는 장애를 가진 사람에 맞게 다양한 내용과 방법이 고안되어, 대학 교원뿐만 아니라 사회복지와 장애아교육을 비롯한 다양한 영역과 분야의 교원과 학생, 지역주민이 함께 활동하고 있다. 장애를 가진 사람들의 학습권 보장이라는 점에서, 고등교육기관인 대학이 이러한 활동을 하는 것에 대한 의의는 크다. 특히 지적장애의 경우는 다른 장애에 비해 고등교육의 기회가 크게 제한되어 있기 때문에 중요한 역할을 맡고 있다고 할 수 있다.

이러한 오픈칼리지의 선구적 역할이 되고 있는 것이 1995년에 도쿄 가쿠게이대학(東京學藝大學)에서 개강한 지적장애를 가진 사람 대상의 공개강좌로, 대학 교원과 특별지원학

7) 『세타가야구 '장애인 등의 학습원조제도구상만들기(안) (障害者等の学習援助制度構想づくり(案))'의 위탁조사연구보고서』 世田谷区教育委員会, 1996.

교 등 교원들의 전문적 지식과 기술을 활용한 프로그램과 학습지도가 특징이다.[8] 2006년에는 4회 강좌('자연과 인간의 관계' '재판과 인권' '교실 안에서 세계 발견' '자기 이해')를 실시하여 각각 전문 교원의 강의뿐만 아니라 대학 부속 농장에서의 필드 워크와 모의재판 견학 등의 방법도 사용하면서 실시하고 있는 점은 주목할 만하다. 1998년에는 오사카부립대학(大阪府立大學)에서 비슷한 사업이 실시되어 간사이(關西)지방의 복지 관련 대학에서도 잇따라 그러한 사업을 시작했기 때문에 같은 해에 전국 오픈칼리지 연구협의회가 발족되는 등 그 후에도 몇몇 대학에서 비슷한 사업이 시작되었다.[9]

그중 고베대학(神戸大學)에서는 2003년부터 '대학에서 자신의 세계를 넓혀 가자－지적장애를 둘러싼 사회적 과제 해결을 위해－'를 테마로, 지적장애를 가진 사람들을 대상으로 한 공개강좌를 실시하였다. 이 공개강좌는 대학에서 질 높은 학습 프로그램을 제공함과 동시에 학습지원 스태프인 교원과 학생들의 장애 이해를 위한 체험 학습의 장으로 만드는 것을 목표로 하고 있다.[10]

또 2000년부터 시작된 아오모리현(青森縣) 고쇼 가와라(五所河原)의 오픈칼리지는 지적장애를 가진 사람들의 학교 졸업 후 학습을 지원하기 위해 지역의 고등학교를 이용하고 지역의 네트워크를 활용한 활동으로 출발하였다. 학습과목도 심리학과 수학, 국제이해(영어회화, 멕시코 문화), 도서관학, 경제학, 복지문제, 환경문제, 예술(사진, 서예, 미술, 음악 등), 스포츠·레크리에이션 등 매우 다양하다. 이러한 활동을 바탕으로 2002년에 아오모리시에서도 오픈칼리지를 세워, 2003년부터는 아오모리현립보건대학(青森縣立保健大學)에서 오픈칼리지를 실시하고 있다.[11]

장애 중에서도 특히 지적장애를 가진 사람들에게 대학교육의 기회가 현실적으로 거의

---

8) 松矢勝宏 監修·擁護学校進路指導研究会 編『대학에서 배우는 지적장애인(大学で学ぶ知的障害者)』大揚社, 2004 및「자신을 알고 사회를 배운다(自分を知り社会を学ぶ)」受講生論文刊行委員会 編『대학에 가자!!(大学へ行こう!!)』ゆじょんと, 2004.

9) 建部久美子 編著·安原佳子 著『지적장애인과 생애교육의 보장(知的障害者と生涯教育の保障)』明石書店, 2001.

10) 末本誠·津田英二 외「지적장애인의 부모에 의한 사회적 배제 경험의 이야기를 바탕으로 한 상호교육(知的障害者の親による社会的排除経験の語りにもとづく相互教育)」日本社会教育学会 編『사회적 배제와 사회교육(社会的排除と社会教育)』東洋館出版社, 2006.

11)『지적장애인의 생애학습 실태파악과 학습보장 시스템 만들기에 관한 연구(知的障害者の生涯学習の実態把握と学習保障システムづくりに関する研究)』青森県立保健大学, 2006.

제공되고 있지 않은 가운데 이러한 대학들의 활동은 중요하며, 앞으로 전국의 많은 대학에서 이러한 사업이 전개되어야 할 것이다.

3 장애를 가진 아이들을 지원하는 지역 활동

1) 학동보육 및 아동관 등에서의 활동

장애를 가진 학령기 아이들에 대한 지역에서의 풍요로운 학습 · 문화 활동을 생각할 때, 중요한 역할을 하고 있는 것이 아동관과 학동보육의 활동 그리고 장애를 가진 아이들의 방과 후 · 휴일에 대한 사회적 지원 단체 및 그룹 등의 활동이다. 이러한 활동의 대부분은 사회복지협의회 사업이거나 또는 도쿄도의 '장애아의 방과 후 생활을 보장하는 도내 단체연락회'(약칭 '방과후연')처럼 재활훈련사업으로 보조금을 받으면서 부모와 유지가 중심이 되어 활동하고 있는 민간단체와 서클 등이다.

그러나 전국적으로 보면 아직도 지역격차가 큰 것이 현실이다. 그러한 점에서 새삼 주목받고 있는 것이 아이들의 방과 후와 휴일, 지역의 유휴공간(居場所)이며 놀이를 중심으로 한 문화활동의 거점으로 기능하고 있는 아동관(센터)의 존재이다. 아동관은 운영상의 다양한 문제와 과제를 안고 있으면서도 장애를 가지지 않은 많은 아이들이 일상적으로 이용함으로써, 장애를 가진 아이들과의 관계나 놀이를 공유하는 것이 사업으로서 가능하며, 그만큼 자연스럽게 아이들 사이의 교류가 쉽다. 그리고 연령과 학년 규정에 의해 학동보육의 시기가 종료되고 나서도 장애를 가진 아이들이 계속해서 아동관에 와서 다양한 활동과 사업에 참여할 수 있다는 면에서도 아동관은 큰 가능성을 가진 시설이며 공간이라 할 수 있을 것이다.[12)]

2) 지역에서의 연계와 협동 시도

이러한 가운데 2002년도부터 실시된 완전 학교 주 5일제는 장애를 가진 아이들이 지역

---

12) 吉田泰三「장애가 있는 아이와 없는 아이가 함께 걷는다(ハンディのある子もない子も共に歩む)」児童館・学童保育21世紀委員会 編『아동관 · 학동보육과 양육문화』萌文社, 2001.

에서 문화적으로 풍요로운 생활을 한다는 점에서 큰 과제를 시사하고 있다. 물론 지금까지 월 2회의 토요 휴일에 대응한 활동의 축적 위에 더욱더 충실해질 것이 요구되고 있지만, 그와 동시에 요구되고 있는 것은 지역에서의 활동을 학부모회와 유지, 특별지원학교, 아동복지의 틀을 넘어 계속 넓혀 가는 것이며, 그러한 점에서 지역평생교육의 역할이 중요시되고 있다.

이러한 점에서 특별지원학교가 주체가 되어 지역평생교육 관계기관과 협동으로 학교 주 5일제에 대응하려는 시도가 이루어지고 있는 것은 주목할 만하다. 예를 들어 가나가와현의 몇몇 특별지원학교에서는 모델사업으로 장애아동의 통학구역에 걸쳐 있는 복수의 시정촌과 연계하면서 정기적으로 하이킹과 견학, 레크리에이션 등을 실시하는 홀리데이 스쿨과, 장애를 가진 아이들의 개별적인 문화요구에 대응한 젊은이들의 휴일자원봉사를 지원하는 활동, 지역주민들과 함께 만들어 가는 콘서트 등을 실시하고 있다. 그리고 이러한 활동을 지원하기 위한 서포터 회의와 자원봉사자 양성강좌 등을 실시하고 있다.[13] 이러한 활동은 지역의 평생교육 관련 조직, 복지시설과 법인, 사회복지협의회, 학부모, 그리고 특별지원학교가 연계되고 있는 점이 특징이다.

3) 미래를 향해

전국적으로 보면 이러한 지역활동은 아직도 부족하다. 필자가 실시한 조사에서 학교 주 5일제의 완전실시 후, 2005년에 시정촌 지자체에서 장애를 가진 아동 · 학생에 대응하는 사업의 실시유무를 물어본 바, 사업을 실시하고 있는 지자체 수가 44곳, 실시하고 있지 않는 지자체가 1069곳이었다. 1992년 이후 학교 주 5일제의 실시 후, 휴일의 장애아동에 대한 지역적 대응이 과제가 되어 학부모와 관계자들로부터 그에 대한 요구가 있었음에도 불구하고 소수의 지자체를 제외한 압도적으로 많은 시정촌에서 적절한 대응이 이루어지고 있지 않는 상황이다.[14] 이러한 면에서 매주 토요일이 휴일이 된지 6년 정도가 지난 가운

13) 『장애아동의 지역참가를 시연하는 구조 만들기의 개요(障害児の地域参加を市縁するしくみづくりの概要)』 神奈川県教育委員会, 2001.

14) 小林繁 『장애인의 생애학습에 관한 실증적 연구(障害者の生涯学習に関する実証的研究)』(2006~2008年度科学研究費補助金研究成果報告書)

데, 지역에서 장애를 가진 아동의 활기찬 학습과 문화 활동을 통한 풍요로운 성장과 사회 참여를 지원하는 활동이 요구되고 있는 점을 다시 한 번 강조하지 않으면 안 된다.

또한 앞의 조사로부터 이러한 활동들의 사례로, 풍부한 경험을 가지고 있고, 장애를 가지고 있지 않은 아이들이 지역활동촉진사업자와의 교류를 목적으로 토요일에 활동하고 있는 사례, 장애를 가진 학생들의 학교 외 활동을 충실히 하는 사업(학교 외 활동 양성사업)과, 지역활동촉진사업의 일환으로 실시하고 있는 사례, 아동교실과 토요일에 아동을 위해 공민관을 개방하고 있는 사례, 장애아 수영교실의 사례 등, 다양한 활동이 소개되고 있다. 그 중에서도 특히 주목받고 있는 것은 참여대상을 명확하게 장애아로 한정하고 있는 사례는 4개에 불과하며, 그 외의 많은 사업들이 장애의 유무와 관계없이 모든 아이들의 참여를 전제로 하고 있다는 것이다. 앞으로 장애를 가진 학령기의 아이들뿐만 아니라, 장애를 가지지 않은 아이들도 참여함으로써 일상적 교류가 이루어지고 서로 배울 수 있도록 지역을 거점으로 많은 사람들이 참여하는 활동의 확대와 발전이 기대된다.

4 카페코너의 도전

1) 장애를 가진 사람들이 일하는 카페코너란

여기에서 말하는 '카페코너(喫茶コーナー)'란 1981년에 도쿄도의 구니타치시(國立市) 공민관 안에 장애를 가진 청년과 그렇지 않은 청년이 함께 운영하는 '와이가야'라는 카페 형식의 코너가 생기게 된 것으로부터 시작되었다. 즉 '와이가야'는 공민관 안에 청년실이라는 자유롭게 모일 수 있는 장소(유휴공간)가 있어 거기에서 나온 청년들의 아이디어가 공민관 로비의 일부에 장애를 가진 청년과 가지지 않은 청년이 운영하는 카페코너의 개설로 이어지고 그것이 더 나아가 장애인청년학급의 활동과 결합된 것이다.[15)]

15) 구니타치시 공민관의 카페코너 '와이가야'의 성립과 전개에 대해서는 兼松忠雄・高橋しのぶ「청년실, 장애청년교실, 그리고 '와이가야'(青年室, 障害者青年教室, そして『わいがや』」小林繁 編著『당신과 같은 마을에 살고 있는(君と同じ街に生きて)』れんが書房新社, 1995.

이러한 카페코너는 그 후 공민관뿐만 아니라 도서관, 미술관, 체육관, 시청 등의 공공시설, 복지센터와 작업장 등의 복지시설 또는 지역 안의 상점가 일부 등에 설치됨으로써 이용계층이 확대되고 있다. 이와 함께 지금까지는 주로 서비스를 받는 입장이었던 장애를 가진 사람들이 장애를 가지지 않은 사람들에게 서비스를 하게 된 것이다. 특히 지적장애를 가진 사람들이 카페코너에서 일함으로써, 접객 등의 일은 할 수 없다고 여겨왔던 기존의 장애에 대한 생각을 바꾸게 된 계기가 되었다는 점도 중요하다.[16]

이러한 활동은 1990년대 들어서 급속하게 확산되고 있어 전국카페코너교류회가 파악하고 있는 범위만으로도 현재 400여 곳을 넘고 있다. 더군다나 종래의 지적장애와 신체장애를 중심으로 한 분야에서 최근에는 정신장애와 마음의 병을 가진 사람들이 일하는 카페코너도 늘어나고 있어 이러한 사람들에게 있어 카페코너라는 공간이 위로의 장, 안심할 수 있는 공간으로서 지역에서 보다 더 중요한 역할을 해 나갈 것으로 기대되고 있다.

2) 배움의 장으로서의 카페코너

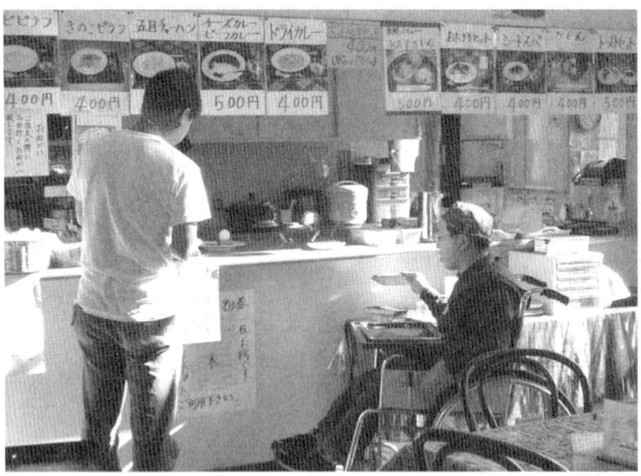

그림 14-2 장애인들이 운영하는 카페

16) 1990년대 이후의 카페코너의 활동상황과 그 전개에 대해서는, 장애를 가진 시민의 생애학습연구회 편 『장애를 가진 사람들이 주역인 카페코너가 여는 사람, 마을, 생활(障害をもつ人たちが主役の喫茶コーナーがひらくひと・まち・くらし)』 ゆじょんと, 2001을 참조.

이러한 카페코너는 장애를 가진 사람들이 일의 내용과 형식에 관계없이 보조역할이 아닌 중심적인 역할을 맡는다는 의미에서, 주역이 되고, 항상 지역에 열린 장으로서 일반인뿐만 아니라 장애인들도 손님으로 와서 편안하게 차를 마실 수 있게 하였다. 이에 취로와 수익뿐만 아니라 복지와 교육, 문화를 포함한 다양한 이념과 목적 그리고 기능을 가지고 있는 장소라는 점, 즉 접객과 조리, 판매와 계산 등 다양한 것을 실천적으로 배우고, 그것을 장래의 자립생활을 향한 자신감과 준비로 이어감과 동시에, 이용자는 한 잔의 커피를 통해 장애를 가진 사람들을 만나고 더 나아가 자원봉사활동으로 이어질 가능성도 있다는 의미에서 다양한 기능을 내포한 활동이라는 것이 특징이다.

그러한 의미에서 이러한 카페코너는 장애를 가진 사람들이 일하는 장소만이 아니라 여러 가지를 배우고 교류하는 장이라는 점을 강조하지 않으면 안 된다. 즉 카페코너에서 일함으로써 어느 정도 경제적으로 자립이 가능함과 동시에 자신의 장애를 노출함으로써 자연스럽게 장애를 인정하고 서로 이해하는 장이며, 마을에 사는 장애인들도 손님으로 와서 일반 커피숍에서 느끼는 차가운 시선 등을 신경 쓰지 않고 여유롭게 차를 마실 수 있고 시간을 보낼 수 있는 공간이며, 작업소 등의 일이 끝나고 집으로 돌아가기 전에 시간을 보내는 공간이다.

이러한 관점에서 카페코너가 가진 학습적 기능에 착목했을 때, 이 활동은 앞에서도 언급한 것처럼 공민관에서 장애를 가진 청년과 가지지 않은 청년들의 아이디어에 의한 교류와 유휴공간으로서 시작된 의의를 상기할 수 있겠다. 카페코너를 만들 당시 참여했던 한 공민관 직원은 다음과 같이 표현하고 있다. "공민관이라는 열린 장에서 장애인과 비장애인이 함께 배우고 교류하고, 또한 월급을 받음으로써 평가를 얻어 여러 면에서 자립으로 이어지게 된다. 카페코너가 학습의 동기부여의 장이며, 학습 · 실습의 장이고, 평가의 장이 된다. 이야말로 너무나도 평생교육적인 프로그램이지 않은가."[17]

17) 平林正夫「젊은이들은 '모임의 장'을 만든다 (若者たちは "たまり場" をつくる)」小林文人 編『공민관의 재발견(公民館の再発見)』國土社, 1988, p.97.

3) 다양한 역할과 가능성을 찾아서

전국카페코너교류회의 조사[18]에 의하면 이러한 카페코너의 역할로서 지역에서 장애를 가진 사람과 가지지 않은 사람과의 교류와 장애를 가진 사람들의 평생교육의 장이라고 대답하고 있는 곳이 많은 데에 더하여, 장애를 가진 사람의 유휴공간(여가를 보내는 곳) 및 공공시설에서 실시하는 강좌 등에 참여하는 계기가 되고 있는 경우도 적지 않으며, 더 나아가 지역 주민들의 평생교육의 장이 되고 있다는 대답도 꽤 많았다. 이것은 그간 전국의 카페코너를 보고 들은 것과 필자가 실시한 조사[19]와도 일치하고 있으며, 장애를 가진 사람들과 교류하는 것을 통하여 장애를 배우고 장애를 가진 사람들이 놓인 상황을 배우며 거기에서 차별과 편견을 시정해 가는 가능성을 구체적으로 보여 주고 있다. 이것은 실로 복지와 교육과 노동(취업)의 요소와 기능이 융합된 장애인 당사자의 활동이며, 또 지역복지 관점에서의 마을 만들기와 공생의 지역 만들기를 구상하는 데 있어서도 큰 가능성을 가지고 있다고 할 수 있을 것이다.

이에 더하여 이러한 카페코너의 아이디어는 장애를 가진 사람들의 활동뿐만 아니라 은둔형 외톨이와 니트족이라 일컬어지는, 즉 인간관계를 잘 만들지 못해 취업을 포함한 사회적 관계를 만들 수 없는 청년들과 아이들의 공간, 그리고 지역의 어르신들과 청년들의 만남과 교류의 장으로, 더 나아가 일을 만들어 나가는 장으로서의 커뮤니티 카페 만들기 등의 활동으로 발전되는 가능성을 시사하고 있어서,[20] 이 활동들과 서로 연계함으로써 카페코너의 가능성이 한층 더 발전해 나갈 것이라 기대되고 있다.

---

18) 前掲『장애를 가진 사람들이 주역인 카페코너가 여는 사람, 마을, 생활(障害をもつ人たちが主役の喫茶コーナーがひらくひと・まち・くらし)』

19) 小林繁「노멀라이제이션의 시점에서 본 장애를 가진 사람이 일하는 카페코너의 가능성(ノーマライゼーションの視点から見た障害をもつ人が働く喫茶コーナーの可能性)」『明治大学人文科学研究所紀要』第58冊, 2006.

20) 이에 관해서는 久田邦明「커뮤니티 · 카페의 가능성(コミュニテイ・カフェの可能性)」『月刊社会教育』2004 및 久田邦明「은둔형 외톨이가 지낼 수 있는 장소 만들기(ひきこもりの居場所づくり)」『은둔형 외톨이 젊은이들(현대의 에스프리별책)(ひきこもる若者たち(現代のエスプリ別冊))』2005 등을 참조.

이상에서 살펴본 장애를 가진 사람들의 활동을 발전시켜 나가는 데 있어서, 그간의 세계적인 장애인 운동의 성과로 2006년 12월의 제61회 UN 총회 본회의에서 채택된 장애인 권리협약의 의의는 크다. 이 협약은 장애인의 권리선언을 받아들여 가맹국에 대해 법적 대응을 요구함으로써, 장애를 가진 사람들의 생활, 취로, 교육 · 문화 등 모든 분야에서의 차별금지와 평등한 권리보장 및 완전한 사회참여의 실현을 목적으로 하고 있기 때문이다. 즉 제24조에 교육기회의 평등을 실현하기 위해 "모든 단계에서 장애인을 포용하는 교육제도 및 평생학습을 확보한다."라고 하며, 초등, 중등교육뿐만 아니라 "다른 사람들과 평등하게 고등교육, 직업훈련, 성인교육 및 평생학습의 기회를 확보하기" 위한 "합리적 배려가 장애인에게 제공된다."는 것이 명시되어 있다. 또한 제30조에도 "다른 사람과 평등하게 문화적 생활에 참여할 권리를 인정한다."고 하여 문화적 작품 및 활동의 향유, 문화공연과 서비스가 이루어지는 장소(예를 들면, 극장, 박물관, 영화관, 도서관, 관광 서비스)로의 접근성을 보장하는 것과 레크리에이션, 여가 및 스포츠 활동에 대한 참여를 가능하게 하기 위한 구체적 조치 등이 규정되어 있다.

이러한 점에서도 평생학습의 관점에 입각하여 장애를 가진 사람들과 함께 학습기회에서 소외되어 있는 사람들의 학습 문화보장을 충실히 할 필요가 있다.

제 15 장

시민의 학습과 NPO

사토 가츠코(佐藤一子)

그림 15-1 인형극장(이이다시[飯田市])

1998년에 특정비영리활동촉진법(이하 NPO법이라 한다)이 제정된 지 10년이 지났다. 법률이 제정되던 당시에 NPO로 인정받은 단체 수는 수천 개에 지나지 않았지만, 현재는 약 3만 5천여 개로 약 10배 가까이 증가하였으며, NPO의 존재를 모르는 시민이 거의 없을 정도로 매우 익숙한 존재가 되었다.

이들 NPO는 활동목적에 따라 시민의 주도 아래, 시민 대상의 학습문화활동을 적극적으로 조직하고 있으며, 사회교육과 관련된 공공시설을 위탁받아 운영하는 NPO도 있다. NPO법에는 활동 분야의 하나로서 '사회교육의 추진을 도모하는 활동'이 규정되어 있으며, 약 40%의 NPO가 사회교육활동을 활동 목적의 하나로 표방하고 있다.

1949년에 제정된 「사회교육법」에서는 "법인의 유무와 상관없이 공적 기관에 소속되지 않은 단체로 사회교육과 관련된 사업을 실시하는 것을 주요 목적으로 한다."라는 조항으로 사회교육 관련 단체를 규정하고 있다. '사회교육의 추진을 도모하는 활동'을 목적으로 하는 NPO는 법적인 의미에서도 「사회교육법」상의 사회교육 관련 단체에 해당된다고 볼 수 있다. 사회교육 관련 단체나 사회교육시설을 이용하는 대부분의 서클들이 임의단체인 것에 비해 NPO는 NPO법에 의한 시민단체로서의 법인격을 가지고 있다는 것이 그 특징이라고 할 수 있다.

최근에는 사회교육 관련 단체도 NPO 법인격을 취득하는 사례가 늘고 있다. 한편 NPO도 임의단체 · 서클과의 네트워크를 확대하고 있으며, 시민들의 학습이라는 관점에서 보면 NPO와 사회교육 관련 단체는 그 역사적 형성과정은 다르지만, 서로 공통되는 부분도 많아지고 있다고 할 수 있다. 일본사회교육학회의 연보인 『NPO와 사회교육』(日本社會敎育學會 編, 2007)에서는 마을 만들기, 생활의 재구축, 지자체와의 협력에 주목하면서 NPO의 학습활동을 검토하고 있다. 참여형 학습의 추진, 지자체 행정과 협력하는 파트너로서 NPO는 일본의 시민주도형 학습사회를 실현해 가는 데 있어 빼놓을 수 없는 존재가 되고 있다.

이 장에서는 이러한 동향에 주목하고, 구체적인 사례를 통해 NPO가 추진하는 시민 학습활동의 의의와 과제에 대해 살펴보고자 한다.

1 NPO의 법제화와 활동의 확대

1) 자원봉사활동의 고조와 NPO

일본에서 자원봉사라는 말이 일반적으로 사용되기 시작한 것은 1970년대부터이다. 조직적인 활동으로서 자원봉사가 크게 주목받은 것은 1995년 한신(阪神) · 아와지(淡路) 대지진 때이다. 140만 명이 넘는 사람들이 전국에서 재해지역을 지원하기 위해 모여들었다. 이 해를 '자원봉사 원년'이라고 부르게 되었으며, 자원봉사에 대한 법적 지원의 필요성이 사회적으로 널리 인식되기 시작하였다. 그전까지 자원봉사라는 것은 복지영역의 봉사활동을 중심으로 발전되어 왔지만, 재해복구 지원활동 속에서 자원봉사의 사회적인 활동력이 재인식되었다. 또한 일상적인 활동에서도 공공시설의 운영협력과 환경보호, 개발도상국의 지원, 인권보호 활동 등 다양한 형태의 활동과 참가계층이 확대되어 있는 것이 사회적으로 인식되었다.

이러한 동향에 일찌감치 주목한 정부의 『국민생활백서』(2000년) '자원봉사활동이 창조하는 좋은 인연'에서는 자원봉사활동을 ① 자발성: 자신의 의사에 따라 행동한다, ② 공헌성: (사회의 일원으로서) 타인과 사회복리를 향상시킨다는 두 가지 특징을 가진 것으로 보고, 자원봉사활동과 NPO의 관계에 대해 다음과 같이 기술하고 있다.

> (한신 · 아와지 대지진의) 복구 이후의 활동을 전개하는 가운데 개별적인 자원봉사활동에

> 서 자원봉사단체와 시민활동단체, 즉 NPO로 조직화되는 움직임이 진행되었다고 할 수 있다. (중략) 이렇게 조직화된 자원봉사단체나 시민활동단체는 'NPO'라고 불리고 있다. (중략) 여기에서 중요한 점은 개인과 단체는 별개의 것이 아니며 NPO 활동의 중심에 자원봉사활동이 있다는 점이다. 재정적으로 안정된 NPO나 규모가 작은 NPO도 그 활동이 조직적이고 지속적인 활동이 되도록 (자원봉사자들이) 지원하고 있다.[1)]

여기에서는 NPO를 '조직화된 자원봉사단체'로 정의하고 있다. 이 정의에서는 재단, 공기업이나 기존의 법인들처럼 고용된 직원들이 중심이 되어 비영리사업을 추진하는 단체와는 대조적인 시민주도적인 단체라고 보고 있다. 기존에 인가받은 법인과 달리 보다 폭넓은 시민활동을 기반으로 한 법인이라고 적극적으로 평가하고 있음을 알 수 있다. 반면 협동조합연구에서 소개되어 온 유럽의 사회경제섹터나 사회적 기업 등의 동향까지는 시야에 넣고 있지 않다는 등의 문제가 있다.[2)]

그러나 1990년대 후반, 자원봉사활동의 고조가 NPO법 제정을 촉구하는 데 중요한 요인이 된 것은 사실이며, 그전까지 개별적으로 존재했던 임의시민단체나 NGO, 자원봉사단체 등이 일괄적으로 NPO로 불리게 되었다는 점에서 법 제정의 영향은 컸다고 할 수 있다.

2) 특정비영리활동촉진법(NPO법)의 제정

기존의 공익법인제도에서는 각 성청(省廳: 한국의 부처에 해당)설치법이나 「지방자치법」에 근거하여 사회복지법인과 학교법인, 종교법인, 의료법인 등이 인가 대상이 되고 있고, 그 밖에도 국가와 지자체에서 설립한 공기업 등이 존재하고 있다. 그러나 일반 시민이 하나의 목적을 위해 집단으로 공익적인 활동을 하고자 할 때 그에 해당하는 법체계가 없었기 때문에 법인격을 취득하는 것도 어려웠다. 작은 시민집단으로는 자금력도 없고, 사회적 인지도도 낮아 기부를 통한 세제상의 면제혜택도 받지 못한다. 이러한 상황에서 여론의 힘을 얻어 미국의 NPO 관련법 제도를 참고로 한 법안이 의원입법으로 국회에 상정되어 1998년 3월에 만장일치로 가결・성립되었다. 그리고 같은 해 12월에 NPO법이 시행되었다.

동 법의 제1조(목적)에서는 "자원봉사활동을 비롯한 시민이 전개하는 자유로운 사회공

1) 經濟企劃廳『국민생활백서(國民生活白書)』, 2000.

2) 富澤賢治『사회적 경제섹터의 분석－민간비영리조직의 이론과 실천(社會的經濟セクターの分析－民間非営利組織の理論と實踐)』岩波書店, 1999.

헌활동인 특정비영리활동의 건전한 발전을 촉진하고, 그것을 통해 공익 증진에 기여하는 것을 목적으로 한다."고 규정하고, 공익성의 관점에서 자원봉사활동 등에 법인격을 부여하는 것이 동 법의 취지라고 밝히고 있다.

또한 제2조(정의)에서는 "별표에 게재한 활동에 해당하는 활동으로 불특정 다수의 이익 증진에 기여하는 것을 목적으로 삼는 것을 말한다."고 하며 다음의 17가지 활동을 제시하고 있다.

① 보건, 의료 또는 복지의 증진을 도모하는 활동, ② 사회교육의 추진을 도모하는 활동, ③ 마을 만들기 추진을 도모하는 활동, ④ 학술, 문화, 예술 또는 스포츠의 진흥을 도모하는 활동, ⑤ 환경보전을 도모하는 활동, ⑥ 재해구원(救援) 활동, ⑦ 지역 안전 활동, ⑧ 인권옹호 또는 평화추진을 도모하는 활동, ⑨ 국제협력 활동, ⑩ 남녀공동참획(參劃)사회의 형성촉진을 도모하는 활동, ⑪ 아동건전육성을 도모하는 활동, ⑫ 정보화사회의 발전을 도모하는 활동, ⑬ 과학기술의 진흥을 도모하는 활동, ⑭ 경제활동의 활성화를 도모하는 활동, ⑮ 직업능력개발 또는 고용기회의 확충을 지원하는 활동, ⑯ 소비자 보호를 도모하는 활동, ⑰ 앞의 각 호에 제시된 활동을 행하는 단체의 운영 또는 활동에 관한 연락, 조언 또는 지원 활동

이 가운데 ⑫~⑯의 5가지 활동은 2002년 12월 법 개정에 따라 추가되었다. 시민활동의 거의 모든 영역을 망라하는 것으로 활동 분야가 열거되었는데, 그 이유는 최근 지식기반사회화가 진행되는 가운데 IT를 활용한 활동, 경제활동이나 직업에 관한 활동도 시민활동으로 확산되고 있기 때문이다.

NPO법에 맞지 않는 단체로는 특정 정당의 이익과 특정 정치주의 · 주장을 추진 혹은 반대하는 단체, 종교의 교리 전파와 의식 · 행사를 행하는 단체, 폭력단과 그 구성원을 포함하는 단체, 이익을 목적으로 하는 사업을 추진하는 단체라고 규정하고 있다. NPO로 인증을 받기 위해서는 10명 이상의 직원을 두고 임원을 두어 신고하는 것이 조건이다. 보수를 받는 자는 임원 총수의 3분의 1 이하로 정해져 있다. 실제로 대다수의 NPO는 사무국 등에 보수를 받는 직원 약간 명을 두고는 있지만, 대부분의 주요 멤버는 무상 자원봉사자이다.

NPO법인이 시민사회에 뿌리를 내리고 자립적으로 활동하기 위해서는 시민과 기업의 기부에 대한 세제우대조치가 필요하다는 여론이 고조되어 「인정특정비영리법인제도(認定特定非營利法人制度)」가 신설되었다. 그러나 국세청 장관의 인정을 받기 위한 조건(public support test)이 까다로워 실제로 인정받는 경우는 수십여 단체에 지나지 않는다. 2000년대에 들어서 국가와 기업의 재정이 악화되는 상황에서 기부나 조성단체도 늘어나지 않아서 제도 자체가 제대로 기능하고 있다고는 말할 수 없다.

2 NPO의 설립 상황과 활동 분야

1) NPO의 활동목적과 사회교육의 추진

NPO법 제정 당시 사회교육행정과 NPO는 그다지 밀접한 관련이 없었다. 그러나 법에 제시되어 있는 활동 분야로서 17가지 항목 중 사회교육, 청소년의 건전육성, 예술문화, 마을 만들기, 환경학습, 직업교육지원 등 광의의 사회교육 분야에서 활동하고 있는 단체가 반 이상을 차지한다. 기존의 서클 · 단체 활동이 회원 내부만의 활동으로 실시되는 경향이 있었던 것에 반해 오히려 NPO는 회원 이외의 사회 전체를 대상으로 하는 활동이 주를 이룬다. 행정과의 관계에 있어서는 자립적이며, 행정과 협력하는 입장을 취하는 단체가 대다수라고 할 수 있다.

내각부가 실시한 2004년도의 조사(내각부, 2004, pp.19-29)에 따르면, 〈표 15-1〉에서 볼 수 있듯이 보건, 의료, 복지활동을 목적으로 하고 있는 단체가 약 60%, 사회교육의 추진과 마을 만들기 추진이 각각 37%, 아동건전육성이 35%이다.

필자가 참여한 공동연구의 조사결과(이하 'NPO의 교육력조사')(佐藤, 2003. 3, p.23)에 따르면, 보건의료복지를 주된 목적으로 삼고 있는 NPO가 대부분을 차지하는 것에 비해 사회교육 · 마을 만들기 · 아동건전육성 등의 활동을 목적으로 내걸고는 있지만, 그것이 주된 목적은 아닌 경우가 많음을 알 수 있다. 즉 '사회교육의 추진'이나 '아동건전육성'만을 목적으로 추구한다기보다 이것들을 활동의 일환으로 포함시켜 추진하는 NPO가 많다고 할 수 있다. 활동 전체에서 '사회교육의 추진'을 시야에 넣고 있는 NPO가 많다는 점에 주목하여 그것들을 종합적으로 'NPO의 교육력'으로 파악할 필요가 있다.[3)]

3) 佐藤一子 編『NPO의 교육력(NPOの教育力)』東京大學出版會, 2004.

표 15-1 NPO가 실시하고 있는 특정비영리활동 분야(N=3242, M.A)

활동 분야	법인 수	구성비(%)
① 보건, 의료 또는 복지의 증진을 도모하는 활동	1,856	57.2
② 사회교육의 추진을 도모하는 활동	1,196	36.9
③ 마을 만들기의 추진을 도모하는 활동	1,194	36.8
④ 학술, 문화, 예술 또는 스포츠의 진흥을 도모하는 활동	863	26.6
⑤ 환경보전을 도모하는 활동	887	27.4
⑥ 재해구원 활동	194	6.0
⑦ 지역 안전 활동	261	8.1
⑧ 인권옹호 또는 평화추진을 도모하는 활동	386	11.9
⑨ 국제협력 활동	547	16.9
⑩ 남녀공동참획(參劃)사회 실현의 형성촉진을 도모하는 활동	261	8.1
⑪ 아동건전육성을 도모하는 활동	1,128	34.8
⑫ 정보화사회의 발전을 도모하는 활동	222	6.8
⑬ 과학기술의 진흥을 도모하는 활동	94	2.9
⑭ 경제활동의 활성화를 도모하는 활동	235	7.2
⑮ 직업능력개발 또는 고용기회의 확충을 지원하는 활동	269	8.3
⑯ 소비자 보호를 도모하는 활동	88	2.7
⑰ 앞의 각 호에 제시된 활동을 행하는 단체의 운영 또는 활동에 관한 연락, 조언 또는 지원활동	791	24.4
무응답	24	0.7

출처: 내각부(2004). 『NPO의 실태 및 인정 NPO법인제도의 이용현황에 관한 조사』. p.19.

2) NPO의 조직 · 재정 · 스태프의 전문성

NPO의 구성원(=스태프: 직원, 회원 등)은 전체적으로 소규모이다. 앞에서 말한 2004년도 내각부의 조사에서 볼 수 있듯이 사원이 19명 이하인 경우가 37%로서 가장 많다. 사원의 중앙치는 15명이고, 회원의 중앙치는 2명이다. 20명 이하의 소규모 조직으로 임원을 구성하고, 자원봉사스태프를 활용하여 활동하고 있는 경향을 볼 수 있다.[4] 스태프의 연령

4) 內閣府『NPO의 실태 및 인정 NPO법인제도의 이용상황에 관한 조사(NPOの實態及び認定NPO法人制度の利用狀況に關する調査)』, 2004.

층은 처음에는 40~50대가 중심을 이루었지만, 최근에는 정년퇴직 후 사회적 참여의 기회로 NPO활동에 참여하는 고령층이 늘고 있다. 스태프의 남녀비율은 활동분야에 따라 차이가 있지만 '남녀 거의 동수' '남성 중심'을 합하면 과반수이고, 기존의 사회교육 관련 단체나 학습서클보다도 남성의 참여율이 높은 점은 주목할 만하다.[5)]

NPO법인 수입의 중앙치는 약 370만 엔, 평균치는 1,821만 엔으로 수입은 약 70%가 사업활동에 의한 수입금이다. 한편 수입금이 500만 엔 미만인 회비 중심의 소규모 NPO가 약 절반을 차지하고 있다. 수입이 100만 엔 미만인 NPO의 경우는 약 30% 정도이다. 또한 보조금・조성금이 약 10% 이하인 NPO 단체는 70% 이상이다. NPO에 대한 공공기관의 보조금・조성금은 전반적으로 적으며, 사업수입을 중심으로 활동하고 있는 NPO가 약 절반, 회비 중심으로 사업수입이나 보조금이 거의 없는 자원봉사의 성격이 강한 NPO가 약 절반으로 양극화되고 있는 실정이다.

NPO에서는 스태프의 전문성과 역량형성이 중시되고 있다. 앞에서 말한 『NPO의 교육력 조사』에서 다음과 같은 특징이 나타난다.

첫째, 조직의 규모에 관계없이 전문성을 지닌 스태프들이 참가하는 경우가 많다(佐藤, 2003, pp.52-53). 56.4%의 NPO에는 전문가가 스태프로 일하고 있으며, 재정 규모가 클수록 그 비율은 더욱 높다. 또한 학교교육 관계자가 참여하고 있는 NPO는 37.8%이고, 약 30%의 NPO에는 학식자, 행정 관계자 등도 참여하고 있다. NPO의 활동목적을 실현함에 있어 전문가의 참여가 중요하고 또한 전문성을 지닌 사람들이 NPO에 관심을 갖고 있는 경향이 있음을 알 수 있다.

둘째, NPO는 스태프들의 역량을 중시하고 있으며, 특히 사회적인 사명감, 활동 분야에 관한 전문적인 기술・지식, 조직운영・경영능력에 대해서는 60% 이상의 NPO가 그 중요성을 인식하고 있다. 따라서 과반수의 NPO에서는 스태프들 간의 학습모임을 실시하고, 또 외부 연수기관에 스태프들을 파견하고 있다. 그리고 스태프들 간에 자유롭게 토론하거나 전문가와 함께 활동하는 것도 중시하고 있다.[6)]

이와 같이 전문적인 역량을 지닌 사람들이 참여하여 스태프들의 역량형성을 중시하고

---

5) 佐藤一子 『NPO의 교육력과 사회교육의 공공성을 둘러싼 총합적 연구(NPOの教育力と社會教育の公共性をめぐる總合的研究)』 科研費研究報告書, 2003, p.28.

6) 위의 책, pp.57~63.

있는 점은 NPO가 학습을 조직하는 주체로서 활동할 수 있도록 지탱하는 조건이 되고 있다고 할 수 있다.

3 시민주도의 사회교육활동 창조

1) NPO의 교육력

『NPO의 교육력 조사』에 따르면, 70% 이상의 NPO가 지역사회에 학습모임을 제공하고 있으며, 과반수 이상의 NPO가 정보제공과 상담활동을 실시하고 있다. 또한 NPO활동을 지원하는 중간조직의 NPO는 그러한 학습기회와 정보제공으로 특화시킨 활동을 전개하고 있다. NPO의 내부 및 외부에서 학습모임은 필수적인 활동임을 알 수 있다.[7)]

NPO의 학습과정은 ① 사명(mission)을 실현하기 위한 이념 · 목적의 보급, ② 과제해결과 정책제언 등에 관한 연구와 학습, ③ 사업의 발전성을 뒷받침하는 경영개발과 코디네이터의 매니지먼트 능력 형성, ④ 시민에 대한 학습기회와 강연회 등의 프로그램 개발과 실시, ⑤ 사회적 서비스의 질을 향상시키는 전문적인 기술의 양성, ⑥ 상호 연계하고 지자체와의 협력과 사회적 인지도를 얻기 위한 운동적 형태의 연계 등에도 관여하고 있다. 필자는 이러한 점에서 NPO를 '학습하는 조직'이라고 정의하고 있다. NPO는 단순히 외부에 학습기회를 제공할 뿐만 아니라 NPO의 자체활동 전체에 학습기능을 도입하여 보다 의식적으로 학습함으로써 활동을 창의적으로 만들어 가는 것을 목적으로 하는 조직이라고 할 수 있다. 일반적으로 혁신을 추구하는 기업이나 사업체에서 공통적으로 볼 수 있는 조직적인 학습, 팀에 의한 집단학습, 집합적인 비전을 위한 임파워먼트(empowerment) 등의 상호작용이 NPO에서도 나타난다.[8)]

이러한 특징을 구조화해서 나타낸 것이 [그림 15−1]이다. 오른쪽은 사회적 문제의 해결을 위해 조사 · 분석하여 제언하는 정보발신이나 학습기회의 제공이 중요해진다. 여기서는 학습 경험이나 전문적 식견의 뒷받침이 필요하다. 왼쪽은 서비스 제공이나 상호 부조 등의 사업적인 면이 중심이 되며, 개호복지사(한국의 노인요양사에 해당)나 보육사, 임상심

7) 위의 책, p.68.

8) 佐藤一子 앞의 책, 2004, pp.6−8

리사, 간호사, 경영컨설턴트, IT기술자의 직업적인 전문성이나 기술이 활동거점의 운영이나 사업제공에서 발휘되고 있다. 자격증이 사회적 인지를 얻기 위한 수단이 되는 경우도 있다. 이러한 조직운영과 사업전개에 있어서 요구되는 전문성과 아울러 NPO는 자원봉사자를 양성하고 지역사회의 참여를 끌어들임으로써 당사자들을 임파워먼트(empowerment)하는 지원자적 성격을 발휘하고 있다. 대다수의 NPO는 Ⅰ~Ⅳ 중 어느 하나로 특화된 사업을 하고 있는 경우가 많은데, 횡적 및 종적 차원의 갈등을 안고 있으면서도 끊임없이 사명을 확인하고, 사업을 창조해 가는 것이 NPO의 발전을 지탱하고 있으며, 자기교육, 상호학습을 조직하는 '교육력'을 형성하고 있다고 할 수 있다.

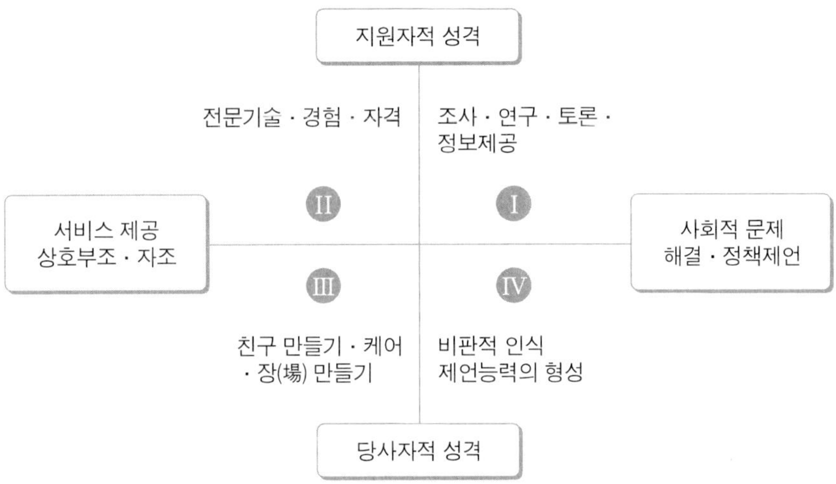

그림 15–2 NPO의 학습과정과 교육력의 특질

출처: 佐藤一子『NPO의 교육력(NPOの教育力)』東京大學出版會, 2004, p.10.

2) NPO가 창조하는 시민적인 사회교육활동 –구체적인 사례를 통해–

(1) 친구 만들기 · 유휴공간 만들기를 전개하는 NPO법인

[그림 15–2]의 Ⅲ 분야에서는 청소년의 건전육성과 사회교육을 목적으로 하는 단체가 많이 설립되고 있다. 예를 들면, 등교거부 아동들을 위한 유휴공간(free space)과 모험놀이터를 제공하기 위해 설립된 NPO, 문화활동의 장, 야외활동 체험시설, 자녀양육지원을 위

해 부모와 자녀가 자유롭게 드나들 수 있는 자녀양육살롱, 방과 후 아동클럽, 커뮤니티 시네마, 커뮤니티 카페 등이 있다. 자력으로 민간시설을 활용하여 운영하고 있는 NPO가 많은데, 자녀양육살롱이나 모험놀이터, 학동보육(=방과 후 공부방), 아동관의 운영, 폐교가 된 학교 등을 공설민영(公設民營)으로 위탁받는 NPO도 증가하고 있다. 유휴공간(free space)으로는 도쿄슈레(東京Schule)[1]나 미타카시(三鷹市)의 학습문화협동네트워크 등처럼 오랜 역사를 갖고 있고, 시설도 자력으로 설립한 NPO가 유명하다. 부모와 자녀를 위한 자녀양육살롱과 모험놀이터, 아동관 등과 같이 지역 전체의 아동을 대상으로 하는 활동은 그 공공성이 잘 드러나, 지자체와의 협력도 잘 이루어질 가능성이 높다. 그러나 유휴공간처럼 특정한 아동들을 위한 활동이 필요한 장을 만드는 경우는 공적 지원이 반드시 이루어지고 있는 것은 아니다. 장소확보 문제는 대도시의 경우 매우 힘든 과제이다.

'학습문화협동네트워크'는 설립 초기에는 보습학원이었으나 등교거부 아동들을 위한 유휴공간을 마련하거나 청년들의 자립지원활동을 해 온 경험을 바탕으로, 자력으로 거점시설을 건설하였고, 지금은 그곳에 빵공장을 만들어 커뮤니티 비즈니스 측면에서도 활동을 전개하고 있다. 10대 전반부터 30대에 걸쳐 장기간 청소년들의 자립을 지원하는 일에서 지역사회로 네트워크가 확대되어 취업지원이나 직업교육 활동이 생겨나고 있다. 정부가 추진하는 커리어 교육이나 '청년자립학원(若者自立塾)' 등의 프로젝트와도 연계하여 학교나 공적 직업훈련기관과 같은 한정된 기간의 교육과는 달리 장기간에 걸친 청소년 자립지원활동 분야를 개척하고 있는 점은 주목할 만하다.

사이타마현(埼玉縣)의 '후지미노(ふじみ野)국제교류센터'는 지역에 거주하고 있는 외국인의 생활지원과 문해교육을 중심으로 발전해 온 NPO이다. 민가를 빌려 교류거점을 만들고, 음식문화 교류나 어학교실, IT교실 등을 개설하고 있다. 1년 동안 활동하고 있는 직원 수는 대략 2,500여 명이고, 방문한 외국인의 수는 2,600여 명(2005년도 기준)으로 많은 외국인과 일본인이 교류하는 거점이 되고 있다. 활동에서 가장 중시하고 있는 것은 생활상담으로 가정폭력으로 고통 받고 있는 외국인 여성들의 쉼터도 개설하고 있다. 외국인 자녀를 위한 학습지원이나 국제이해교육에서는 지역의 초·중학교에 스태프를 파견하거나 가까운 지자체 공민관에서 일본어교실을 개설하는 것 이외에 다국어로 작성된 정보지를 발행하고, 국제교류포럼을 개최하는 등 지자체와 협력하는 경우도 많다. 외국인들이 지역사회에 참여하는 계기를 만들 뿐 아니라 일본인들에게 있어서도 국제교류를 위한 다양한 사업

을 전개하고 있다. 이들은 [그림 15－1]의 Ⅲ 분야에서 Ⅱ, Ⅰ, Ⅳ 분야로 활동을 발전시켜 가고 있으며, 이는 다문화공생 지역 만들기를 추진함에 있어 NPO법인이 종합적인 역할을 할 수 있음을 의미한다.

(2) 전문성에 기초한 사회적 서비스와 정보를 제공하는 NPO법인

[그림 15－1]에 나타난 Ⅱ의 영역에서는 전문적인 기술과 자격을 활용한 사회적 서비스를 창출하고 서비스 이용자 중에서 자원봉사자도 배출하는 등 지원자적 성격과 당사자적 성격의 순환을 만들어 내고 있는 NPO가 많다. 가장 설립 수가 많은 것은 개호(수발)서비스 영역으로 전체 NPO의 30% 가까이를 차지하고 있다. 홈헬퍼 파견사업과 데이케어서비스(Day Care Service)를 운영하는 NPO는 민간개호서비스의 일환으로 시장원리에 따라 활동할 수밖에 없는 상황이지만 NPO로서의 사명감에 기초하여 자원봉사자의 양성, 지역사회와의 네트워크 형성 등 독자성을 추구하고 있다.

최근 관심이 높아지고 있는 쇼쿠이쿠(食育: 심신 건강의 기본이 되는 식생활에 관한 다양한 교육) 분야에서는 영양사나 조리사, 보육사 등이 음식에 관한 전문 집단을 형성하여 보육원, 학교, 공민관 등의 지역네트워크를 통해 향토음식의 재발견과 보급, 가정의 식문화 교류, 쇼쿠이쿠(食育)학습과 조리교실 등을 운영하고 있다. 가고시마현(鹿兒島縣)의 '기리시마쇼쿠이쿠연구회(霧島食育硏究會)'는 기리시마 · 음식문화제의 개최, 콩의 씨앗을 심는 것에서부터 수확, 가공, 판매를 고령자에서 어린이들까지 공동으로 실시하여 음식을 통한 지역사회의 세대 간 교류와 식문화의 계승활동을 활발히 전개하고 있는 NPO이다.

자녀양육지원도 절실한 사회적 과제로서 Ⅱ와 Ⅲ, Ⅰ과 Ⅱ를 묶는 종합적인 활동영역으로 확대되고 있다. '마음의 인터넷 칸사이(心のインターネット關西)'(나라현(奈良縣)에 본부를 두고, 칸사이 지방 전역에서 활동)는 부모와 보육사, 보건사, 카운슬러, 교사, 의사, 사회교육 등 아동 관련 전문직 멤버들이 모여서 만든 민간자원봉사집단으로 법인격을 취득하였다. 자녀양육동아리의 중요성을 사회적으로 인식시키고 여러 자녀양육지원강좌와 조력자(facilitator), 자녀양육전문가양성강좌를 행정과 협력하여 개최하고 있다.

사이타마현(埼玉縣)의 NPO법인 '니이자(新座)자녀양육네트워크'도 자녀양육서포터의 양성, 자녀양육살롱의 운영, 임상심리사에 의한 자녀양육상담소의 개설, 육아학급이나 가정교육학급과 같은 프로그램 제공, 블로그를 이용한 아버지들의 자녀양육 참가 지원 등의 광범위한 사업을 실시하고 있다. 사이타마현의 차세대육성지원행동계획 책정위원회, 자녀양육살롱추진 위원회의 위원으로도 참가하여 국가의 자녀양육지원정책과도 연계·협력하는 등 I과 IV의 영역에서도 폭넓은 정책제언 활동을 전개하고 있다.

평생학습기회의 제공을 목적으로 하고, II부터 III의 영역에서 활동하는 NPO도 설립되고 있다. 예를 들면, 도쿄의 '스미타(墨田)학습정원'은 강좌기획단체로서 도쿄 스미타구(墨田区)의 평생학습센터에서 활동하고 있던 단체를 모태로 하여 발족된 NPO이다. 주로 시설운영과 강좌기획을 위탁받아 활동하는 큰 규모의 법인으로, 연간 강좌가 100개 이상, 수강생은 만 6천여 명에 달한다. 스미타구청의 평생학습추진과 함께 운영되고 있지만, 행정주도의 평생학습사업에 비해 학습서포터 등의 자원봉사자를 다수 양성하고 있어 시민들이 갖고 있는 전문적인 커리어를 인적자원으로 활용하게 됨으로써 폭넓은 시민 층의 사회참여 장을 만들고 있다.

최근 웹 사이트를 이용한 정보서비스와 커뮤니티 TV프로그램 편성 영역에서도 NPO법인이 설립되고 있다. NPO법인 '무사시노미타카 시민방송국'은 주식회사 무사시노미타카(武蔵野三鷹) 케이블방송을 모태로 하여 만들어졌는데 커뮤니티 채널을 대상으로 약 500개의 프로그램을 제작하고 있다. NPO법인 '사이버 히노(日野)'는 웹 사이트를 이용한 마을 만들기를 목표로 히노시(日野市)의 향토사(郷土史)와 지역문화재를 데이터베이스화해서 소개하고 지역의 모든 초등학교 학교급식 메뉴를 매일 웹 사이트에 올려 자체생산·자체소비(地産地消) 의식을 고양시키고 있다. 이것들은 모두 고도의 IT능력을 지닌 시민단체에 의한 정보발신으로 I과 II의 영역에 특화된 NPO법인이라고 할 수 있다.

(3) 지역자원을 활용한 지역 만들기를 추진하는 NPO법인

II에서 I, IV로 활동 분야를 확대하고 있는 NPO법인이 많은 것은 환경, 마을 만들기, 방재, 인권, 문화 등의 분야이다. 당초 NPO법인은 지역사회와의 접점이 충분치 않은 것으로 인식되어 왔는데, 최근에는 커뮤니티의 활성화를 위해 마을을 기반으로 하는 NPO법인을 세워 커뮤니티 비즈니스에 참여하는 사례도 많다. 그 예로 마을과 정내회(町内會), NPO가 유기적으로 연계한 지역의 활성화, 가공품의 제조판매, 농촌체재숙박교류시설의 운영, 스키장의 경영 등을 추진하여 합병 후의 지역 만들기에 주체적으로 참여하고 있는 니이가타현(新潟縣)의 NPO법인 '눈의 고향 야스츠카(安塚)'를 들 수 있다.[9)]

미야기현(宮城縣)의 시로이시시(白石市)에는 민간이 운영하다가 문을 닫은 스키장을 시(市)로부터 위탁받아 행정기관과 협력하여 새로운 지역경제자원으로 되살리고 있는 NPO법인 '후모(不忘) 아자레아'가 있다. 스키 인구가 감소하여 지역산업이 쇠퇴하는 지역이 많은데, 이 '후모 아자레아'는 어린이스키교실과 친목스포츠행사 등 지역과 밀착된 스포츠시설로 스키장을 운영하고, 또 여름에는 등산과 들풀교실 등 1년 내내 가능한 레저와 학습인구를 발굴하는 등 새로운 방법으로 커뮤니티 비즈니스를 전개하고 있다.

지역의 역사적인 문화재와 지역 산업의 자원이 개발에 의해 외면당할 때, 그 보호와 활용을 주장하며 전개하여 온 1970년대 이후의 주민운동과 환경보호운동의 경험은 매우 큰 것이었다. 나가노현(長野縣) 츠마고주쿠(妻籠宿)는 에도시대의 숙박시설이 있던 지역을 그대로 보존한 에코 뮤지엄(eco-museum) 제1호로서, 홋카이도(北海道)의 오타루(小樽)운하와 세계유산인 기후현(岐阜縣) 시라카와마을(白川鄕)의 초가지붕건축법(合掌づくり)의 보존에도 활용되고 있다. 그 발상이 NPO법인에 계승되어 지역활성화와 지역재생에서 한발 나아가 커뮤니티(마을)를 잇는 제안형 집단으로서 NPO법인이 활동할 기회가 확대되고 있다. 인재의 결집과 지역 만들기에 대한 제언 능력, 그리고 지역산업의 핵심적 시설운영 등 매니지먼트 능력을 모두 겸비한 NPO가 지역 활성화를 위해 행정, 지역조직과 협동하는 네트워크를 형성해 가는 것이 중요한 열쇠이다. 여기에서도 I~IV영역을 종합적으로 추구하는 NPO의 발전을 볼 수 있다.

이상에서 살펴보았듯이 다양한 영역으로 확대되는 NPO를 시민의 학습을 조직하는 주체라는 관점에서 살펴보면 다음의 4가지 특징을 지닌다고 할 수 있다.[10)]

① NPO는 사회적인 문제해결을 지향하고 사회적 서비스를 제공하는 것을 목적으로 하는 시민집단의 사명공동체이다.

② NPO는 행동과 학습의 순환에 의한 자기교육의 주체임과 동시에 공적 입장과는 다른

---

9) 櫻井常矢「지역자치와 NPO의 관계구조와 학습(地域自治とNPOの關係構造と學習)」佐藤一子『NPOと社會教育』. 2004.

10) 佐藤一子『생애학습과 사회참가(生涯學習と社會參加)』東京大學出版會. 1998. pp.234－235.

입장에서 평생학습의 기회를 제공하는 주체이기도 하다.

③ NPO는 시민사회와 행정의 협력을 발전시키는 파트너이다.

④ NPO는 평생학습사회 시스템을 도입하여 시장과 공적인 제도 중간에 제3의 비영리적인 교육—학습활동의 영역을 개척하여 네트워크를 확대해 가고 있다.

NPO에서의 학습은 사회성을 지닌 행동과 관련된 학습으로 시민적인 활동에 수반되는 시민교육이라는 특징을 지닌다. 사명(조직의 미션)을 내걸고 그 활동 가치를 사회적으로 제창하는 것 자체가 교육—학습과정이다. 또한 사업을 창조하면서 전문적인 기술을 향상시키고 인재를 결집하고 있는 점은 직업적인 경험이나 자격을 살린 사회참여를 가능케 한다. 정년 후에도 새로운 커뮤니티 비즈니스의 기회를 발견하거나 폭넓지 못한 직업적 경력으로는 알지 못했던 사람들과의 만남을 통해 제2의 인생을 즐길 수 있는 계기가 되기도 한다. 그런 의미에서 NPO는 공적인 제도로서의 사회교육 혹은 민간업체가 제공하는 평생학습기회와는 다른 활동들과 하나가 되어 공동학습을 축으로 하는 평생학습사회의 제3영역을 형성하고 있다고 할 수 있다. 그러나 인재를 유급으로 고용할 재정기반이 없는 NPO가 많아 학습기회의 상시적 제공, 인재의 결집, 특히 청년들의 참여라고 하는 점에서는 한계가 있다고 할 수 있다. 유럽의 비영리 제3섹터에서는 오히려 청년층과 젊은 성인층이 중심적인 역할을 담당하는 등 일본과는 다른 측면이 있다.

사회교육행정 사회학교와 NPO의 연계도 향후 과제로 떠오르고 있다. 도도부현(都道府縣)은 100%, 시정촌(市町村)은 66%가 NPO를 협력파트너로 인식하고 있으며, 행정측은 NPO가 전문적인 노하우와 공익적, 사회적 서비스를 제공해 주기를 기대하고 있다. 행정뿐만이 아니라 기업과의 연계, 상공회의소나 정내회(町內會) 등 지역조직과의 연대도 확대되고 있으며, 상하관계 중심적인 사업과 서비스를 생활의 관점에서 횡적으로 연대해 가는 사고방식에 NPO의 독자성이 있다.

이러한 NPO의 독자성을 살려 일본 평생학습사회에 비형식적인 학습형태를 확대하는 데 있어 NPO가 갖는 존재의 의의는 크다. 그러나 '학습하는 조직'으로서의 NPO의 의의가 충분히 인식되지 않았기 때문에 교육—학습의 과정이 비연속적이고 시스템으로서 자리를 잡지 못하고 있는 상황이다. 시민의 학습을 조직하는 주체로서의 NPO의 기능을 명확히 하고 평생학습사회의 담당자로서 그 독자적인 역할을 평가해 가는 일이 향후의 과제라고 할 수 있다.

NPO는 개별 과제를 통해 참여형 학습을 확대·발전시키고 있지만 생활과 노동, 환경, 평화 등의 구조적 문제에 대한 사회인식의 공유라는 점에 있어서는 한계가 있다. 주민운동과 사회운동 학습을 시야에 넣은 사회교육의 검토가 본격적으로 이루어져야 한다.

마지막으로 NPO는 시민의 목소리를 얼마만큼 모아, 시민의 요구를 끄집어내는 주체로서 사회적인 개혁에 어느 선까지 관여해 갈 수 있는가라는 점에서 그 한계성이 지적되기도 한다. 공공성과 시민적 사회성 사이에서 협력이 종속적인 관계로 변용되고, 또한 사업성이 높은 NPO의 경우에는 기업과의 경합 속에서 미션을 관철시키기 어려운 상황도 나타난다. 미션을 관철시키고자 하면 NPO의 경제적인 자립성이 방해된다고 하는 딜레마에 직면하게 되는 것이다. 앞에서 말한 양극화도 이러한 딜레마가 반영된 것이라고 할 수 있다.

우치하시 가츠토(内橋克人)가 『공생의 대지(共生の大地)』에서 말하고 있듯이 '보다 나은 삶을 지원하는 사회'는 다양한 모색회로를 갖고 있으며 NPO가 전부는 아니다.[11] 생활과 밀착되고 시민 한 사람 한 사람이 소리를 내어 행동하는 민주주의의 발전이라는 흐름 속에서 NPO도 협력이라는 문제에 직면하게 되고, 따라서 보다 확고한 위치를 확보하기 위해서라도 과제를 해결할 수 있는 공동학습을 확대해 나갈 필요가 있다.

11) 内橋克人『공생의 대지—새로운 경제가 시작된다(共生の大地—新しい経済がはじまる)』岩波書店, 1996.

참고문헌

日本社會敎育學會 編(2007).『NPO와 사회교육(NPOと社会教育)』日本の社会教育 第51集, 東洋館出版社.

佐藤洋作(1998).『당신은 당신 그대로가 좋다－10대와의 대화와 공동(君は君のままでいい－ 10代との對話と共同)』ふきのとう書房.

NPO法人「학습문화협동네트워크(學習文化協同ネットワーク)」(http://www.npobunka. net/ link.html)

NPO法人「후지미노국제교류센터(ふじみ野國際交流センター)」 홈페이지(http://www. ficec.jp/)

NPO法人「키리시마식육연구회(霧島食育硏究會)」 홈페이지(http://www.geocities.jp/kirisyokuiku/)

NPO法人「불망아자레아(不忘アザレア)」(http://www.wagamachigenki.jp/genki/report/ 040903－ 01.htm)

NPO法人「사이버히노(サイバー日野)」홈페이지(http://hino.town-info.com/units/36250/ hino1718/)

NPO法人「무사시미타카 시민 방송국(むさしみたか市民テレビ局)」(http://www1.parkcity.ne.jp/mmctv/about_history.html)

NPO法人「마음의 인터넷과 칸사이(心のインターねっと關西)」(http://www9.big.or.jp/ ~kokoro-i/)

NPO法人「니이자양육네트워크(新座子育てネットワーク)」 홈페이지 (http://ccn.niiza-ksdt. com/)

NPO法人「스미타학습정원(墨田學習ガーデン)」 홈페이지(http://www.sumida-gg.or.jp/top. htm)

〈역주〉

1 도쿄슈레(東京Schule)는 등교거부 자녀를 둔 오쿠치 게이코(奥地圭子)가 1985년에 도쿄도 북구(北區)에 아파트 한 채를 빌려 세운 대안학교에서 시작되었다. 이후 사업을 확대하여 2000년에는 NPO법인자격을 얻어 '특정비영리활동법인 도쿄슈레'로 활동하고 있다. 등교거부 아동 혹은 등교거부를 경험한 청소년들의 교육과 성장을 대안학교(free school)나 새로운 형태의 사립중학교, 홈에듀케이션, 학부모·보호자에 대한 활동 등 다양한 사업을 통해 종합적으로 지원하고 있다.

특별칼럼 4 일본의 밑으로부터의 평생교육을 보면서

김남선 교수(대구대학교)

일본은 저력이 있는 나라다. 조그마한 섬나라이지만 한때, 세계를 제패하겠노라고 세계인을 불안하게 한 적도 있으며, 현재는 세계적인 경제대국을 이룩한 나라이기도 하다. 일본이 그렇게 전쟁에 패망하고도 세계를 주도하고 있는 이유는 무엇일까? 일본이 패권주의를 내세워 주변국들을 괴롭혀 왔음을 우리는 잘 알고 있다. 그래서 우리는 늘 일본에 대한 피해 의식과 한편으론 일본에 대해 적대감을 가지고 있는 것도 사실이다.

그런데 일본인 개개인을 만나면 매우 겸손하고 상냥하며, 약속을 잘 지키는 선진 시민처럼 느껴지는 때가 한두 번이 아니다. 물론 내가 만난 일본인은 주로 평생교육을 전공하는 교수 또는 현장 전문가들이기 때문에 그들만 보고 일본인을 평가한다는 것에는 한계가 있다고 할 수 있다. 그러나 적어도 내가 만난 평생교육에 관계하는 일본인은 겸손하면서 한국에 대해 매우 호기심을 가지며, 한편으론 무서울 정도로 우리나라의 평생교육 정책과 현장을 살피고 있다는 사실에 놀라웠고, 그들의 성실성에 대해 감탄하지 않을 수 없었다.

일본의 평생교육을 이끌어 가고 있는 학자들 중 사사카와 고이치(笹川孝一) 같은 분은 나와 나이가 비슷하기에 핀란드(1989년)에서 처음 만났을 때에는 그저 나와 같은 일본 평생교육의 연구자 중 한 사람으로 여겼으나, 그가 일본 평생교육을 이끌어 가는 중요한 일을 해 오고 있다는 사실과 동북아시아 평생교육의 중심인물로 등장하는 것을 보면서 일본인의 저력에 놀라지 않을 수 없다. 그것은 평생교육이 일본의 발전에 크게 기여하고 있다는 사실을 알게 해 주는 증거가 되기도 한다.

일본 평생교육의 요람이라고 할 수 있고 지역에 산재되어 있는 크고 작은 공민관을 보면서, 일본의 저력은 밑으로부터의 교육욕구 충족을 통해 자기 지역에 대한 애향심과 애국심을 고취시켜 일본인으로서의 독특한 공동체의식, 곧 단결력을 보여 주고 있었다. 그것은 일본이 인적자원을 마을단위에서부터 발굴하고 육성해 나가는 등 체계적인 인력관리를 통해 부족한 자연자원의 한계를 슬기롭게 극복하면서 세계의 평생교육을 주도해 나가고 있다는 것을 보여 준다.

여기서 우리가 배워야 할 중요한 내용은 단순하다. 평생교육은 민주주의 교육이다. 민주주의는 통치에서 나오는 것이 아니라 지역 구석구석에 있는 한 사람 한 사람의 잠재능력을 발휘하게 하는 데서 나오며, 그러한 잠재능력의 발휘는 개인, 가족, 지역 나아가 국가발전의 원동력이 된다는 사실을 일본의 사례에서 볼 수 있다.

민주주의가 잘 발달될 때 그 나라 모든 국민은 자기 지역과 국가에 대해 강한 소속감을 가지게 되며 그러한 소속감은 그 나라 발전의 원동력이 된다는 것을 일본, 유럽 그리고 미국 등 선진국의 사례에서 보고 있다. 이 나라들의 평생교육은 밑으로 부터의 운동으로 출발하고 있음을 우리는 알아야 한다.

제 16 장

지역 만들기와 평생학습

우에노 게이조(上野景三)

'지역 만들기와 평생학습'이라는 주제는 사회교육 · 평생학습의 실천적 주제로서 어느 시대에도 중요한 의미를 갖고 있었다. 그러나 오늘날 글로벌화의 진전은 이 주제에 새로운 과제를 던지고 있다. 글로벌화의 이면에 국내(일본)에서는 지역사회가 피폐되고, '격차사회'가 진행됨에 따라 젊은이들이 '빈곤'문제를 떠안게 되고 초저출산화 현상은 지역사회의 기초 단위인 가족형성을 어렵게 만들었다. 이러한 오늘날의 여러 문제들은 중장기적으로는 일본 사회에 커다란 그림자를 드리웠다.

따라서 이 장에서는 '지역 만들기와 평생학습'이 해결해야 할 과제를 '젊은이들의 실업문제', '지역경제의 활성화', '도시재생', '자치적인 지역공동체의 창출', '시티즌십(citizenship)을 키우는 지역 만들기와 평생학습의 계획 책정' 등 5가지 측면으로 정리하고, 그에 대한 지역사회에서의 실천적인 사례 9가지를 소개하고자 한다.

이러한 실천사례들의 공통점은 지금까지는 없었던 새로운 지역사회 만들기의 방법을 찾아낸 점이다. 그것을 찾아내는 데 있어서 사회교육 · 평생학습은 지역사회의 '눈'과 '뇌'의 역할을 하고, 지역의 '마음'을 키우며, 지역창조를 위한 '손'을 만들어 내는 역할을 하고 있다. 새로운 지역사회와 문제해결력을 창출하는 원동력으로서 사회교육 · 평생학습의 역할을 발견할 수 있다.

1 '지역 만들기와 평생학습'이라는 이슈

일본의 사회교육 · 평생학습의 역사를 되돌아봤을 때, '지역 만들기'는 어느 시대든 중요한 의미를 가지고 있었고, 실천적 테마로서 전개되어 왔다. 그러나 21세기 글로벌 사회에서 '지역 만들기와 평생학습'은 지금까지 없었던 새로운 이슈로 등장하고 있다.

글로벌화의 진전은 일본 사회가 지금까지 경험해 보지 못했던 문제들을 낳고 있다. 예를 들어 80년대부터 일본 기업들은 자본을 이동시켜 다국적화되었다. 그러나 21세기에 들어서 다국적기업은 이미 자신들을 '국제기업'이나 '지구기업'으로 인식하기 시작했다. '국제기업'은 한 나라의 규제에 구속받지 않고 자유로운 경제활동이 가능하기 때문에 상대적으로 일본 사회와의 관계성은 희박해진다. 그래서 시장으로서의 일본 사회에 대한 관심은 낮아지고, 일본 노동자들의 임금과 복리후생의 향상에는 관심을 갖지 않게 되는 것이다. 글로벌화 이면의 문제로서 일본 사회에 '양극화(格差社會)'가 초래되고 있는 것에 대해서도 무관심하다.

국내에서도 규제완화의 상징으로 2000년에 「대규모 소매점포법」이 폐지되었다. 그 결과 일본 국내에 대형 매장이 진출함으로써 지역에 있던 상점가가 '셔터 거리'라고 불릴 정도로 피폐해졌다. 하지만 대형 매장이나 체인점이라고 해도 매상이 오르지 않는 점포들은 폐쇄되고, 다른 지역으로 진출하여 새롭게 문을 여는 일을 반복하고 있다. 폐쇄된 점포들은 그대로 방치되어 지방도시의 입지조건이 좋은 장소에 거대한 폐허를 만들어 내고 있다. 대형 매장의 경영자들은 지역사회의 자립과 발전에는 무관심하다. 마치 지역사회를 모조리 태워 버리는 '화전상업(火田商業)'(야하기 히로시, 矢作弘)과 같다.

우치하시 가츠토(內橋克人)는 일본 사회가 가까운 미래에 '빈곤 마조리티(majority)'라 불리는 계층이 다수파가 될 것이라고 지적한다. 즉 '양극화'의 고착화이다. 『세계인구백서』(2007)는 전 세계적으로 '빈곤'이 도시에 집중되는 문제를 지적했다. 일본도 예외는 아니다. 노숙자는 도시에 집중되어 있고, '빈곤'과 도시사회에서 벗어날 수 없다.

또한 일본의 지방들도 '빈곤'에서 자유로운 것은 아니다. 도시와는 다른 형태의 문제가 표출되고 있다. 살 집은 있지만 일자리가 없다. 혹여 일자리가 있다 하더라도 최저임금보다 낮은 경우가 적지 않다. 아르바이트와 단시간 노동을 열심히 한다고 하더라도 워킹 푸어(working poor)를 벗어나지 못한다. 독신의 경우, 결혼할 경제적 여유가 없어 평생 결혼도 하지 못한다. 수십 년 후에는 아르바이트 수입과 부모의 연금으로 생활하면서 아무런 사회보장도 없는 불안정한 중·고령 가구가 될 것이며, 지역사회의 기반이 되는 가족의 형성과 유지가 곤란해진다. 일본 사회에 지금까지 존재하지 않았던 새로운 지역사회가 생겨나고 있는 것이다.

위와 같은 글로벌화의 진전은 국민국가의 틀과 일본 사회의 모습에 큰 변용을 가져오고 있다. 선진국에서 공통적으로 볼 수 있는 '양극화'의 진행과 젊은이들의 실업문제는 중장기적으로 일본의 지역사회가 경험한 적 없는 문제를 초래하여 앞으로 일본 사회에 큰 영향을 주게 될 것이다.

2 '지역 만들기와 평생학습'의 과제

그렇다면 이와 같이 변용하고 있는 일본 사회에 있어서 '지역 만들기와 평생학습'은 어떠한 과제를 가지고 있는가?

1) 글로벌화 이면의 문제인 젊은이들의 실업, 니트족 · 프리터족 문제

첫째로 글로벌화 이면의 문제로서 나타나고 있는 젊은이들의 실업문제이다. 구체적으로는 니트족 · 프리터족 대책이고, 지역사회의 젊은이들을 위한 일자리 창출의 과제이다. 지금까지 젊은이들의 문제라고 하면 사회교육의 전권(專權)사항이었다. 상급학교에 진학하지 않은 젊은이들에게 학습기회를 제공하기 위해 청년학급진흥법(1953)이 제정되어 각지에서 청년학급이 만들어졌으며, '청년의 집' 등 사회교육시설도 설치되었다. 그러나 고등학교와 대학진학률이 상승하면서 사회교육의 역사적 사명은 끝났다고 생각되었다. 청년학급진흥법은 폐지되었고(1999), '청년의 집'은 재편 · 통합되어 2000년대에 들어서 청년교육은 거의 찾아볼 수 없게 되었다.

이를 대신해서 국가에서는 2003년에 「청년 자립 · 도전 플랜」을 책정하고 후생노동성 등이 '잡카페(jop cafe)'와 같은 청년들의 취업지원사업을 하고 있다. 지역의 실정에 맞는 청년들의 능력향상과 취업촉진을 도모하고, 고용 관련 서비스를 한곳에서 종합적으로 다루는 원스톱 서비스이다. 그러나 청년들과 취업을 직결시키는 것에는 상당히 무리가 있다. 왜냐하면 기업은 바로 쓸 수 있는 능력을 요구하지만, 고용의 폭은 좁고, 학교교육은 직업교육에 있어서 취약하기 때문이다. 차례대로 배출되는 젊은 노동력은 갈 곳을 잃은 실정이다.

2) 지역경제의 활성화와 지역의 네트워크 만들기

둘째로 지역경제의 활성화라는 과제이다. 지역경제의 활성화는 사회교육 · 평생학습의 직접적인 과제는 아니다. 행정기관으로 말하자면, 국가에서는 경제산업성, 지자체에서는 상공관광과나 산업진흥과 등의 관할이다. 그러나 지역사회에 사는 사람들이 살기 좋고 일하기 편한 환경을 만들기 위해서는 평생학습을 빼놓을 수 없다. 예를 들어 대형 매장이나 체인점의 진출은 지역 상점가에 큰 영향을 미치고 있다. 지역 상점가들이 이에 대응하기 위해 어떠한 선택의 여지가 있을까? 새로운 지혜와 아이디어로 새로운 관계형성을 매개로 한 사업경영의 방법을 창출하는 것 외에는 선택의 여지가 없다.

또한, 오늘날 지자체 재편 과정에서 소외된 지자체와 소규모 지자체는 지역사회가 쇠퇴하는 위험성을 안고 있다. 그렇다면 지역사회의 쇠퇴에 대항하는 지역사회의 활성화는 어떻게 하면 가능하게 될 것인가?

3) 도시재생과 '창조적 도시'의 창출

셋째로 '창조적 도시'를 창출하는 활동이다. 일본에서는 1990년대를 '잃어버린 10년'이라고 부르고 있다. 거품경제가 붕괴된 이후 일본의 대도시는 피폐된 도시공간의 재생과 글로벌화 시대에 걸맞은 도시의 국제경쟁력 회복이라는 두 가지 과제를 안게 된다. 이 두 과제를 해결하기 위한 구체적인 도시경영전략이 올림픽 등과 같은 큰 이벤트의 유치였다. 이벤트 자체가 경제효과를 가져올지는 모르겠으나, 이를 위한 자금을 마련하기 위해 도시경영의 합리화가 요구되고 있어서 그 반동이 문화와 사회교육, 평생학습이라는 소프트 부문에 영향을 주는 구조가 되고 있다.

C. 랜드리(Charles Landry)는 이러한 대도시 경영전략이 경제합리성을 가지고 있는 것처럼 보이면서도 실제로는 지속 가능성이 있는 도시재생과는 연동되지 않는다고 지적한다. 랜드리는 EU의 도시재생 프로젝트를 검증하면서 '창조적 도시'라는 생각을 제안했다. '창조적 도시'란 "시민의 활발한 창조활동에 의해 첨단 예술과 풍부한 문화생활을 만들고 혁신적인 산업을 진흥하는 '창조의 장'이 풍부한 도시이며, 온난화 등의 글로벌한 환경문제를 지역에서 지속적으로 해결하는, 힘으로 충만한 도시"를 말한다. 그렇다면 일본의 대도시에서는 '창조적 도시'의 창출을 위해 어떠한 활동을 하고 있는가?

4) 소지역(커뮤니티)의 공동자치원리의 탐구

넷째로 지자체 재편하의 작은 지역에서 자치적 원리를 탐구하는 활동이다. 메이지시대(19세기) 이후, 일본의 지자체는 세 번에 걸친 대합병을 반복하여 오늘날에 이르고 있다. 우선 '메이지(明治)의 대합병'은 자연촌을 행정촌으로 재편하여 자치권을 양도하였고, 그 행정촌은 '쇼와(昭和)의 대합병'으로 광역화된 지자체로 재편되었다. 최근에 이루어진 '헤이세이(平成)의 대합병'에서는 기초자치단체 수가 3232개(1999년 3월말)에서 1820개(2006년 4월)로 약 7년 동안 53%로 감소하여 더욱 광역화 · 대규모화되었다.

광역화 · 대규모화된 지자체에서는 주민의식이 '학교구(校區)'나 '오오아자(大字)'와 같은 소지역으로 향하는 경향이 있다는 지적이 있다. 하지만 귀속의식이 다시 생긴 작은 지역들이 100년 전과 같은 자치권을 가지고 있는 것은 아니다. 그러나 일본국 헌법의 '지방자치의 본지(本旨)'(92조)에 의거해 지방자치가 단체자치와 주민자치로 구성된다고 한다면 주민들의 공동적 자치원리를 가진 지역 만들기가 필요불가결하다.

G. 디렌티(Gerard Delanty)는 "20세기 마지막 10년부터 금세기 초두에 걸쳐 커뮤니티는 부활하고 있다."고 말하고 있다. 디렌티가 지적하고 있는 것처럼 커뮤니티가 부활하고 있다면 그 필요성은 어디에 있으며, 어떠한 내용을 가진 커뮤니티를 현대 일본 사회가 필요로 하고 있는 것일까?

5) 시민성을 기르는 사회교육 · 평생학습과 지역 만들기 계획

다섯째로 지역 만들기와 사회교육 · 평생학습을 새롭게 계획할 필요가 있고, 그 방법의 개발도 요청되고 있다는 점이다. 일본의 지방자치단체는 「지방자치법」에 근거해 지자체 기본 계획의 책정이 의무화되어 있다. 그 위에 도시계획, 도로계획, 의료 · 보건계획, 남녀공동참획계획 등 다양한 행정계획이 만들어졌으며, 이에 기초해서 행정이 추진되고 있으나 그 한편으로는 컨설턴트에게 일임하는 경우도 있어서 계획 책정이 자기목적화되어 주민의 생활로 연결되지 않는 경우도 적지 않다.

'헤이세이(平成)의 대합병'이라 불리는 지자체 개편 아래, 합병 후의 지자체 기본계획의 책정이 의무화되었으나 적당히 만드는 경우도 적지 않기 때문에, 교육계획을 책정하려는 움직임은 적었다. 하물며 사회교육 · 평생학습 계획은 규제완화 · 아웃소싱 시대에는 필요 없는 것이라고 생각하는 경향도 보인다.

도대체 무엇을 위한 계획인가? 도대체 누구를 위한 계획 수립인가? 그 목적과 필요 자체가 의문시되고 있다. 현대 일본사회에서는 글로벌화의 이면에서 표출되고 있는 불안정한 고용형태, 장래에 대한 불확실성, 계획적으로 인생을 설계하고 행동할 수 없는 일상생활은 우리를 불안의 도가니로 몰아넣고 있다. 한 사람 한 사람이 '무계획'적인 인생을 강요받고 있는 것이다. '계획'이란 지자체의 효율적 운영을 도모하기 위한 것만은 아니다. 인간과 지역사회의 미래를 만들기 위해 '계획'은 필요한 것이다.

예전에 L. 멈퍼드(Lewis Mumford)는 "지역계획은 무엇보다도 사회교육(communal education)의 수단이다."라고 주장하며, "그러한 사회교육 없이는 충분한 성과를 기대할 수 없다."고 말하여(『도시의 문화』, 1938), 지역계획과 사회교육은 불가분한 것으로 이해되고 있음을 알 수 있다. 멈퍼드의 지적으로부터 70년이 지난 오늘날에도 지역계획 만들기를 향한 활동은 사회교육 · 평생학습의 일환이라 할 수 있다.

3 21세기 새로운 '지역 만들기와 평생학습'의 5가지 도전사례

오늘날 글로벌화된 일본의 지역사회에서 새로운 '지역 만들기와 평생학습'을 추진하고 있는 5개의 도전사례에 대해 소개하고자 한다.

1) 청년들의 일자리 창출에 힘쓰는 '사회적 기업'과 사회교육시설의 도전

(1) 오키나와현 긴초의 'NPO 유히투어리즘 네트워크'

우선 오키나와현(沖繩縣) 긴초(金武町)의 'NPO 유히(雄飛)투어리즘 네트워크'에 대해 살펴보겠다. 긴초는 오키나와 본도(本島)의 중앙부분에 위치한 인구 10,950명(2007년 3월말)의 지자체이다. 긴초가 가지고 있는 문제 중 하나는 광대한 미군기지의 존재이다. 마을 총면적의 약 60%를 미군기지가 차지하고 있어서 미군기지와 밀접한 생활을 강요받고 있다. 그리고 또 하나의 과제는 학교를 졸업하고도 일자리가 없는 청년들이 많다는 점이다. 오키나와현은 전체적으로 실업률이 높은데, 특히 15~19세의 실업률이 20.0%, 20~24세가 16.1%로 이 젊은이들 중 약 1/5이 고등학교를 졸업한 후 직업이 없는 것으로 나타났다. 긴초는 미군기지와 실업(失業)의 지역으로 낙인찍혀 왔다. 그러나 공민관과 청년회 활동이 활발하고 직업이 없는 청년들도 많이 참여하고 있어서 공민관과 청년회가 그러한 청년들을 받아들이는 곳이 되고 있다.

2003년에 청년회 OB인 호카마 신진(外間慎仁)은 '후쿠라시야 자연체험 주쿠(ふくらしや自然体験塾)'라는 유한회사를 설립하였다. 마을 내에 청년들을 고용할 수 있는 사업소가 적고 많은 청년들이 마을 밖이나 섬 밖으로 '돈 벌러' 나가 있는 현실과 공민관에 모여서 '일이 없다'며 술만 마시고 현실에 안주하는 청년회를 개선하기 위해 유한회사를 설립한 것이다. 긴초를 가로지르는 강에서의 카누체험과 홍수림(紅樹林)을 관찰하는 체험활동을 중심사업으로 하여 수학여행 학생들을 받아들이고 있는데, 연간 약 2,500명이 이용하고 있다. 그러나 규모를 더 확대하고 또 지역을 미군기지마을에서 관광마을로 전환시키는 데에는 유한회사 한 곳의 힘만으로는 한계가 있었다. 그래서 마을 청년단협의회, 농업청년 클럽, 수협청년부, 상공회청년부와 협력해서 2005년에 'NPO 유히투어리즘 네트워크'를 설립하고 마을 전체의 합의를 얻어 본격적인 마을 만들기를 추진하기 시작하였다.

한편으로는 미군의 긴바로(ギンバル) 훈련장이었던 토지가 반환됨으로써 그 장소를 관광지로 개발하여 미군기지마을에서 관광마을로 탈피하고자 하는 지자체 행정의 방침이 있었다. 그래서 지자체에서는 기지였던 자리와 강을 함께 관광개발하기로 하고, 하구(河口)에 자연체험형 학습시설 네이처미래관을 2008년 4월에 개설하기로 했다. 그리고 그 시설의 지정관리를 'NPO 유히투어리즘 네트워크'에 맡겨 마을 청년들의 고용창출로 연결시키도록 한 것이다.

여기에는 청년들의 고용촉진과 안정을 도모하고, 청년회 활동에 참여함으로써 지역 활성화를 도모하고자 하는 목적의식이 있었다. 청년들의 실업문제와 기지문제로 고민하던 지역사회에서 이 두 문제의 해결과 관련하여 'NPO 유히투어리즘 네트워크'라고 하는 이른바 '사회적 기업'에 관광사업을 맡긴 사례이다. 청년들은 '사회적 기업'에서 노동과 지역사회에 참여하는 훈련을 받아 지역사회를 짊어질 차세대로 성장할 것으로 기대되고 있다.

그림 16-1 오키나와 후텐마3구청년회

(2) 니트족 · 프리터족 문제에 대응하는 사회교육시설

현재 후생노동성의 통계(2006년)에 따르면, 니트족은 62만 명, 프리터족은 187만 명으로 매년 증가하고 있다. 후생노동성은 잡카페(job cafe)에 이어 2006년부터 포괄적 지원을 목적으로 하는 지역청년 서포트 스테이션 사업을 전국 50여 곳에서 전개하고 있다.

그중 하나가 '삿포로시(札幌市) 근로청소년 홈 렛츠 중앙(勤労青少年ホーム・レッツ中央)'이다. 이 서포트 스테이션의 주된 사업은 '노동학교 · 워커스 팜(workers farm)'으로, 사업의 기본 내용은 일주일에 한 번씩 만나 식사를 하는 것이다. 1회 참가자는 5~10명인데, 아침에 모여 함께 상의해서 메뉴를 정하고 재료를 사 와서 조리한다. 함께 식사를 하고 난 후, 오후부터는 대화와 직업훈련을 하는데 이것이 6개월간 계속된다.

삿포로시내에는 삿포로역 앞에 일자리를 소개하는 잡카페가 있긴 하지만, 취업을 앞둔 청년들이 적지 않았기 때문에 '워커스 팜'을 시작하게 되었다.

참가자들의 학력은 다양하며 아직 취업을 하지 않은 상태이다. 이곳에 참가하는 청년들의 대부분이 취업을 못한 것은 면접 요령이 없었기 때문이었다고 한다. 그래서 면접능력을 향상할 수 있게 해 달라는 부탁이 많았다. 그러나 렛츠 중앙에서는 문제가 다른 곳에 있다고 생각했다. 지금까지 집에 틀어박혀 있거나 인간관계 없이 생활하던 상태에서 갑자기 사회에 나와 취업하려는 것은 힘든 일이다. 기업은 업무에 바로 활용할 수 있는 능력을 요구하지만 그것은 마치 '차가운 물'에서 '뜨거운 물'로 들어가라는 말과 같다고 시설직원은 말한다. 사회생활을 하기 위해서는 일단 '차가운 물'에서 '따뜻한 물'에 들어가 익숙해지는 일이 중요하다는 것이다. 일본에는 "한 솥 밥을 먹는다."라는 속담이 있다. 단순히 식사를 함께 한다는 것이 아니라 참가자들이 협력해서 한 가지의 일을 해 나가는 과정이 중요하다는 뜻으로, 그 과정에서 커뮤니케이션 기술을 키워 가는 것을 목표로 하고 있다.

'워커스 팜'에는 200명 정도의 참가자가 있다. 그러나 지금까지 취업한 사람은 아직 20명 정도이다. 잡카페는 수치 목표가 있기 때문에 몇 명을 취업시켰다는 것을 가지고 경쟁하지만, 이 시설에서는 그런 수치 목표가 없으며, 지금까지의 근로청소년 홈의 노하우를 살려 각각의 청년들에게 맞춤형 지원을 할 수 있다고 생각하고 있다. 예전에 청년의 집과 근로청소년 홈은 외로운 청년들이나, 사람을 잘 사귀지 못하는 청년들을 서클이나 강좌에 참여하게 해서 친구들을 만들게 했었다. 다양한 서클 활동을 통해 친구들과 이야기하고 논의하면서 커뮤니케이션 방법을 배웠다. 청년활동과 청년교육시설은 이러한 귀중한 시간과 장소를 제공해 주었던 것이다. 그러나 청년들에게 '뜨거운 물'로 바로 들어갈 것을 요구하는 사회가 되면서 청년활동과 시설들은 관심을 받지 못하게 되었다. 하지만 렛츠 중앙은 사회교육시설의 원점을 그대로 이어가고 있다.

2) 새로운 네트워크를 통한 지역경제의 활성화를 위한 도전

(1) 지역통화를 통한 새로운 네트워크 형성

지역통화가 지역주민 간의 교류와 지역의 유대를 재생시켜 지역경제 활성화의 수단으로서 주목을 받고 있다. 지역통화란 어떤 특정 지역에서 발행되어 유통되고 교환할 수 있는 통화를 말하며, 현재 300개 이상의 지역통화가 유통되고 있다. 그 목적은 실로 다양하며 지역통화가 모든 것을 해결해 주는 것은 아니지만 지역사회의 문제를 발견하고 해결하기 위해 적극적으로 활동하는 에너지를 보여 주고 있다.

도쿄도 네리마구(東京都練馬區)의 뉴 기타마치(北町)상점가에서는 지역통화 '가우'를 발행하고 있다. 예전에는 많은 쇼핑객들로 붐볐지만 최근에는 손님들이 줄어들고 있으며, 게다가 1999년에는 역 앞에 대형매장이 들어섰다. 상점가의 위기감은 고조되었으나, 홍보와 영업시간 조정만으로는 대형매장에 대항하기 힘들었다. 이에 관점을 바꿔서 '상점가를 지탱하게 해 준 지역민들에게 보답하자.'는 발상으로 상점가의 이벤트 공간을 이용하여 고령자들을 대상으로 한 미니데이 서비스 '기타마치 쉼터(北町いこいの家)'와 자녀양육의 광장 '오리가족의 집(かるがも親子の家)'을 시작하였으며, 운영 주체로서 2000년에 NPO법인 '기타마치 대가족(北町大家族)'을 설립했다.

또한 상점가를 활성화하기 위하여 상점가에서만 쓸 수 있는 화폐 발행을 고안하여 지역통화 '가우'(오리가 우는 소리에서 유래)를 발행했다. 예를 들어 고령자는 미니데이 서비스에 참가할 때 참가비로 300엔을 내고 200가우를 받게 되는데, 그 가우를 상점가 가게에서 도시락을 산다거나 찻집에서 차를 마실 때 사용하는 방식이다. '오리가족의 집'도 마찬가지로 참가자는 참가비를 내고 '가우'를 받는다. 그것으로 상점가에서 식사나 쇼핑을 함으로써 상점가 안에서 가우가 순환하게 되는 구조이다. 상점가의 약 70%가 지역통화를 사용하고 있어 가우를 갖고 있는 사람은 어떤 형태로든 상점가와 관련을 맺고 있는 것이다. 지역통화를 통해 새로운 네트워크가 형성되어 지역경제의 활성화를 도모하고 있는 것이다.

(2) 자립하는 마을과 '내부순환형 경제'

나가노현 사카에무라(長野縣 榮村)는 나가노현 북쪽에 위치하며, 니이가타현(新潟縣)과의 경계에 위치하는 폭설지대이다. 인구는 2600명이며, 경지면적은 적다. 마을 활동의 중심에는 다카하시 히코요시(高橋彦芳, 1988~2008년 재임) 촌장이 있다. 다카하시 촌장은 공무원 시절 오랫동안 사회교육주사 경험이 있어 다양한 학습동아리를 만들어 지역의 학습운동을 지원해 왔다. 이러한 경험을 바탕으로 '사회교육의 정신으로 마을 만들기'를 내걸고 있다. 여기에 담긴 의미는 두 가지이다. 하나는 사카이무라는 폭설지대이자 산간지역이며, 조건이 열악한 지역이기 때문에 촌민들은 '사카이무라에서는 뭘 해도 안 된다.'는 의식을 갖기 쉽다는 것이다. 그렇기 때문에 언제나 촌민들이 빛날 수 있는 환경을 만드는 것, 그것이 마을 만들기의 정신이라고 한다. 또 하나는 '지역 만들기는 사람 만들기'로서 어떠한 지역 만들기를 목표로 어떠한 인간상을 만들 것인가를 명확히 하는 것이 중요하다고 한다. 그것을 찾는 활동이 지역주민의 학습활동이며, 문제해결을 위한 활동이 운동이라는 것이다.

'사회교육정신으로 마을 만들기'를 하는 특징적인 활동 중의 하나가 '논밭정비'와 도로개량이다. 논밭정비와 도로정비는 국가의 공공사업으로서 일률적인 기준으로 인해 오히려 경비가 늘어나는 등 지역의 실태와 맞지 않아 촌민들의 생활을 압박한다고 한다. 그래서 지자체의 독자사업으로 실시하는 부분을 늘리고, 농민과 주민들의 요구를 바탕으로 농민 주체, 주민 주체의 농지정비, 도로정비로 전환했다. 두 번째는 '신발 신은 헬퍼' 활동이다. 고령화율이 40%를 넘는 사카이무라에서는 개호(노인요양)보험제도의 유지가 시급한 과제이다. 그래서 걸어 다닐 수 있는 범위 내에서 수발 · 간호할 사람들을 조직하기 위해 개호(介護)헬퍼 양성사업을 시작하였다. 마을의 개호사업자인 사카이무라 사회복지협의회에서는 120명의 '신발 신은 헬퍼'들이 등록한 24시간 개호체제를 만들어 지역사회 상호부조의 재생을 꾀하고 있다. 세 번째는 '내부순환형 경제'를 통한 지역사회의 지속적 발전을 목표로 하고 있다. 사카이무라에는 재단법인 사카이무라진흥공사와 유한회사 사카이무라물산센터 두 개의 제3섹터가 있다. 전자는 지자체가 운영하는 숙박시설사업을, 후자는 지역특산품의 개발, 판매, 식당경영을 하고 있다. 제3섹터는 경영적 이익을 추구하기는 하지만, 사카이무라에서는 지역진흥의 수단으로 여기고 있기 때문에 흑자가 아니라, 주민생활의 향상이 목표가 되고 있다. 연간 3억 엔을 넘는 수익이 있지만 문제는 어디에 쓰이고 있는가 하는 점이다. 마을의 경제를 윤택하게 하는 데 목적이 있기 때문에 대형 점포에서 물건을 사지 않고 쌀, 농산물은 농협과 농가에서, 된장과 조미료는 마을 상점에서, 술과 맥주는 마을 소매점에서 사고 있다. 지역의 지속적 발전에 있어 지역 내에서 반복 투자를 하여 고용과 원재료 조달의 범위를 넓히는 네트워크를 형성하는 것이다.

이러한 활동을 다카하시(高橋) 촌장은 '실천적 주민자치'라고 부른다. 주민이 행정과 실천적으로 관계를 맺음으로써 주민자치를 회복하고 참여민주주의를 실현한다. 이를 위해서는 공사(公私)의 협력관계가 중요하고 협력을 하기 위한 절차가 중요하다고 지적한다.

3) 도시재생과 '창조적 도시' 창출을 위한 도전

(1) 삿포로시의 문화 상점가 활성화

삿포로(札幌) 중심부의 오오도오리지구(大通地區)는 여섯 개의 상점가로 구성되어 있는데, 삿포로역 앞이 재개발되면서 손님 수가 줄어들었다. 특히 이 지구에 있는 빌딩은 1972년 동계올림픽 때에 건설된 것이 많아서 낡고 비어 있는 곳도 많았다. 재건축을 해야 하지만 빌딩 소유주가 재건축할 자금이 없거나, 다시 재건축을 한다 하더라도 채산성이 미지수였다.

이러한 상황 속에서 시작된 활동이 도심활성화사업이다. 이 사업의 목적은 도심의 활성화를 위해 상점가, 기업, 시민, 행정기관들을 연계하면서 주로 삿포로 프롬나드(Promenade, 보행자천국)에서 기존 이벤트를 활용하거나, 새로운 이벤트를 기획하고 실시하여 계속적으로 활기를 띠게 함으로써 매력 있는 도심을 창출하는 것이다. 구체적으로는 보행자천국을 만들어 거리예술 '다이 돈 덴'이라는 이름의 퍼포먼스를 이틀간 개최하는 축제이다. 저글링, 매직, 판토마임, 전통예능 등의 모든 장르에서 프로와 아마추어를 막론하고 전국에서 90팀 8000명 이상의 퍼포머들이 참가하는 카니발이다. 동시에 상점가를 개최 장소로 하여 미술작품전과 아이들이 상점가의 모습을 찍은 '마을의 기억과 기록전시 투어'가 개최된다. 원래 이 사업은 2000년부터 상점가의 활성화를 위해 일해 온 실행위원회와 1)에서 언급한 근로청소년 홈의 시민 퍼포머 양성사업이 연계해서 거리예술 '다이 돈 덴'을 시작한 것이 출발점이었다. 2004년부터는 삿포로시의 예산을 받아 실시하고 있는데, 매년 약 7만 명의 관객이 참여해 오고 있으며, 자원봉사자 수는 388명이다.

이러한 문화활동을 축으로 한 도시재생을 향한 활동은 '창조적 도시'로의 첫걸음이라고 할 수 있을 것이다. 그러나 이러한 활동이 주목받고 있는 것은 이벤트가 화려하거나 성공적인 면이 아니라, 마을 만들기를 향한 청년들의 참여를 목적으로 하고 있기 때문이다. 근로청소년 홈 렛츠 중앙과의 협력은 근로청소년 홈에서 활동했던 청년들이 취업이나 자원봉사자로 관계를 형성하고 있다. 니트족 상태에 있던 청년들이 근로청소년 홈의 서포트 스테이션 사업을 매개로 하여 마을 만들기에 참여하려는 모습을 볼 수 있다. 이러한 활동을 지원하고 있는 것이 근로청소년 홈의 직원들이다. 이것이 청년들과 마을 만들기, 창업이라는 세 가지 요소를 연결시키는 도전이라고 할 수 있을 것이다.

(2) '감동산업 클러스터'의 구상과 실천

다음으로 '감동산업 클러스터' 구상을 제창하고 있는 히라타 타이이치(平田大一)의 연극창조의 실천에 대해 살펴보고자 한다. '감동산업 클러스터 구상'이란 '농업, 임업, 수산업, 관광, 환경, 건강, 복지, 교육' 등을 포함한 모든 장르를 '문화'라는 실로 엮는 새로운 오키나와형 산업의 창출을 목표로 하는 시도이다.

오키나와의 야에야마군도(八重山群島) 고하마시마(小浜島)에서 히라타 씨는 가츠렌마치(勝連町, 현 우르마시)로부터 15세기 후반 가츠렌(勝連)의 성주(城主)를 다룬 '키므타카(肝高)의 아마와리(阿麻和利)'라는 뮤지컬의 연출을 의뢰받았다. '키므타카(肝高)'란 '뜻이 높다', '풍요로운 마음', '고귀하다'란 의미의 오키나와 옛말이다. '아마와리(阿麻和利)'란 가츠렌에서 지역의 번영을 이끈 영웅이라고 평가되고 있으나, 류큐왕국(琉球王國, 오키나와(沖縄)의 옛 명칭. 자세한 내용은 제20장을 참조)에서는 주군을 배반한 반역자로 기록되어 있으며, 현재까지 오명을 남기고 있는 상태이다. 가츠렌마치 교육청은 지역의 영웅이 계속 나쁜 인물로 남아 있는 것은 아이들이 자기 자신과 지역에 대해 긍지를 가질 수 없게 한다고 생각하여 이 뮤지컬을 기획하게 되었다고 한다.

히라타 씨는 '아마와리(阿麻和利)'를 다룸으로써 오키나와 본토 내에서의 중앙지향을 지역지향으로 전환시켰다. 지역의 중 · 고등학교 학생들을 무대에 오르게 하였으며, '아마와리(阿麻和利)' 왕의 역할을 맡은 것은 해당 지역의 고등학생이었다. 그리고 그 뒤에서 춤추는 것은 고등학교 댄스클럽이었으며, 음악담당은 음악을 좋아하고, 무대에 관심이 있어 모여든 아이들이었다. 연출조수를 맡은 이는 학교생활에 적응하지 못하고 계속 등교거부를 해 온 여고생이었다. 그 무대 뒤에서 교육청의 사회교육담당자들이 물적인 면에서나 자금 면에서 지원하였다.

히라타 씨는 "내 사명은 무대를 통해 아이들의 유휴공간을 '만드는' 일이다. 자신들만의 안식처를 찾지 못해 답답해하는 아이들은 아직도 너무 많다. 그런 아이들을 그 누구도 그대로 방치해서는 안 된다. (중략) 문화란 마음을 움직이는 것이다. 보는 사람도 연극하는 사람도 저절로 눈물이 흐르는 폐막의 순간, 누구나 주인공이 되는 그때, 눈물을 흘릴 정도의 성취감이 풍요로운 마음을 만들고 무대에서 느낀 감동체험이 '사람을 만드는 씨앗'이 되는 것이다."라고 하였다.

1999년 첫 공연 이후, 총공연 횟수 120여 회로 관객 동원수가 7만 명을 넘을 정도로 오키나와에서는 절대적인 인기를 얻고 있다. 아이들이 주인공인 연극이 흔치 않은 것은 아니다. 하지만 지역마을을 소재로, 그것도 연극의 완성도가 높고 경제효과를 가져온 사례는 지금까지 찾아보기 힘들었다. 공연티켓 1장은 2,000엔으로 1억 4천만 엔을 넘는 경제효과가 있었다. 이러한 경제효과를 보더라도 '단순히 아이들이 하는 연극'으로만 여길 수 없는 규모로까지 성장하고 있음을 알 수 있다. 여기에서 '감동산업 클러스터 구상'이 탄생하게 된 것이다. 오키나와의 문화를 클러스터로 엮어 미군기지 의존형 경제와 재외자본에 의한 관광산업, 공공사업 의존에서 벗어나 아이들 자신의 미래로 이어지는 자립적인 경제의 싹을 키우고자 하는 활동으로 발전한 것이다. 지역문화와 아이들과 연극의 3자를 연결하는 도전인 것이다.

4) 소지역(커뮤니티)의 공동자치원리 탐구에 대한 도전

(1) 다케토미지마 헌장 책정과 자치공민관(自治公民館)

오키나와(沖縄)의 야에야마열도(八重山列島)에 있는 다케토미지마(竹富島)는 165세대, 인구 361명의 작은 섬이다. 다케토미지마가 주목을 받는 이유는 일본의 섬들이 1960년대 고도경제성장기 이후 과소화, 고령화로 인해 공동체가 해체되고 있는 것에 반해, 다케토미지마에서는 전통적 제사(祭祀)의 유지, 촌락경관의 보존, 다케토미지마 헌장(憲章) 책정이라는 독자적인 지역 만들기를 하고 있기 때문이다.

그림 16-2 오키나와 전통문화계승

1960년대 초부터 다케토미지마에는 관광객이 모여들기 시작했다. 왜냐하면 이 섬이 아름다울 뿐만 아니라 섬의 전통행사나 섬 주민들의 경관을 지키고자 하는 노력이 섬의 아름다움을 계속해서 유지시켜 왔기 때문이다. 1972년 오키나와가 미국에서 일본으로 반환된 이후, 본토(일본) 자본에 의한 토지의 매점이 진행되었고, 그 규모는 섬 면적의 1/4~1/3 정도였다고 한다.

이러한 다케토미지마를 침식하려는 리조트 자본과 부동산 업체에 대해 섬 안팎의 지식인들과 유지들은 신슈・츠마고(信州妻籠)의 「츠마고를 지키는 주민헌장」(1971)에 기재된 '팔지 않는다. 빌려 주지 않는다. 파괴하지 않는다.'는 세 가지 원칙을 참고로 하여 다케토미공민관의 조직적 활동을 통해 「다케토미지마 헌장」(1986)을 제정하게 되었다. '헌장'에서는 "우리 다케도미 사람들은 무절제한 개발, 파괴가 사람들의 마음까지도 유린하는 것을 우려해서 이를 방지해 왔지만 아름다운 섬, 자랑스러운 고향을 활기 있는 곳으로 후세에 계승시키기 위해서도 '가시쿠사야 우츠구미도우 마사루(かしくさや うつぐみどぅ まさる, 협동하는 것이야말로 중요하다는 뜻으로 야에야마 다케토미시마의 방언)' 한 마음으로 섬을 살리는 방안을 강구해야 한다."고 선언하고, 기본 이념으로서 '팔지 않는다. 더럽히지 않는다. 흐트러뜨리지 않는다. 파괴하지 않는다. 살린다.' 등의 다섯 가지를 내걸었다.

다케토미지마의 주민들은 이 헌장을 통해 자신들의 섬을 지키고자 했던 것이다. 이러한 활동의 핵심에는 자치공민관(自治公民館)이 있었다. 공민관은 '총회'와 '심의의원'을 가지고 있으며 '공민관의회'를 1992년에 설치하여 지방자치단체의 '의회'에 해당되는 활동을 하고 있다. '의회'는 촌락의 합의를 형성하고 의사결정을 하는 등 실질적인 자치기구로서의 역할을 하고 있다. 이러한 일련의 과정은 자신들의 지역사회에 관한 사항을 스스로 관여해서 결정하는 지역사회의 공동자치원리와 정체성을 탐구해 간 활동으로서 주목받고 있다.

(2) 네트워크로 방지하는 '고독사' —'고독사 예방센터' 활동

치바현(千葉縣) 마츠도시(松戶市) 토키와다이라단지(常盤平團地)는 1960년에 게이요(京葉)공업지대의 발전에 따라 일본 최초의 대규모 공단주택으로 건설되었으며, 전성기 때에는 인구가 약 2만 명이었으나 2007년 현재 외국인 450명을 포함해서 약 9,000명, 5,359가구가 살고 있다.

2001년에 이 단지에 사는 주민 한 사람이 유해로 발견되었다. 사후 3년이 경과된 상태였다. 사후 3년 동안 자동이체로 집세, 수도세, 광열비로 120만 엔 이상이 지불되었는데, 예금이 바닥나 공단직원이 독촉방문을 함으로써 발견된 것이다.

그 후에도 고독사(孤獨死)는 계속되었다. 이러한 고독사가 계속된 데에는 이유가 있었다. 공단주택이기 때문에 집세가 싸서 직업을 잃거나 가족과 헤어진 중고령자 남성들이 입주하게 되었다. 또 외국인 노동자들도 입주해 있다. 새로 입주한 주민들 중 적지 않은 사람들이 인생에 좌절하여 사람들과 인간관계를 형성하는 것을 피하는 경향이 강하다. 그중에 몇 사람들은 자살하거나 병 때문에 쓰러져 그대로 고독하게 죽어 가는 것이다. 가족도 없고 만나러 오는 사람들도 없다. 고독사의 대부분은 대략 50세 전후의 남성이라고 한다.

이 단지의 자치회는 2002년부터 본격적으로 고독사에 대한 대책 마련에 들어갔다. '고독사 110번'을 만들어 긴급 시의 연락체제를 마련했다. 또 '고독사'를 주제로 한 심포지움의 개최, 신문배달판매점과의 협력, 자치회와 열쇠수리점과의 '각서'체결 등 지역적 네트워크를 만들어 가고 있다. 2004년에는 단지사회복지협의회(團地社協, 지구(地區)사회복지협의회) 사무소를 개축하여 '마츠도 고독사 예방센터'를 개설하고 주민에 대한 상담업무를 충실히 해 갔다. 또 2005년에는 '고독사 제로 작전' 심포지움을 개최하였고 그 일환으로 2007년에는 단지 내 점포를 빌려 '활기찬 살롱(いきいきサロン)'을 개설했다. 누구나 편안히 차를 마시고 이웃들과 얘기도 나누면서 친목을 도모하는 것이 살롱의 목적이며, 약 30명의 유급 자원봉사자가 운영을 한다. 또한 단지사회복지협의회에 '안심 등록카드'를 만들어 개인정보를 등록하고 충실시스템을 충실히 정비했다. '고독사 예비군'이 될 수 있는 주민들이 이 '살롱'에 와서 인사를 나누고 이야기를 나누면서 친하게 된다. 이는 자치공민관과 같은 활동이다. 이곳을 기점으로 단지 자치회와 단지사회복지협의회는 ① 지역복지에 대한 주민참여 촉진, ② '활기찬 살롱' 운영, ③ '칩거'를 방지하는 홍보, ④ '인사'하기, ⑤ 이웃 만들기를 위한 배려, ⑥ 유머 감각 살리기, ⑦ 배우자와 사별한 사람들에 대한 케어, ⑧ 죽음에 대

한 준비교육, ⑨ 쾌식, 쾌변, 쾌면 장려, ⑩ 운동, 스포츠 추진, ⑪ 생활습관 개선이라는 '고독사 제로작전' 활동을 전개하고 있다.

1960년대 일본의 경제발전을 상징하는 공단주택에 지금은 다양한 사람들이 살고 있다. 특히 과거의 인간관계를 버리고 온 사람들, 그러한 사람들에 대한 접근은 특별한 것이 아니다. 인사로부터 시작하여 지역 활동에 참가하는 것, 그리고 모임 공간인 '살롱'의 설치, 일본의 사회교육 · 평생학습이 소중히 해 온 활동이 여기에 있는 것이다.

5) 시민성을 함양하는 사회교육 · 평생학습 계획화에 대한 도전

(1) 노동조합이 시민과 지역사회와 지자체를 연결시켜 미래를 만든다

현재 진행되고 있는 지자체 개편과 아웃소싱은 시민성의 육성과 민주주의의 발전을 과제로 하고 있지 않기 때문에 지자체의 발전을 전망하기가 어렵다. 이로 인해 지자체의 미래를 여는 새로운 주체가 필요하며 시민과 협력하는 지자체노동조합운동에 대한 기대가 커지고 있다.

오사카부(大阪府) 모리구치시(守口市)의 경우, 역사적으로 볼 때 노동조합운동이 처음부터 사회교육의 중요성을 인식하고 있었던 것은 아니다. 우선 조합운동은 노동자의 기본적인 권리를 획득하기 위한 운동에서 시민생활의 요구에 대한 보장운동으로 전개되어 가는데, 이러한 경험을 바탕으로 그 후 사회교육 · 평생학습의 중요성을 인식하게 되었고, 사회교육 · 평생학습은 조합운동의 주요한 과제로 자리 잡게 되었다.

1960~1970년대에 걸쳐 오사카시내에 있었던 중소 영세기업들이 땅값이 저렴한 오사카시 인근의 모리구치시에 공장용지를 구해 이전하게 되었다. 그 결과 인구증가와 보육 · 교육문제가 지자체의 과제로 부상하게 되었고, 지자체 노동조합은 그러한 과제에 대응하게 되었다. 하지만 1980~1990년대 초에 걸친 엔고불황으로 인해 지역 공장들이 해외로 이전하면서 지역산업의 공동화(空洞化) 문제와 해외로 이전할 수 없는 영세기업들의 존속이 문제가 되었다. 지자체 노동조합은 운동의 과제로서 '일자리(職)'와 '주거(住)'를 지키자는 슬로건을 내걸고 대학 관계자들의 협력을 얻어 마을 만들기의 관점에서 지역경제문제를 다루었다. 이것은 조합임원 전원이 조사원이 되어 실시한 지역조사였다. 임원들은 자신들이 잘 알고 있는 마을을 돌아보며 영세기업 실태를 직접 조사함으로써, 오랫동안 살아왔고 일

해 왔던 지자체의 본래의 모습을 새삼 인식하게 되었다. 이러한 활동에서 중소기업 경영자들과 연계된 모리구치의 마을 만들기 활동이 시작된 것이다. 이 활동은 L. 멈퍼드(Mumford)가 지적했듯이 노동조합이 중심이 되어 조사활동 · 학습활동을 조직하고 중소 영세기업자들과 함께 지역사회의 계획화를 주도해 간 사례이다.

(2) 지자체와 지역사회를 연결하고 미래를 만든다

오카야마시(岡山市)는 1990년대의 행재정개혁에 저항하며 공민관 운영을 충실히 해 온 지자체로 알려져 있다. 노동조합운동에서도 조합원의 교육 · 학습활동을 중시하고, 학교도서관 사서와 공민관 직원 등 공무노동 중에서도 아웃소싱하기 쉬운 주변노동을 조직화해 갔다. 주목할 만한 것은 이러한 과정에서 공민관 직원의 노동의 질을 끊임없이 점검해 왔다는 점이다. 시민과 함께 '공민관을 생각하는 모임'(1995년)을 설립하고, 공민관 직원의 신분보장과 노동조건 개선뿐만 아니라 시민과의 교류 속에서 공민관의 역할과 자신들의 노동의 질을 높여 전문적인 역량형성으로 발전시켜 왔다. 즉 사회교육노동을 노동조합이 아닌 시민들이 필요로 하고 있는지에 대한 재검토가 끊임없이 이루어졌으며, 시민과의 관계에서 노동의 질을 집단적으로 향상시켜 온 사례이다. 이러한 시민과 공민관 직원 간의 관계형성을 지자체 노동조합이 지원해 왔다. 말하자면 조합원을 위한 노동조합이라기보다는, 시민을 위한 노동조합운동을 전개해 온 소셜 유니어니즘(social unionism)의 사례로서도 주목받고 있다.

노동조합은 '63만 시민집회'를 매년 개최하여 시민의 학습활동을 지원하고 있다. 이러한 활동은 시민과 노동조합의 협력이며, 또한 연 1회의 형식적인 행사가 아니라 준비에서 모임, 총괄에 이르기까지 1년 내내 시민들과 함께 논의를 거듭하는 계속적인 활동이라는 점이 특징이다.

재정이 어려운 지자체 행정은 업무를 아웃소싱을 통해 해결하려 한다. 하지만 이러한 수법은 공적 책임이 애매하다는 점, 업무 확대로 인한 기능분화라는 문제가 끊임없이 생겨나서 오히려 주민의 요구와는 맞지 않는 경우도 생기고 있다. 게다가 의회나 교육행정에서는 아웃소싱으로 인해 확인하거나 개선되기 어려운 모순된 구조가 만들어지고 있다. '63만 시민집회'는 확대되고 있는 지자체 업무를 아웃소싱이 아닌 지자체에 반드시 필요한 공무노동으로 재정립하기 위해, 시민과 지자체 직원의 '집회'라고 하는 집단학습활동을 매개로 하여, 시민들 눈에는 잘 보이지 않는 직무를 시민들의 시야 속으로 끌어들여, 그 필요성을 함께 재인식하고, 확대되고 전문적으로 분화되는 업무를 재통합해 왔다는 특징을 지닌다. 시민의 입장에선 지자체 노동조합에 의한 '사회교육 · 평생학습 거버넌스'라고도 표현할 수 있을 것이다.

이러한 노동조합들의 활동은 노동운동의 요구와 시민의 생활요구 모두를 사회교육적으로 조직하고, 조사활동과 학습활동을 매개로 하여 시민성을 함양하고 지자체와 지역사회를 연결함으로써 미래를 향한 길을 개척한 사례로서 평가할 수 있을 것이다.

어느 시대, 어느 지역사회에서든 사람들이 살기 좋고 삶의 보람을 느끼는 지역사회를 만들어 나가는 것이 중요하다. 그러나 오늘날 글로벌화가 진전되는 한편에서는 지역사회가 피폐되고, 그곳에 사는 사람들의 생활이 점점 어려워지고 있다.

앞에서 말한 바와 같이 디렌티(G. Delanty)는 "커뮤니티는 부활하고 있다."라고 말한다. 그렇다면 어떻게 부활하고 있는 것일까? 이 물음에 대해 Z. 바우먼(Zygmunt Bauman)은 "문제는 '기존의 커뮤니티' 제조법으로는 안심과 자유 사이의 모순이 매우 커져 회복이 어렵게 되었다는 점이다."라고 말하고 있다. 게다가 커뮤니티의 안심과 자유를 확보하기 위해서는 다양한 해결책을 찾아 제안할 필요가 있는데, "어떠한 해결책도 당장 잘되고 있다고 해서 이제 면밀한 조사는 필요 없다거나 수정은 쓸데없다는 등의 말은 절대로 믿어서는 안 된다."며 경종을 울리고 있다. 이러한 지적은 기존의 지역 만들기 방법의 한계성과 새로운 지역 만들기의 방법에 있어서도 계속적인 조사와 수정작업이 필요함을 명확히 하고 있다.

따라서 새로운 지역 만들기와 문제해결책을 찾아내기 위해서는 지역사회를 모색하기 위한 조건을 가지고 있지 않으면 안 된다. 그것이 지역사회가 사회교육 · 평생학습을 필요로 하는 이유이다. 지역사회에는 사람들이 인사를 나누고, 교류를 하고, 문제를 해결하며, 지역을 활성화하거나 문화를 창조하고, 시민성을 함양할 수 있는 장치가 필요하다. 그것이 사회교육 · 평생학습의 역할이라 할 수 있다.

환경문제 전문가인 호리오 마사타카(堀尾正靭) 씨는 흥미로운 지적을 하고 있다. 문제해결을 전문가와 행정에 맡길 것이 아니라 지역 사람들이 역량 있는 주인공이 되어 직접 해나가는 것이 중요하다는 것이다. 그를 위해서는 무엇이 필요한가? 그것은 개개인의 힘을 뛰어넘어 서로 성장하는 거시적인 지역사회의 주체를 만든다는 것이다. 여기에서 중요한 것은 '개개인 차원의 지력(知力)'이 아니라 '지역 커뮤니티 차원의 지력(知力)'이다. 모든 시민들에게 지역이 보여야 하고, 시민 차원에서의 지적인 지역 활동을 통해 환경문제를 해결하지 않으면 안 된다고 한다. 이를 위해서는 커뮤니티가 '모든 이들을 대표하는 눈'을 가질 것, 그 '눈'으로 볼 것, 볼 능력이 있는 '머리'를 만들 것, 머리에는 '이론과 지식', '마음'을 갖게 하고, '손'으로 판단한 것을 실행하는 일이 중요하다고 지적한다.

이 지적은 지역사회가 지역사회의 '기관(器官)'으로서의 사회교육 · 평생학습을 필요로 하고 있음을 알 수 있다. 지역의 '눈'과 '머리'를 만들고 지역의 '마음'을 기르며, 지역의 '손'을 움직이는 사회교육 · 평생학습, 새로운 지역사회와 문제해결책을 낳는 원동력이 될 수 있는 사회교육 · 평생학습의 역할과 창조가 다시 요청되고 있다.

참고문헌

矢作弘『대형점과 마을 만들기(大型店とまちづくり)』岩波新書, 2005.

後藤和子・福原義春『시민활동론(市民活動論)』有斐閣, 2005.

高橋彦芳・岡田知弘『자립을 지향하는 마을(自立をめざす村)』自治体研究社, 2002.

日本青年館『청년활동활성화포럼보고서・청년들을 좀 더 일본 사회의 담당자로(青年活動活性化フォーラム報告書・若者たちを, もっと日本社會の担い手に)』, 2008.

財團法人地域活性化センター『지역통화가 개척하는 미래(地域通貨が拓く未來)』, 2007.

札幌都心にぎわいづくり實行委員會『삿포로 도심 북적하게 만들기 사업(札幌都心にぎわいづくり事業)平成18年度實施報告書(概要版)』, 2007.

平田大一『키므타카(キムタカ!)』アスペク社, 2008.

小林文人「다케토미지마의 취락조직과 아자공민관(竹富島の集落組織と字公民館)」平成18・19年日本学術振興会科学研究費補助金研究成果報告書『오키나와의 아자공민관에 있어서의 지역복지・사회교육의 추진과 청년의 자립지원에 관한 연구(沖繩の字公民館における地域福祉・社會教育の推進と青年の自立支援に關する研究)』, 2008.

中澤卓實・結城康博『고독사 제로작전(孤獨死ゼロ作戰)』本の泉社, 2008.

Gerard Delanty 著・山之內靖・伊藤茂 譯『커뮤니티－글로벌화와 사회이론의 변용(コミュニティ－クローバル化と社會理論の變容)』, NTT出版, 2006.

Zygmunt Bauman 著・奥井智之 譯『커뮤니티－안전과 자유의 전장(コミュニティ－安全と自由の戰場)』, 筑摩書房, 2008.

堀尾正靭「'탈온난화'와 '탈근대화'－도시와 마을의 현재와 기술의 재창조(『脫溫暖化』と『脫近代化』－まちやむらのこころと技術を作り直す)」松永澄夫 編『환경설계의 사상(環境設計の思想)』, 東信堂, 2007.

| 제 5 부

지역 사회교육의 계획과 실천

제 17 장

가나가와현 가와사키시의 평생학습과 시민운동

이토 오사카즈(伊藤長和), 오다기리 마사타케(小田切督剛), 김윤정(金侖貞)[1)]

가와사키시(川崎市)는 일본의 지방자치단체 중에서 8번째로 많은 인구가 거주하는 대도시이다. 정령(政令)에 의해 지정된 '정령지정도시(政令指定都市)'로서 도도부현과 같은 자치권을 가진 기초자치단체이다. 일본을 대표하는 케이힌공업지대(京浜工業地帯)의 중심도시로서 일본 각지에서 온 노동자들에 의해 만들어진 도시이다.

그래서인지 시정에 대한 시민들의 관심이 높고, 시민참여와 시민들의 학습·문화 활동도 활발하다. 이러한 배경에는 1949년에 일본에서 처음으로 성인학교를 개설한 도시로서 풍부한 사회교육의 실천이 있다는 것을 지적할 수 있다.

고도경제성장기에 기업에 의한 대기오염공해가 사회문제로 부상했을 때, 산업을 우선시하던 시정에서 인간을 우선으로 하는 인간도시 만들기로 시정을 변화시킨 시민들에 의한 운동은 너무나도 유명하다. 이는 학습과 실천이 결합된 실제 사례이다.

이 장에서는 선진적인 활동들을 해 온 가와사키시의 사회교육을 시민운동의 관점에서 소개하고자 한다. 제1절에서는 가와사기시에 관한 개괄적인 설명을, 제2절에서는 시민들의 학습권 보장을 위한 공무원 집단의 형성을, 제3절에서는 일본에서 처음으로 제정된「아동·청소년권리조례」를 만들기까지의 사회교육 실천을, 제4절에서는 외국인 시민들이 많이 살고 있는 가와사키시의 다문화공생시책에 대해 살펴보고자 한다.

1) 1절, 3절은 이토 오사카즈(伊藤長和), 2절은 오다기리 마자타케(小田切督剛), 4절은 김윤정이 집필하였다.

1 가와사키시 개요

1) 시민사회의 미래를 개척하는 사회교육

가와사키시는 UN아동권리협약(1989년)의 정신을 실천하기 위해 지방자치단체로서는 세계에서 처음으로 '아동권리조례'를 제정하였다(2000년 12월). 이 조례는 시민들, 특히 아이들이 참여하는 '시민입법' 방식으로 제정했는데 그 배경에는 가와사키시 사회교육실천의 오랜 역사가 있었다.

『가와사키시 사회교육50년사』(1998년)는 가와사키시의 사회교육을 '시민참가와 직원집단 형성의 역사'라고 소개하고 있다. 가와사키시의 사회교육은 도시에서 생활하는 사람들의 고독감을 해소하고, 소외된 인간성을 회복시키며, 나아가 새로운 공동체를 창조하는 힘을 키우는 장으로서 그리고 시민들이 민주주의사회와 시민사회의 주인공이라는 자각과 역량을 형성하기 위해 없어서는 안 되는 존재가 되었다. 다시 말하면 가와사키시의 사회교육실천은 도시의 오아시스를 만들고 지방자치의 기반이 되는 주체들을 형성하기 위해 중요한 역할을 맡고 있다고 할 수 있다.

2) 일본의 지방자치단체와 가와사키시

일본의 지방자치단체는 중앙정부 밑에 광역자치단체인 '도도부현(都道府県)' 47개가 있으며, 그 밑에 기초자치단체인 '시정촌(市町村)' 1,788개가 있다(785개 시, 812개 정, 193개 촌). 2008년 7월 1일 현재, 일본의 자방자치단체는 1,835개이다. 특히 그중에서 50만 명 이상의 인구 규모를 가지고, 정령(政令)으로 지정되어 도도부현과 유사한 권한을 갖는 시를 '정령지정도시'라고 한다.[2] 가와사키시는 정령지정도시로서 일본을 대표하는 공업도시이다. 전국 18개 정령지정도시 중 8번째로 인구 규모가 크고 144km^{2}인 면적에 인구 140만

2) 정령지정도시는 구역에 행정구와 구청을 설치하고 있지만 한국의 광역시와 달리 행정구는 기초자치단체가 아니며 독자적인 구의회와 교육위원회는 설치되어 있지 않다. 한편, 도도부현과 시정촌은 각자 의회와 교육위원회를 설치하고 있다. 한 · 일 간의 지방교육자치제도의 차이는 일본에는 기초자치단체에 교육위원회가 설치되어 있다는 점이다. 가와사키시는 '노동자의 도시'로서 교육에 대해 열정적인 시민이 많으며, 통계상 시민의 학력(學歷) 수준은 전국의 정령지정도시 중 가장 높다.

명이 거주하고 있다(2009년 현재). 수도 도쿄도와 국제항만도시 요코하마시 사이에 위치하고 있으며 케이힌(京浜)공업지대의 중핵적인 역할을 맡고 있다. 그전에는 제철, 석유화학, 기계를 중심으로 한 중공업도시였지만 지금은 컴퓨터를 중심으로 한 정보과학산업도시이다. 1970년대에 시민운동으로 혁신시정(革新市政)을 창출하고 대기오염 등의 공해를 극복한 도시, 또한 선진적인 지자체정책을 제시하는 도시로 유명하다. 1996년에 대한민국 경기도 부천시와 우호도시협정을 체결하여 활발하게 교류하고 있다.

3) 가와사키시의 사회교육 · 평생학습의 특징

가와사키시의 사회교육은 주로 교육위원회가 소관하고 행정구마다 설치되어 있는 시민관(가와사키시에서는 '공민관'을 이렇게 개칭해 부름)과 도서관, 스포츠센터에서 실시되고 있다. 광역시설인 5개의 박물관과 4개의 청소년교육시설도 시민들에게 중요한 사회교육기관이 되고 있다. 7개의 행정구에 시민관과 도서관이 정비되어 있으며 분관까지 포함하면 13개의 시민관과 12개의 도서관이 설치되어 있다. 스포츠시설은 7개가 있으며 지금 1개의 건설계획이 진행되고 있다.

교육행정은 교육위원회에 생애학습부(1997년 사회교육부에서 명칭 변경)를 설치하고 그 산하에서 생애학습추진과(1997년 사회교육과에서 명칭 변경), 문화재과, 스포츠과가 실무를 담당하고 있다.

가와사키시의 학습사업은 민간 문화센터의 그것과 구별되며, 공공성과 공익성의 관점에서 시민의 생활과제와 지역과제의 해결을 도모하기 위한 학습기회를 제공하는 것에 중점을 두고 있다. 그러한 학습과제는 각 시민관에서 사회교육진흥계가 담당하고 있으며 ① 평화, 인권, 남녀평등 등 현대적 과제 학습활동, ② 자녀양육, 공육(共育)학습활동, ③ 가정교육추진사업, ④ 시민활동 임파워먼트사업, ⑤ 시민자주(자율)학급 및 시민자주(자율)기획사업, 그 밖에도 외국인의 일본어학습을 지원하는 문해교실, 사회인교실, 장애인사회참가활동 등을 체계적으로 개설하고 있다. 그중에서도 119개국에서 28,000여 명의 외국인이 시민으로서 살고 있는 가와사키시는 다문화공생(多文化共生)사회를 실현하기 위해 문해자원봉사자를 육성하고 있는 등 문해교실에 특별히 힘을 더 기울이고 있다(이토 오사카즈).

2 직원집단 형성

사회교육직원은 지역사회가 직면하는 과제와 그 변화를 적절하게 파악하여 시민과 함께 사업을 기획하고 네트워크를 확대하는 전문성이 필요하며, 그런 전문성을 확보하기 위해 직원집단의 형성이 불가결하다. 가와사키시 직원집단의 특징으로는 공식적 및 비공식적인 제도와 네트워크를 통해 형성된 중층성(重層性)을 들 수 있다. 여기에서는 직원연수, 노동조합, 자율연구활동에 대해 소개하고자 한다.

1) 사회교육전문직원제도와 직원연수

사회교육전문직원의 형태는 다양하다. 시민관의 사회교육주사와 도서관의 사서는 채용형식을 보면 전문직으로 채용하는 것이 아니라 행정사무직에 통합되어 있으며 직원의 전문성을 일정 정도 고려하여 배치하는 인사정책을 실시하고 있다. 또 박물관의 학예원은 전문직(기술직)으로 별도로 채용하고 있고, 그 밖에도 학교 교사가 지도주사(指導主事)라는 직위로 박물관에 배치되어 학교교육과 박물관의 연계를 도모하고 있다. 이상과 같은 상근직원 이외에도 시민관에는 비상근(계약직)전문직인 사회교육지도원이 배치되어 있다.

직원체제가 다양화되면서 전문성 향상을 도모하기 위한 직원연수의 필요성이 부각되고 있다. 연수는 파견연수와 자체연수 두 가지가 있다. 국립사회교육연구소(2001년부터 국립교육정책연구소)에서 받는 파견연수는 1951년에 사서강습, 1950년대 후반부터 사회교육주사강습을 시작하였다. 1970년대 후반부터는 파견연수가 계획적으로 이루어졌다.

가와사키시는 자체연수를 실시하는 기관으로서 1949년에 교육연구소를 설립하였고, 1986년에 가와사키시종합교육센터로 재편되면서 사회교육직원연수가 본격화되었다.[3] 센터의 제3연구실에 사회교육연수 · 연구스태프 2명(과장급 1명, 계장급 1명)을 배치하고, 한편 대학교수를 조언자로 위촉하는 형태의 사회교육담당전문원도 설치하였다. 또한 연수보고회를 개최함과 동시에 그 성과를 널리 공유할 수 있도록 1986년에는 『가와사키시사회교육정보』를 창간하였다. 지역사회의 특성을 활용하고 현장의 요구에 맞춘 연수코스도 해마다 확충되어 왔다. 1994년에 제3연구실의 사회교육 부문과 학습정보실이 통합되어 평생

---

3) 川崎市総合教育センター『20주년 기념지(20周年記念誌)』2007.

학습연구실이 설치되었는데 사회교육직원연수는 2005년에 평생학습추진과로 이관되어 ① 평생학습연수, ② 인권존중연수, ③ 신입자연수, ④ 지도 · 경영연수, ⑤ 과제연수, ⑥ 자율그룹연수 A반~E반, ⑦ 시민관직원연수, ⑧ 도서관직원연수, ⑨ 박물관직원연수, ⑩ 스포츠시설직원연수 등 10개 코스로 재편되었다. 특징은 ① 일반 시민도 함께 참가할 수 있는 협동(協働, collaboration)을 중요시 여기는 점, ② 이론학습과 실무학습의 밸런스를 고려하면서 계층별 및 시설별 코스를 설치하며 특히 인권연수의 중요성을 강조하는 점, ③ 과제연수와 자주(자율), 그룹연수는 주제를 직원들이 스스로 협의 · 결정하고 매뉴얼 작성 등 하는에 있어서 적극적으로 반영되는 점 등을 들 수 있다. 2006년도 자주(자율)그룹연수는 '매력 있는 시민관을 만들기 위해' '공적 사회교육시설에 요구되는 연계' '사회교육이란 무엇인지 다시 생각해 보기' '다른 시설 및 다른 도시의 추진사례에서 배운다.' '도서관에서 실시하는 비즈니스 지원 방향성'의 5가지 주제로 이루어졌다.

2) 노동조합과 지방자치연구활동

노동운동은 일상적으로 전문성을 키우는 직장풍토를 만들어 나가는 내발적인 개혁운동의 역할을 해 왔다. 가와사키시직원노동조합은 1951년에 결성되어 산업별 노동조합[4]인 전일본자치단체노동조합에 가입하고 있다. 산하에 19개 지부가 있으며 그중 하나인 교육지부에는 교육위원회에 근무하는 직원 중에서 교원과 급식조리원을 제외한 직원들이 가입하고 있다. 1975년에 사회교육시설부회가 교육지부 산하에 결성되었다. 노동조합은 ① 노동조건 정비를 통하여 직원집단을 형성하고, ② 1970년대 후반부터 1980년대에 이어 사회교육주사 · 주사보 문제를 주제로 하는 등 전문직원의 확립을 도모하며, ③ 지방자치연구활동(이하 '자치연(自治硏)'이라 한다)이라는 자율적인 연구활동을 통해 시민운동이나 연구자와 직원을 결합시키며 정책개발 · 제언 등을 전개해 왔다. 담당임원으로 교육지부는 자치연부장을 두고, 사회교육시설부회도 자치연담당을 두어 연구자를 초청한 학습회 등을 개최해 왔다.

가와사키시직원노동조합 교육지부가 추진한 자치연활동의 특색 있는 성과로 세 가지를

4) 산업별 노동조합(산별노조)은 동일산업에 종사하는 근로자를 하나의 노동조합으로 조직하는 것을 말한다.

들 수 있다. 첫째, 가와사키시교직원조합과의 다양한 연대활동이다. 특히 1988년부터 '가와사키의 교육개혁협의회'를 조직하여 교육정책을 제언해 왔다.[5] 둘째, 1978년에 시작한 사회교육 관련 노동조합의 전국적 네트워크인 '대도시 사회교육연구와 교류모임'이다. 전국적인 정보를 수집하고 연구자와 토론하면서 공무노동으로서의 사회교육실천의 이론화를 도모하며, 연대활동을 확대하였다. 특히 1982년과 1987년에 유네스코 평생학습부장인 E.젤피(Gelpi, 1933~2002)를 초청한 것은 노동조합활동의 역량을 보여 줌과 동시에 국제적인 시야를 갖게 되는 계기가 되었다.[6] 셋째, 시민들과의 네트워크이다. 1979년에 직원과 시민에 의한 실행위원회 방식으로 '가와사키의 풍성한 교육과 문화를 생각하는 모임'을 기획하였다. 1980년부터 시민들과 교육지부가 공동개최하였으며, 제5회부터는 교육지부가 단독으로 개최하였다. 노동조합뿐만 아니라 시민들과 결합하면서 전개한 것이 특징이며, 이러한 활동을 일상적인 업무와 교육정책에서 활용해 온 것이 직능집단으로서 노동조합의 힘이 된 것이다.[7]

3) 시민과 직원의 연계와 협동

위와 같은 직원연수와 노동운동의 배경에는 직원과 시민들에 의한 활발한 자율연구활동이 있었다. 그 특징으로는 ① 교육위원회에 대한 시민들의 비판적인 활동에 대응하고 연계하면서 발전해 온 점[8], ② 인권을 중점과제로 삼아 일본인 시민은 물론 외국인 시민과도 협력해 온 점, ③ 가와사키시내뿐만 아니라 널리 전국적인 네트워크와 연계하며 상호작용을 통해 형성해 온 점을 지적할 수 있다.

자율연구활동은 직원 내부를 조직화하는 제1기부터 시민과 직원이 협력하는 제2기를 거쳐 전국적인 활동과 연계하는 제3기로 확대되며, 특정 주제로 특화된 그룹이 등장하는 제4기로 발전해 왔다. 각 단계에서 특징적인 자율연구활동을 살펴보면 다음과 같다.

---

5) 川崎の教育改革協議会『우리들이 바라는 교육개혁(私たちの望む教育改革)』1992.

6) 上野景三「대도시 사회교육연구의 30년(大都市社会教育研究の30年)」東京・沖縄・東Asia社会教育研究会『동아시아사회교육연구』No.12, 2007, p.258.

7) 川崎市職員労働組合教育支部『교육지부 50년의 역사』2001, p.7.

8) 川崎市社会教育五十年史編集検討委員会『가와사키시 사회교육 50년의 역사』川崎市教育委員会, 1998, p.564.

제1기의 '사회교육시설연구회'는 매달 한 번 합숙방식으로 개최된 연구회로 1967년에 시작되었다. 또한 매달 한 번 토요일 오후에 개최된 '새터데이 그룹'의 학습활동은 직원들의 전문성강화와 역량형성에 큰 영향을 미쳤다.

제2기의 시민들과 직원이 함께 조직한 '가와사키의 사회교육을 생각하는 모임'은 1977년에 시작되었으며, 기존의 '교육은 행정기관이 실시하고 시민은 받기만 하는 손님'이라는 구도로부터 '학습은 시민의 권리이며 사회교육행정은 그 여건을 충실히 마련해 주어야 하고, 시민과 직원은 대등한 관계여야 한다.'는 생각을 가와사키에서 일반화시킨 시민 민주주의운동의 하나였다.[9] '가와사키의 사회교육을 생각하는 모임'이 발행한 기관지『난부센(南武線)』은 가와사키시뿐만 아니라 다른 시 활동가들의 관심까지 불러일으켰다.

사회교육추진전국협의회가 주최하는 사회교육연구전국집회에 가와사키시의 시민과 직원이 대거 참가하기 시작한 것은 1978년 제18회 집회(이바라기집회)부터이다. 제3기의 '좁아도 광장'은 1990년 제30회 집회(홋카이도 시레토코집회) 참가를 계기로 설립되었다.

제4기의 'H.R.N.(Human Rights Network)'은 1997년부터 교육문화회관에서 매달 한 번 학습회를 개최해 온 자율적인 연구회가 1999년에 확충되어 시작된 것이었다. 인권과 관련된 과제에 대하여 매월 학습회를 개최하고 강연회와 현장답사 등을 실시하고 있다. 사회교육직원의 전문성을 추구하는 것이 외국인 시민과의 연대를 확대하고 유대를 강화시키며 다문화공생사회를 향한 토대를 만들어 온 것이다.[10]

이러한 경과를 통해 직원연수와 노동조합, 자율연구활동이 상호작용하면서 전문성을 높이는 직원집단이 형성되어 왔다. 지금은 사회교육추진전국협의회, 일본사회교육학회, 일본공민관학회, 도쿄・오키나와・동아시아사회교육연구회, 한국평생학습연구포럼, 가와사키－부천시민교류회 등 다양한 네트워크로 확대되고 있는데 직원집단을 재생산해 가기 위한 끊임없는 노력은 계속 요청되고 있다.

9) 十文字美恵「재일한국인이 뿌리를, 자치체가 줄기를, 손을 이어 주는 시민운동이 미래를 개척한다(在日が根を, 自治体が幹を, 手をつなぐ市民運動が未来を拓く)」戦後50年日韓交流事業委員会編『마음은 도를 넘어(心は濤を越えて)』高麗書林, 1996, p.120.

10) 伊藤長和「가와사키시 다문화공생사회의 창조(川崎市の多文化共生社会の創造)」矢野泉 編『다문화공생과 생애학습(多文化共生と生涯学習)』明石書店, 2007, p.126.

3 시민참가와 시민운동

1) 시민의 배움터 만들기

가와사키시의 '성인학교'는 식량을 비롯하여 모든 것이 부족했던 제2차 대전 직후인 1949년에 일본에서 처음으로 개설되었다. 당시는 패전 이후 일본에 민주주의가 도입된 상황이었으며 전국 각지에서 취업을 위해 가와사키시로 올라온 근로청년들의 대부분이 성인학교에서 친구들을 만나고 지적욕구와 갈증을 채웠다. 성인학교에서는 수강생들이 주체가 된 '교우회(校友会)'가 조직되어 교우회신문이 발간되었고, 수강생 주체의 기획사업도 개최되었다. 성인학교는 가와사키시교육위원회의 사회교육과(課) 성인교육계가 주관하고 있었다. 교우회는 성인학교 운영을 보조하며 다음 학기에 개설하는 과목을 기획 · 제안하는 등의 활동을 전개하였다. 가와사키시의 사회교육에 시민참여가 싹트는 시기였다고 할 수 있다.

그 후 전후 복구가 진행되고 생활이 안정되면서 시민의 교육 · 문화에 대한 요구가 높아졌다. 당시 가와사키시에 설치되어 있던 4개 공민관의 재건축을 요구하는 운동이 전개되었다. '우리 마을에 1,000명 규모의 홀(강당)을 가진 공민관을!'이라는 내용으로 요구하였으며 각지에 창립된 문화협회[11]와 정내회(町内會)[12]가 그 운동의 중심이 되었다. 시민들의 요구를 받아들인 교육위원회는 공민관의 명칭을 시민관으로 변경하였으며, 시설배치계획을 책정하고 대강당을 갖춘 도시형 · 대형 공민관을 설치하였다. 시민관을 건설할 당시 사전에 건설조사위원회를 설치하고, 시민참여를 통해 시설에 대한 요구사항을 파악하여 설계에 실제로 반영하였다.

사이와이(幸)시민관 · 도서관의 히요시(日吉)분관 건설과정에 있어서 시민참여 사례를 살펴보면 다음과 같다. 히요시지구 주민들로부터 분관 건설에 관한 청원을 받은 교육위원회는 청원단체 대표까지 참여시킨 건설조사위원회를 설치하였다. 또한 일반시민들을 대상으로 공모하여 워크숍을 개최했으며, 5회로 이루어진 워크숍은 267명이 넘는 시민들이

---

11) 문화협회는 문예, 미술, 예능, 음악 등 모든 영역의 문화활동단체가 가입하여 각 지구에 설립된 사회교육관계단체로서 일상적인 활동과 발표를 하는 공간을 요구하며 시설건설운동을 전개하였다.

12) 정내회는 임의적인 공동체이며 마을마다 설치된 자치조직으로 회원인 주민들의 안전과 상부상조를 목적으로 활동하고 있으며 행정기관의 말단에서 협력하는 기능도 가지고 있다.

참여하였다. 워크숍에서는 설계도를 실제로 그려 보고 모형을 만들었으며 자신들의 의견을 보고서로 정리하여 건설을 실현시켰다. 이는 시민참여의 질이 매우 높음을 증명한 것이라고 할 수 있다.

2) 가와사키시의 독자적인 교육계획

가와사키시는 평생학습의 시각에 입각한 '지역 차원에서 시작하는 교육개혁'을 목표로 한 교육계획의 수립을 위해 가와사키시교육간담회를 설치하였다(1984~1985년). '교육간담회'는 시민들의 의견을 폭넓게 수렴하기 위해, 또 시 전역에 교육에 대한 논의를 일으키기 위해 모든 초등학교 설치구역(114개 교)과 행정구에서 개최되었다. 그 외에도 과제별 집회와 시 전체 집회까지 포함하여 모두 242개 소에서 '교육시민토의'를 2년간에 걸쳐 개최하였다. 교육시민토의는 연 인원 4만 명이 참석하고 6,500명이 발언하였다. 그런 의견들은 『가와사키의 생기 있는 교육을 위하여』라는 제목의 정책보고서로 정리되었다.

교육간담회는 '교육의 사회화' '지역의 교육화' '행정의 시민화'를 목표로 교육의 주민자치를 추진하는 지역교육회의를 초등학교마다 설치할 것을 제안하였다. 지금 지역교육회의는 모든 중학교 설치구역(51개 교)과 7개 행정구에 설치되어 있으며 각자 특색 있는 활동을 전개하고 있다.

"시민의 학습활동을 지원하고 시민의 학습의 자유를 보장하는 가와사키시의 독특한 '평생학습추진 기본 구상'을 시민의 폭넓은 참여로 책정할 필요가 있다."는 교육간담회의 제언을 바탕으로 '가와사키시 평생학습추진 기본 구상'(1991년)과 '가와사키시 평생학습추진 기본 계획'(1993년)이 책정되었다. 여기에서 가장 중시된 것은 책정과정이었다. 인권주의, 지역중심주의, 시민참여라는 가와사키시의 독특한 자치사상을 기본으로 한 시민참여와 직원참여의 중층적인 논의 시스템을 만든 것이다. 실제로 3년간의 기본 구상과 기본 계획의 책정과정에서 조사위원회 등 회의가 69회, 시민살롱이 42회, 시민토의가 33회나 개최되었다. 시민살롱은 관심이 있는 시민이면 누구나 자유롭게 참여하고 의견을 교환할 수 있는 조직이며 공모한 멤버들이 기획에서 운영까지 자율적으로 진행하였다. 시민살롱은 조사위원회에 의견서를 제안하였다. 가와사키시 아동권리조례를 책정할 때도 시민살롱이 설치되어 큰 성과를 올렸다.

그림 17-1 다카츠구(高津区) 어린이회의

그림 17-2 가와사키 후레아이관

3) 시민이 만든 아동권리조례

아동권리조례 책정은 아동참여, 즉 아이들이 의견을 표명할 수 있는 기회를 만들기 위해 매년 각지의 지역교육회의가 개최하는 아동회의, 그리고 교육위원회가 개최하는 '아동 꿈 공화국'에 참여한 아이들의 자율적인 활동이 발전하여 시작된 것이다. '아동 꿈 공화국'은 시 전체의 아동들을 대상으로 한 공모를 통해 모인 165명의 아이들에 의해 매달 한 번씩 개최되었다(1997~2000년). 조례를 만들기 위한 아동위원을 공모했을 때도 '아동 꿈 공화국'에 참여해 온 아이들이 다수 참여하였으며 실제로 중요한 역할을 맡았다.

아동권리조례는 아이들의 일상적인 생활공간인 지방자치단체에서 아동참여 · 시민참여로 조례를 만든 점에 큰 의의가 있다. 1998년부터 약 2년간 '아동권리조례검토연락회의'를 비롯하여 '아동위원회'와 '아동권리를 생각하는 시민살롱' 등의 회의는 210회, 시민집회는 16회나 개최되었고 아이들과 어른이 협력하여 2000년 3월에 조례의 골자를 만들었다.[13)]

---

13) 조례의 주인공인 아이들이 참여해서 만들 것, 아이들의 의사를 반영할 것, 그리고 아이들이 이해할 수 있는 말로 만들 것을 기본으로 조례안이 정리되었다. 조례는 아이들을 하나의 인간으로서 존중하고 권리가 침해되지 않도록 지키며, 자신답게 살아가는 것을 지원한다는 사고방식으로 만들어졌다. 학대와 체벌 금지, 집단따돌림 방지, 아이들의 유휴공간 확보, 아동참여 촉진, 아동회의 개최, 아동시책 추진, 아동권리위원회 설치 등의 내용들이 포함되어 있다.

4) 시민이 직접 만드는 강좌 －시민자주(자율)학급, 시민자주(자율)기획사업

시민관은 시민의 의견을 반영한 '지역사회교육계획'을 만들기 위해 이용자간담회, 시민관축제, 시민관운영심의회 등 다양한 시민참여의 기회를 만들어 왔다. 또한 학급·강좌의 일부는 개설하기 전에 기획 및 운영을 시민참여로 진행하기 위하여 기획위원을 공모하고, 전문직인 사회교육주사(시민관 직원)와 협동(協働, collaboration)하여 학습프로그램을 만들고 있다. 이를 한층 더 발전시킨 것이 시민자주(자율)기획사업과 시민자주(자율)학급이다. 시민관이 마련한 사업에 시민이 참여하는 게 아니라 처음부터 시민이 만든 프로그램을 공모하고 기획제안회를 거쳐 채택이 결정되면 시민관 직원과 협력해서 자신들의 학급과 강좌를 개최한다. 시민관은 시민의 학습체험을 통해 참여에서 참여·기획(參劃) 그리고 협동이라는 시민참여의 도달점을 실제로 창출해 내고 있는 것이다.

4 가와사키시의 다문화공생시책과 사회교육

가와사키시의 사회교육은 앞에서 말하였듯이 시민들의 적극적인 참여와 그 참여를 지원하는 직원들이 만들어 왔다. 다문화공생(多文化共生)시책도 마찬가지이다.

1) 시민의 이니셔티브(주도권)에 의한 시책 형성

가와사키시가 공업도시로 발전하는 데에는 일본인 노동자뿐만 아니라 외국인 노동자 특히 재일한국인·조선인 노동자의 기여도 컸다고 할 수 있다. 그 역사는 제2차 세계대전 전으로 거슬러 올라간다. 제2차 세계대전을 전후하여 한국인·조선인은 임해(臨海)지역개발과 교통망정비, 공장건설 등에 종사하는 노동자, 자갈을 채취하는 노동자, 군과 하청업체에 의한 지하시설 건설에 종사하는 노동자, 공장으로 강제연행된 노동자로서 가와사키시에 이주해 왔다.[14] 특히 가와사키시 남부에 재일한국인·조선인 다주(多住)지역이 형성되었다. 사쿠라모토(櫻本) 3동(현재의 이케가미초(池上町))은 그런 다주지역 중의 하나였다.

제2차 세계대전 이후 일본에 정주하게 된 '재일'한국인·조선인은 외국인이라는 이유로

14) 神奈川と朝鮮の関係史調査委員会『가나가와현과 조선(神奈川と朝鮮)』神奈川県渉外部, 1994, p.157.

여러 제도에서 배제되었는데 재일한국인 · 조선인 2세에 의한 히타치(日立)취직차별 재판투쟁을 1970년에 시작하며 차별이 시정되는 움직임이 드디어 보이기 시작하였다. 이 재판투쟁은 재일한국인 · 조선인뿐만 아니라 많은 일본인들의 지원을 받아 1974년에 승소하였다. 그때 투쟁의 거점이 되었던 곳이 이케가미초였다. 이케가미초에 위치한 재일대한기독교회 가와사키교회(이인하 목사)가 1969년에 시작한 보육원에서 아이들에 대한 교육실천이 시작되었고 보육원사업을 담당하는 사회복지법인 청구사(靑丘社)를 1973년에 설립하면서 이 지역의 아이들을 돌보는 체제를 만들기 시작하였다. 한편 히타치투쟁에 교회 관계자들이 관여하면서 민족차별철폐운동(1974년 '민족차별과 투쟁하는 연락협의회' 결성)의 거점이 되었다.

히타치투쟁에 승리한 이후 '본명'(민족명)을 부르고 민족문화를 배우면서 재일한국인 · 조선인으로서 살아가는 길과 아이덴티티(정체성)를 확립하기 위한 활동을 추진하기 시작하였다. 한국인 · 조선인으로서 '일본에서 살아간다.'는 것을 일본인 시민과 한국인 · 조선인 시민의 연대를 통해 추진하게 된 것이다. 특히 '본명'을 부른다는 것은[15] 일본명(일본식 이름)을 부르며 차별을 회피하는 것이 아니라 한국인 · 조선인으로서의 자신을 부정하지 않고 받아들인다는 중요한 의미를 지니고 있다. 그러나 이것은 재일한국인 · 조선인의 정체성 형성뿐만 아니라 한국인 · 조선인을 어떻게 받아들이고 더불어 살아갈 것인지 등 일본인에게 주어진 과제로 중요하다고 할 수 있는데, 이러한 실천이 한국인 · 조선인과 일본인의 협력을 통해 추진되었던 점에 그 독자성이 있다고 할 수 있다.

이러한 지역실천은 행정기관에 대해 제도적인 보장을 요구하는 움직임으로 장을 열었으며 1982년부터 재일외국인교육기본방침 제정과 청소년회관 설치를 요구하는 지역시민운동으로 장을 열었다.[16] 그 무렵 사회교육시설에서는 민족차별과 편견을 극복하고 시민의식의 변혁을 위해 '성인학교'나 '인권존중학급'(1985년 시작)에서 한 · 일관계사나 재일한국인 · 조선인 문제를 주제로 다루었다. 재일한국인 · 조선인에 대한 체계적인 시책이 마련

15) '본명'은 1939년 창씨개명으로 인해 민족명(본명)과 일본명(통명)의 두 가지 이름을 가진 재일한국인 · 조선인들에게 자신이 한국인 · 조선인임을 표명하는 데 있어 중요한 의미를 지니고 있다. 따라서 본명을 사용하는 일이 당시 교육실천 중심과제의 하나가 된 것이다.

16) 星野修美『자치체변혁과 재일한국인(自治体の変革と在日コリアン)』明石書店, 2005, 김윤정『다문화공생교육과 아이덴티티(多文化共生教育とアイデンティティ)』明石書店, 2007.

되어 있지 않았던 시대에[17] 본명을 사용하고 민족문화를 학교교육과 사회교육에서 보장하도록 요구하는 일이 얼마나 어려운 일이었는지는 교육위원회와 시민단체의 교섭이 4년이라는 긴 시간을 필요로 했다는 점에서도 알 수 있다. 가와사키시후레아이관(ふれあい館, 1988년 개관)으로 구체화되는 과정에서 지역주민들이 반대운동을 시작하여 행정기관이 주민들을 설득하는 데 걸린 시간으로 인해 1년간 연기된 점에서 그 어려움을 알 수 있을 것이다. 이 두 가지 운동은 지역사회에서 한국인 · 조선인과 일본인이 어떻게 더불어 살아갈 것인지 그 지역과제에 대한 '시민운동'을 추진한 결과 시민과 행정기관이 논의를 계속하고 합의를 끌어내며 요구를 실현시켰다. 이것이 바로 가와사키시의 다문화공생시책의 출발점이 된 것이다.

『가와사키시 재일외국인교육 기본방침』은 1986년에 제정되었으며 교원용 지도서인 『더불어 살다』의 발행(1993년 시작)이나 '민족문화강사교류사업'(1997년 시작) 등 다문화공생을 목표로 한 교육시책의 중심 이념이 되었다. 그리고 후레아이관이 그 이념을 현실화시켜 가는 실천 공간으로서 설치된 것은 두말할 필요가 없다.

2) 다문화공생의 '가와사키모델'

당사자들의 '목소리'를 시책화하는 방식이 일본인과 재일한국인 · 조선인의 시민운동을 통해 형성된 가와사키시, 그것을 '가와사키모델'이라고 한다면 1980년대 이후 '가와사키모델'은 계속 진화되고 있다.

가와사키시에서 생활하는 뉴커머(new comer) 외국인이 많아지는 가운데 1990년 '세계문해의 해'(International Literacy Year)를 기점으로 외국인 시민에 대한 일본어학습지원이 본격화되었으며, 1993년에 제정된 '가와사키시 평생학습추진 기본 계획'에 외국인의 학습을 가와사키시의 중심과제로 설정하는 등 가와사키시내의 시민관에 일본어학급이 상설화되었다. 이러한 일본어학습은 외국인시민이 일본인시민과 대등한 관계를 구축하는 활동의 일환이며 2003년에 '가와사키시 문해 · 일본어학습 활동지침' 작성을 통해 기본적 인권으로서 외국인의 학습권을 보장하려는 것이었다.

---

17) 아동수당이나 공영주택 입주자격에 관한 국적조항을 철폐하는 등의 시책이 이미 1970년대부터 있긴 하였지만 아직 교육현장에서는 재일한국인 · 조선인을 염두에 둔 시책이 마련되지 않았다.

그리고 가와사키시에서 생활하는 외국인 시민의 '목소리'를 시정에 반영시키기 위한 시정참여 시스템으로 1996년에 '가와사키시 외국인 시민 대표자회의'가 설치되었다. 이 회의는 시민국을 중심으로 한 '가와사키시 외국인시민시책추진 간사회'에 의한 외국인시책 '24항목 검토과제'(1990년)와 1993년의 '가와사키시 국제정책의 가이드라인 제정을 위한 제언'(53항목 제언)에서 제안된 시정참가 구상을 제도화시킨 것으로서 '요구에서 참여로' '개별과 보편' '상호 이해와 공생'을 키워드로 '외국인이 살기 좋은 마을은 일본인도 살기 좋다.'를 슬로건으로 내걸고 발족되었으며, 2009년 현재 제7기 위원(임기 2년)들이 활동하고 있다.

회의가 제언한 것은 구체적으로 가와사키시 시책에 반영되었으며 그 예 중 하나가 '가와사키시 주택기본조례'이다. 대표자회의에서 외국인 시민의 입주차별이 거론된 것을 계기로 제정된 이 조례는 제2조를 '고령자, 장애인 및 외국인을 비롯한 시민의 거주 안정'을 기본 목표 중 하나로 설정하여 주택과 주거환경 정비시책을 실시하기 위해 2000년 2월부터 시행되고 있다. 회의에서 나온 '목소리'가 단지 제언에 머무르지 않고 지역사회를 바꾸게 된 사례이다.

그림 17-3 다문화페스티벌 미조노구치-가와사키시 타카츠시민관

이상과 같이 가와사키시의 사회교육 · 평생학습은 다문화공생교육이 지역의 실천에서 출발하여 시책화된 점, 그 실천이 재일한국인 · 조선인과 일본인의 시민운동으로 추진된

점, 그리고 시책화되는 과정에서 당사자들의 '목소리'를 직원들이 받아들이려고 노력한 점에서 알 수 있듯이 가와사키시의 사회교육 · 평생학습은 바로 시민에 의한 이니셔티브로 만들어진 것이며 그것이 다문화공생의 '가와사키모델'인 것이다. 물론 앞으로 '가와사키모델'을 어떻게 발전시켜 나갈 것인가에 관한 과제가 있기는 하지만 가와사키시의 다문화공생시책이 시민운동을 통해 만들어졌다고 하는 의미는 재인식해야 할 것이다.

특별칼럼 5 우리를 감동시킨 가와사키

이진우(부천시 교하도서관 정보서비스팀장)

2007년 10월말 16명의 부천방문단이 '가와사키－부천 도서관국제세미나' 참석을 위해 가와사키시를 방문했다. 4박 5일의 일정 동안 부천방문단은 시설 견학 등을 통해 얻은 새로운 정보와 경험뿐 아니라 가와사키시의 철저한 준비과정과 작은 부분 하나도 놓치지 않는 세심한 배려에서 깊은 신뢰와 감동을 받았다. 부천방문단이 강점으로 내세운 민관협력기반의 역동적인 도서관 운영사례와는 또 다른 깊이와 저력을 느끼게 하는 점이었다.

가와사키시의 공공도서관, 학교도서관, 대학도서관, 사립도서관, 도서관친구, 시 교육위원회, 교수, 시민단체, 시민교류회 대표자 등 14명으로 구성된 실행위원회는 그 인적구성과 존재만으로도 놀라움이었다. 이에 더해 그해 1월부터 10개월여간 이루어진 이들의 준비과정은 방문 일정의 다양성뿐 아니라 사전 준비의 치밀함으로 기간 내내 우리를 감동시켰다. 부천방문단이 가는 곳마다 한국 그림책이 특별 전시되어 있었고, 아이들이 그린 한국의 전통그림은 학교도서관으로 가는 복도 벽에도 이미 빼곡히 붙어 있었다. 또한 학교도서관에서는 한국의 그림책으로 독서수업을 하였으며 아이들은 우리에게 "안녕하세요."라고 하며 인사하기를 주저하지 않았다. 뿐만 아니라 시립도서관의 관장님과 계장님, 가와사키시의 도서관친구 분들은 4박 5일의 기간 동안 하루도 빠짐없이 부천방문단과 함께 하며, 매일 아침 방문단 숙소 로비에 먼저 나와 우리를 기다렸다 가와사키시의 이러한 철저성과

치밀함은 단지 준비과정에서 생겨난 것뿐만 아니라 20년간을 도서관에서 어린이들에게 책 읽어 주는 활동만을 꾸준히 해 온 가와사키 도서관의 자원봉사자 분들이나 사재를 털어 사립 어린이도서관을 설립하고, 이분이 세상이 떠난 지금은 설립자의 사모님과 자원봉사자 분들이 뒤를 이어 운영하는 유리가오카 사립어린이도서관의 모습 등에서도 일관된 저력으로 나타났다. 늘 빠르게 변화하는 사회에서 바쁘게 살아가는 우리의 모습과는 사뭇 달랐다.

이러한 차이는 다음 해 부천에서 국제세미나를 기획하는 데 있어서도 확연히 나타났다. 부천지역작은도서관협의회가 차기 세미나의 주제로 제안한 '도서관의 문화예술 서비스 현황 및 전망'에 대해 가와사키시에서는 주제의 시의적절성에 대해서는 공감하지만, 이에 대한 연구의 필요성이 제기되어 교류를 격년제로 시행할 것을 제안해 왔던 것이다. 아직 우리나라에서도 도서관의 문화예술 서비스는 축적된 내용이나 논의가 부족하여 함께 연구해 보자는 의도에서 제안한 것이었지만, 이를 받아들이는 정도나 반응은 달랐던 것이다. 가와사키시에서의 환대에 대한 큰 부담을 안고 있던 우리도 흔쾌히 이 제안을 받아들여 결국 교류는 2009년으로 미루어졌다. 그리고 이미 우리보다 앞서 가와사키시에서는 이를 위한 연구회를 5월초에 발족하고 벌써 준비를 시작했다는 소식이 들린다.

부천시와 가와사키시의 이와 같은 차이와 특성은 이후 양 도시의 도서관 교류에 서로 큰 힘이 될 것이라 확신한다. 부천시 마을의 작은도서관들이 마을과 도시를 넘어 국가 간 교류의 계기를 만들어 낸 이번 사례는 부천시의 추진력과 역동성, 가와사키시의 치밀함과 신중함이 함께 어우러져 일구어 낸 큰 성과이기 때문이다.

다시 한 번 우리에게 감동과 신뢰, 그리고 새로운 희망을 만들어 준 가와사키 분들에게 감사드린다.

오다기리씨의 부천시민상 수상 축하모임

제 18 장

나가노현 마츠모토시의 공민관과 지역복지

데즈카 히데오(手塚英男)

나가노현(長野県)은 일본 본도(本州) 중심부에 위치하고, 북 · 남 · 중앙알프스를 감싸 안고 있는 '일본의 지붕'이라 불리는 산악지대이다. 나가노현의 중앙부인 마츠모토다이라(분지) 중심부에 마츠모토시(松本市)가 있다.

면적은 918km^2, 인구는 23만 명이며, 서쪽으로 3,000미터 정도의 야리가타케(槍が岳), 호다카다케(穂高岳), 노리쿠라다케(乗鞍岳) 등 일본의 알프스라 불리는 산들이 자리하고 있고, 동쪽으로는 2,000미터 정도의 우추쿠시가하라(美ケ原) 고원이 보인다. 이 산들의 숲에서 흘러나오는 계류는 시나노가와(信濃川) 강, 기소가와(木曾川) 강, 덴류가와(天龍川) 강 등 큰 강들의 원류이다.

마츠모토시 중심부에는 400여 년의 눈보라를 이겨 낸 국보 마츠모토성(松本城)이 우뚝 서 있다. 마츠모토시는 자연과 역사가 다채로운 '알프스와 성곽의 마을'이며, 농 · 산촌으로 둘러싸인 상공업 · 관광의 마을이다. 또 '악도(岳都)' '학도(學都)' '낙도(樂都)'라고도 불리는 교육과 음악활동이 활발한 마을이다. 다음에서 소개하는 것은 이 마을의 시민들이 1960년에 걸쳐 만들어 낸 공민관의 이야기이다.

1 제2차 세계대전 이후 나가노현 각지에 공민관의 탄생

1945년 8월 15일, 패전하던 날부터 국민들의 새로운 발걸음이 시작되었다. 전쟁으로 인해 배울 기회를 빼앗긴 청년과 여성들은 평화, 식량과 함께 자유와 문화(학습)를 원하고 있었다. 제2차 세계대전 이후 나가노현의 청년과 여성들은 일찍부터 청년단과 부인회를 결성하고, 학습 · 문화 · 스포츠 활동, 마을의 민주화, 전쟁으로 황폐해진 지역사회의 부흥(새로운 마을 만들기)을 추진하였다. '먼저 주민의 학습이 있어야'—먼저 주민들이 스스로 학습과 지역 만들기를 추진하기 시작한 토대가 있었기 때문에 1946년 7월 문부성에서 제시한 '공민관의 설치 · 운영에 대하여'라는 방침을 나가노현 각지의 청년과 여성들이 적극적으로 받아들이게 된 것이다.

1946년 9월, 나가노현 기소다니(木曾谷) 깊은 산속의 산촌에 일본 제1호 공민관인 츠마고(妻籠) 공민관이 개관했고, 다음 해인 1947년 4월에 마츠모토시와 인근 마을들에도 공민관이 탄생하였다. 때를 같이하여 국제평화와 복지를 갈망하고 국민주권 · 기본적 인권 · 지방자치를 기조로 한 일본국 헌법이 제정되었다. 공민관은 오늘날까지 민주헌법과 함께 걸어온 것이다.

공민관은 주민에게 있어 '교류 · 학습의 시설' '민주주의의 학교' '지방자치를 구축하는 장'임과 동시에 헌법의 이상(理想)을 배우고, 헌법을 지역사회에서 실현해 나가는 활동의 장이기도 하였다. 청년단과 부인회가 중심이 되어 마을의 봉건제 타파, 여성의 지위향상, 생활개선, 건강향상, 식량증산, 지역진흥 등을 목표로 하는 공동학습과 문화 · 스포츠 활동이 적극적으로 추진되었다. 공민관 활동은 지역을 진흥하는 '공민관 운동'이라 불렸다.

이렇게 주민의 자주적인 학습을 지원하는 시설로 시작한 나가노현과 마츠모토시의 공민관은 '7개 원칙'을 가지고 있다.

① 공민관은 생활권과 가까운 정(町) · 촌(村) · 지구(地區)에 설치된다(인근 지역중심주의).
② 공민관 활동은 학습 · 문화 · 관보(공민관의 소식지) 등 전문부(전문분야별 분과활동)에 모인 주민들이 지탱한다(주민 주체).
③ 공민관 학습의 핵심은 보다 좋은 지역사회를 구축하기 위한 학습이다(지역과제학습).
④ 주민은 공민관에서 배운 것을 지역진흥에 활용한다(지역진흥운동).
⑤ 가장 가까운 지역의 마을회(町会, 마을자치회) · 자치회에 의해 인근에 분관과 자치공민관이 설치된다(분관활동).
⑥ 공민관에는 의지와 역량이 있는 공민관주사(公民館主事)를 설치한다(공민관주사 배치).
⑦ 공민관은 시 · 정 · 촌(市 · 町 · 村, 기초자치단체) 자치를 바탕으로 운영되며, 학습의 자유를 보장한다(자치와 자유).

'7개 원칙'을 소중히 지켜 왔기 때문에 나가노현과 마츠모토시의 공민관은 어린이부터 고령자까지 누구나 모여서 이야기를 나누고 함께 배우며 지역진흥을 추진하는 '평생학습시설' '민주주의의 학교', '지방자치를 구축하는 장'이 될 수 있었다.

2 마츠모토시 공민관의 발전 –7개 원칙을 지키면서

그 후 마츠모토시의 공민관은 시대의 거친 파도에 부딪혀 수많은 어려움과 과제에 직면하게 되었다.

첫 번째 파도는 1955년을 전후하여 지방재정위기 속에서 전개된 '쇼와(昭和)의 정촌(町村) 합병'이었다. 그때 마츠모토시와 인근 14개 촌이 합병되었고, 인구 18만 명의 새로운 마츠모토시가 탄생하였다(그 후 1개 촌을 추가 합병). 촌에 있던 공민관은 자주성과 독립제(独立制)를 빼앗기고, 한때 마츠모토시 중앙공민관의 분관이 되었다. '인근 지역중심주의'가 흔들린 것이다. 그러나 독립제를 요구하는 지역주민들의 강한 요망에 의해 촌에 있던 공민관은 각각 독립된 본관(지구공민관)으로서 존속하게 되었다.

두 번째 파도는 1960년경에 시작된 지역개발이었다. 농업에서 공업으로 토지 · 물 · 노동력을 전환시키고자 하는 지역개발은 농업과 농촌을 크게 변화시켰다. 많은 농민들은 (장년층인 성인 · 청년 · 주부까지) 노동자가 되어 도시에 있는 공장으로 출근하게 되었다. 지역공동체는 붕괴되고 공민관을 지원해 온 청년단과 부인회가 성립할 수 없게 된 것이다. 그와 동시에 지역에서는 공업화 · 도시화로 인한 공해, 교육환경의 변화, 복지, 과소화 등의 문제가 많이 발생하기 시작하여 주민운동이 일어났다. 지역공동체의 쇠퇴와 새로운 지역과제, 주민운동이 제기하는 학습과제에 대한 공민관의 대응이 요구되었다. 나가노현에는 이와 같은 지역과제를 떠나 취미를 즐기고 교양을 높이며 생활에 필요한 기술을 습득할 기회를 제공하는 문화센터로 전환된 공민관도 있었다. '주민주체'와 '지역과제학습', '지역진흥운동'의 원칙이 잊혀져 갔다.

세 번째 파도는 1970년대의 '행정개혁'이다. 마츠모토시 당국은 공민관 등 일선기관들을 정리 · 축소할 목적으로 15개 공민관(중앙공민관과 14개 지구공민관)을 8개의 커뮤니티센터로 통합하는 기본 계획을 발표하였다. 다시 '인근 지역중심주의'가 위기에 몰린 것이다. 이 계획이 발표되자 지역주민들과 공민관 관장 · 주사들이 반대 입장을 표명하며 '광역적인 커뮤니티센터냐, 인근 지구공민관이냐'라는 대논쟁이 벌어졌다. 10년간의 논쟁 끝에 '인근 지구공민관을 정비 · 증설'한다는 계획이 책정되었고, 그 후 22개 공민관이 정비되었다(2008년 현재는 지자체합병 등으로 인해 34개). 그와 동시에 인근 지구공민관에 공민관주사가 배치되고, 활동의 의의가 재인식되며 공민관주사를 전임(專任) · 전문직으로 하는 제도가 마련되었다. 공민관주사들은 자치적인 주사회(主事会)를 조직하여 자체적으로 연수와 활동을 추진하였다. '공민관주사 배치'원칙을 지킨 것이다.

3 마을공민관에도 거친 파도가

네 번째 파도는 주민들에게 가장 가까운 공동체인 정회(町会, 이하 '마을회')와 마을공민관의 몰락이다. 당시 마츠모토시에는 약 400개의 마을회가 있었다. 마을회는 주민들에게 가장 기본적인 공동체이며, 아이들의 놀이나 어른들의 교류, 복지와 수발(요양)과 쓰레기처리, 지역행사도 마을회라는 공동체 속에서 실시되었다. 어린이회에서 PTA(학부모회), 노인클럽(노인회) 등의 지역조직도 마을회를 단위로 조직되었다. 대부분의 마을회는 옛날부터 주민들이 생활을 서로 도우며 주민자치의 기반이 된 지역공동체가 결집된 것이다. 그 밖에 신설된 주택단지 등도 마을회를 조직하고 있다.

마츠모토시에는 모든 마을에 마을회(자치회) 조직과 마을공민관이라는 조직이 있다. 자치기능을 마을회가 담당하고, 친목 · 교류 · 학습 · 문화 · 스포츠 활동 등을 마을공민관이 담당해 왔다. 마을공민관은 시청의 지구(地區)공민관(공립)의 하부조직이 아닌 마을주민들에 의해 자주적으로 설치되어 자치적으로 운영되는 자치공민관이다. 마을공민관은 ① 아이들에서 고령자까지 주민들의 편안한 쉼터, ② 단체와 그룹들의 활동 공간, ③ 취미 · 실기에서 주민들의 생활과제까지 논의하고 실천하는 학습공간의 기능을 발휘하며 활동해 왔다. 주민들 중에서 선출된 관장 · 주사, 분야별 활동을 담당하는 학습 · 문화 · 체육 등의 전문부 위원들이 주민들의 활동을 지원해 왔다.

지역개발과 고도경제성장의 그늘 아래 그 기반을 이루는 지역(인근 마을)은 크게 변모하였다. 지역은 사람들이 협동(協同)하며 생활하던 장에서 베드타운으로 변해 버렸다. 원래 지역이 가지고 있던 자치와 협동의 기능(낡은 면도 있지만 주민들의 생활을 지원해 온 지역공동체의 기능)은 쇠퇴하였다. 지역의 교육력(教育力)과 복지력(福祉力)은 저하되었다. 마을회라는 조직 안에서 자치활동은 약화되고 행정기관의 하청기관으로서의 기능이 커졌다. 마을회의 결합이 붕괴되면서 마을공민관의 기능도 정체되어 버렸다. 사람들이 모이지 않게 되었으며, 임원을 맡을 사람들이 없어졌다.

그러나 인근 마을과 마을회에서는 복지 · 수발(요양), 자녀양육, 쓰레기 · 환경 등의 문제가 많이 생겨나기 시작하였다. 어느 문제도 주민의 참여와 행동이 없이는 해결할 수 없는 문제들이었다. 해결하기 위해서는 주민들의 학습과 논의를 통해 마을회를 새로운 자치와 협동의 장으로 만들어 가야 할 필요가 있다. 그로 인해 다시 공민관의 7개 원칙인 마을공민관의 존재와 활동이 주목받게 되었다. 1970년대 후반부터 마츠모토시의 공민관에서는 마을공민관의 방향에 대한 논의가 진행되었으며, 시설을 정비하는 등 다양한 지원책이 실시되었다. 『활동 길잡이』가 발간되고 활용되었다. 마을공민관의 관장 등이 결집하고 연구집회 등도 개최되기 시작하였다.

뒤에서 언급하겠지만 이러한 지원과 집회를 통해 지금 마츠모토시의 마을공민관은 다시 태어나고 활기찬 공간이 되어 가고 있다. 마을공민관이라는 시설을 마을회의 복지 구축의 공간으로 활용할 수 있는지에 대한 논의도 시작하였다. 그리고 마을 안의 고령자들이 차를 마시는 모임이나 오찬회를 개최하기도 하고, 건강을 유지하고 병을 예방하는 기회를 제공하기도 하며, 고령자를 수발(요양)하는 사람들과 자원봉사자들이 교류하는 공간으로서 마을공민관은 새로운 가능성이 발견되고 있다.

4 | 7개 원칙에 입각하며 –마츠모토시 공민관의 도달점

이상과 같이 마츠모토시의 공민관은 7개 원칙을 중시하며, 각 시대의 거친 파도 속에서 마츠모토시의 특색 있는 공민관을 꾸준히 만들어 왔다. 50년의 역사를 가진 마츠모토시 공민관의 도달점을 살펴보고자 한다.

- 인근 지구(地區: 옛 마을, 소학교구)와 마을회가 살아 있다.
- 지구에는 공민관을 비롯하여 시청의 지소 · 출장소 · 복지광장(후술) · 아동관 · 체육

관 · 도서관분관 등의 학습 · 복지 · 행정에 관한 공공기관이 배치되어 있으며, 공민관 주사 등 지구에 상주하는 지자체의 직원이 존재한다.

- 공민관은 단체 · 그룹들에게 무료로 개방된다(이용). 공민관에서는 취미 · 실기부터 지역학 · 지역적 과제까지 폭넓게 배울 수 있다(학습). 공민관에서 주민과 단체 · 그룹들은 협동적으로 사업을 추진한다(협동).
- 공민관에서 활동하고 학습하는 주인공은 주민들 자신이다.
- 공민관에는 시청의 정규직 직원인 공민관주사가 상주하며 주민들과 함께 활동한다. 자치적 · 자주적인 주사회에서 단결하여 연수와 활동을 실시한다.
- 마을회마다 주민들이 자치적 · 자주적으로 관리 · 운영하는 마을공민관을 설치하여 주민들의 친목 · 교류 · 학습 · 문화 · 스포츠 활동과 복지 등 지역의 문제를 해결한다.
- 사회교육행정기관은 이러한 활동들에 대해 '부당한 지배'를 하지 않겠다는 입장에서 적절한 조건을 정비한다.

그림 18-1 마츠모토시의 공민관문화제 – 합창발표회

5 시민들이 스스로 만든 평생학습 구상

시 · 정 · 촌(기초자치단체)의 사회교육은 일본국 헌법으로 보장된 국민의 교육권과 지방자치를 기반으로 성립되어 있다. 정부(문부과학성)는 지방 차원의 사회교육을 추진함에 있어 상부기관으로서 지시하지 않으며 지방교육은 지방자치를 기반으로 추진된다.

자치단체장으로부터 독립된 교육위원회가 시 · 정 · 촌(기초자치단체) 교육행정을 자율적으로 담당하고 공민관 및 도서관, 박물관 등의 사회교육시설을 정비한다. 주민들은 공민관 및 도서관, 박물관을 활용하며 스스로 평생학습활동을 한다.

시 · 정 · 촌(기초자치단체)은 마을 만들기, 환경, 건강, 복지, 교육 등 다양한 계획을 책정하고 있다. 마츠모토시에도 수십 가지에 이르는 구상과 계획이 있다. 마츠모토시 평생학습 구상도 그중에 있다.

평생학습의 주인공은 주민들이다. 그래서 이 구상은 시청이 계획하고 주민들에게 지시하고 추진할 것을 요구하는 것이 아니다. 주민들이 스스로 계획하고 필요한 조건을 정비하도록 시청에게 재촉하여야만 진정한 평생학습 구상이다.

1991년 마츠모토시의 시민들은 스스로 추진하고 있는 주민운동과 학습활동의 보고서 147편을 정리한 '마츠모토의 배움, 풀뿌리 워킹'이라는 보고서를 만들었다. 이것이야말로 풀뿌리 주민들의 평생학습이 나타난 것이다.

그러한 학습을 더욱 확산시키고 심화시키기 위해 마츠모토시의 평생학습 구상을 세워야 했다. 그러한 희망을 실현시키기 위해 시청이 구상 책정사업을 시작하였다. '마츠모토의 배움, 풀뿌리 워킹'에서 보고서를 쓴 시민들을 중심으로 구상책정 시민간담회가 설립됐다. 시청 내부의 담당업무를 넘어서 공민관주사 등 공무원도 논의에 참여하였다. 인권 · 평화, 아동 · 고령자, 환경 · 생활, 복지 · 자원봉사, 지역 만들기 · 지역문화 등 5개 분과회에서 열심히 토론하였다. 시민들끼리 논의하는 모임도 개최하였다.

1993년 3월 '주민이 주인공, 시청은 보조'를 이념으로, 주민의 학습권을 기초로 한 평생학습 기본 구상 '즈쿠다세(마츠모토시의 사투리로 '끈질기게 추진하자.'라는 뜻임) 배움의 숲 만들기'가 책정되었다.

국민의 교육권(학습권)과 지방자치(교육의 자율성, 주민참여)의 이념을 충분히 활용해서 책정된 구상은 그 후 마츠모토시의 공민관 활동을 추진하는 데 큰 기반이 되었다.

6 마츠모토시의 공민관과 복지의 만남

마츠모토 시민들 사이에서는 '지구' '마을회'라는 말이 자주 나온다. 즉, 지구자치 · 마을회자치, 지구공민관 · 마을공민관, 지구복지 · 마을회복지 등의 말들이다. 또 '복지와 평생학습은 인근 지구자치로'라는 말도 있다. 왜 마츠모토시의 공민관에서는 평생학습과 복지인가? 그 도달점에 있는 지역복지를 위한 학습과 활동을 소개하고자 한다.

1980년대에 들어 일본 사회는 급격한 고령화시대에 돌입하였다. 나가노현은 전국에서도 10년이 앞설 만큼 고령화되었다. 고령자들이 긴 노후를 어떻게 살아갈지, 노인복지를 어떻게 구축할지, 복지와 수발(요양) 문제가 지역에서 큰 과제가 되며 공민관의 학습과제가 되었다. 공민관은 지역복지문제에 대처해야만 하였다. 공민관 직원으로서 필자도 복지문제를 학습하고 지역복지를 만드는 활동을 추진하기 시작하였다.

- 고령자 노인백서 작성. '65세부터 활력이 있는 인간 선언－우리의 노인백서' 1988년.
- 고령자들이 전해 주는 츠즈리카타(생활기록) 문집 작성. '신슈(信州, 나가노현의 옛 지명) 노인통신' 1990년~2007년.
- 노인문제와 북유럽의 복지, 나가노현 내의 실천을 배우고 시청에 제언. '숙년(熟年) 학원' 1990년.
- 공민관도 복지 공간이 될 수 있다. '독거노인 건강 살롱' 1992년.
- 장애인이 운영하고 일하는 커피숍. 윤타아쿠(남부공민관 내), 파노라마(중앙도서관 내).

마츠모토시내 각 지역에서 공민관이 적극적으로 지원한 지구와 마을회의 복지활동이 시작되었다. 거리가 먼 보건센터를 찾지 않고 가까운 지구공민관에서 약 50명의 몸이 불편한 고령자들이 참여하여 재활활동을 하는 '간바야시(神林, 지명) 건강교실'(보건사, 공민관주사, 작업치료사, 자원봉사자 등이 협력), 공민관에서 학습활동과 소비자운동을 추진해 온 고령 여성들이 마을회에서 시작한 '요코타(横田, 지명) 노후 서로 돕기 모임'(서로 생활을 지원하는 유상(有償) 자원봉사활동), 공민관의 자원봉사 프로그램에서 배우고 자원봉사활동을 추진해 온 마을회 여성들에 의한 '아리가사키니시(蟻ケ崎西, 지명)마을회 복지마을 만들기', 복지문제를 배운 여성들이 마을공민관에서 시작한 '순무 모임'(고령자들이 모여 교류하는 모임), 자택을 개방하고 인근 독거 고령 여성들이 모여 하루를 지내는 '안도(安藤, 집주인의 성) 하우스' 등등이다.

모든 사례가 그 당시까지 복지행정에서 담당하지 못했던, 지역(지구, 마을회, 인근)을 중심으로, 주민들(공민관에서 배워 온 주민들)이 주체가 되어, 공민관(거대한 복지시설이 아닌)의 시설을 활용한 공조(共助)활동이었다. 그러한 활동을 마츠모토시 전역으로 확산시켜 정착시키는 일, 시청이 적절하게 지원하는 일, 그러기 위해서 주민들과 함께 마츠모토시청 복지담당 조직에게 요청하고, 마츠모토시다운 복지마을을 만드는 일이 다음 단계의 과제가 되었다.

그때 바로 1992년 3월에 당선된 새로운 시장이 '지구 복지 거점'을 설립할 방침을 세웠다. 그 방침을 구체화시키기 위해 1994년에 시청 내부에 '지구 복지 거점사업 추진연구회'라는 프로젝트팀이 설치되었다. 복지행정의 범위를 넘어 마츠모토시의 복지에 대해 의욕이 있는 공무원들을 위원으로 신청받았다. 27명이 지원했는데, 절반은 공민관 등 사회교육 관계 공무원들이었다.

마츠모토시다운 복지행정을 논의한 후 연구회는 시장에게 두 가지 내용을 제언하였다.

① 마츠모토시를 6개 복지지역으로 구분하고, 각 지역에 데이서비스센터(주간보호센터), 보건복지센터, 수발(요양)지원센터를 설치하며, 전문적인 직원을 배치하여 공조(公助)의 최전선에서 활동한다.
② 29개 지구에 '복지광장'을 설치하여 지구공민관과 협력하면서 교류 및 상담, 건강증진(수발(요양) 예방), 지역복지증진, 자원봉사 지원, 활동가 육성 등의 활동을 추진하는 공조(共助)의 공간으로 만든다.

제언 ①은 채택되지 않았지만 ②는 채택되어 복지광장을 차례로 건설할 것이 결정되었다. 복지광장은 지구공민관과 하나가 되어 지구 차원의 복지증진을 추진한다. 그래서 29개 복지광장에 맞춰서 지구공민관도 그 당시의 22개관에서 29개관으로 증설할 것이 결정되었다. 신설된 지구공민관에는 복지광장이 병설되었고, 이미 설치된 지구공민관에는 인접해서 복지광장을 건설하였다. 1995년 4월, 복지광장 건설이 끝난 지구부터 사업을 시작하였다.

각 복지광장에는 코디네이터가 배치되어 공민관주사와 서로 협력하면서 지구 차원의 복지 증진을 추진하였다. 또 지구마다 설치된 지구사회복지협의회 등 복지증진과 자원봉사활동에 참여하는 주민들에 의해 '지구복지광장사업 추진협의회'가 조직되고 다양한 사업을 추진하였다. 각 지구에 있는 마을공민관을 찾아가 마을 차원의 복지활동을 지원하는 '찾아가는 사업'도 실시하고 있다.

① 인근 지역주의, ② 주민들의 참여와 협동(協働)에 의한 공조(共助) 지구복지증진, ③ 복지광장과 지구공민관이 연계하고 주민활동 지원, ④ 시청 복지행정에 의한 조건 정비 등 이것이야말로 오래된 공민관 활동의 역사가 키워 온 '복지와 평생학습은 인근 지구에서 자치적으로 추진한다.'는 이념에 맞는 마츠모토시 특유의 지구복지 모습일 것이다.

7 주민이 주인공이 된 지구복지계획 책정

최근 일본에서는 각 시 · 정 · 촌(기초자치단체)이 정부 차원의 계획을 바탕으로 건강, 자녀양육, 장애인, 고령자, 수발(요양)보험 등의 분야에서 계획을 수립해야 한다. 그리고 이러한 계획들을 서로 연계하고 종합적으로 추진하기 위해, 2000년에 개정된 사회복지법 제107조에 따라 각 시 · 정 · 촌(기초자치단체)이 지역복지계획이라는 행정계획을 수립할 것을 의무화하였다.

대부분의 행정계획은 시민들을 위촉하여 계획책정심의회 등에서 논의를 하기는 하지만 시청이 주도해서 책정하고 주민들에게 제시하고 지역으로 내려보내는 식이었다. 건강, 자녀양육, 복지, 수발(요양)의 권리의 주체와 실행의 주인공은 주민들이기 때문에 본말이 전도된 것이다. 그러한 반성을 전제로 마츠모토시에서는 지역복지계획을 책정하기 전에 먼저 주민들이 사는 지구의 지구복지계획을 만들기로 하였다. 공민관의 학습활동과 복지광장의 활동이라는 기반이 있었기 때문에 주민들은 지구복지계획을 만드는 역량을 축적하고 있었다. 복지광장사업추진협의회 등이 중심이 되고, 공민관 주사와 복지광장 코디네이터도 참여하면서 복지활동의 실태와 요구를 조사하고 논의하였다. 추진하려는 열정은 지구에 따라 온도차가 있었지만 각 지구마다 특색이 있는 다양한 방법을 활용하고 계획을 만들었다. 그 과정과 병행하여 주민들이 안심하고 안전하게 생활하기 위한 지구방재(防災)계획 책정에 관한 논의도 진행하였다. 약 2년간의 논의를 거쳐 대부분의 지구에서 지구복지계획과 지구방재계획이 완성되었다.

그림 18-2 마츠모토시(松本市)의 복합시설 난난광장(なんなんひろば)

주민들이 스스로 책정한 지구계획은 시 차원 계획의 기반이 되었다. 각 지구에서 만든 지구복지계획을 실현하기 위한 주민활동을 어떻게 지원할 것인가라는 시각에서 시 차원의 지역복지계획이 책정된 것이다. 인근지구에서 주민들이 축적한 공민관활동과 복지사회를 만들어 가는 공조(共助)활동들이 있었기 때문에 주민들 속에서 그러한 구상력이 생긴 것이다. 복지계획을 책정하지 못한 지구도 있었는데, 그 지구에서는 공민관이 주민들의 활동을 지원하는 게 향후 과제가 되고 있다. 그리고 책정한 지구계획이 계획으로 끝나는 게 아니라 실현되기 위해 주민들의 역량을 키우는 것도 향후 과제가 되어 있다.

일본국 헌법은 제25조에서 국민의 생존권을 보장하고 국가와 지자체의 책무를 규정하고 있다. 책무로 실시되는 시청의 다양한 복지제도와 많은 문제를 가지고 2000년 4월에 수발(요양)보험사업이 시작되었다. 그러한 공조(公助)를 잘 이용하면서 지구 차원 복지활동의 공조(共助)를 적극적으로 활용하고, 자립 및 자율적으로 살아가는 마츠모토다운 복지마을을 실현하기 위해 공민관 활동의 일환으로 그런 학습활동을 착실히 축적해 가려는 것이 마츠모토시 마을 만들기의 기초가 되고 있다.

그런데 최근 신자유주의 경제, 구조개혁, 사회격차, 지방재정위기, 행정개혁 등의 흐름 속에서 생존권 보장과 정부의 책무로서의 공조(公助)를 유지하는 것이 위기에 놓여 있다. 이러한 시대야말로 오히려 인근 지역만을 보지 않고 전국적인 복지의 근본적인 문제들을 비판적으로 보는 공민관의 학습활동이 필요하다.

8 공민관이라는 보물

주민들과 가까운 지구공민관과 마을공민관은 마츠모토시의 보물이다. 공민관의 학습활동을 통해 지역사회의 자치력(自治力)이 성장한다. 그렇기 때문에 공민관이 보물인 것이다. 지역사회의 자치력이라는 것은 다음과 같은 다양한 힘이 종합된 것이라고 본다.

- 사람의 힘(지역자치를 추진하는 사람과 동료들)
- 문화의 힘(지역의 특색이 있는 문화)
- 공유(共有)의 힘(지역문제와 지역과제에 대한 생각을 공유한다)
- 실천의 힘(지역문제와 지역과제를 해결하기 위해 실천한다)
- 구상(構想)의 힘(지구계획 등을 책정하기 위한 구상)
- 주민과 직원이 연계하는 힘(지구 주민들과 지구에 상주하고 담당하는 직원들의 연계)
- 행정변혁의 힘(지자체에 대한 참여와 협동)

그러나 겨우 발굴하고 키워 온 보물도 끊임없이 활용하고 닦지 않으면 녹슬고 만다. 공민관 60년의 역사가 만든 보물은 지금 마츠모토 시민들에게 보물이라고 인식되어 있는가, 제대로 활용되고 있는가, 갈고닦고 있는가. 이러한 날카로운 자문자답이 있어야 마츠모토시 공민관의 미래가 있을 것이다.

참고문헌

松本市公民館主事会『마츠모토의 배움, 풀뿌리워킹(松本の学び根っこワーキング)』1991.

松本市生涯学習懇話会『마츠모토시 생애학습계획 만들기를 향하여—즈쿠다세 배움의 숲 만들기(松本市生涯学習計画づくりにむけて一ずくだせZUKUDASEまつもと一学びの森づくり)』1993.

松本市・松本市教育委員会『배움의 숲 만들기를 지향하며—마츠모토시 생애학습 기본 구상(学びの森づくりをめざして一松本市生涯学習基本構想)』1994.

松本市・松本市教育委員会『배움의 숲 만들기를 지향하며—제2차 마츠모토시 생애학습 기본구상(学びの森づくりをめざして一第2次松本市生涯学習基本構想)』2005. (http://www.city.matsumoto.nagano.jp/tiiki/syogaigakusyu/shogaikoso/ index.html)

제 19 장

오사카부 가이즈카시의 사회교육 직원과 시민네트워크

—사회교육실천과 주민의 자기교육활동, 직원과의 협동, 그 발전과정—

마츠오카 신야(松岡伸也)

원래 우리는 지역사회와 지연으로 강하게 결합되어 있는 생활의 기반 속에서 각 계절의 행사를 즐기고, 공동사업을 통해 사람과 사람이 결합하고, 인근 주민들과의 친목과 협조정신을 키워 왔다. 아이를 키우고 고령자가 될 때까지 지속되는 인간관계와 환경을 지키고자 하는 공동체의식(좋은 면과 나쁜 면을 포함)을 가지고 있었다. 그러나 최근 들어 급격한 도시화, 핵가족화, 고령화가 진행됨에 따라 생활과 환경이 크게 달라지면서 인간관계가 소원해지고, 연대감이 빈약하며 독선적인 사람이 눈에 띄는 지역사회가 형성되어 왔다. 이러한 상황은 아직도 목가적인 풍경이 남아 있는 가이즈카시(貝塚市)에서도 마찬가지다. 가이즈카시는 인구 약 9만 6천 명, 오사카부(大阪府) 남부의 공업도시를 지향해 왔다. 산과 바다가 인접해 있으며, 동서 14km, 남북은 가장 좁은 지역이 4km인 가늘고 긴 지형이다.

상실된 마음과 지역사회를 연결시키는 것이 바로 사회교육이다. 사회교육은 개개인의 풍요로운 삶과 바람직한 자기실현을 추구하고, 바람직한 지역사회 형성을 지향하는 사회참가활동, 그리고 같은 목적을 가진 그룹들이 만나 연대하면서 지역사회 형성을 지향하고 확산시키는 네트워크 활동을 추구해 왔다. 야마테 · 추오 · 하마테 3개의 공민관과 각각의 평생학습활동이 그 과제해결을 위한 활동을 해 오고 있다.

이들의 학습과 실천은 주민의 주체성을 중심으로 생활 속에서 느낀 불안감이나 의문, 불만 등을 서로 나누고, 요구와 과제를 도출해 내는 공동학습과 실천을 중요시해 왔다. 그런 개인적인 요구에서 출발하여 지역사회의 과제를 인식할 수 있도록 이끌어 주는 학습, 그 과정을 함께하는 사회교육직원의 역할을 중요시하여 1985년에 전문직제도를 도입하고 요강(要綱)을 제정 · 추진해 온 것이다. 전문직제도를 활용한 공민관의 문화활동과 학습활동, 그 배움과 실천은 개관 초기부터 네트워킹을 의식하는 활동으로 지역사회에 정착되어 왔다.

이 장에서는 그런 실천을 소개하고 현황과 과제를 살펴보고자 한다.

1 공민관 개관 초기의 직원들의 의식

1953년에 개관한 공민관은 공회당(당초 건설된 취지는 공회당이었다)에 병설되었기 때문에 대형 문화사업, 유명 예술인을 초청한 무대 감상활동을 중심으로 전개되었다. 한편 주민의식과 관련해서는 제2차 세계대전 이후 국토부흥과 생활문화 향상, 교양향상에 대한 관심이 많았고, 공민관에 대한 기대도 높았다. 직원들도 그런 야외 공민관 시대부터 계속된 열정 속에서 사업을 시작하였다.

공민관이 주최하는 사업은 취미, 생활실기강좌부터 일반교양인 시민강좌, 청년교실, 성인강좌 등의 학급을 개최하였고 모든 강좌가 정원을 초과하는 상태로 시작되었다. 강좌가 끝나면 계속해서 배울 것을 장려하여 그룹으로 조직화하고, 그 그룹들을 결합시킨 조직을 결성하는 것을 제안했다. 이를 기본적인 것으로 이해하고 주민들은 참가하였다. 예를 들면, 꽃꽂이, 다도, 펜글씨 등 문화활동 그룹을 중심으로 그룹들이 서로를 격려하며 유대를 강화시키는 활동으로 '클럽(그룹) 구성원 간의 상호 친목을 도모하고 각 클럽의 사업 및 기타사항에 대해 연락 · 조정하면서 협력할 것'을 목적으로 하는 협의회를 1956년에 결성하였으며, 지역사회에 활동을 발신하는 존재를 지향해 왔다.

따라서 직원들은 '학습에 임할 때, 보다 많은 사람들의 생각을 모아 그 요구를 그룹 · 조직화하고 더욱더 확산'하는 것을 당연시해 왔다. '모여서' '이야기를 나누고' '배우고' 그리고 '연결하고' 더욱더 '확산하고 전달'하는 것을 슬로건처럼 삼아 그런 임무를 다해 왔던 것이다.

배움이 사람을 만들고 연결시키고 확산시킨다. 이 시기는 한 사람의 풍요로움이 지역사회와 나라 전체로 전해지는, 제2차 세계대전 이후에 탄생한 공민관 구상의 이념과 마음이 소박하게 살아 있고 직원들에게 반영되었던 시대였다.

2 거듭나는 공민관

사회교육은 자신의 과제를 다른 사람들과 공유해 나가는 힘을 키우고 유도하는 행위이며 그 배움의 시스템이기도 한 공동학습이 얼마나 다양하고 풍요로운 것인지가 관건이 된다. 거기서 창조되는 사회교육실천이 주민의 자기교육활동과 사회교육노동의 통일이라면 배우는 주체인 주민들의 자주성과 창조성이 반영되어야 한다. 그러나 초기에는 공민관이 주도하는 활동이 주를 이루었으며, 주민들은 수동적으로 배우는 경향이 있었다.

그러한 상황을 인권을 중요시하는 주민 주체 사회교육으로 바꿀 것을 재촉한 것은 1969년에 제정된 '동화대책사업특별조치법'이었다. 부락해방운동(제13장 참조) 추진과 지자체 개혁이 병행되면서 급격히 진행되었으며 공민관 활동도 예외는 아니었다.

직원들의 인권의식을 되돌아보는 연수(교육)가 연이어 실시됨으로써 사업 전체가 인권문제에 대한 시각을 가진 사업으로 바뀌었다. 그 일부를 소개해 보자면 '인간강좌'의 경우는 '교통사고－공해－전쟁－부락문제'라는 내용으로 구성하였고 '사진강좌'를 개최할 경우는 '카메라 기술－피사체와 카메라의 눈－도몬 켄(土門 拳)[1]의 작품『치쿠호(筑穗)의 아이들』－부락문제를 말한다.'라는 내용으로 구성하는 식이다.

자신이 가지고 있는 차별의식, 당연한 것처럼 존재하는 차별을 구조적으로 바라보며, 인권문제 전체를 프로그램화시킨 사업이다. 미숙하고 안이한 프로그램화의 경향이 있지만 계획을 위한 자료조사, 직원 간의 논의와 학습, 사업화라는 과정이 ① 직원들이 인권문제를 학습하는 기회이며, ② 그런 실천(實施)과 평가(総括)가 검증의 기회가 되고, ③ 그 평가가 직원의 자각과 격려가 되어 새로운 과제로 나아가는 의욕이 되었다. 또한 ④ 직원 간의 직급 차이를 초월한 회의를 만들고 직장 자체를 재검토하기에까지 이르렀다. 평소 관내 청소와 수선, 연락원 등의 역할을 맡은 직원도 배움의 조건을 함께 정비하는 존재라고 생각을 바꾸게 되었다. 그리고 ⑤ 주민이 주체가 되는 공민관 활동을 만드는 방향으로 이어졌다.

이것은 1953년부터 1975년까지 계속된 공민관 활동에 대한 평가를 토대로 한 반성과 창조 활동이었다. 그 평가란 '제2차 세계대전 이후의 민주주의에 대한 소박한 주민들의 염원과 관민이 하나가 된 선의의 사회교육, 보수적이며 직원이 주도하는 공민관 실천'이라는 평가였다. 연구자들은 이것을 여유 있는 자들의 교양 중심적인 실천이라고 야유했다.

매일 제기되는 차별문제, 인권단체에서 받는 규탄, 차별에 따른 과제를 해결해 나가는 학습에 대한 검토와 창조, 그런 검토와 창조를 계속하기 위한 직원집단 조직화가 급속히 진행됐다. 1965년에 발표된 동화대책심의회 답신에서 국민적 과제라고 명기한 부락문제를 사회적 과제로서 인식하여 개혁을 제기하고, 그런 요구가 공민관과 직원의 의식을 바꿨다. 그런 비판에 대한 실천의 하나로서 네트워크사업이 새로운 전개를 시작한 것이다.

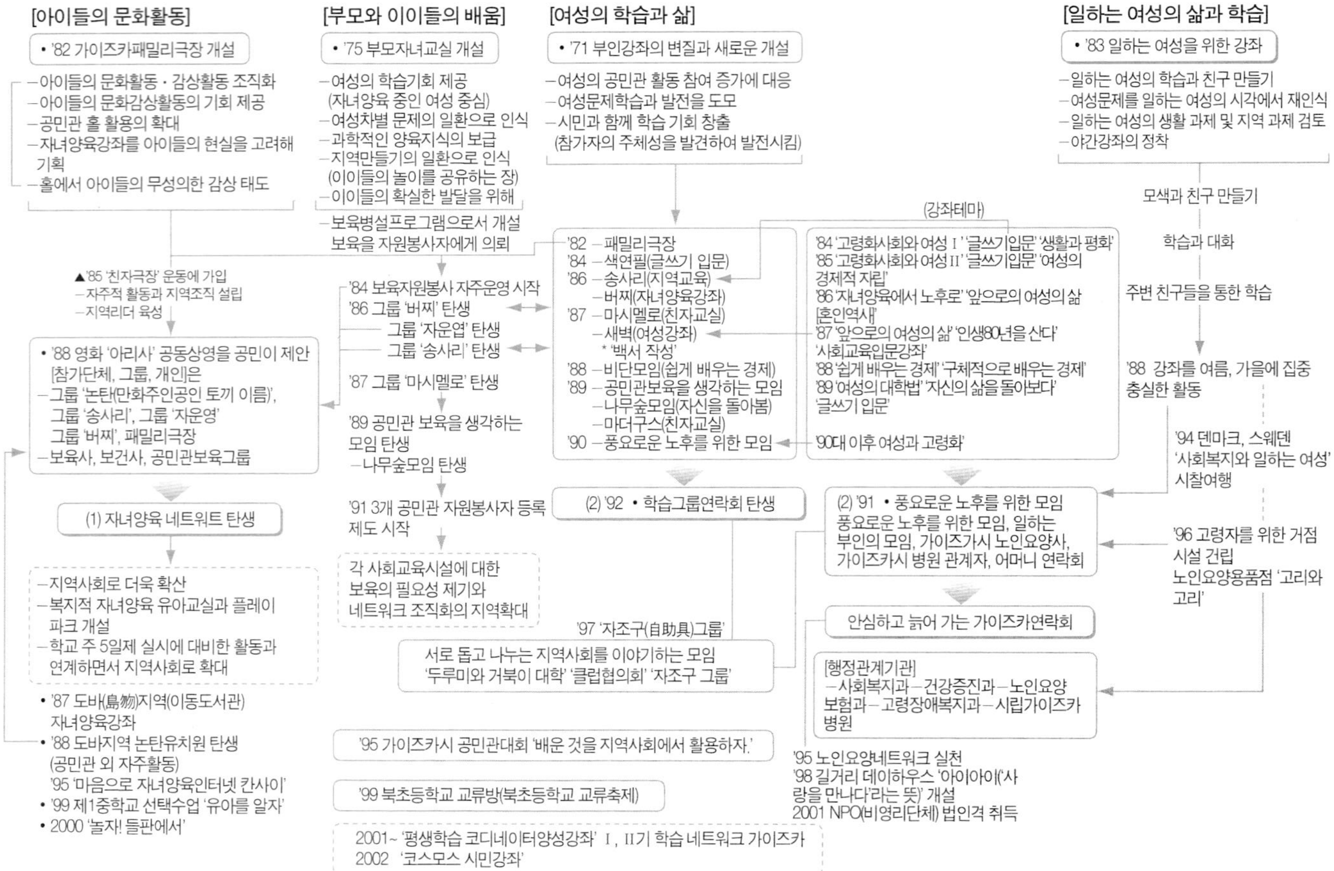

그림 19-1 가이즈카시 네트워크 구조도

3 과제를 극복하는 '친자문화네트워크'의 시작

그 새로운 네트워크사업은 1982년에 탄생한 주민이 주체가 되는 문화활동 네트워크 '공민관 패밀리극장'을 만드는 사업에서 시작되었다.

1950년대에 시작한 일본의 고도경제성장은 소비를 장려하고, 일회용시대를 만들었으며, TV영상이 흘러나오는 환경은 사람들의 문화와 생활양식을 바꿨다. 특히 아이들에게 큰 영향을 미쳤다. 15분 간격으로 방영되는 광고는 시청자들의 생각과 감정, 의식을 방해하고, 특히 아이들의 관심을 분산시키며 불안정한 상황을 만드는 등 TV가 생활태도에 큰 영향을 미쳤다.

영화상영회를 개최하면 실제로 그런 영향이 두드러지게 나타났다. 15분이나 20분이 지나면 여기저기 잡담을 하거나 주위가 산만한 아이들이 늘어나서 분위기가 전체적으로 소란스러워지는 상황이 영화가 끝날 때까지 이어진다. 아이들이 나간 후에는 쓰레기가 산더미처럼 남아 있었다. 영화상영회의 폐막인사에서 직원이 "이런 무질서한 영화상영회는 곤란하다."고 말하였더니 한 어머니가 다가와서 "무슨 소리예요! 고생해서 아이들을 데려왔는데!"라며 반발하였다. 자녀양육에 대한 의식이 소비문화시대에 매몰되어 가는 것이 안타까웠다. 아이들의 문화요구와 감성을 키우는 기회와 장소가 도대체 어디로 가는 것인지 하는 그런 불안감이 '공민관 패밀리극장'을 탄생시킨 것이었다.

그림 19-2 가이즈카시 패밀리 극장의 활동장면

공민관이 친자(親子)회원(연간회비 1,000엔. 그리고 행정예산과 청년회의소의 일부부담으로 연간 3회 내지 5회의 상영회를 개최함)을 모집하고 프로그램은 회원 중에서 추천된 간부회원과 직원이 결정하고 실시하는 방식이었다. 상영회는 대성황이었다. 그러나 1년이 지난 후부터 '회원으로서의 의무와 책임이 없는 상영회', 즉 저렴한 회비로 손쉽게 보여 주는 상영회는 가고 싶을 때만 참가하는 무책임한 모임이 되어 버려, 당초 생각했던 아동문화의 과제를 해결하는 내용과는 점차 멀어져 가는 모습을 확인할 수 있었다. 그래서 당초 매우 왕성했던 민간의 '친자극장(親子劇場)'(부모와 아이들의 감상활동을 통해 문화적 감성과 살아가는 힘이 풍요로지는 것을 추구하는 전국적인 운동)에 공민관이 간부회원을 파견하여 1985년에 '친자극장(親子劇場)'으로 활동 주체를 옮겨 자율운영활동을 하게 된 것이다.

조직은 회원의 회비와 행정의 보조금으로 운영하고 시내를 6개 구역으로 나누어 회원이 작품 선정에서부터 개최 후 감상평가회 등의 회의 운영, 소식지 발행, 회비 관리 등 기초적인 사무까지 처리하였다. 그런 작업에 참가하면서 극장운동의 의의를 이해하고 진행해 나가는 것이다. 개최 후의 감상평가회는 드라마와 음악을 통해 부모와 아이들의 풍부한 감성을 공유하고, 상상의 세계에서 일상을 바라보는 풍부하고 날카로운 눈을 친구들과 이야기를 나누며 공유하는 귀중한 체험 기회가 되었다. 그리고 다른 도시와의 교류와 운영회의, 학습모임이 운영의 활성화에 이바지했다. 공민관이 관여하지 않는 행사는 다양한 창의성과 아이디어로 운영되고 아이들만으로 운영되는 '어린이시장(市場)'에는 무려 2,000여 명이 참가했다. 또 '하고 싶은 일을 하는 모임'이나 '친자합동캠프'는 아이들, 혹은 부모들의 왕성한 창의력이 발휘되었다.

주목할 만한 것은 회원들의 강한 의지로 생겨난 중·고교생, 청년들의 모임이다. 20년에 걸친 실천은 귀여웠던 어린이를 청년으로 만들었고, 그 청년들은 선배로서 아이들과 함께 활동한다. 나이차를 뛰어넘어 활동하는 모습이 매우 흐뭇하다고 모든 부모들이 입을 모은다. 그리고 어른들이나 연령이 다른 친구들과 함께 노는 경험이 자신을 성장시키는 데에 많은 영향을 끼쳤으며, 청소년 자신들도 스스로를 되돌아보는 활동이었다고 말한다. 이것은 공민관에서 활동하면서 스스로 생각하고 창조하는 사업과 성과를 축적한 결과인 것이다.

그러나 오늘날 전국의 극장운동이 쇠퇴되고 계속해서 사라지고 있으며, 가이즈카시에서도 그런 경향은 마찬가지다. 가장 활발했던 1994년에 1,035명이었던 회원 수가 543명으로 절반 정도까지 줄어들었다. 시내에 독립된 사무소를 두고 있으나 지금도 공민관과 공동관계를 유지하고 있다(전국의 '친자극장'운동 중에서 유일한 방식). 나아가 자녀양육네트워크와 연결하는 등 조직을 활성화시키고 서로의 활동을 공유하면서 감상활동의 약화를 극복하려고 노력하고 있다. 단체를 구역으로 나누고 다시 연결하면서 활성화하는 친자문화네트워크에는 아이들의 생활과 문화에 관한 문제를 중심으로 한 다양한 공동학습과 실천, 그리고 그런 활동이 기초가 된 조직 활동이 살아 있다.

이전에는 '문화활동을 행정이 주도하면 성장하지 않을 것이다. 주민이 생활 속에서 자신의 손으로 창조하고 발신하고 공유해야만 지역사회에 뿌리를 내릴 수 있다. 극장운동을 망치려는 것이냐.'라는 항의를 '친자극장'측으로부터 받았다. 그건 일리가 있는 말이다. 이에 공민관 측은 공민관이 가지고 있는 공동학습과 문화활동, 그룹활동의 경험과 사람들의 네트워크와 같은 잠재적이고 유형무형의 힘을 활용한 활동을 공적시설(공민관)이 연결시킴으로서 오히려 극장운동이 활성화될 것이라고 반론했다. 그런 가이즈카 방식의 친자극장운동은 그 당시의 항의에 대해 답변한 내용 그대로 오늘날의 과제에 대응하는 운동이 되었다. 그것은 동시에 주민과 행정의 공동관계를 주제로 하는 오늘날의 과제에 대한 대답이기도 하다. 공민관패밀리극장은 주민과 행정이 공동으로 만든 부모와 아이들의 문화감상운동이며, 직원에 의한 조건정비와 식견을 활용한 지역사회에 살아 있는 친자문화네트워크라고 할 수 있을 것이다.

4 자녀양육네트워크의 탄생과 발전

또 하나 중요한 네트워크인 '자녀양육네트워크'가 탄생한 것은 1988년이었다. 네트워크가 형성되기 전에 활동하던 '친자교실'이 개설된 것은 1975년이며 그 친자교실은 이전에 언급한 주민의 인권과 주체성을 활용한 사회교육실천을 구체화시킨 것이었다.

그 개설 취지는 '아이를 키우고 있는 어머니들이 배움의 기회를 누리지 못하는 것은 인권 측면에서 문제가 있다.'는 논의가 기초가 되어 탁아서비스를 겸비한 강좌를 개설했다. 보육을 담당하는 자원봉사자와 강사를 의뢰하고 체육관 안에 보육실을 마련하여 '육아에 과학과 로망을, 그리고 여성들의 삶을 생각한다.'는 내용을 프로그램화하였다.

처음으로 개설한 강좌가 성공한 것을 보고 다음으로 준비한 것은 공민관에서 멀리 떨어져 있고 또한 저소득층이 많은 집합주택지(아파트단지, 당시 벌써 몇 건의 고독사(孤獨死)가 있었던 지역)에 개설하는 것이었다. 공민관에 대해 잘 모르는 사람들이 많기 때문에 보육을 담당하는 자원봉사자와 함께 유아가 있는 가정을 일일이 찾아다니면서 모집했다. 그것은 이제까지 진행된 사회교육을 바꾸고 싶다는 직원집단의 결합과 신념, 열의에서 생겨난 실천이며 여성문제와 부락문제에 대한 학습을 통합시키는 일을 구체화한 것이었다.

1975년에 유엔이 정한 '국제 부인의 해'의 영향을 받아 각 지자체에서 계발사업이 구체화되는 가운데 여성문제에 대한 의식이 사회적으로 고양됨과 동시에 자녀양육강좌도 활성화되었다. 특히 '친자교실' 참가자는 해마다 늘어나는데, 지역사회에서 혼자서 아이를 키우기 어려운 환경이 악화되고, 핵가족화되는 상황 속에서도 적극적이고 행동적인 여성들의 참가가 많아졌다. 보육실의 내용을 보다 향상시키는 것과 함께 보육자원봉사자와 직원, 참가자의 노력이 자녀양육네트워크 설립에까지 이르게 된 것이다. '친자교실'이 개설된 지 13년 후의 일이었다.

그동안 결성된 서클들이 공민관 기념사업을 계기로 네트워크를 만들고 '외로운 어머니가 없는 지역사회를 만들자. 아버지도 함께 아이를 키우고 아이들도 어른들도 빛나는 지역사회를 만들자.'라는 것을 목표로 전국에서 앞서가는 활동을 계속해 왔다. 현재 6개 그룹이 각자 활동을 진행하면서 행정으로부터 토지를 빌려 '아이들의 놀이터'를, 그리고 다른 토지에서 '계절마다 개최하는 플레이파크'를 공동으로 운영하고 있다. 거기서는 아이들 간의 교류뿐만 아니라 아이들과 어른들의 교류, 그리고 어른들 간의 교류로 이어지고 아이들과 어른들이 서로 인간관계를 배우고 키워 가는 장소로 활성화되었다. 그리고 공동으로 개최하는 학습회와 의견교류회, 합동행사, 그룹 회원들의 생각과 요구를 모으고 실시하는 다양한 사업들이 있었다. 그러나 회원들의 가입과 탈퇴가 빈번하고, 가치관이 다른 부모들이 공동으로 활동하는 어려움과 과학적인 사고를 반영한 육아학습이 생활 속에서 잘 활용되지 못하는 어려움이 눈에 띄는 것도 사실이다. 이런 과제들을 포함해서 활동을 요약하면 다음과 같다. ① 부모끼리 서로 교류하고 속마음을 말할 수 있는 기회를 만드는 활동의 장, ② 생활 속에서 느끼는 불안감이나 의문에 대해 과학적으로 배우는 장, ③ 부모가 아이들의 인간관계만을 만드는 것이 아니라, 부모 또한 다양한 인간관계를 배우는 장이며 그런 기회를 다함께 만들어 내는 장, ④ 아이들에게 부모 이외의 어른들과 만나는 기회를 만드는 장, ⑤ 다양한 사회적 관계를 배우는 공동의 장이다. 이러한 장을 네트워크하면서 보다 많은 사람들의 생각을 서로 반영시키고 경험을 서로 활용하여 아이들뿐만 아니라 부모들도 서로 부모의 역할을 배우고 새로운 시대를 열어 가는 가정과 인간관계, 사회를 배우는 장인 것이다.

다양한 사람을 만나고 활동하면서 삶의 과제를 알게 되고, 자신과 타자의 관계를 확인하며, 타자를 받아들이고 자신을 성장시키는 것을 배우는 장으로서 네트워크는 기능하고 있다.

여하튼 네트워크를 결성할 때까지 13년 동안 '친자교실'이 종료할 때마다 그룹을 만들고 회원의 정착을 도모하는 활동 프로그램을 지원하는 데 분주했다. 육아에 관한 상담이나 가족문제에 관한 이야기에 귀를 기울이고 그룹의 활동을 안정시키기 위해 조언했다. 지역사회와 그 인간관계, 가족과 가족관계를 배우는 기회이면서 직원의 전문성과 폭넓은 지식 및 의식이 요청되는 기회였다. 외부에서 들어오는 정보를 통해 배우고, 연구자들로부터 받은 조언 중 납득하거나 이해하기 어려운 내용은 직원들이나 주민들과 의논하면서 공통과제로서 인식을 공유했다. 순수하고 예리한 이용자를 만나면서 감탄하고, 활동에서 뒤처지는 사람들을 격려하면서 직원들의 미숙한 역량을 실감했다. 자녀양육은 부모를 키우는 일이기도 하지만 나아가 사회교육직원을 키우는 일이기도 하였다.

5 현대적 과제인 고령화에 대한 네트워크

"너무 똑같은 이야기를 몇 번이나 하러 와서 열쇠를 잠궈 두고 있습니다." 경증 치매에 걸린 사람에 대해 주변 주민들이 하는 말이다. 또 "나는 지금까지 지역사회에서 많은 일들을 많은 분들과 함께 해 왔습니다. 그래도 아무도 나를 찾아오지 않습니다." 개호보험(한국의 노인요양보험에 해당)에서 5급으로 판정되어 병상생활을 하고 있는 독거노인의 말이다. 그리고 근처에 자식내외가 살고 있음에도 불구하고 분뇨 투성이가 되어 돌아가신 분의 이야기도 있다. 전체 인구에서 고령자의 비율이 70퍼센트를 넘는 초고령화 지역이나 도시지역의 이야기이며 오늘날 일반적으로 회자되는 이야기이다. 고령화문제는 건강, 수발, 복지문제에 현저하게 나타나고 지역사회와 가정의 인간관계나 사회의 열악함이 반영되어 있다.

이러한 고령화문제와 관련된 활동을 하는 단체가 공민관에서 조직 · 운영되어온 고령화문제 네트워크 '안심하고 늙어 가는 모임'이다. 이 모임은 폐점한 작은 술집을 빌려서 활동을 시작했는데, 그것을 더욱 발전시켜 NPO법인화된 '길거리(街角) 데이하우스 아이아이'와 개호보험사업을 함께 추진하고 있다. '길거리 데이하우스 아이아이'는 고령자들이 등록하고 자유롭게 모여 시간을 보내는 지역사회 속의 공간으로서 고령자들은 그 안에서 문화 활동이나 수다, 식사를 하면서 시간을 보낸다. 이 '길거리 데이하우스 아이아이'는 공민관을 통해 만나게 된 자원봉사자들을 활용하여 운영되고 있다. 내용은 서예, 기모노를 이용한 재활용, 그림엽서, 노래자랑, 고령화에 관한 이야기를 나누는 모임, 간단한 체조, 정기행사 등이다. 91세가 된 A씨는 그림엽서를 비롯한 다양한 문화활동에 참가하고 있을 뿐만 아니라 스스로 서예 지도자로서의 활동도 즐기고 있다. 처음에는 자전거로 다녔는데 다리가 약해져 카트를 밀고 다닌다. 요즘은 밖으로 나가기 위해 다리 마사지를 받으면서까지 활동하고 있다. 거동이 불편한 K씨도 마찬가지이다. 그녀들의 하루는 사람을 만나는 기쁨과 삶을 확인하는 시간이며, 편안한 휴식의 시간 및 공간을 창조하는 소중한 시간이다.

직원들은 말벗도 되고 지속적인 활동이 될 수 있도록 지원한다. 회원이 오지 않으면 모두가 전화를 걸고, 때로는 문병도 하며 식사를 만들어서 찾아가기도 한다. 자연스럽게 생겨난 서로 돕기 네트워크는 지역복지의 작은 네트워크로서 사각지대에 놓여 있는 고령자를 연결시키는 사회교육실천으로 정착되었다.

6 과제를 해결하는 NPO와 연계하는 사회교육

오늘날 국가 재정난과 지자체의 개혁 및 합리화가 진행되는 가운데 공민관의 존속이 이슈가 되고 있다. 그 존속 여부에 대한 판단은 공민관의 전문성 발휘와 실천이 공공성을 갖고 주민들에게 다가갈 수 있을 것인지에 달려 있다. 그 공공성은 주민들과의 협동적인 관계를 지역사회에서 인정받음으로써 시민권을 얻는다. 그런 의미에서 앞에서 언급한 네트워크사업은 주민들의 과제를 극복하는 방법을 실제로 제시하면서 시민권을 얻어 왔다. 그런 실천 활동의 경과를 되돌아보면 학습내용과 실천이 교차하고 있으며 그 속에서 생기 있게 활동하는 사람들의 모습을 볼 수 있다.

예를 들어, 1985년에 '공민관 패밀리극장'에서 '친자극장'으로 전환될 당시의 리더는 자신의 자녀양육이 끝나면 고령화문제 네트워크에 참가하여 지역사회에서 노인수발자원봉사자가 되어 노인수발을 위한 NPO를 설립하고, 고령자들의 휴식공간과 노인요양사 파견업체를 창업하기에 이르렀다. 이 사람의 23년간의 활동은 네트워크 구조도([그림 19-1] 참조)에 나타난 '아이들의 문화운동' '부모와 아이들의 배움' '여성의 학습과 삶' '풍요로운 노후를 위한 모임' 등과 관련이 있다. 그런 중층적인 배움과 실천이 연속되는 가운데 도달한 결과인 것이다. 생활 속에서 생겨난 의문과 불안감 및 과제 등을, 배움을 통해 실천에 옮기고 나아가 새로운 과제에 임하는 일을 반복해 왔다. 그러나 그는 과제를 극복하기 위해 가정과 지역사회가 움직이도록 유도하고, 자원봉사를 경험하고 배움과 실천을 되풀이해도 '항상 생활 속에서 공허함을 느낀다'고 말하고 있다. 그 느낌은 진정한 노동의 어려움과 사람이나 지역사회와의 관계를 실감할 수 없었기 때문에 그런 공허함을 느꼈던 것이 아닌가 싶다. 생활과제와 노동의 관계, 배움과 실천의 구조적인 약점을 지닌 사회교육에 대한 자각이 NPO법인 '안심하고 늙어 가는 모임'을 창업하게 만든 것이다.

그곳에서 경험한 것은 사회교육에 없는 밀도 높은 경험과 배움, 인간관계였다. 특히 개호보험을 이용하는 피개호자들의 실태에 관한 정보가 현재진행형으로 공유되었다. 두통의 원인이 늙은 남편과 둘이서 사는 스트레스에서 왔던 여성의 이야기, 죽음을 앞둔 독거노인의 재산을 목적으로 접근한 사람들이 나타나 주변 주민들의 친절한 도움이 단절된 이야기 등 가정과 지역사회, 다양한 인간관계와 욕망이 교차하고 고령자의 외로움과 슬픔, 일상생활의 어려움들은 우리들에게 과제를 던져 주고 있다. 이러한 사실들이 직원들의 의식을 바꾸고 그로 인해 직원들은 좀 더 친절하게 이용자들에게 다가가게 된다. '여기 있는 직원들은 친절하다. 그래서 온다.' '외롭다, 외로워.'라며 찾아오는 사람들의 목소리에 친절히 대하는 것이 시설 전체를 그런 분위기로 만들어 간다. 보수(報酬)가 따르고 때로는 신속한 처치가 요구되는 개호도 있기 때문에 고령자에 대한 대응은 애매한 판단이나 과제처리를 금하지만, 사람에게 친절하게 대하는 자세가 주변에 영향을 미치게 된다. 직원, 이용자를 불문하고 서로를 발전시키는 실천이 지역사회에 정착되어 가고 있다. 고령화에 대한 지역사회의 의식변혁은 이렇게 시작되는 것이다.

앞에서 언급했던 91세의 A씨는 그 전형적인 이용자이다. 또한 시설이 개설되었던 당초 운영회의에서 "나는 이런 회의를 싫어한다."고 공공연히 말하며 자신의 가치관만으로 일을 했던 주부 출신 직원이 있었다. 그 직원은 헬퍼자격을 취득한 후, 개호(介護)현장으로 들어가서 지금은 케어매니저 자격을 취득하고, 고령자의 배움과 즐거운 교류의 중요함을 강조하는 운영의 핵심멤버로 변화했다. 각자가 고령자의 과제를 마주보고 자각하는 지역사회의 일원이 된 것이다. 공민관에서의 배움만으로는 지역사회와 사람들과의 관계에 있어서 보이지 않는 부분도 있겠지만, 공민관에서 성장한 활동이 사람들을 바꾸고 지역사회와 연결시키는 부분은 반드시 있다.

그것은 바로 사람들이 모여 배우고 연결되는 공간인 사회교육과 복지를 연결시키는 복지NPO활동으로, 사회교육이 살아 있는 새로운 모습을 보여 주면서, 공공성을 부정하는 움직임이 진행되는 오늘날의 문제에 대응하는 실천을 보여 주고 있다.

오늘날 지역사회에는 자녀양육에서 고령화에 이르기까지 다양한 요구가 있으며 사회교육의 필요성이 더욱 높아지고 있다. 앞에서 언급한 네트워크의 실천을 더욱 심화하고 보다 다양한 실천이 요청되고 있다고 볼 수 있다. 모자가정이 학교 전체의 3분의 1에 해당하는 초등학교가 있는 지역(校區)에 자녀양육네트워크가 없고, 고령자들의 휴식공간이나 '아이아이'와 같은 길거리 데이하우스가 시내에 3개밖에 없다는 것이 그런 요구를 의식하게 만든다. 네트워크의 역사를 다소 자세하게 소개한 것도, 그런 네트워크가 한층 더 요청되는 상황을 극복하기 위한 해결책을 모색하기 위해서였다. 역사를 돌아보면 과제를 극복하기 위한 전문성을 확보하고자 노력했던 직원집단의 실천이 있었다. 그런 성실함이 있었기 때문에 주민과 공동으로 네트워크를 만들고, 지역사회에 정착할 수 있었다고 본다. 이 당연한 공동작업의 길, 배움과 실천을 창조하는 과정을 '가이즈카시 네트워크 구조도'에 기초하여 NPO를 비롯한 주민들과의 현대적인 공동작업의 이미지와 대조시켜 보면 공민관의 공공성 회복과 발전 가능성을 엿볼 수 있을 것이다.

〈역주〉

1 도몬 켄(1909~1990)은 일본을 대표하는 사진작가로 서민과 불상 등의 사진으로 유명하다. 『치쿠호(筑穗)의 아이들』은 1960년의 작품이다.

제 20 장
오키나와현 나고시의 마을자치와 마을공민관

시마부쿠로 세이빈(島袋 正敏)

오키나와(沖繩県)는 역사적으로 류큐왕국(琉球王國)으로서의 독자적인 길을 걸으면서도 중국이나 일본과의 관계에서 매우 복잡하고도 굴절된 위치에 놓여 왔다. 소위 류큐처분(1897년)으로 인해 일본의 정치체제로 편입되었으며, 제2차 세계대전 말기(1945년)에는 가혹한 지상전쟁터가 되어 큰 희생을 감내해야 했다. 전후에는 미국의 점령하에 놓이게 되어 정치적 주권을 빼앗겼으며, 일본 복귀(1972년) 후에도 여전히 미국의 많은 군기지를 떠안아 왔다. 오키나와 사람들은 역사적 중압감을 견뎌 내면서 자신들의 정체성을 찾는 자치와 문화를 키우는 지역 만들기를 과제로 고난의 길을 걸어왔다.

전후 오키나와 부흥의 역사는 지역(마을, 'ムラ'·'字')에서의 자력·자립 활동을 통해 추진되었다. 미국 점령 아래 행·재정적 조건은 매우 빈약했고, 공적 사회교육시설 등의 정비도 뒤처져 있었으나, 마을의 주민자치조직이나 청년회·부인회 등의 활동은 활발히 전개되었다. 1950년대 전반, 일본의 공민관 구상이 전파되어 각지의 마을자치활동을 기반으로 오키나와의 독사적인 자치공민관(아지(字)공민관)이 보급되었다. 전후 일본 사회교육의 체제와는 다른 오키나와형 사회교육·공민관 활동이 정착되어 갔다. 오키나와 북부(얀바루지구)의 나고시(名護市)는 그 전형적인 사례로 주목받아 왔다.

1 일본 속의 오키나와

오키나와는 군웅할거(群雄割據)의 시대(11~12세기)에서 삼산(三山)시대(남산, 중산, 북산의 분립항쟁. 13~14세기)를 거쳐 1416년 키타야마왕통(北山王統)이 멸망하고 류큐왕부(琉球王

府)가 성립되었다(1429년). 오키나와는 천 년 전부터 중국이나 조선, 동남아시아와 교역을 해 왔다. 중국과의 조공무역과 조선의 표류선에 관한 기록도 많이 남아 있다. 또한 조선은 물론 자바(인도네시아), 말라카(말레이시아), 루손(필리핀), 시암(타이) 등과 무역을 했던 기록도 적지 않다.

오키나와는 명나라 시대인 1372년부터 중국에 조공을 바쳐 왔는데 1609년에 일본 사츠마군(薩摩軍)의 침입을 받은 이후 약 250년에 걸쳐 중국과 일본의 정치적 관계 속에서 자신들의 역사를 이어 왔다. 1872년에 류큐번(藩)이 설치됨에 따라 사실상 류큐왕부는 폐지되고 일본의 정치체제로 강제 편입되었다. 1879년에 류큐번은 오키나와현으로 변경되었다. 이것이 류큐 역사의 큰 전환기가 되었다. 여러 번에 걸친 이른바 '류큐처분'과 새로운 고난의 역사가 시작된 것이다. '15년 전쟁'(1931~1945년의 15년간)에 동원되었고 1945년에는 일본 국내 유일한 지상전(그 비참함으로 '철의 폭풍'이라 일컬음)이 오키나와에서 전개되어 오키나와의 약 16만 명의 주민들이 전사하고 미일 양군도 12만 명이나 사망하였다. 그 와중에 일본군에 의한 오키나와 현민 학살도 있었다. 일본은 1945년 8월에 포츠담선언을 수탁하고 항복했다. 이후 오키나와는 27년간 미군 점령하에 놓이게 되었다. 1952년 4월 28일에 대일강화조약이 발효되어 시정권이 미국으로 완전히 이양되었다. 그로 인해 4월 28일은 오키나와 현민에게 굴욕적인 날로 남게 되었다.

미군의 총칼과 불도저에 의해 주민들의 토지가 빼앗기고 미군들의 범죄가 잇따르는 상황 속에서 1953년에 '오키나와제도(諸島)조국복귀기성회(期成會)'가 정당, 노동조합, 청년회, 부녀회 등에 의해 조직되었다. 또 1960년에는 오카나와 교직원회, 오키나와현 청년단협의회, 관공청노동조합협의회, 혁신 3정당(오키나와사회대중당, 오카나와인민당, 오카나와사회당. 오키나와자유민주당의 전신인 오키나와민주당은 불참했다), PTA연합회, 오키나와유족연합회에 의해 '오키나와현 조국복귀협의회(복귀협)'가 새로 결성되었으며 오키나와 섬 주민 전체가 참여하는 치열한 투쟁이 이어졌다.

1972년에 영토는 일본으로 복귀되었지만 지금도 여전히 복귀하기 전과 마찬가지로 일본 국내 주일미군기지의 70퍼센트가 오키나와에 남아 있다. 복귀 후 지난 36년간 인프라는 정비되었고 관광객도 급속히 증대했지만, 그 이익의 대부분은 도쿄로 흘러 들어가고 있다. 한편, 세계유산급의 자연이 파괴되고 있고, 미군기지는 변함없이 주둔하고 있으며, 미군과 군속(군무원)에 의한 범죄도 끊이질 않고 있다. 그런 가운데 현재 또 새로운 미군기지가 나고시에 건설되고 있다. 국가는 미군기지가 있는 지자체에 대해 특별교부금이라는 당근과 채찍을 사용하며 '지역 주체'의 이념을 농락(翻弄)하고 있다. 즉 일본 정부와 미국은 지금도 여전히 오키나와를 유린하고 있는 것이다.

오키나와의 '자립'은 일본 정부에 의한 당근과 채찍에 좌우되지 않는 곳에서만 싹튼다는 것을 오키나와 현민들이 제대로 인식하고 행동할 때이다. 오키나와의 고뇌는 지금도 계속되고 있다.

2 나고시의 개요

나고시(名護市)는 오키나와 본도(本島) 북부에 위치하고 있으며 1970년에 1정(町) 4촌(村)이 합병되어 시(市)가 된 인구 6만 명의 도시이다. 면적 210,73km^{2}의 약 60퍼센트가 산림이고 농업 중심 도시이다(사탕수수, 야채, 화훼, 축산, 어업). 미군기지가 시의 10퍼센트를 차지하고 있으며 지금 현재 헤노코(辺野古)지구에 새로운 기지 건설이 진행되고 있다.

나고시에는 지금 55개의 마을공민관(集落公民館)과 한센병을 앓았던 환자들을 위한 '국립요양소 오키나와 아이라쿠엔(愛樂園)'자치회까지 포함하면 56개의 마을공민관이 존재한다. 오키나와현에는 마을과 자치의 거점시설로서 약 800개의 마을공민관이 있다. 또한 단독주택 개발지역과 아파트단지의 자치회와 집회소를 포함하면 크고 작은 공민관이 약 1,000개 정도가 있다. 여기서 '공민관'이란 조례에 의해 설치된 공립공민관이 아니라 오키나와에 마을자치의 거점으로서 설치된 공민관을 말한다. 이하 본문에서는 마을공민관을 '공민관'이라고 한다.

오키나와에서는 마을을 '시마(シマ)' '무라(ムラ)' '아자(字)' '부락(部落)' 등으로 부른다. 제2차 세계대전 이전(1945년 이전)에는 '무라야(ムラヤー)', 세계대전 직후에는 미군 점령의 영향으로 '클럽(クラブ)' 등으로 부른 지역도 있었다. 전쟁이 끝난 후 불타 버린 들판에서 생활의 거점을 되찾기 위해 주민들은 먼저 마을공민관을 건설했다. 불타 버린 집을 다시 짓고, 황폐해진 농지를 경작하며, 식량을 확보하고 배급하는 등 공민관이 맡은 역할은 셀 수 없었다. 제2차 세계대전 후 63년이 지났지만 공동체의 에너지는 지금도 맥을 이어 계승되고 있다.

공민관에는 '구장(區長)'과 '관장'이라는 두 직위를 겸직하는 이른바 촌장(集落長)이 있다. 구장은 행정사무를 위탁받은 직명이고, 관장은 1950년대부터 오키나와가 일본 영토로 복귀되는 1972년까지 구(區)(시정촌)교육위원회 규칙으로 공민관을 설치하여 관장 보수의 일부와 소모품 등을 교육위원회 예산에서 지원했기 때문에 그 호칭이 남아 있는 것이다. 물론 나고시공민관연락협의회는 당연히 마을공민관을 하나로 묶는 조직이긴 하나 여기에서는 구장이 공민관장이며 관장이 구장인 관계로 특별히 그 임무도 호칭에 따라 구별되어 있지는 않다.

나고시에는 '사람과 자연'을 주제로 한 작은 박물관이 있다. 이 박물관은 많은 시민과 시 안팎의 연구자들이 모여 자료를 수집하고 옛 시청건물을 리모델링하여 12~13년에 걸친 시민운동을 통해 만든 '부리디박물관'이다. '부리디(群り手)'는 '군중의 손'이라는 뜻이며 시민의 힘을 모아 설치한 공립박물관이다. 또 시립중앙도서관도 시민운동단체인 '이런 도서관을 만들자 모임'이 행정부를 강력하게 움직여 10년이라는 세월에 걸쳐 시민의 에너지를 기반으로 만들어 낸 공립도서관이다. 시민의 손으로 만들어 내는 '시민참여'의 명맥이 살아 있는 박물관도 도서관도 계속 성장하기를 바란다. 아울러 대형 홀(시민회관), 중·소형 홀, 각종 학습실 등을 겸비한 중앙공민관이 공립시설로서 활발하게 그 기능을 발휘하고 있다.

여기서는 나고시의 사회교육 중에서 상징적이고 기반적인 활동을 담당해 온 마을공민관을 중심으로 소개하고자 한다.

3 마을공민관의 조직과 활동

마을공민관에서는 각 가정의 대표로 구성된 총회에서 구장(관장)과 구 행정위원을 선출하고, 연간계획을 결정한다.

1) 관장(구장)

공민관장(구장)의 대부분은 비상근직이지만 그 업무내용을 보면 상근직에 가깝다(규모가 큰 마을은 상근직으로 관장을 두고, 서기 등 임시직원을 배치한다). 관장은 전통적 연중행사와 농사, 문화교육, 교통안전, 방범, 지역복지, 납세 등 마을에 관한 모든 것들에 대해 리더

십을 발휘한다. 또한 초등학교 및 중학교의 행사에 참가 · 연계 · 협력하고, 나고시 공민관 연락협의회의 일원으로서 연차총회와 공민관장 등의 연수, 시가 주최하는 다양한 사회교육 관련 사업에 참가하기도 한다.

2) 행정위원회

공민관에는 행정위원회가 설치되어 있는데 위원은 청년회, 부녀회, 노인회의 대표들을 포함하여 구성하고 마을의 모든 활동과 예산을 계획 · 입안한다. 구체적으로 실시하는 역할은 각 전문부회에 맡기고 있다.

3) 전문부

마을의 규모가 큰 공민관은 총무부, 문화부(청소년육성부, 교육복지부라고 하는 지역도 있음), 체육부, 산업부 등을 설치하고 각 부의 사업을 중심적으로 계획 · 실시하고 있다. 다만 규모가 작은 마을의 공민관(小集落公民館)은 전문부를 설치하지 않고 관장이 중심이 되어 행정위원회를 중심으로 활동한다.

4) 반조직 · 교육토나리구미

마을의 규모에 따라 반(班)조직은 10개를 넘는다. 마을의 말단조직으로서 반장은 지역을 청소하고, 시청이 매달 발행하는 소식지 「시민광장」이나 사회복지협의회 등 기관 · 단체 등이 발행하는 기관지와 팸플릿을 각 가정에 배포한다. 그 밖에도 반마다 독자적인 알림판을 배포하고 여름방학 때 열리는 '아침 라디오체조', 장례식(葬送) 등을 지원하며('リンス, 링스'라 한다), 반 단위로 경쟁하는 구민운동회를 준비하고 참가한다. 예전에는 수로 아이들을 위한 활동을 담당하는 교육토나리구미(教育隣組)가 활발한 활동을 전개해 왔지만 최근 교육토나리구미는 급속히 감소하고 그 활동은 반조직으로 흡수되었다.

5) 지역단체

각 공민관에는 지역단체로서 성인회, 향상회(向上会), 노인회, 부녀회, 청년회, 어린이회, 지역복지추진위원회가 있다. 성인회는 회원 간의 친목을 돈독히 하면서 마을의 행사를 주로 지원하는 성격을 지니고 향상회와 청년회, 어린이회를 보살핀다. 향상회는 성인회와 청년회의 중간에 위치하며 전통행사와 복지, 스포츠행사에서 주도적인 역할을 한다. 청년회는 전통춤인 에이사(エイサー, 음력 7월 보름의 춤)와 풍년제 공연 등에서 중심적인 역할을 한다. 이러한 청년들의 활동을 지켜보며 지도하는 것은 노인회와 성인회의 멤버들이다. 부녀회는 여성들의 지위향상을 도모하는 활동과 환경미화활동 그리고 자녀양육을 위한 다양한 활동을 한다. 요리교실과 레크리에이션활동 또한 활발하다. 어린이회의 주된 활동은 마을의 환경미화활동과 스포츠, 지역예능활동이다.

특히 나고시에는 '마을잡지편찬위원회(字誌づくり委員会, 아자(字)는 작은 단위의 마을을 말한다)'가 있다. 공민관이 중심이 되어 '마을잡지편찬위원회'를 조직하고 마을의 역사와 문화에 대해 어르신들을 인터뷰하여 원고 집필을 통해 정리하는 활발한 활동을 펼치고 있다.

그림 20-1 오키나와 전통행사-에이사

6) 각 공민관의 공통된 활동

전통행사와 관련된 사업은 마을공민관의 주요 활동이다. 수백 년의 역사를 자랑하는 풍년제는 풍년과 마을의 번영을 기원하는 전통행사이다. 기원과 행사의 방식은 조금씩 바뀌었지만 노래, 산신(三線, 전통적인 현악기), 춤, 연극 등의 전통문화를 계승해 오고 있다. 마을에 따라 가라테(空手, 전통적인 무도) 시범연기, 민요 등 새로운 볼거리를 추가하고 있는 지역도 있다.

청년회가 중심이 되어 실시하는 에이사는 음력 7월 보름이 되기 약 한 달 전부터 지역에 따라서는 고등학생들도 함께 연습을 하고, 음력 7월 15일에 각 마을에서 일제히 북, 노래, 산신을 울리면서 청년 남녀들이 밤새도록 춤을 춘다. 에이사는 원래 염불춤이었는데 지금은 초·중·고등학교의 운동회나 대학축제에 도입되어 정착되었다.

그 밖에 공민관이 중심이 되어 실시하는 연중행사에는 우마치(ウマチー, 음력 2월 15일, 3월 15일, 5월 15일, 6월 15일에 행하는 풍년을 기원하는 행사), 우시데쿠(ウシデーク, 臼太鼓, 음력 6~9월에 풍년을 기원하며 여성들이 행하는 행사), 아부시바레(アブシバレー, 悪虫佛い, 해충을 방제하는 공동작업으로서 음력 4월에 실시함), 우시미(ウシーミー, 御清明, 중국의 청명절에서 유래한 행사. 묘소를 청소하고 참배함), 하치우쿠시(ハチウクシー, 初起こし, 음력 1월 3일에 어업과 상업의 일을 시작하는 행사) 등이 있으며, 1년 동안 크고 작은 전통행사를 10여 회 실시하는 마을도 있다.

스포츠행사로는 구민운동회가 있다. 다채로운 프로그램들이 있고, 유아에서 고령자까지 참가할 수 있으며, 예전에는 나고시육상경기대회예선의 일환으로 이루어졌지만 지금은 친목 위주로서, 그 내용이 크게 변화했다. 예를 들면, 옛날 아이들의 놀이였던 바퀴를 돌리는 '고루마세(ゴールーマーセー)'와 대나무말, 노동을 표현하는 톱으로 통나무 자르기, 쌀가마니 나르기, 아와모리(泡盛, 쌀로 만든 오키나와의 전통적인 술)의 병을 물고기처럼 해서 병을 낚는 낚시 등을 즐기고 있다. 작은 마을에서는 학교행사인 운동회와 합동으로 실시하는데, 오전은 어린이운동회, 오후는 구민운동회로 나누어 학교와 연계·협동하여 실시한다. 점심식사와 뒤풀이(反省會) 때에는 돼지통구이, 그리고 고기국(豚汁)을 큰 냄비에 끓여 모두가 나눠 먹는 풍경도 볼 만하다.

그림 20-2 산신(三線) 연주회

각종 지역단체의 활동을 직간접적으로 지원하는 것은 공민관장의 역할이다. 노인회, 부녀회, 청년회, 어린이회, 향상회 등 단체들의 활동이 잘 진행되도록 재정적(資金的)·기술적·물리적 측면 등 다양한 측면에서 지원한다.

공민관은 농사와 관련된 사업도 전개하고 있다. 예를 들면, 농촌지역의 사탕수수 수확 및 운반의 분담과 순서를 정하고 생산농가에 연락한다. 또 일부 큰 마을에서는 공민관이 농업축제와 일요아침시장 등을 열기도 한다.

그림 20-3 훗사 페스티발

4 몇 가지 특징적인 사업

1) 공동가게

물자를 구입하기 어려운 시대에 사람들이 공동체를 이루어 상부상조의 정신으로 만든 것이 공동가게(共同店)이다. 나고시에서는 아홉 개의 마을이 공동가게를 운영하고 있다. 오키나와에서는 1906년에 쿠니가미마을 오쿠협동점(國頭村 奧協同店)을 시작으로 공동가게가 전개되었다. 공동가게는 마을의 각 가정이 공동으로 출자한 가게로서 공민관이 강한 주도권을 갖고 있다. 일찍이 대부분의 마을에 설치되어 있던 공동가게는 최근 대형마트와 편의점이 설치되는 어려운 경영환경으로 인해 3분의 1 이하로 격감했다. 지금 나고시의 일부 마을에서는 개인에게 경영을 위탁하며 어려운 시기를 극복하고자 노력하고 있다.

2) 연중행사

연중행사는 각 가정에서 행하는 것과 문중(門中) 그리고 마을 전체가 참여하는 행사로 구별된다. 나고시의 서쪽에 위치하는 아와(安和)마을에는 예배장소와 성역(聖域)이 17개 소나 있고 연간 16회의 전통행사가 열린다. 풍년을 기원하는 우시데쿠(ウシデーク)를 비롯하여 염소우강(ウガン, 御願, 기원하는 행사)과 돼지우강, 7년에 한 번 행하는 우시야키(牛焼)우강 등이 있는데 이러한 행사는 무녀(神人)와 공민관장, 그리고 서기(書記)를 중심으로 실시되며 주민들이 적극적으로 참가한다. 준비과정에서 본 행사까지 공민관이 관여하는 행사가 많다.

대부분의 마을과 마찬가지로 공민관의 활동에서 연중행사가 차지하는 비율은 높다. 따라서 모든 공민관은 풍년제 등의 큰 행사에 대비하여 홀, 무대, 대기실, 의상실, 조리실 등의 공간과 기능을 고려한 구조로 되어 있다. 그만큼 연중행사를 중요시하고 있다는 의미일 것이다.

야부(屋部)마을에는 음력 8월 10일을 기점으로 열리는 140년 역사와 전통의 '8월 춤(8월놀이, 풍년제)'이 있는데 춤의 내용과 배역이 정해지면 구민들이 참여하여 마을길의 나뭇가지를 정돈하고 춤과 연극에서 사용할 약 250개의 소도구를 수리한다. 그리고 하타가시라(旗頭, 춤을 추면서 행진할 때 큰 깃발을 가지는 사람)를 선두로 사람들이 춤을 추며 마을을 행진한다. 또한 한 달 남짓 연습해 온 공연을 사흘간에 걸쳐 펼친다. 22가지 이상의 춤에는 온나오도리(女踊り, 여성들의 춤), 니세이오도리(二才踊り, 젊은이들의 춤), 와카슈오도리(若衆踊り, 소년들의 춤), 쿠미오도리(組み踊り, 대사, 음악, 무용으로 구성된 춤) 등이 있는데 이것들은 초·중·고등학생과 청년들이 중심이 되어 꾸며지고, 또한 부인과 성인, 지도자, 지우테(地謡, 춤이나 무용의 반주자. 산신, 북 등을 연주한다) 등 모든 사람들을 총괄하는 '무용단(踊り団)' 조직이 정비되어 그 전통을 계승하고 있다. 그리고 축제를 지원하는 것은 부녀회의 마카나이반(賄い班, 음식준비반)이다. 축제가 끝나면 분산회(分散會, 회계보고와 반성회)로 막을 내린다. 오키나와가 일본 영토로 복귀된 직후부터 한동안 오키나와 각지에서 전통행사가 쇠퇴되는 경향이 있었다. 본토 복귀로 인해 뭔가 새로운 시대가 올 것 같은 기대감에 오키나와의 오래된 가치관에서 벗어나려는 사회적 인식이 있었던 것이다. 그러나 오키나와가 오랜 역사 속에서 가꿔 온 독자적인 문화에 진정한 가치가 있다는 인식이 서서히 확산

되고, 그런 과정에서 전통문화예술을 재검토하고자 하는 움직임이 일어나게 된 것이다. 오키나와가 가지고 있는 다양한 재래문화자원 중에서 전통행사가 가지고 있는 의미를 함께 생각하고, 이야기를 나누고, 먹고 마시고 노래 부르고 춤추고 기원하는 일들은 마을의 활력을 만들어 내는 에너지원이 되고 있다. 수많은 전통행사를 포함한 마을의 역사와 문화를 재발견하고 재평가하는 일이 활동기반이 되고 있다. 이로써 전통행사가 마을을 활성화시키는 에너지원이라는 확신을 가질 수 있게 된 것이다.

3) 마을잡지 작성

예전에는 일부 향토역사가가 개인적으로 마을역사(集落史), 마을잡지(集落誌)를 편집했었지만 30여 년 전부터 공민관이 조직적으로 추진하고 있다. 이것은 '주민에 의한 주민의 마을잡지 작성(字誌づくり)'으로 자치의식을 크게 키우는 활동이기도 하다. 마을잡지라는 책자를 만드는 일만이 목적이 아니라, 조상들이 걸어온 역사와 시간, 그리고 그런 것들을 어떻게 전하면서 오늘날에 이르렀는지, 거기서 우리가 무엇을 받아들이고 차세대에 전해 갈 것인지 그 사고와 작업의 과정이 중요하다는 인식과 자각을 키워 가면서 잡지를 만들고 있는 마을도 있다. 55개 마을 중에서 이미 마을잡지를 간행한 마을이 27곳, 현재 만드는 중인 마을이 15곳, 구상 중인 마을이 11곳이다. '국립요양소 오키나와 아이락엔' 자치회는 2006년에 『오키나와현 한센병 증언집』을 간행했다. 주민들이 참여하면서 조직적으로 마을잡지 편찬을 추진하고 있는 한편, 초·중학교의 기념지(창립10주년, 50주년, 100주년 기념지) 발행에 마을잡지편찬위원회가 적극적으로 참여하고 있는 마을도 있다.

4) 재래문화자원을 활용한 지역진흥

나고시 서쪽에 위치한 가츠야마(勝山)공민관은 시콰서(シークヮーサー, 재래감귤)와 염소(염소요리 레스토랑 경영), 그리고 자연을 이용한 지역진흥을 추진하고 있다. 시콰서는 오키나와 재래산 밀감으로 비타민C가 매우 풍부하게 포함되어 있기 때문에 최근 새삼 주목받고 있는 감귤 중 하나이다. 모든 농가가 재배하고 있기 때문에 매년 생산량이 증가해서 몇 년 전에 과즙을 만드는 시콰서 주스공장을 세웠다. 마을의 유지들이 출자하고 행정부가 보

조금을 지원하여 가동하고 있으며 원료 확보라는 과제가 남아 있긴 하지만 지역진흥의 큰 부분을 차지하고 있다.

가츠야마마을은 서쪽에 해발고도 400미터인 가주다케(嘉津岳)와 아와다케(安和岳)가 연결되는 기슭에 자리 잡은 지리적 조건을 활용하여 공민관이 주최하고 외부에서 희망자를 모집하여 석회암으로 된 험한 산의 등산을 인솔하고 있다.

염소요리를 먹을 수 있는 레스토랑도 경영하고 있어 히자지루(山羊汁, 염소로 만든 국물)와 회를 좋아하는 사람들이 많이 찾아온다. 이곳은 1966년에 염소생산조합을 중심으로 '염소들의 혼을 기리는 비(羊魂の碑)'를 세워서 염소의 명소로 유명해졌다. 신록이 싹트는 3월에는 시쿼서꽃축제를 주최해서, 등산과 시쿼서 꽃구경과 염소요리 3종 세트를 즐길 수 있도록 하여 마을진흥을 적극적으로 추진하고 있다.

5) 자연환경을 되찾는 활동

나고시 북부에 위치한 겡가(源河)마을을 흐르는 겡가천(源河川)은 옛날에 류큐은어를 손으로 잡을 수 있을 정도로 풍요롭고 이름이 난 맑은 개천이었는데 연이은 개발로 인해 류큐은어는 전멸해 버리고 말았다.

겡가공민관의 '겡가천에 은어가 다시 되돌아오게 하는 운동'은 원래 청년회가 주최한 환경학습(나고시교육위원회가 지원)이 출발점이었고, 그 후 마을의 모든 가정이 회원이 되어 이전의 맑은 개천을 되살리자는 운동으로 발전해 갔다. 1989년에 '겡가천에 은어가 다시 되돌아오게 하는 모임'이 조직되어 마을 전체의 운동으로 시작되었다. 겡가천에서는 이미 전멸해 버린 류큐은어를 아마미오오시마(奄美大島, 가고시마현에 속한 섬)의 스미요마을(住用村)에서 가져와 새끼 은어를 증식시킨 후 방류하였다. 고등학교 생물담당교사들의 적극적인 연구지원도 더해져 꾸준히 진행된 활동은 이후에 결실을 보게 되었다.

22년간 개천에 인접한 가축농가가 개천을 오염시켜 왔던 관계로, 활동이 시작된 후 생산농가를 설득하여 가축농장을 이전시키고, 겡가천의 물을 정수기로 퍼 올리고 있는 오키나와현 기업국에 대해 어도(魚道) 개량을 요청하였으며, 한여름에 깨끗한 물을 찾아 몰려오는 캠핑족들에게도 협력을 호소하는 순회활동 등을 계속해서 전개하고 있다. 또한 매년 우리즌(うりずん, 초여름)의 시기에 새끼 은어를 방류하는 활동도 계속하고 있다. 방류는 매번

주민과 마을 초등학교 학생들과 교직원들이 참여하여 실시하고 있다.

오키나와에서 마을공민관의 역할은 무엇보다도 '지역자치'에 있다. 전통적인 제례행사는 물론 농업생산과 지역복지, 차세대육성, 환경과 쓰레기문제, 대외적인 일 등 공민관과 그 조직적 활동은 마을에 활력을 불어넣는 데 있어서 없어서는 안 될 존재이다. 그것은 오랜 역사와 전통을 기반으로 한 오키나와의 독특한 지역자치활동이라 할 수 있다.

과거의 공민관은 개방적이고 언제든지 누구나 아무 절차 없이 이용하는 것이 당연한 일이었지만 요즘같이 몸과 지혜를 이용해 도구를 만들어 노는 일이나 밖에서 노는 아이들이 급속히 줄어들고 있는 상황 속에서 공민관이 놀이와 공작 등을 통해 아이들을 위한 공간 만들기에 어떻게 더욱 적극적이고 구체적으로 활동하고 지원해 갈 것인지, 그리고 지역사회의 활력소인 지역청년회의 활성화, 환경과 쓰레기문제, 나아가 미군기지와 거기서 파생하는 다양한 문제들을 현 · 시 행정부와 주민들 사이에서 어떻게 판단하고 행동해 나갈 것인지의 문제 등 공민관은 어려운 과제들을 안고 있다. 그리고 인구감소(과소화), 저출산 · 고령화가 진행되는 작은 마을에서 공민관이 지역 활성화의 실마리를 어떻게 찾아가느냐가 향후 과제가 될 것이다.

참고문헌

名護市市史編纂室『나고시－교육편(名護市－教育編)』名護市教育委員會, 2005.

小林文人 · 島袋正敏 編 『오키나와의 사회교육－자치 · 문화 · 지역부흥(おきなわの社會教育－自治 · 文化 · 地域おこし)』Eidell研究所, 2002.

종 장

일본의 사회교육 · 평생학습 전망

—제도적 현실과 이론적 미래의 사이에서—

스에모토 마코토(末本 誠)

종장에서는 지금까지의 논의에 입각해서 일본 사회교육과 평생학습의 향후 전망에 대해 필자의 지견을 바탕으로 제언하고자 한다. 필자는 지금까지 공민관 연구와 오키나와의 사회교육연구, 프랑스의 민중교육연구 등을 해 왔다. 여기에서는 그중에서도 특히 프랑스 연구를 바탕으로 국제적인 성인교육연구의 새로운 동향과 논의를 중심으로 이 책에서 논의되어 온 일본의 사회교육에 관한 논의를 보다 폭넓은 관점에서 다시 살펴보고 아울러 한국의 독자들에게도 제안하고자 한다.

1 사회교육을 둘러싼 국제적인 조류

1) 새로운 용어의 증대

먼저 확인해 두고 싶은 점은 일본에서는 정책 전환 과정에서 위축되고 있는 사회교육과 평생학습이 국제적으로는 오히려 주목을 받고 있다는 사실이다. 예를 들어 볼라(Bhola)는 『국제성인교육론』에서 20세기 후반 1950년에 '성인교육'에 관한 용어가 폭발적으로 생겨났다가 소멸했다고 지적하고 있다.[1] 이것은 사회교육과 평생학습에 관한 관심이 국제적으로는 20세기 후반에 급속히 높아졌다는 사실을 보여 준다. 일반적으로 용어가 늘어난다거나 통합되는 것은 용어에 대응하는 사회적 상황과 현실이 다양하게 생겨나고 있다는 것을 의미한다. 사회에 학교와 어린이, 청소년 이외의 새로운 교육적 요소가 다양하게 생겨

1) H.S.Bhola, 岩橋恵子 · 猪飼美恵子 역『국제성인교육론(國際成人教育論)』東信堂, 1997.

나고 전개되고 있다는 사실을 받아들이고, 이러한 동향에 사회가 어떻게 대처해야 하는가를 고민하는 과정에서 용어는 생겨난다. 성인교육에 관한 용어가 폭발적으로 생겨나 통합되었다는 것은 그만큼 사회의 관심이 높아지고 변화하고 있다는 것을 의미하는 것이다. 생각나는 대로 관련 용어를 들어보면, 계속교육과 순환교육, 비형식교육, 무형식교육, 사회적 문화의 활성화 등이 있다. 이러한 용어에는 각각 고유의 의미와 관점, 용법이 있고 각각 독자적 필요에서 사용되고 있기는 하지만 한결같이 학교 외의 교육을 나타내는 용어라는 점에서는 공통된다. 일본의 '사회교육'도 이러한 용어군의 하나로서 이해할 필요가 있다. 어떻게 논의를 하는가에 차이가 있기는 하지만, '사회교육'이나 '평생학습'도 국제적으로는 볼라가 말하는 성인교육에 관한 논의의 일부를 차지한다. 그러므로 일본 고유의 문제를 안고 있다고는 해도 국제적인 관점을 잊어서는 안 된다.

지금까지 각 장에서 논해 온 것처럼 일본에서는 처음부터 사회교육이라는 용어로 법제도가 만들어져 정비되어 왔지만, 평생학습이라는 용어와 함께 새롭게 재편되어 결과적으로 전자의 개념이 희박해지고 있어 이러한 사태를 어떻게 생각해야 할 것인가 하는 비판적 검토가 필요한 것은 사실이지만 너무 부정적인 측면만이 강조되어서도 안 된다. 지금 말한 것처럼 일본의 상황을 국제적인 동향 속에서 파악했을 때에 논의는 확대되고, 그 의의와 역할에 대한 새로운 제안이 다채로워진다. 그럼 그러한 관점에 섰을 때, 어떠한 변화가 있으며 어떠한 가능성을 엿볼 수 있을까?

2) 교육 개념의 확대

오늘날 성인교육을 둘러싼 국제적 동향 중에서 주목할 점은 교육개념이 확대되고 있다는 점이다. 예를 들면, 1985년에 발표된 유네스코의 '학습권선언'은 서두에 다음과 같이 서술하고 있다.

> 학습권이란 읽기쓰기의 권리이며, 끊임없이 의문을 가지고 깊이 생각하는 권리이고, 상상하고 창조하는 권리이며, 자기 자신의 세계를 이해하고 역사를 서술하는 권리이고, 모든 교육의 수단을 얻는 권리이며, 개인적, 집단적 역량을 발달시키는 권리이다.

이 문장은 '학습권이란……이다'라는 식으로 되어 있다. 영어 원문은 'right to learn is to ……'이기 때문에 여기에서 'right'를 빼면 이 문장은 'to learn is……to……'라는 형태의 '학습'에 관한 문장으로 바뀐다. 즉 이 문장은 '학습'이란 '읽기쓰기'이며 '끊임없이 의문을 가지고 깊이 생각하는' 것이며 '상상하고 창조하는' 것이라는 이해를 보여 주고 있는 것이다. 통상 '교육'으로서 이해되고 있는 '교육의 방법'은 이들 '학습'의 일부를 이루고 있는 것에 지나지 않는다. 여기에서 교육이념의 확대라는 것은 이러한 교육이해의 확대를 의미하고 있는 것이다.

유네스코의 들로르(Delors) 위원회에 의한 보고서『학습 · 숨겨진 보물(Learning: The Treasure within)』이 '학습의 4개의 기둥'으로 '아는 것을 배운다'(learning to know), '행동하는 것을 배운다'(learning to do), '(타자와)더불어 사는 것을 배운다'(learning to live together), '인간으로서 사는 것을 배운다'(learning to be)를 들고 있는 것도 같은 의미에서 주목을 받고 있다.

그럼 교육개념의 확대라고 했을 때, 그것은 어떠한 의미를 가지고 있는 것일까. 여기에서는 다음과 같은 점을 확인해 두고자 한다.

✤ 문제해결

첫째, 문제해결이라는 의미이다. 즉 교육이 전체적으로 현실의 문제와 어떻게 관계를 가지고, 학습의 성과가 현실적으로 어떠한 의미를 가지는가를 다시 생각하고자 하는 문제의식이 존재한다는 것이다. 이는 단순히 공리적(功利的) 의미에서 논의되는 것이 아니라, 교육 그 자체에 대하여 다시 생각해 보고자 하는 문제인식으로 이해할 필요가 있다. 또한 이것은 현실의 교육이 획일화되고 형식화되어 있는 것에 대한 비판으로 이해할 필요도 있다. 이것은 일본이나 한국의 입시교육이 가열화되고 있는 것을 생각하면 좋을 것이다. 좋은 대학에 들어가는 것만이 자기목적화된 교육이 얼마나 아이들과 청소년들의 학습의욕을 잃게 하고, 또한 그들을 불필요한 열등감과 무력감으로 내모는지를 말이다.

✤ 교육의 다이너미즘

두 번째, 교육과 학습이 가지는 본래의 다이너미즘의 회복이라는 문제이다. 다이너미즘이란 역동성을 의미한다. 교육적 의미로서는 아이들과 청년들의 학습은 본래 훨씬 더 역동적인 것이며, 교육은 그 힘을 잃어서는 안 될 것이다. 이와 동시에 그것은, 교육이 이끌어

내야 할 것은 학습자가 가지고 있는 문제의 당사자 의식과 구체적인 문제해결능력이라는 현상에 대한 대안과 연결되어 있다. '학습활동은……사람들을 객체에서 자신의 역사를 만드는 주체로 바꾸는 것이다.'는 학습권선언의 지적을 여기에서 상기해야 할 것이다.

✤ 학교형 교육모델에 대한 비판

이러한 논의는 세 번째의 학교형 교육모델에 대한 비판으로 전개된다. 이 경우의 교육모델이란 학교에서 실시하고 있는 지식의 전달만을 목적으로 하는 교육형태를 말한다. 또한 거기에는 학교에서의 지식전달이란 교사에게서 학생으로 지식이 일방적으로 흐르는 것뿐이라고 하는, 교육하는 사람과 학습하는 사람과의 관계에 대한 비판도 포함된다. 더 나아가 이러한 교육의 구조 안에서는 전달되는 지식에 대한 맹신과 학습자의 활동과 경험을 경시하는 학습내용의 규범화와 획일화에 대한 비판의식도 존재한다.

✤ 새로운 교육모델의 탐구

마지막으로 새로운 교육모델의 탐구가 있다. 상기와 같은 교육과 교육개념의 재검토는 당연히 현재와는 다른 새로운 교육의 탐구로 향하게 한다. 서두에서 말한 성인교육의 세계에서 다양한 새로운 용어가 창출되는 것은, 이러한 새로운 교육 세계의 움직임을 대표하는 것이라고 할 수 있다. 학교와 비교해서 제도적 구조가 약한 성인교육의 세계에서는 학교에서는 볼 수 없는 새로운 시도가 학교교육보다 먼저 전개되고 있는 것이다.

이상에서 살펴본 바와 같이 일본의 사회교육을 둘러싼 국제적인 논의의 흐름은 결코 '종언'을 의미하는 것은 아니다. 이것은 일본의 사회교육이 그 전통을 이유로 시대의 요청에 부응하는 노력을 게을리해서는 안 된다는 것을 의미한다. 현재 성인교육과 관련된 국제적 논의는 일본의 사회교육에 오히려 자기변혁을 요청하고 있다고 할 수 있다. 따라서 다음에서는 성인교육과 관련된 새로운 논의를 기반으로 사회교육을 재구성하기 위한 관점에 대해 정리하고자 한다.

2 전후 사회교육이론의 재구축

1) 미야하라 사회교육론의 재검토

제2차 세계대전 이후의 사회교육이론을 되돌아보며 새로운 이론적 과제와 관련하여 재구축을 도모할 때, 하나의 단서가 될 수 있는 것은 미야하라 세이치(宮原誠一)의 사회교육이론, 그중에서도 '사회교육의 역사적 이해'라고 하는 이론이다. 이 이론은 일본에 널리 알려져 있으며 현실에 미친 영향 또한 크다.

미야하라는 1950년에 출판된 『사회교육』에서 사회교육의 본질을 이해하기 위해서는 그것이 "어느 한 시대의 어느 한 사회에서 일정한 상황 아래 발생하여 발달한 것이라는 것, 즉 역사적인 것임을 알아야 한다."고 말하고 있다.[2] 미야하라의 사회교육이론은 이러한 관점을 더욱 발전시켜 다음과 같은 논점을 제시하였다.

① 자연의 '형성'과정을 목적의식적으로 방향 짓는 활동으로서의 '교육'
② 학교교육의 원(原)형태로서의 사회교육
③ 근대학교제도에 상대되는 것으로 사회교육의 세 가지 발전형태: '학교교육의 보충' '학교교육의 확장' '학교교육 이외의 교육적 요구'
④ 사회교육을 발전시키는 두 가지의 역사적 요인: '데모크라시'와 '테크놀로지'
⑤ 사회교육에 대한 아래로부터의 주민요구와 위로부터의 국가요구의 합류와 혼재

이러한 이론의 축은 서로 관련되면서 미야하라 사회교육론을 만들고 있지만 전술한 오늘날의 관심에서 봤을 경우, 이것이 '학교'라는 교육형태를 기본 축으로 해서 전개되고 있는 것에 다시 주목할 필요가 있다. 여기에서는 미야하라 이론에 있어서의 '학교'의 의미를 다시 파악해 봄으로써 오늘날의 성인교육을 둘러싼 국제적 논의의 동향과의 관계를 명확히 하고자 한다. 구체적인 검토에 들어가기 전에 미야하라 이론을 '학교'론을 중심으로 정리해 보고자 한다.

미야하라의 사회교육이론의 특징을 한마디로 말하자면 실정법에 근거한 현실의 사회교육제도를 움직이는 사회적 동인을 역사에서 찾아 민주주의라는 원리로 해석한 것이다. 이

2) 宮原誠一 『사회교육(社会教育)』 光文社, 1950, p.27.

책이 간행된 1950년은 「교육기본법」(1947)과 「사회교육법」(1949)이라는 전후 교육의 기본에 대한 중요한 법률이 제정된 시기이기도 했다. 이 시기에 미야하라의 사회교육론은 새롭게 등장한 법과 제도의 운용 이론으로서 제기되었다. 이 점에서 이 이론은 헌법과 「교육기본법」이라는 법 규범의 정신을 받아들여 보급하는 것을 사명으로 했다. 근대적인 학교교육제도는 이러한 전후 정신을 뒷받침하는 중요한 사회 시스템의 일부였기 때문이다.

그러나 위에서 제시한 논의에서도 알 수 있듯이, 미야하라의 사회교육이론은 학교와의 대비로 인식되어, 그 시야를 '학교교육 이외'에 두고 있다. 앞에서 현대의 국제적인 논의의 동향에 대해 필자가 주목하는 점은 학교형 교육에 대한 비판에 있다고 밝혔는데, 미야하라 이론으로 대표되는 전후의 사회교육이론과 오늘날의 논의의 차이점은 이러한 서로 다른 양자의 생각을 구분해서 정리함으로써 명확해질 것이다. 과연 미야하라의 '학교교육 이외의 교육요구론'과 오늘날의 규범화된 학교형 교육모델에 대한 비판은 같은 것인가? 혹은 다른 것인가?

2) 프랑스 혁명기의 교육연구

이 점을 생각하는 데 있어 프랑스 혁명기의 교육에 관한 사회사적인 접근이 하나의 단서가 될 것이다. 프랑스 혁명기의 교육제도는 근대적인 교육제도의 원형이 된 것으로 일본에서는 제2차 세계대전 이후의 교육제도개혁에 관한 논의 과정에서 민주주의적인 교육원칙을 확인하는 근거로 주목받아 왔다. 국가의 교육권과 국민의 교육권을 둘러싼 교과서 재판에서는 교육에 있어서의 근대적인 원칙이 무엇인가가 문제시되었지만, 프랑스 혁명기의 공교육론은 주로 국민의 교육권을 뒷받침해 주는 근거로서의 역할을 해 왔다. 진리의 교육과 공권력으로부터의 교육의 자유 등이 콩도르세(Marquis de Condorcet)로 대표되는 혁명기의 교육론을 바탕으로 논의되어 왔다.

그러나 최근 사회사적인 역사연구에 의해 혁명기의 공교육론을 재검토하게 되었고, 또한 새로운 자료에 관한 연구가 진전되는 가운데 학교만이 이 시기의 공교육론의 논의 대상은 아니었다는 것이 밝혀졌다. 종래부터 콩도르세의 계획 속에 공개강좌와 박물관 등 일반인을 대상으로 한 교육적 제도가 제안되어 있었다는 것은 알려져 있었지만 최근에는 이러한 학교의 연장선상에 위치한 교육만이 아니라 혁명제전과 국왕의 처형에 관한 항간의 논의 등과 같은 사람들의 직접적인 행동과 감성을 매개로 한 교육적 영향력의 행사가 또 다른 하나의 공교육론으로서 논의되었었다는 사실이 분명해졌다. 그 예로서 오주프(Ozouf)가 혁명제전을 "어른들의 학교"라고 불렀던 것은 잘 알려진 사실이다.[3)]

이것과 함께 흥미로운 것은 혁명기의 교육연구의 기반이 된 기초 자료를 둘러싼 변화이다. 사회사의 교육연구에서는 지금까지 주목받지 못했던 새로운 자료가 발굴되고 있는데, 그중에서도 중요한 것은 당시 혁명의회의 의사록을 볼 수 있게 되었다는 것이다. 혁명의사록을 검토하는 과정에서 위에서 지적한 혁명제전 등의 행사가 공교육의 문제로 논의되었다는 것이 밝혀진 것이다. 이러한 연구를 대표하는 연구자의 한 사람인 바취즈코(Baczko)는 혁명기의 공교육론은 학교를 중심으로 한 오늘날의 교육논의에서 잃어버린 폭넓고 풍요로운 내용을 담고 있었다고 지적한다.[4)]

일본에서의 논의와 관련지어 보면 이 연구 성과는 더욱 중요한 문제를 제기하고 있다. 왜냐하면 상기와 같은 제도개혁 논의가 근거로 한 기초 자료는 프랑스의 제3공화정기에 기욤(François Pierre Guillaume Guizot)이 편집한 자료집이었기 때문이다. 파리 코뮌 진압 후에 성립된 제3공화제는 대혁명기의 공화제의 이상(理想)이 다양한 사회제도로서 구체화된 공화정 체제의 확립기에 해당된다. 학교제도는 이러한 사회제도의 근간을 지탱하는 일부였다. 이 정치체제가 '교사의 공화국'이라고 불렸다는 것에서 알 수 있듯이 교사가 중요한 일원이었다. 그리고 기욤의 자료집은 정부의 의뢰를 받아 편찬되었기 때문에 학교교육을 중심으로 한 자료만을 모아 편집한 것이었다. 이것은 미야하라의 사회교육론을 포함해서 전후 일본에서 전개되어 온 교육논의가 이러한 자료적 제약을 전제로 전개되어 왔다는 것을 의미한다. 오늘날 학교가 결코 유일한 교육의 형태가 아니라는 것이 역사연구를 통해 명백해진 것이다.

3) 사회교육과 학교교육

일본에서는 예전부터 '학교교육과 사회교육의 연계'의 필요성이 종종 논의되어 왔다. 아이들과 청년들을 둘러싼 심각한 문제가 계속해서 일어나고 있는 오늘날, 양자의 협력이 필요하게 되었다는 것은 현실 문제로서는 당연하지만, 이론문제로서 생각했을 때 양자의 관

3) Mona Ozouf, L'homme régénéré Gallimard, 1989.

4) Bronislaw Baczko, 森田伸子 訳, 『혁명과 유토피아—사회적인 꿈의 역사(革命とユートピア—社会的な夢の歴史)』 新曜社, 1990.

계는 어떻게 이해해야 할 것인가.

'학교교육과 사회교육의 연계'처럼 병렬로 표현했을 때 거기에는 양자를 구별하고자 하는 의식이 있지만 오히려 쌍방을 연결하려고 하는 동질성이 상정되어 있다. '학교의 보완'에서 볼 수 있듯이 대부분의 경우, 학교교육과 동질한 것이 다른 곳에도 존재한다는 이해가 있다고 할 수 있을 것이다. '비형식교육'처럼 학교만큼 제도화되지 않았지만 그에 준하는 교육을 생각하는 경우에도 학교로 대표되는 교육을 기준으로 발상하고 있다.

그림 1 공민관 대청소 중인 가고시마현 야네단 마을 어린이들

미야하라 이론의 경우도 '학교 이외'와 '학교교육의 원형으로서의 사회교육'이라고 하면서도 학교의 기능과 동질한 교육의 존재가 상정되어 있다. 이 경우 동질성의 정체는 위에서 살펴본 학교라는 제도에 맡긴 지적인 인간형성이라는 근대적인 교육모델이다. 사회교육을 발전시키는 두 가지 역사적 요인으로서의 '데모크라시와 테크놀로지'론과 사회교육에 있어서의 '아래로부터의 요구와 위로부터의 요구의 합류'론도 논의의 계보를 거슬러 올라가 보면 자본주의 사회에 있어서의 계급적 모순을 배경으로 한 '사회발전'이라는 말 그대로 근대적 틀에 도달하게 된다. 양쪽 모두 지적인 인간의 해방이라는 근대 이상(理想)을 배경으로 하고 있다. 오가와 토시오(小川利夫)의 국민의 학습권론은 미야하라의 이론을 계승하면서도 더욱 발전 · 확립시킨 전후 사회교육이론의 정점이라고 부를 만한 이론이지만, 오가와의 교육관은 민중대학론에 다른 형태로 잘 나타나 있다.[5] 이상(理想)적인 교육은 '대학'이라는 계통적인 지(知)의 전당에 의해 상징되고 있는 것이다.

미야하라는 '교육과 형성'론이라는 교육의 인간형성 기능에 대해 주목하고 있다. 그러나 이 경우에도 "교육이란 자연의 형성과정을 바람직한 방향으로, 목적의식적으로 통제하는 과정이다."라고 말하고 있는 것에서 알 수 있듯이, 전자는 후자에서 생겨나면서도 후자에 대립, 후자를 방향 짓는 기능으로서 상정되고 있다. 중요한 점은 '자연적 형성과정'이 아닌 목적의식적인 방향설정에 놓여 있는 것이다. 듀이의 교육론을 기반으로 한 이 이론은 아동의 교육이 그 기반에 있는 자연과 사회와의 연결 위에 성립한다는 것을 강조하지만, 학교

5) 小川利夫『사회교육과 국민의 학습권(社会教育と国民の学習権)』勁草書房, 1973.

의 전제가 되는 아동의 자연스러운 인간형성기능 그 자체가 관심사가 되는 것은 아니다.

이러한 일본에서의 오늘날의 논의의 흐름에 대해 국제적인 논의가 관심을 가지고 있는 것은 지금까지의 이러한 학교의 교육적 기능을 중심으로 한 논의의 외연(外延), 그 밖에 있는 교육의 가능성이다. '형식교육'과 '비형식교육'이라는 용어에 입각해서 말하자면 '무형식교육'의 부분이 문제가 되고 있다고 할 수 있을 것이다. 다음으로 이 점을 프랑스어권을 중심으로 전개되고 있는 자기교육론과 라이프 히스토리를 성인교육에 응용하는 것에 관한 논의를 중심으로 검토하고자 한다.

4) 자기교육론과 반주자

일본어에서의 '자기교육'이라는 용어는 「교육기본법」과 2006년 개정 전 「사회교육법」을 해석할 때에 '국민의 자기교육'이라는 형태로 쓰이는 경우가 많다. 그 의미는 제2차 세계대전 이전의 국가에 의한 국민교화와 국민을 동원하는 도구로서의 사회교육을 부정하고, 국민이 자유롭고 자율적인 교육과 학습활동의 중요성을 강조하고자 하는 것에 있다. 이에 대해 여기에서 말하는 자기교육은 프랑스어의 'autoformation'의 일본어역을 의미한다. 이것은 분해하면 'auto(자기)'와 'formation(형성)'으로 나뉜다. 즉 'autoformation'은 본래는 스스로 자신을 형성한다는 교육을 의미하고 프랑스어의 영어번역으로는 'self-directed learning'이 해당될 때가 있다. 일본어로는 '자기형성'이 가장 가깝지만 이 말은 일본어로서 너무 일반적이기 때문에 '자기교육'이라고 번역하고 있다. 그러나 '자기형성교육'이라는 새로운 말을 사용하는 것도 가능하다.

프랑스어권에서 자기교육론이 갖는 의미를 그런 논의와 관련지어 볼 때 특히 수목할 것은 이 논의의 중심인물의 한 사람인 가스통 피노(Gaston Pineau)가 그 저서 『인생의 창조』에서 말하고 있는 '타자교육(hétéroformation)'과의 구별일 것이다.[6] 피노는 교육 훈련과정에서 타자의 개입이 있는 학교형 교육의 축에 대하여 또 하나의 자기교육의 축을 세우고자 한다. 이 축은 타자교육의 축에서 한없이 멀어지는 과정에서 만들어지는 것이지만 독선에 가까운 독학과는 구별된다. 그러나 타자교육은 강한 영향력을 갖고 있기 때문에 그것은 '자기(auto)'를 표방하는 유사한 교육모델이 다양하게 등장하는 가운데 타자와 규범의 개재

6) Gaston Pineau/Marie-michele, Produire sa vie autoformation et autobiographie, edilig et editions Saint-Martin, 1983.

에서 '자기'가 말 그대로 자율적으로 행동하면서 교육의 당사자가 되는 경지를 지향하는 과정으로서 상정되어야하는 것이다.

이러한 피노의 교육관은 이 논의의 전개 중에 생겨난 교육적 지원자에 관한 다음의 유형도를 보면 알기 쉽다.[7] 이 그림은 '반주(伴奏, accompagnement)'라는 교육적인 지도자에 관한 개념을 더욱 확대하여 학교교사 이외에도 다양한 영역에서 교육적 역할을 하고 있는 지도자가 다양하게 존재하고 있다는 것을 명시하기 위해 '반주자(accompangeateur)'라는 교육적 지원자군으로 정리한 것이다. 2006년에는 프랑스의 투르(Tours)시 교외 퐁테브로(Fontevraud)에서 반주자에 관한 제1회 국제회의가 열려 필자도 참석했다.

그림 2 생명인지적인 반주(accompagnement)의 유형도

출처: Gaston PINEAU, Accompagnements et histoire de vie, L'Harmattan, 2000, p.15.

(주) (1) 세로축은 위로 갈수록 타자성이 강해지며 권위성이 강해진다. 또한 아래로 갈수록 친근해지며 대등해진다.

(2) 가로축은 오른쪽으로 갈수록 자신으로부터 떨어져 사회성을 지닌 객관적인 지식이 된다. 또한 왼쪽으로 갈수록 자신의 경험에 가까워지고 느낀 점이나 체험에 가까워진다.

---

7) Gaston PINEAU, Accompagnements et histoire de vie LHarmattan 2000, p.15.

이 그림은 '생명인지적인 반주'라는 제목이 붙어 있는 것처럼, '반주'라는 개념을 '인지'라는 레벨에서 파악하고자 하고 있다. 이를 위해서 최하단에 표시된 '지식'은 개인과 사회 사이에서 개인에 내재화된 깊이로서 파악되고 있으며 오른쪽으로 가면 갈수록 사회적으로 유통 가능한 개별성이 희박한 지식으로 정리되고 있다. 또 세로축에서는 타자성이 기본 축이 되고 있으며 자기와의 친밀도에 따라 구분되어 있다. 이러한 기준의 교차 안에서 가장 개인에게 가까운 교육적 타자로 '연인'이 있는 것은 너무나도 프랑스적이라 할 수 있지만 '생명인지'라는 에콜로지와 젠더 문제를 시야에 넣은 관점으로서 '조산사(助産師)'와 '조산의(助産醫)'가 개인에게 가장 가까운 장소에 위치하고 있는 점은 흥미롭다. 또 '구도자(gourou)'라는 힌두교 지도자가 자기에게 가장 가까우면서도 가장 권위적인 장소에 위치하고 있는 것도 이 그림을 이해하는 데에 도움을 줄 것이다. 또 권위성의 축에서는 상당히 높은 위치에 '선생님(éducateur)' 및 '지도원(formateur)', '교사(instituteur)'가 표시되어 있는데 이것은 각각의 인격형성의 보조(훈육)자로서 학교의 교사, 직업훈련에서의 지도자, 지식의 도야(陶冶)자로서의 교사를 나타내고 있다.

이 표가 의미하는 것은 교육이라는 개념을 '학교'라는 고정적인 모델에서 해방시켰을 때에 교육적인 현상이 사회 안에서 얼마나 광범위한 것인가 하는 새로운 발견이다. 이것은 교사에 의한 '교육의 전문가'로서의 지위 독점에 종언을 고하는 획기적인 논의라고도 말할 수 있을 것이다.

5) 새로운 성인학습론과 라이프 히스토리의 응용

상기와 같은 성인교육 영역에서의 근래의 발전 중 하나는 성인의 학습과정에 관한 이론·실천적인 연구에 의해 생겨난 것이다. 그 선구자로서 린드만(E. Lindeman)과 놀스(M. Knowles), 메지로 등 북미의 성인교육연구자를 들 수 있을 것이다. 또 일리치(I. Illich)와 프레이리(P. Freire) 등의 이름도 빼놓을 수 없다.

프랑스어권에서의 피노 등의 이론은 이러한 북미의 이론을 흡수하면서도 철학적 관심과 인류학의 영향 등 프랑스어권의 독자적인 이론을 구축하고 있다. 그중에서도 특히 흥미로운 것은 성인학습에 관한 실천·연구의 수법으로서 전기(傳記)적 방법에 대한 관심이 높아져 그와 관련된 실천 활동이 확대되고 있는 점이다. 구체적으로는 필자도 참여하고 있는

'자기형성의 라이프 히스토리 연구 국제협의회 (Association International d'Histoires de Vie en Formation: ASIHVIF)'가 프랑스어권에서의 연구·실천조직으로서 활발한 활동을 전개하고 있다.

라이프 히스토리를 성인교육에 응용하고자 하는 '자기형성의 라이프 히스토리(이하 HIVIF)'는 자기교육 연구를 추진하는 방법론으로 주목되어 활용되고 있다. 따라서 다음에 제시하는 HIVIF의 원리와 방법은 자기교육론의 원리이기도 하지만 근래의 성인교육을 둘러싼 국제적인 논의의 에센스의 일부로서 받아들일 수 있는 사항이기도 하다. 라이프 히스토리를 성인교육에 응용하는 데 있어서 중시되는 것은 다음과 같은 원리이다.

- 인간은 누구나 과거의 '경험'과 그 경험을 바탕으로 한 '지식'을 가지고 있다.
- 성인에게 있어 '경험'은 현재의 자신을 판별하고 미래를 조망하는 힘이다.
- 인간은 누구나 '경험'을 '되돌아봄으로써' 거기에서 자신의 '의미를 발견'한다.
- 자기형성은 개인주의가 아니라 자기 안에서 사회와 역사를 찾아내고 사회 발전과 변혁에 참여하는 주체의 형성을 목적으로 한다.

라이프 히스토리를 성인교육에 응용하는 데 있어서는 화자(話者)가 과거의 경험을 타자에게 이야기함으로써 타자와 공동으로 자신의 인생의 의미를 발견하는 것을 목적으로 한다. 경험에서 자신의 의미를 발견하는 과정은 성인이 자기를 형성하는 과정으로 파악되어 그 자체가 교육으로서 중시되는 것이다. 이러한 교육론이 가지는 의미는 여러 가지가 있지만 학습자를 이미 일정한 지식과 능력의 소유자로 파악하려고 하는 점이 중요하다. 타자교육으로서 타인에게서 얻는 지식도 필요하지만 그 필요성을 먼저 말하기 전에, 학습자 자신이 스스로를 경험을 기반으로 한 지식의 소유자라는 점을 중시해야 한다는 것이다.

이 관점은 학교교육에서의 교사와 학생이라는 권위적 관계에 대한 비판으로서도 중요하지만, 여기에서는 '학습이란 무엇인가'라는 보다 원리적인 문제로 주목해야 할 것이다. 즉 제2차 세계대전 이후 일본 사회교육에서 중시되어 온 과학적 지식과 진리에 대한 비판이 이 논의에 포함되어 있다는 것이다.

전후 일본의 사회교육론에서는 "사회교육의 기본은 헌법학습이다."라는 소위 히라카타(枚方)선언이라 불리는 원칙이 중시되어 왔다. 헌법학습의 중요성을 부정하는 것은 아니지만 지금 여기에서 논의하고 있는 것은 헌법으로 대표되는 사회규범을 이해하는 데 반드시 필요한 폭넓고 일반적인 지식만이 지식인가라는 의문이다. 이것은 부정의 대상은 아니지만 유일한 것도 아니라는 문제가 제기되고 있는 것이다.

6) 라이프 이벤트와 인간형성

필자는 최근 수년간 폴란드와 프랑스의 연구자가 중심이 되어 추진하고 있는 '라이프 이벤트와 자기형성교육'이라는 연구 활동에 참여하고 있다. 국제적인 연구조직이 모든 대륙에서 폭넓게 조직되어 동일한 질문지를 사용한 조사가 실시되고, 폴란드와 프랑스 및 일본에 대해서는 보다 집중적인 인터뷰를 통한 연구가 이루어지고 있다. 2007년 9월에는 3년간에 걸쳐 이루어진 연구결과에 관한 연구집회가 폴란드 웃치(Łódź)대학에서 열렸다. 필자는 이 활동에 일본 담당 멤버로 참여하여 주로 오키나와 조사를 바탕으로 한 분석 성과를 보고했다.[8)]

이 연구는 어떤 한순간의 '일(사건)'이 라이프 이벤트로서 사람의 일생에 기록되어 그 순간이 그 사람의 일생을 결정짓는다는 사실을 교육적인 관점에서 탐구하는 것을 목적으로 하고 있다. 인생이 어떤 한 순간의 일(사건)에 의해 결정되고 있다는 사실, 내지는 결정된다는 변화 그 자체를 학습으로서 파악하고자 하는 것이다.

미셸 르그랑(Michel Legrand)은 '나는 기로, 전환점에 서 있다.'와 '힘든 선택이었다.' 등 우리들이 경험하는 '전환점으로서의 순간 내지는 기로의 순간, 커다란 이변, 사건, 경쟁적 환경, 위기, 곤경, 선택, 파국 등'을 전기(傳記)적 카테고리라 부르고 사회심리학 연구의 실마리로 할 것을 제안하고 있다.[9)] 르그랑이 말하는 전기적 카테고리를 교육적으로 파악하여, 말하는 당사자가 자기형성과 자기변혁의 계기로 재인식할 때, 그것은 학습으로 그 의미가 변화된다.

또 에드거 모랭(Edgar Morin)은 '일어난 일(사건)'이 '특이성 · 우발성 · 환원불능성 · 인생체험과 동일시 된 정도에 따라 일어난 것'이라는 것에 반론하면서 "현상적 생존은 연속되는 일련의 일(사건)이다. 그렇기 때문에 learning, 즉, 학습은 단순히 부모의 교육의 결실일

---

8) Makoto SUEMOTO Culture traditionnelle et jeune generation a Okinawa. Dans Martine Lany-Bayle et Marie-Anne Mallet, Evenements et formation de la personne. Tome 2, pp.103−126 L Harmattan, Paris, 2006, 11.

9) Michel Legrand, Lapproche biographique L Epi, 1993, p.125.

뿐 아니라 개체(個體)와 환경의 조우이기도 하다."라고 말하고 있다.[10] 부모와 교사가 제공하는 예절과 지식은 일정한 가치관과 계통적인 지식으로 일관적이고 연속되어 있다. 그러므로 학습은 이러한 계속되는 '연속된 시간'으로 인식되는 경우가 많지만, 개체의 형성이라는 관점에서 봤을 때에는 그것은 일련의 '순간적인 일(사건)'의 연속이라는 또 다른 별개의 메커니즘에 따라 전개되고 있다는 것이다.

'사건을 매개로 한 학습'이라는 이해는 '지식'에 맡긴 보편성과 객관성, 더 나아가서는 진실인가 아닌가라는 종래의 교육에서 중시되어 온 가치기준과 충돌한다. 앞에서 언급한 학교로 상징되는 '교육에 있어서의 근대'라 불리는 것은 이러한 보편과 객관이라는 개인의 개별성을 넘어선 곳에 성립하는 사물인식의 가능성을 말한다. 이것이 순간의 사건을 통한 자기발견에 의해 담보될 수 있는가? 모랭이 사건이라는 기본 축은 과학세계에서 '쫓겨났다'라고 쓰고 있는 것처럼, 교육의 세계에서도 그것이 배척되는 것은 무리가 없는 일이라고 하지 않을 수 없다. 그러나 그것이 올바른 일인가?

필자 등이 추진해 온 라이프 이벤트 연구에서는 말하는 내용 중에 인생의 흐름을 구분짓는 몇 개의 사건이 다양하게 나타났다. 개인이 경험한 이러한 개별적인 사건은 분명히 모랭의 담론이 그 전제로 하고 있는 특이한 것이며 우발적인 것이다. 그러므로 이러한 전기적 카테고리에 있어서의 발견과 자기확인으로서의 '학습'도 역시 우발적인 것이며 따라서 보편성과 객관성이 결여된 것으로서 이해되는 것이 일반적이다.

그러나 라이프 이벤트 연구에서 명확해진 것은 어떤 순간의 사건이 자신의 인생 안에서 스스로 그 의미를 만드는 계기가 되고 있다는 것을 화자가 자기 자신을 발견하는 과정으로서 확인한다는 사실이다. 이러한 의미를 발견하는 과정을 학습이라고 불러야 하지 않을까? 또한 이렇게 해서 발견된 자기 자신의 의미 자체를 '지식'이라고 부를 수 있지 않을까? 라이프 이벤트와 인간형성에 관한 연구에서는 이러한 내용이 논의되고 있다. 이 경우 전술한 것처럼, 개별적이고 순간적인 사건에서 찾을 수 있는 '의미'가 '지식'으로서 객관성과 보편성을 담보할 수 있는지가 문제가 된다. 그러나 우발성 안에 보편성이 동시에 포함되어 있는 것은 9.11 테러사건을 보면 이해하기 쉽다. 테러 희생자들과 그 관계자들은 9.11이라는 순식간에 일어난 사건 속에서 현재의 국제적 정치상황이라는 보편을 보게 된다. 이것은 '병'이라는 일반적인 지식으로 이미 가지고 있었던 사항의 의미를 자신이 그 병에 걸렸을

10) Edgar Morin, 村上光彦 訳『의식 있는 과학(意識ある科学)』法政大学出版, 1988, p.143.

때 개별적인 의미를 부여하면서 이해하는 과정과 비슷하다. 여기에서도 개별성과 보편성은 중복되는 것이다.

이와 같이 오늘날의 성인 학습을 둘러싼 논의 중에는 교육과 학습의 의미와 본질을 둘러싸고 종래에는 없었던 문제의식이 생겨나고 있다. 교육과 학습을 근본적으로 재인식하려는 논의는 일본의 제2차 세계대전 이후 사회교육에 대한 재인식을 요구하는 국제적인 요구이다. 이러한 새로운 흐름을 바탕으로 무엇을 어떻게 문제 삼아 가면 되는지 마지막으로 이 점을 검토해 보고자 한다.

3 미래 –세계의 새로운 움직임에 어떻게 대응할 것인가

지금까지 살펴보았듯이 오늘날의 국제적인 성인교육연구 동향은 사회교육의 새로운 가능성과 앞으로 논의해야 할 과제가 무엇인지를 시사하고 있다. 현실을 모르는 이론 중심이라는 비난을 각오하고 말하자면, 이러한 가능성이 있는 한 쓸데없이 폐쇄감에 빠질 필요는 없다. 이러한 입장에서 마지막으로 앞으로 해야 할 일본 사회교육의 새로운 과제로서, 또한 한국의 사회교육·평생학습 관계자에 대한 기대로서 다음과 같은 점을 들고자 한다.

1) 사회교육과 평생학습에 대한 이해

첫 번째로 사회교육과 평생학습의 좁은 이해를 극복하는 점이다. 여기에서 소개한 성인교육의 새로운 논의는 일본에서 이루어지고 있는 논의보다 폭넓은 것이었다. 또 피노의 박주자 유형도는 대학과 직업·노동, 복지, 건강, 의료, 농업 등 폭넓은 영역을 대상으로 만들어진 것이다. 일본이든 한국이든 사회교육과 평생학습의 향후 발전을 논하고자 하는 경우에는 이러한 영역별 구분을 넘어선 논의 속에서 사회교육과 평생학습을 자리매김하는 노력이 필요할 것이다.

일본의 사회교육은 제2차 세계대전 이전의 사회교화(社會敎化) 역사를 바탕으로 한 권력지배의 도구로 기능하는 것을 거부하고 민주주의 원리에 선 국민본위의 실천과 이론 구축을 목표로 해 왔다. 「교육기본법」과 「사회교육법」은 그 중심이었다. 그러나 근래 평생학습정책이 추진되어 법 개정을 포함한 전후 사회교육제도의 개변(改變)이 진행되는 가운데 민주주의를 표방하는 일본의 사회교육 관계자들의 관심은 실정법이 정하는 범위 안에 한정되어 버렸다. 이것은 소위 방어적 논의이다.

실은 일본에서도 사회교육 이외의 성인교육 영역이 존재한다. 필자가 근무하고 있는 학부 · 대학원에 부설된 휴먼 커뮤니티 창성(創成)연구센터(HC센터)의 노동 · 성인교육부문 활동으로서, 전술한 바와 같은 폭넓은 업종의 사람들이 모여 라이프 히스토리를 공통의 방법론으로 하는 실천적 연구를 하고 있다. 하고 있는 일의 차이로 인해 실제 학습의 양태는 서로 다르지만, 모두 교육적 지원자(피노가 말하는 반주자)의 인식에 서서 매번 각자의 실천을 바탕으로 논의를 한다거나, 함께 라이프 히스토리 워크숍을 개최하거나 하면서 성인이 학부란 무엇인가에 관한 문제를 탐구하고 있다. 이와 같은 활동은 참가자들이 지금까지 경험한 적이 없었기 때문에 조금씩 상호 이해가 생기면서 같은 일에 종사하는 사람으로서의 공감이 싹트고 있다. 폭넓은 영역에서 활동하고 있는 성인교육 관계자들에게 같은 일을 하고 있는 사람으로서의 공감이 생기는 것은 전체적으로 사회교육의 발전으로 이어지는 것이 아닐까.

피노의 반주자 유형도가 의미하는 것은 학교 외에 유사한 교육적 지원자가 존재하고 있다는 사실의 확인이다. 피노는 그것을 정규 학교를 축으로 한 제도화된 교육의 '낮체제'에 대해 교육의 '밤체제'라 부른다. 자는 것 외에 아무것도 없다고 생각해 온 밤에, 실은 탐구할 만하지만 아직 밝혀지지 않은 깊은 의미가 있다는 것이 아닐까. 문제는 학교 이외의 교육의 존재에 대해 어느 누구도 눈을 돌리지 않았다는 점이다. 사회교육은 지금까지 축적된 것을 활용함으로써 이 미개(未開)의 영역을 발전시키는 데 선도적인 역할을 맡아야 할 것이다.

2) 사회교육의 지나친 과학주의와 규범주의 원칙 탈피 필요

두 번째는 '교육과학'을 표방하면서 발전해 온 사회교육이론의 지나친 과학주의와 규범주의의 원칙을 바꿀 필요가 있다는 점이다. 교육의 패러다임 전환을 둘러싼 논의는 일리치와 프레이리 등에 의해 제기되어 왔다. 이러한 논의에서 공통적으로 생겨나는 의문은 정비된 교육제도와 계통적인 지식 전달이라고 하는 지금까지의 교육 발전 기준이라고 여겨져 왔던 것들이 과연 인간의 자유와 해방으로 이어지고 있는가라는 것이다. 이는 기든스(A.

Giddens)가 말하는 '행위의 재귀적 모니터링'에 해당하는 문제관심이라 할 수 있다. 기든스는 근대라는 시대의 도래와 함께 '재귀성(再歸性)은 시스템 재생산의 기반 안에 깊숙이 들어가 있어 그 결과 사고와 행위는 항상 서로를 조명(照明)하게 된다.'고 말하고 있다.[11] 자신은 무엇인가라는 질문을 가지고 자신의 의미를 항시 의문시하는 것이 필요하다는 것이다. 이 과제를 교육 일반의 문제로서가 아니라 이미 전술한 보다 넓은 논의의 필요와 관련해서 생각해 보도록 하자.

사회교육 관계자들이 다른 영역의 실천가들과 함께 경험을 교류하고 새로운 직업적 공감을 만들어 내기 위해서는 관계자가 공유할 수 있는 논의의 토대가 필요하다. 제네바대학의 도미니세(P. Dominice)는 성인교육 분야가 실천 현장과의 관련성이 강하기 때문에 관계자가 영역을 넘어 서로 간의 공통성을 아는 것이 어렵다고 한다.[12] 대학과 직업・노동, 복지, 건강, 의료, 농업 등은 각각 독자적인 활동내용과 방법을 가지고 있다. 학교와 같은 일률적 교육 형태는 성인교육에는 없는 것이다.

그러나 근래 이러한 한계를 넘어서고자 하는 움직임이 생겨나고 있다. 그것은 앞에서 간단히 언급한 바와 같이 성인학습에 관한 연구의 발전이다. 성인학습의 특질을 탐구하는 '성인성(adulthood)'의 논의에서 볼 수 있듯이 성인교육에서는 논의의 관점을 가르치는 쪽에서 배우는 쪽으로 바꾸는 것이 필수불가결하다. 이것은 또한 성인이 경험을 바탕으로 한 지식을 이미 소유하고 있는 존재라는 것을 인정하는 교육원리상의 변화를 의미한다.

일본의 사회교육은 "공민관은 시민의 대학이다."라는 이른바 '산타마선언(三多摩テーゼ)'에서처럼 객관적인 지식, 특히 사회과학의 지식획득에 중점을 두어 왔다. 이와 함께 직원에게는 프로그램을 조직하기 위한 지도자로서의 역할을 기대해 왔다. 그러나 반주자라는 오늘날의 논의의 전제로 하고 있는 것은 이러한 지도성의 강조가 교육적 관계에 있어서 배우는 쪽의 경험 혹은 경험을 바탕으로 한 내면의 힘을 무시하고 있는 것이 아닌가라는 의문이다.

사회교육과 평생학습의 앞으로의 발전은 학습자가 자신의 경험을 바탕으로 소유하고 있는 지식의 의미를 스스로 심화시킴으로써 가능할 것이다.

---

11) Anthony Giddens, 松尾清文・小幡正敏 訳『근대란 어떠한 시대인가?(近代とはいかなる時代か?)』而立書房, 1993, p.55.

12) Pierre Dominicé, Histoire de vie comme processus de Formation, L'Harmattan, 1990.

3) 라이프히스토리와 개인의 아이덴티티의 문제

마지막으로 성인의 학습과정을 규명하는 방법으로서 라이프 히스토리와 자기교육론(自己教育論)에서 중시하는 개개인의 아이덴티티 문제이다. 앞에서 소개한 라이프 히스토리를 성인교육에서 활용하려는 국제조직인 ASIHVIF는 개인이든 집단이든 인간의 변화는 한 인간의 내면에서 생긴다는 것을 사실로 인정하는 것에서부터 성인교육의 논의를 시작할 것을 제안하고 있다. 이것은 기존의 논의가 '국민'과 '계급' 등과 같이 자신의 사회적 및 객관적 입장을 나타내는 광범위한 개념의 획득을 중시해 온 것에 대한 비판으로부터 생겨났다. 그러므로 ASIHVIF의 논의는 반드시 학습의 개인주의적 해석을 요구하는 것이 아니라, 사회적 틀을 우선시해 온 지금까지의 논의를 수정하면서 다시 사회적 자율과 해방을 향한 주체 형성의 과정을 재구축하고자 하는 것이다. 인간은 기존 사회에 태어나 자란 존재이며, 그 성장은 사회화(socialization)의 과정이다. 인간의 성장은 개인이 사회화됨과 동시에 사회가 개인 안에 내면화되는 과정이다. 라이프 히스토리를 말하는 것을 통해 재구축된 개인의 아이덴티티는 사회 안의 자신을 의미하는 것이다. 자신의 의미 발견이라는 실천을 통해 목표로 하는 것은, 사회를 지탱하는 당사자의식과 구체적인 기술의 획득이다. 일본의 사회교육에서도 본래 당사자의식과 능력 형성이 목표가 되었지만, 그것은 소위 가르침을 받고 있다는 당사자의식으로서의 성격이 강했다고 할 수 있을 것이다.

프랑스에서 참가한 연구회에서 성인교육 관계자들과 교류하거나 관련시설 등을 조사하면서 느낀 것은 자기 판단과 의식을 바탕으로 한 강한 발의(initiative, 發意)의 존재이다. 오늘날 프랑스 민중교육의 대부분은 자원봉사활동인 어소시아시옹에 의해 이루어지고 있지만, 이를 지탱하고 있는 것은 문제의식이 생겼을 때 스스로 해결하고자 하는 발의(發意)이다.

일본에서도 '사회기업가'라는 용어가 쓰이기 시작하고 있는데 이 용어가 그에 해당한다. 제2차 세계대전 이후 일본 사회교육의 자율(自律)에 관한 논의의 역사적 전개과정에는 몇 개의 시대적 구분이 존재한다. 전후 이른 시기부터 추진된 것은 '자주그룹 육성'사업이다. 이는 '자주'와 '그룹'이라는 이중 형용이 나타내고 있듯이, 어떻게 하면 뒤처진 민의를 키워낼 것인가라는 문제의식을 기반으로 하고 있다. 1970년대부터는 당시의 국토개발정책 하에 주민운동과 시민운동에서 대표되는 '의의신청' 성격의 운동이 활발히 이루어졌다. 이는 일본에서 처음으로 국민의 권리의식이 뿌리내린 시기로 알려져 있다. 1990년대는 자원봉사활동과 NPO로 특징지을 수 있다. 한신대지진(阪神淡路大震災) 때 피해지역에 모여든 자원봉사자들의 활동으로 1995년은 일본의 '자원봉사 원년'이 되었다. 이에 뒤이은 '사회적 기업가'는 앞으로의 새로운 전망을 보여 주는 생각이다. 이는 1970년대의 권리의식처럼 행정에 대한 요구와 책임을 추구하는 주체가 아니며, 또한 1990년대의 자원봉사처럼 누군가를 도와주는 것도 아닌, 스스로의 발의(發意)를 바탕으로 자기 스스로 사업을 일으키는 주체이다. 이러한 주체를 양성하기 위해서는 어떻게 해야 하는가, 개인의 아이덴티티를 중시하고자 하는 논의는 이러한 자신의 역할에 대한 재인식과 결부되어 있다.

필자가 본 바에 의하면 일본에서는 지금까지 추진해 온 「사회교육법」에 근거한 제도와 연구의 틀에 한계가 있어 탈피와 재생, 재창조의 노력이 필요하다고 할 수 있다. 이에 반해 한국에서는 새로운 법제도가 탄생하여 평생학습제도가 창조, 형성되는 과정에 있다. 일본과 한국이 앞으로 어떻게 발전해 나갈 것인가. 어느 한쪽이 다른 한쪽을 이끄는 것이 아니라 대등한 교류 안에서 서로 발전해 나가는 것이 기대되고 있다. 여기에서 논한 국제적 움직임이 토대가 되어 동아시아의 사회교육 · 평생학습에 대한 폭넓은 논의가 펼쳐질 수 있는 장이 만들어지기를 기대해 본다.

특별보고 I

한 · 일 평생교육 교류의 역사와 과제

-한 · 일 사회교육세미나를 회상하며-

사사가와 고이치(笹川孝一)

1 교류의 물꼬를 튼 '한 · 일 사회교육세미나'

최근 일본에서 한국에 대한 편견은 줄어들었다. 배용준 주연의 '겨울연가'가 그 OST인 류(RYU)의 '처음부터 지금까지'와 함께 일본의 안방극장을 석권하였고, 대장금, 서동요 등의 역사드라마도 한국어로 방영되고 있다. 일본인은 한국으로, 한국인은 일본으로 여행, 유학, 출장을 오고가며 우정을 나누고, 사랑하고, 가족을 만들고, 서로 배우며 일하고 있다. 사회교육 · 평생교육 분야의 교류도 매년 활발히 이루어지고 있다. 이 책의 편자 중 한 명인 고바야시 분진(小林文人)을 중심으로 한 '동아시아사회교육연구'를 비롯하여, 일본사회교육학회의 사회교육 · 평생학습에 관한 연구 교류, 사회교육추진전국협의회와 한국사회교육협회 · 한국평생교육총연합회의 실천 교류, 일본교육학회와 한국교육학회의 교류, 일본과 한국의 대학 · 연구기관에 의한 연구 교류 및 공동 프로젝트도 많아지고 있다.

하지만 지금으로부터 20년 전인 1990년대 초, 한국과 일본의 사회교육 · 평생교육 관계자들은 '교류는 하고 싶지만 계기가 없는' 상황이었다. 당시 한국은 일본 교과서문제 등과 관련해서 '일제(日帝)부활'론과 한국 노태우 군사정권의 민주화탄압이 한국과 일본의 신문에 보도되던 상황이었다. 천 년 이상의 복잡한 교류의 역사[1]를 이어받은 김대중 대통령과

1) 한국과 일본의 교류는 2000년 이상의 역사를 가지고 있다. 일본의 규슈(九州)에는 '가라쿠니다케(韓國岳)'라는 산이 있고, 한자와 불교, 주자학도 백제와 조선의 영향을 받아 일본에서 번창하게 되었다. 일본어와 한국어는 문법이 비슷하고 단어도 60% 이상 공통된다고 한다. 단군신화 이래의 '조선'(朝鮮, 아침이 아름답다)과 7세기 이후의 '일본'(日本, 태양에 가깝다) 등, 국호 자체도 한(漢)과 당(唐)을 포함한 격동하는 동아시아 속에서 생겨났다. 그렇기 때문에 덴마크와 스웨덴, 영국과 프랑스 등과 마찬가지로

오부치 게이조(小渕恵三) 수상의 '한 · 일 문화교육촉진정책', 월드컵 축구의 한 · 일 공동개최를 위해서는 아직도 5~10년이라는 세월이 더 필요했다.

이 시기에 '한 · 일 사회교육 관계자들이 우정을 나누고 그 후 교류의 물꼬를 튼 것'(小林文人)이 1991년부터 1993년에 이르기까지 4회에 걸쳐 열린 '한 · 일 사회교육세미나'였다. 이 세미나는 그 이전의 교류를 연결하고 이후 교류의 추진력이 되었다.[2)] 그로부터 20년, 이 세미나도 '역사'가 되었다. 한국측 사무국 책임자였던 김신일의 한국측에서 본 증언을 기대하면서 일본측 사무국 책임자로서 일본측에서 본 증언을 적고자 한다.

이 심포지움이 열리기까지 일본사회교육학회와 『월간 사회교육』, 사회교육추진전국협의회, 일본교육학회 등과의 교류가 있었다. 1960~1970년대 유네스코의 회원이었던 하타노 간지(波多野完治)가 평생교육을 활발히 소개하기 시작한 시기에 아시아태평양성인교육협의회(Asian South Pacific Bureau of Adlut Education: ASPBAE)와 국제성인교육위원회(International Council for Adult Education: ICAE)에 모로오카 가즈후사(諸岡和房), 모토키 켄(元木健), 야마구치 마코토(山口真), 우스이 마사히사(碓井正久) 등이 참가하였고, 한국의 김종서, 황종건, 김신일 등이 참가하였다. 1989년의 일본사회교육학회 연구대회에서 림호이팍 ASPBAE회장이 제1회 총회를 일본에서 개최하기를 희망해서 일본의 회원이 늘게 되었다.

1990년은 UNESCO가 선언한 '세계 문해(文解)의 해'였다. 이때에 ICAE총회에 참여한 학회 대표의 보고를 받아 1991년에 일본사회교육학회의 연보『국제문해 10년과 일본의 문

협력과 반목, 지배 등 복잡한 한 · 일 '교류사'가 존재하였다. 한반도와 일본열도에 국가가 없었던 5000년 이상 전의 사람들의 교류, 신라 · 당 연합과 백제 · 야마토(大和) 연합의 대전쟁 후, 백제계 이민을 유력한 주체 중 하나로 한 '일본'의 건국, 도요토미 히데요시(豊臣秀吉)가 이끄는 군대에 의한 조선왕조 침공 이후 에도(江戸)시대의 조선왕조 우위의 교류, 메이지(明治)기부터 1945년까지의 일본열도 우위의 지배와 교류, 그 후 1970년대까지의 단절에 가까운 상황을 거쳐 오늘날과 같이 대등한 교류의 시대가 도래한 것이다.

2) 활발한 한 · 일 교육 교류의 상징이 2003년에 열린 일본사회교육학회 50주년 기념 심포지움 '사회교육과 지속가능한 발전－글로벌화 하는 아시아 지역의 과제와 가능성'이다. 이 심포지움에서 시마다 슈이치(島田修一) 회장이 "종래 일본의 연구는 구미(歐美) 지향성이 강했지만 앞으로는 아시아와 함께 하는 연구의 발전을 기대한다."고 하였고, 마에히라 야스시(前平泰志), 마키노 아츠시(牧野篤), 필자가 기안한 기조 제안에서는 "아시아와 함께 하는 것이 대량생산 · 대량소비 시스템에 대한 반성을 포함해 근대화를 돌아보고 로컬(local)한 지(知)를 재평가하는 것으로 이어진다."고 하였다. 2008년 2월까지 한국 정부의 부총리 겸 교육인적자원부 장관을 역임했던 김신일이 패널리스트의 한 사람이었다.

해문제(國際識字10年と日本の識字問題)』가 처음으로 아시아를 의식적으로 다루면서 한국사회교육학회 회장이었던 황종건의 「민족의 독립과 문해교육운동—한국 문해운동의 역사적 고찰」(남상영 번역)도 게재하였다. 1993년 연구대회(도쿄도립대학)에서는 오자와 유사쿠(小沢有作) 실행위원장의 희망으로 황종건의 강연과 오가와 토시오(小川利夫) 전 회장의 코멘트, 치노 요이치(千野陽一) 회장과 황종건 회장의 한 · 일 사회교육학회 회장 간 회담이 실현되었다. 95년에 간행된 『다문화 · 민족공생사회와 평생학습』(多文化 · 民族共生社会と生涯学習)에서 일본의 외국인 학습권과 외국의 다문화교육 맥락 속에서 아시아 국가들을 다루었다.

『월간 사회교육』은 1980년대 후반부터 아시아와 한국 관련의 기사들을 실었다. 일본과 한국을 포함한 벼농사 몬순 지역 농민 네트워크를 만든 고마츠 고이치(小松光一)가 리더 중 한 명이었다. 사토 가츠코(佐藤一子) 편집장 시대에는 1989년 1월호에서 '국제화'를 특집으로 다루었다. 이후 1990년 1월 '세계 문해의 해를 맞이해서', 8월 '아시아의 사회교육', 1992년 2월 '외국인의 학습권' 등에서 한국과 재일외국인, 개발도상국의 원조 등에 관한 논문을 게재하였다. 「주민의 학습권과 외국인의 학습권」을 주제로 한 오가와 토시오, 호리오 데루히사(堀尾輝久), 필자의 좌담회는 큰 반향을 불러 일으켰다.

사회교육추진전국협의회는 1991년의 고바야시 분진 위원장 시절에 상임위원회 내에 국제교류담당을 두고, 1993년의 기사라즈(木更津)집회에서 한국사회교육협회와의 교류를 시작하였다. 김신일, 이종만, 정지웅, 안태윤, 이지혜, 박은미, 박인주, 이남주 등이 연구집회에 참가했고, 일본에서는 시마다 슈이치(島田修一), 이나바 야스코(稲葉泰子), 나가사와 세이지(長澤成次), 오오구시 류키치(大串隆吉) 등이 방한하였다. 한국사회교육협회가 한국평생교육총연합회로 소식 명칭을 변경한 후에도 교류는 계속되었다. 일본교육학회에서는 1993년에 호리오 데루히사 회장이 이누이 아키오(乾彰夫), 남상영, 필자와 함께 방한하여 김신일과 당시 아직 합법조직이 아니었던 전국교직원노동조합 고문인 이화여자대학교의 이규환 등과 학습권과 교원노동조합운동, 민간교육연구운동 등에 대해 의견을 교환하였다. 1995년의 도쿄도립대학대회에서 열린 역사인식을 포함한 심포지움에서는 호리오 회장, 윤건차(尹健次) 등과 함께 김신일이 단상에 올랐고, 2006년에는 김신일 한국교육학회 회장이 사토 마나부(佐藤学) 일본교육학회회장을 한국교육학회 총회에 초청하였다.

2 세미나의 계기와 사람들의 생각 그리고 준비

세미나는 1990년 ICAE총회(방콕)와 ASPBAE워크숍(조그자카르타)에서 만난 한·일의 사회교육관계자들이 '서로 방문하며 만나자.'고 합의한 것이 계기가 되었다. 그러한 합의의 배후에는 관계자들의 한·일 교육 교류에 대한 기대가 있었다.

한국측의 사무국 책임자를 맡았던 김신일은 "그때까지는 주로 미국을 참고로 해 왔지만 한국과 미국의 역사와 문화, 지리적 배경의 차이를 알게 되었고, 지금까지 배제해 왔던 일본으로부터 배울 만한 것이 있지 않겠는가라는 생각에서 일본과의 교류 기회를 희망하였다."고 하였다. 또한 김신일의 선배격인 문해교육의 전문가 황종건은 "일본 정부 관계자들과 교류해 왔지만 일본의 교육현장은 잘 알지 못하였기 때문에 직접 현장에서 일하는 사람들과 교류하고 싶었다."고 말하였다.

일본측 사무국을 담당하였던 모리 미노루(森実)는 오사카·칸사이(大阪·関西)지구에서 피차별부락과 재일한국인들과 함께 문해교육, 인권교육 활동을 하고 있었기 때문에 한국의 교육관계자들과 교류하기를 바라고 있었다. 또 사무국 멤버 중 한 명이었던 남상영(南相瓔)은 한국에서 중학교 교사 시절, '식민지시대에 조선어 사용이 금지되었다는 것에 충격을 받아 일본인의 조선어학습과 한국인의 일본어학습의 역사를 알고 싶어서 일본으로 유학'을 와 오자와 유사쿠 밑에서 연구하고 있었다. 한·일 세미나는 일본인과 한국인이 언어를 포함해서 대등하게 서로 배우는 귀중한 기회였다.

황종건에게 일본의 「사회교육법」에 대해 설명한 바 있었던 고바야시 분진은 황종건과의 재회를 포함해서 그 후 단절되었던 교류가 재개되기를 바라고 있었다. 또 일본의 재일한국인교육의 선구자로서 『민족교육론』, 『민족해방의 교육학』 등의 저서가 한국에서도 번역되어 알려져 있었던 오자와 유사쿠는 한국 학자들에게 재일한국인의 존재와 그들의 학습, 교육활동과 운동에 대해 전하고 싶어 했다. 그리고 일본측 사무국의 책임자였던 필자는 이미 남상영, 오자와 유사쿠와 함께 한국에서 일본에 온 '결혼이주여성'들의 언어학습, 정보환경과 그 개선에 대해 조사연구를 하고 있었다. 그리고 식민지지배에 대한 책임의식과 함께 '동아시아 학습권 공동체' 구축을 향한 한국과 일본의 배움과 협력을 추진하고 싶어 했다.[3)]

그때 필자는 대학원 박사과정을 수료하고도 안정된 직장이 없는 일종의 '워킹 푸어

(working poor)' 시간강사 생활을 7년간 하고 있었다. 이런 생활을 통해 '인간의 잠재적 가능성을 인위적으로 제약하는 구조적 폭력이 점차적으로 감소하는 과정으로서의' 평화 개념을 제창하고 UN에도 강한 영향을 주었던 노르웨이의 평화학자 요한 갈퉁(Johan Galtung)과 이러한 관점에서 평화교육을 제창한 헬레나 케코넨(Helena Kekkonen)에게 관심을 가지게 되었다. '평화는 전쟁이 없을' 뿐만 아니라, 직업과 식량, 집 등이 있고, '학습'에 의해 사람들이 연합하게 되는 '적극적인 평화'의 실현과 그 실현을 위한 평화교육의 국제적 네트워크 일익을 담당하고 싶었다. 그리고 제4회 유네스코 세계성인교육회의 '학습권선언'을 일본에 번역 소개한 후지타 히데오(藤田秀雄)의 소개로 1987, 1988년에 핀란드에서 열린 세미나에 참가하여 처음으로 일본어를 못하는 한국인 김남선(대구대)을 만났고, 서투른 영어로 대화를 나누게 된 것이다. "내일 발표에서 식민지 지배를 비판할 것이니 일본인으로서 유쾌하지 않을 것이다." "하고 싶은 만큼 비판해 달라." "정말 당신과 같은 일본인은 처음으로 만났다." "내가 몇 번째 일본인인가?" "실은 당신이 처음으로 만난 일본인이다." 회의에서는 스페인과 이탈리아, 덴마크와 스웨덴 사람 등이 서로 상대국의 언어로 대화를 나누고 있었지만 아시아에서 온 참가자들은 모두 초면으로 김남선도 필자도 서로 상대국의 언어를 알지 못해 서투른 영어로밖에 의사소통이 되지 않았다. 우리들은 이런 상황에 대해 충격을 받았다. 그래서 지금도 일본과의 관계가 긴밀하고 '대동아공영권(大東亜共榮圈)'시대에 피해를 입힌 동아시아에서의 네트워크 형성에 노력하자고 마음을 먹게 된 것이다.

일본 농촌과 동남아시아를 조사하던 시절, 개발도상국과 일본의 도시, 농촌, 현대와 '대동아공영권'을 연결하는 현상 중에 '아시아에서 온 결혼이주여성'에 주목하게 되었다. 남상영과 취재한 내용을 『월간 사회교육』에 「르포 아시아에서 온 결혼이주여성과 우리들」을 게재하였다. 그리고 한국 취재를 실시하여 『농촌과 국제결혼(農村と国際結婚)』(日本評論社, 1989년)에 「한국에서 온 결혼이주여성」을 집필하였다. 남상영, 오자와 유사쿠, 일본청년관 결혼상담소 소장이었던 이타모토 요코(板本洋子)와 니이가타현(新潟県)의 정(町)의회

3) 도쿄도립대학 2학년에 재학 중이었던 1970년, 오자와 교수님의 수업 '아시아에서 본 일본'을 듣게 된 것이 한국, 한국인에 대해 관심을 가지게 된 계기가 되었다. 초등학교 교사였던 아버지가 미군의 '도쿄대공습' 때 학부모들이 죽었던 사실, 수업을 통해 전쟁에 가담했다는 것에 대한 반성에서 제2차 세계대전이 끝난 후, 교원노동조합운동, '평화교육' 운동에 참가하게 되었다는 이야기를 들었다. 그리고 필자도 고등학교 때부터 핵무기철폐, 베트남전쟁 반대운동에 참가하였으나 아직 일본의 식민지 통치(대만, 조선, '만주')에 대한 관심은 적었다.

의원, 필리핀대학의 전문가, NHK 디렉터와 함께 니이가타, 야마가타(山形), 한국, 필리핀에서 '아시아에서 온 결혼이주여성'의 일본어학습·정보획득환경과 사회적 배경에 관한 조사를 시작했다. 이 조사의 중심이 되었던 것 중의 하나가 '문해'였기 때문에 '세계 문해의 해'에 방콕에서 열렸던 ICAE총회에서 국제적인 '평화교육과 문해'의 도달점에 대해 알고 싶어 일본사회교육학회 대표의 한 사람으로 참가하였다.

1990년 1월, 세계 문해의 해가 개막되어 500명 이상이 참가한 ICAE총회가 열린 날, 식당에서 한국 사람에게 말을 걸었다. 이것이 김신일과의 첫 만남이다. 필자는 자신의 체험과 문제의식, "태어나기 전의 일이지만 식민지 통치에는 책임을 느끼고 있다."고 말하였고, "15th August 1945 where were you?"라고 물었다. 해방되던 날은 다섯 살 때로 충청도 농촌에서 주위 어른들이 기뻐했던 기억이 있다는 점, 식민지 시대의 기억 때문에 '신일(信一)'이라는 일본식 이름을 바꾸지 않고 있는 점 등을 솔직하게 말해 주었다. 다른 날에는 버스 안에서 2007년 7월에 돌아가신 고 황종건 선생의 옆자리에 앉게 되었다. 1929년에 태어나 일본어를 할 수 있었던 황종건은 아버지가 독립운동가로 "일본어로 이시카와 타쿠보쿠(石川啄木)를 읽고 나는 사회주의에 눈을 뜨게 되었다. 일본의 식민지 지배는 문제이지만 일본이 하지 않았다면 러시아가 조선을 지배하였을 것이다. 한국 내셔널리즘은 조선왕조 말기의 내적 문제점을 무시하고 있다."고 말했다. '한국인의 생각도 모두 같은 것은 아니다.'는 것을 알게 되었다. 황종건은 동아시아를 범위로 하는 ASPBAE 제3지구의 의장으로 7월에 인도네시아 조그자카르타에서 열린 "Literacy and Peace Education에 오지 않겠느냐?"며 권해 주었다. 조그자카르타에서 일주일간의 워크숍이 끝났을 때 "1년에 2번이나 외국에서 만나는 것도 좋지만 서로 상대방의 나라를 방문하도록 하자."고 의견이 일치했다.

대표와 사무국 책임자로는 일본측이 모토키 켄과 필자, 한국측은 김종서와 김신일이 맡았다. 1991년 1월에 서울에서 '문해'(Literacy)를 주제로 '제1회 한일·일한 사회교육세미나'를 개최할 것을 결정했다. 필자, 모리 미노루, 남상영, 모토키 켄, 김신일, 오자와 유사쿠 등이 전화와 상호 방문으로 준비를 추진했는데, 오자와 유사쿠는 1960년대 두 번에 걸친 평양방문을 이유로 한국 정부에서 비자를 내주지 않았기 때문에 참가를 포기할 수밖에 없었다.

3 | 4년간의 한 · 일 사회교육세미나

1) 군사정권하의 긴장과 회의(會議)에 대한 기대로 흥분되었던 제1회 세미나: 1991년 서울회의

(1) '친구가 먼 곳에서부터 찾아온다'

1991년 1월, 아직 경복궁에 구 조선총독부 건물이 있었고, 뒤로는 북한산이 눈으로 하얗게 뒤덮이고 −10°의 겨울의 차가운 공기에 몸이 움츠러들었다. 서울대학교 사범대학에서 제1회 한 · 일 사회교육세미나가 열렸다. 일본측 참가자는 7명, 한국측 참가자는 김종서, 김승한, 황종건, 김신일, 고길희, 이종만 등이었다.

당시 한국은 군인 출신의 노태우 대통령 시대로 1987 민주화선언'이 나왔지만 안기부 활동이 활발하여 "저서와 관련해서 안기부의 조사를 받은 적이 있다."고 나중에 김신일이 말했다. 한 · 일 조약 이후에 일본의 '기생관광'이 잔존하여 마산 등 '수출가공지구'에 진출해 있던 일본 기업에 의한 노동자 학대와 그에 대한 파업, '일제(日帝)부활' 캠페인도 있었다. 일본에서는 식민지시대의 조선인 멸시가 사람들과 지역, 기업 등에 뿌리 깊게 남아 있어 차별이 심하였고, 일본 정부에 의한 국적과 거주에 관한 정책상의 혼란 등도 문제가 되었다. 민주화 지원활동도 활발했지만 독재정권에 의한 탄압 뉴스 등으로 인해 '다가가기 어려운 나라'라는 인상이 일반적이었다.

김포공항에 무장한 총을 가진 병사가 아직 배치되어 있었던 시대에, "정말로 한국에 왔다." "일본인이 왔다." "친구가 먼 곳에서부터 찾아왔으니 또한 즐겁지 아니하겠느냐?(有朋自遠方來不亦樂乎)"(『논어』)라고 하며 서로 감개무량해했다. 참가자들은 서울대학교의 게스트 하우스에서 처음 만났는데, 한국측 참가자들은 모두 꾸밈없는 성격으로 함께 술을 마시고, 노래를 부르고, 춤추고, 대화를 나누었다. "모두 양말을 벗으세요."라고 하면서 '편하게 하시라.'는 뜻이라고 황종건은 설명했다. 일본인의 대부분은 처음으로 온돌방과 '한정식'을 체험하였다. 김종서, 김승한, 황종건은 세련된 일본어를 사용하며, 현재의 한국과 일제 시대의 기억, 앞으로의 교류에 거는 기대 등을 이야기하였다. 김신일, 고길희, 이종만 등은 일본어를 사용하지 않는 세대였다. 영어와 일본어와 한국어가 뒤섞였지만 '정감 있는'(황종건) 교류였다.

(2) '문해'에 관한 회의

서울대학교 사범대학장의 환영인사가 끝나자, 한국 문해(literacy)운동의 역사와 문해교육의 현황, 일본의 피차별부락과 야간중학교의 문해교육, 재일한국인과 뉴커머(new comer) 외국인들의 일본어학습의 상황 등이 보고되었다. 회의는 한국어와 일본어로 진행되었고, 사무국을 담당했었던 남상영이 혼자서 통역을 맡았다. 나중에 통역 겸 참가자로 유학생인 히토츠바시대학(一橋大学)의 노재화(魯在化), 문효숙(文孝淑), 도쿄대학의 고길희 등이 늘어났는데, 통역, 사무국으로서 일본과 한국 양국의 가치관을 고려한 '문화적 통역', 연구보고 등의 1인 3역을 한 유학생들의 역할은 매우 중요하였고, 지금도 감사할 따름이다.

(3) 서울 세미나를 통해 알게 된 서로의 공통점과 차이

"앞으로 좋은 관계를 만들어 나가고 싶다." "문해연구를 활발히 하고 싶다."는 공통점을 확인하면서도 한국측과 일본측의 미묘한 차이점도 명확해졌다. 그 차이점은 다음과 같다.

• 국가정책에 대한 관여와 지자체, 지역사회에서의 교육실천 지향

사대부의 전통이 강한 한국에서는 대학교수가 '교육부장관'이 되는 예도 많다. 서울회의 참가자 중에도 「사회교육법」 제정에 진력한 황종건, 나중에 김영삼 대통령 시절에 '교육개혁위원회' 위원장이 된 김종서, 부총리겸 교육인적자원부 장관이 된 김신일, '중앙일보'의 주필이었던 김승한 등 국가 정책에 영향력을 가진 정책 입안자가 많았다. 한편 분권사회인 일본에서는 지역의 실천을 중시하는 경향이 강했다. 일본 측 참가자들 중에는 지방자치단체에 영향력을 가지고 지역사회의 교육실천과 그에 관한 연구에 몰두하는 '일꾼'이 많았다.

• '국가' 강화와 '개인'의 학습권·다문화 지향

'국가'에 대한 생각에서도 차이를 엿볼 수 있었다. 일본의 식민지시대와 미 점령시대, 북한과의 긴장관계 등이 계속되고 있는 한국 측 참가자들에게 있어 '국가'의 강화는 불가피한 과제였다. 한편으로 대일본제국의 전제(專制)정치와 '대동아공영권'의 파탄으로 인해 '개인이 존중되는 사회'를 모색해 온 일본 측은 '국가'보다 지자체 중심의 다문화교육을 지향해 왔다.

• '과거의 반성'과 '반성을 미래에 활용하는' 주체성

이러한 차이는 '미래지향'에서도 볼 수 있었다. 일본 측은 식민지시대의 반성을 강조한

반면, 한국 측에서는 과거의 반성도 필요하지만 현재와 미래를 위해 일본에서 배울 것을 중시하였다.

천안의 독립기념관 방문을 예정하였던 일본 측에 대해 한국 측의 일부는 의아해하였다. "독립기념관의 전시는 조선왕조시대의 문제점을 지적하지 않고 미화마저 하고 있다. 주체적 반성 없이 일본에 대한 반발만을 강조하는 내셔널리즘을 보면서 이것이 역사의 진실이라고 생각한다면 그것은 큰 잘못이다. 남대문시장에 가서 보통 한국 사람들이 어떤 생활을 하고 있는가를 아는 것이 중요하다."(황종건), "한국인들이 일본인들에게 거부감을 가지고 있는 것은 식민지시대의 일 때문만은 아니다. 한・일 조약에 의해 일본인들이 다시 한국에 왔을 때 기생관광을 시작하여 다시 일본인들이 한국인을 멸시하는 태도를 취한 것에 많은 한국인들은 실망한 것이다. 현재와 미래에 과거의 교훈을 어떻게 활용할 것인가가 공통의 과제이다."(김종서)

일본 측은 충격을 받았다. 실제의 한국인들을 보려하지 않고 '과거의 반성'을 미래를 위해 교훈으로 활용하는 것을 경시하고 있었다는 점을 깨달았기 때문이다. 결국 독립기념관에는 갔으나, 남대문시장에서 서민들의 열기를 접하고, 구 조선총독부의 국립박물관에서 건물의 역사, 전시품의 신석기, 기왓장문양, 토기 등을 보고, 일본에 미친 고구려, 백제, 신라 등의 영향력이 강했음을 확인하였다.

2) 제2회 1992년 1월 오사카 세미나

(1) 실천가 차원에서의 교류, 실천과 결합된 연구교류의 촉진

역사적인 출발로서 서울 세미나는 대성공이었다. 그와 함께 개선점도 많이 보였다. 거듭되는 준비회의의 논점 중 하나는 '서로의 상황을 잘 파악하는 일'이었다. 이를 위해 대학교수뿐만 아니라 실천가들의 교류 기회가 필요하다고 판단하였다. 한국사회교육협회의 연차세미나에 일본 측의 사무국 멤버들이 참가하여 실천가들과 만나 사회교육학, 교육학, '학습권' 등에 관해 논의하였다. 일본 측은 '교육실천'의 구조 분석이 필요하다고 생각하여 1950년대 일본에서 있었던 '교육과학논쟁'을 소개하였고, 김신일의 저서와 논문에 대한 검토도 하였다. 한국 측은 '일본의 교육현장에 강한 영향을 주고 있는 학자들'의 참가 촉진을 요청하였다.

(2) 오사카시 교육청의 전면적인 지원과 '평화교육'이라는 주제, 그리고 실천 중시의 관점

이러한 요청에 대해 오사카시 교육청의 지원을 받은 제2회 세미나에서는 우에스기 타카미치(上杉孝實), 오가와 토시오, 오자와 유사쿠, 고바야시 분진, 후지타 히데오, 무라카미 히로미츠(村上博光), 이토 에츠코(伊藤悦子), 나가사와 세이지(長澤成次) 등 민간교육연구운동을 통해 일본의 교육실천현장에 강한 영향력을 가지고 있는 사람들이 새롭게 참여하게 되었다. 한국 측에서도 대구에서 문해교실을 운영하는 윤복남과 한국교육개발원에서 평생학습을 담당하고 있었던 최운실 등이 참여하였다. 말기암이었던 김승한은 '다시 한 번 일본을 보고 싶다.'고 강하게 원해서 참여하였다.

식민지시대의 반성을 논점의 하나로 하고자 택한 주제는 '평화교육'이었다. 갈퉁(J. Galtung)이 제창하고 UN 등이 채택한 광의의 '평화' 개념, "인간의 잠재적 가능성을 인위적으로 제약하는 직접적 · 구조적 폭력의 폐지 · 감소과정 및 이를 통해 인간의 상호 이해 · 상호 협력을 촉진하는 과정으로서의 평화"라는 관점의 평화를 채택하였다. 핵 폐기와 조선인 피폭자들에 대한 보상을 요구하는 운동과 교육, 식민지 통치하의 조선독립과 연결된 한글학습운동, 피차별부락의 문해교육, 재일한국인, 뉴커머 외국인들과 일본인들의 공생을 위한 교육, 개발도상국 지원을 위한 교육, 일본인 · 한국인의 상호 이해를 위한 언어학습, 이를 뒷받침하는 '국민의 학습권' '주민의 학습권', 사회교육시설의 확충과 사회교육 직원의 적극적인 역할에 대한 평가, 한 · 일 양국의 경험을 바탕으로 한 '평화교육' 개념의 재검토 등도 다루어졌다.

(3) 시설 견학과 나라 방문

서로를 알기 위해 오사카부립(大阪府立) 인권박물관을 견학하고, 백제문화와 관계가 깊은 나라(奈良)지역을 방문하였다. "이 사람들은 재일한국인의 학습권을 포함해서 진심으로 사회교육 · 성인교육과 한 · 일의 상호 교류 · 이해 · 협력에 노력해 온 사람들이라는 것을 실감했으며 놀랐다. 이 교류를 더욱 발전시켜서 많은 한국인들이 알도록 하고 싶다."고 후에 김신일은 말했다. 김종서는 옛 경성중학교의 수학여행으로 나라에 왔었던 추억을 이야기하고, 이종만은 '블루라이트 요코하마'를 부르는 등 훨씬 편안한 분위기가 만들어졌다.

3) 제3회(1992년 12월) 대구 세미나

(1) 참여자의 확대와 경주 방문을 통한 문화적 영향 인식

제3회는 1992년 12월에 경상북도 최대 도시인 대구의 교회 시설에서 열렸다. 경북대학교 교수로 천주교 신자인 이옥분이 중심 멤버였다. 일본 측은 이토 오사카즈(伊藤長和), 이누이 아키오(乾彰夫), 치바 에츠코(千葉悅子), 문효숙이 새롭게 참여하여 16명이었고, 한국 측은 안태윤, 정지웅, 김지자, 김기석, 문해교육활동을 하고 있었던 김제태 목사, 박부권, 양우진, 권황옥, 노재화, 김남선, 후에 교육부장관이 된 문용린 외에 서울대학교 대학원생이었던 성기선, 신나민 등이 참여하여 21명이었다. 참가자 겸 통역은 남상영, 노재화, 문효숙 3명이었다.

세미나를 마친 다음 날은 김영삼, 김대중 등 박정희 정권시대에 탄압 대상이었던 사람들이 입후보한 문민정권으로의 이행이 이루어졌던 대통령선거 투표일이었다. 1992년에 비자가 나오지 않았던 오자와 유사쿠는 참가할 수 있었으나 오가와 토시오 일본사회교육학회 회장은 몸이 좋지 않아 논문을 통한 참가에 그쳐 아쉬움을 남겼다.

(2) 사회교육의 각론 전개, 교육학 전반으로의 확대와 '내셔널리즘'

'문해' '평화교육'에 이어 대구세미나에서는 '산업사회의 사회교육과 민주주의'라는 주제로 발전하였다. 그중에서 학습권과 사회교육법제, 공민관 등의 사회교육시설, 사회교육 직원, 다문화교육 등의 각론이 전개되었다. 식민지시대의 일본제도 도입, 독립 후의 남북대립과 일본의 자본진출, 개발독재에 의한 고도성장을 거쳐 민주화, 지방자치제도가 시작되는 과정에 있음을 한국 측이 설명하였다. 여기에서 지자체를 중심으로 한 일본의 사회교육에 관한 각론 전개는 큰 관심을 불러일으켰다. 새마을운동 등 박정희대통령 시대의 한국 사회교육 · 커뮤니티 교육과 대구의 문해교육에 관한 실천보고는 한국의 구체적 실정을 알 기회가 적었던 일본 측 참가자들에게 신선한 감동을 주었다.

청년기 교육, 기업사회와 일본의 교육을 주제로 연구하고 있는 이누이 아키오의 참가는 협의의 '사회교육'을 넘어 '학교교육'을 포함한 일본의 '평생학습'의 사회적 배경으로 시야를 넓혀 한국 측에서도 질문이 많이 나왔다. 당시 한국교육개발원에서 교과서 연구를 하고 있었던 박부권은 "소승적 내셔널리즘에서 대승적 내셔널리즘으로의 전환이 필요"하다는 표현으로 한국의 내셔널리즘의 현황을 비판하고 열린 내셔널리즘의 방향을 시사했다. 그 의미에 대해 한국 측뿐만 아니라 일본 측에서도 많은 질문과 의견이 나왔다. 식민지 통치와 관련해서 한국 정부의 주장을 그대로 받아들이는 경향과 한국 국내의 정권안정을 위한 '시선 돌리기' 효과를 노린 캠페인 배경을 모르는 경우가 적지 않았기 때문이다.

(3) '아침이슬'과 '친구여', '민주화'와 김제태 목사의 일본어 사용

교류회에서 대학생 시절 민주화운동에 참여하여 퇴학처분을 받았다고 박부권이 말하기 시작했다. '태양은 묘지 위에 붉게 떠오르고…… '라며 박부권을 위해 친구들이 불러 주었다는 '아침이슬'을 부르기 시작하자 한국 측 참가자들이 모두 합창을 하였다. 그러자 1950년 '피의 메이데이(May day)' 1960년 미일안전보장조약 개정저지운동, 1960~1970년대의 베트남 반전운동 등 일본인의 민주화 운동 체험을 각 세대가 이야기하기 시작했다. 영어와 일본어, 한국어가 뒤섞이는 가운데 모리 미노루의 선창으로 일본 측 참가자들이 '친구여(友よ)'를 합창하기 시작하였고, 일본 사람들은 '아침이슬'을, 한국 사람들은 '친구여'를 외우기 시작했다.

이러한 분위기 속에서 김제태 목사가 갑자기 일본어로 말하기 시작했다. "나는 해방 이후 50년간 일본어를 쓰지 않았다. 일본어로 말하는 것에 대해 죄책감을 느꼈기 때문이다. 하지만 여기에서 마음이 통하는 일본 사람들과 만나게 되어 매우 기뻐 50년 만에 일본어로 말하고 싶어졌다." 안태윤도 "나도 일본어를 할 줄 아는 것을 부끄럽게 생각해서 지금까지 일본어를 쓰지 않았지만 쓰기로 하겠다. 오늘은 일본어를 말할 수 있는 내가 자랑스럽다." 라고 말했다.

민주화운동에 참여해 왔다는 공통점을 발견하고 교류에 대한 생각들을 확인한 것이 대구에서의 가장 큰 수확이며, 그것은 '시민의 학습권,' '인간을 위한 평생학습'이라는 세미나의 콘셉트와도 상통하는 것이었다.

(4) 경주 방문

경주 방문에서는 일본열도와 한반도의 역사, 문화의 관련성이 강하다는 점, '일본문화'가 신라를 포함한 동아시아 문화의 일본판임을 재확인하였다.

(5) ASPBAE의 변화와 동북아시아 교류의 모색

역사적인 관련성과 '민주화' '학습권'을 중심 개념으로 한 · 일의 상호 이해가 깊어진 배경에는 또 한 가지 이유가 있었다. ASPBAE의 조직 변화에 따른 동북아시아 교류의 모색이었다.

1960년대 중반에 발족한 이래 ASPBAE는 독일의 DVV(독일국민대학협회) 개발도상국 원조자금에 재정적으로 의존하고 있었다. 아시아남태평양지역의 성인교육 경험 교류의 장이기도 하며, 일본, 호주를 제외한 국가들 간에 DVV의 자금을 배분하는 장이기도 했다. 이를 위해 1991년 8월에 필리핀 타가이타이(Tagaytay)에서 열린 ASPBAE 제1회 총회에서 지금까지 주도권을 가지고 있었던 한국－싱가포르 라인에서 필리핀－인도 라인으로 회장, 사무국장의 교체가 갑자기 강제 결의되었다. 다음 해인 1992년 여름 홍콩에서 열린 새로운 서브 리전 2(한국, 몽골, 중국, 일본, 대만, 홍콩, 마카오) 총회에서도 임원선거에서 김신일이 낙선시키려는 움직임이 표면화되었다. 홍콩, 마카오, 일본 등의 지지로 김신일은 재선되기는 했으나 새로 취임한 마리아 칸 사무국장을 중심으로 일본 국내에서는 '민주파'로 여겨졌던 사회교육학회 및 사회교육추진전국협의회 회원에 대해서도 '한국의 편을 드는 보수파'라는 낙인이 찍혔다.

이러한 배경에는 국가와의 긴밀한 노선과 NGO 기반 노선의 차이가 있었다. 싱가포르, 한국 등은 전통적으로 강한 중국문화권에 속해 있어 림호이팍 회장이나 황종건도 국가의 정책입안 등에 적극적으로 관여하고 있었다. 한편, 필리핀－인도의 참가자들 중에는 NGO 관계자가 많아 그들의 눈에는 서울－싱가포르는 '보수적 · 국가주의적'으로 비쳐졌던 것이다. 또한 이것은 ASPBAE에 있어서 '아시아의 네 마리 작은 용'의 위치와도 관련이 있었다. 한국, 싱가포르는 고도경제성장을 이루었지만 필리핀의 경제성장은 궤도에 오르지 못하였고, 인도도 고도성장을 향한 이륙을 시작한 상황이었다. 그래서 서울, 싱가포르 등이 경제성장 후에도 독일의 개발도상국 지원자금을 부적절하게 사용하는 그룹으로 보였던 것이다.

이러한 가운데 림호이팍과 황종건 등은 ASPBAE와는 다른 동아시아 조직 설립을 검토하기 시작했다. "사사가와 선생님, 일본도 ASPBAE에서 나와 우리들과 함께 다른 조직을 만들지 않겠습니까?" "황종건 선생님, 저는 ASPBAE를 탈퇴하지 않고, 공업국의 공통과제를 논의할 수 있는 장을 만들고 싶습니다. 발전도상국을 포함한 아시아남태평양지역 전체의 성인교육을 활성화하고, 교류를 추진하고자 하는 사명이 ASPBAE에는 있습니다. 그러나 한편으로는 일본과 한국, 대만, 홍콩, 싱가포르, 호주 등 고도성장을 거친 공업국에는 그 특유의 과제가 있으며, 현재의 ASPBAE에는 그에 대해 논할 수 있는 기회가 적은 것도 사실입니다. 그렇기 때문에 ASPBAE에서 힘쓰면서 한 · 일 사회교육세미나를 발전시키고 싶습니다." "사사가와 선생님의 생각은 이해할 수 있습니다. 한 · 일 세미나를 추진하면서 새로운 서브 리전2를 발전시킬 수 있으면 좋겠다는 생각을 저도 합니다."

4) 제4회 1993년 12월 가와사키 세미나

(1) 한 · 일 교류의 활성화

제2회가 끝난 후, 한 · 일 세미나에서 파생된 교류가 활발하게 이루어졌다. 1993년에 한국사회교육협회 대표단이 '사회교육연구전국집회' 기사라즈(木更津) 집회에 참가하였고, 일본사회교육학회에서 황종건의 강연도 실현되었다. 1,000명을 넘는 실천가와 300명을 넘는 연구자 앞에서 한국인 게스트가 소개되어 강연과 스피치가 이루어졌다. 이것은 교류의 일상화에 큰 자극이 되었다.

(2) 참가자가 100명에 가까웠던 가와사키 세미나

제4회는 고바야시 분진이 적극적으로 참여하고 있었던 가와사키(川崎) 시 사회교육 관계자들과 사단법인 가와사키 지방자치연구센터 이사장 이와부치 히데노리(岩渕英之)와 가와사키시 교육청 이토 오사카즈(伊藤長和) 등의 전면적인 지원 아래 열렸다.

가와사키시는 도쿄에 인접한 공업도시로 전통적으로 노동조합운동이 활발하였으며, 오키나와 출신자, 재일한국인의 거주지역도 있어 오자와 유사쿠가 참가한 오키나와와 한국 문화운동, 인권교육이 활발한 지역이었다. 1970년대 이후 지역주민운동이 활발히 전개되어 1970년대에는 도쿄, 요코하마, 나고야, 교토, 오사카 등과 함께 '태평양혁신지자체벨트'를 형성하고 있었다. 가와사키의 사회교육은 이러한 배경을 바탕으로 마을 만들기, 일자리 만들기, 문화 만들기를 축으로 발전하였다. 그러한 발전의 중심에는 현실에 기초한 실천을 하는 가와사키시 직원노동조합의 중심 멤버이기도 한 사회교육직원집단이 있었다. '외국인교육기본방침'의 책정과 '문해교육 확충' 등 시 정책에 대한 제안도 하였으며, 고바야시 분진, 이토 오사카즈가 일본사회교육학회의 '대도시사회교육연구회,' '사회교육연구 전국집회'의 중심적 존재로서 일본의 사회교육을 주도해 왔다.

연구센터 외에, 가와사키시 직원노동조합, 가와사키시 교직원노동조합, 시 직원노동조합 교육지부, 사회복지법인 세이큐샤(青丘社), 코리아타운의 실현을 향한 가와사키 불고기 요식업자들의 모임이 현지 실행위원회를 구성하여 가와사키시, 가와사키시 교육청, 가와사키시 국제교류협회, 가와사키시 평생학습진흥사업단, 오사카경제법과대학, 사회교육전국추진협의회의 후원, 협찬을 받았다. 일본측에서는 우스이 마사히사(碓井正久), 치노 요이치(千野陽一), 야마즈미 마사미(山住正己), 호리오 데루히사(堀尾輝久), 시마다 슈이치(島田修一), 사토 가츠코(佐藤一子), 다나카 가즈토시(田中萬年), 오오구시 류키치(大串隆吉), 사쿠마 다카마사(佐久間孝正), 이와하시 게이코(岩橋恵子), 스에모토 마쿠토(末本誠), 우에노 게이조(上野景三), 고바야시 시게루(小林繁), 마츠다 다케오(松田武雄), 신보 아츠코(新保敦子), 이와부치 히데유키(岩渕英之), 이인하, 배중도, 이월순, 호시노 오사미(星野修美), 하라 치요코(原千代子), 고길희 등 67명이 참가하였다. 한국측에서는 한국교육학회 회장인 정재철, 권두승, 정찬남, 한준상 등 15명이 참가하였다. 통역 겸 참가자는 고길희, 권미나, 박삼식이 참여하여 5인 체제를 이루었다. 세미나 장소는 '가와사키시 교육문화회관'으로 가와사키에 있는 6개 시민관의 중심시설이었다.

(3) 한 · 일교육학회 회장의 만남, 재일한국인 교육과 한 · 일 상호 이해의 심화

주제는 '산업사회에서의 사회교육과 민주주의II'로, '교육연구와 교육의 현실', '사회교육과 여성의 학습', '사회교육의 시설 · 직원 · 계획', '사회교육과 학교—사회교육과 직업교육', '문해와 마이너리티', '한 · 일 상호 이해를 위한 교육'을 소주제로 하였다.

가와사키 세미나의 하이라이트 중 하나는 양국의 교육학회 회장의 만남이었다. 정재철 한국측 회장은 서울대학의 전신 '경성제국대학'의 교수 대부분이 일본인이었다고 하며, 식민지 조선의 교육이 한국의 학문 전통을 단절시킨 면이 있다고 지적하였다. 많은 일본인들은 처음으로 안 사실이었기 때문에 오늘날의 한국 교육학과의 관계에서도 충격을 받았다. 호리오 데루히사 일본측 회장은 일본의 '국민의 학습권의 역사와 현황'에 대해 발표하였는데, 정부의 교과서 검정의 부당성을 소송한 '이에나가(家永)재판'에서 도쿄지방재판소가 채용한 법 논리를 구축한 당사자의 보고였기 때문에 설득력이 있어 참가자들에게 감명을 주었다.

또 하나의 하이라이트는 재일한국인들의 학습활동, 지원의 역사 · 현황 · 과제에 대한 보고와 토론, 견학이었다. '가와사키시 외국인교육기본방침'을 제정할 당시의 책임자였던 이와부치 히데유키 등의 보고와 재일외국인과 일본인의 교류를 위해 설립된 '후레아이관'(ふれあい館)에서는 이인하, 배중도, 하라 치요코의 설명을 들었고, 가와사키에 살고 있는 한국인, 베트남인, 필리핀인, 일본인이 함께 즐기고 배우는 모습을 견학하였다. 재일한국인들의 인생을 표현한 송부자의 일인 연극 '신세타령'의 공연도 있었다. 재일한국인에 대해 잘 알지 못했던 한국측 참가자들에게는 좋은 의미에서의 '충격'이었다.

"여기가 정말로 일본인가?" "여기에 있는 참가자들은 정말로 일본인인가?" "자신들조차 재일동포의 존재와 학습활동에 대해 모르는데 이 일본인들은 왜 이렇게 진심으로 지원을 하고 있는가?" "선입견으로 일본과 일본인을 보지 말고 실제로 일본인과 교류하면서 일본을 잘 관찰하고 배울 것은 배울 필요가 있다." 이러한 소감이 새롭게 한국에서 온 참가자들로부터 나왔다고 한다. 이를 계기로 김기석과 오자와 유사쿠가 식민지 조선의 교육과 전후 일본의 재일한국인 교육사에 관한 공동연구를 시작했다. 그 후 오자와 유사쿠의 뜻에 따라 한국과 관련된 장서가 서울대학교 도서관에 기증되었다.

(4) '동북아시아의 평생교육 현황과 국제협력의 과제'와 EAFAE의 설립 준비

가와사키 세미나에서는 중국 항주, 대만, 홍콩, 마카오에서도 참가하여 심포지움 '동북아시아 평생교육의 현황과 국제협력의 과제'가 개최되었다.[4)]

가와사키 세미나의 총괄회의에서는 4번에 걸친 한 · 일 세미나가 한 · 일의 상호 교류, 상호이해에 큰 역할을 하였고 협력관계에 길을 열였다는 점에서 큰 성공을 거두었다는 점

---

4) ASPBAE의 조직변화와 관련해서 한국, 일본과 함께 대만, 홍콩, 싱가포르, 마카오 사람들도 동북아시아의 성인교육 관계자에 의한 Industrialized Countries and Areas의 모임을 모색하고 있었다. 대구 세미나 후, 모토키 켄, 모리 미노루, 필자, 김신일, 황종건, 윤복남과 ICAE, ASPBAE의 이사였던 마카오의 초이 파오홍과 협의를 거듭하며 가와사키 세미나를 계기로 '한 · 일 사회교육세미나의 경험을 기반으로 보다 광역의 동아시아 조직을 만드는' 것에 합의하였다.

을 확인하였다. 그리고 일본과 한국의 사회교육 역사와 현황 · 과제를 정리한 책을 일본과 한국에서 출판하는 것, 한 · 일 세미나를 동아시아의 교류조직으로서 발전시키는 일도 확인되었다.

그리고 하코네 방문 후에 모토키 켄, 남상영, 필자, 김신일, 윤복남, 황부순, 양구타(楊国德), 류핀첸(廖炳祥), 초이 파오홍이 준비회 멤버로 하코네에 남아 회의를 열었다. 거기에서 세미나에 대한 인식을 일치시켜 'East Asian Forum for Adult Education'(약칭 'EAFAE')을 설립할 것을 결정하였다.

합의점은 다음과 같다. ① 한 · 일 사회교육세미나는 일본과 한국의 사회교육, 성인교육의 연구 · 실천의 교류를 추진하는 데 있어 큰 성공을 거두었다. 일본과 한국이 역사적, 문화적으로 밀접한 관계를 가지고 공업국으로서의 공통과제에 직면하여 과제 공유와 실천, 연구의 상황에 대해 양국 관계자가 노력한 결과였다. ② ASPBAE의 조직변경으로 인해 싱가포르를 포함한 동아시아의 'Industrialized Countries and Areas'의 경험 교류가 어렵게 되었기 때문에 한일 · 일한 세미나의 경험을 기반으로 일본과 한국을 하나의 축으로 하면서 동아시아 지역의 'Industrialized Countries and Areas'의 교류조직을 구성한다. ③ 대상으로 하는 국가와 지역은 한국, 일본, 대만, 홍콩, 마카오, 북경, 천진, 상해-항주 등의 중국의 공업지역, 싱가포르와 호주도 시야에 넣는다. ④ ASPBAE는 아시아 남태평양 지역 전체의 교류, 협력조직으로서 중요하기 때문에 EAFAE는 ASPBAE에 협력하고, ASPBAE를 뒷받침하는 조직이기도 하다. ⑤ 명칭은 'East Asian Forum for Adult Education'으로 한다. ⑥ 1995년에 서울에서 제1회 총회를 연다. ⑦ 잠정적으로 모토키 켄이 의장, 김신일이 부의장, 필자가 사무국장, 보리 비노루, 윤복남, 황종건, 류핀첸, 초이 파오홍을 각 나라의 연락원으로 한다.

4 EAFAE로의 이행과 한 · 일 세미나

1) EAFAE의 발족

이렇게 해서 '한 · 일 사회교육세미나'는 4회의 막을 내렸다. 한 · 일 세미나를 대신하여 조직된 EAFAE는 1995년 서울, 1997년 홍콩, 1999년 마카오, 2001년 싱가포르, 2003년 타이페이, 2005년 도쿄, 2006년 한국 용인, 2008년 항주, 마카오로 13년에 걸쳐 8번 개최되었고, 2009년에는 상해에서 개최되었다.

한 · 일 세미나에서도 개최지의 연구자와 실천가의 참여로 참여의 폭이 확대되었는데 EAFAE에서도 마찬가지였다. 홍콩에서는 홍콩카리스타고등교육부(香港明愛高等教育服務) 노동조합계 성인교육단체, 홍콩대학(香港大学), 홍콩중문대학(香港中文大学)의 교수들이 참가하였다. 마카오에서는 마카오 성인교육협회, 마카오대학, 마카오형무소 법무교관 등이, 싱가포르에서는 대학, 정부행정관, 커뮤니티센터 직원 등을 포함한 싱가포르 성인교육협회 관계자가, 대만에서는 '중화민국 성인교육학회' 회원인 대학교수, 대학원생, 학교 교원, 대만 정부와 타이페이(臺北)시 정부의 전문관 등이 참가하였다.

일본에서는 이타쿠라 히로코(板倉弘子), 야마모토 가즈요(山本和代), 스즈키 토시마사(鈴木敏正), 아네자키 요이치(姉崎洋一), 아사노 가오루(淺野かおる), 야구치 에츠코(矢口悦子), 신보 아츠코(新保敦子), 마에히라 야스시, 마키노 아츠시, 호리 시게오(堀薫夫), 노모토 히로유키(野元弘幸), 성구미(成玖美), 김윤정(金侖貞), 미와 켄지(三輪建二) 등 대다수가 처음으로 참가하였다. 한국측에서도 최돈민, 최운실, 박인주 등이 참가하였다.

EAFAE의 발족은 동아시아의 다국간 교류를 넓혀 일본과 한국을 더 폭넓은 시야로 바라볼 수 있게 하였다.

2) 한 · 일 세미나가 남긴 것

(1) 한 · 일 교육교류의 물꼬를 트다.

세미나의 첫 번째 성과는 교류가 곤란했던 시대에 일본과 한국의 교육, 평생학습, 사회교육 차원의 교류에 하나의 물꼬를 만들었다는 점이다. 이것은 다른 교류[5]와 비교해서 조선, 한국 교육의 전문가에 한정되지 않는 교육전문가 간의 일정한 지속성을 갖는 수로였다.

5) 우마코시 도오루(馬越徹), 아베 히로시(阿部洋) 등에 의한 조선교육사 연구그룹, 전교조와 오오츠키 다케시(大槻健), 오바나 기요시(尾花清) 등의 교류가 있다.

(2) 교류의 키워드 발견

두 번째 성과는 정책입안과 실천현장에 영향력을 가지고 있는 연구자들의 참가로 인해 한 · 일 교육교류의 키워드를 서로 발견한 점이다.

• 식민지시대 교육의 역사

서로에게 있어 불가피했지만 신중함을 요하는 부분이었기 때문에 신뢰관계가 구축된 가와사키에서 조금씩 전면적인 논점이 되었다.

• 재일한국인 교육과 문해, 다문화 · 다언어교육, '포스트 국민교육'

재일한국인 교육의 역사와 현황은 오사카, 대구에서 주제로 다루었고, 가와사키에서도 중심과제의 하나가 되었다. '재일교포'와 그 교육에 대해 일본과 한국 양국에서 많은 관심을 가졌던 것이다.

'식자'(識字), '문해'(文解)가 피차별부락의 교육, 독립 후 한국 교육의 중심과제 중 하나였던 점, 그리고 상호 이해와 협력을 위한 교육, 학습활동으로서 다음과 같은 점이 중요하다는 것이 인식되었다.

① 서로의 언어를 배우는 것에 관한 역사연구와 현황분석의 중요성, ② '뉴커머 외국인,' '외국인 노동자,' '중국 조선족' 등과의 관계로 다문화교육 · 다언어교육의 추진, ③ 문해, 문자의 활용능력이 '학력'의 형해화(形骸化)를 극복하고, 새로운 인간 · 자연 · 사회관계 구축과의 관계에서 중요하며, '포스트 국민교육'의 탐구가 필요하다는 것이 제기되었다.

• 민주화와 학습권, 내셔널리즘과 개인, '인간성의 개화를 위한 교육'

인간의 능력을 발달시키기 위한 다문화 · 다언어교육 추신에는 국내의 민주화와 '국민의 학습권'을 전제로 해서 '외국 국적'을 가진 사람들을 '시민'으로 인정하는 '시민의 학습권'의 승인이 필요하다. 일본과 한국이 실태적인 측면에서는 차이가 있지만 그 중요성에 대해서는 상호 이해가 이루어졌다.

식민지통치, 미군주둔, 경제적 종속 등과의 관계에서 학습권을 생각할 때, 내셔널리즘은 불가피하다. 이와 동시에 '개인'을 기초로 국경을 뛰어넘는 교류 · 협력이 가능해지고 있다. 그리고 이는 청년, 여성, 장애인, 농민, 피고용자 등의 속성에 입각하면서 구체적으로 심화되어 광의의 '평화교육'의 탐구도 요청되고 있음이 인식되었다.

• 지역 만들기와 사회교육의 각론을 논의하다.

'인간성의 개화를 위한 교육'은 구체적 현장, 즉 '지역'을 필요로 한다. 한국측에서는 '새마을 운동'의 총괄과 '지역사회교육협의회'의 활동이 보고되었다. 일본측에서는 「교육기본법」, 「사회교육법」과의 관계와 구체적인 직원, 시설, 학습 프로그램 등이 자세하게 제시되었다.

• 기업사회를 시야에 넣은 교육학 전체의 교류 관점

이상의 점들은 아동은 물론 성인들과도 관련이 있기 때문에 시야는 자연스럽게 협의의 사회교육 · 평생학습에서 교육 전반, 교육학 전반을 포함하는 것으로 확대된다. '기업사회'에 대한 검토를 시야에 넣은 것이 서로에게 큰 자극이 되었다. 이러한 관점은 한국정부기구인 교육부가 '교육인적자원부'로 조직 · 개편되었고, 일본 호세이대학(法政大學)의 커리어디자인학부가 설치되는 것으로 이어졌다.

• 연구자, 실천가의 상호 방문, 시설 견학, 연구대회 등의 참가

성과를 내는 데 있어 서로의 현장방문 · 시설 견학의 역할은 컸다. 연구자에 의한 보고와 토의, 교류가 기본이 되었다. 서로의 현장을 방문하고, 학회와 협회의 연구대회에 참가하는 등 실천가를 포함한 현장에서의 교류가 구체적인 이미지를 가진 토의를 가능케 했다.

• 함께 자고 먹고, 말과 노래를 함께 외운다. 유학생의 역할의 중요성

3~4일간 함께 자고 먹으면서 조금씩이지만 서로 상대방의 언어와 노래를 외우고 이해와 협력에 대한 의욕 · 열의를 표현한 것도 성과를 가져오는 데 큰 역할을 하였다. 현재 대학에서 교편을 잡고 있는 당시의 유학생 남상영, 문효숙, 노재화, 고길희 등의 사무국 멤버, 통역, 보고자로서의 역할은 컸다.

• '일본+네 마리의 작은 용+중국'의 광역 교류의 시도

EAFAE로의 이행은 중국문화권의 공업국 · 지역 간의 성인교육 · 평생학습에 관한 교육과 협력을 향한 길을 열었다. 1995년에 모리 미노루를 현지 사무국장으로 삼고, ASPBAE의 '아시아태평양지역의 공업국 · 지역의 성인교육' 세미나가 오사카에서 개최되어 일본, 한국, 대만, 홍콩, 마카오, 싱가포르, 호주, 뉴질랜드에서 80명이 참가하였다. 그러나 ASPBAE 주최의 공업국가회의는 일회성으로 끝났기 때문에 그 공백을 메울 EAFAE의 역할은 크다고 할 것이다.

한편, 한 · 일 사회교육세미나 시절을 그리워하는 목소리도 많다. 한 · 일 세미나에서 참가자들은 자신들의 제1언어로 교류할 수 있었다. 그러나 EAFAE 회원의 제1언어는 일본어,

한국어, 중국어(북경, 대만, 광동), 영어 등 네 가지 언어 이상이기 때문에 회의 용어는 영어이다. 그래서 '영어 사용이 번거로워 참가하는 것을 꺼려하는 경향'이 있다. '영어를 잘하는 사람이 반드시 훌륭한 연구자, 실천가라고는 할 수 없기' 때문에 내용이 심화되기 어려운 현실도 있다. "두 나라 간이라면 서로의 상황을 자세히 알 수 있지만 다국간일 경우는 자세히 알 수가 없다." "한 · 일 세미나 시절에는 서로 더 친근하게 느껴졌다."라는 의견도 있다.

5 한 · 일 교육교류의 앞으로의 과제 –'동아시아 학습권공동체'를 향해–

오늘날 한 · 일의 사회교육 · 평생학습교류에는 다양한 통로가 만들어져 일본인도 한국인도 일상적으로 양국을 방문하거나 다루는 내용이 폭넓어지고 있다. 앞으로의 과제로서 적어도 다음과 같은 점이 중요할 것이다.

① '직업능력'과 '학교'를 염두에 둔 전면적 능력발전을 위한 평생학습과 평생학습사회의 이념과 실태 구축, ② 일상적인 '학습과정 지원이라는 교육실천'과, 정책만들기나 시설운영 등을 포함한 행정실무 등의 '후방지원적 교육실천'의 양쪽을 포함한 '교육실천' 개념의 구축, ③ 구체적 실천을 기반으로 한 교육실천분석과 업적에 의한 능력, 학력, 교재, 학습과정(過程), 학습과정(課程), 지도자, 교직원, 시설, 재정, 정책 등의 각론(各論)의 전개, ④ 한 · 일의 다양한 교류 경험을 집약하는 작업과 결과 공개, ⑤ 일본측의 한국 연구와 한국측의 일본 연구 촉진을 기초로 하는 '동아시아공동체,' '동아시아학습권공동체'에 초점을 맞춘 연구와 교류의 촉진, ⑥ 매니지먼트 그룹의 세대교체와 세대 간 계승

2008년 9월 15일의 '리먼쇼크', 세계금융위기는 미국형의 사회 시스템과 그 기초를 이루는 대량생산 · 대량소비 시스템의 한계를 세계에 보여 주었다. 앞으로는 인간과 자연, 생산과 소비, 현실과 리터러시의 순환이 안정적으로 성립되는 사회 시스템의 구축이 요구되고 있다.[6] 이러한 시대에 '물과 리터러시의 문화'를 공유하고 있는 동아시아의 문화, 교육전통이 적극적인 역할을 할 수 있을 것이다. 모든 사람들이 생활을 토대로 배우고 문해를 활용해서 자신과 자신들의 능력을 발휘하고, 서로 의지하는 이러한 것들을 가능하게 하는 사회구축이 인간의 권리이며, 의무인 '평생 학습사회, 커리어디자인사회[7]'가 중요해지고 있

6) 笹川孝一『농촌청년통신강좌 · 해설(農村青年通信講座 · 解說)』日本図書センター, 2008.
7) 笹川孝一『커리어디자인시대의 생애학습(「キャリアデザイン時代」の生涯学習)』法政大学出版局, 2009.

다. 이러한 사회를 동아시아에서 '동아시아학습권공동체'로 구축해 가기 위해서는 일본과 한국의 생활인 · 학습자, 실천가, 연구자, 정책입안자, 정책집행자 등 다양한 차원에서 보다 긴밀한 교류를 하는 것이 하나의 큰 열쇠가 될 것이다.

특별칼럼 6 한 · 일 사회교육의 지적 호흡

박인주(청와대 사회통합수석)

사회교육과 인연을 맺은 지 32년, 내 안의 개인적 삶에도 많은 변화가 있었고, 내 바깥의 한국 사회와 세계도 많이 변화하였다. 내가 한국평생교육연합회(전 한국사회교육협회) 회원으로 입회하여 활동을 시작한 때가 1976년이었으니 많은 세월이 흘렀다. 지난 30여 년 동안 사회교육이나 평생교육에 대한 한국 사회의 인식이나 관심도 많이 높아졌고, OECD 국가나 UNESCO와 같은 국제기구들의 관심이나 흐름도 많이 달라졌다. 나의 30여 년의 활동 중에서 빼놓을 수 없는 부분이 일본사회교육추진전국협의회와의 꾸준한 협력과 교류이다.

내가 처음 일본사회교육추진전국협의회에 참석한 때는 1993년 8월 나가사키 운젠 온천 지역에서 열린 모임이었다. 지금 기억이 조금 희미하지만, 그 당시 한국사회교육협회 회장이셨던 정지웅 교수님을 모시고 참석했던 운젠 대회는 나에게 매우 큰 감동을 주었다. 그때의 감동을 정리하면, 첫째는 한국의 전국 모임에 비해 매우 많은 회원들이 전국에서 모인다는 것이었고, 둘째는 한국은 분과(分科) 모임이 3~4개인 것에 비해 일본은 20여 개 안팎의 분과로 세분하여 토론하는 것이었으며, 셋째는 매우 구체적이고 현실적인 문제를 가지고 모든 참여자가 활발하게 의견을 개진한다는 것이었다. 15년 전의 그 놀라움이 지금까지 이어져 최근 2004년부터는 한 해도 거르지 않고 일본사회교육추진전국협의회 전국 집회에 꾸준히 참석하고 있다.

이 첫 번째 놀라움 외에 두 개의 추억을 더 소개하고자 한다. 하나는 1996년 혹은 1997년경에 사이타마대학에서 열렸던 전국 집회에서의 일이다. 내가 분과회에 막 참석을 하는데 일본의 회원 한 분이 내게 다가와 정말 죄송하다고 말하는 것이 아닌가? 나는 처음 뵙는 분이 내게 다가와 갑자기 죄송하다고 하니 매우 당황했었다. 그래서 "왜 죄송하시냐?"고 하였더니, 일본이 한국을 지배했던 시절에 한국의 여성들을 군 위안부로 강제로 끌고 간 일에 대해 사죄한다는 것이었다. 내가 그때 놀랐던 것은 50년도 더 지난 일로 당사자도 아닌 분이 처음 보는 낯선 한국인에게 정중하게 사죄한다는 사실이었다. 지금 그때 그분의 성함을 기억하지 못하고 있어 대단히 죄송하게 생각하고 있지만, 그분의 그 정중한 사과를 영원히 잊지 못할 것이다.

다른 또 하나는 2004년도 후쿠시마에서 열린 전국 집회 때 일이다. 첫날 저녁 전체 교류회 시간에, 내가 한국을 대표해 인사말을 했을 때 일어난 일이다. 2004년도는 한국과 일본이 후소사 교과서 문제와 시마네 현의 독도 문제로 꽤 시끄럽던 시기였다. 내가 인사말 도중에 한국과 일본의 협력과 교류의 중요성을 강조하면서 야스쿠니 신사를 참배하는 일본 수상과 극우파들이 싫다고 하였더니 청중석에서 우우 하는 소리와 함께 야유하는 소리가 났고, 내가 그러나 이 자리에 계시는 사회교육을 하시는 여러분은 사랑하고, 영원히 사랑할 것이라고 했더니 다시 조용해지고, 인사말 끝에는 박수 소리가 크게 났었던 일이 있었다. 이때의 일, 역시 잊지 못하는 중요한 추억으로 간직하고 있다.

필자는 국제정치의 현실이 얼마나 냉엄한지, 그리고 국제정치에는 영원한 적도, 우방도 없으며, 오직 국가 이익만이 존재한다는 사실을 익히 잘 알고 있다. 그러나 이 지구촌 시대의 인간관계는 믿음과 신뢰, 사랑이 가득하기를 바라는 것이다. 비록 국가와 국가, 집단과 집단 간에 견해 차이가 있고, 이해가 충돌하더라도 민간 차원의 교류와 협력은 유지되고, 더욱 활성화되어야 한다. 특히 지정학적으로 너무나 가까운 한국과 일본, 일본과 한국은 미래 아시아 공동체 건설을 위해서라도 긴밀하게 협조하고 협력하여야 한다. 뿐만 아니라, 한국 평생교육과 일본 사회교육의 지적 호흡을 더욱 활발히 하기 위해 한국 평생교육기관과 일본 사회교육기관의 다양한 형태의 네트워킹과 교류가 활발하게 이루어지길 간절히 바란다.

평생교육진흥원을 방문한 동아시아사회교육연구회 방문단

특별보고 II

다양화 · 다원화하는 한 · 일 평생교육 교류의 발전

양병찬, 김윤정

최근 양국의 평생교육 교류는 다양화, 다원화하면서 확대되고 있다. 1960년대 말부터 시작된 한국과 일본의 사회교육 · 평생교육 교류는 어떠한 성격을 가지고 발전하고 있는지 그리고 앞으로 21세기의 한 · 일 평생교육 교류의 가능성에 대해 살펴보고자 한다.

1 유학생들을 통한 교류

오늘날 양국 사회교육 · 평생교육의 다양한 차원의 교류 이전에 유학생을 통한 관계가 만들어지기 시작하였다. 해방 이전의 수많은 식민지 젊은이들이 현해탄을 건너 일본에 유학하였던 것은 주지의 사실이다. 그러나 해방 후 급격히 냉각된 두 나라의 관계는 오랫동안 단절된 상태를 유지해 오다가 1965년 한 · 일 국교정상화 이후에 새로운 물꼬가 터졌다. 양국 간의 물적 교류가 빠르게 증가하는 데 비하여 인적 교류는 그렇게 활발하지 않았으나 이 중에 일본으로 유학하는 이들이 있었다. 특히 일본 문부성장학생 제도를 통해 유학을 가는 이들이 나타나기 시작하였다.

초창기 유학생 중에서 사회교육 연구자로는 당시 광주교대의 교수였던 김도수(단국대학교 교수, 한국사회교육학회 회장 역임)가 있는데, 1969년 히로시마대학 대학원에 입학하여 석 · 박사학위(박사 논문, 「근대 한국 사회교육의 전개과정에 관한 연구: 식민지시대에서의 사회교육정책을 중심으로」 1979)를 취득하였다. 따라서 그는 1970년대 초창기 양국 간의 교류를 매개하는 역할을 하였다. 당시 교류에 한국사회교육학회(당시 '한국사회교육연구회') 월례연구발표회에서 히로시마대학의 이시도유타카(石堂豊) 교수('사회교육의 기본 문제' 1973. 11)나 신보리미치야(新堀通也) 교수('일본의 산업화와 사회교육 문제' 1978. 7)가 참여하는 계기가 되었다. 한편, 당시 한국사회교육협회가 주관한 제2회 '전국사회교육지도자 세미나'(1977년)에는 황종건 교수의 영국 맨체스터(Manchester)대학 콜롬보 성인교육 디플로마 동기생인 규슈대학의 모로오카(諸岡和房) 교수가 기념강연('평생교육의 구상과 일본의 사회교육')을 하였다. 한편, 김도수 교수는 히로시마대학에서 함께 유학한 김재만 교수(당시 대구교대, 교육철학 전공)와 함께 『새마을교육: 한국 사회교육의 기저』(1973년)를 저술하였는데 이때 당시 일본 학계의 사회교육 논의들이 참고로 제시되어 있다.

그 이후에 많은 한국의 유학생들이 일본 대학에서 사회교육을 연구하였고 이들은 한·일 사회교육·평생교육 교류의 가교 역할을 충실히 해 주었다고 할 수 있다. 앞서 사사카와 교수가 언급하였던 남상영(도쿄도립대학 대학원)을 비롯해서 히토츠바시대학(一橋大学)의 노재화, 문효숙, 도쿄대학의 고길희, 장지은, 김윤정, 윤경훈, 나고야대학의 공병호, 이정연, 도호쿠대학의 정현경, 박현숙, 츠쿠바대학의 이명실, 와세다대학의 이보현, 오오사카대학의 남혜경 등[1] 많은 연구자들이 일본 대학에서 공부를 하였고 지금도 많은 유학생들이 공부하고 있다.

최근 이 중에서 일본 대학에 자리를 잡은 교수로 남상연(가나자와대학), 이정연(나고야대학), 김윤정(수도대학도쿄) 등이 있는데 이로 인해 더 심층적인 연구 교류가 가능해졌으며 이들의 역할도 더욱 커졌다고 할 수 있다. 이처럼 한국에서 일본으로 유학 간 연구자들과 함께 주목해야 할 새로운 움직임은 일본에서 한국으로 유학을 온 연구자들이 있다는 사실

---

1) 노재화, 『식자운동의 교육사적 연구－1920~1930년대의 한일 비교』 히토츠바시대학, 1992., 남혜경, 이명실, 문효숙 『한국에 있어서의 사회교육연구－1970년대의 '새마을운동'을 중심으로』 오오사카대학, 1999., 이명실, 『일본강점기 사회교육사의 기초적 연구－조선총독부에 의한 시책의 전개를 중심으로』 츠쿠바대학, 1999., 남혜경, 『일본의 사회교육 생애학습과 이문화 이민족 간 '공동교류학습': 정령지정도시 가와사키시에 있어서의 실천과 지역창조에 관한 연구』, 히토츠바시대학, 2000., 고길희, 『하타다 다카시의 '직민의식 극복'과 '아이덴티티 통합': 식민지 조선과 전후 일본을 살아갔던 한 지식인의 사상형성의 연구』 도쿄대학, 2001., 이정연(李正連), 『한국에 있어서의 사회교육의 기원과 변천에 관한 연구－대한제국 말기부터 식민지시대까지 근대화와의 관계를 주목하여』 나고야대학, 2005., 이보현, 『식민지 조선의 사회교화와 문화변용에 관한 연구: 전시 파시즘기의 서민의 생활 실상을 중심으로』 와세다대학, 2005., 장지은(張智恩), 『영화문화의 창조와 공공상영의 발전: 전후 사회교육에 있어서의 영상인식과 보급활동의 변화』 도쿄대학, 2006., 김윤정(金侖貞), 『재일한국인의 아이덴티티 형성 다문화공생교육에 관한 연구』 도쿄대학, 2006., 정현경(鄭賢卿), 『여성운동과 임파워먼트에 관한 교육학적 연구』 도호쿠대학, 2006., 박현숙(朴賢淑), 『여성의 사회참가와 생활협동조합에서의 배움』 도호쿠대학, 2007., 윤경훈, 『한국재벌기업에 있어서의 노사관계의 역사적 전개와 과제: '현대'재벌을 중심으로』 와세다대학, 2009.

이다. 이는 2000년대 들어와서 일본 내에서 기성 학자들이 한국 사회교육 · 평생교육에 대한 관심이 높아지면서 연구 조사 등의 교류가 급격하게 늘어나는 것과 같은 시점에서 나타나는 현상이다. 우선, 한국의 인적자원개발 정책과 평생교육과의 관계를 연구하고자 아사노 가오루(淺野かおる, 후쿠시마대학) 교수가 1년 반 동안 서울대학교에 연구년으로 와 있었다. 아사노 교수는 한국 평생교육이 가장 역동적으로 변화하는 기간 동안에 현지 조사를 장기간 함으로써 한국 평생교육에 대한 이해를 가장 정확하게 하고 있는 일본 연구자들 중에 한 사람이라고 할 수 있으며, 일본 연구자답게 많은 현장 조사 등을 통해 현장 전문가들에게 잘 알려져 있다. 또한 한국의 대학으로 유학을 온 연구자로는 중앙대학교에서 황종건 선생의 사회교육사상을 연구한 히고 고우세이(肥後耕生, 공주대 연구 교수)와 고려대학교에서 일제 때의 재한일본인의 사회교육을 연구한 추즈키 추구오(都築繼雄) 등[2]이 있다. 앞으로 더 많은 일본 연구자들이 한국에서 연구를 할 것으로 기대된다.

2 상호 국가 간 현장 조사 · 연구 교류의 급증

한국은 1970년대 말에 들어서면서 그동안 지지부진 하던 「사회교육법」 제정에 온 힘을 기울이고 있었다. 특히 한국사회교육협회가 중심이 되어 헌법 개정 시에 '국가의 평생교육 책무'(31조, 당시는 29조)를 삽입하였고(김승한 교수), 「사회교육법」 제정(안)을 제출하여 1982년 12월에 「사회교육법」이 제정되었던 시기였다. 당시 관련 정책 연구의 책임을 맡았던 황종건 교수는 일본 「사회교육법」 조사를 위해 일본에 가셨고 이때에 고바야시 분진 교수가 법제 관련 사료 제공에 협조하였던 것이다. 두 사람의 만남은 이렇게 시작되었다. 고바야시 교수는 1980년 2월에 충남 부여에서 열린 사회교육전문가회의(한국사회교육협회 주관)에 참석하여 일본 「사회교육법」에 관해 강연과 토론을 하였다. 양국의 상황에서 서로를 조견하기 시작하는 점차 심층적인 교류가 시작되는 순간이었다고 평가할 수 있겠다.

앞 절에서 사사가와 교수에 의해 상세하게 기록된 1990년대 초의 한 · 일 사회교육세미나 시대를 지나면서 양국 간의 교류는 다소 소강 상태를 보였다. 그런데 1999년 한국 평생교육법이 제정되면서 한국의 평생교육현장은 평생교육정보센터의 설치 등 새로운 국면을

---

2) 히고 고우세이(肥後耕生), 『황종건의 사회교육 이론과 실천 연구』 중앙대학교, 2008., 추즈키 추구오(都築繼雄), 『1910년부터 1945년까지 재조선 일본인에 대한 사회교육 실태』 고려대학교, 2009.

맞게 되었다. 이로 인해 많은 한국 평생교육실천가들이 일본 학습도시나 평생학습축제, 평생교육 관련 시설 견학 등을 위해 일본 사회교육현장을 방문하기 시작하였다. 주로 한국교육개발원 평생교육센터가 주관해서 사회교육실천을 보고 와 현장에 적용하고자 하는 목적이 많았다.

제49회 사회교육전국연구집회 한 · 일 교류회 이치무라

이와 함께 일본 사회교육실천을 밀도 있게 보고 함께 실천 연구 논의를 할 수 있는 일본 사회교육연구전국집회('사회교육추진전국협의회' Japan Association for promotion of Social Education(JAPSE) 주관)에 2006년부터 다시 참여하기 시작하였다. 한국평생교육연합회가 주관이 되어 학자들과 현장 전문가들이 함께 이 모임에 지속적으로 참여하면서 더 다양한 일본 현장 실천가들과 학자들과의 교류가 깊어지고 있다. 한편, 일본 사회교육학자들이 한국의 역동하는 평생교육현장을 조사할 목적으로 많은 연구진이 실천 현장을 조사하였다. 일본 학자들의 현장 조사 연구는 소규모로 다양하게 이루어지기 때문에 전체적 규모를 확인하는 것은 어렵지만 몇 가지 사례를 들어 보면 다음과 같다. 한국 대학 평생교육원의 실태를 분석하기 위해 서울, 부산, 공주 등의 국 · 사립대학 평생교육원에 관한 조사를 하였던 홋카이도대학의 마치이 테루히사(町井光軍久) 교수, 한국 주민자치센터와 평생교육의 관계에 주목하고 수년 동안 광주, 부산 등의 지역운동을 조사하고 있는 나가사와 교수와 아사노 교수, 공주대학과의 연구교류로 이루어진 심포지움과 함께 지역조사(홍성, 공주, 익산, 청원 등)를 하였던 홋카이도대학의 스즈키 교수와 아네자키 교수, 마치이 교수, 뒤에 기술하게 될 TOAFAEC 멤버들의 한국 실천 현장(시흥, 청원, 공주 등) 방문, 마을 만들기와 평생학습의 관계를 연구하기 위한 지역 조사(진안)의 후꾸시마대학 치바 교수와 아사노 교수, 한국의 평생교육과 사회적 자본의 관계를 연구하기 위한 현지 조사하였던 나고야대학의 이정연 교수와 마츠시다 교수 등 다양한 그룹들의 다양한 연구주제로 한국 평생교육실천 현장을 조사하면서 양국의 학자들과 실천가들은 더 자주 현장에서 만나게 되고 긴밀한 교류를 더해 가고 있다.

3 | TOAFAEC를 중심으로 한 교류

TOAFAEC(도쿄·오키나와·동아시아평생교육연구회, 이하 동아시아연구회라고 한다)는 도쿄가쿠게이대학 고바야시 분진 교수의 연구실(東京學芸大學小林文人研究室) '오키나와 평생교육연구회'를 모체로 1995년에 발족, 1996년부터 『동아시아사회교육연구』를 발간하는 한편, 매월 정례연구회를 열고 있다. 일본 평생교육연구에서 아시아에 대한 관점이 충분히 자리매김되지 않고 있었던 시기에, 아시아 그중에서도 '동아시아'라는 지역 틀 안에서 평생교육을 파악하는 관점은 그 선구성은 물론 한국 평생교육연구의 층을 넓히는 데 중요한 역할을 맡아 왔다.

일본 내에서 한국의 평생교육이 그리 알려지지 않았던 1996년의 『동아시아사회교육연구』 창간호에 게재된 김종서 교수의 논문 「한국의 문해교육문제에 관한 고찰」을 비롯해 황종건 선생님의 「자기생애사(일본에서는 自分史)를 말한다 Ⅰ·Ⅱ」와 『평생교육백서』 번역 등 한국 평생교육의 동향을 소개함과 동시에 일본에 한국의 평생교육을 소개하는 최초의 번역본이 된 『한국의 사회교육·평생학습—시민사회의 창조를 향해』(에이델연구소)를 2006년 9월에 출판하였다. 1990년대 후반의 평생교육법 개정을 거쳐 역동적으로 발전하고 있는 한국의 평생교육을 역사에서부터 실천까지 중층적이고 다양한 관점에서 제기하여 일본의 평생교육 관계자들이 한국의 평생교육에 주목하게 되는 계기를 만들었다. 더 나아가 『동아시아사회교육연구』 제12호(2007년)과 제13호(2008년)에서는 각각 「한국 평생학습의 새로운 동향」「중국·한국의 평생학습」을 특집으로 하고 있다.

평생교육연구를 한국, 일본, 중국의 동아시아에서 생각함으로써 평생교육연구의 새로운 관점과 이론틀의 구축에 있어 동아시아연구회는 큰 역할을 해 왔다. 이를 모체로 2007년에는 '한국평생학습연구포럼'이, 2009년에는 '중국평생학습연구포럼'이 만들어졌으면 이 두 연구포럼을 보다 발전시키기 위해 2009년 6월에 '동아시아연구교류위원회'(가칭)가 발족하여 평생교육을 매개로 한 '동아시아 평생교육연구의 네트워크' 만들기를 향해 움직이고 있다.

이러한 동아시아연구회와 한국평생교육과의 관계에 있어 그 토대가 된 것은 앞서 언급한 황종건 교수와 연구회의 대표였던 고바야시 분진 교수가 중심이 된 교류였다. 그리고 연구회를 중심으로 확대된 네트워크는 지방자치체 간 평생교육 교류로도 이어지고 있다.

4 지방자치단체 간 평생교육 교류

국제교류라는 이름으로 한국과 일본의 지방자치체 간에 활발한 교류가 이루어지고 있는 가운데, 평생교육을 통한 지자체 간 교류도 이루어지고 있다. 그 대표적인 교류가 가와사키시와 부천시 간의 교류이다. 가나가와현 가와사키시와 경기도 부천시는 1991년에 상점가 교류가 시작되어 1996년에는 우호도시협정을 맺고 다음 해부터 공무원 파견교류를 하는 한편, 시민교류도 활발하다. 교류의 범위는 미술교류, 도서관교류, 고교생교류 등 폭넓고 다양하게 이루어지고 있는 것이 특징이다. 예를 들면, 2000년에 설립된 하나(부천하나와 가와사키하나로 구성되어 있음)는 연2회 서로 방문하면서 교류하고 있으며 공통테마를 정해서 한국과 일본에 대해 알고 배우는 과정을 통해 서로를 이해하고 역사를 이해하는 활동을 하고 있다. 하나의 OB, OG와 도서관교류 사무국 멤버들은 어학연수를 통해 한국어와 일본어를 배우는 등 시민교류를 짊어질 다음 세대들도 성장해 나가고 있다.

이러한 폭넓은 교류를 망라하는 조직으로서 2003년에 설립된 '부천 · 가와사키시민교류회'를 중심으로 한 시민교류는 한층 활성화되고 있다. 시민교류회는 스터디 투어를 기획하여 현장학습 방법을 통해 한국의 다양한 면을 배우는 기회를 제공하고 있으며 그 가운데 중요한 축이 되고 있는 것이 평생교육이다. 2004년에는 가와사키시와 부천시의 시민교류회 합동기획으로 '가와사키 · 부천 시민교류회 설립 1주년 기념 심포지움 – 동아시아에 다문화공생사회를 만들자 –'를 가와사키에서 개최하고 동아시아의 시민교류의 전망과 양 지자체의 공통과제이기도 한 외국인의 인권보장과 공생에 대한 활발한 논의가 이루어진 바 있으며 그 후로도 다양한 주제로 합동 심포지움을 개최하고 있다.

부천시와의 관계는 인근 도시인 광명시로도 확대되어 2004년 9월 광명시 평생학습원 주최 '제3회 평생학습 국제심포지움'에서 이토 오사카즈(伊藤長和)가 '가와사키시의 평생학습과 시민대학 – 가와사키시의 시민사회를 구축하는 '가와사키 시민아카데미'에 대해 –'를 강연하였고, 2005년 10월에는 광명시에서 열린 '제4회 전국평생학습축제' 국제학술심포지움 「미래를 향한 약속, '인간중심의 평생학습사회'」에서 고바야시 분진(小林文人)이 '시민사회의 인적자원개발의 사례와 앞으로의 방향 – 시민들은 어떻게 배워 왔는가'를 보고하는 등 평생교육을 통해 한국과 일본의 교류를 꾀하는 지방자치단체도 볼 수 있게 된 것이다. 또한 2009년 10월 구리시에서 개최된 전국평생학습축제의 국제심포지움에서 고바야시 교수의 기조강연('평생학습도시 · 공동체의 새로운 동향과 패러다임－지역중심주의적 입장에서의 문제제기－')과, 같은 장소에서 있었던 평생학습도시 자치단체장들을 위한 특별강연('일본 평생학습도시의 과거, 현재, 미래')에서 마츠모토(松本)시와 오키나와의 나고시(名護市)의 사례를 중심으로 일본의 선진 평생학습 도시들을 소개하였다. 이러한 움직임은 더 나아가 부산시와 후쿠오카시에도 확대되어 2008년 7월 19일부터 21일까지 3일간 후쿠오카 평생교육연구회가 부산을 방문, 주민자치센터와 도서관 등을 방문하였고, 2010년 8월에는 시흥시 시장이 마츠모토의 공민관체계와 주민 운동에 대한 견학을 위해서 방문하게 된다. 이러한 지자체 간의 교류의 움직임은 TOAFAEC를 통한 교류와 서로 영향을 주고받으면서 착실히 발전하고 있다.

5 체계적인 교류의 모색: 동아시아평생교육협의회의 가능성

한 · 일사회교육세미나가 4회를 마지막으로 EAFAE로 전환되었고, 양국 간의 교류는 다양하고 다원적인 방식으로 확대되었다고 볼 수 있다. 이와 함께 주목할 만한 제안이 있었다. 과거 한 · 일 세미나를 발전적으로 계승한 연구 교류를 다시 시작하자는 것이었다. 일본사회교육학회와 한국평생교육학회가 그 주체가 되어 2010년 4월에 강릉(강릉시 평생학습센터 '모루')에서 '다시' 제1회 한 · 일 평생교육세미나가 개최되었다. 여기에서 기조강연을 하였던 김신일 교수가 '동아시아평생교육협의회(가칭)'를 제안하였고 많은 참가자들도 이미 이에 공감하고 있었다고 보였다. 동아시아 전체로 확장하는 것에 대해서는 더 논의하기로 하고 우선 양국 학회는 실무위원회를 만들어 정례적인 국제 세미나를 1년에 한 차례씩 교환하면서 개최하기로 결정하였다. 이는 다양화 · 다원화되고 있는 교류에 하나의 체계적인 교류 축을 만들었다고 평가할 수 있다. 이상의 다양하고 다원화된 한 · 일 교류와 함께 보다 긴밀하고 체계적인 교류의 가능성까지 더해 가면서 미래의 한 · 일 사회교육 · 평생교육 실천과 연구의 교류에 한걸음 더 나갈 준비가 되었다고 생각한다. 이러한 움직임이 동아시아네트워크로 확산될 가능성도 만들어 갈 것이다. 이와 함께 새로운 교류 세대(현장과 연구 모두)의 형성을 항상 염두에 두면서 활발한 교류의 움직임을 계속해야 할 것이다. 앞으로의 한 · 일 평생교육 교류의 미래가 어떻게 발전해 나갈 것인가 기대된다.

특별칼럼 7 한 · 일 사회교육계의 영원한 조우에 붙여

최운실(한국평생교육총연합회 회장)

일본과 한국의 사회교육계는 이미 마음으로 '하나된 지 오래'인 학습공동체이다. 굳이 국명을 들추어 둘을 갈라 구분할 필요조차 느끼지 못하는 형제지우 아니면 부부지연의 경지에 이르렀다고 하면 너무 과한 표현일까? 가깝다는 말로는 표현이 아쉽다. 끈끈한 도반지경에 이르매, 우리는 어느새 이미 한국과 일본을 가르는 수많은 걸림돌들을 제거한지 오래다. 가깝고도 먼 나라라는 지정학적, 역사학적 경계심을 잊은 지 또한 오래이다. 말이 통하지 않아도 우리는 마음으로 통한다. 사회교육을 사랑하고 이에 혼을 담는 우리들의 그 공유성으로, 평생학습이라는 가문을 일군 우리는 분명 '글로벌 한 · 일 가족'들이다.

우리 모두는 기억하며 기린다. 고 황종건, 김승한 선생님 그리고 김종서, 김신일 선생님, 고바야시 선생님과 모도키, 사사카와 선생님, 이들 선배님들께서 일궈 놓으신 일본과 한국의 사회교육 가교가 얼마나 귀하고도 위대한 큰 길이었는지를…….

서울대와 하코네로 기억되는 한국과 일본을 오가던 교류 만남에서 학문 2세대쯤에 해당하는 오늘의 우리 한국 평생교육학도들은 많은 것에 감동하고 느끼며 배울 수 있었다. 우리는 일본 사회교육계 선생님들의 무한한 진솔함, 겸손함, 치밀함, 학습력에 감동받지 않을 수 없었다. 전해 주신 양국의 지혜 자산나무가 맘껏 성장할 수 있기를 바란다. 소중한 책을 출간하게 됨을 축하드리며 이를 계기로 더더욱 공고하고 탄탄한 양국의 사회교육 교류가 영원히 해를 거듭하며 발전되고 지속되기를 기대한다. 사회교육계 1세대 선배들께서 물려주신 귀한 '일본과 한국 평생교육 도반'들의 길에 학문적 · 실천적으로도 창조와 지혜자산으로도 영원한 빛과 희망이 함께할 것임을 확신하면서…….

제50회 일본사회교육연구집회 한 · 일 교류회

편집후기

2006년 일본에서 『한국의 사회교육평생학습: 시민사회의 창조를 향해』(韓國の社會教育E生涯學習~市民社會の創造に向けて~)라는 책이 출판되었다. 한국 사회교육 · 평생학습에 관한 책을 한 · 일 양국의 사회교육연구자 및 실천가들이 함께 펴낸 첫 시도라고 할 수 있다. 당시 일본 나고야(名古屋)대학 대학원 박사과정에 재학 중이었던 필자도 그 책 만들기에 함께 참여하는 영광을 얻었다.

필자는 나고야대학에서 2005년 3월 박사학위를 취득한 후 한국의 몇몇 대학에서 시간강의를 하다가 2006년 10월에 모교인 나고야대학의 조교수로 부임하게 되었다. 일본 국립대학의 사회교육학 분야에 한국인으로서는 처음으로 자리를 잡게 된 필자는 무엇보다도 한 · 일 양국 간의 사회교육 교류에 있어 가교역할을 해야겠다는 사명감을 갖고 있었다. 한국과 일본의 사회교육에 관한 정확한 정보와 장단점을 양국에 소개하고 또한 양국의 학술적 · 실천적 교류를 도모하여 서로 성장할 수 있는 관계를 만들고 싶었다.

그러던 중 마침 일본 내의 「동경 · 오키나와 · 동아시아사회교육연구회(TOAFAEC)」라는 연구모임에서 한국 평생교육에 관심을 갖고 있는 연구자와 사회교육 관련직원들을 중심으로 한국 평생교육에 관한 연구회를 만들자는 이야기가 나오게 되었다. 일본에서 연구자로서 본격적으로 활동하게 된 필자에게 있어 이러한 제안은 너무나 기쁜 일이었다. 그리하여 2007년 2월 21일 가와사키시(川崎市)의 다카츠(高津)시민관에서 '한국평생학습연구포럼'을 창립하고 제1회 연구포럼을 개최하였다. 이 연구포럼에서 필자는 당시 한국에 일본의 사회교육 · 평생학습에 관한 정보가 편향되게 전해지고 있는 점을 지적하며, 일본의 상황을 정확하게 이해하고 연구교류를 할 수 있는 토대를 만드는 차원에서 앞에서 말한 『한국의 사회교육 · 평생학습』이라는 책을 한국에 번역 · 출판할 것을 제안하였다. 그러나 논의를 거듭하는 과정에서 번역보다는 오히려 한국에 일본의 사회교육 · 평생학습을 정확히 알릴 수 있는 책을 펴내자는 결론에 이르게 되었다. 그리하여 같은 해 4월 21일에 열린 제2회 연구포럼에서 필자는 『일본의 사회교육 · 평생학습』(가제)의 출판을 제안하였고, 곧바로 편집위원회를 구성하여 편집위원회 사무국장을 맡게 되었다.

필자가 이러한 출판을 제안하게 된 이유는 한국에 일본의 사회교육 · 평생학습이 그 일부분, 예를 들면, 평생학습도시 · 평생학습축제 등만이 소개가 되고, 또한 그것이 일본 사회교육의 전부인 양 인식되고 있는 듯한 인상을 받았기 때문이다. 그러나 일본에는 그 보다 더 나은 다양한 실천사례가 많다는 사실과 사회교육의 역사나 정책 등에 관해 정확하게 이해할 수 있도록 돕고 싶었다.

이 책은 서장과 종장을 포함해 총 22장에 걸쳐 일본 사회교육 · 평생교육의 역사 · 정책 · 실천 · 지역사례까지 담고 있는데, 각 장은 일본 사회교육전문가 중에서 그 분야를 가장 대표하는 연구자 및 실천가들에게 원고를 의뢰하여 집필을 승낙 받았다. 일본에서도 아직 사회교육분야에서 이렇게 많은 연구자와 실천가가 함께 일본의 사회교육을 망라하는 책을 펴낸 적이 없기 때문에 한국에서의 출판 이후 곧바로 일본 및 중국에서 번역하여 출판하자는 의견도 검토 중이다.

그러나 이렇게 큰 의미를 두고 시작한 책 만들기인 만큼 부담감과 함께 힘들었던 점도 많았다. 25명 이상의 집필자들이 참여하다보니 예상보다 원고가 마감일자까지 도착하지 못하는 사태나 모든 원고를 한국어로 번역해야 하는 어려움이 기다리고 있었다. 집필진 모두가 워낙 바쁘신 분들이라서 원고마감일을 훌쩍 넘어버린 집필자에 대해서는 정중히 원고독촉을 해야 했고, 한편으로 일찌감치 원고를 제출해 주신 분들께는 좀처럼 빨리 책이 완성되지 못한 점에 대해 매번 양해를 구해야 하는 상황에 부딪치게 되었다. 그러다보니 예정보다 약 1년 반이나 늦게 책을 세상에 선보이게 되었다.

한편 이 책은 3년을 넘는 기간 동안 거의 매월 편집위원회를 개최하여 편집이 이루어졌는데, 제출된 모든 원고는 편집위원회에서 읽고 토론한 후 각 집필자들에게 수정 · 보완을 요구하여 책을 완성시켰다. 이러한 원고수정작업 또한 공동편저에서는 첫 시도로서 자칫 집필자들에게 실례가 되지 않을까 우려되는 매우 민감하고 조심스러운 부분이었다. 그러나 다행히 모든 분들께서 흔쾌히 응해 주셔서 시간은 많이 걸렸으나 한국 독자들이 조금 더 이해하기 쉬운 책을 만들 수 있었다. 그리고 추가로 1년 가까이 편집위원회 멤버들이 번역을 해왔고, 윤문작업은 공주대학교의 도움을 얻어 진행하였다. 이 자리를 빌려 오랜 시간 기다려 주신 집필진 여러분들께 다시 한 번 사죄와 함께 깊은 감사의 인사를 올린다. 또한 번역보다 더 힘든 윤문작업을 해 주신 김보람씨와 박혜원씨께도 감사의 뜻을 전하고 싶다.

이 책이 만들어지는 동안 사회교육에 있어서의 한 · 일 교류는 그 어느 때보다도 활발히 이루어졌다. 그러한 이야기를 모두 담지 못해 많은 아쉬움이 남는다. 그러나 이 책을 계기로 삼아 앞으로도 한 · 일 사회교육 · 평생학습의 상호이해와 교류를 도모할 수 있는 많은 서적이 출판되기를 기대해 본다.

2010년 9월

편집위원회 사무국장 이정연

참고자료

I 법률(초록)

해설: 고바야시 분진(小林文人)

❖ 목 차

사회교육 · 평생학습에 관한 법제 해설

제2차 세계대전 이전의 일본 교육법규와 행정이 '칙령주의(勅令主義)'(교육칙어(教育勅語)에 입각한 법령, 명령, 통달 등)에 따라 집행되었던 것에 비해 전후에 이루어진 교육개혁에 의한 큰 변화는 의회제 민주주의를 전제로 하는 '법률주의'의 원칙에 따라 입법 · 행정이 추진된 점이라고 할 수 있다. 즉 국민의 의사를 기본으로 하여 교육에 관한 권리를 보장하기 위한 헌법 · 「교육기본법」 체제가 정비되었다. 교육권을 규정한 헌법 제26조에 "모든 국민은 법률이 정하는 바에 따라……"라고 명기되어 있는 법률주의에 입각하여 전후 일련의 교육법들이 성립 · 공포되어 왔다.

일본국 헌법(1946년)의 정신에 입각해 우선 「교육기본법」이 제정되었다(1947년). 「교육기본법」 제7조는 '사회교육'에 관한 조항으로서 "① 가정교육 및 근로의 장소 그 밖의 사회에서 이루어지는 교육은 국가 및 지방공공단체에 의해 장려되어야 한다. ② 국가 및 지방공공단체는 도서관, 박물관, 공민관 등 시설의 설치, 학교시설의 이용 그 밖의 적당한 방법에 의해 교육목적의 실현에 노력하여야 한다."고 규정하고 있다.

교육쇄신위원회(敎育刷新委員會) 등의 활발한 논의를 거쳐 「교육기본법」의 정신에 입각해 「사회교육법」(1949년), 곧이어 「사회교육법」의 정신에 입각해 「도서관법」(1950년), 「박물관법」(1951년)이 제정되었다. 이러한 사회교육 3법은 당초 기대되었던 조건정비법으로서의 충분한 규정은 담지 못했으나, 사회교육의 기본 이념을 제시하고 공민관 · 도서관 · 박물관 등의 기간시설을 주축으로 하는 법으로서 그 후의 일본 사회교육제도의 골격을 이루어 왔다. 그 후 여러 번의 개정을 거쳤으나 제정 당초 법의 주요 골격은 유지되어 왔다고 할 수 있다. 이러한 법률 자료에 대해 지면관계상 법 개정에 관한 상세한 경과까지는 실을 수 없지만 2009년 현재 각 법률의 최신판을 발췌 · 수록하였다.

사회교육에 관한 국가실정법에 입각하여 도도부현(都道府縣) · 시정촌(市町村)의 각 지자체는 지자체 의회의 의결을 거친 사회교육법제('조례', 그에 입각한 '규칙' 등)를 정비해 왔다. 이것 또한 마찬가지로 '법률주의'의 원칙에 따른 것이다. 특히 시정촌(기초자치단체)을 주요 무대로 하여 공민관 · 도서관 · 박물관 등의 여러 시설이 설치되어 다양한 시설활동이 전개되었으며, 자치적인 사회교육사업이 실시되어 왔다.

한편 관련법으로서 「문화재보호법」(1950년)과 「스포츠진흥법」(1961년)도 제정되었다. 그리고 평생교육에 관련하여 「평생학습진흥을 위한 시책의 추진체제 등 정비에 관한 법률(이하 '평생학습진흥정비법')」(1990년)이 제정되었다. 평생학습진흥정비법은 위에서 말한 「교육기본법」의 '정신에 입각하는'이라는 규정이 없고, 「사회교육법」에 담긴 '시정촌주의'원칙(사회교육행정은 시정촌을 가장 우선으로 추진하는 원칙(제5조), 공민관은 시정촌이 설치한다는 규정(제21조) 등)에도 어긋나는 등 「사회교육법」의 이념과 모순되는 부분이 적지 않다. 이 법률은 통상산업성(당시) 계열의 산업법적 측면도 함께 갖고 있다. 실질적으로는 「평생학습진흥정비법」의 핵심이라고 할 수 있는 '민간사업자의 능력을 활용'하는 '지역평생학습진흥 기본 구상'(제5조)은 거의 구체화되지 못하였으며 유명무실한 상태이다.

그러나 교육법제뿐만 아니라 다른 관련영역의 법률로 눈을 돌려보면, 현대적인 여러 과제에 대응하여 제정되어 온 새로운 법률 속에 평생학습에 관련된 중요한 조항들이 포함되어 있음을 알 수 있다. 예를 들면, 직업능력개발촉진법(1969년), 장애자기본법(1970년), 환경기본법(1993년), 고령사회대책기본법(1995년), 특정비영리활동촉진법(이른바 NPO법, 1998년), 남녀공동참획(參劃)사회기본법(1999년), 인권교육 및 인권계발의 추진에 관한 법률(2000년), 문화예술진흥기본법(2001년), 차

세대육성지원대책기본법(2003년), 저출산(少子化)사회대책기본법(2003년) 등이다(연도는 제정년도, 그 후의 개정년도는 생략).

각 법의 평생학습관련조항을 자세히 설명할 수 없는 관계로 「환경기본법」제25조 규정만 예시적으로 소개하고자 한다. "제25조(환경의 보전에 관한 교육, 학습 등) 국가는 환경보전에 관한 교육 및 학습의 진흥, 그리고 환경보전에 관한 홍보활동의 충실을 통하여 사업자 및 국민의 환경보전에 관한 이해를 심화시킴과 함께 이들의 환경보전에 관한 활동의욕이 증진되도록 하기 위하여 필요한 조치를 강구하도록 한다."

사회교육 · 평생학습에 관련된 법률은 이것들에 그치지 않으며, 또한 그 조항들도 각 법률별로 개별 목적적이라 할 수 있지만 평생학습의 전개에 있어 의미 있는 내용을 담고 있다. 이러한 현대적 과제에도 시야를 확대해 관련 법률들을 적극적으로 활용해 갈 필요가 있을 것이다. 위에서 말한 과제별 각 법률을 '평생학습 관련 10법'이라고 명명해도 좋지 않을까 생각된다.

참고문헌

社會教育推進全國協議会編『社会教育・生涯学習ハンドブック(제7판), Eidell研究所, 2005.

✤ ✤ ✤

Ⅰ-1. 일본국 헌법(제정 · 공포 1946.11.3, 시행 1947.5.3)

✤ 목 차

전문(前文)
제1장 천황(제1조~제8조)
제2장 전쟁의 방기(제9조)
제3장 국민의 권리 및 의무(제10조~제40조)
제4장 국회(제41조~제64조)
제5장 내각(제65조~제75조)
제6장 사법(제76조~제82조)
제7장 재정(제83조~제91조)
제8장 지방자치(제92조~제95조)
제9장 개정(제96조)
제10장 최고법규(제97조~제99조)
제11장 보칙(제100조~제103조)

전문(前文)

일본 국민은 정당하게 선출된 국회 대표자를 통하여 행동하고 일본과 일본의 자손을 위하여 여러 국민의 화합과 협력에 의한 성과와 일본 전토(全土)에 걸쳐 자유가 가져오는 혜택을 확보하고, 정부의 행위로 인하여 두 번 다시 전쟁의 참화가 일어나는 일이 없기를 결의하며, 이에 주권이 국민에 있음을 선언하여 이 헌법을 확정한다. 무릇 국정은 국민의 엄숙한 신탁에 의한 것으로 그 권위는 국민으로부터 유래하고 그 권력은 국민의 대표자가 이를 행사하며 그 복리는 국민이 향유한다. 이는 인류 보편의 원리이며, 이 헌법은 이러한 원리에 기초한 것이다. 일본은 이것에 반하는 모든 헌법과 법령 및 조칙(詔勅)을 배제한다.

일본 국민은 항구적인 평화를 염원하고 인간 상호의 관계를 지배하는 숭고한 이상을 깊이 자각하며, 평화를 사랑하는 모든 국민의 공정과 신의를 신뢰하여 우리의 안전과 생존을 유지하기로 결의했다. 우리는 평화를 유지하고 전제(專制)와 예종(隷從), 압박과 편협을 지상에서 영원히 제거하고자 노력하는 국제사회에서 명예로운 지위에 서고자 한다. 일본은 전 세계의 국민이 모두 공포와 결핍에서 벗어나 평화롭게 생존할 권리를 가지고 있음을 확인한다.

일본은 어떤 국가도 자국의 일에만 전념하고 다른 나라를 무시해서는 아니 되며, 정치도덕의 법칙은 보편적인 것으로서 이 법칙에 따라 자국의 주권을 유지하고 다른 나라와 대등관계에 서는 것이 각국의 책무라고 믿는다.

일본 국민은 국가의 명예를 걸고 전력을 다해 이 숭고한 이상과 목적을 달성할 것을 맹세한다.

제2장 전쟁의 방기

제9조 ① 일본 국민은 정의와 질서를 기조로 하는 국제 평화를 성실히 희구하며, 국권의 발동인 전쟁과 무력에 의한 위협 또는 무력의 행사는 국제 분쟁을 해결하는 수단으로서는 영구히 이를 방기(放棄)한다.

② 1항의 목적을 달성하기 위해 육, 해, 공군 기타의 전력을 보유하지 아니한다. 국가의 교전권(交戰權)은 인정하지 아니한다.

제3장 국민의 권리와 의무

제11조 국민은 모든 기본적 인권의 향유를 방해받지 아니한다. 이 헌법이 국민에게 보장하는 기본적 인권은 침해할 수 없는 영구한 권리로서 현재와 장래의 국민에게 부여한다.

제12조 이 헌법이 국민에게 보장하는 자유와 권리는 국민의 부단한 노력에 의해 보장해야 한다. 또한 국민은 이를 남용해서는 아니 되며, 항상 공공의 복지를 위해 이를 이용할 책임을 진다.

제13조 모든 국민은 개인으로서 존중받는다. 생명, 자유 및 행복 추구에 대한 국민의 권리는 공공의 복지에 반하지 않는 한 입법 기타의 국정에서 최대한 존중될 필요가 있다.

제14조 ① 모든 국민은 법 앞에 평등하며, 인종, 신조, 성별, 사회적 신분 또는 출신에 의하여 정치적, 경제적 또는 사회적 관계에서 차별받지 아니한다.

제19조 사상과 양심의 자유는 침해할 수 없다.

제21조 ① 집회, 결사 및 언론, 출판 기타 일체의 표현의 자유는 보장된다.
② 검열은 할 수 없다. 통신의 비밀은 침해할 수 없다.

제22조 ① 누구든지 공공의 복지에 반하지 않는 한 거주, 이전 및 직업 선택의 자유를 가진다.
② 누구든지 외국으로 이주하거나 국적을 이탈할 자유를 침해받지 아니한다.

제23조 학문의 자유는 보장된다.

제25조 ① 모든 국민은 건강하고 문화적인 최저한도의 생활을 영위할 권리를 가진다.
② 국가는 모든 생활 부문에서 사회복지, 사회보장 및 공중위생의 향상과 증진에 노력해야 한다.

제26조 ① 모든 국민은 법률이 정하는 바에 따라 그 능력에 따라 교육받을 권리를 가진다.
② 모든 국민은 법률이 정하는 바에 따라 보호하는 자녀에게 보통 교육을 받게 할 의무를 진다. 의무교육은 무상으로 한다.

제27조 ① 모든 국민은 근로의 권리를 가지며 의무를 진다.
② 임금, 취업 시간, 휴식 기타의 근로 조건에 관한 기준은 법률로 정한다.
③ 아동을 혹사시켜서는 아니 된다.

제28조 근로자가 단결할 권리 및 단체교섭 기타의 단체행동을 할 권리는 보장된다.

제8장 지방자치

제92조 지방공공단체의 조직과 운영에 관한 사항은 지방자치의 본래 취지에 기초하여 법률로 정한다.

제93조 ① 지방공공단체에는 법률이 정하는 바에 따라 그 의사 기관으로 의회를 설치한다.
② 지방공공단체의 장, 그 의회의 의원 및 법률이 정하는 기타 공무원은 그 지방공공단체의 주민이 직접 선출한다.

제94조 지방공공단체는 그 재산을 관리하고, 사무를 처리하며, 또 행정을 집행하는 권능(權能)을 가지고, 법률의 범위 내에서 조례를 제정할 수 있다.

제95조 하나의 지방공공단체에만 적용되는 특별법은 법률이 정하는 바에 따라 그 지방공공단체의 주민의 투표에서 과반수의 동의를 얻지 못하면 국회는 이를 제정할 수 없다.

제10장 최고 법규

제97조 이 헌법이 일본 국민에게 보장하는 기본적 인권은 인류의 수년에 걸친 자유 획득의 노력의 성과로서 이러한 권리는 과거 많은 시련을 거쳐 현재와 장래의 국민에 대하여 침범할 수 없는 영구의 권리로서 신탁된 것이다.

제98조 ① 이 헌법은 국가의 최고 법규로서 그 조규(條規)에 반하는 법률, 명령, 조칙 또는 국무에 관해 기타 행위의 전부 또는 일부는 그 효력을 갖지 아니한다.

② 일본국이 체결한 조약 및 확립된 국제 법규는 이를 성실하게 준수하여야 한다.

제99조 천황 또는 섭정 및 국무대신, 국회의원, 재판관 기타 공무원은 이 헌법을 존중하고 옹호할 의무를 지닌다.

✤ ✤ ✤

Ⅰ-2-1. 「교육기본법」(1947.3.31 제정, 법률 제25호)

전문(前文)

일본은 먼저 일본국 헌법을 확정하여 민주적이고 문화적인 국가를 건설하고, 세계의 평화와 인류의 복지에 공헌하자는 결의를 표명하였다. 이 이상의 실현은 근본적으로 교육의 힘에 달려 있는 것이다.

일본은 개인의 존엄을 존중하고 진리와 평화를 희구하는 인간의 육성을 기함과 함께 보편적으로 또한 개성이 풍부한 문화의 창조를 지향하는 교육을 철저히 보급하여야 한다.

이에 일본국 헌법의 정신에 기초하여 교육의 목적을 명시하고 새로운 일본 교육의 기본을 확립하기 위하여 이 법률을 제정한다.

제1조(교육의 목적)

교육은 인격의 완성을 지향하고 평화적인 국가 및 사회의 형성자로서 진리와 정의를 사랑하고 개인의 가치를 존중하며 근로와 책임을 중시하고 자주적 정신으로 충만한 심신 모두 건강한 국민의 육성을 도모하며 이루어져야 한다.

제2조(교육의 방침)

교육의 목적은 모든 기회, 모든 장소에서 실현되어야 한다. 이 목적을 달성하기 위해서는 학문의 자유를 존중하고 실제 생활에 입각하여 자발적 정신을 기르며, 자타의 경애(敬愛)와 협력에 의해 문화의 창조와 발전에 공헌하도록 노력하여야 한다.

제3조(교육의 기회균등)

① 모든 국민은 평등하게 그 능력에 따른 교육받을 기회를 부여받아야 하는 것으로 인종, 신조, 성별, 사회적 신분, 경제적 지위 또는 출신(가문)으로 인해 교육상 차별을 받지 아니한다.

② 국가 및 지방자치단체는 능력이 있음에도 불구하고 경제적 이유로 인해 취학이 힘든 자에 대해 장학의 방법을 강구하여야 한다.

제4조(의무교육)

① 국민은 그 보호하는 자녀에게 9년의 의무교육을 받게 할 의무를 지닌다.

② 국가 및 지방자치단체가 설치하는 학교에 있어서의 의무교육에 대해서 수업료는 징수하지 아니한다.

제5조(남녀공학)

남녀는 서로 경중(敬重)하고, 협력하여야 하며 교육상 남녀공학은 인정되어야 한다.

제6조(학교교육)

① 법률에 정하는 학교는 공적 성질을 지니는 것으로서 국가 및 지방자치단체 외에 법률에 정하는 법인만이 이것을 설치할 수 있다.

② 법률에 정하는 학교의 교원은 전체의 봉사자이며 자기의 사명을 자각하고 그 직책의 수행에 노력하여야 한다. 이를 위해서는 교원의 신분은 존중되고 그 적정한 대우가 이루어져야 한다.

제7조(사회교육)

① 가정교육 및 근로의 장소 그 밖의 사회에서 이루어지는 교육은 국가 및 지방자치단체에 의해 장려되어야 한다.

② 국가 및 지방자치단체는 도서관, 박물관, 공민관 등 시설의 설치, 학교의 시설 이용 그 밖의 적당한 방법에 따라 교육의 목적 실현에 노력하여야 한다.

제8조(정치교육)

① 양식 있는 공민이 되는 데에 필요한 정치적 교양은 교육상 이것을 존중하여야 한다.

② 법률에 정하는 학교는 특정한 정당을 지지하거나 또는 이것에 반대하기 위한 정치교육 그 밖의 정치적 활동을 해서는 아니 된다.

제9조(종교교육)

① 종교에 관한 관용의 태도 및 종교의 사회생활에 있어서의 지위는 교육상 이것을 존중하여야 한다.

② 국가 및 지방자치단체가 설치하는 학교는 특정한 종교를 위한 종교교육 그 밖의 종교적 활동을 해서는 아니 된다.

제10조(교육행정)

① 교육은 부당한 지배에 굴하지 않고 국민 전체에 대해 직접 책임을 지고 이루어져야 하는 것이다.

② 교육행정은 이런 자각 아래 교육의 목적을 수행하는 데에 필요한 여러 조건의 정비확립을 목표로 하여 이루어져야 한다.

제11조(보칙)

이 법률에 내건 여러 조항을 실시하기 위하여 필요가 있는 경우에는 적당한 법령이 제정되어야 한다.

부 칙

이 법률은 공포일부터 이것을 시행한다.

✣ ✣ ✣

Ⅰ－2－2. 「교육기본법」(2006.12.22 전면개정, 법률 제120호)

❣ 전문

일본 국민은 끊임없는 노력에 의하여 쌓아 온 민주적이고 문화적인 국가를 더욱 발전시킴과 동시에 세계의 평화와 인류의 복지 향상에 공헌할 것을 바라는 바이다.

이 이상을 실현하기 위하여 개인의 존엄을 중히 여기고 진리와 정의를 희구하며 공공정신을 존중하고 풍요로운 인간성과 창조성을 겸비한 인간의 육성을 기함과 동시에 전통을 계승하고 새로운 문화 창조를 지향하는 교육을 추진한다.

이에 일본국 헌법의 정신에 따라 일본 미래를 열어 갈 교육의 기본을 확립하고 그 진흥을 도모하기 위하여 이 법률을 제정한다.

제1장 교육의 목적 및 이념

제1조(교육의 목적)

교육은 인격의 완성을 지향하며 평화롭고 민주적인 국가 및 사회의 형성자로서 필요한 자질을 겸비한 심신 모두 건강한 국민의 육성을 도모해 가야 한다.

제2조(교육의 목표)

교육은 그 목적을 실현하기 위하여 학문의 자유를 존중하고 다음의 목표를 달성하도록 이루어지는 것이다.

1. 폭넓은 지식과 교양을 몸에 익히고 진리를 추구하는 태도를 길러 풍부한 정조(情操)와 도덕심을 배양함과 함께 건강한 신체를 기른다.
2. 개인의 가치를 존중하고 그 능력을 신장하며 창조성을 길러 자주 및 자율의 정신을 배양함과 동시에 직업 및 생활과의 관계를 중시하고 근로를 중요시하는 태도를 기른다.
3. 정의와 책임, 남녀평등, 자타경애(敬愛)와 협력을 중시함과 동시에 공공의 정신에 기초하여 주체적으로 사회의 형성에 참여하고 그 발전에 기여하는 태도를 기른다.
4. 생명을 존중하고 자연을 중요시하며 환경보존에 기여하는 태도를 기른다.
5. 전통과 문화를 존중하고 그것들을 키워 온 조국과 향토를 사랑함과 동시에 타국을 존중하고 국제사회의 평화와 발전에 기여하는 태도를 기른다.

제3조(평생학습의 이념)

국민 각자가 자신의 인격을 갈고닦아 풍요로운 인생을 보낼 수 있도록 그 평생에 걸쳐 모든 기회와 모든 장소에서 학습할 수 있고 그 성과를 적절히 활용할 수 있는 사회의 실현을 도모하여야 한다.

제4조(교육의 기회균등)

① 모든 국민은 평등하게 그 능력에 따른 교육받을 기회를 보장받아야 하며, 인종, 신조, 성별, 사회적 신분, 경제적 지위 또는 출신으로 인하여 교육상 차별을 받지 아니한다.

② 국가 및 지방자치단체는 장애를 지닌 자는 그 장애상태에 따라 충분한 교육을 받을 수 있도록 교육상 필요한 지원을 강구하여야 한다.

③ 국가 및 지방자치단체는 능력이 있음에도 불구하고 경제적 이유로 인하여 수학이 곤란한 자에 대하여 장학 조치를 강구하여야 한다.

제2장 교육의 실시에 관한 기본

제5장(의무교육)

① 국민은 그 보호하는 아동에게 별도의 법률로 정하는 규정에 따라 보통교육을 받도록 할 의무를 진다.

② 의무교육으로 이루어지는 보통교육은 각 개인이 지닌 능력을 신장하고 사회에서 자립적으로 살아갈 기초를 배양하며 또 국가 및 사회의 형성자로서 필요한 기본적 자질을 기르는 것을 목적으로 이루어지는 것이다.

③ 국가 및 지방자치단체는 의무교육의 기회를 보장하고 그 수준을 확보하기 위하여 적절한 역할분담 및 상호 협력 아래 그 실시에 대한 책임을 진다.

④ 국가 및 지방자치단체가 설치하는 학교의 의무교육에 대해서는 수업료를 징수하지 아니한다.

제6조(학교교육)

① 법률로 정하는 학교는 공적 성질을 지니는 것으로서 국가, 지방자치단체 및 법률로 정하는 법인만이 이것을 설치할 수 있다.

② 제1항의 학교에 있어서는 교육의 목표가 달성되도록 교육을 받는 자의 심신 발달에 따라 체계적인 교육이 조직적으로 이루어져야 한다. 이 경우에 교육을 받는 자가 학교생활을 영위함에 있어 필요한 규율을 중시함과 동시에 스스로 적극적으로 학습에 임하는 의욕을 높이는 것을 중시하여 이루어져야 한다.

제7조(대학)

① 대학은 학술의 중심으로 높은 교양과 전문적 능력을 배양함과 동시에 깊게 진리를 탐구하여 새로운 지견(知見)을 창조하고 이 성과들을 널리 사회에 제공함으로써 사회의 발전에 기여하도록 한다.

② 대학에 대해서는 자주성, 자율성, 그 밖에 대학에 있어서의 교육 및 연구의 특성은 존중되어야 한다.

제8조(사립학교)

사립학교가 지닌 공적 성질 및 학교교육에서 담당하는 중요한 역할을 감안하여 국가 및 지방자치단체는 그 자주성을 존중하면서 조성(助成)하고, 그 밖에 적당한 방법에 의하여 사립학교교육의 진흥에 노력하여야 한다.

제9조(교원)

① 법률로 정하는 학교 교원은 자신의 숭고한 사명을 깊이 자각하고 끊임없이 연구와 수양에 힘쓰며 그 책무 수행에 노력하여야 한다.

② 제1항의 교원에 대해서는 그 사명과 책무의 중요성을 감안하여 교원의 신분을 존중받고 적정한 대우가 이루어져야 함과 동시에 양성과 연수의 충실이 도모되어야 한다.

제10조(가정교육)

① 부모 그 밖의 보호자는 아동의 교육에 대하여 제일의적(第一義的) 책임을 지며 생활을 위하여 필요한 습관을 몸에 익히도록 함과 동시에 자립심을 육성하고 심신의 조화가 이루어진 발달을 도모하도록 노력하여야 한다.

② 국가 및 지방자치단체는 가정교육의 자주성을 존중하고 보호자에 대한 학습의 기회 및 정보 제공 그 밖의 가정교육을 지원하기 위하여 필요한 시책을 강구하도록 노력하여야 한다.

제11조(유아기의 교육)

유아기의 교육은 평생에 걸친 인격형성의 기초를 기르는 중요한 것임을 감안하여 국가 및 지방자치단체는 유아의 건강한 성장에 이바지하는 양호한 환경의 정비 그 밖의 적당한 방법에 의하여 그 진흥에 노력하여야 한다.

제12조(사회교육)

① 개인의 요망과 사회의 요청에 부응하여 사회에서 이루어지는 교육은 국가 및 지방자치단체에 의하여 장려되어야 한다.

② 국가 및 지방자치단체는 도서관, 박물관, 공민관, 그 밖에 사회교육시설의 설치, 학교 등의 시설 이용, 학습의 기회 및 정보의 제공, 그 밖에 적당한 방법에 의하여 사회교육의 진흥에 노력하여야 한다.

제13조(학교, 가정 및 지역주민 등의 상호 연계 협력)

학교, 가정 및 지역주민, 그 밖의 관계자는 교육에 있어서 각 역할과 책임을 자각함과 동시에 상호 연계 및 협력에 노력하여야 한다.

제14조(정치교육)

① 양식(良識) 있는 공민으로서 필요한 정치적 교양은 교육상 존중받아야 한다.

② 법률로 정하는 학교는 특정 정당을 지지하거나 또는 이것에 반대하기 위한 정치교육 그 밖의 정치적 활동을 해서는 아니 된다.

제15조(종교교육)

① 종교에 관한 관용의 태도, 종교에 관한 일반적인 교양 및 종교의 사회생활에 있어서의 지위는 교육상 존중받아야 한다.

② 국가 및 지방자치단체가 설치하는 학교는 특정 종교를 위한 종교교육, 그 밖에 종교적 활동을 해서는 아니 된다.

제3장 교육행정

제16조(교육행정)

① 교육은 부당한 지배에 굴복하지 아니하고 이 법률 및 다른 법률이 정하는 규정에 따라 이루어져야 하는 것으로서 교육행정은 국가 및 지방자치단체와의 적절한 역할분담 및 상호 협력 아래 공정하고 적정하게 행해져야 한다.

② 국가는 전국적인 교육의 기회균등과 교육 수준의 유지향상을 도모하기 위하여 교육에 관한 시책을 종합적으로 책정하고 실시하여야 한다.

③ 지방자치단체는 그 지역의 교육의 진흥을 도모하기 위하여 그 실정에 맞는 교육에 관한 시책을 책정하고 실시하여야 한다.

④ 국가 및 지방자치단체는 교육이 원활하게 동시에 계속적으로 실시되도록 필요한 재정상의 조치를 강구하여야 한다.

제17조(교육진흥기본계획)

① 정부는 교육의 진흥에 관한 시책의 종합적이고 계획적인 추진을 도모하기 위하여 교육의 진흥에 관한 시책에 대한 기본적인 방침 및 강구하여야 하는 시책, 그 밖에 필요한 사항에 대하여 기본적인 계획을 정하고 이것을 국회에 보고함과 동시에 공표하여야 한다.

② 지방자치단체는 앞항의 계획을 참작하여 그 지역의 실정에 맞게 당해 지방자치단체의 교육의 진흥을 위한 시책에 관한 기본적인 계획을 정하도록 노력하여야 한다.

제4장 법령의 제정

제18조

이 법률에 규정된 모든 조항을 실시하기 위하여 필요한 법령이 제정되어야 한다.

부 칙

1. (시행기일)이 법률은 공포일부터 시행한다.
2. (「사회교육법」 등의 일부개정)다음의 법률 규정 중 '「교육기본법」(1947년 법률 제25호)'을 '「교육기본법」(2006년 법률 제120호)으로 개정한다.

✤ ✤ ✤

Ⅰ—3. 「사회교육법」(최종개정 2008년 6월 11일, 법률 제59호)

제1장 총칙

제1조(이 법률의 목적)

이 법률은 「교육기본법」(2006년 법률 제120호)의 정신에 의거, 사회교육에 관한 국가 및 지방자치단체의 임무를 명확하게 함을 목적으로 한다.

제2조(사회교육의 정의)

이 법률에서 '사회교육'이란 학교교육법(1947년 법률 제26호)에 입각해서 학교의 교육과정으로서 이루어지는 교육활동을 제외한 주로 청소년 및 성인을 대상으로 이루어지는 조직적인 교육활동(체육 및 레크리에이션 활동을 포함)을 말한다.

제3조(국가 및 지방자치단체의 임무)

① 국가 및 지방자치단체는 이 법률 및 다른 법령이 정하는 바에 따라 사회교육의 장려에 필요한 시설의 설치 및 운영, 집회 개최, 자료의 제작, 배포 그 밖의 방법으로 모든 국민이 모든 기회, 모든 장

소를 이용하여 스스로 실생활에 맞는 문화적 교양을 높일 수 있는 환경을 조성하도록 노력해야 한다.

② 국가 및 지방자치단체는 제1항의 임무를 행하는 데 있어서 국민의 학습에 대한 다양한 수요를 근거로 이에 적절히 대응하기 위하여 필요한 학습기회의 제공 및 그 장려를 행하는 것으로 평생학습진흥에 기여하게 되도록 노력하는 것으로 한다.

③ 국가 및 지방자치단체는 제1항의 임무를 행하는 데 있어서 사회교육이 학교교육 및 가정교육과 밀접한 관련성을 가지는 것을 감안하여 학교교육과의 연계 확보에 노력하고 또 가정교육의 향상에 이바지하도록 필요한 배려를 함과 동시에, 학교, 가정 및 지역주민 그 밖에 관계자 상호 간의 연계 및 협조 촉진에 이바지하게 되도록 노력하는 것으로 한다.

제4조(국가의 지방자치단체에 대한 지원)

제3조 제1항의 임무를 달성하기 위하여 국가는 이 법률 및 다른 법령이 정하는 바에 따라 지방자치단체에 대하여 예산 범위 내에서 재정적 지원 및 물자의 제공과 알선을 행한다.

제5조(시정촌 교육위원회의 사무)

시(특별구를 포함. 이하 같음.) 정촌 교육위원회는 사회교육에 관하여 해당 지방의 필요에 따라 예산 범위 내에서 다음과 같은 사무를 행한다.

1. 사회교육에 필요한 지원을 행하는 것.
2. 사회교육위원의 위촉에 관한 것.
3. 공민관의 설치 및 관리에 관한 것.
4. 소관하는 도서관, 박물관, 청년의 집, 그 밖에 사회교육시설의 설치 및 관리에 관한 것.
5. 소관하는 학교가 실시하는 사회교육을 위한 강좌개설 및 그 장려에 관한 것.
6. 강좌개설 및 토론회, 강습회, 강연회, 전시회, 그 밖에 집회개최 및 그 장려에 관한 것.
7. 가정교육에 관한 학습기회를 제공하기 위한 강좌개설 및 집회개최, 가정교육에 관한 정보제공과 장려에 관한 것.
8. 직업교육 및 산업에 관한 과학기술지도를 위한 집회개최 및 장려에 관한 것.
9. 생활과학화의 지도를 위한 집회개최 및 장려에 관한 것.
10. 정보화 진전에 대응하여 정보의 수집 및 이용을 원활하고 적정하게 행하기 위하여 필요한 지식 또는 기능에 관한 학습기회를 제공하기 위한 강좌개설 및 집회개최와 장려에 관한 것.
11. 운동회, 경기대회, 그 밖에 체육지도를 위한 집회개최 및 장려에 관한 것.
12. 음악, 연극, 미술, 그 밖에 예술발표회 등의 개최 및 장려에 관한 것.
13. 주로 학령아동 및 학령학생(각각 학교교육법 제18조에 규정하는 학령아동 및 학령학생을 말한다)에 대하여 학교수업 종료 후 또는 휴업일에 학교, 사회교육시설 그외 적절한 시설을 이용하여

행하는 학습, 그 밖에 활동 기회를 제공하는 사업의 실시 및 그 장려에 관한 것.

14. 청소년에 대하여 자원봉사활동 등 사회봉사 체험활동, 자연체험활동, 그 밖에 체험활동의 기회를 제공하는 사업의 실시 및 그 장려에 관한 것.
15. 사회교육에서의 학습기회를 이용하여 행한 학습 성과를 활용하여 학교, 사회교육시설 그 밖에 지역에서 행하는 교육활동 그 밖에 활동기회를 제공하는 사업의 실시 및 그 장려에 관한 것.
16. 사회교육에 관한 정보의 수집, 정리 및 제공에 관한 것.
17. 시청각교육, 체육 및 레크리에이션에 필요한 설비, 기재 및 자료의 제공에 관한 것.
18. 정보교환 및 조사연구에 관한 것.
19. 그 밖에 제3조 제1항의 임무를 달성하기 위하여 필요한 사무.

제6조(도도부현 교육위원회의 사무)

도도부현 교육위원회는 사회교육에 관하여 해당 지방의 필요에 따라 예산 범위 내에서 제5조 각 호의 사무(제3호 사무를 제외함)를 행하는 것 외에 다음 사무를 행한다.

1. 공민관 및 도서관의 설치 및 관리에 관하여 필요한 지도 및 조사를 행하는 것.
2. 사회교육을 행하는 자에 대한 연수에 필요한 시설의 설치 및 운영, 강습회 개최, 자료 배포 등에 관한 것.
3. 사회교육 시설의 설치 및 운영에 필요한 물자의 제공과 알선에 관한 것.
4. 시정촌 교육위원회와의 연락에 관한 것.
5. 그 밖에 법령에 의하여 그 직무 권한에 속하는 사항

제7조(교육위원회와 지방자치단체장의 관계)

① 지방자치단체의 장은 그 소장사항에 관하여 필요한 홍보선전으로서 시청각교육의 수단을 이용하고 그 밖에 교육시설 및 수단으로서 적당하다고 하는 것에 대하여 교육위원회에 실시를 의뢰하거나 또는 실시에 대한 협조를 요청할 수 있다.

② 제1항의 규정은 다른 행정청이 소장에 관하여 필요한 홍보선전에 대하여 교육위원회에 실시를 의뢰하거나 또는 실시에 대한 협조를 요청하는 경우에 준용한다.

제8조

교육위원회는 사회교육에 관한 사무를 행하기 위하여 필요가 있을 때에는 해당 지방자치단체의 장 및 관계 행정청에 대하여 필요한 자료의 제공, 그 밖에 협조를 요청할 수 있다.

제9조(도서관 및 박물관)

① 도서관 및 박물관은 사회교육을 위한 기관으로 한다.

② 도서관 및 박물관에 관한 필요한 사항은 별도의 법률로서 정한다.

제2장 사회교육주사(社會教育主事) 및 사회교육주사보(社會教育主事補)

제9조의 2(사회교육주사 및 사회교육주사보의 설치)

① 도도부현 및 시정촌의 교육위원회 사무국에 사회교육주사를 둔다.

② 도도부현 및 시정촌의 교육위원회 사무국에 사회교육주사보를 둘 수 있다.

제9조의 3(사회교육주사 및 사회교육주사보의 직무)

① 사회교육주사는 사회교육을 행하는 자에게 전문적, 기술적인 조언 및 지도를 한다. 단, 명령 및 감독을 해서는 안 된다.

② 사회교육주사는 학교가 사회교육 관련 단체, 지역주민, 그 밖에 관계자의 협조를 얻어 교육활동을 실시하는 경우에는 그 요청에 응하여 필요한 조언을 행할 수 있다.

③ 사회교육주사보는 사회교육주사의 직무를 돕는다.

제9조의 4(사회교육주사의 자격)

다음 각 호의 1에 해당하는 자는 사회교육주사가 되는 자격을 가진다.

1. 대학에 2년 이상 재학하고 62학점 이상을 이수했거나 또는 고등전문학교를 졸업하고, 동시에 다음과 같은 기간을 통산한 기간이 3년 이상이 되는 자로, 제9조의 5의 규정에 의한 사회교육주사의 강습을 수료한 자.
   가. 사회교육주사보의 직에 있었던 기간
   나. 관공서, 학교, 사회교육시설 또는 사회교육 관련 단체에서의 직으로, 사서, 학예원, 그 밖에 사회교육주사보 직책과 동등 이상의 직책으로서 문부과학대신이 지정하는 직책에 있던 기간
   다. 관공서, 학교, 사회교육시설 또는 사회교육 관련 단체가 실시하는 사회교육 관련 사업의 업무로 사회교육주사로서 필요한 지식 또는 기능의 습득에 이바지하는 것으로서 문부과학대신이 지정하는 것에 종사한 기간('가' 또는 '나'에 해당하는 기간을 제외함)
2. 정교사 자격증을 가지고, 동시에 5년 이상 문부과학대신이 지정하는 교육에 관한 직으로 제9조 5의 규정에 의한 사회교육주사의 강습을 수료한 자.
3. 대학에 2년 이상 재학하고 62학점 이상을 이수했으며, 동시에 대학에서 문부과학성령(文部科學省令)에서 정하는 사회교육 관련 과목의 학점을 이수한 자로, 제1호 '가'에서 '다'까지의 기간을 통산한 기간이 1년 이상 되는 자.
4. 제9조 5의 규정에 의한 사회교육주사의 강습을 수료한 자(제1호 및 제2호에서 해당하는 자를 제외함)로 사회교육에 관한 전문적 사항에 대하여 앞의 3호에 해당하는 자에 상당하는 교양과 경험이 있다고 도도부현 교육위원회가 인정한 자.

제9조의 5(사회교육주사의 강습)

① 사회교육주사의 강습은 문부과학대신의 위촉을 받은 대학, 그 밖에 교육기관이 행한다.

② 수강자격, 그 밖에 사회교육주사의 강습에 관한 필요한 사항은 문부과학성령으로 정한다.

제9조의 6(사회교육주사 및 사회교육주사보의 연수)

사회교육주사 및 사회교육주사보의 연수는 임명권자가 행하는 것 외에 문부과학대신 및 도도부현이 행한다.

제3장 사회교육 관련 단체

제10조(사회교육 관련 단체의 정의)

이 법률에서 '사회교육 관련 단체'란 법인 여부를 불문하고 국가 및 지방자치단체의 통제를 받지 않는 단체로서 사회교육에 관한 사업을 실시하는 것을 주된 목적으로 하는 것을 말한다.

제11조(문부과학대신 및 교육위원회와의 관계)

① 문부과학대신 및 교육위원회는 사회교육 관련 단체의 요청에 응하여 전문적 기술적 지도 또는 조언을 할 수 있다.

② 문부과학대신 및 교육위원회는 사회교육 관련 단체의 요청에 응하여 사회교육에 관한 사업에 필요한 물자의 확보에 대하여 지원을 행한다.

제12조(국가 및 지방자치단체와의 관계)

국가 및 지방자치단체는 사회교육 관련 단체에 대하여 어떠한 방법으로도 부당하게 통제적 지배를 하거나 또는 그 사업에 간섭해서는 안 된다.

제13조(심의회 등에 대한 자문)

국가 또는 지방자치단체가 사회교육 관련 단체에 대하여 보조금을 교부하려고 하는 경우에는 미리 국가에서 문부과학대신이 심의회 등(국가행정조직법(1948년 법률 제120호) 제8조에 규정하는 기관을 말한다. 제51조 제3항에 대하여 같음)과 같이 정령으로 정하는 것, 지방자치단체에 있어서는 교육위원회가 사회교육위원의 회의(사회교육위원이 설치하지 않은 경우에는 조례로 정하는 바에 따라 사회교육과 관련되는 보조금의 교부에 관한 사항을 조사 심의하는 심의회 그 밖에 합의제 기관)의 의견을 들어 행해야 한다.

제14조(보고)

문부과학대신 및 교육위원회는 사회교육 관련 단체에 지도자료 제작 및 조사연구를 위하여 필요한 보고를 요청할 수 있다.

제4장 사회교육위원

제15조(사회교육위원의 구성)

① 도도부현 및 시정촌에 사회교육위원을 둘 수 있다.

② 사회교육위원은 학교교육 및 사회교육의 관계자, 가정교육 향상에 이바지하는 활동을 행하는 자 및 학식 경험이 있는 자 중에서 교육위원회가 위촉한다.

제16조　삭 제

제17조(사회교육위원의 직무)

① 사회교육위원은 사회교육에 관하여 교육감을 거쳐 교육위원회에 조언하기 위하여 다음 직무를 행한다.

1. 사회교육에 관한 제 계획을 입안하는 것.
2. 정시 또는 임시에 회의를 열어, 교육위원회의 자문에 응하여 의견을 말하는 것.
3. 앞의 2호의 직무를 행하기 위하여 필요한 연구조사를 행하는 것.

② 사회교육위원은 교육위원회의 회의에 출석하여 사회교육에 관한 의견을 말할 수 있다.

③ 시정촌 사회교육위원은 해당 시정촌 교육위원회로부터 위촉받은 청소년교육에 관한 특정사항에 대하여 사회교육 관련 단체, 사회교육지도자, 그 밖의 관계자에게 조언과 지도를 할 수 있다.

제18조(사회교육위원의 정수 등)

사회교육위원의 정수, 임기, 그 밖에 필요한 사항은 해당 지방자치단체의 조례로 정한다.

제19조　삭 제

제5장 공민관

제20조(목적)

공민관은 시정촌, 그 밖에 일정 구역 내의 주민을 위하여 실생활에 맞는 교육, 학술 및 문화에 관한 각종 사업을 실시함으로써 주민의 교양 향상, 건강 증진, 정조 순화(情操純化)를 도모하고 생활문화 진흥, 사회복지 증진에 기여함을 목적으로 한다.

제21조(공민관의 설치자)

① 공민관은 시정촌이 설치한다.

② 제1항의 경우를 제외하고, 공민관은 공민관 설치의 목적을 가지는 민법 제34조의 규정에 의하여 설립되는 법인(제5장에서는 이하 '법인'이라고 한다.)이 아니면 설치할 수 없다.

③ 공민관 사업의 운영상 필요가 있을 때는 공민관에 분관을 설치할 수 있다.

제22조(공민관의 사업)

공민관은 제20조의 목적 달성을 위하여 대체로 다음 사업을 실시한다. 단, 이 법률 및 다른 법령에 따라 금지된 것은 이에 해당하지 아니한다.

1. 정기 강좌를 개설하는 것.
2. 토론회, 강습회, 강연회, 실습회, 전시회 등을 개최하는 것.
3. 도서, 기록, 모형, 자료 등을 비치하여 그 이용을 도모하는 것.
4. 체육, 레크리에이션 등에 관한 집회를 개최하는 것.
5. 각종의 단체, 기관 등의 연락을 도모하는 것.
6. 그 시설을 주민의 집회 그 밖에 공공적 이용에 제공하는 것.

제23조(공민관의 운영 방침)

① 공민관은 다음의 행위를 해서는 아니 된다.

1. 오로지 영리를 목적으로 사업을 실시하거나, 특정 영리사업에 공민관의 명칭을 이용시키고 그 밖에 영리사업을 지원하는 것.
2. 특정의 정당의 이해(利害)에 관한 사업을 실시하거나 또는 공사(公私)의 선거에 관하여 특정 후보자를 지지하는 것.

② 시정촌이 설치하는 공민관은 특정의 종교를 지지하거나 또는 특정 교파, 종파 혹은 교단(教團)을 지원해서는 안 된다.

제23조의 2(공민관의 기준)

① 문부과학대신은 공민관의 건전한 발달을 도모하기 위하여 공민관의 설치 및 운영상 필요한 기준을 정하는 것으로 한다.

② 문부과학대신 및 도도부현 교육위원회는 시정촌이 설치하는 공민관이 제1항의 기준에 따라 설치 및 운영되도록 해당 시정촌에 대하여 지도, 조언, 그 밖의 지원을 하도록 노력한다.

제24조(공민관의 설치)

시정촌이 공민관을 설치하려고 할 때는 조례로 공민관의 설치 및 관리에 관한 사항을 정해야 한다.

제25조 및 제26조 삭 제

제27조(공민관의 직원)

① 공민관에 관장을 두며 주사 그 밖에 필요한 직원을 둘 수 있다.

② 관장은 공민관이 추진하는 각종 사업의 기획 · 실시, 기타 필요한 사무를 행하며 소속 직원을 감독한다.

③ 주사는 관장의 명을 받아 공민관 사업의 실시에 임한다.

제28조

시정촌이 설치하는 공민관의 관장, 주사 그 밖에 필요한 직원은 교육장의 추천에 의하여 해당 시정촌의 교육위원회가 임명한다.

제28조의 2(공민관 직원의 연수)

제9조 6의 규정은 공민관의 직원연수에 준용한다.

제29조(공민관 운영심의회)

① 공민관에 공민관운영심의회를 둘 수 있다.

② 공민관 운영심의회는 관장의 자문에 응하여 공민관의 각종 사업의 기획 실시에 대하여 조사 심의하는 것으로 한다.

제30조

① 시정촌이 설치하는 공민관에 있어서는 공민관 운영심의회의 위원은 학교교육 및 사회교육의 관계자, 가정교육의 향상에 이바지하는 활동을 행하는 자 및 학식 경험이 있는 자 중에서 시정촌 교육위원회가 위촉한다.

② 제1항의 공민관운영심의회 위원의 정수, 임기 그 밖에 필요한 사항은 시정촌의 조례로 정한다.

제31조

법인이 설치하는 공민관에 공민관 운영심의회를 두는 경우에 있어서는 그 위원은 해당 법인의 임원으로 충당하는 것으로 한다.

제32조(운영상황에 관한 평가 등)

공민관은 해당 공민관의 운영상황에 대하여 평가를 실시함과 동시에, 그 결과에 근거하여 공민관 운영의 개선을 도모하기 위하여 필요한 조치를 강구하도록 노력해야 한다.

제32조의 2(운영상황에 관한 정보 제공)

공민관은 해당 공민관의 사업에 관하여 지역주민 그 밖에 관계자의 이해를 증진함과 동시에, 이러한 자들과의 연계 및 협조의 추진에 이바지하기 위하여 해당 공민관의 운영 상황에 관한 정보를 적극적으로 제공하도록 노력해야 한다.

제33조(기금)

공민관을 설치하는 시정촌에 있어서는 공민관의 유지 운영을 위하여 「지방자치법」(1947년 법률 제67호) 제241조의 기금을 설치할 수 있다.

제34조(특별회계)

공민관을 설치하는 시정촌에 있어서는 공민관의 유지 운영을 위하여 특별회계를 설치할 수 있다.

제35조(공민관의 보조)

① 국가는 공민관을 설치하는 시정촌에 대하여 예산 범위 내에서 공민관의 시설, 설비에 요하는 경

비 그 밖에 필요한 경비의 일부를 보조할 수 있다.

② 제1항의 보조금 교부에 관하여 필요한 사항은 정령으로 정한다.

제36조 삭 제

제37조

도도부현이 「지방자치법」 제232조 2의 규정에 의하여 공민관 운영에 요하는 경비를 보조하는 경우 문부과학대신은 정령이 정하는 바에 따라 그 보조금의 액수, 보조 비율, 보조 방법, 그 밖에 필요한 사항에 관한 보고를 요청할 수 있다.

제38조

국고보조를 받은 시정촌은 다음 경우에는 받은 보조금을 국고에 반환해야 한다.

1. 공민관이 이 법률 혹은 이 법률에 의거한 명령 또는 이에 의거한 처분에 위반했을 때.
2. 공민관이 그 사업의 전부 혹은 일부를 폐지하거나 또는 제20조의 목적 이외의 용도에 이용했을 때.
3. 보조금 교부의 조건을 위반했을 때.
4. 허위의 방법으로 보조금 교부를 받았을 때.

제39조(법인이 설치하는 공민관의 지도)

문부과학대신 및 도도부현 교육위원회는 법인이 설치하는 공민관의 운영, 그 밖에 관해서는 그 요청에 응하여 필요한 지도 및 조언을 할 수 있다.

제40조(공민관의 사업 또는 행위의 정지)

① 공민관이 제23조의 규정에 위반하는 행위를 했을 때는 시정촌이 설치하는 공민관에 있어서는 시정촌 교육위원회, 법인이 설치하는 공민관에 있어서는 도도부현 교육위원회는 사업 또는 행위의 정지를 명할 수 있다.

② 제1항의 규정에 의한 법인이 설치하는 공민관의 사업 또는 행위 정지 명령에 관하여 필요한 사항은 도도부현의 조례로 정할 수 있다.

제41조(벌칙)

제40조 제1항의 규정에 의한 공민관의 사업 또 행위의 정지 명령에 위반하는 행위를 한 자는 1년 이하의 징역 혹은 금고 또는 3만 엔 이하의 벌금에 처한다.

제42조(공민관 유사시설)

① 공민관과 유사한 시설은 누구나 이를 설치할 수 있다.

② 제1항의 시설 운영, 그 밖에 관해서는 제39조의 규정을 준용한다.

제6장 학교시설의 이용

제43조(적용 범위)

사회교육을 위하여 행하는 국립학교(학교교육법 제2조 제2항에 규정하는 국립학교를 말한다. 이하 같음) 또는 공립학교(동항에 규정하는 공립학교를 말한다. 이하 같음)의 시설이용에 관해서는 이 장이 정하는 바에 따른다.

제44조(학교시설의 이용)

① 학교(국립학교 또는 공립학교를 말한다. 이하 이 장에서는 같음)의 관리기관은 학교 교육상 지장이 없다고 인정하는 한, 그 관리하는 학교시설을 사회교육을 위한 이용에 제공하도록 노력해야 한다.

② 제1항에 있어 '학교의 관리기관'이란 국립학교에 있어서는 설치자인 국립대학법인(국립대학법인법(2003년 법률 제112호) 제2조 제1항에 규정하는 국립대학법인을 말한다)의 학장 또는 독립행정법인 국립고등전문학교 기구의 이사장, 공립학교 중 대학에 있어서는 설치자인 지방자치단체의 장 또는 공립대학법인(지방독립행정법인법(2003년 법률 제118호) 제68조 제1항에 규정하는 공립대학법인을 말한다. 이하 이 항 및 제48조 제1항에서는 같음)의 이사장, 고등전문학교에 있어서는 설치자인 지방자치단체에 설치되어 있는 교육위원회 또는 공립대학법인의 이사장, 대학 및 고등 전문학교 외의 학교에 있어서는 설치자인 지방자치단체에 설치되어 있는 교육위원회를 말한다.

제45조(학교시설 이용의 허가)

① 사회교육을 위하여 학교시설을 이용하려고 하는 자는 해당 학교 관리기관의 허가를 받아야 한다.

② 제1항의 규정에 의하여 학교 관리기관이 학교시설 이용을 허가하려고 할 때는 미리 학교의 장의 의견을 들어야 한다.

제46조

국가 또는 지방자치단체가 사회교육을 위하여 학교시설을 이용하려고 할 때는 제45조의 규정에 관계없이 해당 학교 관리기관과 협의하는 것으로 한다.

제47조

① 제45조의 규정에 의한 학교시설 이용이 일시적인 경우에는 학교 관리기관은 제45조 제1항의 허가에 관한 권한을 학교의 장에 위임할 수 있다.

② 제1항의 권한 위임, 그 밖에 학교시설 이용에 관하여 필요한 사항은 학교 관리기관이 정한다.

제48조(사회교육의 강좌)

① 문부과학대신은 국립학교에 대하여, 지방자치단체의 장은 해당 지방자치단체가 설치하는 대학 또는 해당 지방자치단체가 설립하는 공립대학법인이 설치하는 대학 혹은 고등전문학교에 대하여, 지방자치단체에 설치되어 있는 교육위원회는 해당 지방자치단체가 설치하는 대학 외의 공립학교에

대하여, 그 교육조직 및 학교시설의 상황에 따라 문화강좌, 전문강좌, 하기강좌, 사회학급 강좌 등 학교시설 이용에 의한 사회교육을 위한 강좌개설을 요구할 수 있다.

② 문화강좌는 성인의 일반적 교양에 관하여, 전문강좌는 성인의 전문적 학술지식에 관하여, 하기강좌는 하기휴가 중 성인의 일반적 교양 또는 전문적 학술지식에 관하여, 각각 대학, 고등전문학교 또는 고등학교에서 개설한다.

③ 사회학급강좌는 성인의 일반적 교양에 관하여, 초등학교 또는 중학교에서 개설한다.

④ 제1항에 규정하는 강좌를 담당하는 강사의 보수 그 밖에 필요한 경비는 예산 범위 내에서 국가 또는 지방자치단체가 부담한다.

제7장 통신교육

제49조(적용 범위)

학교교육법 제54조, 제70조 제1항, 제82조 및 제84조의 규정에 따라 실시하는 것을 제외하고 통신에 의한 교육에 관하여서는 이 장이 정하는 바에 따른다.

제50조(통신교육의 정의)

① 이 법률에서 '통신교육'이란 통신 방법으로 일정한 교육계획 아래 교재, 보조 교재 등을 수강자에게 송부하고 설문해답, 첨삭지도, 질의응답 등을 행하는 교육을 말한다.

② 통신교육을 행하는 자는 그 계획실현을 위하여 필요한 지도자를 두어야 한다.

제51조(통신교육의 인정)

① 문부과학대신은 학교 또는 민법 제34조의 규정에 의한 법인이 행하는 통신교육으로 사회교육상 장려하여야 될 것에 대하여 통신교육을 인정(이하 '인정'이라고 한다)할 수 있다.

② 인정을 받으려고 하는 자는 문부과학대신이 정하는 바에 따라 문부과학대신에 신청해야 한다.

③ 문부과학대신이 제1항의 규정에 의하여 인정을 하려고 할 때는 미리 제13조의 정령으로 정하는 심의회 등에 자문해야 한다.

제52조(인정 수수료)

문부과학대신은 인정을 신청하는 자에게서 실비 범위 내에서 문부과학성령으로 정하는 액수의 수수료를 징수할 수 있다. 다만, 국립학교 또는 공립학교가 실시하는 통신교육에 관해서는 이에 해당하지 않는다.

제53조　삭 제

제54조(우편 요금의 특별 취급)

인정을 받은 통신교육에 요하는 우편 요금은 우편법(1947년 법률 제165호)이 정하는 바에 따라 특별한 취급을 받는 것으로 한다.

제55조(통신교육의 폐지)

① 인정을 받은 통신교육을 폐지하려고 할 때 또는 조건을 변경하려고 할 때는 문부과학대신이 정하는 바에 따라 그 허가를 받아야 한다.

② 제1항의 허가에 관하여서는 제51조 제3항의 규정을 준용한다.

제56조(보고 및 조치)

문부과학대신은 인정을 받은 자에게 필요한 보고를 요청하거나 또는 필요한 조치를 명할 수 있다.

제57조(인정의 취소)

① 인정을 받은 자가 이 법률 혹은 이 법률에 따르는 명령 또는 이에 따른 처분에 위반했을 때는 문부과학대신은 인정을 취소할 수 있다.

② 제1항의 인정의 취소에 관하여서는 제51조 제3항의 규정을 준용한다.

✤ ✤ ✤

Ⅰ-4. 평생학습의 진흥을 위한 시책의 추진 체제 등 정비에 관한 법률(약칭 평생학습진흥정비법)(2002.3.31 최종개정, 법률 제15호)

제1조(목적)

이 법률은 국민이 평생에 걸쳐 학습할 기회가 널리 요구되고 있는 상황에 비추어 평생학습의 진흥에 이바지하기 위한 도도부현의 사업에 관하여 추진체제의 정비와 그 외에 필요한 사항을 정하고, 아울러 특정지구(地區)의 평생학습에 관련되는 기회의 종합적인 제공을 촉진하기 위한 조치에 관하여 정함과 동시에, 도도부현 평생학습심의회의 사무에 대하여 정하는 등의 조치를 강구함으로써 평생학습의 진흥을 위한 시책의 추진체제 및 지역의 평생학습에 관련한 기회의 정비를 도모하고, 평생학습의 진흥에 기여함을 목적으로 한다.

제2조(시책상의 배려 등)

국가 및 지방자치단체는 이 법률에 규정하는 평생학습의 진흥을 위한 시책을 실시함에 있어서 학습에 관한 국민의 자발적 의사를 존중하도록 배려함과 동시에, 직업능력의 개발 및 향상, 사회복지 등에 관하여 평생학습에 이바지하기 위하여 별도로 강구되는 시책과 함께, 효과적으로 이를 실시하도록 노력하는 것으로 한다.

제3조(평생학습의 진흥에 이바지하기 위한 도도부현의 사업)

① 도도부현 교육위원회는 평생학습의 진흥에 이바지하기 위하여 대체로 다음 각 호의 사업에 대하

여 이들을 상호 연계시키면서 추진하기 위해 필요한 체제의 정비를 도모하면서, 이들을 총체적이고 효과적으로 실시하도록 노력하는 것으로 한다.

1. 학교교육 및 사회교육에 관련되는 학습(체육에 관련되는 것을 포함함. 이하 이 항에서 '학습'이라 한다.) 및 문화 활동의 기회에 관한 정보를 수집, 정리 및 제공하는 것.
2. 주민의 학습에 대한 수요 및 학습 성과의 평가에 관하여 조사 연구하는 것.
3. 지역의 실정에 맞는 학습방법을 개발하는 것.
4. 주민의 학습에 관한 지도자 및 조언자에 대한 연수를 실시하는 것.
5. 지역의 학교교육, 사회교육 및 문화에 관한 기관 및 단체에 대하여 이들 기관 및 단체의 상호연계에 관하여 조회 및 상담에 응하고, 조언 및 그 밖에 지원을 행하는 것.
6. 1호~5호에 규정하는 것 외에 사회교육을 위한 강좌 개설, 그 밖에 주민의 학습기회 제공에 관하여 필요한 사업을 실시하는 것.

② 도도부현 교육위원회는 제1항에 규정하는 사업을 실시함에 있어서 사회교육 관련 단체 그 밖에 지역에서 평생학습에 이바지하는 사업을 실시하는 기관 및 단체와의 연계에 노력하는 것으로 한다.

제4조(도도부현 사업의 추진체제 정비에 관한 기준)

① 문부과학대신은 평생학습의 진흥에 이바지하기 위하여 도도부현 교육위원회가 행하는 제3조 제1항에 규정하는 체제의 정비에 관하여 바람직한 기준을 정하는 것으로 한다.

② 문부과학대신은 제1항의 기준을 정하고자 할 때는 미리 심의회 등(국가행정조직법(1948년 법률 제120호) 제8조에 규정하는 기관을 말한다. 이하 같음)에서 정령(政令)으로 정하는 것의 의견을 들어야 한다. 이를 변경하려고 할 때도 마찬가지로 한다.

제5조(지역 평생학습진흥 기본 구상)

① 도도부현은 해당 도도부현 내의 특정지구에 관하여, 해당 지구(地區) 및 그 주변의 상당 정도 광범위한 지역의 주민의 평생학습진흥에 이바지하기 위하여, 사회교육에 관련되는 학습(체육에 관련되는 것을 포함함) 및 문화활동, 그 밖에 평생학습에 이바지하는 제 활동의 다양한 기회의 종합적인 제공을 민간사업자의 능력을 활용하면서 행하는 것에 관한 기본적인 구상(이하 '기본 구상'이라고 한다)을 작성할 수 있다.

② 기본 구상에서는 다음 사항에 대하여 정하는 것으로 한다.

1. 제1항에 규정하는 다양한 기회(이하 '평생학습에 관련되는 기회'라 한다)의 종합적인 제공의 방침에 관한 사항.
2. 제1항에 규정하는 지구의 구역에 관한 사항.
3. 종합적인 제공을 행하여야 될 평생학습에 관련되는 기회(민간사업자에 의하여 제공되는 것을 포함)의 종류 및 내용에 관한 기본적인 사항.

4. 3호에 규정하는 민간사업자에 대한 자금 융통의 원활화, 그 밖에 제1항에 규정하는 지구에서 행해지는 평생학습에 관련되는 기회의 종합적인 제공에 필요한 업무이며 정령으로 정하는 것을 행하는 자 및 해당 업무의 운영에 관한 사항.
5. 그 밖에 평생학습에 관련되는 기회의 종합적인 제공에 관한 중요 사항.

③ 도도부현은 기본 구상을 작성하려고 할 때는 미리 관계 시정촌과 협의해야 한다.

④ 도도부현은 기본 구상을 작성하려고 할 때는 제1항의 규정에 의한 협의를 거친 후, 문부과학대신 및 경제산업대신과 협의할 수 있다.

⑤ 문부과학대신 및 경제산업대신(經濟産業大臣)은 제1항의 규정에 의한 협의를 받았을 때 도도부현이 작성하려고 하는 기본 구상이 다음의 각 호에 해당하는 것인지에 대하여 판단하는 것으로 한다.

1. 해당 기본 구상에 관련되는 지구가 평생학습에 관한 기회 제공의 정도가 현저히 높은 지역이며, 정령에서 정하는 지역 외의 지역 중 교통조건 및 사회적 자연적 조건으로 볼 때 평생학습에 관련되는 기회의 종합적인 제공을 행하는 것이 상당이라고 인정되는 지구일 것.
2. 해당 기본 구상에 관련되는 평생학습에 관한 기회의 종합적인 제공이 해당 기본 구상에 관련되는 지구 및 그 주변의 상당 정도 광범위 지역에서의 주민의 평생학습에 관련될 기회에 대한 요청에 적절히 대응할 것.
3. 그 밖에 문부과학대신 및 경제산업대신이 판단하는 기준으로서 다음 조의 규정에 의하여 정하는 사항(이하 '판단기준'이라 한다)에 적합할 것.

⑥ 문부과학대신 및 경제산업대신은 기본 구상에 대하여 제5항의 판단을 함에 있어서는 미리 관계 행정기관의 장과 협의함과 동시에, 문부과학대신에 있어서는 제4조 제2항의 정령으로 정하는 심의회 등의 의견을, 경제산업대신에 있어서는 산업구조심의회의 의견을 각각 듣는 것으로 하고, 제5항 각 호에 해당하는 것이라고 판단하기에 이르렀을 때는 신속하게 그 취지를 해당 도도부현에 통지하는 것으로 한다.

⑦ 도도부현은 기본 구상을 작성했을 때에는 지체 없이 이를 공표하여야 한다.

⑧ 제3항부터 제7항까지의 규정은 기본 구상의 변경(문부과학성령, 경제산업성령(經濟産業省令)으로 정하는 경미한 변경을 제외함)에 대하여 준용한다.

제6조(판단기준)

① 판단기준에서는 다음 사항을 정하는 것으로 한다.

1. 평생학습에 관련되는 기회의 종합적인 제공에 관한 기본적인 사항.
2. 제5조 제1항에 규정하는 지구의 설정에 관한 기본적인 사항.
3. 종합적인 제공을 행하여야 될 평생학습에 관련되는 기회(민간사업자에 의하여 제공되는 것을 포함함)의 종류 및 내용에 관한 기본적인 사항.

4. 평생학습에 관련되는 기회의 종합적인 제공에 필요한 사업에 관한 기본적인 사항.

5. 평생학습에 관련되는 기회의 종합적인 제공에 있어서 배려하여야 할 중요 사항.

② 문부과학대신 및 경제산업대신은 판단기준을 정함에 있어서는 미리 총무대신 그 밖에 관계 행정기관의 장과 협의함과 동시에, 문부과학대신은 제4조 제2항의 정령으로 정하는 심의회 등의 의견을, 경제산업대신은 산업구조심의회의 의견을 각각 들어야 한다.

③ 문부과학대신 및 경제산업대신은 판단기준을 정했을 때는 지체 없이 이를 공표하여야 한다.

④ 제2항의 규정은 판단기준의 변경에 대하여 준용한다.

제7조 삭 제

제8조(기본 구상의 실시 등)

① 도도부현은 관계 민간사업자의 능력을 활용하면서 평생학습에 관련되는 기회의 종합적인 제공을 기본 구상을 기초로 계획적으로 실시하도록 노력해야 한다.

② 문부과학대신은 기본 구상의 원활한 실시의 촉진을 위하여 필요가 있다고 인정할 때는 사회교육 관계단체 및 문화에 관한 단체에 대하여 필요한 협조를 요청하는 것으로 하고, 그리고 관계 지방자치단체 및 관계 사업자 등의 요청에 응하여 소관하는 박물관 자료의 대출을 행하도록 노력하는 것으로 한다.

③ 경제산업대신은 기본 구상의 원활한 실시의 촉진을 위하여 필요가 있다고 인정할 때는 상공회의소 및 상공회에 대하여 이들 단체 및 그 회원에 의한 평생학습에 관련되는 기회의 제공, 그 밖에 필요한 협조를 요청하는 것으로 한다.

④ 제2항에 정하는 것 외에, 문부과학대신 및 경제산업대신은 기본 구상의 작성 및 원활한 실시의 촉진을 위하여 관계 지방자치단체에 필요한 조언, 지도, 그 밖에 지원을 행하도록 노력하여야 한다.

⑤ 제3항에 정하는 것 외에, 문부과학대신, 경제산업대신, 관계 행정기관의 장, 관계 지방자치단체 및 관계 사업자는 기본 구상의 원활한 실시가 촉진되도록 상호 연계를 도모하면서 협조하여야 한다.

제9조 삭 제

제10조(도도부현평생학습심의회)

① 도도부현에 도도부현평생학습심의회(이하 '도도부현심의회'라 한다)를 둘 수 있다.

② 도도부현심의회는 도도부현의 교육위원회 또는 지사의 자문에 응하여 해당 도도부현이 처리하는 사무에 관하여 평생학습에 이바지하기 위한 시책의 종합적인 추진에 관한 중요사항을 조사 심의한다.

③ 도도부현심의회는 제2항에 규정하는 사항에 관하여 필요로 인정하는 사항을 해당 도도부현의 교육위원회 또는 지사에 건의할 수 있다.

④ 제3항에 정하는 것 이외에 도도부현 심의회의 조직 및 운영에 관하여 필요한 사항은 조례로 정한다.

제11조(시정촌의 연계 협조 체제)

시정촌(특별구를 포함)은 평생학습의 진흥에 이바지하기 위하여 관계 기관 및 관계 단체 등과의 연계 협조 체제의 정비에 노력하는 것으로 한다.

✤ ✤ ✤

Ⅰ-5. 「도서관법」(제정 1950.4.30 최종개정 2008.6.11, 법률 제59호)

제1장 총칙

제1조(이 법률의 목적)

이 법률은 「사회교육법」의 정신에 따라 도서관의 설치 및 운영에 관한 필요한 사항을 정하여 그 건전한 발달을 도모함으로써 국민의 교육과 문화의 발전에 기여함을 목적으로 한다.

제2조(정의)

① 이 법률에서 '도서관'이라 함은 도서 · 기록, 그 밖에 필요한 자료를 수집, 정리, 보존하여 일반 공중의 이용을 돕고 그 교양 · 조사연구 · 레크리에이션 등에 이바지하는 것을 목적으로 하는 시설로서 지방자치단체, 일본적십자사 또는 민법 제34조의 법인이 설치하는 것(학교에 부속된 도서관 또는 도서실을 제외한다)을 말한다.

② 제1항의 도서관 중 지방자치단체가 설치하는 도서관을 공립도서관이라고 하며 일본적십자사 또는 민법 제34조의 법인이 설치하는 도서관을 사립도서관이라고 한다.

제3조(도서관의 봉사)

도서관은 도서관 봉사를 위하여 지역의 사정 및 일반 공중의 희망에 따라 나아가 학교교육을 지원하고 가정교육의 향상에 이바지하도록 유의하며 대략 다음과 같은 사항을 실시하도록 노력하여야 한다.

1. 향토자료, 지방행정자료, 미술품, 레코드 및 필름의 수집에도 충분히 유의하며 도서, 기록, 시청각교육자료, 그 밖에 필요한 자료(전자적 기록(전자적 방식, 자기적 방식, 그 밖에 사람의 지각으로는 인식할 수 없는 방식으로 만들어진 기록을 말함)을 포함. 이하 '도서관자료'라고 한다)를 수집하여 일반 공중의 이용에 이바지할 것.
2. 도서관자료의 분류배열을 적절히 하고 그 목록을 정비할 것.
3. 도서관 직원은 도서관자료에 대해 충분한 지식을 갖고 그 이용을 위한 상담에 응하도록 할 것.
4. 다른 도서관, 국립국회도서관, 지방자치단체의 의회에 부설된 도서실 및 학교에 부속된 도서관

또는 도서실과 긴밀하게 연락・협력하여 도서관자료의 상호 대여를 행할 것.

5. 분관, 열람소, 배부처 등을 설치하고 자동차문고, 대여문고의 순회를 행할 것.
6. 독서회, 연구회, 감상회, 상영회, 자료전시회 등을 주최하고 그 개최를 장려할 것.
7. 시사에 관한 정보 및 참고자료를 소개・제공할 것.
8. 사회교육에 있어서의 학습의 기회를 이용하여 이루어진 학습 성과를 활용하여 행하는 교육활동, 그 밖에 활동 기회를 제공하고 그 제공을 장려할 것.
9. 학교, 박물관, 공민관, 연구소 등과 긴밀하게 연락・협력할 것.

제4조(사서 및 사서보)

① 도서관에 배치되는 전문적 직원을 사서 및 사서보라 칭한다.

② 사서는 도서관의 전문적 사무에 종사한다.

③ 사서보는 사서의 직무를 돕는다.

제5조(사서 및 사서보의 자격)

① 다음의 각 호에 해당하는 자는 사서가 될 자격을 지닌다.

1. 대학을 졸업한 자로 대학에서 문부과학성령이 정하는 도서관에 관한 과목을 이수한 자.
2. 대학 또는 고등전문학교를 졸업한 자로 다음 조항의 규정에 의한 사서 강습을 수료한 자.
3. 다음의 직에 있었던 기간이 통산하여 3년 이상이 되는 자로 다음 조항의 규정에 의한 사서 강습을 수료한 자.
   가. 사서보의 직.
   나. 국립국회도서관 또는 대학 혹은 고등전문학교의 부속도서관의 직으로 사서보의 직에 상당하는 자.
   다. 나에 제시한 것 이외에 관공서, 학교 또는 사회교육시설의 직으로 사회교육주사, 학예원, 그 밖에 사서보의 직과 동등 이상의 직으로서 문부과학대신이 지정한 자.

② 다음의 각 호에 해당하는 자는 사서보가 될 자격을 지닌다.

1. 사서 자격을 지닌 자.
2. 학교교육법(1947년 법률 제26호) 제90조 제1항의 규정에 따라 대학에 입학할 수 있는 자로 다음 조항의 규정에 의한 사서보 강습을 수료한 자.

제6조(사서 및 사서보의 강습)

① 사서 및 사서보 강습은 대학이 문부과학대신의 위촉을 받아 행한다.

② 사서 및 사서보 강습에 관하여 이수해야 하는 과목, 학점, 기타 필요한 사항은 문부과학성령으로 정한다. 단 그 이수해야 하는 학점 수를 15학점 이하로 해서는 아니 된다.

제7조(사서 및 사서보의 연수)
문부과학대신 및 도도부현의 교육위원회는 사서 및 사서보에 대하여 그 자질 향상을 위해 필요한 연수를 행하도록 노력한다.
제7조의 2(설치 및 운영상 바람직한 기준)
문부과학대신은 도서관의 건전한 발달을 도모하기 위하여 도서관의 설치 및 운영상 바람직한 기준을 정하고 이것을 공표한다.
제7조의 3(운영상황에 관한 평가 등)
도서관은 당해 도서관의 운영상황에 대하여 평가를 함과 함께 그 결과에 기초하여 도서관 운영의 개선을 도모하기 위해 필요한 조치를 강구하도록 노력하여야 한다.
제7조의 4(운영상황에 관한 정보제공)
도서관은 당해 도서관의 도서관봉사에 관한 지역주민, 그 밖에 관계자의 이해를 높임과 동시에 이들과의 연계 및 협력 추진에 이바지하기 위하여 당해 도서관의 운영상황에 관한 정보를 적극적으로 제공하도록 노력하여야 한다.
제8조(협력 의뢰)
도도부현의 교육위원회는 당해 도도부현 내의 도서관 봉사를 촉진하기 위해 시(특별구를 포함한다. 이하 같음)정촌의 교육위원회에 대해 종합목록의 제작, 대여문고의 순회, 도서관자료의 상호 대여 등에 관해 협력을 요청할 수 있다.
제9조(공적 출판물의 수집)
① 정부는 도도부현이 설정하는 도서관에 대하여 관보, 기타 일반 공중에 대한 홍보용으로 제공되는 독립행정법인 국립인쇄국의 간행물을 2부 제공하도록 한다.
② 국가 및 지방자치단체의 기관은 공립도서관의 요구에 응하여 이것에 대하여 각각이 발행하는 간행물 기타 자료를 무상으로 제공할 수 있다.

제2장 공립도서관

제10장(설치)
공립도서관의 설치에 관한 사항은 당해 도서관을 설치하는 지방자치단체의 조례로 정하여야 한다.
제11조 및 제12조 삭 제
제13조(직원)
① 공립도서관에 관장 및 당해 도서관을 설치하는 지방자치단체의 교육위원회가 필요하다고 인정하는 전문적 직원, 사무직원 및 기술직원을 둔다.

② 관장은 도서관 업무를 관장하고 소속직원을 감독하며 도서관 봉사의 기능 달성에 노력하여야 한다.

제14조(도서관협의회)

① 공립도서관에 도서관협의회를 둘 수 있다.

② 도서관협의회는 도서관 운영에 관해 관장의 자문에 응함과 동시에 도서관이 행하는 도서관 봉사에 대해 관장에게 의견을 말하는 기관으로 한다.

제15조

도서관협의회의 위원은 학교교육 및 사회교육의 관계자, 가정교육의 향상에 이바지하는 활동을 행하는 자 및 학식 경험자 중에서 교육위원회가 임명한다.

제16조

도서관협의회의 설치, 그 위원의 정원, 임기 기타 필요한 사항에 대해서는 당해 도서관을 설치하는 지방자치단체의 조례로 정하여야 한다.

제17조(입장료 등)

공립도서관은 입장료 기타 도서관 자료 이용에 대한 어떠한 대가도 징수해서는 아니 된다.

제18조 및 제19조 삭 제

제20조(도서관의 보조)

① 국가는 도서관을 설치하는 지방자치단체에 대해 예산의 범위 내에서 도서관의 시설, 설비에 필요한 경비 기타 필요한 경비의 일부를 보조할 수 있다.

② 앞항의 보조금 교부에 관해 필요한 사항은 정령으로 정한다.

제21조 및 제22조 삭 제

제23조

국가는 제20조의 규정에 의한 보조금을 교부한 경우 다음 각 호에 해당할 때는 당해연도의 그 후의 보조금 교부를 중지함과 동시에 이미 교부한 당해연도의 보조금을 반환하게 하여야 한다.

1. 도서관이 이 법률의 규정을 위반했을 때.
2. 지방자치단체가 보조금 교부 조건을 위반했을 때.
3. 지방자치단체가 허위의 방법으로 보조금의 교부를 받았을 때.

제3장 사립도서관

제24조 삭 제

제25조(도도부현의 교육위원회와의 관계)

① 도도부현의 교육위원회는 사립도서관에 대하여 지도자료의 제작 및 조사연구를 위하여 필요한

보고를 요청할 수 있다.

② 도도부현의 교육위원회는 사립도서관에 대하여 그 요청에 따라 사립도서관의 설치 및 운영에 관하여 전문적, 기술적 지도 또는 조언을 할 수 있다.

제26조(국가 및 지방자치단체와의 관계)

국가 및 지방자치단체는 사립도서관의 사업을 간섭하고 또는 도서관을 설치하는 법인에 대하여 보조금을 교부하여서는 아니 된다.

제27조

국가 및 지방자치단체는 사립도서관에 대하여 그 요청에 따라 필요한 물자 확보에 대하여 지원을 할 수 있다.

제28조(입장료 등)

사립도서관은 입장료 기타 도서관 자료이용에 대한 대가를 징수할 수 있다.

제29조(도서관 동종시설)

① 도서관과 동종의 시설은 누구나 이것을 설치할 수 있다.

② 제25조 제2항의 규정은 앞항의 시설에 대하여 준용한다.

부 칙　　생 략

✤　✤　✤

Ⅰ-6. 「박물관법」(제정 1951.12.1 최종개정 2008.6.11, 법률 제59호)

제1장 총칙

제1조(이 법률의 목적)

이 법률은 「사회교육법」의 정신에 따라 박물관의 설정 및 운영에 관한 필요한 사항을 정하여 그 건전한 발달을 도모함으로써 국민의 교육, 학술 및 문화의 발전에 기여함을 목적으로 한다.

제2조(정의)

① 이 법률에서 '박물관'이란 역사 · 예술 · 민속 · 산업 · 자연과학 등에 관한 자료를 수집(육성을 포함함. 이하 같음) · 전시하여 교육적 배려하에서 일반 공중의 이용을 돕고 그 교양 · 조사연구 · 레크리에이션 등에 이바지하기 위해 필요한 사업을 추진하며 아울러 이러한 자료에 관한 조사연구를 할 것을 목적으로 하는 기관(「사회교육법」에 의한 공민관 및 「도서관법」에 의한 도서관을 제외함) 중에서 지방자치단체, 민법 제34조의 법인, 종교법인 혹은 정령으로 정한 기타 법인(독립행정법인(독

립행정법인법 제2조 제1항에 규정하는 독립행정법인을 말한다. 이하 같음)을 제외함)이 설치하는 것으로 제2장의 규정에 의한 등록을 받은 것을 말한다.

② 이 법률에서 '공립박물관'이란 지방자치단체가 설치하는 박물관을 말하며 '사립박물관'이란 민법 제34조의 법인, 종교법인 또는 제1항의 정령으로 정한 법인이 설치하는 박물관을 말한다.

③ 이 법률에서 '박물관자료'란 박물관이 수집 · 보관 혹은 전시하는 자료를 말한다.

제3조(박물관의 사업)

① 박물관은 제2조 제1항에서 규정하는 목적을 달성하기 위해 대략 다음과 같은 사업을 행한다.

1. 실물 · 표본 · 모사 · 모형 · 문헌 · 도표 · 사진 · 필름 · 레코드 등의 박물관자료를 풍부하게 수집 · 보관 및 전시하는 것.
2. 분관을 설치하거나 혹은 박물관자료를 당해 박물관 외에서 전시하는 것.
3. 일반 대중에 대하여 박물관자료의 이용에 관한 필요한 설명 · 조언 · 지도 등을 행하거나 또는 연구실 · 실험실 · 공작실 · 도서실 등을 설치하여 이것을 이용할 수 있도록 하는 것.
4. 박물관자료에 관한 전문적 기술적 조사연구를 행하는 것.
5. 박물관자료의 보관 및 전시 등에 관한 기술적 연구를 행하는 것.
6. 박물관자료에 관한 안내서 · 해설서 · 목록 · 연보 · 조사연구 보고서 등을 작성 및 반포하는 것.
7. 박물관자료에 관한 강연회 · 상영회 · 연구회 등의 주최 및 개최를 지원하는 것.
8. 당해 박물관의 소재지 또는 그 주변에 있는 문화재보호법의 적용을 받는 문화재에 대해 해설서 또는 목록을 작성하는 등 일반 공중의 당해 문화재 이용 편의를 도모하는 것.
9. 기타 박물관, 박물관과 동일한 목적을 가진 국가의 시설 등과 긴밀히 연락 · 협력하여 간행물 및 정보 교환, 박물관자료 상호대차 등을 행하는 것.
10. 학교 · 도서관 · 연구소 · 공민관 등의 교육 · 학술 또는 문화에 관한 제 시설과 협력하여 그 활동을 지원하는 것.

② 박물관은 그 사업을 행하는 데 있어 지역의 사정을 고려하여 국민의 실생활 향상에 이바지하며 나아가 학교교육을 지원할 수 있도록 유의해야 한다.

제4조(관장 · 학예원 기타 직원)

① 박물관에 관장을 둔다.

② 관장은 관무를 장리하여 소속직원을 감독하고 박물관 업무 달성을 위하여 노력한다.

③ 박물관에 전문 직원으로 학예원을 둔다.

④ 학예원은 박물관자료 수집 · 보관 · 전시 및 조사연구 기타 이와 관련한 사업에 대한 전문적 사항을 담당한다.

⑤ 박물관에 관장 및 학예원 외에 학예원보, 기타 직원을 둘 수 있다.

⑥ 학예원보는 학예원의 직무를 보조한다.

제5조(학예원의 자격)

제6조(학예원보의 자격)

제7조 삭 제

제8조(설치 및 운영상 적합한 기준)

문부과학대신은 박물관의 건전한 발달을 도모하기 위하여 박물관의 설치 및 운영상 적합한 기준을 정하고 이것을 교육위원회에 제시함과 동시에 일반 대중에 제시하도록 한다.

제9조 삭 제

제2장 등 록

제10조(등록)

박물관을 설치하려는 자는 당해 박물관에 대해 당해 박물관이 소재한 도도부현 교육위원회에 비치된 박물관등록원부에 등록을 받도록 한다.

제11조(등록 신청)

제12조(등록 요건 심사)

제13조(등록 사항 등 변경)

제14조(등록 취소)

제15조(박물관 폐지)

제16조(규칙의 위임)

제17조 삭 제

제3장 공립박물관

제18조(설치)

공립박물관의 설치에 관한 사항은 당해 박물관을 설치하는 지방자치단체의 조례로 정하여야 한다.

제19조(소관)

공립박물관은 당해 박물관을 설치하는 지방자치단체의 교육위원회 소관에 속한다.

제20조(박물관협의회)

① 공립박물관에 박물관협의회를 둘 수 있다.

② 박물관협의회는 박물관의 운영에 관하여 관장의 자문에 응함과 동시에 관장에 대하여 의견을 제시하는 기관으로 한다.

제21조

박물관협의회 위원은 학교교육 및 사회교육 관계자, 학식 경험이 있는 자 중에서 당해 박물관을 설치하는 지방자치단체의 교육위원회가 임명한다.

제22조

박물관협의회의 설치, 그 위원의 정원 및 임기, 기타 박물관협의회에 관한 필요한 사항은 당해 박물관을 설치하는 지방자치단체의 조례로 정하여야 한다.

제23조(입장료 등)

공립박물관은 입장료 기타 박물관자료의 이용에 대한 대가를 징수할 수 없다. 다만, 박물관의 유지 운영을 위하여 특별한 사정이 있을 경우에는 필요한 대가를 징수할 수 있다.

제24조(박물관에 대한 보조)

제25조　삭 제

제26조(보조금 교부 중지 및 보조금 반환)

국가는 박물관을 설치하는 지방자치단체에 대하여 제24조의 규정에 의한 보조금을 교부한 경우 다음 각 호에 해당할 때는 당해 연도 후의 보조금 교부를 중지함과 동시에 제1호의 경우인 취소가 허위신청에 의하여 등록한 사실을 발견하는 것이 어려운 것일 경우에는 이미 교부한 보조금을, 제3호 및 제4호에 해당하는 경우에는 이미 교부한 당해 연도 보조금을 반환하게 하여야 한다.

1. 당해 박물관에 대하여 제14조의 규정에 의한 등록 취소가 있었을 때.
2. 지방자치단체가 당해 박물관을 폐지했을 때.
3. 지방자치단체가 보조금 교부 조건을 위반했을 때.
4. 지방자치단체가 허위의 방법으로 보조금의 교부를 받았을 때.

제4장 사립박물관

제27조(도도부현 교육위원회와의 관계)

제28조(국가 및 지방자치단체와의 관계)

제5장 부칙

제29조(박물관에 해당하는 시설)

박물관 사업으로 분류되는 사업을 행하는 시설로 국가 또는 독립행정법인이 설치하는 시설은 문부과학대신이, 기타 시설은 당해 시설이 소재하는 도도부현 교육위원회가, 문부과학성령에서 정하는 바에 따라 박물관에 해당하는 시설로 지정된 것에 대해서는 제27조 제2항의 규정을 준용한다.

✤ ✤ ✤

Ⅰ－7. 스포츠진흥법(제정 1951.6.16 최종개정 2007.6.27, 법률 제97호)

제1장 총칙

제1조(목적)

① 이 법률은 스포츠진흥에 관한 시책의 기본을 밝히고 국민의 심신의 건전한 발달과 밝고 풍요로운 국민생활 형성에 기여함을 목적으로 한다.

② 이 법률의 운영에 있어서 스포츠를 할 것을 국민에게 강제하거나 혹은 스포츠를 제1항의 목적 이외의 목적을 위하여 이용할 수 없다.

제2조(정의)

이 법률에서 '스포츠'란 운동경기 및 신체운동(캠프활동 기타 야외활동을 포함한다)이며 신심의 건전한 발달을 도모하기 위하여 행하는 것을 말한다.

제3조(시책의 방침)

① 국가 및 지방자치단체는 스포츠진흥에 관한 시책을 실시할 때 국민 간에서 행해지는 스포츠에 관한 자발적인 활동에 협력하면서 널리 국민이 모든 기회와 모든 장소에서 자주적으로 그 적성 및 건강상태에 상응하는 스포츠를 할 수 있는 제 조건의 정비를 위하여 노력하여야 한다.

② 이 법률에 규정하는 스포츠진흥에 관한 시책은 영리를 위한 스포츠를 진흥하기 위한 것이 아니다.

제4조(계획의 책정)

① 문부과학대신은 스포츠진흥에 관한 기본적 계획을 정하여야 한다.

② 문부과학대신은 제1항의 기본적 계획을 정하기 위하여 사전에 심의회 등(국가행정조직법(1948년 법률 제120호))에서 정령으로 정하는 자의 의견을 청취하여야 한다.

③ 도도부현 및 시(특별구를 포함한다. 이하 같다)정촌의 교육위원회(지방교육행정의 조직 및 운영에 관한 법률〈1956년 법률 제162호〉 제24조 2 제1항의 조례가 정하는 바에 의하여 그 장이 스포츠에 관한 사무(학교체육의 관한 사무를 제외한다)를 관리 및 집행하게 된 지방자치단체〈이하 '특별공공단체'라 한다〉에서는 그 장)는 제1항의 기본적 계획에 참여하기 용의하게 하여 그 지방의 실정에 맞는 스포츠진흥에 관한 계획을 정하여야 한다.

④ 도도부현 및 제18조 제2항의 심의회 기타 합의제인 기관이 설치되어 있는 시정촌의 교육위원회는 제3항의 계획을 정함에 있어 사전에 제18조 제3항에 규정하는 스포츠진흥심의회 등의 의견을 청취하여야 한다.

⑤ 제3항의 규정에 따라 지방자치단체의 장이 스포츠진흥에 관한 계획을 정하는 경우에는 사전에 당해 지방자치단체의 교육위원회의 의견을 청취하여야 한다.

제2장 스포츠진흥을 위한 조치

제5조(체육의 날 행사)

국가 및 지방자치단체는 국민의 축일에 관한 법률(1948년 법률 제178호) 제2조에 규정하는 체육의 날에 국민 간에 널리 스포츠에 대한 이해와 관심을 높이며 동시에 적극적으로 스포츠를 하는 의욕을 고양하는 행사를 실시함과 동시에 이날에 널리 국민이 모든 지역 및 지역에서 각자 그 생활의 실정에 맞는 스포츠를 할 수 있는 행사가 실시되도록 필요한 조치를 강구 및 지원을 행하여야 한다.

제6조(국민체육대회) 생 략

제7조(스포츠행사 실시 및 장려) 생 략

제8조(청소년 스포츠진흥) 생 략

제9조(직장 스포츠 장려) 생 략

제10조(야외활동 보급 장려) 생 략

제11조(지도자 충실)

국가 및 지방자치단체는 스포츠 지도자 육성 및 자질 향상을 위하여 강습회 · 연구집회 등의 개최 기타 필요한 조치를 강구하도록 노력하여야 한다.

제12조(시설 정비)

국가 및 지방자치단체는 체육관 · 수영장 기타 정령으로 정하는 스포츠시설(스포츠 설비를 포함한다. 이하 같음)이 정령으로 정하는 기준에 도달하도록 그 정비에 노력하여야 한다.

제13조(학교시설 이용)

① 학교교육법 제2조 제2항으로 규정하는 국립학교 및 공립학교 설치자는 그 설치한 학교의 교육에 지장이 없는 한 당해 학교의 스포츠시설을 일반스포츠를 위한 이용에 이바지하도록 노력하여야 한다.

② 국가 및 지방자치단체는 제1항의 이용을 용이하게 하기 위하여 당해 학교시설(설비를 포함한다)의 보수 등에 관하여 적절한 조치를 강구하도록 노력하여야 한다.

제14조(스포츠 수준 향상을 위한 조치)

① 국가 및 지방자치단체는 일본의 스포츠 수준을 국제적으로 높이기 위하여 필요한 조치를 강구하도록 노력하여야 한다.

② 국가는 제1항에 정하는 조치 중 재단법인 일본올림픽위원회가 행하는 국제적인 규모의 스포츠진흥을 위한 사업에 관한 조치를 강구할 때는 재단법인 일본올림픽위원회와의 긴밀한 연락을 위하여 노력하여야 한다.

제15조(표창) 생 략

제16조(스포츠 사고 방지) 생 략

제16조2(프로 스포츠선수의 경기기술 활용) 생 략

제17조(과학적 연구 촉진) 생 략

제3장 스포츠진흥심의회 및 체육지도위원

제18조(스프츠진흥심의회 등)

① 도도부현에 스포츠진흥에 관한 심의회 기타 합의제의 기관을 두어야 한다.

② 시정촌에 스포츠진흥에 관한 심의회 기타 합의제의 기관을 둘 수 있다.

③ 제1항 및 제2항의 심의회 기타 합의제의 기관(이하 '스포츠진흥심의회'라 한다)은 제4조 제4항에 규정하는 기관 외에 도도부현 교육위원회(당해 시정촌이 특정지방자치단체의 경우는 시정촌 교육위원회 또는 그 장. 이하 제3항에서 같다)의 자문에 응하여 스포츠진흥에 관한 중요사항을 조사 · 심의하고 그 사항에 관하여 도도부현 교육위원회 또는 지사 또는 시정촌 교육위원회에게 건의한다.

④ 스포츠심의회 등의 위원은 스포츠에 관한 학식 경험이 있는 자 및 관련 행정기관 직원 중에서 교육위원회가 임명한다. 이 경우 도도부현 교육위원회는 지사의, 시정촌 교육위원회는 그 장의 의견을 청취하여야 한다.

⑤ 제4항의 규정에 불구하고 특정지방자치단체의 스포츠진흥심의회 등의 위원 임명은 당해 특정지방자치단체의 교육위원회의 의견을 청취하고 지방자치단체의 장이 행한다.

⑥ 제1항부터 제5항의 규정 외에 스포츠진흥심의회 등의 위원 정수, 임기 기타 스포츠진흥심의회 등에 관하여 필요한 사항은 조례로 정한다.

제19조(체육지도위원)

① 시정촌 교육위원회(특정지방자치단체의 경우는 그 장)는 사회적 신망이 있고 스포츠에 관한 깊은 관심과 이해를 가지고 제2항에 규정하는 직무를 수행하기 위하여 필요한 열의와 능력을 가지고 있는 자 중에 체육지도위원을 위촉한다.

② 체육지도위원은 교육위원회규칙(특정지방자치단체는 지방자치단체의 규칙)이 정하는 바에 의하여 당해 시정촌의 스포츠 진흥을 위하여 주민에게 스포츠 실기 지도 기타 스포츠에 관한 지도 및 조언을 행한다.

제20조(국가의 보조) 생 략

제21조(다른 법령과의 관계) 생 략

제22조(지방자치단체의 보조) 생 략

제23조(심의회에 대한 자문 등) 생 략

부 칙 생 략

✤ ✤ ✤

Ⅰ—8. 특정비영리활동촉진법(약칭 NPO법)(1998년 3월 25일 제정, 법률 제7호)

제1장 총칙

제1조(목적)

이 법률은 특정비영리활동을 전개하는 단체에 법인격을 부여하는 것 등에 의해 자원봉사활동을 비롯한 시민이 전개하는 자유로운 사회공헌활동인 특정비영리활동의 건전한 발전을 촉진하고, 그것을 통해 공익 증진에 기여하는 것을 목적으로 한다.

제2조(정의)

① 이 법률에서 말하는 '특정비영리활동'이라 함은 별표에 게재한 활동에 해당하는 활동으로 불특정 다수의 이익 증진에 기여하는 것을 목적으로 삼는 것을 말한다.

② 이 법률에서 말하는 '특정비영리활동법인'이라 함은 특정비영리활동을 전개하는 것을 주목적으로 하며, 다음 각 호에 해당하는 단체로서 이 법률이 정하는 바에 따라 설립된 법인을 말한다.

1. 다음 중 어느 하나에 해당하는 단체로 영리를 목적으로 하지 않을 것.
   가. 사원의 자격 득실에 관해 부당한 조건을 부여하지 않을 것.
   나. 임원 중 보수를 받는 사람의 수가 총 임원수의 삼분의 일 이하일 것.
2. 활동이 다음 중 어느 하나에 해당되는 단체일 것.
   가. 종교의 교의를 전파하고 의식행의를 하며 신자를 교화・육성하는 것을 주목적으로 하지 않을 것.
   나. 정치상의 주의(主義)를 추진하며 지지하거나 또는 그에 반대되는 것을 주목적으로 하지 않을 것.
   다. 특정 공직(공직선거법 제3조에서 규정하는 공직을 말한다. 이하 동일)의 후보자(해당후보자가 되려는 사람을 포함) 또는 공직에 있는 사람이나 정당을 추천하고 지지하며 또는 그에 반대되는 것을 주목적으로 하지 않을 것.

제2장 특정비영리활동법인

제1절 통 칙

제3조(원칙)

① 특정비영리활동법인은 특정 개인 또는 법인 그 외 단체의 이익을 목적으로 사업을 하지 않으면 아니 된다.

② 특정비영리활동법인은 특정 정당을 위해 이용되어서는 아니 된다. (중략)

제2절 설 립

제10조(설립 인증)

특정비영리활동법인을 설립하고자 하는 사람은 내각부령(제9조 제2항 특정비영리활동법인 이외 특정비영리활동법인에 관계되는 경우에는 도도부현 조례. 제26조 제3항, 제444조 제2항, 제44조 2 및 44조의 3을 제외하고 이하 동일)에서 정하는 바에 의해 다음에 해당하는 서류를 첨부한 신청서를 관할청에 제출하고 설립인증을 받지 않으면 아니 된다.

1. 정관
2. 임원에 관계되어 다음에 제시된 서류
   가. 임원 명부(임원 이름 및 주소 또는 주거 및 각 임원에 대한 보수 유무를 기재한 명부를 말한다).
   나. 각 임원이 제20조 각 호에 해당하지 않는 것 및 제21조 규정을 위반하지 않을 것을 맹세하고 또한 취임을 승낙하는 서면 등본.
   다. 각 임원 주소 및 주거를 증명하는 서면으로 내각부령이 정하는 것.
3. 사원 중 10명 이상의 이름(법인이라면 명칭 및 대표 이름) 및 주소 또는 주거를 기재한 서면
4. 제2조 제2항 및 제12조 제1항 제3호에 해당하는 것을 확인했음을 증명하는 서면
5. 설립취지서
6. 설립에 대한 의사 결정을 증명하는 의사록(議事錄) 등본
7. 설립 첫해의 사업연도 및 다음 해 사업연도의 사업계획서
8. 설립 첫해의 사업연도 및 다음 해 사업연도의 수지예산서

제3절 관 리

제4절 해산 및 합병

제5절 감 독

제6절 잡칙(雜則)

제3장 세법(稅法)상 특례

제4장 벌 칙

부 칙

II 사회교육 · 평생학습을 둘러싼 주요 통첩 및 선언 10개

—실천 · 운동의 공유화를 지향하며—

해설: 고바야시 분진(小林文人) · 이토 오사카즈(伊藤長和)

❖ 목차

✤ ✤ ✤

II－1. 공민관의 설치운영에 대하여(차관통첩)
(각 지방장관에게 내려온 문부차관통첩, 1946년 7월 5일)

해 설

이 통첩은 전후 교육개혁기 직후 아직 일본국 헌법과 「교육기본법」도 제정되지 못한 단계에서 문부성이 내놓은 공민관의 기본(초기) 구상이다. 이 '문부차관통첩'에 의해 일본 각지에 공민관 설치가 시작되었다. 전후 가장 많이 읽힌 문부성문서라고 할 수 있다.

공민관의 초기 구상은 사회교육기관이면서 동시에 사교오락, 정촌(町村)자치진흥, 산업진흥, 청년양성 등의 여러 기능을 갖는 것이었다. 즉 공민관의 기능을 단일한 것이 아니라 종합적으로 구상하고 있다. 1949년에 제정된 「사회교육법」에서는 시정촌교육위원회가 설치하는 사회교육으로 규정되었다. 그러나 그 후도 종합적인 초기공민관의 구상은 지역진흥, 마을 만들기의 거점으로서 그 적극적인 역할이 기대되어 왔다.

공민관설치운영요강은 주로 '정촌(町村)'에 맞춘 구상이었는데 「사회교육법」 제정 후는 점차 '시(市)' 지역의 도시형 공민관이 보급되게 된다. 또한 제도적으로 공립공민관이 정착되어 감에 따라 마을(集落)시설로서 주민자치적으로 설치되는 공민관은 '자치공민관'이라고 불려 양자는 구별되게 된다. '공민관설치운영요강'과 함께 같은 해에 데라나카 사쿠오(寺中作雄, 당시의 문부성사회교육과장)가 저술한 『공민관의 건설－새로운 정촌의 문화시설－(公民館の建設－新しい町村の文化施設)』(1946, 1995年에 国土社·영인본)이 간행되어 공민관 '데라나카구상(寺中構想)'이라고 불려 왔다.

✣ ✣ ✣

『공민관의 건설 －새로운 정촌(町村)의 문화시설－』

전문(생략)

1. 공민관의 취지 및 목적

향후 일본에 가장 중요한 일은 모든 국민이 풍부한 문화적 교양을 몸에 익히고 남에게 의지하지 않고 자주적으로 생각하며 평화적, 협력적으로 행동하는 습성을 기르는 것이다. 그리고 이것을 기초로 하여 활발한 평화적 산업을 일으키고, 새로운 민주 일본으로 다시 태어나는 것이다. 그러기 위해서는 교육의 보급이 무엇보다도 필요하다. 우리나라의 교육은 국민학교나 청년학교를 통해 일단 시골 어디에나 보급된 형태이기는 하나, 향후의 국민교육은 청소년을 대상으로 할 뿐만 아니라 성인과 아동, 남녀, 산업인이나 교육자들 모두가 서로 다정하게 지내고 서로 이끌어 주어 서로의 교양을 높여 가는 것 같은 방법이 사용되어야 한다. 공민관은 전국의 각 정촌(町村)에 설치되어 이곳에 상시적으로 정촌민들이 모여 담론하고, 독서하며, 생활상·산업상의 지도를 받고 서로의 교우를 다지는 장소이다. 그것은 이른바 향토에 있어서의 공민학교, 도서관, 박물관, 공회당, 정촌민 집회소, 산업지도소 등의 기능을 겸한 문화 교양의 기관이다. 그것은 또한 청년단, 부인회 등 정촌에서 문화 단체의 본부도 되어 각 단체가 서로 제휴하며 정촌 진흥의 저력을 낳는 장소이기도 하다. 이 시설은 위로부터의 명령에 의해 설치되는 것이 아니라 진정으로 정촌민들의 자주적인 요망과 협력에 의해 설치되고, 또 정촌 자신의 창의와 재력에 의해 유지되어 가는 것이 이상적이다.

2. 공민관 운영상의 방침

(1) 공민관은 정촌민이 모여 서로 가르치고 이끌어 주면서 서로의 교양 문화를 높이기 위한 민주적인 사회교육기관이기 때문에 정촌민이 적극적으로 배우고 즐기며 그것을 이용하듯이 가능

한 도서나 기계류 등의 설비를 충실히 하여 정촌민들에게 있어 고맙고 편리한 시설이 되도록 운영하여야 한다.

(2) 공민관은 동시에 정촌민의 친목 교우를 돈독히 하고 상호의 협력 화합을 배양하여 정촌자치 향상의 기초가 되어야 할 사교기관이기도 하기 때문에 가능한 한 비좁은 장소가 아니고 명랑하고 즐거운 장소가 되도록 운영해야 한다.

(3) 공민관은 또 정촌민의 교양 문화를 기초로 하여 향토 산업 활동을 진흥하는 원동력이 되는 기관이기 때문에 정촌내의 정치, 교육 및 산업 관계의 여러 기관들이 일치 협력하여 그 운영에 참여하고, 이리하여 교화 활동과 산업 지도의 활동이 종합적으로 추진되어야 한다.

(4) 공민관은 이른바 정촌민의 민주주의적인 훈련의 실습장이기 때문에 관내에 있어서는 성별이나 노약(老若) 빈부 등으로 차별대우하는 일 없이 서로의 인격을 존중하고 자유롭게 토의 · 담론 하는 동안에 자신의 의견을 솔직하게 표명하고, 또 타인의 의견은 순수하게 경청하는 습관이 길러지는 장소가 되도록 운영되어야 한다.

(5) 공민관은 또한 중앙의 문화와 지방의 문화가 접촉하는 장소이기 때문에 적극적으로 각 방면의 중앙 강사를 초청하여 의견을 듣고, 동시에 지방의 사정을 중앙에 알려 일본의 모든 사람들이 사이좋게 서로 이해하고 일본의 재건에 협력하는 원동력이 되도록 운영되어야 한다.

(6) 공민관은 모든 정촌민의 것이며, 모든 정촌민을 대상으로 활동하는 것이기 때문에 정촌 내 각종 기관들이 이것에 협력해야 함은 물론이나 특히 청년층이야말로 새로운 일본 건설의 추진력이 되어야 할 사람이기 때문에 이 시설의 설치 운영에는 특히 청년층의 적극적인 참여가 바람직하다.

(7) 공민관은 향토 진흥의 기초를 만드는 기관이며, 향토의 실정이나 정촌민의 생활상태 등에 가장 적합한 탄력성이 있는 운영이 이루어져야 하고, 절대로 획일적, 형식적, 비민주적인 운영에 빠지지 않도록 주의해야 한다.

3. 공민관의 설치 및 관리

(1) 공민관의 설치는 각 정촌에서 각각 그 정촌이 필요로 하는 점에 기초하여 자체 기획 · 입안하는 것을 원칙으로 할 것.

(2) 공민관을 위해 새롭게 건축하는 것은 힘드므로 가능한 정촌의 중심지구(地區)에 있는 가장 적당한 기존 건물, 예를 들면, 청년학교 또는 국민학교의 교사(校舍) 혹은 기존의 도장(道場), 공회당, 사원, 공장 숙소, 기타 적당한 기존 건물을 골라 시설할 것. 학교 이외에 도서관, 박물관, 향토관 등이 있으면 그것을 공민관으로 병합하거나 또는 그것을 공민관의 분관으로 활용할 것. 사립과 관련되는 각종 시설로 협의를 거쳐 공민관으로 병합할 수 있는 것은 병합할 것.

(3) 공민관은 정촌에 각 1개 소 마련하는 것 외에 가능하다면 각 부락에 적당한 건물을 찾아 분관을 마련할 것.

(4) 공민관은 정촌립의 영조물로서 정촌이 관리할 것.

4. 공민관의 유지 및 운영

(1) 공민관은 정촌민 전체의 자주적인 요망과 협력에 따라 자치적으로 설치해야 하는 것으로 공민관의 유지 · 경리의 재원도 일반 정촌비 및 기부금에 따르는 것을 원칙으로 할 것. 농업회, 농사실행조합, 그 밖에 산업단체 등의 자금으로 공민관 운영상 활용할 수 있는 것이 있으면, 협의한 후 보조금으로서 그것을 받아 유용하게 활용하는 길을 강구할 것. 다만 재정적 원조를 행함으로써 특정한 단체가 공민관의 운영을 독선적으로 휘두르는 일이 없도록 주의할 것.

(2) 공민관의 경비를 일반 정촌비(町村費)로 조달하기 어려운 경우는 별도로 공민관 유지회라는 조직을 만들어 공민관의 설치 운영에 열의 있는 특별지원자들의 지지에 의해 원활한 유지 경리를 도모할 것.

(3) 공민관 사업의 운영은 공민관위원회가 주체가 되어 실시할 것. 공민관위원회의 위원은 정촌회 의원의 선거 방법에 준하여 정촌민의 선거에 따라 선출하는 것을 원칙으로 할 것. 다만 그 정촌의 실정에 따라서는 공민관 운영에 가장 열의를 갖고 있고, 가장 적임자이라고 생각되는 각 방면의 대표자(정촌회 의원, 학무위원, 학교 교직원, 각종 산업단체 및 문화단체의 간부, 기타 민간 유력자) 중에서 7의 (2)에 제시한 공민관 설치 준비위원회 등에서 적절한 논의 후 선택해도 된다. 그 인원수는 대략 3명 내지 8명 정도가 적당하다고 생각되며 그중에 교육자 및 부녀자가 포함되는 것이 바람직하다.

(4) 공민관위원회의 임무는 공민관 운영에 관한 계획이나 구체적 방법을 결정하여 정촌 당국이나 공민관 유지회(維持會)와 절충해서 공민관 운영에 관한 필요한 경비를 조달 · 경리하고, 또 정촌 내의 산업단체, 문화단체 사이의 연락 조정에 임할 것.

(5) 공민관장은 공민관위원회에서 선출되거나 또는 그 추천에 의해 정촌장이 촉탁할 것. 공민관장의 임기는 대략 1년 정도로 하며, 교육에 이해가 있고 또한 중망(衆望)이 있는 적임자를 선임하는 일에 노력할 것. 적임자의 중임은 상관없다.

(6) 공민관에는 전임 또는 겸임의 직원을 두어 공민관 운영을 담당시킬 것. 공민관 직원은 주사라고 부르고, 관장이 공민관위원회의 의견에 따라 선정하여 정촌장이 그것을 촉탁할 것. 주로 청년학교 교직원 및 국민학교 교원을 겸직시키는 것은 좋지만, 재정에 여유가 있으면 가능한 한 숙련된 실력 있는 인재를 전임에 촉탁하도록 할 것.

(7) 공민관의 운영에는 정촌민 전체의 지지와 협력이 필요한 것은 물론이나 공민관주사 외에 널

리 정촌 각 방면의 간부나 지식인을 강사로 촉탁하고 또 특히 귀성한 대학, 고등전문학교의 학생이나 여행 중인 중앙의 문화인 등의 협력을 구해 모든 기회에 서로 연계하여 상호의 계몽에 노력할 것.

(이하 생략)

II－2. 사회교육을 모든 시민에게(히라가타(枚方)선언)

(오사카부(大阪府) 히라가타시(枚方市) 교육위원회 「枚方の社會教育」 No.2, 1963년)

해 설

1960년대의 일본 사회교육은 「사회교육법」의 제정(1949년)으로부터 10여 년이 지났지만 지자체의 행정 · 시설 등의 정비는 좀처럼 이루어지지 않았던 반면 경제성장정책의 급격한 진전으로 인해 지역이 크게 변모하던 시기였다. 히라가타시(오사카부)도 마찬가지로 사회교육의 실태는 많은 과제를 안고 있었다. 그런 만큼 시민들에게 있어 사회교육은 어떤 것이어야 하는지 그 이념을 추구하고 확인하는 노력이 더해져 6항목의 사회교육 원칙이 만들어졌다. 책정자는 (시민이 아니라) 교육위원회였다. 힘든 현실 속에서 훌륭한 이념을 추구하겠다는 작업이었다. 처음에는 연구자들에 의해 논의되어 '히라가타선언(枚方テーゼ)'이라고 부르게 되었고 시간이 흐르면서 전국적으로 주목받게 되었다.

이 6항목에 담긴 이념은 「사회교육법」에 흐르고 있는 이념과 상통하는 부분이 있으며, 동시에 '4. 사회교육은 주민자치의 힘이 되는 것이다.' '5. 사회교육은 대중운동의 교육적 측면이다.'라는 히라가타의 독자적인 제안을 담고 있는 것이라고 할 수 있다. 당시는 노동운동만이 아니라 지역에 다채로운 주민운동이 일어나던 때였고 그중에서도 특히 '대중운동'은 지역민주주의운동을 배경으로 하고 있었다. 히라가타선언은 그 이념은 매우 선명하지만 구체적인 직원론 · 시설론 · 계획론까지는 다루지 못했다. 그 후 신기하게도 후술하는 '시모이나(下伊那)선언'(1965년)에서 공민관직원론을, '산타마(三多摩)선언'(1973년)에서 공민관시설론을 다루게 된다.

✤ ✤ ✤

히라가타시(枚方市) 사회교육의 향후 방향

제1장 사회교육이란 무엇인가?

1. 사회교육의 주체는 시민이다.

(생 략)

1954년에 발간된 「「사회교육법」 해설」에서 법안제안자가 설명한 바에 따르면 "원래 사회교육은 국민 상호 간에 이루어지는 자주적인 자기교육활동"이며, "법이 언제나 국민에게 구속과 부담을 주는 것만은 아니다. 크게 국민의 자유를 보장하기 위해 자유를 저해하는 쪽에 제재를 가하고 자유로운 부분의 발전을 장려하는 정책도 법제화의 사명 중 하나이다. 「사회교육법」은 사회교육의 자유를 보장하기 위해 사회교육과 관련된 국가 및 지방자치단체의 책무와 부담을 명확히 하고자 입법화된" 것입니다.

위의 인용에서도 알 수 있듯이 사회교육의 주체는 국민 자신이며 국가 및 지방자치단체는 이러한 국민의 자유로운 사회교육활동을 장려함과 동시에 지원, 육성하는 입장에 놓여 있음을 확인할 수 있습니다.

(생 략)

2. 사회교육은 국민의 권리이다.

국민 각자가 더욱 행복해지고 싶어 하는 것은 국민 공통의 바람입니다. 이 바람은 우선 '밝고 풍요로운 생활을!'이라는 생활요구로 나타나며, 이 요구를 현실에서 해결하려는 운동 속에서 학습에 대한 의욕, 교육요구가 파생되어 나오게 되는 것은 필연적인 일입니다.

이러한 학습의욕, 교육요구가 국민 스스로의 자기상호교육, 상호지도리고 하는 형태를 취하는 것은 낭연한 일이며, 이러한 교육이야말로 사회교육의 본질입니다.

물론 국민이 행복해지고 싶어 하는 행복추구권에 수반되는 교육권은 국민의 기본적 권리로서 인정하지 않을 수 없으며 어느 누구도 이것을 침해할 수 없습니다.

(생 략)

3. 사회교육의 본질은 헌법학습이다.

「교육기본법」은 일본국 헌법의 이상 실현이 근본 목적이며, 그것은 교육의 힘에 의해 가능하다고 명시하고 있습니다.

여기에서 말하는 교육이란 단순히 학교교육만을 가리키는 것이 아님은 말할 필요도 없는 것으로 사회교육에 학교교육 이상의 기대가 걸려 있다고 보는 것이 정확하지 않을까요?

사회교육이 이 과제를 달성하기 위해서는 헌법학습을 주요 핵심으로 삼아 출발해야 하는 것은 당연한 일입니다.

(중 략)

인권은 침해할 수 없는 영원한 권리라고 헌법에 명시하고 있으면서도 이 헌법의 보장과는 반대로 인권이 점점 박탈되고 있는 현실 속에서 우리들이 권리와 자유를 지키기 위해서는 우선 헌법이 보장하는 권리와 자유를 알고 이것을 지켜야 한다는 자각이 향상되어야 합니다. 따라서 이러한 운동을 추진하는 학습활동은 헌법학습을 중핵으로 삼아야 합니다.

4. 사회교육은 주민자치의 힘이 되는 것이다.

(생 략)

시민이 지방자치단체의 주권자임을 자각하고 세금이 어떻게 사용되고 있는지 등 예산분석을 비롯하여 오늘날의 지방자치단체의 행・재정의 구조 그 자체 및 실태를 파악하여 이것을 바르게 잡아가는 등 지방자치를 지키는 시민운동을 전개해 감으로써 형식적인 지방자치가 진정한 주민자치가 되며, 이 운동에 있어서의 학습활동이 사회교육임을 알아야 합니다.

(생 략)

5. 사회교육은 대중운동의 교육적 측면이다.

(생 략)

이미 밝혔듯이 국민이 자신들의 소원을 키워 생활을 향상시키는 데에 있어 사회교육이 불가결한 것임과 마찬가지로 평화와 민주주의를 지키고 생활과 권리를 지키려는 대중운동과 깊은 관련이 있는 것도 당연한 것입니다.

(생 략)

참여자의 자주성이야말로 운동의 전제이며 참여자가 모두 주체적인 담당자가 되어야 하는 것이 운동의 원칙입니다.

많은 참여자들이 그저 지도자층의 지시에 따라 움직이는 것만으로는 운동의 성과를 기대할 수 없으며 운동 과정에서 참여자들 스스로가 자기상호교육을 행함으로써 목표를 명확히 하고, 주체적인 담당자로서 이론과 실천의 통일을 도모함으로써 대중운동은 활발하게 전진을 계속하게 됩니다.

참여자는 학습하는 과정에서 운동을 전망하고 각각의 단계에서 무엇을 해야 하는지 그 임무를 명확히 하는 일이 절대적으로 필요합니다.

진정으로 운동은 학습을 요구하고 있으며 학습은 운동에 있어 불가결한 것입니다.

학습은 운동과 떼어놓고 생각할 수 없으며 대중운동의 교육적 측면이라고 할 수 있습니다.

6. 사회교육은 민주주의를 가꾸고, 키우고, 지키는 것이다.

문부성은 1954년 5월에 발행한 「사회교육의 방법」에서 사회교육은 올바른 의미에서의 민주주의를 키우고 기르고 지키는 입장을 선택해야 한다고 강조하고 있습니다.

(생 략)

가. 정치에 있어서의 민주주의는 다수결의 원리에 따라 실현되는 것으로 이 다수결의 원리가 민주주의의 원칙이 되기 위해서는 국민이 모든 사실과 문제에 대한 정확한 지식과 이해를 가지고 있는 것이 전제가 되어야 한다.

나. 사회에 있어서의 민주의의는 '평등'을 요구하고 특히 교육의 기회균등을 통해 무지를 없애는 일이 가장 중요하다.

다. 생활방법에 있어서의 민주주의는 단체운영의 기술, 대화방법, 회의진행방식 등을 비롯한 민주적인 생활방식의 체득을 통해 합리적, 과학적 정신을 향상하고 자주적인 판단능력을 갖추는 일이 불가결한 요건이 된다.

이상의 조건을 해결해 가는 일이 이른바 국민 상호 간에 이루어지는 사회교육이며, 사회교육이야말로 바로 민주주의를 키우고 기르고 지키는 것이라고 할 수 있다.

II－3. 공민관주사의 성격과 역할(시모이나(下伊那)선언)

(나가노현(長野県) 이이다(飯田)・시모이나(下伊那)주사회(主事会), 1965년)

해 설

일본사회교육학회는 1954년에 창립되었는데 1961년에 처음으로 '과제연구'로서 '공민관'을 테마로 설정하여 공동연구를 진행하였고 그 성과를 『현대공민관론』(연보 제9집, 1965년)으로 간행하였다. 기념할 만한 연구연보에 공민관에 관한 전국적인 심포지움이 기획되어 큰 반향을 불러일으켰다. 그 제안논문인 「공민관주사의 성격과 역할」에 대해서는 나가노현(長野県) 이이다시(飯田市)・시모이나군(下伊那郡)의 공민관주사 집단이 집필하였다. 당시의 전국 각지의 주요 연구회(후쿠오카(福岡), 히로시마(広島), 긴키(近畿), 도카이(東海), 산타마(三多摩), 도치기(栃木), 야마가타(山形) 등 9지역)의 의견을 모아 비판적 검토를 포함시킴으로써 주목할 만한 지면(誌面) 심포지움이 만들어졌다.

공민관을 둘러싼 여러 문제는 공민관주사론으로 응집되는 면이 있다. 지역의 공민관주사가 놓여 있는 상황, 그 기본적인 성격과 과제, 앞으로의 역할, 구체적인 일과 실천 등에 대해 1960년대의 공민관주사론이 적나라하게 그려져 전국적인 규모로 읽혀 왔다. 이것은 히라가타선언에 이어 '시모이나선언'이라고 불리게 되었다.

✤ ✤ ✤

1. 공민관의 업무

1) 민주적인 사회교육을 지키는 공민관

(1) 민주적인 사회교육이란 무엇인가?

(2) 민주적인 사회교육을 규정하는 조건

① 헌법, 「교육기본법」의 이념

② 현실의 교육행정과 그것을 시정촌단계에서 규정하는 지자체의 행 · 재정

③ 폭넓은 국민의 교육 · 학습활동의 실천

2) 지역 활동의 모습

(1) 실적주의에 치우치는 경향

(2) 운동을 추종하는 경향

(3) 생활기록과 사회과학을 중심으로

2. 공민관주사의 성격과 역할

1) 공민관주사의 두 가지 성격과 그 담당과제

공민관주사의 성격을 일반론적으로 규정하자면 학습 · 문화 활동이 가장 충실한 형태로 이루어지기 위한 적극적인 원조자라고 할 수 있다.

그러나 주사가 봉사하는 대상은 누구인지, 어떤 입장을 요구받고 있는지에 대해서는 더욱 추구되어야 하고, '가장 충실한 형태'라고 할 때도 거기에는 일정한 가치관, 세계관이 반영된다. 또한 '주사(主事)'라는 추상적인 인간이 존재할 뿐만 아니라 지방자치를 주민의 손으로 확립하는 것을 과제로 삼는 지자체노동자가 담당하는 업무로 공민관주사의 업무가 존재한다는 것도 염두에 두어야 한다.

우리들은 공민관주사의 교육전문직이면서 동시에 지자체노동자라는 두 가지 성격으로 인해 초래되는 과제를 어떻게 총체적으로 해결해 갈 것인가에 대해 검토하자고 한다.

그리고 그것을 많은 정촌(町村)에서는 교육전문직으로 확립하고 있지 않은 현실과 주사가 주민의 입장을 우선시하기가 힘들게 되어 있는 현실과의 관계를 고려하면서 검토해 가고자 한다.

(1) 교육의 전문직으로서의 주사의 과제

첫째로 교육이라는 새로운 가치관을 끊임없이 창출해 가는 일에 종사하는 인간으로서 교육이 갖는 진보성을 지켜가는 과제가 있다. 그것은 제2차 세계대전 이전의 천황제와 제국주의 전쟁을 지탱하는 이데올로기에 의한 교화를 주요 역할로 삼았던 사회교육에 대한 엄중한 반성과 전후 사회교육행정의 냉정한 평가를 기초로 삼아야 한다. 특히 전후 사회교육의 평가에 대해서는 '공민관'이라는 발상과 사회교육 관련 단체라는 개념에 대해 철저한 검토가 필요하다.

일반적으로 계급사회에는 교육의 독자적인 역할을 무조건 인정하면 반드시 권력과 충돌한다는 냉혹한 논리가 있다. 전후 일본에 있어서의 교육의 민주화, 자유주의화에 의해 비군사화, 봉건제 타파라고 하는 과제에 대해서는 교육정책의 중심을 차지할 수 있는 시기가 있었지만 계급사회가 갖는 모순의 심화라는 현실과제는 무시되어 왔다. 현재사회의 부분적인 모순은 학습과제는 될 수 있어도 근본적인 모순에 관련된 문제에는 다음과 같은 논리를 내세워 회피한다. 즉 교육은 사상적으로 중립이어야 한다. 자본주의를 옳다고 보는 이데올로기에 종속되는 것도 그것을 부정하는 이데올로기에 봉사하는 것도 잘못이다.' 모든 사상을 상대적으로 보려는 이 논리는 현실적으로는 '정당하게 선출된 국민의 대표가 정한 교육정책에 반대하는 것은 특정한 이데올로기에 봉사하는 것이다.'라고 하는 논리가 되며 권력의 교육지배를 시인한다.

교육의 중립이란 권력지배를 배제하려는 노력이며 교육 본래의 역할을 지키라는 국민의 요청인 것이다. 그러나 이 계급대립의 현실에서 눈을 돌리게 하는 중립론은 계급모순을 인간의 정신적 조화로 해결하려는 발상에 입각한 '공민관'의 기본 사상이 되고 있다.

공민관주사인 우리들이 놓인 입장을 우선 그렇게 이해한 다음 우리들의 임무의 역사적 존재가치는 교육이 갖는 이른바 반역성(反逆性)을 지키는 것에 있다고 생각한다.

둘째로 교육의 소위 전문기술직으로서의 과제가 있다.

(중 략)

2) 지금까지 담당해 온 역할

(1) 문화・계몽활동의 한계

(2) 실천을 풍부하게 하는 학습의 시도

3) 주사의 앞으로의 역할

① 일하는 국민대중의 운동을 참고로 학습내용을 편성하는 일

② 사회교육행정의 민주화를 주민과 함께 이루어 가는 일

4) 구체적인 업무

(1) 학습내용의 편성

(2) 학습활동의 조직화

(3) 이것들을 지켜가기 위한 조건을 어떻게 구축할 것인가?

① 주사의 학습 · 실천조직

② 그 밖의 활동

후 기

(1965년 3월)

II－4. 새로운 공민관상을 지향하며(산타마(三多摩)선언)

(1973년 초판, 1974년 증보판, 동경도 공민관자료작성위원회)

해 설

일본의 수도인 도쿄는 일본에서도 공민관의 설치가 늦었던 지역으로 특히 도심부는 공민관의 공백지대라고 해도 과언이 아니다. 도쿄의 서부(구 농촌부)의 산타마(三多摩)지역에서는 도시화가 진전되던 1960년대에 급증하는 시민계층(신중간층)을 배경으로 도시형 공민관이 설치되어 적극적인 활동이 전개되어 갔다. 그 공민관 실천 · 운동을 토대로 산타마의 공민관 관계자들에 의해 새로운 공민관상이 구상되었고 그 성과가 도쿄도교육청에 의해 공표되었다.

도쿄만이 아니라 각지에서 많이 읽히게 되어 일반적으로 '산타마선언'이라고 불리게 되었다. 1970년대에 각지에서 전개된 공민관 설립 주민운동에 있어서도 중요한 지침이 되었으며 교재로도 사용되어 적지 않은 영향을 미쳤다.

산타마선언에서는 공민관의 '네 가지 역할' '일곱 가지 원칙'과 함께 구체적인 시설 · 설비론, 직원론, 공민관운영심의회 등에 대한 방향과 과제가 제기되었다. 특히 마지막에 덧붙여진 '공민관주사의 선언'은 공민관직원의 윤리강령에 관한 제안으로 주목받아 왔다.

✤ ✤ ✤

제1부 새로운 공민관상을 지향하며

I. 들어가며

1. 도쿄 · 산타마지역의 격동하는 도시생활 속에서 오늘날 새롭게 주민을 위한 공민관을 주민들이 요청하고 있습니다.

전후 일본 공민관의 역사를 거슬러 올라가 보면 공민관은 주로 농촌지역에 설치되는 경우가 많고 그 활동도 농촌적인 성격의 것이 적지 않았습니다. 도쿄의 공민관도 예외는 아닙니다. 1946년의 공민관설치운영에 관한 '통첩', 1949년의 「사회교육법」을 계기로 도쿄에서도 1955년경까지 30여 개의 공민관이 설치되었습니다만 그 대부분은 산타마의 공민관으로 구(區)지역에는 거의 설치되지 않았습니다. 이러한 공민관들도 주민에 의해 요청된 것이 아니라 행정적으로 위에서 '베풀어 세우는' 형태로 설치되는 것이 일반적이었습니다.

그 후의 도쿄의 거대도시화, 산타마의 급격한 도시화 속에서 공민관은 농촌적 성격을 탈피하면서 점차 주민들 속에 정착되어 왔습니다. 주민운동에 의해 창설되는 공민관(구니타치초(國立町)공민관의 예, 1956년)이 생겨나 또한 기존에 설치된 공민관도 주민들의 문화 · 학습요구로 새로운 활동을 시작하게 되었습니다. 수는 적지만 산타마의 공민관활동은 일본의 공민관계에 널리 주목받는 지위를 구축해 왔다고 할 수 있습니다.

공민관제도가 생긴 지 약 25년, 산타마의 몇몇 지역에서 최근 새롭게 공민관 설립을 요구하는 주민운동이 늘어나고 있는 것을 볼 수 있습니다. 공민관이 없는 지역에서는 공민관설치운동(마치타(町田), 아키시마(昭島), 훗사(福生), 다나시(田無), 고마에(狛江), 무사시노(武蔵野) 등의 각 시(市)), 그 증설운동(고다이라(小平), 고쿠분지(国分寺), 고가네이(小金井), 하치조지마(八丈島) 등), 기존의 공민관을 새롭게 리모델링하는 운동(구니타치시(国立市), 고다이라시(小平市) 등)이 확산되기 시작하고 있습니다. 최근 1, 2년 동안에도 이나기(稲城), 다마(多摩), 히가시야마토(東大和) 등의 시에 새롭게 공민관이 건설되었습니다.

이러한 운동들은 과거 '베풀어 세워'진 형태의 공민관을 주민 자신의 손에 의해 주민들의 것으로 만들어 가려는 새로운 방향을 가지고 있습니다. 25여 년 공민관의 고난의 세월이 지금 드디어 작은 싹을 틔우고 있다고 해도 과언이 아닙니다.

2. 그러나 산타마의 모든 지역에서 이러한 운동이 일어나고 있는 것은 아닙니다. 현실적으로는 구태의연한 공민관도 없지 않고 유료 · 대여시설의 공회당, 시민회관 등과 기본적으로 다르지 않은 공민관도 있습니다. 도쿄의 공민관도 일본의 공민관이 그러하듯이 매우 다양하며 많은 격차가 있다고 할 수 있습니다. 지역주민들의 자치적 역량, 그 성숙도에 따라 주민들의 새로운

운동으로 지탱되고 있는 공민관도 있는가 하면, 전혀 그렇지 않은 공민관도 있습니다.

총체적으로 보면, 산타마 공민관의 시설 · 설비 · 직원 · 재정의 현황은 극도로 빈약합니다. 빈약한 여러 조건으로 인해 공민관은 주민들의 문화 · 학습요구에 적절히 대응할 수가 없으며, 따라서 공민관을 개선해 가는 운동도 좀처럼 고조되지 않는 악순환을 끊을 수가 없습니다.

도쿄 · 산타마의 심한 과밀 · 도시화 현상은 지역 속 주민들의 풍요로운 문화적 생존을 위한 조건을 악화시키고 있습니다. 한편으로 주민들 속에 주권자의식의 성숙이 있고, 또한 국민(성인)의 학습권 사상의 확대를 볼 수 있습니다. 그 속에서 주민들이 일상적으로 집회를 열고, 학습하고, 문화활동을 영위하는 요구, 그것을 공적으로 풍부하게 보장하기 위한 시설 · 직원에 대한 요구의 고조를 볼 수 있게 되었습니다.

도쿄의 공민관의 실상을 보면, 확실히 이러한 집회, 학습, 문화 등 높아지는 요구들에 대응하지 못하는 상황입니다. 국가의 공민관정책은 그 법제가 미비할 뿐만 아니라 구체적인 행재정 조치에 있어서도 풍요로운 공민관의 창조에 냉담하였습니다. 도쿄도(東京都)의 공민관에 대한 방침을 보아도 지금까지 그다지 적극적인 시책이 이루어지지 않았다고 할 수 있습니다. 공민관은 빈약한 조건상태로 주민들의 질 높은 문화 · 학습 요구에는 답할 수 없는 상황에 있다고 할 수 있습니다.

3. 우리들은 여기서 다시 한 번 새로운 공민관의 창조를 지향하며 진정으로 풍요로운 공민관상을 그려 낼 필요가 있습니다. 격동하는 현대에서 주민들은 스스로의 문화적 생존을 위해서라도 지역에서의 풍부한 학습 · 문화기관인 공민관을 요구하고 있습니다. 과연 어떠한 공민관이 창조되어야 할까요? 공민관에 관련된 것으로서 우리들은 지금까지의 공민관이론과 실천을 정리하면서 가능한 선명한 상(像)을 그릴 책임이 있습니다.

공민관은 지금까지 국가나 도쿄도로부터 제대로 지원을 받지 못했습니다. 그런 만큼 국가로부터의 강제적인 기준과 조건의 구속도 그다지 받지 않았다는 측면을 갖고 있습니다. 즉 어찌됐든 공민관은 그것을 설치한 지자체의 정책과 주민들의 자치적인 역량에 의해 오늘날까지 그 틀을 마련해 왔다고 할 수 있습니다. 그중에는 심한 지역격차를 포함하면서 지금까지의 공민관을 생각해 감에 있어 귀중한 방향을 나타내는 성과가 역사적으로 만들어져 오고 있는 것은 아닐까요? 그것도 '자치'적으로, 구체적으로는 주민, 직원, 간부직원 등의 창의에 의해 만들어져 왔다고 하는 측면을 갖고 있습니다.

우리들은 다음의 공민관상을 그려 냄에 있어 추상적으로 머릿속에서만 생각해내는 일을 극도로 경계하였습니다. 또한 어떤 정책노선에 따라 그 틀 속에 공민관상을 정하는 것도 피하였습니다. 일본 공민관의 지금까지의 역사를 배경으로 도쿄 · 산타마의 공민관 실태와 그 속에서 고투하면서 창출되어 온 성과를 구체적으로 정리 · 통합하도록 노력하였습니다. 그리고 현대

주민들이 무엇을 원하고 있는지를 중요한 척도로 삼아 우리들의 공민관상을 그려 보고자 하였습니다. 개개의 공민관 실태를 비교하면 드높은 이상으로밖에 보이지 않는 비전도 있겠지만 그 일정부분은 이미 어느 지자체의 '자치'적인 노력에 의해 역사적으로 만들어 내고 있는 점에 유의해 주셨으면 합니다.

이 리포트는 아직 중간보고의 수준을 넘지 못한 것입니다. 많은 시민, 여러 서클과 단체의 회원들, 주민운동의 활동가, 나아가 각종 교육기관, 행정기관의 관계자들이 읽어 '새로운 공민관상'을 지향하는 하나의 단서가 되었으면 하는 바람입니다.

II. 공민관이란 무엇인가? —네 가지의 역할—

1. 공민관은 주민의 자유로운 유휴공간입니다.
2. 공민관은 주민의 집단 활동의 거점입니다.
3. 공민관은 주민에게 있어서의 '나의 대학'입니다.
4. 공민관은 주민에 의한 문화 창조의 광장입니다.

III. 공민관운영의 기본 —일곱 가지의 원칙—

1. 자유와 균등의 원칙
2. 무료의 원칙
3. 학습문화기관으로서의 독자성의 원칙
4. 직원 필수배치의 원칙
5. 지역배치의 원칙
6. 다양한 시설완비의 원칙
7. 주민참가의 원칙

IV. 공민관의 시설

V. 지금 무엇을 지향해야 하는가?

1. 공민관은 주민이 스스로 만들어 가야 하는 것입니다.
2. 기존 시설의 내용을 새로운 것으로 개선해 갑시다.
3. 지자체의 기본 구상 속에 공민관을 확고하게 포함시킵시다.
4. 공민관을 도서관과 함께 지역사회에 필요한 두 기둥으로 삼읍시다.

제2부 공민관직원의 역할

Ⅰ. 기본적인 역할
Ⅱ. 조직체제
Ⅲ. 직무내용
Ⅳ. 근무조건
Ⅴ. 임용
Ⅵ. 연수
Ⅶ. 직원집단

✤ ✤ ✤

공민관주사의 선언(제안)

모든 주민들이 자유롭게 집회를 열고, 자주적으로 학습하고, 문화창조를 지향하는 일은 민주주의 사회 주민의 권리입니다.

공민관의 존재 이유는 이 집회 · 학습 · 문화창조의 권리를 구체적으로 보장해 가는 것에 있습니다.

이 임무를 다하기 위하여 공민관 직원들은 다음의 사항을 확인하고, 실천할 것입니다.

1. 공민관 직원은 언제나 주민의 입장에 섭니다.
2. 공민관 직원은 주민자치를 위하여 적극적으로 노력합니다.
3. 공민관 직원은 과학의 성과를 존중하고, 지역의 문화 창조를 지향합니다.
4. 공민관 직원은 집회 · 학습의 자유를 보장하고, 집단의 비밀을 지킵니다.
5. 공민관 직원은 노동자로서 스스로의 권리를 지킵니다.

Ⅱ－5. 정내(町內) 공민관 입문－학습과 참가에 의한 누구나 살기 좋은 마을을 지향하며 －(초록)(마츠모토시(松本市) 교육위원회, 제5차 개정판, 2005년)

해 설

나가노현(長野縣) 마츠모토시(인구 22만여 명)는 대부분 학교구 단위로 약 30개의 공립공민관을 지역에 배치해 온 지자체로서 이와 병행하여 지역주민조직인 '정내'마을 수준으로 385개의 '정내공민관'(자치공민관)도 기능해 왔다. 지자체 사회교육행정(교육위원회)도 마을의 주민자치에 의한 공민관 활동을 적극적으로 장려해 왔다. 마을마다 격차는 있지만 활발한 활동이 전개되어 왔다.

1976년에 「정내공민관의 길잡이」가 작성되어 지역주민활동의 자치적 전개에 큰 이정표가 되었다. 그 후 더욱 증판을 거듭해 왔고 위에 제시된 내용이 2005년에 만들어진 제5판이다. 전반적으로 지역이 변모하는 과정 속에서 현대적인 지역의 여러 과제에 대처하는 자치공민관의 가능성을 제시한 '길잡이'로서 전국적으로 주목을 끌었다.

마츠모토시 교육위원회는 아울러 「자치의 힘 여기에 있다. 배움과 '힘'의 마을 만들기－정내공민관활동실천집」(2005년)을 간행하였다. 여기에는 인권·공생, 건강·스포츠, 생활·환경, 학습·문화, 자녀양육·자녀성장, 청소년, 지역복지, 홍보활동 등의 여러 분야에 걸친 다채로운 지역주민활동 사례가 기록되어 있다.

✤ ✤ ✤

제1부 정내공민관의 개요

1. 지역 현황과 지역과제
2. 정회(町會)와 정내공민관
2－1. 정회란
2－2. 정내공민관이란

(1) 정내공민관이란

그럼, 이제 '정내공민관'이란 무엇인지에 대해 생각해 봅시다.

'정내공민관'이란 정내의 주민들이 주민들 힘으로 설치·운영하는 '자치공민관', 즉 정내의 공민관입니다. 그렇기 때문에 시설관리에서부터 운영까지 모든 활동이 정회(정내의 주민들)에 의해 이루어지고 있습니다.

마츠모토시(松本市)에는 385개의 정내공민관 외에 시립공민관(조례설치의 공민관)이 28개가 있고, 둘 다 '공민관'이라고 부르고 있습니다. 「사회교육법」에 따르면 정내공민관은 공민관 유사시설로 분류되는데, 기본적으로는 「사회교육법」에 준거한 공민관이라고 볼 수 있습니다. 전국공민관연합회의 조사(2002년 11월)에서는 정내공민관과 같은 자치공민관(분관은 포함하지 않습니다)이 전국에 7만 6,883관이 존재한다고 보고하고 있습니다.

정내공민관이라고 하는 호칭은 전국에서도 마츠모토시만 사용하는 명칭입니다. 명칭만이 아니라 정내공민관과 정회의 관계를 비롯하여 정내공민관과 지구(地區)공민관의 병렬적인 관계, 자립한 정내공민관 관장회의 활동, 시(市)의 지원시책 등 정내공민관은 마츠모토시의 독자적인 구조와 틀을 갖고 있습니다.

(2) 정내공민관의 기능과 활동

정내공민관은 '정내의 활성화 기능'을 갖고 있습니다. 정내공민관은 친목과 교류를 통해 원활한 인간관계를 구축하면서 정회의 활동을 활성화하고 주민자치와 지역연대의 기반을 보다 굳건히 해가는 중요한 역할을 담당해 왔습니다. 이것은 '정내의 활성화 기능' 중에서도 '지역력(地域力) 향상 기능'이라고 할 수 있는 것입니다.

또한 정내공민관에는 공민관으로서의 '학습거점기능'이 있습니다. 정내공민관의 구체적인 활동을 생각해 가는 데 있어 다음의 학습거점기능을 참고해 주십시오.

✤ 학습거점으로서의 정내공민관의 기능

No	기 능	내 용
1	이용하기 쉬운 유휴공간	주민의 교류와 네트워크 만들기
2	단체 · 그룹활동의 장소	삶의 보람 만들기, 친구 만들기
3	학습 · 토론의 장소	지역과제의 공유화와 공동학습의 추진
4	문화의 전승과 창조의 장소	지역문화에 대한 이해의 촉진, 문화의 발신
5	건강증진의 장소	마음과 몸의 건강증진, 평생스포츠의 추진
6	지역복지활동의 거점	서로 돕는 지역 만들기, '정회복지'의 추진
7	재해방지의 거점	안심네트워크 만들기, 재해방지의식의 계발
8	지역 만들기의 거점	'지역력'의 향상, 주민자치와 지역연대의 구축

아이들에서 노인에 이르기까지 누구나 쉽게 걸어서 갈 수 있는 장소에 있다는 것이 정내공민관의 강점이다. 정내의 모든 이들에게 개방된 장소이므로 주민들은 그곳에 모여 우선 함께 차를 마시는 관계형성부터 즐겁고 편안하게 시작해 봅시다.

정내공민관에서는 다음과 같은 활동이 이루어지고 있습니다.

① 교류활동(다과회, 세대 간 교류, 오락모임)

② 친목활동(경로회, 신년회, 친목여행)

③ 학습활동(인권, 환경 · 정내 미화, 복지 · 수발, 재해방지, 마을 만들기)

④ 문화활동(문화제, 여름축제, 전통행사, 사적답사, 정내연혁사 발행)

⑤ 건강복지활동(수발예방교실, 건강교실, 지킴이 안심네트워크)

⑥ 스포츠활동(운동회, 구기대회, 마렛골프(게이트볼)대회, 걷기대회)

⑦ 홍보활동(정내공민관보 · 공민관소식지 발행, 홈페이지 작성)

⑧ 단체 · 서클 지원활동(여성부회, 청년회, 어린이회육성회, 고령자클럽, 취미서클)

(생 략)

2-3. 정회와 정내공민관의 관계

(1) 각각의 기능과 성격

정회에는 행정에 대한 협력기관과 정내 주민들의 자치조직이라는 두 가지의 역할이 있다는 점은 앞에서 언급한대로입니다. 그중 자치조직으로서의 역할을 담당하는 정회에는 '정내자치의 통괄기능'과 '정내의 활성화기능'의 두 기능이 있습니다. 지역에 따라 상황은 다릅니다만 마츠모토시의 정회는 이 두 기능 중 정회가 '정내자치의 통괄기능'을 정내공민관이 '정내의 활성화기능'을 각각 분담해 왔습니다. 즉 정회와 정내공민관이라는 두 개의 간판을 가지면서 혼연일체가 되어 하나의 정회를 운영해 온 것입니다.

마츠모토시의 정회가 민주적인 자치조직으로 운영되고 있는 것은 정회가 성격이 다른 두 조직을 지니고 무의식중에 기능과 성격을 잘 나누어 사용하고 도입해 왔기 때문이라고 생각합니다.

정회와 정내공민관의 기능과 성격의 상이함을 인식하지 않은 채 애매한 정회운영을 하면 불만이 나오기 마련입니다. 예를 들면, 정내공민관의 '공모방식'에 의한 모델적 활동인지 또는 정내의 선원 참가 활동인지를 확실히 하지 않으면 정내공민관 활동은 '일부의 좋아하는 사람들만이 제멋대로 한다.'는 불만으로 연결됩니다. 따라서 기능과 성격의 상이함을 간부들만이 아니라 정내의 주민 모두가 이해하고 있는 점이 중요합니다. 이 기능분담이 애매하기 때문에 실태와는 다른 정내에 대한 나쁜 이미지가 과장되는 경우도 적지 않다고 생각합니다.

예를 들자면 정회는 피라미드형의 수직적 조직인 것에 비해 정내공민관은 동심원과 같은 수평형 조직이라고 할 수 있습니다. 정회와 연계는 하면서도 정회조직에 구속되지는 않고 자유로운 발상과 새로운 시도 등 유연한 활동을 전개할 수 있는 장이야말로 정내공민관이 아닐까요?

어찌됐든 정회가 지역요구를 받아들여 민주적인 '지역자치공동체'가 되기 위해서는 정내공민관의 성격을 얼마나 폭넓게 갖고 있는지가 중요한 열쇠가 될 것입니다.

(이하 생략)

3. 정내공민관과 지구(地區)공민관
4. 정내공민관과 새로운 지역 만들기

2부 정내공민관의 운영

1. 정내공민관의 규치 · 조직 · 간부
2. 정내공민관의 방침
3. 정내공민관의 시설 · 설비
4. 정내공민관의 신축 · 증개축 · 재산등기

3부 정내공민관의 활동 사례

1. 조직과 운영
2. 생활, 마을 만들기
3. 건강 · 스포츠
4. 학습 · 문화
5. 아동육성
6. 복지 마을 만들기
7. 관보(館報) · 소식지

4부 마츠모토시(松本市) 정내공민관 관장회의 활동

1. 정내공민관과 관장회의 역사
2. 마츠모토시 정내공민관 관장회의 사업활동

II－6. (1) 중소도시의 공공도서관 운영(초록)(일본도서관협회, 1963년)
(2) 시민의 도서관(초록)(일본도서관협회, 1970년)

해 설

일본의 도서관은 전후 교육개혁기에 제정된 「도서관법」(1950년)에 의해 근대 도서관으로서의 법적 기초를 마련하였고, 특히 '도서관봉사'(동법 제3조)개념에 따라 공공도서관으로서 해야 할 역할이 명확해졌다. 또한 도서관이 지역(기초지자체)에 설치되어 주민생활에 있어 필요불가결한 시설로 자리잡아 감에 있어 도서관의 체제나 네트워크, 기능 · 운영을 어떻게 구축해 갈 것인지 그 구체적이면서 실천적인 방식이 모색되어 갔다. 이러한 점에서 1960년대부터 70년대에 걸쳐 일본도서관협회가 내놓은 제언은 획기적인 것이었다. 그 하나는 1963년 「중소도시에 있어서 공공도서관의 운영」(중소리포트), 나머지 하나는 1970년 「시민의 도서관」이다. 대형 · 광역 · 전문적인 큰 도서관만이 아니라 중소도시의 주민의 생활세계에 밀착된 작은 도서관의 네트워크, 관내 열람방식으로부터의 탈피, 대출의 추진, 아동서비스의 충실, 모든 주민에게 다가가는 전역서비스, 사서의 전문직으로서의 위상과 배치 등의 과제가 그 후 「시민의 도서관」이 지향하는 방향으로서 제기되고 추구되어 왔다.

이 제언들을 기반으로 그 후 도쿄 · 수도권을 중심으로 비약적으로 공공도서관이 증가하였으며 또한 시민에 의한 도서관설립운동과 문고활동이 확대된 시기도 있었다. 그러나 선진적인 지역을 제외하고는 대체적으로 정촌(町村)지역의 공공도서관 정비는 뒤처져 그 지역격차는 큰 과제가 되었다.

✤ ✤ ✤

1 중소도시의 공공도서관 운영(초록)(일본도서관협회, 1963년)

중소공공도서관이야말로 공공도서관이다.

(중 략)

① 일본 국민=이용자란 지역주민=시정촌민(市町村民)의 총칭이다.

(중 략)

② 이용자는 대규모의 도서관을 원하지 않는다.

(중 략)

③ 대규모의 도서관은 중 · 소규모의 도서관의 후원자로서 필요하다.

위의 ①, ②의 의미에서 보면 전국 방방곡곡에 중 · 소규모의 도서관이 설립 · 보급되도록 서둘러야 하는데, 현실은 지방재정의 압박으로 인해 현립(縣立), 그 밖에 대규모의 도서관만이 계속해서 설립되고 있다. 그러나 우리들은 눈앞의 것에 현혹되어 본질을 잊어서는 안 된다. 즉 보다 큰 도서관은 이용자들의 가까운 곳에 존재하는 중 · 소규모의 도서관을 어떤 형태로든 지원하고 후원하고 있다는 확증이 있어야 그 존재가 공공도서관으로서 인정받는다. 도도부현립이나 국립도서관은 중소도서관을 통해서만 모든 현민들에게 그리고 모든 국민들에게 진정한 공공도서관 서비스를 하고 있다고 말할 수 있다. 부현립(府縣立) 이상의 대규모 도서관이 하루라도 빨리 도서관이 소재하는 도시를 대상으로 하는 관내 열람중심주의를 탈피하고, 그 도서관봉사에 있어서도 중소도서관을 돕고 성장시키는 방향으로 그 서비스 형태를 재편성하기를 간절히 열망한다.

이상의 내용은 부현립 도서관, 그 밖의 대규모 도서관 자체의 중대한 체질개선과 향후 일본 공공도서관의 나아갈 길을 규정하는 소위 국가적 플랜에 관련된 문제이기도 하다. 그러나 이것은 우리들의 임무를 뛰어넘는 것으로 다른 기관이 검토해 주기를 기대하는 바이다.

2 시민의 도서관(초록)(일본도서관협회, 1970년)

Ⅰ. 공공도서관이란 무엇인가?

1. 공공도서관의 기본적 기능

공공도서관의 기본적 기능은 자료를 요청하는 모든 사람들에게 자료를 제공하는 일이다.

(중 략)

공공도서관은 모든 사람들에게 서비스를 제공한다. 연령, 신조, 직업 등에 따라 서비스에 차별이 있어서는 안 된다. 또한 공공도서관은 모든 주민이 어디에 살고 있든 상관없이 가장 효과적인 방법으로 서비스를 받을 수 있도록 해야 한다.

(중 략)

2. 지적 자유와 공공도서관

(중 략)

자료제공은 공공도서관에 의해 공적으로 보장받고 누구나 각각의 판단자료를 공공도서관에서 얻을 수 있다. 이런 의미에서 공공도서관은 국민의 지적 자유를 지탱하는 기관이며 지식과 교양을 사회적으로 보장하는 기관이다.

(중 략)

도서관은 주민의 자유의지에 의한 자기교육을 자료제공을 통해 도울 수 있다.

(중 략)

도서관은 누구에게나 필요한 정보를 정확하게 제공하는 기관이다. 정보가 일부계층에 독점되는 일 없이 모든 정보를 모든 사람들에게 공개하고 제공할 수 있는 것이 공공도서관이다.

(중 략)

3. 시정촌립 도서관은 공공도서관의 중핵이다.

주민에게 직접 서비스를 제공하는 것은 시정촌립 도서관이다. 이런 의미에서 시정촌립 도서관이야말로 공공도서관의 중핵이다. 또한 시정촌립 도서관의 중심은 시립도서관이다.

시립도서관 직원은 일본 도서관 전체의 중심으로서의 임무를 자각하고 그 운영에 있어 자신감을 갖고 시립도서관 독자의 방법을 확립해야 한다.

(중 략)

4. 시립도서관은 모든 시민에게 봉사한다.

시립도서관은 시민의 세금에 의해 설치 · 운영되고 있다. 당연히 모든 시민에게 봉사해야 한다. 모든 시민에 대한 봉사라고 하는 것은 단순한 구호가 아니며 또한 형식적인 것만도 아니다. 문자 그대로 모든 시민에게 봉사해야 하는 의무가 도서관에 있으며 시민 모두가 도서관에 자료 제공을 요구할 권리를 지닌다. 모든 시민에 대한 봉사에 있어서는 아동에 대한 서비스를 특히 강조해야 한다.

(중 략)

아동이 갖고 있는 독서의욕, 독서습관의 형성을 생각한다면 더욱이 아동에 대한 서비스를 중시해야 한다.

(중 략)

도서관은 자료를 제공하는 곳으로서 좌석과 책상만을 제공하는 곳이 아니다.

(중 략)

물론 (공부할–역자)책상만을 원해 찾아오는 시민을 내쫓을 수는 없다. 하지만 이것으로 인해 도서관이 번창하고 있는 듯이 착각에 빠지지 않도록, 그리고 도서관서비스가 압박받는 일이 없도록 해야 한다.

5. 시립도서관은 건물 하나가 아니다.

시립도서관이 모든 시민에게 그 서비스를 확대하기 위해서는 단순히 건물 하나만이 아니라 본관, 분관, 이동도서관으로 구성되는 하나의 조직이어야 한다.

(중 략)

이렇게 도서관 전체의 자료가 모든 서비스시설 간에 교류가 이루어지고 모든 자료가 모든 서비스 지점에서 사용되는 조직을 만들었을 때 비로소 도서관이 시민 전체의 것이 되었다고 할 수 있다.

(중 략)

도서관이 하나의 건물이 아니라 하나의 조직이라고 하였을 때 도서관장은 단순히 건물의 관리자가 아니라 시민에게 자료를 제공하는 공적 서비스의 책임자가 된다.

(중 략)

즉 도서관이란 건물(시설)을 말하는 것이 아니라 자료제공이라고 하는 활동이 이루어지는 공적 기관을 말하는 것이다.

6. 시립도서관의 업무

자료 제공이라는 공공도서관의 기본적 기능은 대출과 레퍼런스라는 방법으로 나타난다.

대출은 자료를 요구하는 사람에게 일정기간 그 자료를 빌려 주는 것으로 도서관 기능의 가장 단순하고 기본적이며, 원초적인 형태이다.

(중 략)

대출이야말로 도서관 업무 중 가장 중요한 기초이며 핵심이다.

대출에는 자료를 대출하는 것 외에 독서안내와 예약서비스도 포함되며 이동도서관에 의한 대출도 대출업무의 한 방법이다.

레퍼런스는 이용자의 연구나 문제해결을 지원하는 일로 이용자의 조사연구에 대한 지원과 참고질문에 대한 답변으로 나뉜다.

(중 략)

그러나 복잡한 문제해결, 심도 있는 연구는 도서관의 많은 장서를 충분히 사용하고 사서의 도움을 얻어야 비로소 능률적으로 진행된다. 이러한 이용자를 지원하는 활동이 레퍼런스의 한 측면이며 이것은 참고실에서 이루어진다.

(중 략)

독서하는 시민을 늘리고 도서에 대한 요구를 확대하는 일도 도서관의 임무이다. 그러나 독서보급은 일시적인 행사에 의해 가능한 것이 아니다. 독서는 시민의 주변에 도서관이 있어 누구라도 쉽게 도서를 빌릴 수 있게 되는 환경에 의해 보급된다. 또한 시민의 독서습관은 아동기에 형성되는 것이기 때문에 아동에 대한 도서관서비스를 철저하게 실천함으로써 폭넓은 독자층이 확보되고 도서관 이용자도 점점 확대되어 가는 것이다.

II－7. 제3세대 박물관론(이토 도시로(伊藤寿朗))

해 설

「사회교육법」(1949년), 「도서관법」(1950년)에 이어 「박물관법」(1951년)이 제정되어 사회교육기관으로서의 박물관의 법제화가 실현되었다. 그러나 전반적으로 박물관의 설치는 진전을 보이지 않았고, 또 박물관에 대한 사고방식도 전통적인 보존・보관, 고정적인 전시・공개, 또는 전문적인 대형시설이라는 이미지가 주류였다. 이토 도시로(伊藤寿朗, 1947~1991)가 제3세대 박물관론을 제창하여 시민의 학습・참가활동을 중시하는 지역박물관 구상이 주목을 받아 왔다. 사회교육시설로서 시민이 약동하는 박물관의 이미지가 등장한 것이다.

그 배경에는 1970년대 후반부터 1980년대에 활발해진 지자체(가나가와현(神奈川県) 히라즈카시(平塚市), 니가타현(新潟県) 도오카마치시(十日町市), 오키나와현(沖縄県) 나고시(名護市) 등)에 의한 지역지향형 박물관의 구체적인 전개가 있었다. 이토에 의한 제3세대 박물관론도 이토 자신이 창설한 박물관문제연구회의 논의를 토대로 시민참가와 지역주의를 지향하는 새로운 박물관구상으로 주목을 모았으며, 관계자에 의한 실천적인 활동이 각지에서 이루어져 왔다.

제3세대박물관 · 지역박물관론은 전후 박물관 역사에 있어 공공도서관의 이미지를 비약적으로 전환시킨 앞에서 말한 도서관 「중소리포트」와 대비할 만한 중요한 문제제기였다고 할 수 있다.

✤ ✤ ✤

1 이토 도시로(伊藤壽朗)(1991), 『열려라 박물관(ひらけ, 博物館)』, 岩波ブックレット

박물관 활동의 내용은 시대에 따라 변화되고 있다. 귀중한 보물들을 보존할 것을 중심으로 한 활동에서 1960년대 말 이후 다양한 자료들을 공개할 것을 중심으로 한 활동으로 변화해 온 것이다. 뿐만 아니라 지금은 이용자들의 참여를 중심으로 한 활동을 지향하는 박물관들이 등장하고 있다. (중략) 제1세대－보존 중심(중략), 제2세대－공개 중심(중략), 제3세대－참여 중심인데, 1980년대 후반부터 싹트기 시작한 것이 제3세대이다. (중략) 사회가 요구하는 과제에 따라 자료들의 가치를 발견하고 만들어 내는 활동이며 시민의 참여가 운영의 중심이 된 미래 박물관의 모습이다. 참여라는 계속적인 이용을 통해 지적탐구심을 키워 낸다. 주민들의 일상적인 이용이 가능한 장소에 위치하고 있는 것이 조건이 된다. 특히 관심이 희박한 사람들을 대상으로 하며 수동적인 학습이 아닌 배울 힘을 키워 낼 것을 목적으로 한다.

제2세대에서 제3세대로 전환할 때는 계속적인 이용자(repeater)를 중요시하느냐 마느냐가 관건이 된다. 지금 사람들의 학습방법은 크게 두 가지 타입을 볼 수 있다. 하나는 어디서나 통용하는 일반적이고 보편적인 지식을 기대하는 타입이다. (중략) 또 하나는 생활의 공간인 지역사회를 되돌아보고 일상생활 속에서 새로운 과제를 발견할 것을 기대하는 타입이며 전자보다 한층 더 적극적이다. 스스로 과제를 발견하고 탐구하는 능력을 키우며 지식의 질을 높이는 것을 요구한다. 그런 경우 박물관은 일방적인 기회를 제공해도 충분하지 않다. 계속적이고 주체적인 참여의 '공간'과 다음 단계로 올라가는 '계단'을 마련한다는 방침을 세우게 된다. (중략) 집회실과 각종 교육사업 등 계속적인 활동공간과 여건을 정비하려고 노력하고 있는 박물관에서는 새로운 이용방식이 확실히 발전되어 있다.

박물관이 다양화함에 따라 박물관의 서열이 무너져 가고 있다. 박물관 붐을 이끌어 온 중소 시정촌(市町村)립 박물관 속에서 대규모 박물관 등이 따라갈 수 없는 독자적인 주장을 내세운 박물관 등이 나타나고 있다. 그것이 지역사회에서 살아가는 지역지향형 박물관의 모습이다.

지역지향형 박물관의 요소는 (중략) 세 가지가 있다. ① 시민의 생활공간이라는 지리적으로 특정된 범위를 전제로 하며, ② 인문, 자연과학 등의 전문영역을 유기적으로 관련시키고, ③ 활동을 통해 시민들이 서로 간의 관계를 만들어 낸다. 그 세 가지를 연결시키는 것이 지역지향형 박물관을 주장하는 조건이다. 특정지역을 대상으로 하되 인문, 자연과학영역이 고립되어 특정영역에 한정되어 버린 박물관은 한계를 안고 있다. 또 전문영역을 관련시키려고 해도 시민들을 일방적인 계몽의 대상으로만 생각하는 박물관은 지역지향형이라고 말하기 어렵다.

박물관을 무대로 한 시민연구자의 등장은 시민의 자기교육의 발전이라는 측면뿐만 아니라 박물관 자체가 크게 리프레시해 나가는 계기가 되어 있다. 박물관에는 시민들에게 지식을 교수하는 것이 아니라 시민과 협력하고 과제를 해결하는 자세가 생긴다. 그리고 공동작업을 축적하면서 개별화 및 세분화된 전문영역을 초월한 새로운 지역과제를 발견한다.

2 이토 도시로(伊藤壽朗)(1993), 『시민 속의 박물관(市民のなかの博物館)』, 吉川弘文館

제1세대 박물관은 국보와 천연기념물 등 희소가치를 지닌 자료(보물)들을 중심으로 그 보존을 운영의 주축으로 한 고전적인 박물관이다. 개인의 컬렉션을 모체로 한 문고, 수집자료 보존을 목적으로 한 역사민속자료관, 개인과 사건의 현창을 목적으로 한 기념관 등이 그 세대의 전형적인 박물관이다. 제1세대는 관광과 오락이라는 비일상적인 이용의 공간임으로 대부분은 관광지에 설치되어 있다. 일상생활과 다른 세계를 제시하는 점에 의미가 있으며 사람들도 그런 점을 기대하고 있다. 특별한 기회에 관람하는 박물관이며 전시 이외에 활동할 필요도 안 생긴다.

제2세대 박물관은 자료의 가치가 다양화함에 따라 그 자료들의 공개가 운영의 주축이 되는 현재 많은 박물관들이다. 광역자치단체가 설립하는 박물관이나 중간 규모인 시가 설립하는 박물관이 전형적인 제2세대 박물관이며 어느 관에서도 특색이 있는 상설전시와 특별전시의 개최를 고민하고 있다. 제2세대부터 학예원이라는 전문적 직원이 등장하며 물건의 '조사, 연구', 물건의 '수집, 보관', 물건의 '공개, 교육'이라는 박물관 고유의 기능을 착실히 추진하는 활동도 전개하기 시작한다. 제2세대 박물관은 지적 호기심과 탐구심을 충족시키기 위한 일회성의 견학시설이며 대부분은 시가지 주변에 설치되어 특별전시기간 이외에는 그다지 찾아가지 않는다. 전시 이외의 일회성의 교육사업 등 다양한 기회를 제공하고 요구에 응하는 점에 의미가 있으며 사람들도 그런 점을 기대하고 있다.

제3세대 박물관은 사회의 요청에 따라 필요한 자료를 발견하고 혹은 만들어 내는 박물관이며 시민의 참여와 체험이 운영의 주축이 된 미래의 박물관이다. 제3세대라는 개념은 기대 개념이며 전형이 되는 박물관은 아직 없다. 그러나 부분적으로는 ① 오사카시립 자연사박물관, 요코스카시 자연 · 인문박물관, 가와사키시 청소년과학관 등에서 실시되고 있는 시민이 참여하는 지역공동조사 · 공동연구, ② 미야기현 미술관, 이와키시 미술관 등의 워크숍 시도, ③ 히라츠카시 박물관이 활동범위를 명기한 조례를 제정하는 등의 실천이 있으며 그 외에도 논문(활동보고서) 집필을 시민에게 개방하는 등 각지에서 새로운 시도가 축적되어 있다. 제3세대는 참여하고 체험한다는 계속적인 활용을 통해 지적 탐구심을 키울(요구를 키울) 것을 목표로 한 시설이며 일상적인 이용이 가능한 장소에 설치될 것이 조건이 된다. 일상생활을 대상으로 하고 지역사회 또는 사회가 내포하고 있는 새로운 가치를 발견하고 과제를 제기한다는 것은 일상생활에 대한 새로운 메시지를 제기한다는 것이다. 제2세대는 도서관의 이용스타일과 마찬가지로 이미 관심을 가진 사람들의 요구에 대응할 것을 주축으로 하고 있다. 반면 제3세대는 관심이 희박한 사람들을 대상으로 그 자기학습능력을 키울(요구를 키울) 것을 주축으로 하는 점에 의미가 있으며 또 사람들도 그런 점을 기대하고 있다.

이상과 같이 박물관의 세 가지 세대는 사람들의 중층적인 이용형태에 대응한 것이다. (중략)

제2세대에서 제3세대로 전환할 때 관건이 된 것은 일회성 이용에서 계속적 활용으로 이용형태가 변화한 점이다. 박물관 이용이 확대함에 따라 그 이용형태에 질적 변화가 생기며 그 에너지가 된 것은 시민 자신의 다채로운 학습활동의 확대이다. 학습의 개인주의화, 고도화, 다양화 속에서 시민 자신이 계속적인 학습공간으로서의 박물관을 정비할 것을 요청하고 있다.

II－8. 동화대책심의회(同和対策審議会) 답신(초록)(동화대책심의회, 1965년)

해 설

'세상에 열정 있어라, 인간에게 빛이 있어라(人の世に熱あれ, 人間に光あれ.)'라고 주창한 스이헤이샤(水平社)[1]선언(1922년)은 일본 최초의 인권선언이라고도 불리며 이것을 대표하는 피차별부락(동화(同和)지구)의 해방운동은 제2차 세계대전 이전부터 이어진 오랜 역사를 지니는 것이다. 그러나 전후에도 6천 부락 · 3백만 명이라고도 전해지는 '피차별부락' 이른바 '동화문제(同和問題)'는 여전히 남아 있다. 일본국 헌법이 보장하는 기본적 인권의 이념에 비추어 보더라도 동화문제의 해결은 국가의 책무이며 국민적 과제라는 인식에 입각해 정부에 설치된 동화대책심의회에 의해 획기적인 답신(1965년)이 작성되었다. 약칭으로 '동대심(同對審)답신'이라고 부른다. 답신에 기초하여 「동

---

1) 1922년에 피차별부락의 해방을 목적으로 피차별부락 사람들이 자주적으로 결성한 전국 조직.

화대책사업특별조치법」(1965년)이 제정되었으며, 특별 예산조치를 강구하여 학교교육 · 사회교육을 포함한 다양한 동화대책사업이 이루어졌다. 사회교육에 대해서는 동화지역의 사회교육의 충실을 위한 시설 정비, 대상지역의 주민에 대한 인권옹호기관, 인권사상의 보급고양, 인권상담활동의 추진 등의 시책(동화대책사업특별조치법 제6조)이 요청되었다.

1970년대 이후의 동화행정 · 동화교육사업은 차별문제를 다루는 사회운동과의 긴장관계로 인해 실제로는 복잡하게 전개되었다. 동화대책사업특별조치법은 그 후 「지역개선특별조치법」(1982년)으로 명칭이 변경되었으며 2002년에 일단 사업이 완료되었다. 현재는 「인권교육 및 인권계발의 추진에 관한 법률」(2000년)에 따라 「인권교육 · 계발에 관한 기본 계획」(2002년) 속에서 여성 · 아동 · 고령자 · 장애자 · 아이누족, 외국인 등의 여러 과제와 함께 동화문제를 다루고 있다.

✣ ✣ ✣

❣ 전문(생략)

제1부 동화문제의 인식

1. 동화문제의 본질

소위 동화문제라고 하는 것은 일본 사회의 역사적 발전과정에서 형성된 신분계층구조에 근거한 차별에 의해 일본 국민의 일부집단이 경제적 · 사회적 · 문화적으로 낮은 위치에 놓여 현대사회에서도 여전히 두드러지게 기본적 인권을 침해받고 특히 근대사회의 원리로서 누구에게나 보장되고 있는 시민적 권리와 자유를 완전히 보장받지 못하고 있는 가장 심각하고 중대한 사회문제이다.

그 특징은 다수의 국민이 사회적 현실로서의 차별이 있기 때문에 일정 지역에 공동체적 집락(마을)을 형성하고 있는 점에 있다. 최근 이 집단적 거주지역에서 이탈하여 일반 지역에 혼재하는 사람도 많아지고 있는데 그들도 또한 그 전통적 집락출신이라는 이유로 인해 음으로 양으로 신분적 차별을 받고 있다. 집락을 이루고 있는 주민들은 일찍이 '특수부락(特殊部落)' '후진부락(後進部落)' '세민부락(細民部落)' 등 멸시하는 명칭으로 불려 지금도 '미해방부락(未解放部落)' 또는 '부락' 등으로 불리는 등 분명한 차별 대상이 되고 있다.

이 '미해방부락' 또는 '동화관계지구(同和關係地區)'(이하 '동화지구'라고 함)의 기원과 연력에 대해서는 인종적 기원설, 종교적 기원설, 직업적 기원설, 정치적 기원설 등의 여러 설이 있다. 그러나 이 심의회는 이 동화지구들의 기원을 학문적으로 구명하는 것을 임무로 삼는 것은 아니다. 단, 세간의 편견을 타파하기 위해 확실히 단언해 두어야 하는 것은 동화지구의 주민들은 다른 인종이나 민족도 아니며, 틀림없이 일본 민족, 일본 국민이다.

즉 동화문제는 일본 민족, 일본 국민 중의 신분적 차별을 받는 소수집단의 문제이다. 동화지구는 중세 말기 내지는 근세 초기에 봉건사회의 정치적, 경제적, 사회적 조건에 규제되어 일정 지역에 정착하여 거주하게 되어 형성된 집락이다.

봉건사회의 신분제도 아래서는 동화지구주민들은 최하급의 천한 신분으로 규정되었으며 직업, 주거, 혼인, 교제, 복장 등에 이르기까지 사회생활의 모든 면에서 심한 차별을 받았고 인간 이하로서 인격을 짓밟혔다. 그러나 메이지유신의 개혁은 동화지구주민들에게 있어 큰 전환의 계기가 되었다. 즉 메이지 4년(1871년) 8월 28일에 공포된 대정관포고(大政官布告) 제61호에 의해 동화지구주민들은 일단 제도상의 신분차별에서 해방되었다. 이런 의미에서 역사적인 단계로는 동화문제는 메이지유신 이후의 근대부터 해소되는 과정을 걸어오고 있다고 할 수 있다. 그러나 대정관포고는 형식적인 해방령에 지나지 않았다. 그것은 단순히 멸시하는 명칭을 폐지하고 신분과 직업이 평민과 같은 수준으로 취급됨을 천명한 것에 그치며 현실 사회관계에서의 실질적인 해방을 보장하는 것은 아니었다.

다시 말하자면, 봉건사회의 신분계층구조의 가장 밑바닥에 압박되고 비인간적인 권리와 극단적인 빈곤에 빠진 동화지구주민들을 실질적으로 그 차별과 빈곤에서 해방하기 위한 정책은 이루어지지 않았다. 따라서 메이지유신 후의 사회에서도 차별의 실태는 거의 변화가 없었으며 동화지구 주민들은 봉건시대와 별 차이 없는 비참한 상태에서 절망적인 생활을 계속해왔다.

그 후 다이쇼(大正)시대에 들어서 쌀 소동이 발발했을 때, 각지에서 다수의 동화지구주민들이 그 소동에 참여했다. 그 후 전국 스이헤이샤(水平社)의 자주적 해방운동이 일어났으며 그것을 계기로 동화문제의 중요성이 인식되기에 이르렀다. 즉 정부는 국가 예산에 새롭게 지방개선비의 명목에 의한 사업비를 계상하여 해당 지역의 환경개선을 추진하게 되었다. 그러나 그러한 부분적인 개선에 의해 동화문제의 근본적 해결이 실현될 리 없었고, 동화지구주민들은 여전히 차별 속의 빈곤상태에 놓여 왔다.

일본의 산업경제는 '이중구조'라고 불리는 구조적 특질을 갖고 있다. 즉 한편으로는 선진국 수준의 발전된 근대적 대기업이 있으며 다른 한편으로는 후진국 수준의 뒤떨어진 중소기업과 영세경영의 농업이 있다. 이 두 영역 사이에는 질적인 단층이 있으며 정점인 대기업과 저변의 영세기업 사이에는 큰 격차가 있다.

그중에서도 동화지구의 산업경제는 그 가장 낮은 부분을 형성하고 우리나라 경제의 발전에서 남게 된 비근대적 부문을 형성하고 있다.

이러한 경제구조의 특질은 완전히 그대로 사회구조에 반영되고 있다. 즉 우리나라의 사회는 한편으로는 근대적인 시민사회의 성격을 갖고 있지만 다른 한편으로는 전근대적인 신분사회의 성격을 갖고 있다. 오늘날 여전히 오래된 전통적인 공동체관계가 존재하며 사람들은 개인으로서 완전히 독립되지 못하고 전통과 습관에 속박되어 자유로운 의지로 행동하는 것을 방해받고 있다.

또한 봉건적인 신분계층질서가 잔존하고 있으며 가부장제적인 가족관계, 집안과 격식이 존중되는 촌락의 풍습, 각종단체의 파벌의 상하결합 등 사회 곳곳에 신분의 상하와 지배복종관계가 있다.

더욱이 정신, 문화의 분야에서도 예부터 미신, 비합리적인 편견, 전시대적인 의식 등이 뿌리 깊이 남아 있어 특이한 정신풍토와 민족적 성격을 형성하고 있다.

이러한 일본의 사회, 경제, 문화체제야말로 동화문제를 잔존시키며 부락차별을 지탱하고 있는 역사적, 사회적 근거이다.

따라서 전후 일본의 사회상황은 눈에 띄는 변화를 겪었고 정치제도의 민주화가 전진되었을 뿐만 아니라 경제의 고도성장을 바탕으로 하는 사회, 경제, 문화의 근대화가 진전됨에도 불구하고 동화문제는 여전히 미해결인 채로 남아 있다.

이렇게 세간의 일부의 사람들은 동화문제는 과정의 문제이며 지금의 민주화가 발달된 일본에서는 더 이상 문제는 존재하지 않는다고 생각하고 있다. 하지만 이 문제의 소재는 주관을 넘은 객관적 사실에 기초한 것이다.

동화문제도 또한 모든 사회사상(事象)이 그러하듯이 인간사회의 역사적 발전의 일정한 단계에서 발생하고 성장하며 소멸하는 역사적 현상에 지나지 않는다.

따라서 어떤 시대가 오더라도 어떻게 사회가 변하더라도 동화문제가 해결되는 일은 영원히 있을 수 없다고 생각하는 것은 타당하지 않다. 또한 '자는 아이를 깨우지 말라.'는 식의 생각으로 동화문제를 이대로 방치해 두면 사회진화에 수반되어 순식간에 해결된다고 주장하는 일에도 동의할 수 없다.

(이하 생략)

II－9. 가나가와문해선언(神奈川識字宣言)(전문)(가나가와 문해프로젝트 실행위원회, 1990년)

해 설

일본에서는 메이지시대 이후의 근대화과정 속에서 학교교육이 보급되어 읽고 쓸 줄 모르는 비문해자들은 극히 드물다는 것이 일반적인 인식이다. 국가의 공식적인 견해도 문해율은 거의 100%에 가깝다고 밝히고 있다. 이른바 고도의 문해사회 수준이라고 할 수 있는데, 이 영향으로 사회교육연구에 있어 문해문제 · 문해교육에 관한 연구는 적었으며, 공적 사회교육에서도 문해교육 실천은 확대되지 못했다.

그러나 현실적으로는 다양한 역사적 · 사회적인 사정으로 인해 비문해자가 존재하며, 사회적 소수자로서 많은 어려움과 차별을 받으며 살아온 것이 사실이다. 피차별부락의 문해학급이나 야간중학교 활동은 그런 의미에서 중요한 의미를 갖는다. 또한 1990년 유엔의 '세계 문해의 해'는 일본의 '내적' 문해문제를 재발견하고 문해연구와 실천과제 및 방향을 규명하는 큰 계기가 되었다. 이해에 가나가와현에서 문해교육실천 관계자들이 모여 문제 상황을 논의하고 비문해자의 '학습기회'의 보장을 요구하며 연대와 협력을 주장하는 '선언'을 만들었다. 이것은 많은 이들의 공감을 얻어 냈다.

세계 문해의 해에 이은 '세계 문해 10년'이라고 하는 시기에 지자체의 사회교육사업으로서 '일본어학급', '읽기 · 쓰기 교실' 등의 실천이 태동하였다. 또한 일본사회교육학회는 문해교육연구를 본격적인 테마로 하여 처음으로 학회연보 『세계 문해 10년과 일본의 문해문제』(1991년)를 간행하였다.

✣ ✣ ✣

올해는 세계 문해의 해로 '서기 2000년까지 이 지구상에서 글을 읽고 쓸 줄 모르는 사람을 없애자.'라는 활동이 세계 각지에서 시작되고 있습니다.

우리는 이 기념할 만한 해에 가나가와라는 땅에 모여 '가나가와 문해 국제포럼'을 열었습니다. 10월 12일부터 14일까지 3일간 참가자가 숙식을 함께 하면서 실시된 이 포럼에는 가나가와현 내에 있는 요코하마시(横浜市)의 고토부키(寿)문해학교, 가와사키시(川崎市)의 후레아이관(ふれあい館)문해학급 등, 그 밖에 일본 전국에서 그리고 아시아, 아프리카, 라틴 아메리카의 여러 나라의 문해학급에서 공부하고 있는 사람들과 그곳에서 코디네이터로 활동하고 있는 사람들이 참여하여 각각의 활동 내용과 문해에 대한 생각을 서로 교류하였습니다.

학교가 널리 보급된 일본입니다만 현실로 눈을 돌려보면 심각한 부락 차별과 민족 차별, 장애인 차별, 전쟁 때의 혼란 등으로 인해 학교에 가고 싶어도 갈 수 없었던 사람들, 또 학교는 졸업한 것으로 되어 있지만 충분히 배우지 못하여 읽고 쓰는 것에 어려움을 겪고 있는 사람들 등 현재 문해교육을 필요로 하고 있는 사람들은 전국에 300만 명이나 있다고 합니다(전 세계에 글을 읽고 쓸 줄 모르는 성인은 9억 6천만 명이나 있다고 합니다). 이 사람들의 대부분은 '지금 같은 세상에 일본에 글을 읽고 쓸 줄 모르는 사람이 있을 리 없다.' '글을 읽고 쓸 줄 모르는 것은 본인의 책임이다.'라고 하는 세상 사람들의 편견 속에서 읽고 쓸 줄 모르는 것을 수치로 생각하고 자신을 업신여기며 살아갈 수밖에 없었습니다.

그러나 우리들은 읽고 쓰기를 못하는 것은 그 사람의 책임이 아니라 사회 속에 원인이 있다는 것,

또 읽고 쓰기를 할 수 있고 없고를 가지고 인간의 가치를 측정할 수 없음을 문해 활동의 현장에서 배우고 이 포럼에서 다시 한 번 그것을 확인하였습니다.

문해 학습자들은 글자와 자기 자신을 알고, 인간의 삶을 만들고, 차별이 없는 사회를 지향하는 것과 연결 지으며 배우고 있습니다. 한편 읽고 쓸 줄 알아도 그것을 자기 자신을 알고 인간의 삶을 만들며 차별 없는 사회를 지향하는 것으로 발전시키지 못하는 현장이 퍼지고 있습니다. 인간해방으로 연결되는 문해가 문해의 기본입니다.

또한 재일한국인 · 조선인이나 아시아에 온 외국인 며느리, 인도차이나 난민 등 일본에 정주하는 외국인들이 모국의 언어나 문화를 소중히 하는 것, 일본어를 배울 수 있는 장소를 만드는 일도 문해 활동과 결합되는 중요한 과제가 되고 있습니다. 이것도 포럼에서 확인되었습니다. 이것은 최근 증가하고 있는 '외국인 노동자'에게 있어서도 마찬가지입니다.

우리들은 여기에서 이야기하고 서로 배운 것을 바탕으로 곧 다가올 21세기를 향한 앞으로의 10년간을 '문해 10년'이라고 하고 이 지구에서 살아가는 모든 사람들이 자기 민족의 언어나 글자를 빼앗기는 일 없이 평등하게 학습의 기회가 보장된 사회가 되도록 다음과 같은 행동을 가나가와의 이 땅에서 일본의 모든 사람들에게 그리고 세계의 모든 사람들에게 호소하고자 합니다.

1. 글을 읽고 쓰기를 할 줄 알든 모르든, 말을 할 줄 알든 모르든 간에 상관없이 모든 사람들이 차별받지 않는 공정한 사회를 만들자.
2. 희망하는 사람이 누구든 언제부터이든 말과 문자를 배울 수 있는 다양한 배움의 장을 각지에 시급히 만들자.
3. 문자를 가지고 있지 않거나 혹은 다른 언어 속에서 살아 온 사람들이 그곳에서 익혀 온 문화를 힘껏 표현할 수 있는 조건을 만들자. 문자를 갖고 있는 사람들과 갖고 있지 않은 사람들, 다른 문화와 다른 민족의 사람들, 각각이 서로 배울 수 있는 장을 만들자.
4. 행정 기관은 이러한 일을 추진하는 데 지원을 아끼지 않는다.
5. 일본 국내뿐만이 아니라 아시아, 아프리카, 라틴아메리카를 중심으로 세계 각지에서 이루어지고 있는 '문해 활동'을 주목하고 연대와 협력을 키워 나가자.

1990년 10월 14일
가나가와 문해 프로젝트 실행위원회
가나가와 문해 국제포럼 참여자 일동

II－10. 가와사키시(川崎市) 아동의 권리에 관한 조례

해 설

가와사키시는 2000년 12월에 「가와사키시 아동권리에 관한 조례(이하, 아동권리조례)」를 아동의 권리에 관한 종합적인 조례로 제정한 일본 최초의 지자체이다. 이 조례는 아동을 보호육성의 존재로 여겼던 기존의 아동관을 전환하여 아동을 사회의 일원, 한 시민, 한 인간으로 파악하고 '권리의 주체'로 인식하는 아동관에 기초하여 구성되었다.

이 조례의 제정은 가와사키시의 다양한 인권시책의 총집대성이라고 할 수 있다. 가와사키시는 인권시책의 선진지역으로서 일본 최초로 창설한 '옴부즈맨'제도를 비롯하여 제도를 시민, 고령자, 장애인, 여성, 피차별부락출신자(동화문제) 등의 인권시책에만, 적극적인 자세를 보임으로써 국내 각지의 지자체에 커다란 영향을 미쳐 왔다. 실제로 현재 많은 지자체에서 아동권리조례의 제정을 위해 노력하고 있다.

조례제정에 있어서는 시민적인 관심과 시민적 합의형성이 중요하기 때문에 제정과정(프로세스)이 가장 중시되어 광범위한 시민참가 · 아동참가 아래 다양하고 중층적인 집회가 200회 이상이나 개최되었다. 조례제정 이후도 '고도모유메파크(子ども夢パーク)'의 개설, '행동계획'의 책정, '어린이회의' '어린이집회'를 개최하는 등의 활동을 통해 조례이념의 실천을 시도하고 있다. 이것은 제도나 구조가 만들어져도 시민의 인권의식이 변혁되지 않으면 의미가 없기 때문이다. 2008년 4월에는 가와사키시의 아동시책의 일체적 · 종합적인 추진을 위해 '시민 · 아동국(市民 · 子ども局)'을 신설하고 구청에는 '아동지원실(子ども支援室)'을 신설하였다.

가와사키시의 아동권리조례는 전문과 총칙, 부칙을 포함하여 총 8장 41조로 구성되어 있는데 여기에서는 제2장 「인간으로서 소중한 아동의 권리」를 소개하고자 한다.

✤ ✤ ✤

[최근 개정 2005년 3월 24일]

✤ 목 차

전문(前文)

아동은 각자가 하나의 인간이다. 아동은 매우 소중한 가치와 존엄을 지니고, 개성이나 다른 사람과의 차이가 인정되며, 자기 자신 그 자체로서 존중받기를 원한다.

아동은 권리의 완전한 주체이다. 아동은 최선의 이익 확보, 차별 금지, 아동의 의견 존중 등과 같은 국제적인 원칙하에, 그 권리를 종합적이고 현실적으로 보장받는다. 권리는 아동이 인간으로서의 존엄을 지니고, 자아를 실현하며, 자기답게 살아가는 데에 불가결한 것이다.

아동은 그 권리가 보장되는 가운데, 풍요로운 아동기를 보낼 수 있다. 아동은 아동의 권리에 대해 학습하거나 실제로 행사함으로써 권리에 대한 인식을 높이고, 권리를 실현하는 힘, 타인의 권리를 존중하는 힘이나 책임 등을 몸에 익힐 수 있다. 또한 자신의 권리가 존중되고 보장되기 위해서는 동시에 타인의 권리가 존중되고 보장되어야 하며, 각자의 권리가 상호 존중되는 것이 불가결한 것이다.

아동은 어른과 함께 사회를 구성하는 파트너이다. 아동은 사회의 일원으로서, 또 미래사회를 이끌어 갈 존재로서 사회의 방향과 형성에 관한 고유의 역할을 지님과 동시에 그것에 참여할 권리가 있다. 그것을 위해서라도 사회는 아동에게 열려 있어야 한다.

아동은 동시대를 사는 지구시민으로서 국내외의 아동과 상호 간의 이해와 교류를 심화하고, 공생(共生)과 평화를 염원하며, 자연을 지키고, 도시의 보다 나은 환경을 창조하는 데에 있어 불가결한 역할을 한다.

시(市)에서 아동의 권리를 보장하는 활동은 시에서 생활하는 모든 사람들의 공생을 촉진시키고, 그 권리를 보장하는 것으로 연결된다. 우리는 아동 최우선의 국제적인 원칙에 따라 아동이 한 인간으로서 살아감에 있어 필요한 권리를 보장받도록 노력한다.

우리는 이와 같은 생각 아래 1989년 11월 20일 국제연합(UN) 총회에서 채택된 「아동의 권리에 관한 조약」의 이념에 기초하여 아동의 권리 보장을 추진할 것을 선언하고, 이 조례를 제정한다.

제1장 총칙(제1조~제8조)

제1조(목적)

이 조례는 아동의 권리에 관한 시(市) 등의 책무, 인간으로서 지니는 아동의 소중한 권리, 가정, 양육 · 교육시설 및 지역에서의 아동의 권리 보장 등에 대하여 정함으로써 아동의 권리 보장을 도모함을 목적으로 한다.

제2장 인간으로서 지니는 아동의 소중한 권리

제9조(아동의 소중한 권리)

이 장에 규정하는 권리는 아동이 인간으로서 성장하고 학습하며 생활해 감에 있어 특히 중요한 것으로 반드시 보장되어야 한다.

제10조(안심하고 살아갈 권리)

아동은 안심하고 살아갈 수 있다. 그러기 위해서는 주로 다음과 같은 권리가 보장되어야 한다.

(1) 생명이 보호받고 존중될 것

(2) 애정과 이해 속에서 양육될 것

(3) 모든 형태의 차별을 받지 않을 것

(4) 모든 형태의 폭력을 받지 않으며, 방치되지 않을 것

(5) 건강에 대한 배려와 적절한 치료가 제공되고, 성장에 따른 생활이 가능할 것

(6) 평화롭고 안전한 환경 속에서 생활할 수 있을 것

제11조(자신의 있는 그대로 존재할 권리)

아동은 자신의 있는 그대로 존재할 수 있다. 그러기 위해서는 주로 다음과 같은 권리가 보장되어야 한다.

(1) 개성이나 다른 사람과의 차이가 인정되고, 인격을 존중받을 것

(2) 자신의 생각이나 신앙을 갖는 것

(3) 비밀을 침해받지 않을 것

(4) 자신에 관한 정보가 부당하게 수집되거나 이용되지 않을 것

(5) 아동이라는 이유로 부당하게 취급받지 않을 것

(6) 안심할 수 있는 장소에서 휴식하고 여가를 갖는 것

제12조(자신을 보호하고 보호받을 권리)

아동은 자신을 보호하고 또는 보호받을 수 있다. 그러기 위해서는 주로 다음과 같은 권리가 보장되어야 한다.

(1)모든 권리의 침해로부터 벗어날 것

(2) 자신이 성장하는 것을 방해받는 상황으로부터 보호받을 것

(3) 상황에 맞는 적절한 상담의 기회가 상담하기 적절한 분위기 속에서 확보될 것

(4) 자신의 장래에 영향을 미치는 것에 대하여 다른 사람이 결정할 때에, 자신의 의견을 진술하기 편한 분위기 속에서 자신의 의견을 표명하고, 그 의견이 존중될 것

(5) 자신을 회복함에 있어 그 회복에 적절한 분위기의 장소가 주어질 것

제13조(자신을 풍요롭게 하고, 격려 받을 권리)

아동은 그 성장에 따라 자신을 풍요롭게 하고, 격려받을 수 있다. 그러기 위해서는 주로 다음과 같은 권리가 보장되어야 한다.

(1) 놀이

(2) 학습(배움)

(3) 문화 예술 활동에의 참여

(4) 정보의 획득

(5) 행복 추구

제14조(스스로 결정할 권리)

아동은 자신에 관한 것을 스스로 결정할 수 있다. 그러기 위해서는 주로 다음과 같은 권리가 보장되어야 한다.

(1) 자신에 관한 사항을 연령과 성숙도에 맞게 결정하는 것

(2) 자신에 관한 사항을 결정할 때에, 적절한 지원 및 조언을 받는 것

(3) 자신에 관한 사항을 결정하기 위하여 필요한 정보를 얻는 것

제15조(참여할 권리)

아동은 참여할 수 있다. 그러기 위해서는 주로 다음과 같은 권리가 보장되어야 한다.

(1) 자신을 표현하는 것

(2) 자신의 의견을 표명하고, 그 의견이 존중될 것

(3) 친구를 사귀고 친구와 모이는 것

(4) 참여에 적절한 지원을 받을 수 있을 것

제16조(개별적인 필요에 따른 지원을 받을 권리)

아동은 그 처한 상황에 따라 필요한 지원을 받을 수 있다. 그러기 위해서는 주로 다음과 같은 권리가 보장되어야 한다.

(1) 아동 또는 그 가족의 국적, 민족, 성별, 언어, 종교, 출신, 재산, 장애 그 밖에 처한 상황을 원인 또는 이유로 차별 및 불이익을 받지 않을 것

(2) 위와 같은 상황의 차이가 인정되고 존중되는 가운데 공생(共生)할 수 있을 것

(3) 장애가 있는 아동이 존엄을 지니고, 자립하며, 동시에 사회로의 적극적인 참여가 도모될 것

(4) 국적, 민족, 언어 등에 있어 소수의 입장에 있는 아동이 자신의 문화 등을 향유하고, 학습하며, 표현하는 것이 존중될 것

(5) 아동이 처한 상황에 따라 아동에게 필요한 정보의 입수 방법, 의견표명의 방법, 참여 방법 등에 대한 고민 및 배려가 이루어질 것

(이하 생략)

사회교육 · 평생학습 연표

연도	일본의 사회교육 · 평생학습	한국 · 세계의 사회교육 · 평생교육
1890	교육에 관한 칙어 공포	
1892	야마나 지로(山名次郎)의 『사회교육론』 간행	
1894		갑오개혁/홍범14조 제정
1895		교육입국조서(詔書) 공포/'소학교령' 제정
1896	제국교육회 결성	
1899	도서관령 발포	
1903	국정교과서 제도 성립	
1904	러일전쟁 발발	제1차 한 · 일 협약 체결
1905	문부성 '청년단 설치장려(青年団ノ設置奨励)'	제2차 한 · 일 협약(을사보호조약)체결/통감부 설치
1906		
1907	의무교육 6년으로 연장	학무국 '통속교육(通俗教育)과 교육회(教育會)에 관한 사항' 업무 관장
1908		
1909		
1910	제국 재향군인회 발족	한 · 일 강제병합
1911	통속교육사위원회 관제	제1차 조선교육령 제정
1912		

1913		
1914		
1915	청년단에 관한 내무성 · 문부성 공동훈령(제1차 훈령)	
1916		
1917		
1918		
1919	대만교육령 공포	3 · 1운동 발발
1920		
1921	문부성 '통속교육'을 '사회교육'으로 개칭	
1922		제2차 조선교육령 제정
1923	국민정신작흥에 관한 칙소	조선총독부 내 조선교육회 발족/조선교육회 규칙 제정
1924	대일본연합청년단 성립	경성대학 설립
1925	치안유지법 공포	
1926	청년훈령소령 공포	
1927		
1928		사회교육강습회 개최
1929	문부성 사회교육국 설치	
1930		
1931	대일본연합부인회 결성	
1932		학무국 사회과 교화계 '사회사업과 사회교화에 관한 사무' 관장
1933		
1934		

1935	청년학교령 공포	
1936		조선총독부 학무국 내 사회교육과 신설
1937	국민정신총동원실시요령, 국가총동원법공포	
1938		제3차 조선교육령
1939		
1940		
1941	태평양전쟁 발발	소학교령을 국민학교령으로 개정
1942		
1943	문부성 사회교육국을 교화국으로 통합	제4차 조선교육령, 학무국 연성과(錬成課) '사회교육 및 사회교화에 관한 사항' 관장
1944		
1945	일본패전/문부성 사회교육국 부활	식민지로부터 해방/학무국 학무과 성인교육계 설치/한국교육위원회 조직/학교교육에 관한 훈령/성인교육위원회 조직
1946	일본국 헌법 제정/문부차관통첩 '공민관의 설치 운영에 대하여'	미군정청 학무국 의무교육 완성 6개년 계획/성인교육과 설치/성인교육국, 국문강습소 설치/신학제(6–3–3제) 실시/UNESCO설립
1947	「교육기본법」 및 학교교육법 제정 · 공포	
1948		대한민국정부 수립/대한민국헌법 및 정부조직법 제정/문교부 창설(1실 5국), 사회교육국 설치/세계인권선언(UN)
1949	「사회교육법」 제정	의무교육 6개년 계획 수립/교육법 제정/제1회 세계성인교육회의 개최(덴마크 엘시노어)
1950	「도서관법」 제정	6 · 25전쟁 발발(~1953년)
1951	「박물관법」 제정/아동헌장 제정	교육법 제2차 개정
1952		시군 단위 교육자치제도 실시

1953	청년학급진흥법 제정	
1954	일본사회교육학회 창립	문맹퇴치 5개년계획(문교부, 내무부, 국방부 공동추진) 개시/의무교육 완성 6개년계획 개시
1955		문교부에 의한 농촌계몽활동과 농촌문고 실시(~1958년)
1956		서울특별시 교육위원회 발족
1957		
1958		
1959	「사회교육법」 대개정/'공민관의 설치 및 운영에 관한 기준' 고시	
1960		제2회 세계성인교육회의 개최(캐나다 몬트리올)
1961	스포츠진흥법 제정	5.16 군사정변(지방자치 중단, 지방의회 해산)/교육위원회 기능 정지 및 해산
1962		
1963	오사카부(大阪府) 히라가타시(枚方市) 교육위원회 '사회교육을 모든 시민들에게'(히라가타선언) 발표/사회교육추진전국협의회의 창설	「도서관법」 제정
1964		교육자치제도 부활
1965	나가노현(長野県) 이이다(飯田) · 시모이나(下伊那) 주사회(主事會) '공민관주사의 성격과 역할'(시모이나선언) 발표	한 · 일 기본조약체결(한 · 일 국교 정상화)/랑그랑의 평생교육 제창(유네스코)/유급교육휴가의 결의(ILO)
1966		한국교육학회 내 사회교육연구회 창립
1967	전국공민관연합회「공민관의 바람직한 모습과 현대적 지표」 발표	
1968		국민교육헌장 선포/학습사회론의 발표(허친스)/CERI의 설치(OECD)
1969		

1970		사회복지사업법 제정/세계 교육의 해/탈학교 사회 발표(이반 일리치)
1971	사회교육심의회 '급격한 사회변화에 대처하는 사회교육에 대하여' 답신	
1972	오키나와 본토 귀환/제3회 세계성인교육회의 개최(동경)	새마을운동 개시/세계 도서의 해/포오르보고서(유네스코)/국제성인교육협의회의 설립(ICAE)/리커렌트(순환)교육-평생학습을 위한 전략(OECD)/제3회 세계성인교육회의 개최(일본 도쿄)
1973	도쿄도(東京都) 교육위원회 사회교육부 '새로운 공민관상을 지향하며'(산타마선언) 발표	
1974		
1975		세계 여성의 해
1976		한국사회교육협회 창립/성인교육의 발전에 관한 권고(유네스코)
1977	국립부인교육회관 설치	
1978		사회교육국을 사회교육국제교육국으로 개편
1979		세계 아동의 해
1980		헌법 제29조(현행 헌법 제31조) 평생교육진흥조항 신설
1981	중앙교육심의회 답신 '평생학습에 대하여'	세계 장애인의 해
1982		「사회교육법」 제정
1983	방송대학 설립	
1984		「박물관법」 제정
1985		유네스코 '학습권선언'/제4회 세계성인교육회의 개최(프랑스 파리)
1986	임시교육심의회의 교육개혁에 관한 제2차 답신 '평생학습체계로의 전환'을 제언	문교부 사회직업교육국을 사회국제교육국으로 개편

1987		
1988	문부성 생애(生涯)학습국 발족	중앙교육심의회 발족
1989		교육정책자문회의 발족/문해교육협회 설립
1990	중앙교육심의회 답신 '생애학습의 기반정비에 대하여'/생애(=평생)학습의 진흥을 위한 시책의 추진체제 등의 정비에 관한 법률(생애학습진흥법) 공포	문교부를 교육부로 개칭/세계 문해의 해/서동독 통일
1991		지방교육자치에 관한 법률 제정/「도서관법」 폐지/도서관진흥법 공포/「박물관법」을 박물관 및 미술관진흥법으로 개정/소련 해체
1992	제2회 한 · 일 사회교육세미나 개최(오사카시) '평화를 위한 사회교육'/제3회 한 · 일 사회교육세미나 개최(대구시) '산업사회에서의 사회교육과 민주주의'	
1993	제4회 한 · 일 사회교육세미나 개최(가와사키시) '산업사회에서의 사회교육과 민주주의 II'	
1994		지방문화진흥법 제정/한국문화정책연구소 설치/도서관진흥법 폐지/도서관및독서진흥법 제정/아동권리조약 비준 발효
1995	학교 주5일제 월2회 실시/TOAFAEC 창립	한국사회교육학회 창립/대통령자문교육개혁위원회 '신교육체제 수립을 위한 교육개혁방안'(5 · 31교육개혁방안)/학교운영위원회 설치의무화(제2차 지방교육자치에 관한 법 제정)
1996	4.24 생애학습심의회 '지역에 있어서의 평생학습기회의 충실방책에 대하여' 답신	국민학교를 초등학교로 개칭/사회국제교육국을 평생교육국으로 개편/서울 서대문 문화의 집 개설(문화의 집 1호)
1997		교육법폐지/「교육기본법」, 초중등교육법, 고등교육법 제정/제5회 세계성인교육회의 개최(독일 함부르크)
1998	특정비영리활동촉진법(NPO법) 제정	

1999	지방분권일괄법 성립(교육관계법 21개를 개정, 공민관운영심의회의 임의설치와 교육장 임명승인 제도의 폐지 등)/청년학급진흥법 폐지	평생교육법 제정(「사회교육법」의 전면개정)
2000		한국사회교육학회에서 한국평생교육학회로 개칭
2001		교육부를 교육인적자원부로 개편/평생학습도시 조성사업 실시
2002		인적자원개발기본법 제정/교육인적자원부 평생학습진흥 5개년 종합계획/한국사회교육협회를 전국평생교육연합회로 개편
2003	「지방자치법」 개정에 의한 지정관리자제도 도입/일본공민관학회 창설	한 · 일 평생학습발전국제포럼 개최/교육인적자원부 교육복지투자우선지역지원사업 실시
2004		평생직업교육국을 인적자원개발국으로 개편/평생학습대상 실시
2005	문부과학성, 전국주관부과장회의 '사회교육시설에 관한 지정관리자제도의 적용에 대하여'	인적자원개발국을 평생학습국으로 개편/유아교육법 제정
2006	12.25「교육기본법」 전면개정	학교 주5일제 수업 확대 실시(월2회)
2007		평생교육법 전면개정/제2차 평생학습진흥계획
2008	2.19 중앙교육심의회 '새로운 시대를 여는 평생학습의 진흥방책에 대하여-지(知)의 순환형 사회 구축을 지향하며-'답신/6.11「사회교육법」 일부 개정	다문화가족지원법 제정/교육인적자원부를 교육과학기술부로 개편/평생교육진흥원 개원
2009		제6차 세계성인교육대회(브라질 벨렘)

찾아보기

[인명]

[내용]

[기타]

집필자 일람(집필순)

고바야시 분진(小林文人): 도쿄가꾸게이대학 명예교수(머리말, 서장)

이토 오사카즈(伊藤長和): (전)가와사키(川崎) 교육청, 중국 상동공상학원 외국어학원 교원(머리말, 서장, 제17장)

양병찬(梁炳贊): 공주대학교 교수(머리말, 특별보고)

마츠다 다케오(松田武雄): 나고야(名古屋)대학대학원 교육발달과학연구과 교수(제1장)

신카이 히데유키(新海英行): 류조(柳城)단기대학 총장(제2장)

이시이야마 류헤이(石井山竜平): 도호쿠(東北)대학대학원 부교수(제3장)

아네자키 요이치(姉崎洋一): 홋카이도(北海道)대학대학원 교수(제4장)

데우치 아키토시(手打明敏): 츠쿠바(筑波)대학대학원 교수(제5장)

오지마 미와(生島美和): 히로사키가쿠인(弘前學院)대학 전임강사(제5장)

나가사와 세이지(長澤成次): 치바(千葉)대학 교수(제6장)

아사노 가오루(淺野かおる): 후쿠시마(福島)대학 교수(제7장, 제10장)

야마모토 겐지(山本健慈): 와카야마(和歌山)대학 총장(제8장)

오기 미요코(小木美代子): 일본복지대학 특임교수(제9장)

치바 에츠코(千葉悅子): 후쿠시마(福島)대학 교수(제11장)

츠지 유타카(辻 浩): 일본사회사업대학 교수(제12장)

모리 미노루(森 實): 오사카(大阪)교육대학 교수(제13장)

고바야시 시게루(小林繁): 메이지(明治)대학 교수 (제14장)

사토 가츠코(佐藤一子): 호세이(法政)대학 교수(제15장)

우에노 게이조(上野景三): 사가(佐賀)대학 교수(제16장)

오나기리 마사타케(小田切督剛): 가와사키(川崎) 가와사키시 다카츠구청 평생학습지원과 주임(제17장)

김윤정(金侖貞): 수도대학도쿄(東京) 부교수(제17장, 특별보고)

데즈카 히데오(手塚英男): (전)마츠모토시중앙도서관장, (전)마츠모토시남부공민관장(제18장)

마츠오카 신야(松岡伸也): 와카야마(和歌山)대학 특임교수(제19장)

시마부쿠로 세이빈(島袋正敏): (전)나고시(名護市) 중앙도서관장, 박물관장(제20장)

스에모토 마코토(末本誠): 고베(神戸)대학 교수(종장)

사사가와 고이치(笹川孝一): 호세이(法政)대학 교수(특별보고)

이정연(李正連): 나고야(名古屋)대학대학원 교육발달과학연구과 부교수(편집후기, 역주)

특별칼럼

정현경: 공주대학교 시간강사
김제태: (전)문해교육협회회장
만　희: (전)전국문해성인기초교육협의회 공동대표
김남선: 대구대학교 교수
이진우: (전)부천문화재단 도서관운영팀장, (현)교하도서관 정보서비스팀장
박인주: (전)평생교육진흥원 원장/(현)청와대 사회통합수석
최운실: 한국평생교육총연합회 회장, 아주대학교 교수

번 역

이정연: 서장, 제1장, 제2장, 제3장, 제4장, 제5장, 제6장, 제9장, 제10장, 참고자료(선언, 법률, 해설, 연표)
김윤정: 제7장, 제13장, 제14장, 제16장, 종장, 특별보고, 참고자료(연표, 법률)
오다기리 마사타케: 제17장, 제18장, 제19장, 제20장, 참고자료(선언, 법률)
아사노 가오루: 제8장, 제11장, 참고자료(법률)
히고 코우세이: 제5장, 제12장, 참고자료(선언)
윤경훈: 제15장

편집위원 명단

小林文人(고바야시 분진)	동경학운대학(東京學芸大學) 명예교수, TOAFAEC 고문
伊藤長和(이토오사카즈)	중국산동공상학원(山東工商學院) 외국어학원 교원
양병찬(梁炳贊)	공주대학교 교수
이정연(李正連)	명고옥대학대학원(名古屋大學大學院) 교육발달과학연구과 부교수
淺野かおる(아사노 가오루)	복도대학(福島大學) 교수
小田切督剛(오다기리 마사타케)	천기시(川崎市) 다카츠구청 평생학습지원과 주임
김윤정(金侖貞)	수도대학동경(首都大學東京) 부교수

삿뽀로시
야마가타시
구니타치시
교토
가와사키시
도쿄
나가노
후쿠오카시
나라
와카야마
오사카
가이즈카시
나고시
오키나와

편자 소개

小林文人(고바야시 분진)

전 도쿄가꾸게이대학 및 와코대학 교수
　일본사회교육학회 회장, 일본공민관학회 회장, 사회교육추진전국협의회 위원장,
　도쿄 · 오키나와 · 동아시아사회교육연구회(TOAFAEC) 대표
현 도쿄가꾸게이대학 명예교수, TOAFAEC 고문

〈주요 저서〉
세계의 사회교육시설과 공민관(공편, Eidell연구소, 2001)
한국의 사회교육 · 평생학습: 시민사회의 창조를 향하여(공편, Eidell연구소, 2006)

伊藤長和(이토 오사카즈)

전 가와사키시 교육위원회 다카츠시민관장
　일본여자대학, 국학원대학 강사
현 중국산동공상학원 외국어학원 교원

〈주요 저서〉
사회교육관련법제의 현대적 검토(공저, 동양관출판사, 2003)
한국의 사회교육 · 평생학습: 시민사회의 창조를 향하여(공편, Eidell연구소, 2006)

양병찬

전 한국평생교육총연합회 사무총장
현 공주대학교 교육학과 교수
　한국평생교육학회 부회장

〈주요 저서〉
평생교육 프로그램개발의 실제(공저, 학지사, 2003)
지역사회교육론(공저, 한국방송통신대학교출판부, 2004)
한국의 사회교육 · 평생학습: 시민사회의 창조를 향하여(공편, Eidell연구소, 2006)

일본의 사회교육 · 평생학습

-풀뿌리 주민 자치와 문화 창조를 향하여

2010년 10월 1일 1판 1쇄 인쇄
2010년 10월 7일 1판 1쇄 발행

편저자 • 고바야시 분진 · 이토 오사카즈 · 양병찬
펴낸이 • 김진환
펴낸곳 • (주) 학지사
121-837 서울특별시 마포구 서교동 352-29 마인드월드빌딩 5층
대표전화 • 02)330-5114 팩스 • 02)324-2345
등록번호 • 제313-2006-000265호

홈페이지 • http://www.hakjisa.co.kr
커뮤니티 • http://cafe.naver.com/hakjisa

ISBN 978-89-6330-523-3 93370

정가 20,000원